"十三五"国家重点出版物出版规划

诺/贝/尔/经/济/学/奖/获/得/
Library of Nobel Laureates in Economic Sciences

现实主义经济学之路

Explorations in Pragmatic Economics: Selected Papers of George A. Akerlof and Co-authors

乔治·A·阿克洛夫（George A. Akerlof）等著
李彬 译

中国人民大学出版社
·北京·

目 录

引言 现实主义经济学之路 ………………………………………… 1
    微观经济学 ……………………………………………………… 4
    宏观经济学 ……………………………………………………… 14
    参考文献 ………………………………………………………… 22

第一部分 微观经济学

第1章 "柠檬"市场：质量的不确定性与市场机制 ……………… 29
    Ⅰ. 导论 …………………………………………………………… 29
    Ⅱ. 以汽车市场为例的模型 ……………………………………… 30
    Ⅲ. 举例与应用 …………………………………………………… 33
    Ⅳ. 抵消制度 ……………………………………………………… 40
    Ⅴ. 结论 …………………………………………………………… 41
第2章 种姓经济学、老鼠竞赛经济学和其他悲惨传说 …………… 42
    Ⅰ. 导论 …………………………………………………………… 42
    Ⅱ. 分成租佃制 …………………………………………………… 44
    Ⅲ. 工作条件：老鼠竞赛 ………………………………………… 45
    Ⅳ. 统计性歧视 …………………………………………………… 49
    Ⅴ. 种姓和群体组织 ……………………………………………… 51
    Ⅵ. 结论 …………………………………………………………… 58
第3章 在传统导向的、随机贸易椰子生产者中存在的
       歧视和地位工资 ……………………………………………… 60
    Ⅰ. 被解释模型 …………………………………………………… 61

Ⅱ．正式的模型 ………………………………………………… 63
　　Ⅲ．非歧视性均衡 ……………………………………………… 65
　　Ⅳ．歧视性均衡 ………………………………………………… 67
　　Ⅴ．结论 ………………………………………………………… 70
　　参考文献 ………………………………………………………… 70

第4章　经济学与身份　71
　　Ⅰ．导论 ………………………………………………………… 71
　　Ⅱ．效用函数、与身份相关行为的证据 ……………………… 74
　　Ⅲ．经济学与身份：一个原始模型 …………………………… 81
　　Ⅳ．工作场所中的身份、性别与经济学 ……………………… 85
　　Ⅴ．身份与社会隔离、贫困经济学 …………………………… 90
　　Ⅵ．身份与家庭经济学 ………………………………………… 97
　　Ⅶ．结论 ………………………………………………………… 99
　　参考文献 ………………………………………………………… 101

第5章　"标识"经济学及其在最优所得税、福利计划与
　　　　人力规划中的应用 …………………………………… 108
　　Ⅰ．引言 ………………………………………………………… 109
　　Ⅱ．"莫里斯-费尔"的一个简单例子和解释 ………………… 112
　　Ⅲ．引入标识化后的最优税收和补助的简单例子 …………… 113
　　Ⅳ．问题的一般化 ……………………………………………… 118
　　Ⅴ．标识化与人力规划的成本—收益评估 …………………… 119
　　Ⅵ．总结与结论 ………………………………………………… 121
　　附录 ……………………………………………………………… 121
　　参考文献 ………………………………………………………… 126

第6章　对美国未婚生育的一项分析 …………………………… 127
　　Ⅰ．导论 ………………………………………………………… 127
　　Ⅱ．基本趋势 …………………………………………………… 131
　　Ⅲ．一个女性陷入困境的基本模型 …………………………… 138
　　Ⅳ．性参与、堕胎和奉子成婚 ………………………………… 143
　　Ⅴ．对模型的讨论以及美国的实际经验 ……………………… 149
　　Ⅵ．结论 ………………………………………………………… 156
　　数据附录 ………………………………………………………… 157
　　参考文献 ………………………………………………………… 159

第7章　没有孩子的男人们 ……………………………………… 162
　　Ⅰ．婚姻模型 …………………………………………………… 166
　　Ⅱ．已婚 VS. 单身 ……………………………………………… 168
　　Ⅲ．婚姻对人力资本影响的检验 ……………………………… 174

Ⅳ．固定效应的变化与结婚时间的巧合 …………………… 179
　　Ⅴ．结论 ………………………………………………………… 182
　　参考文献 ………………………………………………………… 183

第 8 章　认知失调的经济后果 ……………………………………… 186
　　Ⅰ．概述 ………………………………………………………… 187
　　Ⅱ．基本命题的心理学证据 …………………………………… 188
　　Ⅲ．一个模型 …………………………………………………… 191
　　Ⅳ．潜在的应用 ………………………………………………… 198
　　Ⅴ．结论 ………………………………………………………… 202
　　参考文献 ………………………………………………………… 202

第 9 章　幻觉经济学 ………………………………………………… 205
　　Ⅰ．幻觉的公共选择模型 ……………………………………… 211
　　Ⅱ．武士和牺牲者 ……………………………………………… 215
　　Ⅲ．结论 ………………………………………………………… 218
　　参考文献 ………………………………………………………… 219

第 10 章　延迟与服从——理查德·T·伊利演讲 ……………… 221
　　Ⅰ．突显与决策 ………………………………………………… 223
　　Ⅱ．延迟 ………………………………………………………… 224
　　Ⅲ．延迟：物质滥用、储蓄和组织失败 ……………………… 227
　　Ⅳ．教导与服从 ………………………………………………… 231
　　Ⅴ．宗教膜拜 …………………………………………………… 234
　　Ⅵ．犯罪和毒品 ………………………………………………… 237
　　Ⅶ．政治和经济 ………………………………………………… 240
　　Ⅷ．官僚机构 …………………………………………………… 241
　　Ⅸ．结论 ………………………………………………………… 243
　　参考文献 ………………………………………………………… 243

第 11 章　掠夺：因牟利而破产的经济黑幕 ……………………… 247
　　一个抽象的掠夺模型 …………………………………………… 250
　　掠夺的例子 ……………………………………………………… 256
　　20 世纪 80 年代储蓄和贷款中的掠夺行为 …………………… 263
　　结论 ……………………………………………………………… 292
　　参考文献 ………………………………………………………… 295

第二部分　宏观经济学

第 12 章　相对工资和通货膨胀率 ………………………………… 301
　　Ⅰ ………………………………………………………………… 301

Ⅱ. ………………………………………………………… 303
　　Ⅲ. ………………………………………………………… 310
　　Ⅳ. ………………………………………………………… 316
　　Ⅴ. ………………………………………………………… 318
第13章　货币需求的资金流转理论的微观经济基础 ………… 321
　　Ⅰ. 引言 …………………………………………………… 321
　　Ⅱ. 支出流模型和货币需求的特性 ……………………… 323
　　Ⅲ. 关于支出变化引起货币需求的较大和较小变化的例子 … 325
　　Ⅳ. 关于不同规模的账户之间支出流变化的例子 ……… 327
　　Ⅴ. 含义 …………………………………………………… 329
　　Ⅵ. 结论 …………………………………………………… 330
　　数学附录 …………………………………………………… 331
　　参考文献 …………………………………………………… 345

第14章　欧文·费雪的遗产：货币持有量的固定阈限—
　　　　目标管理的后果 ……………………………………… 346
　　Ⅰ. 序言 …………………………………………………… 346
　　Ⅱ. 阈值—目标管理下支出流与货币需求间的关系 …… 350
　　Ⅲ. 对模型的评价 ………………………………………… 354
　　Ⅳ. 与现实情况的符合程度 ……………………………… 355
　　Ⅴ. 总结和结论 …………………………………………… 357
　　附录 ………………………………………………………… 358
　　参考文献 …………………………………………………… 361

第15章　以"坝址"看待工作职位 …………………………… 363
　　Ⅰ. 导论 …………………………………………………… 363
　　Ⅱ. 非充分利用模型的一般特征和工作与坝址之间的类比 … 365
　　Ⅲ. 专有技术和工作职位 ………………………………… 368
　　Ⅳ. 一个局部均衡的例子 ………………………………… 371
　　Ⅴ. 一般均衡的例子 ……………………………………… 372
　　Ⅵ. 总结与结论 …………………………………………… 379
　　参考文献 …………………………………………………… 379

第16章　部分视为礼物交换的劳动合同 …………………… 381
　　Ⅰ. 导论 …………………………………………………… 381
　　Ⅱ. 现金登记员或东部公共事业公司的非新古典行为 … 383
　　Ⅲ. 对现金登记员和东部公共事业公司行为的社会学解释 … 386
　　Ⅳ. 参照群体 ……………………………………………… 389
　　Ⅴ. 公平工资 ……………………………………………… 392

Ⅵ．一个模型 …………………………………………………… 393
　　Ⅶ．两个例子 …………………………………………………… 395
　　Ⅷ．结论 ………………………………………………………… 403
　　参考文献 ………………………………………………………… 404
第17章　公平的工资—努力假说和失业 ……………………… 406
　　Ⅰ．引言 ………………………………………………………… 406
　　Ⅱ．公平的工资—努力假说之由来 …………………………… 408
　　Ⅲ．带有公平工资—努力假说的基本失业模型 ……………… 416
　　Ⅳ．公平工资的相对损失模型 ………………………………… 418
　　Ⅵ．结论 ………………………………………………………… 428
　　参考文献 ………………………………………………………… 428
第18章　黏性工资、价格下的近似理性经济周期模型 ……… 432
　　Ⅰ．引言 ………………………………………………………… 432
　　Ⅱ．一个周期性失业模型 ……………………………………… 437
　　Ⅲ．结论 ………………………………………………………… 443
　　参考文献 ………………………………………………………… 443
第19章　低通胀的宏观经济学 ………………………………… 446
　　模拟模型 ………………………………………………………… 460
　　附录A …………………………………………………………… 483
　　参考文献 ………………………………………………………… 489
第20章　行为宏观经济学与宏观经济行为 …………………… 492
　　Ⅰ．非对称信息 ………………………………………………… 495
　　Ⅱ．非自愿失业 ………………………………………………… 496
　　Ⅲ．货币政策的有效性 ………………………………………… 499
　　Ⅳ．菲利普斯曲线和NAIRU …………………………………… 502
　　Ⅴ．储蓄不足 …………………………………………………… 507
　　Ⅵ．资本市场 …………………………………………………… 510
　　Ⅶ．贫困和身份 ………………………………………………… 513
　　Ⅷ．结论 ………………………………………………………… 515
　　参考文献 ………………………………………………………… 515

译后记 ……………………………………………………………… 525

引言　现实主义经济学之路[*]

描述一个法式花园总是易过描述英式花园。其实每类花园都有其自身的秩序，因此法式花园并非内在就比英式花园更为有序。集文成辑恰似花园。两者都应有个次序和焦点，也都应要铲除无关的杂草。本文集是英式花园，而非法式。没有即刻显现的伟大设计。类似英式花园，对自然景观进行再造，突出自然本身创造的秩序，而不是施加什么预先设定的规则。

本文集分为两个部分，微观和宏观。微观经济部分以《"柠檬"市场：质量的不确定性与市场机制》（简称《"柠檬"市场》）开始，这是第一篇检验非对称信息对于市场的经济影响的文章。宏观经济部分以《相对工资和通货膨胀率》开始，此文检验了合同期名义工资固定下迭代合同（或者说名义价格固定下迭代定价）的影响。这两篇文章是整个文集中英式花园方式的例子。它们都是由现实例子所激发。它们都是用这些现实例子分析经济生活的某个细节，并证明其经济后果。在微观部分，这些后果是关于市场的刻画；在宏观部分，这些后果是关于宏观经济的刻画。

米尔顿·弗里德曼（Friedman, 1953）的短文《实证经济学方法》认为，经济学应该做出差异。相反，经济学家不应该使用细节信息对经济建模。他指出，模型确切的现实性、模型与经济活动细节的符合程度都不重要。相反，模型的检验标准是看能否被统计检验拒绝。例如，我们可能观察到经济是垄断竞争的，但一个完全竞争模型可能更符合数

---

[*] 本引言的许多思想来源于正在进行的工作和与雷切尔·克兰顿（Rachel Kranton）的讨论。我也想要感谢珍妮特·耶伦（Janet Yellen）与罗伯特·阿克洛夫（Robert Akerlof）给予的许多评价和建议。

据。此时，我们应该忽视观察所见，因为经济表现得就像是完全竞争的。

虽然这种"实证"方法论可能适用于一些领域（例如物理学），这些领域实验相当容易，但是对于像经济学这样的学科它可能不是好的方法论，因为在这些学科内假设检验近乎不可能。我很难想象出对于如何进行经济学研究的更差处方。当然，现在经济学家确实做实验，但这类实验通常并不为弗里德曼方法论批评所接受。所有实验中的环境都是为特定目的而设计的。而且实验对象很少是相关人群的随机抽样。对现实进行的经济统计的本质进一步增加了假设检验的困难。用统计数据检验经济理论，经常遭受理论与计量检验模型设定间联系过于松散的问题。即使只有一个内生变量的检验对于计量经济学家来说也包括大量的独立性选择：例如，在任何时间序列检验中，计量学家都必须确定因变量、至少一个自变量、领先和滞后期、估计的时期、函数的形式以及误差项的自相关性等。理论通常很少受到这些问题的约束，因此似乎可以在各个范畴下都做出多重选择。而对于计量经济学家，每个范畴只有四个可能选择，那就要做超过 4 000 个独立的可能性设定。在缺少自然实验的条件下，识别通常要求估计一个多变量方程组系统。通常，如果内生变量有约 m 个设定可能，n 个这样的内生变量需要同时被得到，那么可能的设定就是 m^n 量级的。我们已经看到 m 很可能已经很大，那 m^n 将是巨大的量。因此，不必奇怪，那些以商业媒体（如《经济学家》）和官方报告（例如《总统经济报告》）为代表的实用经济学者明显很少在其表述中使用主要经济参数的估计。

面对假设估计的上述困难，经济学家必须做机会主义者。依我看，正式的实证方法论轻率地抛弃了对我们来说最重要的信息。当然，我们应该追求假设检验和参数估计的标准正式方法（如计量经济学），但是我们也必须密切留心这一工程的内在矛盾。这意味着我们也应该利用一切其他可得的有利条件，因为假设检验的正式方法，以其所能贡献的程度来说，仍需要比我们理想所愿还要多的智慧。

经济学家通常认为，其他人有足够的能力从其自身经验出发外推出更宽泛情景下他们如何受到市场和经济条件的影响。理性预期的标准假说实际是假设，公众的决策就像他能完全理解经济行为的所有方面，除非是当前不可知的冲击。几乎可以确定，这个假设高估了公众估计真实经济模型的能力。而可以确定的是，一种共识是训练有素的经济学家无法判断亲身经验与经济结构间的联系，这一点却体现了另一种保守的表述。本文集中的论文都是基于这样的保守判断。所有论文都是基于作者和读者构建现实和经济结构特征间联系的能力。

因此，宏观经济学部分的第一篇论文以及后续论文都是基于垄断竞争来构建宏观经济模型，这一点并非偶然。弗里德曼关于实证经济学的论文不只是关于正确经济学方法特性的一个一般论述，而且也是一个特别的警告，以防读者被误导——即使经济"看起来是"垄断竞争的，但经济模型仍应该是完全竞争的。很骄傲，我是那些被误导的人之一。垄断竞争的运用只是充斥在本文集中的经济学现实主义方法的一例。

弗里德曼督促我们考虑经济模型时不要考虑"现实性（realism）"，除非模型的预测被统计检验所拒绝，与此相反，我建议经济学家应该把对模型的关注限制在与微观经济行为的细节相符的方面。可能弗里德曼的正确点在于这种方法论并不符合实证主义理想，但是也没有"非科学化"。相反，我认为大多数科学是从微观结构推论宏观行为。在很大程度上，科学的进步是由于微观基础的发现，由很小的结构推断出大的方面。

因为自然在其很小水平复制自身，所以微观结构的研究当然可以引致对宏观结构的理解。自然在其原子水平、分子水平和生物学意义上的细胞水平复制自身。因此，很多（并非所有）科学都涉及对微观结构的研究，并依赖于这些微观结构来解释更大规模的问题。

对我来说，关于微观与宏观间联系的最生动的例子就是生命自身的结构。克里克（Crick）和沃森（Watson）[①] 正确地推测，如果他们可以描述一单个DNA分子的微观结构，他们就可以解开生命之谜。DNA分子结构与生命体产生和复制方式间的对应性是人类知识中最美丽的发现之一。它意味着，克里克和沃森的设想实际上非常正确。

不过，这些对于社会科学有什么启示呢？标准的经济学方法，强调对人群的统计分析，并认为对单个分子的深入研究只是无意义的"案例研究"。在DNA的例子中，我们知道相反的观点是正确的：因为DNA是决定所有生物体细胞的样本，而且通过复制，一个分子并非传递所有信息，而是传递大量信息。

有什么理由相信经济行为和经济单位是不同的吗？经济决策可能不像生物过程那样进行复制，但是科学广泛地研究微观结构的基本原因可以运用于经济学。个体经济单位，一个企业、一个消费者或者一个雇员，他的行为方式是出于某个原因。因此，发现经济单位为什么那样决策的原因非常有意义。

标准经济学方法论认为，不可能从深层的案例研究中推论出个体决

[①] 正如沃森（Watson，1969）作出的精彩描述。

策者的动机。不过，难道这一问题不应该是实证的，而不是先验的吗？人类学家和社会学家认真地进行案例研究，因为像测谎一样，人们发现很难掩盖自己行动的真实原因，即使在他们有意掩饰之时。如果事实如此，那么人类行为的最好信息或许来自于对个体行为的近距离观察，而非来源于人口统计分析。这一理由充分肯定了比利（Truman Bewley, 1999）对康涅狄格州工资制定者进行深度访问的研究方法。但是，这种方法并不被看作最好。

在这个英式花园式文集中，隐含在所有论文下的联系在于，他们运用了共同的研究方法，即对微观的复制将影响较大规模的事物。为了成序，现在该对文集做个概览，顺序察看一下每篇文章。我会总结出一些评价，回顾这些论文的方法与经济学标准观点间的差异。

微观经济学

信息不对称

本文集由《"柠檬"市场》开始，此文考察了当买卖者信息不同时如何保证质量的问题。二手车市场被用作阐述这一问题的背景，其中对于二手车的质量，卖者倾向于比买者有更多的信息。如果好车和坏车以相同的价格出售，车主则倾向于出售坏车而不是好车。二手车的潜在买主怀疑市场中所有的车都是坏车，从而他们会压低其意愿支付，这会进一步降低好车的出售意愿。在这种不断循环下，买者和卖者间的互动甚至会导致整个市场的失败。

二手车的例子特别反映了这些文章的方法，即探究那些普遍存在的经济特征的后果，令其明显正确。许多发达国家的成年人能够依赖于个人经历理解二手车的买卖问题。《纽约时报》的一个近期专栏甚至断言，在20世纪60年代关于《"柠檬"市场》一文发表时，汽车像摇滚乐一样是美国文化的一部分。因此，此市场的行为（以及其中的信息不对称的影响）对于每一个读者都是非常熟悉的了。

当然，在二手车市场中的买者问题在其他市场中至少会以比较低的程度发生。每个市场中，商品的买者必须用某种方法确认商品质量与其预期大体一致。怎样保证商品的质量是每个市场必须想方设法回答的一个核心问题。

为什么经济分析会忽视这样一个明显的问题？我个人的观点是，《"柠檬"市场》一文的潜在创新在于其方法论，在20世纪60年代非常少见。该文设计的模型就是为了抓住一类例子中的共同结构。彼时，只有少数经济学家，包括那些发现垄断竞争的学者，能够自然地将此方法运用于经济分析。而进行经济研究的标准理论方法却是专门对完全竞争模型进行修改。而且，经济学家根本上只对数量和价格感兴趣；某种程度上，只是以某种未详加说明的方式、简单地假设质量问题可能无关紧要。自那时起，从对不对称信息的进一步分析出发，之后是引入按经济结构修改的各种博弈，构造符合例子的理论这一方法开始越来越普遍，至少在微观经济理论中。《"柠檬"市场》（及文集中所有其他文章）与同时代经济理论在思想倾向上的差异，可以类比于我与其他经济学家对于竞争性理论中均衡存在性的证明（Debreu，1959）上的观点差异。对于某些经济学家（Lindbeck，1985），竞争性均衡的存在性被证明是经济理论的基石。按照我的观点，证明的完成只是在一个已经被很好理解的理论后加个句号罢了。除此之外，这个理论已被不当地运用了。我认为，通过竞争性一般均衡模型来分析经济的大多数尝试是被迫的：他们通常潜心于强加经济学家的秩序的观念到经济系统中，而并没有足够地关注经济系统本身。类似《"柠檬"市场》的经济理论和类似《价值理论》的经济理论之间的区别就是我们在一开始提出的英式花园/法式花园二分法。①

《"柠檬"市场》的基本信息在于，信息不对称令达成交易变得困难。市场在不存在信息不对称时能够实现交易的收益，现在可能失败。若市场被严重影响，则政府干预可以提高福利，例如由政府为年老者提供医疗保险和证券监管。而且，大量私人市场制度如担保、重复交易等都可以用来保证质量，这些机制又意味着来自市场势力的问题。

我在1966—1967年之间写了《"柠檬"市场》一文，这一年是我在伯克利度过的第一年，而且在那一年末把文稿寄给《美国经济评论》，但很快就遭到了拒绝。编辑的退稿函未附带任何审稿人报告（或许这是非对称信息的一例）。他的信写道，《美国经济评论》不发表那么细琐的论文。我在印度度过了1967—1968年的学术时光，这段时间我修改了这篇论文，加入了有关经济发展的内容。我把新版本首先寄给了《经济研究评论》，后又寄给了《政治经济学杂志》，也先后被拒绝。这些编辑认为，如果这是经济学，那经济学会是非常不同的东西。在我1968年第四次尝试时，终于得到了《经济学季刊》的采用通知。

---

① 在研究生课程中，这一两分法也符合第一年研究生微观经济学课程对于博弈论/信息经济学与一般均衡/古典理论之间的标准划分。

种姓与身份

文集中的下一篇文章,《种姓经济学、老鼠竞赛经济学和其他悲惨传说》(简称《种姓与老鼠竞赛》),在很多方式上反映了《"柠檬"市场》被接受的困难。《"柠檬"市场》被接受的困难导致我没有迅速探究其进一步的含义。首先,1967—1969 年我最早的论文已经被接受而且修改完善。其次,尽管我确实看到将不对称信息引入市场之中是经济理论引人注目的变化,但编辑和审稿人对此缺乏热情的事实仍令人沮丧。不过,我也觉得正是难以被别人接受导致了我享受着以自己的速度继续这项研究。在 1971 年秋天写作老鼠竞赛模型时,我没有预料到斯彭斯(Michael Spence)已经完成了他的信号模型,且更为复杂。我在自己文章中称为指示器(indicator)的东西,斯彭斯称之为信号。不过,在《种姓与老鼠竞赛》中,有一个创新就是种姓均衡。我在那时候和准备这本文集的过程中,都知道把信号的作用放入一篇文章中是被迫的。这又是之前发表《"柠檬"市场》过程中遇到的困难带来的指示,我担心《种姓与老鼠竞赛》只能作为一篇论文的附录,而不会明显地出现在文章的核心部分。现在当我写这篇引言时,我仍然相信,我们从种姓经济均衡中看到的真相和《"柠檬"市场》中的理论一样重要。

种姓均衡的核心思想是,种姓行为的规范可以胜过人们进行个人福利最大化的边际决策。结果是,均衡可以出现在供给(只决定于经济考虑)不等于需求(只决定于经济条件)的地方。种姓规范自身也是决定经济均衡的主要因素。对经济理论的挑战在于要回答为何臣服于种姓规范,而不是按照自利的方式获得其经济利益。对于如何保持种姓均衡,论文的逻辑至少为现代博弈论所接受:那些无法坚守住种姓规范以对抗不遵守者的人,自己就不再遵守种姓规范,并应该被剥夺种姓。因此,保证种姓习俗会给每个人带来利益,没有人会不遵守。现实中,除了像最坏巫师狩猎(参见缪(Mui, 1999))的极个别环境下,我估计对高级破坏习俗者的惩罚从不会发生。这些更高等级的惩罚难于保证,因为很难清楚地描述下述情况:某人应该已经惩罚了违反种姓习俗行为但没有那样做。

有趣的是这篇文章和大多数其他经济理论间的方法论区别。大多数经济学家希望他们的假设尽可能少。而弗里德曼建议将这种节俭度作为判断理论优劣的标准。相反,我认为一个理论的首要目标是能否正确的描述出想要描述的环境的性质。因为我把种姓规范看作行为的重要独立决策因素,所以我认为把它排除出模型之外在科学上是错误的。

种姓规范均衡概念导致了两个方向。第一个方向,需求和供给间出现缺口的可能性，为失业提供了一种可能解释。到一定时候，这一观点发展为效率工资理论，这一点我将在回顾本文集的宏观部分时述及。不过，更直接的是，种姓模型引出的问题是什么东西保证了均衡中对规范的遵守。在最初的论文中，均衡特别不稳定。当种姓规范与某人利益相反时，他遵守了种姓规范，因为如果他遇到的是遵守种姓规范的人，那么他就会被惩罚。施行惩罚的人之所以这么做是因为如果他也不遵守种姓规范，那么他也会被惩罚。种姓规范要求，它应该惩罚那些最初违反规范者。这一均衡之所以特别不稳定，是因为一小群人可以形成一个分离出来的社会，在不遵守规范时相互达成交易。在美国历史上，清教徒和马萨诸塞殖民地的创立者们就是这样的群体。但是这些马萨诸塞荒野的无畏殖民者描述了一个比初始模型给出的更高的分离成本。

《在传统导向的、随机贸易椰子生产者中存在的歧视和地位工资》一文修补了这一问题；它提出一个模型，相当程度地弱化了种姓规范均衡所需的条件。在此模型中，分离通常意味着放弃了来自一个人最好的交易伙伴带给他的正的特殊收益。这与瓦尔拉斯模型不同，瓦尔拉斯模型中最好交易伙伴和第二好的交易伙伴带来的收益一样。此模型也作出了进一步的假设：那些传递给你正收益的最好的交易伙伴是从整个人群中随机抽取的。这一模型符合戴蒙德（Peter Diamond，1982）模型中的少量交易者经济，而不是瓦尔拉斯均衡的经济。这样，种姓规范更容易得到维护。个人遵循种姓规范，因为他实际上害怕其随机交易伙伴会在他不遵守种姓规范时抵制他。因此，即使有大量决策者想要违反种姓规范，不愿意惩罚那些违反规范者，规范的潜在违反者仍然不会那样去做。我相信此模型描述了农村地区种姓规范的强化过程，尤其是美国南部的种族歧视传统。

我和克兰顿（Rachel Kranton）合作的论文《经济学与身份》更进一步研究了以下思想的经济后果，即人们应该怎样行动的规范在决定他们实际行为中发挥着作用。克兰顿为《种姓与老鼠竞赛》与《经济学与身份》间构建了一个睿智的桥梁。这篇新文章的思想来源于社会学和心理学中的重要思想——人类呈现出集体观念。在谢里夫等人（Sherif et al.，1961）的经典强盗洞实验中，在俄克拉何马的一个州立公园里，一群正常的11岁男孩被分成两个群体，他们迅速建立了对自身群体的强烈忠诚，以及对另一群体的敌意。塔杰菲（Tajfel，1978）及其追随者已经证明，团体依恋甚至会发生在最低条件下，即人们知道他们的团体的建立只是一个随机选择的标签。[1]身份和社会类

---

[1] 对这篇文献的一个评论可以参见哈斯拉姆（Haslam，2001）。

属的概念或许既是社会学的基础,也是经济学的供给需求的基础。按照这种观点,人们把自己和其他人划分进社会类属中,从而确定自己的身份。这些社会类属具有理想类型的示例,来表明此社会类属中的人应该如何行动。①

《经济学与身份》使用了身份、社会类属、惯例、理想型等概念引入五个新思想到经济学之中。第一,人们对于行动的偏好是依赖于他们所属的社会类属的。第二,这些偏好也依赖于与其社会类属对应的行为惯例。由是,因为人们通过这些惯例(在之前我称之为种姓规范)取得认同感,所以他们倾向于遵守之。第三,也存在外部性。当一个社会类属中有其他人不遵守他们应有行动特征的惯例时,决策者就会损失身份效用,并且有时他们(至少部分地)会通过某种惩罚违反者的反应来重塑其身份。这给出了上一篇论文中惩罚违反种姓规范的一个更自然的原因。这更简单、更真实。第四,在很多情况下,人们可以选择其社会类属。这也确实是我们每个人做出的最重要的生活选择。第五,或许同样重要的,人们也可以控制别人的身份。

《经济学与身份》也证明了身份在分析劳动市场重要特征时的重要性。在性别歧视的身份模型中,基本的偏见来源于有些工作类型是女性的而非男性该承担(或者相反)。女性(男性)被认为不该做男人(女人)的工作。身份模型也为经济学提供了对于美国黑人歧视的解释以及对于高吸毒、犯罪和婚外生育率的解释。遵循黑人问题研究中的主要理论,我们把美国种族歧视的严重性归因于非裔美国人对低回报反文化身份的自然选择,他们的选择是对白人拒绝的回应。在身份模型的进一步应用中,阿克洛夫和克兰顿(Akerlof and Kranton,2003)指出身份在组织理论中的作用:成功的组织赋予人们办公室(工作),在其中他们设定身份。这种确认意味着工作的持有者希望符合其办公室的理想行为。在成功的组织中,雇员具有这些身份确认,使得他们会为满足组织的目标而努力。这一分析也可以应用于学校,那里只有一个特殊形式的组织。它可以解释为什么有的学校成功,而另一些学校失败(Akerlof and Kranton,2002)。与教育学者一样,我们将学校的成功主要归因于学生对于理想学术类型的普遍接受。

收入再分配和家庭结构经济学

之前的三篇论文采用了一种研究如歧视和贫困的经济学等社会问题

---

① 对于一个给定类属,对于应该如何行动可能并非所有人都一致:这可能也要依赖于个人特征和社会背景。

的方法，利用社会规范来确立均衡。不过这本文集第一篇的信息经济学也是用来处理社会问题的。《"标识"经济学及其在最优所得税、福利计划与人力规划中的应用》一文描述了政府对贫困人口进行资助的经济成本和收益。通过支出计划资助穷人的成本估价错误地估计了转移支付的成本。这些成本并非给被资助者的货币，而是为筹措资助金而征收的高边际税率带来的无谓损失。

一个简单的公式说明了这类扭曲可能非常之大。在线形负收入税条件下，边际税率一定等于两项之和。第一项是政府收入与国民收入之比（通常大约为 1/3）。第二项是最低支持水平与人均收入之比。通常福利支持水平使这一项也大约为 1/3。结果是，一个合理负收入税收计划下的边际税率大约为 2/3。出现如此高的边际税率是因为需要补贴支付给那些没有薪水的人的收入。它们已成为负收入税收计划的阿喀琉斯之踵。

不过在美国，穷人确实接受了显著的福利支付，而对大多数人来说，边际税率也低于 2/3。如何做到这一点呢？如果政府理解个人收入在没有税收时会是多少，这一问题就能轻松求解：这样就可以给那些低收入者一笔转移支付。但存在着信息不对称问题，因为政府无法先验地知道收入水平。因此，政府只能做次优的决策。政府会给那些看上去特别需要帮助的群体（例如那些无法进行健康检查的人）加以"标识"，并且给予他们比其他人更优惠的税收计划。通过这样"标识"人群，政府避免了提供给所有人最低支持，并为回收这巨大的收入损失而增加边际税率。与负收入税相比，"标识"允许对穷人的高水平支持以及对剩余人群的低边际税率。此文中，我认为实际上美国的福利系统就是以这类原理为基础构建出的混杂体。我们允许福利系统的扭曲和不公（例如对福利进行投保资格的要求）作为妥协，以保证低边际税率和对那些被"标识"的穷困者进行高水平的支持。

这种收入支持理论自然会主张所得税扣除。对于那些得到所得税扣除的人，税收的激励为正，而对于剩余人群，所得税扣除政策带给他们的更高边际税率实际提高的幅度是非常之小的，因为幸运的是，只有相对很少数人满足低收入者的条件。埃尔伍德（David Ellwood, 1988）曾特别支持所得税减免的好处，但我在原文中却无法看到。EITC[①] 的提高是 20 世纪 90 年代初最成功的政策之一。

在美国，贫困有两个来源。一个来源是因低技能和其他不幸带来的

[①] Earned Income Tax Credit 的缩写，即收入所得税减免——译者注。

低收入。而家庭结构同样重要。单亲家庭的贫困率是双亲家庭的许多倍。因此，考虑最优福利系统的性质，"标识"的自然方式是区分是否为单亲家庭。不仅单身母亲和单身父亲很普遍，而且未婚生育在20世纪六七十年代快速增加。按照保守主义的观点（参见默里（Murray, 1984））, 这些变化是福利支付越来越慷慨的结果。依照这种观点，贫困女性只不过是对被提供的福利做出了反应——进行未婚生育。不过，其他原因也可以解释这一变化。众所周知，在那一时期，附在未婚生育之上的耻辱意义也在急剧地下降。

我和耶伦（Janet Yellen）、卡茨（Michael Katz）合写的《对美国未婚生育的一项分析》讨论了这种耻辱观念下降与美国未婚生育上升间的关系。在实证上我们发现，统计显示几乎与堕胎合法化和未婚女性避孕方法的引入同时，奉子成婚率显著下降。奉子成婚率是指那些怀孕女性在孩子出生前9个月内结婚的比例。这些统计结果支持卢克（Kristin Luker, 1991）的观点，过去年轻男女有未婚性经历，但是通常他们都有一种理解，就是一旦怀孕，男人要娶她的女伴。随着口服避孕药和堕胎合法化的出现，未婚性行为更为提前。而且更少有怀孕就结婚理解的需要了。堕胎合法化意味着怀孕女性不一定非要产下孩子。而随着口服避孕药的出现，怀孕更少被看作是"男人的错误"。在一个相互强化的反馈路径下，未婚生育越普遍，赋予其上的耻辱意义越低，而这又进一步增大了未婚生育的趋势。

带有"标识"的福利系统被认为应得到改良，这篇文章讨论此问题的增加。此文也与关于福利系统作用的保守主义观点相抵触。保守主义者认为，福利和未婚生育的同时上升意味着福利的变化是原因。与此相反，我们的文章认为，性关系的去宗教化是一个冲击。这一冲击也导致一旦怀孕就结婚的社会习俗的消失。在这样的环境下，福利的上升就是一个救生员。那些流落街头的妇女儿童得到了帮助。我们的理论认为，削减对于贫困单身母亲的福利可能无法导致未婚生育的显著变化，不过这样的削减将严重地降低不幸母亲和孩子的收入和福利。

单亲和未婚生育的增加对美国的社会福利有进一步的意义，正如我们在《没有孩子的男人们》一文所述。如果女性较晚结婚甚至不结婚，则男性也要如此，这并非巧合。在1964年，25岁的高中学历男性中只有20%未婚；而到1989年这一数字加倍，成为了50%。1964年25岁女性中只有10%没有结婚，但这一比例在1989年扩大了三倍，达到30%。父亲身份的变化也令人震惊。在1965年，25岁12年教育程度的男性中大约1/3生活在没有孩子的家庭中。家庭结构的这些变化可能已经影响了年轻男性的行为，因为他们通常在成家有子后安定下来。家庭结构的变化可能在 20 世纪 60 年代伴随着性习俗变化的毒品滥用和犯罪潮中扮演了重要的角色。这两篇论文（《对美国未婚生育的一项分析》和《没有孩子的男人们》）对社会问题的分析有一个共同的基础。注意它们都强调习俗变化的影响。保守主义的观点是以价格理论为基础的：未婚生育的增加是因为货币回报上升。相反，我们的观点是未婚生育增加初始是因为"技术"的边际变化，生育控制和堕胎合法化的出现。而因为未婚生育上升和其去耻辱化（社会习俗的变化）的相互作用，未婚生育上升更多。类似地，我们认为 20 世纪六七十年代犯罪和吸毒增加的一个主要原因是美国年轻人理想类型的变化。60 年代早期，25 岁左右年青男性的理想类型是结婚生子型；而到 70 年代末，理想类型是大摇大摆的单身汉。

经济学与心理学

自从这些论文开始，经济学已经改变了。20 世纪 60 年代的经济学从不认真考虑信息和由此导致的外部性。经济学也不考虑社会和心理因素。在卡尼曼（Kahneman）和特沃斯基（Tversky）之前，决策被假设是基于对信息的无偏使用。而或许作为对决策的一个良好表述，这一假设也排除了心理学家感兴趣的一切方面。心理学大部分描述的是认知和情感偏见导致的错误决策。

与威廉·迪肯斯（William Dickens）合写的《认知失调的经济后果》以及《幻觉经济学》两文中，人们选择信念，在因错误信念的决策误差导致的经济损失和此信念带来的舒适、快乐间权衡。① 在此意义上，《认知失调的经济后果》一文可以解释大量经济现象，尤其是无法坚守安全标准。《幻觉经济学》一文证明了因舒服而选择信念给公共财政带来的后果。在一个民主社会，个人对于公共议题的错误信念给他带来的损失几乎为零（就是成为边际投票者的可以忽视的机会）；而这一信念给他带来的快乐却是显著的。因此公众的投票没有理由考虑公众关心的信息，而只会最大化个人因不知道而带来的舒服程度。所以说关于公共政策的投票专家可能极少。

把《认知失调的经济后果》、《幻觉经济学》和前面的论文《经济学与身份》做个比较很有意义。前两篇论文的基本机制在于有偏的信念，因为人们选择信念的目的部分是令自己比较舒服。相反，在《经济学与身份》一文中，人们并非选择信念，而是选择身份。他们选择他们想要

---

① 在本纳布（Benabou）和泰罗尔（Tirole）的工作中，个人选择偏好以支撑自己的信心。

成为谁以及他们应该如何行动的观念。不过，身份不仅与效用的变化有关，还与有偏的信念有关。当塔杰菲的实验参与人知道自己被随机地分进两组之一时，他们就把自己定位于他们自己的群体。但是这种定位也揭露在有偏的信息使用中。实验参与人也相信他们自己群体的人数更多。

身份给出了关于信念被有偏吸收的确切机制，这可以用《幻觉经济学》中的文化解释来说明。此文援引此类偏见的一个例子，格尔茨（Clifford Geertz，1973）叙述了在1909年落后的摩洛哥，一位法国官员、一名犹太商人和一个本地部落酋长间的文化误解的滑稽故事。法国政府不可能懂得那名犹太商人牵走500头羊是为了补偿该酋长的部落在袭击犹太人的帐篷时杀死他一名客人的过失。那名法国长官将犹太人投入监狱是因为他觉得500头羊是凭借武力抢走的。《幻觉经济学》将这种行为解释为文化偏见。此解释是正确的，不过身份的概念可以对法国长官的错误给出更确切的解释。法国长官把自己归类为法国人，对于商人和酋长应该怎样做有个理想的标准（当然是高贵的法国人的行为模式）。把这种标准放入两人的交易中，法国人当然难以想象酋长把羊给犹太人是一种公平的交易。类似的认知偏见也发生在各种情景之中。威利斯（Paul Willis，1977）的"小伙子们"是法国一个工业城市一所语法学校的工人阶级年轻人，在他们从语法学校毕业的前一天喝起酒来。老师们不明白为什么这些年轻人不等到第二天毕业之后再喝酒。他们的中产阶级身份使得他们无法想象出这些年轻人和他们自己的动机间的差异。自20世纪80年代以来，身份的概念比这些论文中论述有偏信念时得到了更加深入的解释，因为身份允许刻画出为什么人们持有一些信念比持有另一些信念时感觉更加舒服。因此，"身份"给出了偏见的一个自然来源。在身份限制下，人们想要表现为他们所属的社会类属的理想特征。当他们与其他人有不同的社会类型时，他们的自然偏见是把他们自己的动机强加给别人。法国军官和威利斯的教师都表现了这种形式的偏见。

在现在的回忆中，《幻觉经济学》可以写得很不同。这篇文章基本模型的主角是渔夫，正在决定对一个最优捕鱼税投票，因为鱼是一种稀缺资源。如果每个渔夫都相信他们每捕一条鱼就在耗竭鱼的供给，那么他就承担显著的快乐损失。相反，正确信念——将导致对最优税收做出政治支持——的边际收益非常微小：因为他个人的投票不会影响税收。结果，在模型中，渔夫集体选择使他们自己舒服的信念；他们避开税收。现在克兰顿和我想用不同的方法讲一下这个故事。我们将说，渔夫的理想类型是为共有物品做出贡献的人。他不会耗竭鱼资源。因为如果渔夫相信他要为鱼存量的减少负责那么他就会失去身份，所以他会选择相应的信念。但是他不会支持最优税。

作为心理学的进一步尝试，本文集也包括《延迟与服从》一文。这篇文章适合本文集，不过它并不像我发表这篇文章时自己认为的那样原创，因为很不幸那时我还不知道之前有文献对当前偏见进行了研究。[①]《延迟与偏见》一文说明了这类当前偏见的一些应用，现在这种偏见被称为"$\beta-\sigma$贴现"[②]。由于那时其应用已经被许多作者研究，尤其是莱布森（Laibson，1997）。我的论文证明评价现在和未来时的微小偏见就会导致持续的延迟。例如，人们无法在当前储蓄，因为当前消费的收益特别明显，因此他将推迟储蓄到明天。不过，明天又会被推到未来，最后从来没有储蓄过。

我相信，许多现在被归因于时间不一致行为的现象也可以用其他非常不同的代数模型解释。心理学家拉克林（Howard Rachlin，2000）关于"自我控制"的文章指出，双曲贴现和身份相关。他引用了普赖斯（Richard Price，1992）的小说《计时员》中一名毒品交易主角 Strike 的话。按照拉克林的叙述，Strike 的行动由其在那个瞬间的欲望决定，这解释了此书的诡异标题：Strike 就是一名"计时员"，他靠那个瞬间活着并为那个瞬间活着。不过在对同一现象的另一种表述下，Strike 有一个毒品交易者的身份（克兰顿和我称之为反文化或"红"身份），而这一身份的一种规则就是为那一瞬间而活。因此，延迟问题可以用另一个模型来描述。我把这看作心理学和经济学当前失败的一例。这一领域已经扩展了经济学家的视野，不过模型的范围和解释的模型仍然狭窄。经济学家和心理学家应该有更大的意愿去发展相同问题的多种观点。

掠夺经济学

文集"微观经济学"部分最后一篇研究了金融经济学：与保罗·罗默（Paul Romer）合写的《掠夺：因牟利而破产的经济黑幕》。按照这篇论文，会计规则和管制上的小失误就会导致剥削的大量机会。施蒂格勒（Stigler）曾证明市场力量破坏政府管制的能力。[③] 在我们的论文中，市场激励有类似的力量，导致相同的病态后果。文章证明，损害可以由会计利润和经济利润的定义差异造成。我们发现，所有者或管理者可能

[①] 这些文献包括斯特罗茨（Strotz，1956）、费尔普斯和波拉克（Phelps and Pollak，1968）、塞勒和谢夫林（Thaler and Shefrin，1981）以及洛温斯坦（Leowenstein，1987）的经济学论文。对双曲贴现的心理学研究可参见安斯利（Ainslie，1992）的总结。

[②] $\beta-\sigma$贴现的术语来源于当前贴现率假设，为β和σ之积，比所有未来贴现率σ要大。

[③] 参见佩尔茨曼（Peltzman，1993）对施蒂格勒论述管制的精彩评论。

会携款潜逃。在最简单的例子中，如果会计规则允许，他们会在第一阶段支付超过企业经济价值的股利，而在以后破产。这样的策略导致了极端错误的激励：一旦企业明显要破产，所有者就会被支付所有可得的支付，而无论企业的代价。简单点说就是，所有者们在掠夺。管理者有这样的激励，因为一旦企业破产，企业收入的边际回报给予管理者的部分为零。在这个例子以及其他类似的例子中，本文证明了经济系统对于会计规则的敏感性。

通过证明企业可以利用那些即使很小改变最优经济定义的会计规则的方式，这篇论文在本文集剩余部分的理念之内。它又给出了一个隐含的微观结构可以导致出人意料的宏观效果的例子。在"剥夺"一例中，这些宏观效应的出现是因为市场力量创造了利用会计不一致的激励。

宏观经济学

交错价格制定和阈限—目标管理的货币需求

正如之前描述的，宏观经济学文集开始于一个交错价格和工资制定模型——《相对工资和通货膨胀率》。这一模型在此论文发表时还是新奇的，到现在模型的变形已经成为凯恩斯主义经济学的核心框架。厂商是垄断竞争者。最重要的，他们交错定价，表示为两类企业交替以两个时期的间隔调整价格。在最简单的模型中，厂商的生产中没有劳动并且厂商交错定价。在更复杂一点、现实一点的模型中，价格是对劳动成本的加成并存在交错工资而不是交错价格制定。

厂商是垄断竞争的、工资指定（或价格制定）是交错的以及工资由厂商和工人的谈判所决定，以上三个基本假设可以很好地回答古典经济学家的论断：货币供给的可以预见的变化对于均衡产出或就业没有影响。正如后面将要进一步讨论的，古典经济学认为，货币供给的可预期变化是中性的，因为它会引起工资和价格的同等变化从而使实际变量不变。货币中性的古典论断在没有货币幻觉的条件下完全正确。但是此模型显示，仅仅很小程度的货币幻觉就足以导致古典论断错误。此模型中货币幻觉的来源只是两个时期制定价格的间隔下价格（或更复杂一点，工资）的不变性。

确实，弗里德曼曾天才地预见到垄断竞争会成为挑战其宏观经济学的基础。在后来的发展中，泰勒（Taylor, 1981）很大程度地简化了我的模型中的数学；而且他运用了理性预期，而不是适应性预期。卡尔沃

(Calvo，1983）通过假设企业在给定时间间隔随机改变价格而进一步简化了数学。这两个发展促使模型成了现在的样子。

这篇论文写于理性预期挑战宏观经济学之前。因此今天它肯定看上去有点怪异。如果让我现在重写，我会强调模型在通胀和失业短期权衡方面的含义，即使存在理性预期。实际上这确实就是后来泰勒所做的工作。按我现在的看法，在这篇文章中我对于通胀失业长期权衡存在性的论断是错误的，因为我认为这一权衡在模型中是极端小的。在此模型中，在零通胀下，产出和通胀间的长期边际权衡也恰等于0。就在之后不久，比尔·迪肯斯（Bill Dickens)、乔治·佩里（George Perry）和我（如下）发现类似的模型可以得出显著的通胀失业长期权衡，尤其当通胀很低的时候。

后两篇论文代表了当代凯恩斯主义宏观经济学重要发展方向的开端。它们在精神上与交错价格和工资制定相似。我们已经看到了交错工资和价格制定如何改变宏观经济学的动态特征。工资和价格制定的另一种模型，工资和价格只有在达到一个阈值时才调整的模型，因为引入不同方式的交错调整而导致了宏观动态的变化。例如，如果我只有在价格对最优定价的偏离达到一个上限时才调整，那么很可能我的竞争对手们都不是恰在与此同时达到上限。这意味着当我制定价格时，我的竞争对手的价格是固定的，正如当我（以及他们的其他竞争对手）的价格固定时他们正在调整价格。这当然就是交错合同影响宏观动态并导致货币政策对收入产生影响的原因。因此，我们应该可以预期到交错合同系统和阈值目标系统会有相似的宏观动态。

在20世纪70年代和80年代，罗伯特·巴罗（Robert Barro，1972）和岩井（Katsuhito Iwai，1981）研究了此类系统。巴罗（1972）详细地分析了垄断竞争和菜单成本下的价格调整。岩井写下了他开创性的（而且相当被低估的）《非竞争性动态：通胀和失业的理论分析》。自那时起，这一理论首先是由卡普林和斯普伯（Caplin and Spulber，1987）使用，接着是卡普林和莱希（Leahy，1991）。[①]这些文章证明，除了特殊情形下最优价格只是上升或下降，其他情形下定价对于冲击（例如名义货币供给的变化）的反应是滞后的。

如果对一种产品的需求也有上限和下限决定，那么对需求变动的反应也将是滞后的。我已经考察了存在购买和出售其他资产的菜单成本下的货币需求。本文集关于这一主题的两篇论文，第一篇分析了当银行余

---

① 例如卡巴雷罗（Ricardo Caballero，1993），有时与其他合作者也写了关于阈限—目标管理导致缓慢调整的论文。

额遵循目标阈值管理时的货币需求的性质；如果货币持有量下降到一个较低水平（或许是零），那么它们就被调整到一个较高的目标水平；如果货币持有量达到了一个上限，那么它们就被调整到一个较低的目标水平。在这样的制度下，货币需求不仅依赖于监管的政策，即上限和下限，而且依赖于银行账户自发的流入和流出。《货币需求的资金流转理论的微观经济基础》描述了给定上限和下限条件下，资金流入银行账户增加货币需求的方式，以及资金流出银行账户如何降低货币需求。因此，对货币的需求至少部分地取决于资金流。这给标准凯恩斯主义货币需求、供给模型增加了均衡机制。

除了确立资金流对于决定总货币需求和均衡产出的作用，货币需求的目标阈值还有进一步的好处。《欧文·费雪的遗产：货币持有量的固定阈限—目标管理的后果》一文解释了为什么财政政策和货币政策在短期改变总需求都是有效的。传统的货币需求数量论假设人们管理货币余额的策略是只对持有货币的机会成本做出缓慢的反应。这种机会成本就是利率，或非货币资产的回报。传统货币数量论也假设，当收入上升时，如果人们不调整现金余额的管理，那么货币需求就会在短期成比例上升。《欧文·费雪的遗产：货币持有量的固定阈限—目标管理的后果》一文证明，如果货币持有量按照目标阈值方式管理，货币需求短期与收入成比例的论断就是错误的。若控制货币余额水平的上限和下限保持不变，则当收入变化时货币需求不会变化。因此，货币需求有较低的短期利率弹性，因为上限和下限都是调整缓慢的，不过因相同的原因也导致了一个较低的短期收入弹性。

因此，财政政策的变化在短期将影响收入。在货币需求短期利率无弹性条件下，利率上升阻碍货币刺激的传统观点看来是错误的。与标准假设相反，收入的增加不会导致短期货币需求的显著增加，这导致利率的上升挤出财政刺激的效果。有滞后的货币需求方程的最一般形式恰好符合此理论。货币需求的存量调整具有低短期利率和收入弹性。[①]因此，此理论与数据的传统刻画一致。货币政策也将在短期有效，即使在这样短期低弹性的条件下，利率的巨大改变（继而是资产价格的变化）对于影响人们持有货币量的改变是必须的。

失业

或许宏观经济学中最基本的问题就是为什么存在"非自愿失业"。

---

① 例如参见戈德菲尔德（Goldfeld, 1973）。

毕竟，物品的价格确实令交易（例如小麦、股票市场）平衡了供给和需求，那为什么工资就不能令劳动的供给和需求达到平衡？我们再次遵循文集中每一篇论文的方法，用工作和雇佣的细节特征来解释这一现象。

一个新古典解释证明了为什么工人可能无法在任何工资下获得工作，无论多低的工资。例如，雇佣一个习惯于邋遢的人来修复一张14世纪的价值连城的名画，这是错误的决定，而无论他要求的工资多低都不会被雇佣。如果资本足够稀缺，无效率使用资本的工人将得不到工作配套的资本——就算他们愿意不要一分钱而工作。[①]因此，如果生产产出确实需要一些资本，那么就会存在失业。李嘉图以类似的方式解释了为什么最低生产力的土地会被闲置。《以"坝址"看待工作职位》一文就是以此思想为基础，不过它也将工作场所的一种重要特征加入到分析中。此文将工作场所模型化为一系列工作的组成中。即使在零工资水平，将工作配置给具有足够低生产力的低技能工人也是不合经济原则的。解释就隐藏在论文的题目中，"以坝址看待工作职位"。在基础坝址上修筑一个低质量水坝，无论多么省钱都是不经济的，因为它没有充分利用坝址。类似的，本文中失业发生在低技术工人中，因为他们的雇佣无法充分利用职位，而职位像坝址一样是稀缺资源。

对于非自愿失业还有其他解释吗？《部分视为礼物交换的劳动合同》在某种程度上首次指出，非自愿失业的存在是因为企业的道德考虑。我与耶伦合写的《公平的工资—努力假说和失业》一文，遵循相同的原理，不过用了更文雅的模型。在这两篇文章中，企业并不降低工资的市场出清水平，因为降低工资会给他们带来损失。这一超出市场出清的工资水平导致劳动供给高于劳动需求，并导致失业。这两篇论文都强调工资和劳动者道德间的关系。第一篇论文将企业和雇员描绘为参与到部分的礼物交换中：企业提供高于市场出清水平的工资给工人作为礼物；而工人则努力工作，即使在没有被监督的条件下。第二篇文章中，企业支付高于市场出清水平的工资是为了达到工人的公平工资观念。如果工人认为他们得到的工资不公平，那么他们就会减少工作的努力。

比利（Bewley，1999）对康涅狄格州薪酬制定的参与者的访问，严格地支持企业因道德顾虑而不会在衰退中削减工资的观点。比利（1999，p.2）总结他的发现："工人的行为……不总是完全理性的，尽管合乎逻辑和可以理解。一个抓住工资黏性核心的模型必须要考虑雇员认同企业和将企业目标内化为自身目标的能力。"

[①] 参见阿克洛夫（Akerlof，1969）。

此文集中的论文以及比利（1999）都强调的是，道德和认同的理论是不重合的。失业主要是由于道德考虑而导致的市场出清水平以上工资，我的这一观点来自《种姓与老鼠竞赛》。"一个社会习俗理论，而失业是其后果"（Akerlof，1980）将失业构造为与种姓均衡模型平行的非市场出清的结果；《部分视为礼物交换的劳动合同》和《公平的工资——努力假说和失业》两文都强调道德的作用，来自这种初始思想的进一步变化。不过，《种姓与老鼠竞赛》也是《经济学与身份》的进一步思考结果。以道德为基础的效率工资和身份的论文都强调人们自我意识的后果。这种自我意识导致人们的行动偏离其经济利益，因为他们持有他们自己和其他人应该如何行动的理想型。这一模型使得比利的论断变得讲得通，因他指出工人的行为"不总是完全理性的，尽管合乎逻辑和可以理解"。在这类工人反应存在时，企业为补救工人的道德而保持工资在市场出清水平以上，可能是有回报的。比利证明，这种顾虑阻止了康涅狄格州企业在20世纪90年代早期的衰退中削减货币工资。

在这里重印的两篇论文中，我证明了工资可能会高于市场出清水平。不过，比利可能已经更好地描述了非自愿失业的原因。在非常高需求的时代，大多数超过最低技术水平的工人都能相当快的找到工作。核心的问题是，为什么在衰退中有失业，或者遵循比利的标题："为什么工资没有随着衰退而下降？"按照凯恩斯主义的标准解释，工资随着供需缺口而缓慢调整，因为工人拒绝削减工资。这正是比利的发现：出于道德的顾虑，管理者缓慢地调整工资。他们认为在衰退期降低工资的坏影响将导致企业相对较小的收益，同时大大地疏远企业的劳动者。即使工人因削减工资时没有替代工作机会而没有立即离去，他们也会记得企业忠诚的这次丧失，而当经济复苏他们得到机会时离去。当然，解释工资为什么缓慢变化——按照微分方程的正式术语，解释为什么它们是状态变量——是凯恩斯主义经济学的核心。这一行为反映在菲利普斯曲线中，其中工资的变化率而不是工资水平依赖于失业率（以及其他论断）。

均衡的性质以及货币政策的有效性

本文集接下来两篇论文考察了宏观经济均衡的性质。这两篇关于失业的论文表明非自愿失业可能是一个良好定义的概念，因为雇主可能有理由支付给工人高于市场出清水平的工资。建立非自愿失业的意义性是解释产出和就业随经济周期而变化的第一步。不过古典经济学给出了经济周期理论的进一步问题。它认为，货币供给的变化对于经济均衡没有影响，从而对产出和就业没有影响。考虑一个处于给定货币供给量下的初始均衡中的经济。一个货币供给的变化，伴随着所有的工资和价格以完全相同的比例变化，这将导致均衡不变。因为所有的相对价格和相对工资是不变的，所以不会有实际需求和实际供给的变化。这样就不会存在任何实际结果的变化，包括实际产出或就业。在这样的世界中，货币数量的变化会带来工资和价格的同比变化，没有任何实际效应。货币政策是无效的。

两篇文章证明了为何古典经济学对于货币中性的论断是错误的。第一篇论文（我与耶伦合写的《黏性工资、价格下的近似理性经济周期模型》）证明，如果垄断竞争企业为应对最优价的变化而缓慢调整价格，那么它们的利润只是稍稍低于立即调整的情形。假设货币供给变化一个比例 ε，在现实中可能是一个较小比例，如 0.05。那些货币供给发生变化之前最优化的企业在变化发生后缓慢调整价格，它们因为滞后调价的损失可以忽略。因为这些企业之前都是利润最大化的，所以不再利润最大化带来的损失与其错误的平方成比例，从而近似地与 ε 的平方成比例。如果 ε 的现实值为 0.05，那么其平方就是 0.002 5。然而，如果一部分企业定价反应上类似地滞后，那么实际均衡变量的变化将与 ε 成比例。因此，因滞后调价给经济带来的影响与企业缓慢调价给自身带来的损失比，将高过一个量级。来自这种缓慢调整带来的宏观均衡的变化似乎导致了实际产出和就业与经济周期发生相同量级的变化，在美国，这典型地导致失业率变化 2～5 个百分点。总之，如果所有的企业和工人都理性地根据货币供给的变化调整行为，那么货币中性就会发生，但只要有很小规模的滞后调整就可以导致货币数量改变带来经济均衡的显著变化。①

第二篇论文（我与迪肯斯、佩里合写的《低通胀的宏观经济学》）又一次研究了古典经济学中性命题的适用性。按照中性命题，只要与其讨价还价是按照实际量完成，被预期到的通胀水平就不会对于经济的长期均衡产生影响，包括产出和就业的水平。在长期，预期通胀和实际通胀是一致的。菲利普斯曲线估计了产出和通胀的短期权衡。不过中性命题认为，这一短期权衡关系将在长期消失。长期菲利普斯曲线是垂直的。

我们的论文证明，存在一个很低水平的货币幻觉，即可使得企业对工人不喜欢削减货币工资的行为做出反应，而这将导致低通胀下通货膨胀和失业间存在明显的长期权衡关系。对美国经济的模拟

---

① 对于古典中性命题还有其他问题：特别是由于它假设每个人都能完全预见其他人对于货币供给变化的反应，包括对反应的反应。对这种严格预期假设的偏离与低水平损失带来的滞后调整相互强化，导致货币数量的变化将非常可能影响产出和就业。

和估计模型都显示，通胀率永久性地从3％下降到0时，失业率有明显的上升（按数量大约为2％）。失业的自然率理论认为长期失业处于"自然率"水平，而与通货膨胀无关，因此这一理论对于没有货币幻觉的假设非常敏感。

自然率理论也与现实相悖。它预测在严重萧条下，失业明显高于其长期"自然率"水平，预期通胀和实际通胀将相互追逐，形成相互作用的下降螺旋。在美国大萧条时期，失业率在十几年内都非常之高，而并没有发生那样的通货紧缩螺旋。实际上，从1932年到1942年，价格水平几乎是不变的。不过，按照我们的估计和模拟模型，这样的行为与自然率假说相抵触。

这两篇论文还再次证明了隐藏于整本文集中所有文章下的基本命题。该命题是微观经济结构的确切性质决定了宏观经济均衡的特征。一个例子中，较小数量的价格和/或工资黏性对于宏观经济均衡有影响，这一影响比它带给微观决策者的损失大一个量级。在另一个例子中，较小数量的向下工资黏性会导致低通胀下通货膨胀和失业间明显的权衡关系，即使在有充分预期的长期。

行为宏观经济学与宏观经济行为

文集的最后一篇论文是我的诺贝尔奖演讲稿，《行为宏观经济学与宏观经济行为》。我认为，如果经济学之中有什么应该是行为的，那就是宏观经济学。若经济是完全竞争的，则传统经济学的问题就是无实际意义的。不存在资源的非充分利用。除了非常低技术者（参见《以"坝址"看待工作职位》一文），失业只是那些不愿以现有工资工作的人的决策后果。因此，宏观经济学的问题只有在经济偏离完全竞争时才有意义。这篇文章解释了行为的宏观经济学，包括本文集的一些论文，是如何回答这些问题的，即因失业导致的资源非充分利用的原因。

结论

文集中的所有论文都与我年轻时代的经济学不同。它们也与许多今天的经济学标准不同。经济学被刻画为完全竞争、企业利润最大化、消费者是只考虑经济利益的最大化者。相反，这些论文中的模型都是来源于近距离的观察。这些基于观察而定的模型给出了我们关于经济行为的原假设。

为什么原假设是重要的？讨论什么应该或不应该构成合适的原假设似乎是奇怪的事。在一个可以方便地进行检验的世界——大部分时间拒绝原假设而一个替代假设符合现实——最初原假设的性质将不再重要。

通过足够拒绝假设的检验，错误的假设将被拒绝，而正确的假设将不被拒绝。

不过，经济学的真实性质指出，真实的假设只能构造为具有相当的一般性。实际上，这种一般性构成了标准马歇尔经济学之魅力和适用性的基础，它集中讨论供给和需求。供给曲线总是向右上方倾斜，而需求曲线总是向右下方倾斜，除了在高级微观理论中学究式讲述的对爱尔兰土豆的需求曲线右上方倾斜。因此，只有那些显著影响供给和需求曲线的因素是重要的。

这种确切性的缺失导致经济学中的大部分原假设也不可能被反驳。经济学假设就像那些希腊神话里的土生勇士们，当他们被杀死时会有新的勇士在他们的土地上全副武装。本文集的读者有多少次参加实证的研讨会只是听到拒绝原假设，而需要考虑新形式的原假设，包括关于选择偏见、误差自相关等等不同的假设呢？当原假设被拒绝时，新的版本破土而生。

不过，无法拒绝原假设的所有版本并不意味着这是个正确的模型。实际上，我相信本质上大多数有趣的经济学假设都是非常多面的，也是非常缺乏内在的确切含义的，这使得它们很少能被统计方法拒绝。在拒绝原假设很困难的条件下，我们应该以机会为导向充分地使用信息，不要轻视任何信息。作为贝叶斯主义者，我们应该同时使用非正式资源、细致的非统计研究和统计观察。

这就是本文集中所有工作的现实主义精神。我们构建的模型确信完全符合统计发现，但是他们也会是通过身边的观察而来，而这被其他经济学家太快地贬损为奇闻轶事。我们相信，经济学家的想象力和无法对于所有原假设进行检验这两个条件，会导致无论如何不可能用统计数据拒绝所有经济学家的原假设。因此，与弗里德曼和他的实证经济学解释相反，我发现自己很享受那些基于观察的模型，即使在我还没有发现完全竞争模型（作为原假设）确切的被拒绝之前。

因为缺乏检验能力，无法拒绝完全竞争一般均衡模型并不意味着它是正确的。如果身边轶事看上去拒绝这个模型，并支持一个替代模型，那么这就是我认为经济学家应该做的事。实际上，缺少检验能力给了有时充满洞见的某一版本经济理论太多的信任，而且太过频繁地给出与我们简单的观察能力荒谬不符的经济理论。如果每个人都假设皇帝一定穿着衣服，那么若皇帝没穿衣服他们也认为皇帝穿了衣服。确实，只有一个孩子看见了皇帝实际上没有穿衣服。在此意义上，我为你们提供这些孩子似的探索。

参考文献

在本文集中的参考论文（以文中回顾的顺序）：

Akerlof, George A., "The Market for 'Lemons': Quality Uncertainty and the Market Mechanism," *The Quarterly Journal of Economics*, Vol. 84, No. 3. (Aug., 1970), pp. 488-500.

——, "The Economics of Caste and of the Rat Race and Other Woeful Tales," *The Quarterly Journal of Economics*, Vol. 90, No. 4. (Nov., 1976), pp. 599-617.

——, "Discriminatory Status-Based Wages among Tradition-oriented Stochastically-Based Coconut Producers," *The Journal of Political Economy*, Vol. 93, No. 2. (Apr., 1985), pp. 265-276.

——and Rachel E. Kranton, "Economics and Identity," *The Quarterly Journal of Economics*, Vol. 115, No. 3. (Aug., 2000), pp. 715-753.

——, "The Economics of 'Tagging' as Applied to the Optimal Income Tax, Welfare Programs and Manpower Planning," *The American Economic Review*, Vol. 68, No. 1. (Mar., 1978), pp. 8-19.

——, Janet L. Yellen and Michael L. Katz, "An Analysis of Out-of-Wedlock Childbearing in the United States," *The Quarterly Journal of Economics*, Vol. 111, No. 2. (May, 1996), pp. 277-317.

——, "Men without Children," *Economic Journal*, Vol. 108, No. 447. (March, 1998), pp. 287-309.

——, and William T. Dickens, "The Economic Consequences of Cognitive Dissonance," *The American Economic Review*, Vol. 72. No. 3. (Jun., 1982), pp. 307-319.

——, "The Economics of Illusion," *Economics and Politics*, Vol. 1, No. 1. (Spring 1989), pp. 1-15.

——, "Procrastination and Obedience," *The American Economic Review*, Vol. 81, No. 2, Papers and Proceedings of the Hundred and Third Annual Meeting of the American Economic Association. (May, 1991), pp. 1-19.

——, and Paul M. Romer, "Looting: The Economic Underworld of Bankruptcy for Profit," *Brookings Papers on Economic Activity*, Vol. 1993, No. 2. (1993), pp. 1-60 and 70-73.

——, "Relative Wages and the Rate of Inflation," *The Quarterly Journal of Economics*, Vol. 83, No. 3. (Aug., 1969), pp. 353-374.

——. "The Microfoundations of a Flow of Funds Theory of the Demand for Money," *Journal of Economic Theory*, Vol. 18, No. 1 (June, 1978), pp. 190-215.

——, "Irving Fisher on His Head: The Consequences of Constant Target-Threshold Monitoring for the Demand for Money," *The Quarterly Journal of Economics*, Vol. 93,

No. 2. (May, 1979), pp. 169-187.

——, "Jobs as Dam Sites," *The Review of Economic Studies*, Vol. 48, No. 1. (Jan. , 1981), pp. 37-49.

——, "Labor Contracts as Partial Gift Exchange," *The Quarterly Journal of Economics*, Vol. 97, No. 4. (Nov. , 1982), pp. 543-569.

——and Janet L. Yellen, "The Fair-Wage Effort Hypothesis and Unemployment," *The Quarterly Journal of Economics*, Vol. 105, No. 2. (May, 1990), pp. 255-283.

——and Janet L. Yellen, "A Near-Rational Model of the Business Cycle, with Wage and Price Inertia," *The Quarterly Journal of Economics*, Vol. 100, Supplement. (1985), pp. 823-838.

——, William T. Dickens and George L. Perry, "The Macroeconomics of Low Inflation," *Brookings Papers on Economic Activity*, Vol. 1996, No. 1. (1996), pp. 1-59 and 74-76.

——, "Behavioral Macroeconomics and Macroeconomic Behavior," *The American Economic Review*, Vol. 92, No. 3. (June, 2002), pp. 411-433.

不包括在文集中的参考文献:

Ainslie, George. *Micoeconomics*. Cambridge: Cambridge University Press, 1992.

Akerlof, George A. , "Structural Unemployment in a Neoclassical Framework," *The Journal of Political Economy*, Vol. 77, No. 3. (May-Jun. , 1969), pp. 399-407.

——, "A Theory of Social Custom, of Which Unemployment May Be one Consequence," *The Quarterly Journal of Economics*, Vol. 94, No. 4. (Jun. , 1980), pp. 749-775.

——, and Rachel E. Kranton, "The Economics of Organizations," mimeo, Berkeley, CA, September, 2003.

——, and——, "Identity and Schooling: Some Lessons for the Economics of Education," *Journal of Economic Literature* 40: 4, December 2002, pp. 1167-1201.

Barro, Robert J. , "A Theory of Monopolistic Price Adjustment," *The Review of Economic Studies*, Vol. 39, No. 1. (Jan. , 1972), pp. 17-26.

Benabou, Roland and Jean Tirole, "Self-Confidence and Personal Motivation," *The Quarterly Journal of Economics*, Vol. 117, No. 3. (Aug. , 2002), pp. 871-915.

Bewley, Truman F. , *Why Wages Don't Fall During a Recession*. Cambridge, MA: Harvard University Press, 1999.

Caballero, Ricardo J. , "Durable Goods: An Explanation for their Slow Adjustment," *The Journal of Political Economy*, Vol. 101, No. 2. (Apr. , 1993), pp. 351-384.

Calvo, Guillermo A. , "Staggered Prices in a Utility-Maximizing Framework," *Journal of Monetary Economics*, Vol. 12. No. 3. (Sept. , 1983), pp. 383-398.

Caplin, Andrew S. and John Leahy, "State-Dependent Pricing and the Dynamics of Money and Output," *The Quarterly Journal of Economics*, Vol. 106, No. 3. (Aug., 1991), pp. 683–708.

——, and Daniel F. Spulber, "Menu Costs and the Neutrality of Money," *The Quarterly Journal of Economics*, Vol. 102, No. 4. (Nov., 1987), pp. 703–726.

Debreu, Gerard, *Theory of Value: An Axiomatic Analysis of Economic Equilibrium*. New Haven: Yale University Press, 1959.

Diamond, Peter A., "Aggregate Demand Management in Search Equilibrium," *The Journal of Political Economy*, Vol. 90, No. 5. (Oct., 1982), pp. 881–894.

Ellwood, David T., *Poor Support: Poverty in the American Family*. New York: Basic Books, 1988.

Friedman, Milton, "The Methodology of Positive Economics," pp. 3–43 in Milton Friedman, *Essays in Positive Economics*. Chicago: University of Chicago Press, 1953.

Geertz, Clifford, *Interpretation of Cultures*. New York: Basic Books, 1973.

Goldfeld, Stephen M., "The Demand for Money Revisited," *Brookings Papers on Economic Activity*, Vol. 1973, No. 3. (1973), pp. 577–646.

Haslam, S. Alexander, *Psychology in Organizations: The Social Identity Approach*. Thousand Oaks, CA: Sage Publications, 2001.

Iwai, Katsuhito, *Disequilibrium Dynamics: A Theoretical Analysis of Inflation and Unemployment*. New Haven: Yale University Press, 1981.

Laibson, David I., "Golden Eggs and Hyperbolic Discounting," *The Quarterly Journal of Economics*, Vol. 112, No. 2, In Memory of Amos Tversky (1937—1996). (May, 1997), pp. 443–477.

Lindbeck, Assar, "The Prize in Economic Science in Memory of Alfred Nobel," *Journal of Economic Theory*, Vol. 23, No. 1. (March, 1985), pp. 37–56.

Loewenstein, George. "Anticipation and the Valuation of Delayed Consumption." *Economic Journal*, Vol. 97, No. 387. (Sept., 1987), pp. 666–684.

Luker, Kristin, "Dubious Conceptions: The Controversy over Teen Pregnancies," *The American Prospect*, Vol. 2, No. 5. (Spring, 1991), pp. 73–83.

Mui, Vai-Lam, "Information, Civil Liberties, and the Political Economy of Witch-Hunts," *Journal of Law, Economics, and Organization*, Vol. 15, No. 2. (July, 1999), pp. 503–525.

Murray, Charles A., *Losing Ground: American Social Policy, 1950—1980*. New York: Basic Books, 1984.

Peltzman, Sam, "George Stigler's Contribution to the Economic Analysis of Regulation," *Journal of Political Economy*, Vol. 101, No. 5. (Oct., 1993), pp. 818–832.

Phelps, Edmund S. and Robert A. Pollak. "On Second-Best National Saving and

Game-Equilibrium Growth," *Review of Economic Studies*, Vol. 35, No. 2. (April, 1968), pp. 185-199.

Price, Richard, *Clockers*. New York: Houghton Mifflin, 1992.

Rachlin, Howard, *The Science of Self-Control*. Cambridge, MA: Harvard University Press, 2000.

Sherif, Muzafer, and O. J. Harvey, B. Iack White, William E. Hood, and Carolyn W. Sherif, *Intergroup Conflict and Cooperation: The Robbers Cave Experiment*. Norman, OK: University of Oklahoma Book Exchange, 1961.

Strotz, Robert H. "Myopia and Inconsistency in Dynamic Utility Maximization," *Review of Economic Studies*, Vol. 23, No. 3. (Jan., 1956), pp. 165-180.

Tajfel, Henri, "Interindividual Behavior and Intergroup Behavior," pp. 27-60, in H. Tajfel, ed. *Differentiation between Social Groups: Studies in the Social Psychology of Intergroup Behavior*. London: Academic Press, 1978.

Taylor, John B., "Staggered Wage Setting in a Macro Model," *The American Economic Review*, Vol. 69, No. 2, Papers and Proceedings of the Ninety-First Annual Meeting of the American Economic Association. (May, 1979), pp. 108-113.

Thaler, Richard H. and Herschel M. Shefrin, "An Economic Theory of Self-Control," *The Journal of Political Economy*, Vol. 89, No. 2. (Apr., 1981), pp. 392-406.

Watson, James D., *The Double Helix: A Personal Account of the Discovery of the Structure of DNA*. New York: New American Library, 1969.

Willis, Paul R. *Learning to Labour: How Working Class Kids Get Working Class Jobs*. Westmead, Farnborough, Hants., England: Saxon House, 1977.

第一部分

微观经济学

第1章 "柠檬"市场：质量的不确定性与市场机制[*]

乔治·A·阿克洛夫[**]

Ⅰ. 导　论

本文讨论质量与不确定性的关系。不同档次商品的存在为市场理论带来诸多有趣且重要之议题。一方面，质量差别与不确定性的交互作用可以解释劳动市场中许多重要制度。另一方面，本文将尽力为"在欠发达国家做生意很困难"这一论断提供基础；特别是要构建一个框架来确定无诚信带来的经济损失。本文的理论也可应用于对货币市场结构、"可保性（insurability）"思想、耐用品的流动性以及品牌商品等问题的讨论。

在许多市场中，买主利用某些市场统计数据对欲购商品的质量做出判断。在这种情况下，卖者就有出售劣质品的动机，因为提高产品质量获得的回报将被赋予受统计数据影响的整个市场销售群，而不是单个卖者自己。结果导致了商品平均质量的下降和市场规模的萎缩。同时在这些市场中也可以发现，社会收益异于私人收益。因此，有时政府的介入

---

[*] 本论文最先发表于 George Akerlof (1970), "The Market for 'Lemons': Quality Uncertainty and the Market Mechanism," *Quarterly Journal of Economics* 1970. 版权归麻省理工学院出版社，经授权再版。

[**] 作者要特别感谢 Thomas Rothenberg 所给予的有益评论和启发。此外作者还要感谢 Roy Radner、Albert Fishlow、Bernard Saffran、William D. Nordhaus、Giorgio La Malfa、Charles C. Holt、John Letiche，以及审稿人的帮助和建议。同时还要感谢印度统计局和福特基金会的资助。

有增加各方福利的可能。亦有可能出现一些私人机构，利用这种潜在的使各方福利增加的机会，从中渔利。不过这些机构从其本性来说就非原子式自由出现的，因此权力的集中虽然会带来不良的后果但还是会得以发展。

我们将以汽车市场为例对以上思想加以阐释。要强调的一点是，选择这一市场的原因并不在于汽车市场具有重要性或现实性，而是因其非常具体且易于理解。

Ⅱ．以汽车市场为例的模型

A. 汽车市场

二手车的例子抓住了问题的本质。人们经常获知新车和刚刚离开样品陈列室的汽车之间存在巨大价差，有时甚至感到震惊。饭间闲谈，人们通常把这种现象归因于拥有"新"车带来的纯粹享受。我们将给出一种不同的解释。为了能使解释清楚些，先不考虑其现实性，假定只有四种类型的汽车：新车和二手车；好车和坏车（即美国人所谓的"柠檬"）。新车可能是好车也可能是"柠檬"，当然二手车也一样。

人们在市场中买一辆新车时并不知道它是好车还是"柠檬"。但是他们知道，他们将会以概率 q 买到好车，以概率 $(1-q)$ 买到"柠檬"；根据假设，q 是生产的好车所占的比例，$(1-q)$ 则是"柠檬"所占的比例。

然而，在拥有特定汽车一段时间之后，车主对于自己车的质量就有了非常准确的认识；也就是说，车主重新赋予其车是"柠檬"的概率。这个估计要比先前的估计更为准确。可获信息的不对称性逐渐显示：现在对于卖主，他们对于汽车质量的信息比买主多得多。但是，由于买主无法区分汽车的质量，高质量车和低质量车将以相同的价格出售。显然一辆二手车的价值无法与新车相比，如果价值相同，那么将一辆"柠檬"以新车的价格出售，然后再以相同的价格买另一辆新车就有利可图了，因为新车是好车的概率 q 比旧车高。因此拥有好车的车主必定被隔离在市场之外。事实上他不仅不能得到其车的真实价值，甚至不能获得一辆新车的期望价值。

格雷欣定律（Gresham's Law）以修改版重现。因大多数出售的汽车都是"柠檬"，好车则可能根本不会参与交易。"坏"车倾向于驱逐好车（正如同劣币驱逐良币一样）。但是以格雷欣定律作类比并非完全合适：坏车驱逐好车是因为坏车以同好车一样的价格出售；而劣币驱逐良币是因为交换比率相同。但是低质车之所以能与好车以同样的价格出售是因为买者无法区分开好车与坏车，只有卖者清楚。而在格雷欣定律中，假设了买卖双方都能区分开良币与劣币。因此这个类比只是一种启发，二者并不完全相同。

B. 不对称信息

我们已经看到，好车可能会被"柠檬"驱逐出市场。而如果将商品等级进行连续分布，则甚至会出现更为糟糕的反常现象。因为极有可能最低质车驱逐次坏车，次坏车驱逐次好车，次好车驱逐好车。其结果是根本不会存在任何市场。

我们可以假设对二手汽车的需求主要取决于两个变量：汽车的价格 p，上市的二手车的平均质量 μ，或写成 $Q^d = D(p, \mu)$。二手车的供给与平均质量 μ 都取决于价格，可以写成：$\mu = \mu(p)$ 和 $S = S(p)$。对于给定平均质量，市场均衡下供给必然等于需求，即 $S(p) = D(p, \mu(p))$。通常，随着价格的下降，质量也会下降。这样就很可能在任何的价格水平下，交易都无法进行。

这个例子可以借从效用理论推出。假定只有两组交易者：组 1 和组 2。设组 1 的效用函数为

$$U_1 = M + \sum_{i=1}^{n} x_i$$

其中 M 代表的是除汽车外的商品的消费量，x_i 是第 i 种汽车的质量，n 是汽车的数量。类似地，设组 2 的效用函数为

$$U_2 = M + \sum_{i=1}^{n} 3/2 x_i$$

其中 M，x_i 以及 n 的定义与前面相同。

关于上述效用函数，有三点需要说明：(1) 如果不用线性效用函数（比如用对数效用），那么很可能陷入毫无必要的复杂代数运算中。(2) 使用线性效用可以更好地集中讨论不对称信息的影响；如果使用凹函数，我们不得不既要处理本文想讨论的不对称信息的影响问题，又要讨论不确定性对风险变动的影响。(3) U_1 和 U_2 具有特别的性质：增加第二辆车，或实际上，增加第 k 辆车所带来的效用增量与增加第一辆车所带来的效用增量是相同的。这里，为了避免偏离文章的主题，我们再次牺牲了现实性。

接下来继续假设：(1) 第一类交易者和第二类交易者都是冯·诺依曼-摩根斯坦（von Neuman-Morgenstern）期望效用最大化者；(2) 组 1 拥有 N 辆汽车，质量 x 在区间 $[0, 2]$ 上服从均匀分布，组 2 没有汽车；(3) "其他商品" M 的价格为 1。

设第一类交易者的收入（包括其从销售汽车中所得到的收入在内）为 Y_1，第二类交易者的收入为 Y_2。二手车的需求量为两组需求量的总和。如果忽略不可分割性，第一类交易者对汽车的需求可以表示为

$$D_1 = Y_1/p \qquad \mu/p > 1$$
$$D_1 = 0 \qquad \mu/p < 1$$

第一类交易者对汽车的供给为

$$S_1 = pN/2^{①} \qquad p \leqslant 2 \qquad (1)$$

其平均质量为

$$\mu = p/2 \qquad (2)$$

(为了得出（1）式和（2）式，我们用到了汽车质量为均匀分布的假设。)

类似地，第二类交易者的需求为

$$D_2 = Y_2/p \qquad 3\mu/2 > p$$
$$D_2 = 0 \qquad 3\mu/2 < p$$

而供给为

$$S_2 = 0$$

因此，总需求 $D(p, \mu)$ 为

$$D(p,\mu) = (Y_2 + Y_1)/p \qquad 如果 p < \mu$$
$$D(p,\mu) = Y_2/p \qquad 如果 \mu < p < 3\mu/2$$
$$D(p,\mu) = 0 \qquad 如果 p > 3\mu/2$$

然而，在 0 和 3 之间的任何给定的价格下，都会有第一类交易者愿意出售汽车，同时有第二类交易者愿意以此价购买。尽管如此，当价格为 p 时平均质量为 $p/2$，所以无论在任何价格下都不会达成交易。

---

① 原文是 $S_2 = pN/2$。——译者注

C. 对称信息

前述情形同对称信息的情况形成了鲜明的对比。假设所有汽车的质量 x 在区间 $[0, 2]$ 上服从均匀分布,需求曲线和供给曲线可以表述如下:

供给曲线为

$S(p) = N$ $p > 1$

$S(p) = 0$ $p < 1$

而需求曲线为

$D(p) = (Y_2 + Y_1)/p$ $p < 1$

$D(p) = Y_2/p$ $1 < p < 3/2$

$D(p) = 0$ $p > 3/2$

达到均衡时有

$p = 1$ 如果 $Y_2 < N$ (3)

$p = Y_2/N$ 如果 $2Y_2/3 < N < Y_2$ (4)

$p = 3/2$ 如果 $N < 2Y_2/3$ (5)

如果 $N < Y_2$,相比不对称信息下的情形,效用增加了 $N/2$。(如果 $N > Y_2$,第二类交易者没有足够的收入来购买所有的 N 辆汽车,此时效用的增量为 $Y_2/2$ 个单位。)

最后还要说明一点,在本例中,如果组 1 中的交易者与组 2 中的交易者对汽车质量具有相同的概率估计(尽管这些估计会因车而异),那么 (3)、(4)、(5) 仍然能描述均衡,不过需要一个细微调整:此时 p 代表的是一个质量单位的期望价格。

Ⅲ. 举例与应用

A. 保险

众所周知,65 岁以上的人在购买医疗保险时面临着极大的困难。自然而然地,会有一个疑问:为什么保险价格不能上升到与风险相匹配的水平呢?

我们的答案是,随着保险价格的上升,购买保险的人变成了那些越来越确信自己需要保险的人;因为医疗检查误差、医生对年老病人的同情以及诸如此类的情形，保险申请者比保险公司更易于评估相应的风险。其结果是随着保险价格的上升，保险申请者的平均身体条件将会恶化，因此在任何价格水平下都不会有保险售出。① 这与我们的汽车案例极其相似，即二手车的平均质量随着价格水平的下降而相应地下降。这一点同保险教科书上的解释吻合：

> 一般而言，没有适合年龄大于65岁的人的保险策略……除非是最悲观的投保人（也就是所谓的最不健康的人），所有的人都会觉得保险费用是如此之高，以至于保险不会有任何的吸引力。因此，在这个年龄段存在着严重的逆向选择问题。②

统计数据的结果与这个结论相符。尽管健康保险的需求随着年龄的上升而增长，而1956年，一项对2 809个家庭中的8 898个人进行的全国性抽样调查结果显示，参与医疗保险的人中，年龄在45岁到54岁之间的投保人所占比率为63%，年龄在65岁以上的投保人数则下降到了31%。该调查还惊奇地发现，年龄在55岁到64岁之间男性的平均医疗费用为88美元，而年龄在65岁以上的男性平均医疗费用为77美元。③ 对于这两个年龄段的人群在非保险费用支出从人均66美元上升到人均80美元的同时，保费支出却从人均105美元下降到了人均70美元。这一结论表明，保险公司在出售医疗保险给年长者时慎之又慎。

"逆向选择"原理其实隐含在所有类型的保险中。以下陈述摘自沃顿商学院的一本保险教科书：

> 持有健康定期保险保单的人可能会在他们变老或是保费上升的情况下中止合同，这一事实表明，存在着隐含的逆向选择问题。这种行为会使处在平均风险以下的客户比例过低，而索赔情况超过预期。"只要个体或团体投保者是扮演着保单持有者的角色，即可以自由选择买或是不买，可以自由选择保额或是保险计划，可以自由选择坚持或是退出"，那么逆向选择"就会出现（至少是可能出现）"④。

---

① 阿罗（Arrow）在其经典文献《不确定性与医疗保障（Uncertainty and Medical Care）》(*American Economic Review*, Vol. 53, 1963) 中并没有明确地提到这一点。他强调的是"道德风险"而不是"逆向选择"。从狭义来看，"道德风险"的出现对于政府项目和私人项目都是不利的；从广义来看，"道德风险"包含了"逆向选择"，并且赋予了政府保险计划一个确定的优势。

② O. D. Dickerson, *Health Insurance* (Homewood, Ill: Irwin, 1959), p. 333.

③ O. W. Anderson (with J. J. Feldman), *Family Medical Costs and Insurance* (New York: McGraw-Hill, 1956).

④ H. S. Denenberg, R. D. Eilers, G. W. Hoffman, A. C. Kline, J. J. Melone, and H. W. Snider, *Risk and Insurance* (Englewood Cliffs, N. J.: Prentice Hall, 1964), p. 446.

作为美国最常见的医疗保险形式,团体保险挑选出了健康的人,因为足够的健康通常是被雇佣的前提条件。同时,这也意味着,医疗保险对于最需要它的人来说是最不可获得的,因为保险公司同样有它们自己的"逆向选择"。

上述情形为医疗保健增加了一个主要的有利论据。[1]在成本收益的基础上,医疗保险可能会盈利:因为极有可能市场中的每一个个体都会愿意为自己的医疗保健支付预期的费用并且购买保险,然而却没有保险公司能够出售保单给他。这是因为在任何价格下,这都会吸引太多的"柠檬"。从这点上看来,关于医疗保健的福利经济学,同通常课堂上所讨论的花在公路上的公共支出是极其类似的。

B. 对少数族裔的雇佣

柠檬理论对于少数民族的雇佣问题,同样具有启示意义。雇主可能会拒绝雇佣少数族裔从事某些类型的工作。这种决定并非出于不理性或有偏见,而是为了使利润最大化。因为申请者的民族有可能提供关于该申请者的社会背景、所受教育的质量,以及总体工作能力的一个好的"统计指标"。

高质量的学校教育能够成为这个统计指标的一个替代;学校教育体系能提供一个关于学生素质的指标,区分学生的等级,这个指标为个人素质提供了一种比其他表面特征更好的指示。正如舒尔茨(T. W. Schultz)所言:"教育机构能发现并培养潜在的才能。除非被**发现**并得到培养,否则儿童和成年学生的能力将难以为人所知。"[2](黑体字系作者所加。)一个未受过培训的工人可能有宝贵的自然天赋,但是,在这些才能得到利用之前,还必须得到"教育机构"的认证。然而,这些认证机构必须是可信的;贫民窟学校的不可信性降低了其学生参与经济的能力。

对于那些已经处于不利地位的少数族裔,这种缺陷会使得其处境更为不利。因为对于雇主来说,很难区分这些群体中的人们的工作能力高

---

[1] 以下引用同样摘自一本保险教科书,它显示了医疗保险市场同完美竞争之间的距离:
"……保险公司必须审视他们的申请者。自然,有许多人会出于他们自己的动机,主动寻求足够的保险,这是事实。但是,在诸如意外伤害保险和健康保险这样的领域,保险公司很可能会对于那些未得到任何机构代理的主动投保者进行反复的审查。"(F. J. Angell, *Insurance, Principles and Practices*, New York: The Ronald Press, 1957, pp. 8-9.)这段话表明,保险不是一件在公开市场上出售的商品。

[2] T. W. Schultz, *The Economic Value of Education* (New York: Columbia University Press, 1964), p. 42.

低,所以他作出的理性决策可能就是,不雇佣任何少数族裔到重要的工作岗位上。这类决定就是乔治·施蒂格勒下一段话所要表达的观点:"在一个没有教育的制度下,恩里克·弗米(Enrico Fermi)也许会成为一个园丁,冯·诺依曼则可能当了一个药店中的结账伙计。"[1]

然而,贫民窟学校的工作能通过提高群体的平均质量而使整个群体受益,但并不是使单个个体受益。只有当除种族之外的其他信息也被利用到的时候,才可能会产生接受培训的动机。

此外还有一个担忧,就是经济机会局(Office of Economic Opportunity, OEO)打算用成本收益分析法来评估其项目。因为许多收益都具有外部性,培训少数族裔群体所得到的收益同时来源于提高整个群体的平均素质和提高单个接受培训的人的素质;类似地,由此得到的回报可能分配到了整个群体之中,而非仅限于个体。

C. 欺诈的成本

柠檬模型也可用来评价欺诈带来的成本。考虑一个市场,其中的商品有的是诚信地出售着,有的则不是。商品的质量有的被真实地描述,有的没有。购买者所面临的问题,当然是辨别质量。那些想在市场中提供次品的人会导致市场趋向消亡,正如我们前述的汽车"柠檬"市场中的情况一样。因为欺诈性交易具有把诚信交易赶出市场的可能性,所以这种可能性就代表了欺诈带来的主要成本。市场上存在着质量好的商品的潜在购买者,也存在着在合适的价格下出售这类商品的卖方;然而,那些企图以坏充好的卖方的出现驱逐了合法交易。因此,欺诈所带来的成本不仅包括购买者受到欺骗的损失,还包括将合法的交易驱逐出市场所造成的损失。

商业欺诈现象是欠发达国家所面临的一个严峻问题。我们的模型为此提供了一个可能的分析框架,并且描绘了所涉及的"外部"经济性质。特别地,在我们的模型所描述的经济中,欺诈行为,或者说对汽车质量的虚假宣传,使得每辆汽车损失了 1/2 个单位的效用;此外,欺诈行为使得二手车市场的规模从 N 缩减到 0。因此,我们至少能从理论上直接估计出欺诈带来的成本。

大量证据显示,在不发达地区,产品质量差异现象要远多于发达地区。例如,对出口商品质量进行控制和建立国家贸易局的需要可以被当作是一种指示器。以印度为例,在 1963 年《出口质量控制和检验法》

---

[1] G. J. Stigler, "Information and the Labor Market," *Journal of Political Economy*, Vol. 70 (Oct. 1962), Supplement, p. 104.

第1章 "柠檬"市场：质量的不确定性与市场机制

下，"约有85%的印度出口品要受到这样或是那样类型的质量控制。"①印度的家庭主妇在当地的集市上买来大米之后，还必须仔细地挑选出看上去同大米的颜色和形状都相同的碎石，这些碎石是有人故意加入的。对比美国街头市场和超市里灌装商品质量的差异，我们会发现质量差异问题在东方要比在西方严重得多。

在传统发展模式中，前工业时代中的商人成为工业化时代的第一批企业家。关于这点，记录在案的最好例子是日本②，英国和美国可能也遵循了相同的模式。③在我们的设想中，商人的一项重要的技能就是辨别商品的质量；那些能够分辨二手车质量并为其进行担保的人可获得收益，其值等于第二类交易者的买价与第一类交易者的卖价之差。这些人就是商人。在生产过程中，这些技能同样是必要的，因为在生产过程中既需要辨别投入品的质量，也需要验证产出品的质量。这就是为什么那批商人在逻辑上可能成为最初的企业家的（附加）原因。

当然，问题是企业家才能可能是一种稀缺的资源；没有哪本发展经济学教科书不强调企业家才能的重要性。其中一些还把企业家才能当作核心。④那么，假使企业家才能稀缺，产品差异将会通过两种方式阻止企业的发展。首先，因为从事贸易的回报对于将要成为企业家的人来说是巨大的，所以他们会远离生产领域；其次，单位产出所需花费的企业家时间越多，产品质量的差异就越大。

D. 发展中国家中的信贷市场

（1）通常，发展中国家的信贷市场能充分地体现柠檬原理的作用。在印度，绝大部分工业企业受经理行（managing agencies）控制（最近一项调查显示，"经理行"控制了股份有限公司净值的65.7%和总资产的66%）。⑤以下是关于"经理行系统"的功能与起源的历史记录：

南亚商业领域的管理方式保留了商人家族的功能，这是一种在

---

① *The Times of India*，Nov. 10，1967，p. 1.

② 参见 M. J. Levy, Jr. "Contrasting Factors in the Modernization of China and Japan," in *Economic Growth: Brazil, India, Japan*, ed. S. Kuznets et al. （Durham, N. C.: Duke University Press，1955）.

③ C. P. Kindleberger, *Economic Development* （New York: McGraw-Hill，1985），p. 86.

④ 例如，参见 W. Arthur Lewis, *The Theory of Economic Growth* （Homewood, Ill.: Irwin，1955）. p. 196。

⑤ *Report of the Committee on the Distribution of Income and Levels of Living*，Part 1，Government of India, Planning Commission, Feb. 1964，p. 44.

37

南亚地区很罕见的组织机构,称为经理行。当一项新的商业项目被发起(如一个制造厂、一片种植园,或是贸易公司),投资的发起人会求助于一个已有的经理行。发起人可以是印度人或是英国人,他们可以是拥有技术或金融资源,也可以仅仅拥有特许权。无论哪一种情况下,他们都会求助于经理行,因为经理行具有较高的声誉。这有助于提高他们创业的信心,并进而促进投资。①

印度工业领域的第二个特征是这些经理行是由种姓集团(或者更准确地说是种族集团)来支配的。因此,企业通常可以根据种族血缘来进行划分。② 在这样一个环境中,由于外部投资者的财产极可能被骗走,故而要么1)企业建立起诚信的声誉,在其提供的服务范围内获得垄断租金,或是2)将金融资源限制在种族内部,然后利用种族(或者可能是家族的)关系作为联系来促进种族间的诚实经营。在印度的经济史中,富有的地主没能将储蓄投资到工业部门之中,很难分辨其中的原因是1)担心投资会被其他种族控制,还是2)消费欲望的膨胀,或是3)投资回报率低。③不过至少有一点是很明确的,那就是相比于由印度人控制经理行,英国人的经理行拥有的持股人组成更具差异性,常常既有印度投资者,又有英国投资者。

(2)柠檬原理发挥作用的第二个例子涉及地方放贷者向其客户收取的超高利息。在印度,这些高利率成为了失去土地的首要原因;而所谓

---

① H. Tinker, *South Asia: A Short History* (New York: Praeger, 1966), p.134.
② 下面的表格(以及少数被联合控制的企业)表明了种族对企业的控制。资料来源:M. M. Mehta, *Structure of Indian Industry* (Bombay: Popular Book Depot, 1955), p.314。

	工业企业控制权在不同种族间的分布		
	1911年	1931年	1951年
		(企业的数目)	
英国人	281	416	382
帕西人	15	25	19
古加特人	3	11	17
犹太人	5	9	3
穆斯林	—	10	3
孟加拉人	8	5	20
马尔瓦尔人	—	6	96
混合控制	28	28	79
总计	341	510	619

而且,对于棉花工业,可以参见 H. Fukuzawa, "Cotton Mill Industry," in V. B. Singh, editor, *Economic History of India, 1957—1956* (Bombay: Allied Publishers, 1965)。

③ 关于工业利润的综合状况,参见 D. H. Buchanan, *The Development of Capitalist Enterprise in India* (New York: Kelley, 1966, reprinted)。

第 1 章 "柠檬"市场：质量的不确定性与市场机制

的"合作运动（Cooperative Movement）"，就是打算通过建立银行同地方放贷者竞争，从而阻止不断增长的失地现象。① 当中心城市大银行的贷款利率为 6%、8%、10% 时，地方放贷者却收取 15%、25%、50% 的利率。这个看上去似乎矛盾的问题，可以解释为，只有当放贷者拥有 1）保证合同履行的便利手段，或 2）借款人品格的私人信息时，贷款才能得到保障。那些试图通过在地方放贷者和银行的利率间套利的经济人，会因为吸引更多的"柠檬"而遭受损失。

上述解释可以参见马尔科姆·达林爵士（Sir Malcolm Darling）对乡村放贷者影响力的分析：

> 在印度的乡村中，放贷者通常是众多不节俭的人中节俭的那个，应该记住这一点；他的经营方式，尽管从现代观点看令人失望，但是却很适合那些随遇而安的农民。他总是很容易被找到，即使在深夜；无需烦琐的手续，也不问不方便的问题，放款迅速，并且只要支付利息，就不会急迫地催促归还本金。他同他的客户保持着紧密的私人关系，并且在许多村子里面同村民有福同享、有难同当。**利用其所掌握的客户的详细私人信息，他可以在不冒重大风险的情况下，为那些在其他地方无法获得贷款的人提供贷款。**（黑体

---

① 在这方面的主要权威是马尔科姆·达林爵士。参见他的《旁遮普农民的繁荣与债务（*Punjabi Peasant in Prosperity and Debt*）》，下面的表格可能同样具有启示：

	担保借贷利率	未担保借贷的最常见利率	谷类借贷利率
旁遮普	6%～12%	12%～24%（最常见的是 18¾）	25%
联合省份	9%～12%	24%～37½%	25%（在奥德是 50%）
比哈尔		18¾%	50%
奥里萨	12%～18¾%	25%	25%
孟加拉	8%～12%	对"尊敬的客户"是 9%～18% 对所有者是 15%	
中央省份	6%～12%	对租赁经营者是 24% 对没有转让权的佃户 37½%	25%
孟买	9%～12%	12%～25%（通常是 18%）	
信德		36%	
马德拉斯	12%	15%～18%（在无担保贷款中偶为 24%）	20%～50%

资料来源：*Punjabi Peasant in Prosperity and Debt*, 3rd ed. (Oxford University Press, 1992), p.190.

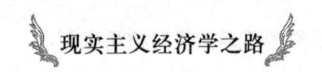

为引者所加。)①

或是看看芭芭拉·沃德（Babara Ward）的记述：

  一个香港渔村的小店店主告诉我："我会向任何定期停泊在此海湾的人提供贷款；对于我不熟识的人，如果我不了解他的全部，我会再三斟酌。"②

或是看看这个例子，在伊朗，因为轧棉公司通常能以市场利率从德黑兰的银行贷款，所以这些轧棉企业的一个有利可图的副业就是为下个季节提供借贷。但是在最初几年，由于对当地的借款人不了解，拖欠的债务造成了巨额的损失。③

Ⅳ. 抵消制度

为了抵消质量不确定的影响，许多制度纷纷出现。其中一个明显的机制就是担保。绝大多数耐用消费品都会通过提供质量保证书来向买者保证其产品具有所期望的正常的质量。我们模型的一个自然的结果就是风险由卖者承担，而不是买者。

第二个抵消质量不确定性影响的机制的例子就是品牌商品。品牌名称不仅传递了质量信息，而且赋予了消费者一种报复的手段，因为如果质量不符合期望的话，消费者就会选择减少未来的消费。新产品经常使用原有品牌名称，这就向潜在的消费者保证了产品的质量。

连锁经营（如连锁旅店或连锁饭店）同品牌的情形类似。其中，连锁饭店是一个同我们的分析一致的观察。这些饭店最经常出现在都市之间的高速公路上，至少在美国是如此。顾客很少是本地人，原因是这些知名的连锁店提供的汉堡与本地饭店比平均质量更好。同时，那些熟悉当地情况的本地顾客，通常会选择他所偏好的当地饭店。

发放执照同样可以减少质量不确定性。例如，医生、律师和理发师都需要执业证书。技艺最高超的劳动者会持有表明其水平的证书。高校

---

 ① Darling, op. cit., p. 204.
 ② B. Ward, "Cash or Credit Crops," *Economic Development and Cultural Change*, Vol. 8 (Jan. 1960), reprinted in *Peasant Society: A Reader*, ed. G. Foster et al. (Boston: Little Brown and Company, 1967). 引自142页。在同一卷中，参见 G. W. Skinner, "Marketing and Social Structure in Rural China," and S. W. Mintz, "Pratik: Haitian Personal Economic Relations."
 ③ 与磨房经理的私人谈话，1968年4月。

第1章 "柠檬"市场：质量的不确定性与市场机制

毕业证书、学士学位、博士学位甚至是诺贝尔奖，都在一定程度上起到了证书的作用。而且，教育和劳动市场本身也拥有自己的"品牌"。

V. 结　论

我们已经讨论了"信任"起到重要作用的经济模型。非正式的不成文的保证，是交易与生产得以进行的前提条件。正如我们在扩展的格雷欣法则所表明的，如果这些保证不是肯定的，那么商业活动就会遭受损失。博弈论理论家已经对这一方面的不确定性进行了探讨，这点可以从囚徒困境中发现，但博弈论还没有融入到更为传统的阿罗-德布鲁分析中。[1]然而，在商业世界里，区分质量优劣是一个固有难题；实际上这可能解释了许多经济制度，而且可能是不确定性的一个更为重要的方面。

加州大学伯克利分校
印度统计局计划处，新德里

---

[1] R. Radner, "Équilibre de Marchés à Terme et au Comptant en Cas d'Incertitude," in *Cabiers d'Econometrie*, Vol. 12 (Nov. 1967), Centre National de la Recherche Scientifique, Paris.

第 2 章 种姓经济学、老鼠竞赛经济学和其他悲惨传说*

乔治·A·阿克洛夫**

Ⅰ. 导　论

　　有一个描述经济行为的标准模型，完全竞争的阿罗-德布鲁一般均衡模型。尽管该模型不能完全充分地描述经济现实，但是作为一个比较的标准，却是非常有用的。因为在给定人们的偏好和生产可能集条件下，只要满足谨慎定义的帕累托最优条件，模型的均衡就意味着人们达到了能够达到的最大快乐。因此，想理解人们的生活为何没有达到（帕累托意义上的）最为欢愉，只要知道现实世界为何与阿罗-德布鲁的"乌托邦"不同即可。

　　与阿罗和德布鲁所假定的情形相反，在现实世界，信息既不是完全的，也不是免费的。① 恰恰相反，在给定信息成本和信息需求条件下，

---

　　* 本论文最初发表在 George Akerlof (1976), "The Economics of Caste and of the Rate Race and Other Woeful Tales," *Quarterly Journal of Economics* 1976. 版权归麻省理工学院出版社，经授权重印。

　　** 这篇论文的最初版本写成于 1971 年的夏天，并在牛津纳菲尔德学院和埃塞克斯大学的研讨会上进行了讨论。论文中的第 1、2、3、4 节是从该文中摘录下来的。从那时起，相关工作倍增。参见 Michael Spence, "Job Market Signal," *Quarterly Journal of Economics*, LXXXVII (Aug. 1973), 355-379. 第 5 节，关于种姓理论及其应用，写于 1975 年夏天。作者要感谢 Marcelle Arak 和 Daniel McFadden 提供的宝贵的帮助以及国家科学基金提供的资金支持。还要特别感谢这次研讨会的嘉宾编辑 Michael Rothschild 提供的宝贵编辑建议。

　　① 解决 A—D 模型在解释劳动市场时所遇到的困难，"新"劳动经济学提供了另外的方法。例如，参见 Doeringer, P. B. and Piore, M. *Internal Labor Markets and Manpower Analysis* (Lexington, Mass: Heath, 1971); G. Becker, *Human Capital* (New York: Columbia University Press, 1964); and E. S. Phelps er al., *The Macroeconomic Foundations of Employment and Inflation Theory* (New York: W. W. Norton, 1970).

第2章 种姓经济学、老鼠竞赛经济学和其他悲惨传说

人们通常根据有限的易观察特征来对经济的表现和个体行为做出预测。我们称这样的预测是基于指示器（indicator）的预测；计量经济学家会称这种指示器是一种应用工具变量的预测。本文将表明，指示器的引入会导致一些A—D（阿罗-德布鲁）模型例子发生扭曲。

本节后续的两个模型，是两类应用指示器的例子。一类指示器的存在是因为它能够提供潜在的有用信息。在分成租佃制（sharecropping）的例子中，产出量被用作指示器，用以区分农民在耕种作物时的努力程度。在工作条件（work conditions）的例子中，装配线的速度预示着该装配线下工人的能力，因此将区分不同工作能力的工人。相反，在接下来的两个例子中，指示器的存在纯粹归因于社会习俗。在例子统计性歧视中，在所描述的条件下，所有属于相同种族的人被认为有同等的能力。在种姓的例子中，一个社会中的成员对另一个社会中的成员的行为是通过他们各自的种姓地位预测的。

在上述的第二个例子中，将指示器引入到A—D模型后带来了第二个先前忽略的现实，即人类学家和社会学家用来描述社会的整体文化特征。因为根据定义，文化由"社会成员除遗传以外的内部和外部行为规范"[1]组成。因为文化涉及的是行为规范，而且亚文化群体是容易观测的，所以社会成员以及人类学家和社会学家能够从亚文化群体中来预测个体行为。根据定义，这些预测都是建立在指示器的基础上的，即建立在个体的种姓、阶层、种族、性别、组织关系、宗教、朋友、财产、个人外貌，或工作的基础上的用来预测单个个体行为和能力的典型例子。

这些例子将在下面详细讨论；给定社会成员的价值观念，每一个例子都显示均衡可能不是帕累托最优。但是在展开讨论之前，我们至少也应该附带地提一下指示器另一个影响社会的作用。人们评判彼此的指示器可能会歪曲他们的价值观并扭曲他们的目标。人类学家解释了例如那些夸扣特尔印第安人的行为，他们的首领在举行盛宴的时候会烧掉大量毯子，以此作为最奢侈消费的标志，并从中获得最大的尊重。[2] 经济学家加尔布雷思（Galbraith）和凡勃伦（Veblen）在我们自己的消费习俗中发现了类似的现象。[3]

---

[1] 转引自 Arnold Toynbee，*A Study of History*，*A New Edition*，*Revised and Abridged*（London：Oxford University Press，1972），pp.43；引自 P. Bagby，*Culture and History*（London：Longmans），pp. 84 and 95。

[2] Benedict, R., *Patterns of Culture*（Boston：Houghton Mifflin Co.，1944）。

[3] Veblen, T., *The Theory of the Leisure Class*（New York：Modern Library，1934）；and J. K. Galbraith, *The Affluent Society*（Boston：Houghton Mifflin Co.，1958）。

Ⅱ. 分成租佃制

第一个关于指示器的例子处理的是最简单的现象。不少科学家都问过，为什么分成租佃是土地制度的普遍形式。① 毕竟，因为佃农比农场主要穷得多，而且也远不如农场主那样具有流动性（因为不拥有可用作抵押的土地），所以由农场主而非雇佣农来承担作物歉收的风险要更加自然些。如果农场主付给雇农工资，并且出售作物（可能要将部分作物回售给雇农），那么地主承担风险就实现了。

也有证据表明，固定工资制比分成制更"自然"。最近的一项对美国南部的分成制的研究表明，在美国内战爆发后不久，"工资支付制度从各方面都被普遍接受了。"②旅行者的记述中似乎显示，到美国内战结束时，分成租佃制只是被当作一种"试验"③。

然而，一个非常简单的理由可以解释为什么人们会偏好采用分成制而非工资制。佃农的产出由两个要素决定：投入的时间和付出的努力。尽管第一个要素比较容易观察，而且可以支付给固定工资，然而第二个要素则需要对劳动过程进行仔细的监督才能观察到。

假定佃农的产出由其工作时间和努力决定；进一步假定他的努力能够量度并且用 e 表示。根据工资制度，佃农接受的工资 w 应该取决于 e 和 t：

$$w=w(e,t)$$

如果不监督，农场主就不能确定佃农投入的努力程度；因此，支付给每个工人的工资将取决于工人的平均努力投入，$\bar{e}$，即

$$w=w(\bar{e},t)$$

这种工资支付制度对工人没有任何激励作用，也就是说工人在其工作时间内，除了工资所必需的最小努力之外，不会投入任何额外努力。

---

① Cheung, S. N. S., "Private Property Rights and Sharecropping," *Journal of Political Economy*, LXXVI (Nov./Dec. 1968). 一个类似于我们使用的方法，参见 J. E. Stiglitz, "Incentives and Risk in Sharecropping," *Review of Economic Studies*, XLI (April 1974), 219—258。

② Tansom, R. and Sutch, R., *What was Freedom's Price?* (New York: Cambridge University Press, forthcoming), Ch. 4.

③ Ibid., Ch. 5.

如果他不喜欢努力，则他会使努力最小化。

相反，在分成制下，农民得到的报酬由他投入的努力与他的工作时间共同决定；然而，努力和时间却是由另一个特征——生产的产出——来不完全估计的。因为风险厌恶的佃农在面对农业固有的自然随机性时没有受到保护，所以均衡将被扭曲。

此模型基本的典型化事实与分成制的条件一致。在传统农业中，辛苦劳作的农民通常收成要远高于全体农民的平均水平。一个为自己的收成比其邻居好而感到骄傲的旁遮普农民，曾经为我罗列了"一个好农民做而差劲的农民不做的七件事"。明显的是，这七件事中许多都涉及辛苦劳作和大量耐心；其中的许多同样难以被观测。①约翰·梅勒（John Mellor）在其对北方邦的一个村庄的研究中也讲过类似的故事。②即使只是用传统的农耕方法，勤劳的工作也能生产出相当高的产出。

工资支付制度和分成制下的作物分配，同我们的解释一致。除了为确定努力程度，也有其他原因使监督是必须的，此情形下，模型预测工资而不是分成将被支付。例如在印度，资本密集型种植作物应该采用工资支付制度，这是一个良好的经验法则。③而且这些作物需要监督来保证耕种适当。

Ⅲ. 工作条件：老鼠竞赛

第二个关于应用指示器的例子，涉及工人选择职位和工作条件时

---

① 这七件事包括：
1. 按时耕种。
2. 使用合适的投入品——种子、化肥。
3. 在播种前要小心地翻土，这样既可以防潮，又便于灌溉；这项工作需要耕牛和犁，至少要在土地上耕种五次。
4. 将种子埋到适当的深度，还要使播种的种子在一条直线上，保持合适的排宽。这项工作也需要用到木犁进行辛勤的劳作，同时要求有相当高的手工灵活性。
5. 灌溉和适当的用水。
6. 勤除杂草。
7. 及时收割。

② Mellor, J., *The Economics of Agricultural Development* (Ithaca, N.Y.: Cornell University Press, forthcoming), Ch. 8.

③ Buchanan, D. H., *The Development of Capitalist Enterprise in India* (New York: Macmillan, 1934).

的决策。那些愿意快节奏（或者，等同于模型中的在艰苦条件下）工作的工人被认为能力出众。这个模型可以比喻为复杂化的老鼠竞赛。在老鼠竞赛中，尽管没有额外增加的奶酪，老鼠得到奶酪的机会却是随着其速度的增加而增加的。与老鼠竞赛的情形不同，在我们的模型中，工人生产速度越快产出就越多；但是，与老鼠竞赛类似的是，提高生产速度所得到的私人回报超过了增加的产出（因为更快的生产速度提高个体工资的原因不仅在于从额外产出中得到的回报，还在于对个人能力更高的估计）。进一步说，如同老鼠竞赛，工人也被这样一种认识驱使，即如果以较慢的速度工作，就必须把自己的产出同那些能力较差（被认定与他相同）的工人分享；类似地，他也受到以下信息的激励，即如果以较快的速度工作，就可以分享那些能力较强的工人的产出。

在我们的模型中，"速度"代表着"工作条件"和"获得的教育程度"[①]。在现实生活中，工资的差异确实会驱使人们到更加艰苦的工作条件下去工作，也会去提高他们所受到的教育水平。同样地，似乎工人对在艰苦条件下工作以及获取教育的意愿程度同他们的生产能力是正相关的。（在一些职业中，这种情况可能恰好相反；优秀工人可能会要求好的工作条件，以便他们能更为出色地完成任务。）

为了阐明这些观点，我们采用以下方式构建了一个模型：好的工人比差的工人更能容忍糟糕的工作条件。为此，我们超现实地描述这样一个工作场景：所有工人都在装配线上工作；并且这些装配线可以以不同的速度工作，由此产生了三种结果：（1）装配线的速度越快其所要求的工作就越艰苦，因此是令人讨厌的；（2）较快的装配线能生产更多的产出；（3）工人们没有容貌和姓名之别（在我们的超现实的工作场景中）。管理装配线的人不能区分好工人和差工人，但是却能觉察到选择不同工作速度装配线的工人质量的平均差异。值得注意的是，企业尽管有能力根据装配线上工人的真实业绩来对待工人，然而如果工会或公平感严格地限制了这种能力，那么这里的假设就是符合现实的。

在我们的模型中，工人被分成 N 种不同级别，用 1 到 N 表示。所有的级别都有相同的人数。级别为 n 的工人的效用由他们的物品消费量 G，以及他们的工作速度 S 决定。这种函数关系可用下面的公式表示：

[①] T. W. Shultz, *The Economic Value of Education* (New York: Columbia University Press, 1964) 中提到了教育在信息甄别中所起的作用。

第 2 章　种姓经济学、老鼠竞赛经济学和其他悲惨传说

$$U_n = G - S - 3/8(S-n)^2 \quad n=1,\cdots,N$$

效用同物品消费量正相关，而同装配线的速度负相关。高等级的工人更愿意用产出来换取速度。在公式中，分数 3/8 的设置看上去似乎很武断，其原因是为了达到一种所有相同级别工人工作速度相同的均衡。

一条装配线中每个工人的产出取决于该装配线中工人的平均等级以及装配线的速度。这种产出方程的最简单形式可以写成：

$$Q = \bar{a} + S$$

其中，Q 是每个工人的产出，$\bar{a}$ 是该装配线上工人的平均等级，S 则是该装配线的速度。

不存在资本约束；装配线能以任何的整数速度 S 进行。付给每个工人的工资在均衡时等于该装配线上工人的产出。

总之，这就是我们设定的整个经济。有 N 个等级的工人；有潜在的可在任何整数速度下运行的装配线。经济所要解决的问题就是要将工人与不同速度的装配线进行搭配。当达到均衡时，没有工人愿意从他所处的装配线转移到一个不同速度的装配线。

均衡。这个模型有下面的均衡：第 n 类工人，$n=2,\cdots,N$，会以速度 $n+1$ 工作；第 1 类工人会以速度 1 工作。没有人愿意转移到其他速度的装配线中。

证明。该证明分为三部分。第一部分将证明，等级为 $n(n\geqslant 3)$ 的工人，没有动机从速度为 $n+1$ 的装配线离开。第二部分将证明等级为 $n=1$ 的工人，没有动机从速度为 1 的装配线移开。第三部分将证明等级为 $n=2$ 的工人没有动机从速度为 3 的装配线移开。

第 I 部分

等级为 $n(3\leqslant n\leqslant N-1)$ 的工人，没有动机从速度为 $n+1$ 的装配线移开。表 2—1 的左上角列出的是一个第 n 类的工人处于均衡速度时的效用，如果他转移到比其均衡时的速度快一个速度单位（$n+2$）的装配线时的效用，以及如果变速到比均衡速度慢一个单位（n）时的效用。很清楚，比均衡速度快或是慢一个以上的速度单位并不在考虑之列。表 2—1 的左上角显示了，一个第 n 级的工人在速度为 $n+1$ 时获得最大的效用。表 2—1 中的数据是通过应用下面的公式获得的：

$$U_n = G - S - 3/8(S-n)^2 = \bar{a} - 3/8(S-n)^2$$

表 2—1　　按类别划分的工人在处于均衡速度和高于均衡速度
　　　　　一个单位和小于均衡速度一个单位时的工人的效用

工人类别	速度	平均质量	效用	工人类别	速度	平均质量	效用
	n	$n-1$	$n-1$		N	$N-1$	$N-1$
$3 \leqslant n \leqslant N-1$	$n+1$	n	$n-3/8$	N	$N+1$	$N+1$	$N-3/8$
	$n+2$	$n+1$	$n-1/2$		$N+2$	N	$N-3/2$
	0	1	5/8		2	11/8	11/8
1	1	1	1	2	3	2	13/8
	2	1	5/8		4	3	12/8

表 2—1 的右上角是关于级别为 N 的工人的一个类似的情况。等级为 N 的劳动者在速度为 $N+1$ 时获得最大的效用。

第Ⅱ部分

一个第 1 等级的工人没有动机从速度为 1 的装配线中离开。表 2—1 的左下角显示当一个第 1 类的工人把速度调到 0 或 2 以及把速度保持在 1 时的效用。最大的效用在 $S=1$ 时获得。

第Ⅲ部分

一个第 2 等级的工人没有离开的动机。如果他移到速度 2，第 1 等级的工人就会转移到这些装配线来，一直到第 1 类工人在速度为 1 和 2 的装配线的效用都相同时为止。这一情况会在速度为 2 的装配线的平均质量为 11/8 时发生。同理，表 2—1 的右下角给出了一个第 2 类的工人在均衡速度 $S=3$ 时，以及比该速度快和慢一个单位时获得的效用。他的效用在速度 $S=3$ 时取最大值。

对均衡的评价

可以清楚地看到，在所得到的解中，除了第 1 级工人外，所有人的运行速度都要比最优速度快。在没有其他等级工人的情况下，每一个第 n 类的工人都会以速度 n 工作，获取数量为 n 的效用。所得到的解不是最优的，因为每个等级的工人（除了最低等级的外）都会以高于在没有其他等级的工人的情况下的速度工作——每一个工人都想避免同低级别的工人分享产出的情况发生。工人们会提高他们的速度以摆脱更低等级。

如果政府对装配线上的工人征税，每人每单位速度征收一单位的税，那么所有的工人都会以速度 n 进行工作。（通过对速度 n 的第 n 类工人征

收等于 n 的税来重新构建表 2—1，就能很容易看出这点。因为对于 $n \leqslant N-1$，第 n 类工人以速度 n 工作时，所获得的效用是 0。如果他们转移到快或是慢一个速度单位的装配线的话，他们获得的效用将会是 $-3/8$。）因为征税产生了重新分配，使商品—速度的社会转换率等于每个工人的商品对速度的边际替代率，所以这种重新分配是帕累托最优的。

Ⅳ. 统计性歧视

在前两个例子中，指示器的选择基于技术和生产的基础。给定效用函数，生产函数和可得信息技术条件下，指示器的使用是出于自然的经济原因。在接下来的两个例子中，所选的指示器是基于一些社会群体，与前两个例子不同，此例中指示器完全独立于效用函数、生产函数及信息技术。前面的两个例子展现的是由自然产生的指示器是如何对边际原理造成扭曲的。接下来的两个例子则要展现由社会产生的指示器是如何可能将经济引入一个低水平均衡陷阱的。

我们从阿罗的统计性歧视模型[①]（读者可能已经熟悉该模型了）开始。在这个例子中，在一定的环境下，雇主们会用给定种族的平均质量来预测该种族的个体的质量。容易看出，如果用此指示器，就会毁掉该种族所有自我改进的动机，因为种族中所有个人都会得到相同的评判，从而得到相同的工资，而其个人特质不被考虑在内。按照这种方式，歧视会产生一个低水平的均衡陷阱：如果一个民族因为受到偏见而被认为不够资格，那么就没有变成合格的激励，预言是自我实现的。

模型

此模型中只有两种类型的工作，一类要求合格的工人，而另一类则对工人合格与否不作要求。通过对工人逐个测试以检验他们是否合格的成本高昂。合格工人所占的比率的改变取决于对自我改进的激励，也就是使该种族中合格和不合格工人所得工资的差异。

通过对阿罗的符号及其方程式进行细微的修改，就可以引出如下的

[①] Arrow, K. J. "Models of Job Discrimination," and "Some Mathematical Models of Race in the Labor Market," A. H. Pascal 编辑 *Racial Discrimination in Economic Life*（Lexington: Health, 1972）的第 2 章和第 6 章。本文的模型同阿罗的原模型有一个重要的细节区别，从而阿罗认为这两个模型并不等价。但是无论在数学上有多大的差异，我仍确信，他会同意这两个模型的经济学灵魂是相同的。

模型。设 f_u 是不合格工人的边际产量；f_q 是合格工人的边际产量；再设 P_R 是种族 R 中被预测为合格的工人所占的比率。设 r 是每期中花费在判断某个工人合格与否上的成本。设 $\dot{P}_R$ 是种族 R 中合格工人所占比率的变化量。种族 R 中新近的合格工人数，取决于支付给合格和不合格工人的工资差异。该种族中的退休率为 λ，因此我们可以把 $\dot{P}_R$ 写为

$$\dot{P}_R = \varphi(w_{qR} - w_{uR}) - \lambda P_R$$

其中，w_{qR} 是付给种族 R 中合格的成员的工资，w_{uR} 是付给种族 R 中不合格成员的工资。

如果检验给定种族中的工人的预期成本高于合格工人与不合格工人边际产量之差，就不会对工人进行检测，并且所有该种族的工人都会被安排在不合格的工作中。因此，获取 0 利润的竞争性企业支付的工资将是

$$w_{qR} = \max(f_q - r/P_R, f_u)$$
$$w_{uR} = f_u$$

同时 $\dot{P}_R$ 变成了

$$\dot{P}_R = \varphi(\max(f_q - r/P_R - f_u, 0)) - \lambda P_R$$

如果 $\varphi(0)$ 很小（例如比 $\lambda r/(f_q - f_u)$ 小），那么 P_R 就有一个局部稳定的等于 $\varphi(0)/\lambda$ 的低水平的均衡。

然而，在将这个模型应用到现实世界的种族歧视中时，会遇到一些困难。检验工人合格与否时昂贵的费用显示合格所需要的特征同时必然也是很难观测的。[①]阿罗在考虑这点时特别指出："我在这里考虑的不是易于观察的、常规的教育或经验，而是雇主无法观察到的更加微妙的东西：技术性工作中有助于良好表现的行为习惯和思考方式，包括稳定性、准时性、责任感和主动性。"[②]的确，大量证据能够表明，这四项品质对于工作成功的重要性。[③]但是，是否正如关于 $\dot{P}_R$ 方程所暗示的那样，

[①] 这里也存在着适合于白人的测验不适合检验黑人的可能性。一篇最近的加州大学伯克利分校的博士论文指出，尽管一组黑人在回答一个长问卷时的答案比白人的答案更一致，他们的 IQ 得分却明显低得多。参见 L. Dunn, "Labor Supply for Southern Industrialization," Ph. D thesis, University of California, Berkeley, 1974, pp. 298 and 301。

[②] Arrow, "Models of Job Discrimination," p. 97.

[③] 由 Peter Doeringer 编辑的 *Programs to Aid the Disadvantaged* (Englewood Cliffs, N. J.: Prentice-Hall, 1969) 一书中的数篇论文，反复地强调按时上班和稳定出勤率的重要性。E. Banfield 在 *The Unheavenly City* (Boston: Little, Brown and Company, p. 143) 一书中，引用了科尔曼关于黑人的报告中的发现：态度是获得成功教育的最重要的决定因素。

这些"思想和行为习惯"只是对工资差异的反应呢?心理学家似乎相信最基本的人格特征是在幼年时候学到的。①如果他们是正确的话,那么,当教育和儿童培养技术对工资激励做出反应时,低水平陷阱才会出现。

V. 种姓和群体组织

无论阿罗类型的统计性歧视能否直接应用于种族歧视,他的模型至少在一个方面是具有吸引力的。阿罗的模型与贝克尔(Becker)② 和韦尔奇(Welch)③ 的模型有根本区别,贝克尔和韦尔奇的模型中歧视是基于偏好的。在这些模型中,任何偏好歧视的个体都会因为减少这种偏好而得到正的经济回报。因此在贝克尔-韦尔奇模型中,尽管有经济激励,歧视依然会持续。相反,在阿罗的例子中,歧视的存在至少部分归因于经济激励。

在一个存在歧视的社会里,个人的偏好如此富有偏见地喜爱歧视,以至于经济激励的正、负效应相对都只能带来微小的影响。但是这忽略了广阔的历史视角,一个试图解释在一个很长时期内制度稳定性(或消失)的视角。因为在很多时候,不同寻常之人有机会打破种姓规范、牟取经济利益,并且提升社会地位并对种姓禁忌造成侵蚀。考虑关于这种现象的三个不同的例子。在日本,随着商人取得经济上的成功,一些与贸易和制造业相悖的禁忌也相应地减少。④即使在种姓森严的印度,种姓的地位也会随着该种姓的经济成功而提升,固然,通常情况下,新近成功的种姓也会(至少是部分地)调整他们的社会习俗,以反映他们更高的社会地位。⑤关于经济成功减少禁忌的最佳例子极有可能就是禁止

---

① 参见 Erik Erikson, *Childhood and Society* (New York: W. W. Norton, 1956, 1963)。

② Becker, G., *The Economics of Discrimination* (Chicago: University of Chicago Press, 1969)。

③ Welch, F., "Labor-Market Discrimination: Extrapolation of Income Difference in the Rural South," *Journal of Political Economy*, LXXV (Aug. 1967), pp. 584-596.

④ 例如,参见 Marion Levy, "Contrasting Factors in the Modernization of China and Japan" in S. Kuznets et al. eds., *Economic Growth: Brazil, India, Japan* (Durham, N. C.: Duke University Press, 1955)。

⑤ 参见 M. N. Srinivas, *Social Change in Modern India* (Berkeley: University of California Press, 1967) pp. 7-8。至于种姓的升级以及它同经济机会的联系的一个细节性描述,参见 Oscar Lewis, *Village Life in India* (New York: Vintage Book, 1965), pp. 70-77。很明显,这个种姓会发现如果缺少了村庄以外的经济机会的话,对其种姓地位进行升级将会是一件很困难的事情。

收取利息习俗的取消。中世纪的高利贷者变成了今天的银行家。

本节介绍一组新的模型，如同阿罗的统计性歧视均衡陷阱一样，这组模型中打破种姓习俗的人将会遭受经济上的损失。这组模型取决于种姓社会的一个重要的方面，而先前的歧视模型中则漏掉了这个方面。在先前的模型中，当前的交易（只要它们是合法的）不会导致以后的交易中，同未参与方的关系发生改变。① 例如，如果农民 X 同投机者 Y 签了一项协议，出售小麦给投机者 Y。他随后同投机者 Z 的交易将不会受到影响。相反，在一个种姓社会中，任何破坏种姓禁忌的交易，都会改变未参与方在随后对待种姓破坏者的行为。举一个极端的例子，考虑如果一个婆罗门有意地雇佣了一个外种姓的厨师，会发生什么事情：这个婆罗门将会被剥夺种姓，而这个厨师将会发现之后他几乎不可能再被雇佣。

第三方对于交易可能的干预，导致了比阿罗统计性歧视模型更丰富的指示器——通常，在种姓社会中指示器的使用受到的技术限制较少。一般而言，在一个种姓社会中，如果种姓 A 的一个成员以给定的方式同种姓 B 的一个成员发生了联系，那么他就能通过种姓 A 与种姓 B 的关系信息，预测所有种姓的成员在未来的交易中同他发生何种联系。这些预测会导致一个均衡，在这一均衡中，所有的预期都得到满足，经济激励有助于人们服从种姓规范——即使是种姓习俗的偏好呈中性的极端情况下。

下面的三个条件描述了印度的婚姻习俗。②

1. 社会被划分为相互排斥的群体（称作种姓）。

2. 行为规范指引着这些种姓的成员该如何行事。对于婚姻，有较为复杂的规则，比如谁同谁结婚、嫁妆的支付、婚礼的时间选择和仪式，等等。种姓规则不仅指引行为规范，而且还规定对违规的惩罚：违背者将被剥夺种姓；而且那些不按照种姓规范的指示对待被剥夺种姓者的人自己也会被剥夺种姓。

3. 种姓成员预料到，那些不遵守种姓规范的人会被剥夺种姓，并且会接受被剥夺种姓者的平均待遇。在印度，一个被剥夺了种姓的人只被允许干清洁（或是其他污染性的）工作。他不被允许同种姓成员一起吃饭，不许接触他们，也不许接触他们的食物，这些禁令也适用于他的

---

① 注意巫术和禁忌的一个方面，在西方观念中不相干的人或事件，可能会通过传染或同种疗法的巫术而牵扯进来。参见 Sir James G. Frazer, *The Golden Bough* (New York: St. Martins, 1936).

② 在 J. H. Hutton, *Caste in India* (Oxford University Press, 4ᵗʰ ed., 1961) 一书中有关于种姓婚姻习俗的一个详尽的记录。

父母和兄弟姐妹。当然，他自己的孩子也将被剥夺种姓，并且遭受同样的禁令。

为什么描述印度婚姻习俗的这三个条件会成为经济学家感兴趣的东西呢？首先要注意到，那些不遵守种姓习俗或不坚持种姓习俗的人，无法通过成功套利而获得利润，相反，他们会遭受被剥夺种姓的侮辱。如果预期成为一个被剥夺种姓者的惩罚足够严厉，那么种姓系统就可依靠经济激励来达到均衡，而与个人偏好无关；对种姓系统的预期成了一个自我实现的预言。[①]

其次，最近的对歧视、家庭组织、犯罪和婚姻的供求模型扩展显示，社会学和经济学并非界限分明；如果经济模型能够解释社会现象，那么，这一过程反过来，也可以用社会学的模型来描述经济现象。通过适当的调整，印度的婚姻模型既可以解释不同于 A—D 乌托邦的现实经济路径，也可以解释完全竞争，或轻微偏离完全竞争的标准情况下的特定经济路径。

最后，标准的种姓均衡模型可在没有任何个人或组织主导下自发工作。不过，在此模型中，很自然会出现带有种姓规范仲裁者的同样经济结构。因此，这一模型在指明个体和组织如何发挥巨大作用方面，确实有用——但是很有可能在下面的例子中被滥用。

种姓均衡的正式模型

这一部分陈述的是一个正式的种姓模型。种姓均衡的定义为一种经济状态，在这种经济状态下，种姓习俗被遵守，而且没有任何单个的个体能通过以不同方式行事而使自己的状况变好。我们首先要关注的当然是描述这一均衡。然而，由于同样存在着多个个体的联合，他们通过共同行动来使自己的状况比均衡时的要好，因此，知道组成这样一个联合体的相对难易程度是一件很有趣的事情。出于这一目的，我们也看看最小的均衡破坏联合体的规模与性质。

四组假定描述了经济；它们分别描述了技术、市场结构、偏好和社会制度。描述社会制度的假定是同前面描述印度婚姻类似的方式给出的。总体而言，这一模型相当的简练，只包含一项复杂内容。种姓体系的本质决定必须包含贸易和分工。如果被剥夺种姓者能够建立独立于种姓成员之外的自己的经济，那么种姓体系就会土崩瓦解。因此，为了保

[①] 应该注意到这是经济活动的"恐怖主义"模型。一个很好的例子就是英格兰亨利五世时的恐怖制度。参见 G. Mattingly, *Catherine of Aragan* (New York: Random House Paperback, 1960) 的描述。我们也要注意，此模型描述了大学的"荣誉"制度。

证每个人都和他人进行交易，插入下面的三个假定：劳动者只能生产一种产品；企业只生产一种产品；偏好使得人们想要购买多种产品。

技术。T1。 工作分为三类：熟练工作、非熟练工作以及清洁工作。（下标 sk、u、和 sc 相应地代表熟练工作、非熟练工作和清洁工作。）

T2。 有 n 种不同的产品，分别标为 $i=1, \cdots, n$。

T3。 每件产品的生产取决于所雇佣的劳动的质量和劳动者的工作表现。设 θ_{sk}、θ_u 和 θ_{sc} 分别代表从事熟练工作、非熟练工作和清洁工作时，一单位劳动的产出。生产产品的生产函数就是

$$q_i = \sum_j \theta_j n_{ij}$$

其中，

$j = sk, u, sc, i = 1, \cdots, n$；

q_i 表示产品 i 的产出；

n_{ij} 表示为生产产品 i 而雇佣的从事 j 类工作的劳动的数量。

当然，

$$\theta_{sc} < \theta_u < \theta_{sk} \tag{1}$$

T4。 由于经济的专业化，工人只能从事一种产品的生产。

市场结构。 所有的企业都是竞争性的利润最大化者。这些企业只能生产一种产品。他们在市场上雇佣劳动，出售产出。企业愿意根据预期的劳动边际产出价值来支付工资。

偏好。 所有的人都有相同的效用函数 U，且这一函数同种姓规范是相独立的。

$$U = \sum_{i=1}^{n} \min(x_i, \alpha) \tag{2}$$

其中，x_i 是消费的产品 i 的数量，α 是效用函数的一个参数。

社会结构。S1。 根据血统，社会被分为一个主导种姓 D 和一个非主导种姓 N。种姓 D 与 N 的劳动者都能被剥夺种姓。如果有被剥夺种姓的人，他们将组成第三个群体。

S2。 种姓规范规定劳动者 D 只能从事熟练技术性工作；劳动者 N 只能从事非熟练工作，而被剥夺种姓者只能从事清洁工作。种姓规范同时也规定，所有不按照种姓规定来使用劳动者的企业，任何人不许购买其产品，否则将被剥夺种姓。

S3。 人们能够预料到破坏种姓规范的人将会被剥夺种姓，并接受被剥夺种姓者的劳动工资。

第2章 种姓经济学、老鼠竞赛经济学和其他悲惨传说

种姓均衡。 假定经济就像上面所描述的那样。设 $w_k(k=D, N)$ 表示种姓 k 的工资，p_i 代表按照种姓规范使用工人的企业生产的产品价格。设产品 1 为一般等价物，其价格等于 1。假定参数价值

$$\alpha < (\theta_u - \theta_{sc})/(1 - \theta_{sc}/\theta_{sk}) \tag{3}$$

并且

$$n > \theta_{sk}/\alpha \tag{4}$$

接下来描述的是一个完全预期的均衡：

1. $w_D = \theta_{sk}$，$w_N = \theta_u$。
2. 按照种姓规范使用工人的企业所生产的产品的价格都是 1。
3. 没有被剥夺种姓的人。劳动者 N 从事非熟练工作。劳动者 D 从事熟练工作。
4. 劳动者 D 的效用是 θ_{sk}；劳动者 N 的效用是 θ_u。
5. 被剥夺种姓的劳动者的最高工资是 θ_{sc}。

一个由 k^* 个厂商组成的联合体，生产 k^* 种不同的产品，并且在熟练工作中使用被剥夺种姓的劳动者，当 $k^* > (\theta_u - \theta_{sc})/\alpha(1 - \theta_{sc}/\theta_{sk})$ 时就可以打破上述均衡。

证明。 很明显，所描述的均衡是可行的。我们只需要证明不会有新企业能获得 0 或是正的利润，并向劳动者 N 或是被剥夺种姓的劳动者支付一个更高的工资。

劳动者 N。 假设一个新的企业为劳动者 N 提供一个比 θ_u 更高的工资。它就必定会安排其中的一些劳动到熟练工作中。在这样的情况下，它从每个劳动者那里获得的利润不会超过 $p\theta_{sk} - \theta_u$，这里，p 是出售产品而接受的价格。如果利润是非负的，那么 $p \geq \theta_u/\theta_{sk}$。

但是在价格为 θ_u/θ_{sk} 时，这个企业将不会有顾客。考虑一个预期的顾客。这个顾客将会被剥夺种姓，因为劳动者 N 被用在了熟练工作中。因此，他的期望工资是 θ_{sc}。他会以价格 p 购买 α 单位的该企业的产品，然后从按照种姓规则使用劳动的企业购买（$\theta_{sc} - \alpha p$）单位的其他商品。

因此他的总效用将会是

$$\theta_{sc} - \alpha p + \alpha \leq \theta_{sc} - \alpha \theta_u/\theta_{sk} + \alpha \tag{5}$$

但是由（1）和（3）可知，（5）的右侧要小于 θ_u。

由于这个企业的顾客所获得的效用至少同 θ_u 一样大，因此，他不会从破坏种姓的企业购买产品，于是该企业的产品需求就为 0。

被剥夺种姓者的劳动。没有企业能为被剥夺种姓者的劳动提供高过 θ_x 的工资，并且在这一工资下还能获取利润。因为如果一个企业支付比 θ_x 更高的工资，它就必须在熟练工作和非熟练工作中雇佣被剥夺种姓者的劳动。它从每个劳动者那里获取的利润不会超过 $p\theta_{sk}-\theta_x$。

如果利润是非负的，那么 $p \geq \theta_x/\theta_{sk}$。

但是当价格为 θ_x/θ_{sk} 时，企业不会有顾客：任何的预期顾客都会被剥夺种姓，并预期会收到一个大小为 θ_x 的工资。考虑这样一个顾客。他会以价格 p 从这个企业中购买 α 单位的产品，然后从其他企业购买 $(\theta_x-\alpha p)$ 单位的其他产品。从而，他的效用不会超过

$$\theta_x-\alpha\theta_x/\theta_{sk}+\alpha \tag{6}$$

但是由（3）可知，（6）比 θ_u 要小，故而该企业不会有顾客。所以对被剥夺种姓者的最高工资将会是 θ_x。

打破均衡的联合体

最后，一个 k^* 个企业的联合，$k^*>(\theta_u-\theta_x)/\alpha(1-\theta_x/\theta_{sk})$ 能够破坏种姓均衡。这些企业能为被剥夺种姓的劳动者提供一个 θ_x 的工资，并且愿意以价格 θ_x/θ_{sk} 出售他们的产出。一个从这些企业购买产品的人的期望效用将会是 $\min(\theta_{sk},\theta_x-k^*\alpha\theta_x/\theta_{sk}+k^*\alpha)$，如果 $k^*>(\theta_u-\theta_x)/\alpha(1-\theta_x/\theta_{sk})$，那么这个量将会大于 θ_u。因此，企业联合体将会有能力吸引顾客；同时，由于工人拿到 θ_x 的工资能改善其状况，并且从破坏种姓规则的企业购买产品，这些企业也将能吸引工人。

对种姓均衡的评价

1. 种姓结构会对所述均衡造成两类扭曲。该均衡不是帕累托最优的，因为在一个帕累托最优均衡中，类别为 N 的工人将会从事熟练工作，因为他们是完全能胜任该工作的。同时，收入是沿着种姓边界不对称分布的，因为在不存在种姓的情况下，所有的工人都将获得同样的工资。

2. 同样存在满足预期的另一个均衡。在此均衡中，所有的工人都从事熟练工作，并获得工资 θ_{sk}。所有商品的价格都是1。

3. 破坏均衡的最小联合体是这样一个最小群体，它能将自身建立成为一个独立的分支团体，并且在按照同被剥夺种姓者交易的条件，与种姓成员进行交易时，达到均衡时的相同福利状况。

有时，联合体必须很大才行，或是有必要同种姓进行交易，或者组成一个联合体的成本很高。在这些情况下，这样的联合体对均衡的威胁

很小。下面的例子将会表明这些原理。

种姓均衡三例

例1 种族歧视。这个模型中隐含有种族歧视的因素；该种姓模型同贝克尔、韦尔奇和阿罗①的那些模型的主要区别在于，模型假定人们会用种族来预期其他人将对在不同的工作中雇佣不同种族的人作何反应。他们的预测结果导致了一个所有预期得到满足的低水平均衡陷阱。②

例2 政府—商业群体。人们提到的政府事务集团，包括军工产业、政府管制者和被管制者的网络关系和政治机器等，都是通过一种与我们的模型类似的种姓—被剥夺种姓结构联系在一起的。在本质上，这些集团的重要运作通常都是秘密的③，或是对明确的估价太过技术化；不过，对一些特殊的政治机器，近来也有一些关于其操作细节的其他解释。④

纽约城的长期建设老板罗伯特·摩西（Robert Moses）的例子，极好地显示了该模型的适用性。摩西的故事，如同所有这类关于强人的传说一样，在许多方面都是独特的——但是他通过剥夺种姓来进行控制的做法完全符合我们的模型。在摩西机器中，有大量的种类众多的身份（从个人助理到纽约市市长）；但是，对于所有有关人士来说，有一点很明确，那就是如果不服从老板关于建设的命令，那么就会被驱逐出机器。对于政客来说，这意味着失去了活动经费，失去纯粹为讨好选民的工程，以及由此导致的，几乎可以肯定地下一任期的落选。对于工程师，这意味着失去工作。更为甚者，据报道，摩西集团不喜欢的人也将被驱逐出集团，那些没能够遵守这种被驱逐身份的人，也反过来受到威

---

① Arrow, op. cit; Becker, op. cit. ; Welch, op. cit. 。

② 当然，我们的模型给出了一个关于南非种族隔离制度的初步近似。A. Lewis, "South Africa: The End is Inevitable But Not Predictable," *New York Times Magazine*, September 21, 1975。

③ 近期发生的一个事件体现了官僚主义对公开披露的态度。亚历山大·巴特菲尔德，那个通过自己的揭发扳倒了尼克松政府的官僚写了一篇关于A·欧内斯特·菲茨杰拉德——一个因为揭发洛克希德C-5A成本超支而被解雇的政府财务会计师——的备忘录给霍尔德曼。"让他流点血吧"，巴特菲尔德写道。按照《纽约时报》的说法，巴特菲尔德完全是正当的，因为"他认为菲茨杰拉德表现出了不忠诚，因为没有把他的报告限制在空军渠道内"。参见A. R. Smith, "The Buterfield Exchange," *New York Times Magazine*, July 20, 1975。

④ 参见T. Harry Williams, *Huey Long* (New York: Knopf, 1969); R. A. Caro, *The Power Broker: Robert Moses and the Fall of New York City* (New York: Knopf, 1974); and paperback, (New York: Vintage, Random House, 1974)。

胁，自身也成为了摩西机器虐待和威胁的对象。①摩西集团的独特，大部分地体现在制度的完美——主要在于它利用工作职位的相连来威胁寻求连任的官员，同时利用特里保罗大桥管理局（其文件通过摩西操纵的合法技巧来避免公共审查）来维持档案的机密。

尽管摩西的例子是一种极端，不过它仍然显示：当公共权力被代表，并且不能轻易地受到外界审查时，种姓与剥夺种姓机制便得以建立起来，维持权力使用为少数人所知，同时资源被用作私人目的。由于这类操作的隐秘性，收入和权力分配不当带来的影响无法估计。

例3 职业团体。关于种姓—等级均衡的最后一个（或者说一组）例子发生在职业团体中。公众通常委派职业组织的权威为代表来监督管理其成员——其中最突出的就是律师协会和医师协会。反过来，成员们也希望借此来维持专业规范。由于同其他专业人士的协作是工作的一个必要部分，因此种姓、种族以及政府事务中用到的种姓剥夺机制会被同样用来加强职业团体的一致性，从而使该职业获得的经济权利要大于公平的份额。

VI. 结 论

我们的四个悲惨故事，描述了使用指示器破坏均衡的可能方式。在描述的过程中，我们也回答了对经济理论的两个挑战。

收入分配和资源配置的标准个人主义理论的显著特征在于，缺少描述社会结构的变量。这些社会结构变量当然不包括影响外生给定偏好和初始禀赋约束的变量。缺少社会结构变量带来了对经济理论的第一项挑战：如何构建一个个人主义理论，使收入分配和资源配置能在一定程度上反映社会学家所描述的社会阶层分化。最常用的指示器，通常是建立在社会标准的亚文化划分的基础上的。结果是，对指示器的使用使得均衡的收入分配和资源配置依赖于这些划分；这就是对第一项挑战的回答。

第二项对经济理论的挑战，是关于边际主义同社会习俗之间的关系。只要大多数人从服从社会习俗中获得正的效用，只要人们参与某项

---

① 参见 Caro 对摩西操作模式相当不客气地描述："在摩西进入市政府之后一个非常短的时间内，流言就传遍了市政大厅和市政大楼，那就是任何时候，任何人挡住摩西的路，摩西就会……把他踢出，因此在这两栋大楼中工作的人大体上都格外地小心不要碰上摩西，他们绕很大的弯子才能确切地做到他们想要的事情。"

第 2 章 种姓经济学、老鼠竞赛经济学和其他悲惨传说

活动达到边际成本等于边际收益的点，那么社会习俗不能促进经济效率的情况下，破坏社会习俗的行为会受到奖励。尽管这些奖励时而发生，同时也可能是相当可观，但我仍倾向于相信，那些遵从社会习俗的人通常能得到最大回报。因为原本他们就可以加入到团体中，在一家适合的律所工作，并且甚至可能同老板的女儿结婚。在一个隔离主义者的社会里，人们将采取歧视；在一个种姓的社会中，他们遵守种姓规则。统计性歧视和种姓模型不否认从事套利和反叛习俗者获得收益的可能，但是他们仍解释了为什么经济奖励青睐于那些遵守共同社会习俗的人；并且在解释这点的同时，他们给出了社会习俗得以持续的经济原因。

加州大学伯克利分校

第3章 在传统导向的、随机贸易椰子生产者中存在的歧视和地位工资[*]

乔治·A·阿克洛夫

本文提出了一个稳健的歧视模型；即使存在明显不喜欢歧视的少数人，或对歧视有不同偏好的企业家间存在资本转移，也不会有进入者能通过违背歧视习俗来获取利润。此歧视模型的关键创新在于，市场从某种意义上要小于瓦尔拉斯市场。所有的交易者都有机会同其他人进行交易。并且在交易的同时，不存在其他同样令人满意的贸易伙伴。这一假定是符合社会学研究的经验结果，类似地发现市场的确是小的。

本文提出了一个歧视模型，讨论商品的交易发生在交易双方随机相遇的情形。我们修改了贝克尔（1957）的交易发生在瓦尔拉斯市场的假设，使其更易于解释相同质量的偏好型劳动者（W型劳动者）相对于非偏好型劳动者（B型劳动者）的工资差异。

为什么这一差异没有被贝克尔的模型解释？原因有二（参见（Arrow，1972））。首先，为了消除均衡工资差异，非歧视性企业主与非歧视性产品购买者所占的比例不得大于非偏好型劳动者所占的比

---

[*] George Akerlof,"Discriminatory, Status-based Wages among Tradition-Oriented, Stochastically Trading Coconut Producers," *Journal of Political Economy*, 93, 2. 版权归芝加哥大学出版社所有。转载已被授权。

我要感谢 Pranab Bardhan, Peter Diamond, James Heckman, Michael Reich, James Tobin, Eric Wanner, and Janet Yellen 的有用的评价。此外，我还要感谢国家科学基金会的财政支持。研究许可证号 SES 81-19450，加州大学伯克利分校商业与经济研究学院授予。

率。其次，在均衡条件下，雇佣 B 型劳动者的边际企业家具有对歧视的正偏好，那些雇佣 B 型劳动者的企业家可以通过购买雇佣 W 型劳动的企业家的资本，削减工资差异，从而获利。贝克尔模型的这些特性的出现是因为，那些为 B 型劳动者和 B 型产出品"提供市场"的人就是那些具有最低歧视偏好的人：歧视偏好最少的企业家会雇佣 B 型劳动者，因为他们愿意为 B 型劳动者支付最高的工资；而歧视偏好最少的 B 型产品购买者则愿意为这些产品支付最高的价格。相反，在本文构建的模型中，所有的个人，不仅仅是具有最小歧视偏好的人，都是使用 B 型劳动者企业的潜在贸易者。所以结果是，即使明显存在少数非歧视交易者，一个非歧视性的新进入者都不可能通过违反社会习俗而获利。

I. 被解释模型

本文沿着戴蒙德（Diamond，1982）的思想构建了一个模型，其核心特征是交易伙伴在搜寻过程中随机相遇。这与瓦尔拉斯模型相反，交易伙伴并非是愿意接受高于市价的任意买者和愿意接受低于市价的任意卖者的配对。在戴蒙德模型中，交易只发生在相遇的伙伴间，一个人被任何特定交易者拒绝就意味着不能马上以市价卖出商品，因此，失去任何潜在交易伙伴都会产生成本。因为任何参与人都是潜在的交易对方，而失去交易伙伴会带来成本，所以，每一个具有较高的歧视系数的购买者都会给不服从歧视的社会习俗的新进入厂商带来成本。

下一部分描述模型的均衡，此模型中存在一个生产中被普遍遵循的歧视惯例，这个惯例使得生产者对劳动力的使用缺乏效率并带来了更高的生产成本。该模型提出这样一个问题：当一部分交易者拒绝那些破坏社会惯例的厂商时，一个新进入厂商能否通过破坏社会惯例而获利。（在贝克尔的框架中，这些破坏者会拥有很高的购买歧视系数。）

瓦尔拉斯模型与随机贸易模型中关于歧视的区别描述于图 3—1a 和图 3—1b 中，这两幅图把生产成本与销售之和描述为采取拒绝行为的交易者比例的函数。在两个模型中，非歧视性厂商的生产成本低于歧视性厂商的生产成本。但是在瓦尔拉斯模型中，只要非拒绝交易者所占的市场份额大于新进入厂商产量的市场份额，销售成本就独立于拒绝交易者的数量。如果进入者的数量足够小，那么只有当拒绝交易者的数量所占比例达到100%时，其销售成本才会上升。在这种情况下，他就必须支付一个额外销售费用，这个费用等于最小歧视偏好的拒绝交易者的歧视系数。这点在图3—1a中有所体现：在通过歧视惯例生产所有商品的市场中，一个非歧视市场进入者的生产和销售成本被描述为拒绝交易者比例的函数。如果拒绝交易者的比率小于100%，那么该非歧视进入厂商的成本就会比歧视性厂商的成本要低。

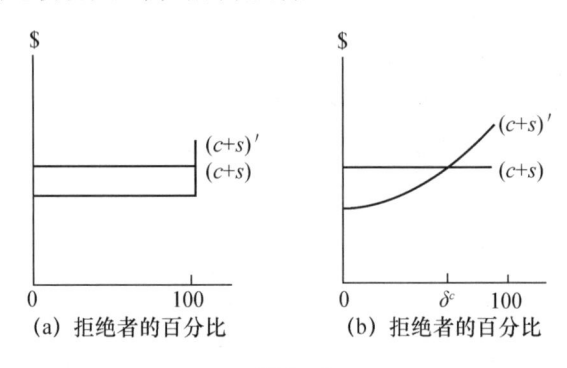

图 3—1

瓦尔拉斯模型（a）和随机交易模型（b）中非歧视性厂商和歧视性厂商的生产成本与销售量成本。在图（a）和图（b）中，$(c+s)$都代表着一个遵循歧视惯例的厂商的生产成本与销售成本之和，它是采取拒绝行为的买者的百分比的一个函数。类似地，$(c+s)'$都代表着一个非歧视进入者的生产成本与销售成本之和，它是采取拒绝行动的买者的百分比的一个函数。在瓦尔拉斯模型中，$(c+s)'$变成100%拒绝比例。在随机贸易模型中，$(c+s)'$随着拒绝者百分比的上升而持续地增大。在图（b）中，如果拒绝者的百分比超过δ^c，那么非歧视进入者获得的利润就将低于遵循歧视惯例的厂商的利润。

与此相对，图3—1b绘制的则是随机贸易模型中一个同样市场的进入者的生产成本和销售成本之和。如果拒绝交易者的比例为0，那么进入者的成本就会低于歧视性厂商的成本，因为进入厂商使用工人的方式是有效的。然而随着拒绝交易者数量的增加，进入者为达成交易所需的搜寻时间也会增加，相应地，销售成本也会增加。结果，如图3—1b所示，他的生产成本与销售成本之和可能会上升到超过一个歧视性厂商。即使存在着一个不偏好歧视的重要的少数群体（即图3—1b中，低于$1-\delta$比例的少数群体），那么一个参与者，就算规模为0，也不可能通过破坏社会习俗来获利。而且，与贝克尔的模型不同，非歧视偏好的企业家也不会获得额外利润。同时，低歧视偏好的企业家不能够通过购买那些高歧视偏好企业家的资本而获利。

贸易伙伴的随机出现假定

因为按照社会学的实证研究结果，市场是相当小的，所以此贸易模

第3章 在传统导向的、随机贸易椰子生产者中存在的歧视和地位工资

型中，每一个贸易伙伴都很看重其他贸易伙伴的光顾。遵循格拉诺维特（Granovetter，1973）的观点，对"弱纽带（weak ties）"的研究工作显示，要素市场和产品市场中的许多交易都是通过双方协议合同来完成的。按照麦考利（Macaulay，1963）的说法，工程企业重视其客户，由此导致大多数商业交易都建立在一个不太严格的合同的基础上；许多交易对于一方来说代价沉重，而对另一方来说获利不菲（比如说取消订单），但都被不假思索地执行了。只有在一个比瓦尔拉斯模型中的可选贸易伙伴要稀少的市场里，提供给"受重视的客户"的此类服务才是有利可图的。

Ⅱ．正式的模型

为了简练地证明歧视均衡的可能性，戴蒙德（1982）模型将会被修改。同戴蒙德模型一样，经济活动发生在一个热带岛屿上，且由采摘和交易椰子构成。岛上有 N 辆货车（也就是说，每个厂商拥有一单位资本）。装满一车椰子的时间长短依赖于两类工作的有效劳动单位的数量，两种工作被编号为类型1和类型2。按第1类工作中的 N_1 个有效劳动单位与第2类工作中的 N_2 效率单位工作的货车，装车时间为 $N_1^{-1/2} N_2^{-1/2}$。货车满载后离开椰树林，出发去市场，在那里，会随机地遇到带着同样目的的其他货车。

岛上居民搜寻其他的货车来进行椰子交易，因为那些人能从椰子中获得效用，不过禁止消费自己采集的椰子。岛上居民也是相当传统的：按照不同于其他厂商的比例来雇佣男人或女人就打破了岛上的社会习俗，这些厂商会被某部分传统厂商踢开（也就是说，一些服从传统的雇佣惯例的厂商不会和那些破坏传统的厂商进行交易）。

生产

这个模型中有两组不同的人群，男人和女人。男人和女人各有 L 个。一半的男人，准确地说是被叫做类型1的男人，在类型1工作中具有比较优势。他们能贡献一个有效劳动单位到类型1工作中和 β 个有效劳动单位到类型2工作中，其中 β 小于1。数量上也为 $L/2$ 的类型2男人则有相反的比较优势：类型2男人能贡献 β（<1）个有效劳动单位到类型1工作中和1个有效劳动单位到类型2的工作中。

女人的生产能力与男人完全类似。全体妇女中有一半是类型1。如

63

同类型 1 男人一样，这些妇女贡献一个有效劳动单位到类型 1 工作中，但只贡献 β（<1）个单位到类型 2 的工作中。对称地，全体妇女中的另一半属于类型 2；她们贡献 β（<1）个有效劳动单位到类型 1 工作中，1 个有效劳动单位到类型 2 工作中。

交易：相遇的概率

货车间相遇的概率与市场中的货车数量成比例。任何单个货车不是在市场上出售装载好的椰子就是在椰树林装载椰子。任何两辆在市场中的货车都会以概率 $(1/\gamma)dt$ 随机地在一个短的时间段 dt 相遇。当市场上有 S 辆货车时，一个特定的货车同另一个特定的货车在市场上相遇的概率是 $[(S-1)/\gamma]dt$。我们在这里以及论文的余下部分中假定，1 相对于 S 来说是足够小的。

交易：交易中的歧视

如果两辆货车在市场中相遇，而其中一辆货车以不同于规范的男女劳动比例在工作 1 和工作 2 中使用男性和女性劳动，那么，交易发生的可能性只有 $1-\delta(0<\delta<1)$。变量 δ 可能依赖于工作 1 和工作 2 中的男性与女性的比例的偏离程度，也可能以更复杂的方式微妙地依赖于社会习俗。在这里，为了证明歧视均衡的存在性，我们假设，如果使用的男女比例完全不同于规范，那么 δ 恒为正。

两辆相互交易的货车之间进行谈判的实质

当货车相遇，它们就进行交易（不考虑对革新者有歧视的情形）。只有当谈判形成确定结果，椰子的实物交换价格才定下来。我假定一个对称性公理。如果货车处于完全对称的地位，那么椰子的交易价格将是一比一。然而，如果交易对一辆货车来说比另一辆货车更有价值，那么认为交易更有价值的货车就处于较弱的谈判地位。对于这些货车，交易的比率将会小于一比一。

劳动市场

男性和女性的劳动供给都是完全无弹性的。经济中不存在贴现。劳动者和货车主都想最大化以椰子表示的非贴现收入。因此，货车主要最大化单位时间的预期回报；竞争性的工资率是一个既定生产类型的劳动者在其自己的货车上的边际产出。假定劳动市场是竞争性的，这就是工人实际得到的工资。

第3章 在传统导向的、随机贸易椰子生产者中存在的歧视和地位工资

Ⅲ. 非歧视性均衡

需要注意的是，如果系数 N_1 与 N_2 的系数之和小于 1（这点无关紧要）且 γ 为 0（这点很重要），那么上一节所描述的模型就完全符合新古典模型。如果装满一辆货车费时 $N_1^{-\alpha_1} N_2^{-\alpha_2}$ $(\alpha_1+\alpha_2<1)$，那么 $N_1^{\alpha_1} N_2^{\alpha_2} N^{1-\alpha_1-\alpha_2}$ 则是产出的一个新古典生产函数。在 $\gamma=0$ 的条件下，该模型可能的唯一均衡就是新古典均衡，其中劳动和资本分别接受其边际产出作为报酬。

要素配置

让我们考虑该模型的一个自然非歧视均衡。参与到工作 1 和工作 2 中的男性与女性在数量上是相等的，其中，分配到类型 1 工作中的是相同数量的类型为 1 的男性和女性；类似地，分配到类型 2 工作中的是相同数量的类型为 2 的男性和女性。

生产和交易中的货车分配

设 θ 为参与到销售中的货车所占的比例；则 $(1-\theta)$ 为参与到椰子生产中的货车所占的比例。可以发现这个自然非歧视均衡要求的 θ 值。在求解出 θ 的均衡值（θ^*）之后，就可以描述此经济中的所有核心变量：类型 1 和类型 2 男性、女性的工资以及利润。

$(1-\theta^*)/\theta^*$ 将等于装车时间与该车在市场出售所有椰子所需时间之比。在这个非歧视性均衡中，装满一辆货车的时间长度必然是

$$\left(\frac{L}{N}\right)^{-1/2} \left(\frac{L}{N}\right)^{-1/2} = \left(\frac{L}{N}\right)^{-1} \tag{1}$$

这个等式可以通过将投入到工作类型 1 和类型 2 中的有效劳动单位的数量带入早先的方程中而得到。出售完一卡车椰子的时间是

$$\frac{\gamma}{S} = \frac{\gamma}{\theta^* N} \tag{2}$$

因此在均衡中

$$\frac{1-\theta^*}{\theta^*} = \frac{\left(\frac{L}{N}\right)^{-1}}{\frac{\gamma}{\theta^* N}} \tag{3}$$

方程（3）是一个二次方程，并且有一个正解 θ^*。

$$\theta^* = \frac{-1+\sqrt{1+4x}}{2x} \tag{4}$$

其中，$x=N^2/\gamma L$。利用一点微积分的知识就能够得到（4）式中 θ^* 和 x 之间的关系。当 $x=0$ 时，根据洛必达法则，$\theta^*=1$。当 $x=\infty$ 时，$\theta^*=0$。对于取值在 0 到无穷之间的 x，$\mathrm{d}\theta^*/\mathrm{d}x<0$。

工资与利润

在非歧视均衡下，生产和销售一车椰子的时间长度为

$$\left(\frac{L}{N}\right)^{-1} + \frac{\gamma}{\theta^* N} \tag{5}$$

相应地，每车单位时段的产出是（5）式的倒数，即

$$\frac{1}{\left(\frac{L}{N}\right)^{-1} + \frac{\gamma}{\theta^* N}} \tag{6}$$

类型 1 工人的工资 w_1 等于

$$\left. \frac{\partial}{\partial J_1} \frac{1}{J_1^{-\frac{1}{2}} J_2^{-\frac{1}{2}} + \frac{\gamma}{\theta^* N}} \right|_{\substack{J_1=J_2=L/N \\ \theta^*=RHS\,of\,(4)}} = \frac{\frac{1}{2}\left(\frac{L}{N}\right)^{-2}}{\left[\left(\frac{L}{N}\right)^{-1} + \frac{\gamma}{\theta^* N}\right]^2} \tag{7}$$

其中，J_i 代表的是一个类型 i 工作的有效劳动单位的数量，$i=1, 2$。一个类型 1 工人包含 1 个有效劳动单位。与此对称，类型 2 工人的工资同类型 1 工人一样，并且也可以表示为等式（7）的右边的代数式。利润被定义为是产出减去劳动成本，据此定义，可以计算出利润的份额等于

$$\frac{\frac{\gamma}{\theta^* N}}{\left(\frac{L}{N}\right)^{-1} + \frac{\gamma}{\theta^* N}} \tag{8}$$

该表达式的值总是在 0～1 之间，因为理应如此。

这些关于生产（6）、工资（7）和利润份额（8）的详尽表达式可以同下一节所描述的歧视性均衡进行比较。

应该可以很明显地看出，如果劳动在各类工作中的配置如上所述，那么，即使完全不存在歧视（也就是说，$\delta=0$）时，也不会有厂商能够

第3章 在传统导向的、随机贸易椰子生产者中存在的歧视和地位工资

进入行业,以不同比例使用劳动力并支付更高的工资,同时还能获得正的利润,这是因为,给定工资条件下,劳动以最能获利的方式被使用。因此,假定 δ 对于一个新厂商总是小于 1,那么这个均衡中不可能出现有正利润的革新型进入者。

Ⅳ. 歧视性均衡

要素份额

下面比较前面的非歧视均衡模型与歧视均衡,在歧视均衡中,就算男性和女性从事相对的工作类型,他们还是接受不同的工资。考虑这样一个均衡,所有的女性和所有的类型 2 男性都从事类型 2 工作。类型 1 男性从事类型 1 工作。给定两类男性和女性的均衡工资,可以发现通过选择 δ 值,能够使非新进入厂商通过改变男女比例而获利。

在这个均衡中,每车单位时段的产出一定是

$$\frac{1}{\left(\frac{1}{2}\frac{L}{N}\right)^{-\frac{1}{2}} \left(\frac{L}{N}+\frac{\beta}{2}\frac{L}{N}\right)^{-\frac{1}{2}} + \frac{\gamma}{S}} \tag{9}$$

(9) 式中分母的第一项代表的是装满一辆货车所需要的时间,给定 $L/2N$ 个有效劳动单位到类型 1 工作中(从类型 1 男人中选取)和 $(L/N)+(\beta/2)(L/N)$ 个有效劳动单位到类型 2 工作中:这些有效劳动单位的 L/N 个单位来自于类型 2 男性和女性之和;其中的 $(\beta/2)(L/N)$ 来源于以效率 β 从事类型 2 工作的类型 1 女性。(9) 式中分母的第二项代表的是销售一货车产品的时间长度。

加入市场的货车数量

同前面一样,求解 S 是可能的。令 θ^{**} 为参与到销售中的货车所占的比例,从而 $S=\theta^{**}N$,而且,如前有

$$\frac{1-\theta^{**}}{\theta^{**}} = \frac{\left(\frac{1}{2}\frac{L}{N}\right)^{-\frac{1}{2}} \left(\frac{L}{N}+\frac{\beta}{2}\frac{L}{N}\right)^{-\frac{1}{2}}}{\frac{\gamma}{\theta^{**}N}} \tag{10}$$

由此求得 θ^{**} 的一个根,

$$\theta^{**}=\frac{-1+(1+4x)^{\frac{1}{2}}}{2x}, \quad x=\frac{N^2}{\gamma L\left(\frac{1}{2}\right)^{\frac{1}{2}}\left(1+\frac{\beta^{\frac{1}{2}}}{2}\right)} \tag{11}$$

相对于非歧视均衡来说，x 的分母变小了，这样从事销售的货车所占的比例也减少了。出售产出的时间更长了。

工资与利润

类型 1 和类型 2 工作中的每有效劳动单位的工资率可以通过将产出的表达式（12）分别对 J_1 和 J_2 微分得到，也就是下式

$$\frac{1}{J_1^{-\frac{1}{2}}J_2^{-\frac{1}{2}}+\frac{\gamma}{\theta^{**}N}} \tag{12}$$

的导数，求得 $J_1=L/2N$，$J_2=L[1+(\beta/2)]/N$，θ^{**} 由（11）式给出。

处理这个代数式能产生一个关于类型 2 劳动力的工资的表达式，该工资明显地比非歧视性均衡时的情形要小。理由有三：在新的均衡下，类型 2 工作中的有效劳动单位的替代效应数量上升了，类型 1 工作中的有效劳动的补偿效应的量下降了，出售产品的时间长度上升了。在类型 1 工作中，每有效单元工资的变化模糊。类型 1 工作中的有效劳动单位的替代效应数量下降了，类型 2 工作中的劳动效率的补偿效应数量上升了。所用这些影响都使类型 1 工作的工资上升了，但是销售的时间长度上升了，而且这点可能不仅仅抵消其他两个影响。

歧视均衡中的利润份额由一个与（8）式相似的公式给出，并且以相同的方式被计算出来。每车的利润为

$$\frac{\frac{\gamma}{\theta^{**}N}}{\left\{\left(\frac{1}{2}\frac{L}{N}\right)^{-\frac{1}{2}}\left[\left(1+\frac{\beta}{2}\right)\frac{L}{N}\right]^{-\frac{1}{2}}+\frac{\gamma}{\theta^{**}N}\right\}^2} \tag{13}$$

这个表达式是恒为正的，这一点在后面将会是有用的。（也要注意到，利用（9）式、（13）式，以及 $S=\theta^{**}N$，易于发现，利润份额是在 0 和 1 之间。）

选择 δ，以使革新型进入者不能获利

现在考虑，给定已有工资结构下，是否有一位革新者可以通过在类型 1 工作中使用类型 1 的女性，并且因此而获得利润。然而要记住的是，δ 比例的非革新者不会同违反习俗的厂商进行交易。能否找到一个

第3章 在传统导向的、随机贸易椰子生产者中存在的歧视和地位工资

更低边界,使得在任何更高的 δ 水平下,进入都无法获利?这将是本部分的问题。

在回答这个关键问题之前,让我首先处理关于贸易者之间谈判的技术性问题。在这个均衡里先前描述的所有贸易者都是相同的:因此椰子交易将会以 1 比 1 的比率发生。那个违反习俗的厂商将会拥有较低的生产成本,但是却要花费更长的时间等待潜在的买者,因为所有买者中占 δ 比例的人将拒绝与之交易。因此革新者处于一个弱势的谈判地位,一次交易失败的成本对于他们来说要大于非革新者,这使得他们在进行椰子的实物交易时处于低于 1 比 1 的比例。设预期的实物交换比例为 $p<1$。

设革新者雇佣 N_1^I、N_2^I(I 代表革新者)的工人分别从事工作 1 和工作 2。他会雇佣类型 1 女性从事类型 1 工作。这些女性在从事类型 2 工作时,每有效劳动单位收到的工资为 w_2;她们只供给 β 个有效劳动单位。因此,她们的工资为 βw_2。在类型 2 工作中,革新者可以武断地决定类型 2 男性和女性的比例,各支付 w_2 的工资,或者他可以雇佣类型 1 女性,为 β 个有效劳动单位支付 βw_2 的工资。企业家的利润 Π^I 为

$$\Pi^I = p\frac{1}{(N_1^I)^{-\frac{1}{2}}(N_2^I)^{-\frac{1}{2}}+\frac{\gamma}{(1-\delta)\theta^{**}N}} - \beta w_2 N_1^I - w_2 N_2^I \quad (14)$$

在给定 w_2 和 δ 并且找到一个关于临界水平 δ^c 的准确的公式的情况下,我们可以计算出最优的 N_1^I、N_2^I,但是这涉及到很复杂的公式;当 δ 值大于临界水平时,革新者进入不会获利;当 δ 值小于临界水平时,革新者的进入会获利。出于为这个 δ^c 设定一个粗略的上限的意图,让我们作一个非常粗略的估计。注意到

$$\Pi^I \leqslant \frac{1}{\frac{\gamma}{(1-\delta)\theta^{**}N}} \quad (15)$$

利用(14)式,$p<1$,$N_1^{-\frac{1}{2}}N_2^{-\frac{1}{2}}\geqslant 0$,$\beta w_2 N_1^I \geqslant 0$,以及 $w_2 N_2^I \geqslant 0$。接下来利用(15)式可知,非革新者的利润(由(13)式给出)会比(15)式的左边要大,如果

$$\delta > 1 - \frac{\left(\frac{\gamma}{\theta^{**}N}\right)^2}{\left[\left(\frac{1}{2}\frac{L}{N}\right)^{-\frac{1}{2}}\left(1+\frac{\beta}{2}\frac{L}{N}\right)^{-\frac{1}{2}}+\frac{\gamma}{\theta^{**}N}\right]^2} \quad (16)$$

(16)式的右边给出了一个关于临界值 δ^c 的一个粗略的上限。这个界限的粗略性,同作为革新型厂商的利润边限的(15)式的粗略性是直接相

关的。然而，这已经表明δ的适当值可以被选择，以便使革新型厂商不能通过进入已定的歧视均衡而获利。[①]

V. 结 论

本文提出了一个稳健的歧视模型；即使存在明显不喜欢歧视的少数人，或对歧视有不同偏好的企业家间存在资本转移，也不会有进入者能通过违背歧视习俗来获取利润。此歧视模型的关键创新在于，市场从某种意义上要小于瓦尔拉斯市场。所有的交易者都有机会同其他人进行交易。并且在交易的同时，不存在其他同样令人满意的贸易伙伴。这一假定是符合社会学研究的经验结果，类似地发现市场确是小的。

参考文献

Arrow, Kenneth J. "Models of Job Discrimination." In *Racial Discrimination in Economics Life*, edited by Anthony H. Pascal. Lexington, Mass.：Heath, 1972.

Becker, Gary S. *The Economics of Discrimination*. Chicago：Univ. Chicago Press, 1957.

Diamond, Peter A. "Aggregate Demand Management in Search Equilibrium." *J. P. E.* 90 (October 1982)：881-894.

Granovetter, Mark S. "The Strength of Weak Ties." *American J. Soc.* 78 (May 1973)：1360-1380.

Macaulay, Stewart. "Non-contractual Relations in Business：A Preliminary Study." *American Soc Rev.* 28 (February 1963)：55-67.

[①] 这里分析了一个歧视均衡。显然，许多歧视均衡都是有可能的。如果与假定一样，拒绝交易取决于违反现有性别比例的程度，那么，将会有4个对称性的歧视均衡。男性和女性的角色可以对称性地对调，同样工作1与工作2也是如此。进一步地，均衡不一定就是角点解，如同例子中那样，所有的女性和类型2男性从事类型2工作。存在可能均衡的整个连续统，其中对偏离习俗者进行抵制。

第 4 章　经济学与身份[*]

乔治·A·阿克洛夫
雷切尔·E·克兰顿[**]

Ⅰ. 导　论

本文将身份——人的自我认知——引入到经济分析当中。当前经济学中，许多无法得到很好解释的现象都能用身份因素来解释。例如，身份可以很好地解释为什么一些女性会反对"女权"，正如我们在贝蒂·

---

[*] 本文最初发表在 George A. Akerlof and Rachel E. Kranton（2000）, "Economics and Identity", *Quarterly Journal of Economics*, 115, 3。版权归麻省理工学院出版社所有，经允许重印。

[**] 作者们特别想感谢 Abdeslam Maghraoui 所提供的持续的帮助和见解，以及 Michael Ash, Jennifer Eichberger 和 Cyd Fremmer 提供的宝贵的研究协助。Henry Aaron, William Dickens, Claudia Goldin, Edward Glaeser, Lawrence Katz, Robert Merton, Anand Swamy 和一位匿名审稿者对早期文件提供了广泛的评论，对此，作者们尤为感激。他们也感谢 Robert Akerlof, Abhijit Banerjee, Kaushike Basu, Paul Beaudry, Samuel Bowles, Robert Boyd, Gary Burtless, Alessandra Casella, Catherine Eckel, Stuart Elliott, Gary Fields, Pierre Fortin, James Foster, Richard Harris, Victoria Hattam, Peter Howitt, Aurora Jackson, Kevin Lang, George Loewenstein, Glenn Loury, Michael Kremer, David Laibson, Janet Pack, Matthew Rabin, Francisco Rodriguez, Paul Romer, Eric Verhoogen, Eric Wanner, Kent Weaver, Robin Wells, Janet Yellen 以及 Peyton Young 提供的帮助和评论。乔治·A·阿克洛夫要感谢加拿大高级研究机构、麦克阿瑟基金会、布鲁金斯学会以及国家科学基金会管理下的 SBR 97-09250 研究津贴所提供的财政资助。Rachel Kranton 向 Russell Sage 基金会表达了她的感激，她曾于 1997—1998 年作为一个访问学者在那里工作过。

弗里丹（Betty Friedan）因发表《女性的奥秘》一书而遭到农村家庭妇女排斥这件事件中看到的。其他诸如伦理与种族冲突、歧视、棘手的劳动纠纷以及分离主义政治问题等都引入了基于身份的分析框架。正是由于这种分析方法拥有强大的解释力，许多心理学、社会学、政治学、人类学和历史学的学者都采用身份作为核心概念。本文将显示如何把身份因素引入到经济分析当中，从而为很多经济问题提供一个崭新的视角。[1]

我们先把身份因素融入到行为的一般模型中，然后论证身份因素如何影响经济结果。确切地说，我们研究劳动力市场中的性别歧视、家庭内部劳动分工、社会排斥和贫困的经济学。每个例子中，我们都通过分析做出的预测，得到了现有证据的支持，这些现实证据并不符合已有经济模型的预测。这一结论表明，身份因素几乎肯定在其他领域也很重要。

我们的行为的身份模型开始于社会差异。以性别这个大家都熟悉的身份问题为例。社会有两个抽象的种类：男性和女性。每个种群有不同的身体特征和所规定的行为方式。我们当中每个人都属于其中某一种性别类型，非男即女。男性或是女性，都必须遵循这种性别所认定的某种行为准则，据此确定自我认知或身份。[2]违反这种准则会引起自己和他人的忧虑与不悦。因此，性别身份改变了不同行为的"收益"。

大量对人类行为和互动的社会类属研究丰富了身份模型。我们会在下一节中列举一系列与身份相关的行为方式的例子。这些例子和其他的

---

[1] 先前关于身份的经济学文献包括弗伯尔（Folbre，1994），他讨论了性别身份对于维持男性特权的集体行为的重要性。我们关于效用的一般模型考虑到了这种结果，以及许多性别不平等的其他来源。森（Sen，1985）提到身份对于目标成就具有影响，但是并没有将身份整合到效用方程或者特殊经济设定的模型中。"身份"也有其他的含义：兰达（Landa，1994）和凯万（Kevane，1994）考虑到了被定义为一个特殊群体里的会员资格的身份，是如何在个体成员受到群体制裁时，影响经济交易的。

[2] 我们在这里使用的是"准则"这个词而不是规范，这是因为先前的经济学中的习惯用法所赋予后者的含义可能会在本文中起到误导作用。这里，行为人遵守准则，最主要的是为了维持他们的自我概念。与此相反，在大多数经济学文献中，一个规范之所以被服从，是因为如果未能这么做的话会遭到惩罚（例如（Akerlof，1976），（Kandori，1992）以及（Cole, Mailath, and Postlewaite，1992））。然而，其他作者认为规范的含义类似于我们的准则。在蒙哥马利（Montgomery，1997）的关于社会角色的博弈论模型中，行为人所采纳的策略是让规范来设定他们的角色，因为如果不这样的话，他们就"不认识自己了"。埃尔斯特（Elster，1989）写到，社会规范由违反它们时所带来的强烈的尴尬、焦虑和负罪感来维持。黄和吴（Huang and Wu，1994）也认为社会规范由人们的感情来维持，本文认为这种感情源于一个人的自我意识。

一些证据都表明：（1）人们可以从自身行为中获得基于其身份的报酬；（2）人们可以从他人行为中获得基于自己身份的报酬；（3）第三方能对这些报酬产生持续影响；（4）一些人可以选择他们的身份，但其他人却没有这种选择的机会。

至少存在四条相关的原因，使身份概念扩展到了经济分析中。

第一，身份可以解释人们的一些负面行为。一些人的行为方式在另一些不同身份的人看来可能是无法适应社会的，甚至是自我毁灭的。这种行为产生的原因可能是为了增强人的自我认同感或恢复被贬低了的自我形象。

第二，身份隐含着一种新型的外部性。一个人的行为能够影响到其他人，而其他人会对此做出反应。再以性别差异为例，连衣裙表现出女性的气质，但如果一位男士穿着连衣裙的话，就可能对其他男士的身份构成威胁。这就是外部性，而假设这些男士对这种行为作出回应的话，就会产生更深层次的外部性结果。

第三，身份展现了一条改变偏好的新路径。身份观念随社会而演进，社会中某些个人或组织有动机去操纵这个过程。广告业就是明显的例子（如万宝路的广告）。随着我们探究的深入，会找到许多其他的案例，包括公共政策部门，它们改变社会类属方法及相应的类别定位，从而影响经济结果。

第四，由于身份是行为的基础，所以身份选择可能是人们作出的最重要的经济决定。每个人都会或多或少地有意识地去选择他们想要的身份。对于选择的限制也可能是个人经济福利最重要的决定因素。但是以前的一些经济分析，如对贫困、劳动力供给以及教育的经济分析，就没有考虑到这些可能性。

我们的分析将以如下顺序进行。在下一节我们提出一个一般效用函数，这个函数把身份因素作为行为的一种动机融入进来。此节还引入了在全文都会用到的概念和理论框架，还将列举一系列与身份相关的行为案例，并在效用函数里证明我们关于身份的结论是合理的。第三节构建了一个身份博弈论模型的雏形，这个身份模型体现出标准心理学原理。这个模型将社会群体分为绿色群体和红色群体这两类，包括了构成社会差异、身份以及经济互动的主要因素。第四、五、六节分别探讨了劳动力市场的性别歧视问题、社会排斥与贫困经济学问题以及家庭内部劳动分工问题。第七节得出结论，并指出未来的研究方向。

Ⅱ. 效用函数、与身份相关行为的证据

这一节里我们将提出一个将身份看作是一种行为动机的效用函数。我们在心理学方面开展了大量的工作，并对支持我们这种分析框架的行为特例进行讨论。

A. 引入身份因素的效用函数

在我们这个效用函数里，身份的确定是基于不同的社会分层，用 C 来表示。每一个人 j 都被分配到这些不同的群体 c_j 里，所以每个人都了解他所属群体的特征以及所有其他人所在群体的特征。[①] P 表示在不同社会群体的人在不同情况下做出的符合准则的行为。这种行为规范也规定了属于不同群体的典型人的身体特征及其他特点。不同的群体可能也具备较高或较低的社会地位。我们就用身份这个词来描述一个人的自我认知和他所隶属的社会群体。

根据上面所述，性别身份可以构造如下。有这样一种由"男人"和"女人"所组成的社会群体 C，在这个分类里，男人比女人有更高的社会地位。c_j 描述了 j 自身所属的性别类型，同时也表明其他人 j 的性别类型。P 表示每个类别人的身体和其他特征，而这些特征形成了典型的男性和女性，同时也是人在不同环境下由于性别差异所产生的特殊行为的基础。例如，典型的女性是女性化的、身材苗条而且应该总是穿着女装；典型的男性是男性化的、肌肉发达且应该从来不会穿女装，当然万圣节时例外。

我们提出下面的效用函数。

$$U_j = U_j(a_j, a_{-j}, I_j) \tag{1}$$

效用依赖于 j 的身份或自我认知 I_j，也依赖于 j 的行为向量 a_j 和其他人的行为向量 a_{-j}。由于 a_j 与 a_{-j} 决定了 j 对商品和服务的消费，这些论点与函数 $U_j(\cdot)$ 就能够充分地描述自身行动和外在性的标准经济含义。

沿着以上的讨论，我们提出 I_j 的表达式：

$$I_j = I_j(a_j, a_{-j}; c_j, \varepsilon_j, P) \tag{2}$$

[①] 某人 j 对于另一个人 k 进行刻画归类并不根据个体 k 自己的刻画。此外，社会类属之间并不一定相互排斥，而且个人可以列入多种社会类属（例如，个体 j 既是"女人"也是一位"专业人员"）。

首先，j 的身份 I_j 取决于其所属的社会类属 c_j。一个群体的社会地位是由函数 I_j 给出的，而在这个群体里拥有较高社会地位的人可能会享受一种优越的自我认知感。进一步地，身份依赖于 j 自我设定的特征 ε_j 与其所属群体的理想特征的匹配程度，而这个群体的理想特征用 P 来表示。[1]最后，身份还依赖于 j 自身的行为、他人的行为以及与 P 所表示的规范行为的符合程度。我们把源于 I_j 的效用增加称为身份的收益，把效用的减少称为身份的损失。[2]

在最简单的例子中，假设 c_j，ε_j，P 以及其他人的行为都已经给定，j 将选择行动以最大化效用（1）。我们是特意使用"选择"这一动词。标准的效用理论认为，并不知道一位购买者是否了解他选择商品的原因。同样地，我们也认为人们没有意识到他们自己行为的动机。[3]

个人除了可以选择自己的行动之外，在某种程度上也可以选择其所属的社会类别 c_j。社会类别可能或多或少是一种被归属的，而且一般而言，个人可能在自己的身份上有一定的选择余地，就如有一些人甚至会选择自己的性别。而这种"选择"多多少少是自主的。

个人行动也可能会影响到行为规范 P、社会类别集合 C 以及反映在 $I_j(\cdot)$ 中的不同社会类别的社会地位。再以性别为例，男女之间的社会地位差异随着时间的流逝已经减少了，而且各自的行为准则和完美的身体特征也已经改变。以性别对社会群体进行分类本身就已经变得复杂了。因此，对如何进行社会类属和确定行为准则，没有普遍共识。实际上，这些分歧也成为很多争论和论战的主题。

B. 关于群体身份的心理学与实验

在心理学中，身份具有显著的作用，这就暗示经济学家应该将身份当作自变量记入效用函数之中。心理学家长期以来认为自我（self）或者"自尊（ego）"是个体行为的原动力。他们又进一步地将个体的自我认知

---

[1] 在一个具有较高（低）的社会地位的类别中，当其自身的特征接近于（远离）理想状况时，个体 j 可能会盈利。

[2] 由于个体的自我概念可以通过用其他人的眼睛来看自己而形成（Gleitman，1996：p.343），因此，盈利或者损失可能也取决于其他人对个体 i 的行为的理解。其他人的观点可以通过行为 a_{-j} 显示出来；个体也可能关心别人的分组 c_{-j}。

[3] 森（Sen，1997）打了这样一个比方，光并不知道它在使距离缩小，但是它的表现就像是它知道一样。这个观点符合弗里德曼（1953）对实证经济学方法的权威断言。无论个体 j 是否有意识地意识到她在使一个像（1）这样的效用函数最大化，她都毫无疑问地这么做了。特别地，在我们的设定中，行为的动机可能是无意识的。

与社会环境联系起来；身份因素与社会类属紧密联系在一起；而且，个人会认同来自同一群体的人，并将自己与其他群体的人区分开来。①

尽管社会心理学的实验没有显示出"自我"的存在，或者说没有在本质上证明这一点，但是这些实验的确证明随意地对社会群体分类也会影响到行为。②考虑罗伯茨洞穴实验（Robbers Cave experiment）。在最初的一个星期，把在俄克拉何马州参加夏令营的两组男孩分开。在这段时间里，这些男孩们将各自形成属于他们全体的行为规范和身份。当他们在第二周的比赛中相遇时，这些11岁的同龄人爆发了战争，他们大呼对方姓名，模仿对方的动作，甚至打起架来。之后的实验表明竞赛对组别认同并不必要，甚至最微小的分组都能影响到个体行为。其实，"组"仅仅是通过对实验中成员某种标志的随机分配而形成的，比如说通过成员的偶数号或奇数号来分组。尽管这种分组方式的选择是不公开的，而且对个体自身的收益没有影响，但是参加实验的成员更可能认同有相同标志的人，而不是那些与自己有不同标志的人。他们也会对自己组的成员有更高的评价。

我们构建的身份模型与这些实验非常相似。在这些实验里，就如效用函数（1）所示，有不同的社会类别，也有隶属于不同类别的特征；最后，实验中的成员会在脑海里形成与分组结果相关的行为规范，而且收益与分组无关。

C. 一些与身份相关行为的例子

我们接下来用四种不同的方法来介绍一组"真实世界"的例子，这些例子在导言里描述过，也在效用函数里形象地表现出来，表明身份可以影响行为。

我们的第一组例子证明了人们拥有源于自己行为的与身份相关的回报。行动 a_j 对效用 U_j 的影响部分取决于其对身份 I_j 的影响。

自残行为。 第一组例子可能是在这些例子中最有意思的：人们通过损害自己的身体或是他们孩子的身体来表现自己的身份。文身、在身体上（比如在耳、鼻子和肚脐上）穿孔、拉直头发（hair conking）③、节

---

① 对"自我"的讨论，参见托马斯（Thomas, 1996）、布雷杰（Breger, 1974）或格莱特曼（Gleitman, 1996）。对于身份的社会心理学的评论，参见布朗（Brown, 1986）和韦瑟雷尔（Wetherell, 1996），特别是塔杰菲和特纳（Tajfel and Turner, 1979）。

② 对于社会心理学实验的讨论，参见布朗（1986：541—566）和韦瑟雷尔（1996：203—216）。

③ 专指20世纪20年代到60年代，非裔美国人中流行的将黑人卷曲的头发拉直的发型。——译者注

食、类固醇滥用、整形手术以及男女割礼都产生了或多或少显露在外社会类属和群体相关的生理特征。[1]按照我们的效用函数，这些行为将个人的生理特征转变为典型特征。[2]这些自残行为之所以发生是因为人们相信这可以导致金钱回报或是如结婚一类的互动回报。但是，这些行为的顽强性和抵御力说明，归属的程度依赖于外在仪式，而人们已经内生了美貌和美德的测度。[3]

性别与职业。女辩护律师、男护士、女海员——这些都产生了身份上的冲突。为什么？因为辩护律师被认为是男性的职业，护士是女性的专长，而海员完全应该是由男人来做。工作在与职业性别完全不同的行业里的人通常会对他们的工作有种模糊感。根据我们的效用函数，个人行为不符合行为的性别规范。关于这一方面有一个已经公开了的研究，就是皮尔斯（Pierce，1995）对法律行业的参与研究。[4]女律师把自己当作是女人，但是要想成为一名好律师就得表现得像个男人。律师们在接受培训时总是被教导要表现得像"兰博（Rambo）"、"毫不手软"。在办公室里，没有赢过重要官司的辩护律师会被认为是没有能力的人。胁迫证人是对对手进行无情打击的一种方式。一个关于两个同事的圣诞节笑话形象地描述了这种性别冲突：

> 有一个秘书穿得像雷切尔（Rachel，很女人的意思），而另一位秘书穿着像迈克（Michael，很有男子气的意思）。有一次，穿得像男人的这个秘书站在舞台中央大呼大叫并唱起歌，"我是迈克·邦德，我是如此忙碌的男人。我是如此忙碌的男人"。另一个秘书接着也在舞台上呼叫着唱道，"我是雷切尔·罗森，我是如此忙碌的男人，我的意思是女人。我是如此忙碌的男人，我的意思是女人……"。迈克对于这种戏弄的回应是安之若素……而另一方，雷

---

[1] 参见卡提比（Khatibi，1986）对在通过割礼和部落的文身来在身体上作记号是如何为自己作记号的分析。

[2] 另一种解释是这些实践是一些未察觉的与经济相关的特性的信号。然而，很难想象为什么这些信号的个体成本会同这些特征有关。

[3] 在一项对埃及乡村的性方面的事情的研究中，卡特布（Khattab，1996）报道说当地妇女认为女性割礼是一项美化活动。它强调了性别差异："我们不想看上去像一个有凸出的性器官的男人"（第 20 页）。巴米勒（Bumiller，1990）报道了一个女性对于女性自我牺牲的防卫的例子。1987 年，当一位年轻妇女在个拉贾斯坦的村庄里殉夫之后，无论是男人还是女人都来到这个村子里对她表达他们的敬意。殉夫就是一个寡妇在她的丈夫的葬礼上被烧死的活动。一个皈依者表达了她的钦佩："如果我知道她将要这么做的话，我就会触摸她的脚。现在我会在我的房子里为她设一个灵位，并且每天都祭奠她。"尽管钦佩这位妇女的人也怀疑她们也会有同样的勇气，或者她们对于施加在这个妇女身上的来自于姻亲的压力一无所知，然而这丝毫没有减少她们对她的尊敬。

[4] 一个对护士和海员的研究，参见威廉姆斯（Williams，1989）。

切尔变得非常沮丧（Pierce，1995，p. 130）。

在很多讨论中，女律师都表达出她们的矛盾心理。另一个搭档"坎达丝（Candace）"也告诉皮尔斯："我已经忘记了这些年来发生在女律师身上很多令人气愤的事……要成为一名律师，就必须遵守某种行为方式，我认为这就意味着要表现得像一个男人。为了做到这一点，我努力地把自己身上的女性特征隐藏起来，尽量表现得男人一点"（Pierce，1995，p. 134）。

校友的捐赠。慈善捐赠可以产生"暖光"（Andreoni，1989），但是人们是如何选择捐款到一个机构而不是另一个机构呢？捐赠给有最高边际收益的慈善机构将能够使捐赠行为的经济效应最大化。但至少对有较高教育程度的人来说，捐赠行为可以很好地体现他们的身份。毕业生总是捐款给他们的母校。通过保持学校的声誉，这种捐赠会提高他们学位的价值。但是这种解释遭受了集体行动问题的困扰。而且不能解释学生对学校的忠诚和认同，就像抒情诗里所表达的，"为上帝，为国家，也为耶鲁"。

登山。为什么人们去登山呢？洛温斯坦（Loewenstein，1998）认为面对登山时的极端不适和危险时，个体将强化自我意识。

性别与职业。工作在属于"男性"的领域的女性会使得男同事感到不够"男人"。为了舒解这种感觉，男性可能会特意表现出他们的男人气质，同时去排挤此女同事。帕德维克（Padavic，1991）在其发电厂烧煤者研究中，用这种方式解释了男性同事的行为。有时候，男同事们把这名女同事举起来，然后抛来抛去，试图把她放到输煤带上面去（当然，只是玩笑）。在另一个女同事的例子里，没有人会培训她，也没有人去帮助她，当她请求帮助时，她总是被拒绝，而通常男同事都会得到帮助。[①]

为了进一步检验这种行为的原因，我们对在一家建筑公司里被男同事取笑和嘲弄的女木匠进行随机的电话调查。在表 4—1 里我们看到在六种可能的解释里面，84%的受访者认为男性同事表现出这样的行为是由于他们感到不够男人，程度包括"有些可能"，"可能"，"很可能"[②]。这个

[①] 莱文（Levine，1997）也发现男人通常会拒绝培训女人，而且会妨害她们的工作。此外，从事男人的工作的女人会遭到性方面的讽刺。一个关于这些例子的文集参见舒尔茨（Schultz，1998）。

[②] 不同性别的回答差异可以忽略。这个调查包括三个其他的小片段，其中的两个描述的是一个男人（女人）正在思考是否进入一个先前由女人（男人）主导的职业。这些回答表明，在这样一个决定中，回答者的性别差异应该被关注。然而，当进入并不是合意的，以至于任何的性别冲突都是假设的时，这些回答就没什么信息价值了。对最后一个片段的回答强烈地表明，身份意识是花时间投票的一个主要的原因。我们的样本中有一半是男性，一半是女性，并且样本的 60%是本科生。

解释是最能被接受的解释之一,而且超过75%的受访者认为从事一份男人工作的女人"经常"或者"几乎总是"会碰到这些不公平的待遇。

表4—1　　关于骚扰的片段和对可能解释的评价

片段:Paul是一家建筑公司的木匠。这家公司雇佣的首位女木匠就是Christine,但支付她的每小时工资比Paul和其他木匠所得的低3美元。在Christine工作的第一天,Paul和他另外两个同事就戏弄Christine,并在工作上给她制造麻烦。

试着想想为什么Paul会这样做。我们将以下对Paul这种行为进行解释的每一条原因按照"根本不可能"、"不可能"、"有些可能"、"可能"、"很可能"来进行评级。

解释	回答"有些可能"、"可能"、"很可能"所占的比例[a,b]	平均得分[c]
Paul奚落Christine是因为他担心雇佣女人会使得公司降低他的工资	0.36 (0.06)	2.5 (0.12)
Paul奚落Christine是因为他觉得给Christine较低的工资是不公平的	0.13 (0.04)	1.7 (0.12)
Paul奚落Christine是因为他觉得当一个女人做相同工作时缺少男子气概	0.84 (0.04)	3.4 (0.12)
Paul奚落Christine是因为他觉得他和他的朋友们在有女人在面前时没法肆无忌惮地开玩笑	0.84 (0.04)	3.6 (0.12)
Paul奚落Christine是因为他怕其他男人笑话他和女人干一样的活	0.76 (0.05)	3.3 (0.13)
Paul奚落Christine是因为他怕人们会觉得如果一个女人也能干一样的活,那这项工作可能不需要什么技术	0.64 (0.06)	2.9 (0.12)
Paul奚落Christine是因为他害怕如果他做不好工作,他的男性同事们会开始取笑他	0.80 (0.05)	3.4 (0.13)
Paul奚落Christine是因为他觉得让女人干男人的活是错误的	0.77 (0.05)	3.3 (0.14)

a. 样本大小是70户家庭。这些家庭是随机选自加利福尼亚弗里蒙特电话本。
b. 参数的标准误差。
c. 令根本不可能=1,不可能=2,有些可能=3,可能=4,非常可能=5。取这些赋值的平均值。

男人与侮辱。 对一个男人来说,如果一种行为被认为是侮辱性的,他如果置之不理,就会有损其男子气概。正如上例中,行动a_{-j}对I_j的影响是通过a_{-j}引起了行动回应a_j。心理学家尼斯比特和科恩(Nisbett and Cohen, 1996)在密歇根大学所做的相关实验发现了这种身份意识。他们宣称实验发现来自美国南方和北方的男性对于侮辱的反应并不相同,并显示出南方白人遗留了南北战争之前南方人的"名誉文化(culture of honor)"[①]。他们的

---

① 对于这种"名誉文化"的一项描述,也参见巴特菲尔德(Butterfield, 1995)。"绅士"通过(剑或枪)决斗来回应羞辱。较低阶层的人用手掌和拳头决斗,击打没有限制,从而击打到眼睛、鼻子和耳朵等地方。

实验包括以下一些情景的变化：这群实验设计者的一个同事在走廊上撞倒那些去参加实验的对象。他不仅不道歉，还要骂实验对象"白痴"。相比受辱的北方人和控制组的南方人，受辱的南方人更可能在随后的单词拼写测试中填写更具攻击性的单词（如会选择"枪"而不是"快乐"），同时他们会变得更亢奋。

实验结果显示侮辱会影响到身份意识。受辱的南方人好像更担心实验设计者看低他们的男子汉气质。他们可能再也不会见到实验设计者以及那个走廊共谋者；另外在他们在实验中都是匿名的。所以实验对象对实验设计者的关心仅限于，通过"别人的评价和预期的镜子"可以照出他们如何看待自己以及自我的身份意识（Gleitman，1996，p. 343）。我们在其他例子里也能看到相同的心理。

违反规范还是改变类型。 由于 j 与其他人的社会认同，当 j 所在社会类别的某个人违反了此类别的行为准则或者变成另一社会类别的人时，j 的身份会受到影响。[1] j 对此人通常的回应就是奚落和排斥，从而使得他自己远离这个离经叛道者，同时确认对自己的自我认知。在学校里这种事情每天都会发生，行为怪异的孩子会被其他孩子嘲笑和奚落。小说《看不到的希望》（Suskind，1998）讲述了塞德里克·詹宁（Cedric Jenning）从华盛顿最差的一所高中到布朗大学的成功经历，其中力求上进的青年总是在遭受同龄人的嘲笑。这本小说开篇就描写了塞德里克躲在高中的化学实验室里，逃避着来自一个嘉奖会上的人们的嘘声。那些试图改变其所属社会类别和行为规范的人可能会遭受到类似的嘲笑，因为这种变化会降低其他的同类别人的身份，就像生活在贝蒂·弗里德（Betty Fried）[2] 所在社区的家庭主妇们的感觉一样。

我们第三组例子证明了在某种程度上人们可以选择自己的身份；也就是说，c_j 可能部分地是选择变量。在美国，很多女性既可以选择去做一名职业女性，也可以做一名家庭主妇（参见（Gerson，1986））。父母们能为孩子选择学校——公立的或者私立的，非教会的或者教会的。这些选择会影响到孩子的自我认知、他人的认同以及行为。[3] 在大学校园里选择的住所能够反映并且改变学生对自我的认知。兄弟会、女学生联谊

---

[1] 我们在下节中将进一步讨论认同的心理学及其含义。

[2] Betty Friedan，美国妇女运动的先锋。——译者注

[3] 在 19 世纪末，美国的天主教学院是移民者的旧的欧洲身份与他们的新的美国自我之间的一座桥梁（Bryk, Lee, and Holland, 1993：27）。穆斯林学校部分地起到了公共学校系统的避难所的作用，但是家长们选择它们也是为给孩子一个穆斯林的身份和遵守穆斯林的行为准则，并且对抗许多被认为损害了在美国的穆斯林或伊斯兰形象的事情。现在这些穆斯林学校的招生规模正在扩大（Sachs, 1998）。

会、非裔美国人组织以及其他基于某种"主题"的宿舍都与社会群体、自我认知以及行为规范相关。①这样的例子还有很多。外来人口选择成为美国公民的行为不仅是法律地位的变化,而且也是身份上的变化。因此,人们在做这样的决定时经常充满了犹豫、不安,甚至罪恶感。

但是,身份的选择余地通常是很狭小的。例如,在一个多民族的社会,那些有着不太明显的本民族外表特征的人可能会被其他民族所接受而成为他们的一员。但是其他人则会受限于他们的外表、语言或口音。

我们第四组例子论证了社会类别 C 和行为规范 P 的创立和操控。②

广告。广告是一种明显的操纵行为规范的方法。例如,万宝路和维珍妮香烟(Virginia Slims)的广告加深了成功男士和女士应该抽最适宜的香烟的印象。③

职业教育学校和研究型学校。职业教育学校和研究型学校都是试图通过改变学生的身份来塑造学生的行为。就如一位哈佛法学院的学生所说:"他们正把我变成另外一个人,他们让我变得不同了"(Turow, 1977, p.73)。在医学院、神学院、军事学院以及博士培养单位,毕业生的名字前面会增加某种头衔,这就意味着身份的变化。

政治身份。政治通常就是关于身份的战争。④政治家和政治活动者并不把人们的喜好看作是一成不变的,而是努力地通过影响人们的身份和行为规范来改变某群人的偏好。⑤这种例子也是很丰富的。法西斯主义者和民粹主义者声名狼藉,这是因为他们鼓吹族群分裂从而导致灾难性后果。象征主义的行为和身份变化推动了革命。自由的钟声呼唤着殖民者变成美国人,甘地的"食盐进军(Salt March)"鼓舞了印度人民要求民族身份。法国大革命使人们变成了"公民",而俄国革命则将俄国人变成了"同志"。

Ⅲ. 经济学与身份:一个原始模型

本节,我们将构建一个经济互动的原始模型,这是一个身份以社会

---

① 对于身份、兄弟会以及兄弟的行为准则的一个人类学的研究,参见桑迪(Sanday, 1990)。

② 社会进化、群体区别的构建以及社会类属是多数研究的对象。参见韦瑟雷尔(Wetherell 1996, pp.219-227)的回顾。

③ 参见德·格拉齐(de Grazia, 1996)对广告以及其他对性别和消费的影响的历史学研究。

④ 对于政治身份的理论分析,参见诺顿(Norton, 1988)。

⑤ 罗默(Romer, 1994)曾经考虑过这种可能性,即政客通过操纵选民的感情,特别是他们的"愤怒"来影响政治结果。

差异为基础的世界。除通常的偏好外，行动导致的效用也将依赖于身份。身份依赖于两种社会类别——红类和绿类——以及自己和他人行为与行为准则的相符程度。

A. 一个原始模型

我们从人类行为的标准经济动机开始。假设有两种可供选择的活动，A 和 B。有一群人，每个人都会偏好某一种活动，A 或者是 B。如果对活动 A（B）有偏好的人参加了行动 A（B），那么他就获得效用 V。而那些选择了与其偏好不相符活动的人获得零效用。在标准的效用最大化模型里，每个人都会选择参加与自己偏好相符的活动。

接着我们提出基于身份的偏好。我们假设有红和绿两种社会类别。我们假设用最简单的方法划分人群到这两个社会类别中；即所有人都认为自己和其他人都是属于绿类的。①我们再简化一下行为准则：一个绿人应该参加活动 A（与此相反，红人会选择活动 B）。任何人如果选择了活动 B，他就不是"正确"的绿人——他会失去其绿人的身份。身份的损失意味着 I_s 的效用损失，其中下标 s 表示"自我"。此外，还有身份的外部性。如果 i 和 j 是一对，那么 i 参加活动 B 的行为会减低 j 的绿人身份。j 的效用受到 I_o 的损失，这个下标 o 代表"其他人"。在 i 犯下参加活动 B 的罪之后，j 可以做出"回应"。这种回应可以恢复 j 的身份，但是要付出 c 的代价，同时，给 i 带来损失 L。②

图 4—1 反映了偏好活动 A 的人（第一人）与偏好活动 B 的人（第二人）之间的互动。第一人首先对活动进行选择。③

这个模型其实表述了人格的心理动态理论的中心思想，这一思想几乎可以在任何一本心理学教程上找到。④在人格发展理论里，心理学家一致认为，行为准则的内化（internalization）对行为的重要性。弗洛伊德称这一过程为超我（superego）的发展。当代学者并不同意弗洛伊德关于性心理因素在一个人发展过程中起重要作用的观点，但是他们同

---

① 当然，很有可能并非所有的人都认为她自己是绿的。我们在下面的模型中讨论了不同的身份和其他扩展的可能性。
② 在雷宾（Rabin，1993）的公平理论中，行动者愿意付出一定的代价来对那些对他们"吝啬（mean）"的人"吝啬"些。这种相似性可能不是巧合。这种回应的一个可能理由是为了保持自我定位。
③ 由于在一个子博弈完美均衡中第一人绝不会选择活动 B，我们就取消了博弈树的这一分支。
④ 例如，参见格莱特曼（Gleitman，1996：Chapter 17），托马斯（Thomas，1996）和布雷杰（Breger，1974）。

意，人在违反内在行为准则时所产生的焦虑感对人的发展有重要作用。一个人的地位、自我或者说本我，一定会持续地"抗拒这种焦虑感，以便限制人格分裂和保持统一感"（Thomas，1996）。按照我们的模型，如果第二人选择了活动 B，第二日的内化行为准则就导致他遭受效用损失 I_s。为了避免这种焦虑感，他可能抑制自己选择活动 B。

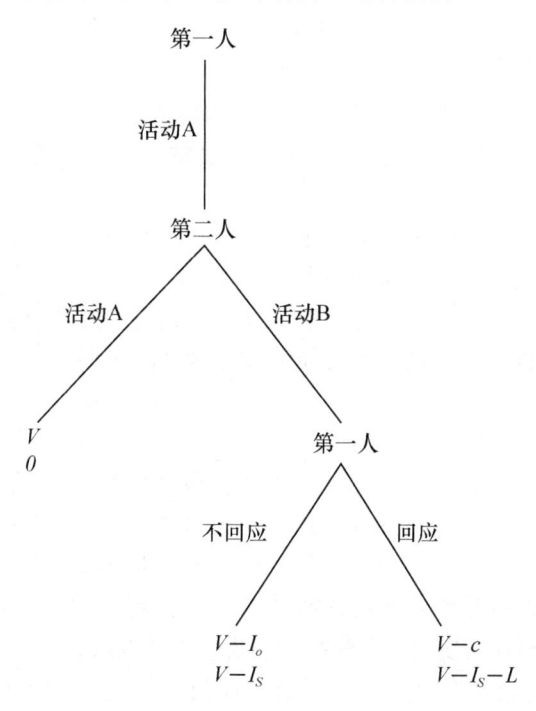

```
                    第一人
                      │
                    活动A
                      │
                    第二人
                   ╱      ╲
               活动A        活动B
                ╱              ╲
              V                第一人
              0              ╱      ╲
                         不回应      回应
                          ╱            ╲
                       V−I_o          V−c
                       V−I_s         V−I_s−L
```

图 4—1　第一人、第二人之间互动的博弈树

　　身份认同是这种内化过程的重要部分。当一个人习得一套价值观（行为的准则），她的行为就该与一些人一致，而与其他人不同。如果第一人通过身份认同内化了行为准则，那么第二人违反这一准则的行为会给她带来焦虑。①在我们的模型中，这一忧虑被构造为效用损失 I_o。用我们的话说，第一人做出的反应是恢复她的身份，而按照心理学教科书就是，第一人的回应是减轻这种焦虑、保持她的统一感。这样第一人不再承受损失 I_o，虽然会有 c 的成本。②

---

　　①　这种违背可能会激发出某种情绪，这种情绪是第一人在内化行为准则的过程中所抑制了的。后来，精神分析理论揭示了行为的无意识动机。
　　②　该模型的另一个基础就是认知失调心理学。当个体 2 参与进活动 B 中，她就在挑战个体 1 的信念的有效性，个体 1 就在遭受认知失调的痛苦。为了转移这种失调，个体 1 可能会对抗个体 2。

B. 均衡结果

图 4—1 中的博弈可能有四种子博弈完美均衡。

（ⅰ）当 $c<I_o$ 且 $I_s<V<I_s+L$ 时，第一人一定会阻止第二人参加活动 B。

（ⅱ）当 $c<I_o$ 且 $I_s+L<V$ 时，第一人不会去阻止第二人参加活动 B，但是会做出回应。

（ⅲ）当 $c>I_o$ 且 $I_s<V$ 时，第二人参加活动 B，第一人不做回应。

（ⅳ）当 $I_s>V$ 时，不管第一人是否会做出回应，第二人都不会参加活动 B。

这一简单模型提供了 3 个课题。首先，此模型构建了经济互动与身份的心理，特别是与身份识别的含义之间的联系。其次，模型允许对与身份相关的参数进行比较静态分析。最后，此模型的基本假设意味着向更大现实性和进一步讨论身份对经济互动含义的扩展可能。

C. 比较静态

比较静态理论告诉我们传统的经济政策如何在此环境下影响行为。例如，对活动 B 的回应行为征收税收 T 会影响到（ⅰ）中的均衡结果。如果税收足够高（$T>I_o-c$），第一人对活动 B 做出回应将不再可信，而第二人也将改变策略，从选择活动 A 转向选择活动 B。这种政策通过牺牲第一人的利益而使第二人获益。总效用从 V 变成 $2V-I_s-I_o$，如果 V 大于 I_s+I_o，总效用会增加。[①]一种有相反效应的政策是对活动 B 本身征税。在（ⅱ）和（ⅲ）的情况下，这种政策将通过牺牲第二人的利益而使第一人受益。此时，超过 $V-I_s-L(V-I_s)$ 的税收将导致第二人不再选择活动 B。如果在（ⅱ）中 $V<c+I_s+L$；在（ⅲ）中 $V<I_o+I_s$，这种政策将会增加总效用。最后，政策可能会改变行为规范本身。比如，一场虚夸运动可能使得绿人更讨厌活动 B，这会引起 I_s 和 I_o 的值上升，同时导致行为准则的更加一致。当然，不同的活动也可能产生相反的效果。

这些政策就是帕累托自由（Paretian Liberal）冲突的身份例子（Sen，1970）。既保护第一人不受第二人选择活动 B 带来的外部性影响，同时又保护第二人不受第一人做出反应带来的外部性影响，这是不可能的。保护选择某种活动的人不受伤害，又要抑制这种可能给别人带来不适和焦虑的活动，二者之间存在着矛盾。

---

① 当然，这样一种"福利分析"限定于人与人之间的效用可以比较和测量的要求内。

D. 模型与"环境"定义的扩展

对身份、分组配对和信息的不同假设都会给模型带来有趣的扩展。在基本模型里,个人行为依赖于社会学家对"环境"的定义——谁与谁在什么背景下配对。①在基本模型中,每个人分享同一种身份,遵守同样的行为准则,但更符合现实的情况是,存在很多身份。对于不同的人,活动 A 和活动 B 可能有不同的含义。比如,某人可以通过选择活动 B 而证明自己的红人身份。人们也可以像选择活动一样——或多或少是有意识地——选择他们的身份。这些选择可能依赖于不同配对或环境发生的概率。②我们将在下面对贫困和社会隔离的研究中探索这种可能性。

此外,分组配对不一定是外生的,偏好和行为准则也一样。实际上,很多冲突的发生都是因为带有不同行为规范和身份的人开始接触。为避免冲突和效用损失,人们可能愿意与那些有同类身份的人相处,或者是与对行为有相同看法的人相处。因此,配对过程本身——决策者发现自我的"环境"——可能是内生的。在下面,我们将在模型的第一种应用,而且也许是最重要的应用中看到这种结果。

Ⅳ. 工作场所中的身份、性别与经济学

工作场所中关于性别的身份理论扩展了对职业分隔的经济学分析。在最近的 20 世纪 70 年代,三分之二的美国男女劳动力不得不更换工作以获得职业上的平等待遇。自 20 世纪初以来,职业分隔程度实质上保持未变。然而在 1970 年到 1990 年的二十年间,职业分隔程度已下降到 53%。③身份模型表明:男性和女性的社会观念上的改变是导致职业分隔程度下降的主要原因。

我们提出的这个模型抓住了劳动力市场无处不在的"性别氛围"

---

① 比如,当一个人的身份与多重的社会类属相关时,"情形"可以决定哪一个分类是最重要的。

② 选择可能也依赖于特定行为的频率。库兰(Kuran, 1998)在一个模型中考虑了人种的标志性行为,在该模型中,人们关心的是自己属于哪一个人种群体。当更大的总体资源被投入到一个人种的活动中时,这个活动给个人带来的边际效用会增加,这就导致了一个"人种认定(ethnification)"潮。

③ 参见戈尔丁(Goldin, 1990a,第 3 章)对职业隔离的历史测量。参见布劳、辛普森和安德森(Blau, Simpson, and Anderson, 1998),他们用了人口普查机构 1970 年—1990 年对职业的三位数分类数据。

(Goldin，1990a)。职业与社会类别"男性"和"女性"相联系，从不同类型的工作所得收益的差别反映了职业与性别之间的相关性。此模型可以解释职业分隔的模式，而以前的经济模型都没有考虑。此模型也可以直接体现妇女运动的后果，并为性别歧视法律提供新的经济学解释。

身份还能为早期模型提供一个微观基础。如在最原始的种族歧视模型（（Becker，1971）；（Arrow，1972））中一样，男人不喜欢和女人一起工作，这可以理解为当女性做一份属于男性的工作时，会导致男性身份的损失。同样地，女性被假设对于参加劳动大军没有欲望（如明瑟和波拉切克（Mincer and Polachek，1974），布洛和萨默斯（Bulow and Summers，1986），以及拉齐尔和罗森（Lazear and Rosen，1990））是因为她们把自己的身份看作是家庭主妇。①

A. 模型②

有两个社会类属"男人"和"女人"，每种类型的人有各自与其身份相适应的行为规范。企业想要雇佣劳动力去完成一项任务。根据初始的行为规范，这项工作只适合男人去做；这是一项"男人的工作"。相对于做"女人的工作"，女人从事这项工作会使她在身份上损失 I_s。③在此环境下，男同事也会遭受到 I_o 的损失。④男性同事可以通过排斥女性同事的行为来舒缓这种忧虑感⑤，但是这种行为降低了每个人的工作效率。

为了避免这种生产效率的损失，企业可能愿意付出某种代价以改变这种性别与工作的关系。如果一份新职位背负着对性别要求的压力，企业更可能在"男人的工作"旁边创造一种"女人的工作"，而不是给予这份工作的性别中立地位。⑥一个历史上有名的案例即如此。在 19 世纪，霍勒斯·曼（Horace Mann，时任马萨诸塞州教育大臣）把小学的

---

① 在伯格曼（Bergmann，1974）的论文中，男性雇员对女性参与到某些特殊的工作中很反感，并且会勾结起来阻止女人参与到高报酬的职业中，以为其他男性保持住收益。在我们的理论中，职业分隔的来源是由实证结果推动的——雇员那边要维持性别身份。

② 通过向作者提出要求，可以得到一个关于该模型的，带有完整设定的附录。

③ 布劳和费伯（Blau and Ferber，1986，第 7 章）也讨论了一个女人（男人）从事在一项要求"男性气质"（"女性气质"）特征的工作所遭受的"精神上的成本"。

④ 戈尔丁（Goldin，1990b）考虑了这样一个模型，在该模型中，当女人在男人的工作岗位（这些工作岗位难度不大或者对体力的要求不高）上工作时，男人就失去了"地位"。

⑤ 我们已经在皮尔斯（Pierce，1995）的律所和帕德维克（Padavic，1991）的发电站中看到过这种情绪和行为。舒尔茨（Schultz，1998）讲述了一个过剩的类似情形。

⑥ 一个具有市场控制力的厂商，会通过工资歧视从职业隔离中获得进一步的收益。

教职转变成"女人的工作",他宣称女性"更温柔更文雅",是对照顾小孩有着更强烈冲动的"道德更纯洁"的人。① 而男人仍然可以去做中学老师和学校管理者。

这个模型还解释了为什么性别与工作之间的联系会持续下去。如果这种联系存在于全部门或者是整个经济领域,而不是某个特定企业,那么完全竞争企业一定会在新工作分类上投资不足。利润自然会流向其他企业。在没有市场势力或者技术改变的情况下,社会态度的改变与法律的干预对于改变这种就业模式是有必要的。

B. 劳动力市场上的应用

身份经济模型解释了产生于性别与工作类型之间联系的就业模式。这些模式是明瑟和波拉切克(1997)提出的女性假设的低劳动力附加所无法解释的,因为在那里,女性工作在不需要对人力资本进行投资的岗位上。②

在我们的模型里,女人在那些工作要求与女性特质相符的工作岗位里占主导优势,同时社会地位较低;男人避开这些领域。在历史上,三种职业能解释这种情况。秘书(1970年,女性占97%)③通常被人们称为"办公室主妇",同时性别因素被刻画到这种工作关系之中(老板＝男人,秘书＝女人)((MacKinnon, 1979);(Pringle, 1988))。秘书是要顺从老板的旨意,为老板服务,同时要注意到老板的个人需求((Davies, 1982);(Kanter, 1977);(Pierce, 1996))。小学老师(83.9%是女性)相对于中学老师(49.6%是女性)被认为是更要能照顾好小孩。护士(97.3%是女性)应该是温柔的,而且是善于照顾病人的,同时还要对医生非常恭敬((Fisher, 1995);(Williams, 1989))。

在我们的模型里,由于性别关系,女性不会进入男人的职业领域。历史上,很多男性职业与女性职业要求相似的教育与培训水平,同时一

---

① 参见曼在萨格(Sugg, 1978:74)中的引用,以及曼写的另一份《年度报道》。

② 对这个人力资本解释的经验性的证据是混合的(参见布劳、辛普森和安德森(Blau, Simpson, and Anderson, 1988)的评论)。其他建立在妇女的低工作车间依恋的理论包括拉泽尔和罗森(Lazear and Rosen, 1990),这里,职业隔离是统计学歧视的一种形式;例如,从事男性职业的工人具有高度的劳动力依附性,因此目标在于升职,而那些从事女性职业的人则不是。在布洛和萨默斯(Bulow and Summers, 1986)的论文中,主要部门的厂商必须支付给妇女更高的工资补偿金,以阻止她们摇摆不定,因为女人更可能停止她们的工作。因此,这些厂商更愿意雇佣男人而不是女人。

③ 参见布劳、辛普森和安德森(1998,附录 A-1)提供的这些以及下面的数据。所有数据都是1970年的。

直以来也作为兼职工作和间歇性工作。将护士、教师与会计、法律工作相比较，这些工作都要求大学毕业及从业许可证，而且有时候还是按任职年限和工作经验来付工资。只有这些高端的职业才要求工作连续性及全职性。

男性的工作转变成女性的工作进一步地突显出这种性别与工作间的联系。例如，在第二次世界大战期间，很多女性进入到"男人的工作"中，伴随而来的是官方的大力宣传以及配有正在工厂上班的女性照片的文学作品，这时候，女性的身份没有受到损失（(Milkman, 1987); (Honey, 1984); (Pierson, 1986)）。此外，这种工作被认为是暂时性的；只有在战时的紧急情况下，人们才会原谅这种违反性别行为规范的行为。

C. 妇女运动的影响

这个模型为分析女性行为变化如何影响劳动力市场提供了理论分析框架。妇女运动的目标包括重塑社会对女性（及男性）特征的观念，同时删除在家庭与工作场所中性别与工作间的联系。在模型中，这一变化将降低女性从事家务劳动在身份上的收益（男性的损失），同时还会降低工作于传统男性（女性）职业的女性（男性）的身份损失 I_s，以及相伴的外部性效应的损失 I_o。这些社会观念的变化还将会增加女性的劳动力参与率，同时导致男性的职业年限与女性年限趋同。越来越多的女人将在以前专属男性的职位上工作，而男性也会更多地工作在从前专属女性的岗位上。

观察到的所有这些结果都与妇女运动的趋势相一致。[1]语言上的一些变化反映了性别与工作之间的联系已经减弱了（如消防员的英文单词由 fireman 变成 firefighter）。在 1998 年，25 岁以上的女性员工的平均工作期限只比男性员工低 0.4 年，而在 1968 年这个差距是 3.3 年。[2]各职业中性别组成的变化能很大程度地解释从 1970—1990 年间职业分隔状况减少的趋势（Blau, Simpson, and Anderson, 1998）。1970 年，45 种被调查的职业没有女性进入，但是 20 年以后，只有其中一种职业

---

[1] 《女性的奥秘（The Feminine Mystique）》一书出版于 1963 年，而全国妇女组织成立于 1966 年。

[2] 1998 年男人为 3.8 年，相对于女人的 3.4 年（美国劳动部，1998）；1968 年男人为 7.1 年，相对于女人的 3.8 年。（资料来源：calculation from Table A, U.S. Department of Labor, Special Labor Force Report 112, *Job Tenure of Workers*, *January*, *1968*.）这两年的数据并不具有严格的可比性；在 1968 年，自从当前工作开始以来，关于时间的问题就流失了，在 1998 年则是从当前的雇主开始。中年男性的工作年限在很大程度上受到劳动力的年龄分布的转移的影响，这既是因为人口的移动，也是因为较早的退休。

（监理：砖匠、石匠和瓦匠）女性员工所占比例不到1%。①侵入男性主导的职业领域的女性数量是非常巨大的。再以会计和法律行业为例，1970（1990）年24.6%（52.7%）的审计人员和会计人员是女性，女律师只占整个律师队伍的4.5%（24.5%）。不仅仅是女性在以前男性职业里的比例增加，而且男性从事以前女性的职业的比例也在上升（虽然这种情况要少很多）。②在对以上状况的三大解释——技术、禀赋、偏好的变化——中，偏好的变化可能是最主要的原因，因为没有发生足够剧烈的技术和禀赋变化，能够引起性别混合性工作大量增加。③下面将讨论的法律变化反映了人们偏好的变化。

D. 性别与工作间联系与性别歧视法

对性别歧视行为的法律解释符合早期经济模型，也与我们自己的模型一致。1964年颁布的《民权法》第七章说，"雇主因为……员工的性别而在……工伤赔偿、工作年限、工作环境等方面歧视员工或者是（敌对地）限制、分隔他的员工，这些行为都是非法的"④。作为这部法律的最基础，它禁止对女性有任何歧视的倾向（类似于贝克尔（1971）和阿罗（1972）的观点）。法庭也认为之所以会有第七章，是因为存在着由于性别或者与性别相关的尺度所导致的在数据上体现出来的非法歧视，即使有时女性综合上看缺少令人满意的职业资格。正如拉齐尔和罗森（Lazear and Rosen，1990）所说，菲利普斯诉马丁-玛丽埃塔案例（Phillips v. Martin-Marietta）中处理的问题就是由于假定女性拥有较低工作能力所产生的歧视性雇佣的问题。⑤

因为工作与性别是有联系的，所以我们的模型也体现性别歧视的存在，同时还符合对《民权法》第七章更广泛的解释。而这种解释正处于当前法律界争论的前沿，同时大量的先例也支持这种解释。在戴茨诉美国全球航空公司的案例（Diaz v. Pan American World Airways）中⑥，法院判定航空公司在招聘员工时的性别歧视是违法的。航空公司开始为禁止招聘男性服务生的行为辩护，说是因为他们认为女性更适合"非机械

---

① 资料来源：Blau, Simpson, and Anderson (1998, Appendix, A-1).
② 参见 Blau, Simpson, and Anderson (1998, Table 3 and Appendix A-1).
③ 计算机被集中的在几个为数不多的、主要改变是混合的职业中使用。
④ 42 U.S.C. §§ 2000e-2000e17 (1982), Section 703 (a) (1) and 703 (a) (2).
⑤ 442 F.2d 385 (5th Cir. 1971). cert. denied, 404 U.S. 950 (1971). Griggs v. Duke Power, 401 U.S. 424 (1971)，一个种族歧视案例，是一个重要的先前的法外检验结果，而且是作为雇佣领域其他与种族或性别相关的标准。
⑥ 442 F.2d 385 (5th Cir. 1971). cert. denied, 404 U.S. 950 (1971).

的工作"。由于女性特征和主要能力与所提供的服务是没有关系的，因此，这种性别与工作之间的关系在诉讼中是不被接受的（引自 MacKinnon，1979，p. 180）。普赖斯·沃特豪斯诉霍普金斯案（Price Waterhouse v. Hopkins）为已经被雇佣的员工的情况提供了一个案例。[①]在公司对这位女员工的男性行为举止做出负面的评价以后，这位女原告就被中止劳动合同。美国高等法院规定雇主不能歧视女性，除非某些职业的特性不允许女性去做，或者是女性无法忍受的。这个案例还涉及到对从事"男性工作"的女性的折磨，用我们模型的术语来说，男性员工为保护自己不遭受身份 I_0 的损失。伯克曼诉纽约城一案[②]（Berkman v. City of New York）恢复了由于表现不佳而被解雇的那位女消防员的职位。法院认定她的男性同事干扰了她的工作并折磨她的精神，使得她没有办法充分地提高自己的工作业绩（Schultz，1998，p. 1770）。一直以来，这种对"敌意工作环境"、性别尴尬进而性别歧视范畴的重要解释都是例外。法官认为男性工人的性渴望是对异性进行折磨的必要元素。然而，舒尔茨（Schultz，1998）和弗兰克（Frank，1995）认为所有通过性别行为准则而折磨异性的行为都有歧视含义，而且都违反了《民权法》第七章的规定。

V．身份与社会隔离、贫困经济学

这一部分将研究贫困和被社会隔离的群体中人们的身份和行为。在上面的红绿模型的一个变形中，属于贫困的和被社会隔离的人将选择他们的身份。绿色身份认同主流文化，而红色身份反对主流文化及主流文化赋予他们"种族"、阶层或族类的从属地位。[③]绿色身份的人的观点是：红群体的人通常会作出错误的经济决定；他们可能甚至会被认为是

---

① 490 U. S. 228（1989）.

② 580 F. Supp. 226（E. D. N. Y. 1983），affd，755 F. 2d 913（2d Cir，1985），Berkman 遵循 McKinney v. Dole 案（765 F. 2d 1129（D. C. Cir. 1985））的重要观点，这一观点是"如果一个雇员或是一群雇员受到了任何尴尬或是不公平待遇，并且这种尴尬或是不公平待遇是因为雇员或雇员们的仅仅是由性别引起的，那么，只要足够普遍和有迹可循，则这种尴尬或是不公平待遇就可能构成在《民权法》第七章中提到的非法的雇佣条件"（引自 Schultz（1998：1733））.

③ 大量关于身份和社会隔离的文献都指出，占统治地位的群体都通过对比"别人"来定义自己，占统治地位的（被排斥的）群体从区别之中获得（遭受）物质上和精神上的收益（损失）。对于学习社会差别和种族主义的不同方法，参见韦瑟雷尔（Wetherell，1996）。

有一点自我毁灭的行为。吸毒、加入黑帮、年少怀孕等都可能是红人身份的一种特征。在上面的模型里面没有深入地研究行为的这个方面，但是威尔逊对阴暗的犹太人区贫困的记录中对这点有所暗示（Wilson，1987，1996）。同时也在其他的研究中得到含蓄的体现，这些研究都经过对社会经济地位的测量方法进行调整之后，找到了重要的表现"种族"因素的虚拟变量。红绿模型的这个部分为这种虚拟变量的重要性提供了一种解释。而且，比起强调一致性的当前经济理论来说，这个模型为我们提供了一种更丰富的看待贫困的视角。（例如阿克洛夫（Akerlof，1997）以及布罗克和德劳夫（Brock and Durlauf，1995）。）

A. 模型的动机

我们的模型反映了许多人种学关于在贫困社区中"对抗性"身份的记录。例如，麦克劳德（MacLeod，1987）对波士顿地区住房项目中青少年行为进行研究，他将凶杀、酗酒的帮派份子与遵纪守法、阳光的同龄人进行对比。在《学会劳动》中，威利斯（Willis，1977）描写了在一个工人阶层的英语中学中的叛逆"年轻一族"与忠诚的"穿耳孔一族"之间的对抗。类似地，怀特（Whyte，1943）通过将身陷困境的男孩与大学男生对比，描述了大约20世纪40年代波士顿的意大利人。而在更早的时候，还有资料记录了19世纪末20世纪初美国的爱尔兰人，这是通过对比贫困地区"花边窗帘一族"的爱尔兰人与他们的邻居的行为所得到的（例如可以参见米勒（Miller，1985））。

我们的模型进一步唤起了巴巴（Bhabha，1983）和范农（Fanon，1967）所分析的对殖民地社会排斥现象的心理影响，以及安德森（Anderson，1990）、鲍德温（Baldwin，1962）、克拉克（Clark，1965）、杜波依斯（DuBois，1965）、弗雷泽（Frazier，1957）、汉纳兹（Hannerz，1969）、雷恩沃特（Rainwater，1970）、威尔逊（Wilson，1987，1996）等对非裔美国人在这方面的研究。在这种环境下，来自特定群体的个体永远不能完全符合主流文化的理想化类型，即理想化的"绿"。被隔离群体中的某些人可能试图"往上爬"、加入主流群体，但是他们往往带着复杂情感去这样做，而且成功的情形很少。[1]一系列自传讲述了那些发现自己不是一个真正"绿人"的痛苦与愤怒。《纽约时报》前主编梅尔·沃特金斯（Mel Watkins，1998）用《陌生土地上的陌生人》来作为描写他在科可盖特大学第一年生活的章节标题。甘地（Gandhi，

---

[1] 事实上，词语"往上爬"本身就带有轻蔑色彩，并且能唤起一个对做的是别人而非"真实"自我的反映。

1966)、范农（Fanon，1967）、弗伍德（Fulwood，1996）、斯坦普斯（Staples，1994）以及罗德里格斯（Rodriguez，1982）都令人震惊地经历过感觉到的或是真实的被排斥与隔离的情况。社会隔离可能造成一种困境：即如何在一个主流文化下工作而又不背叛自己。就像吉尔·纳尔逊（Jill Nelson，1993，p.10）在《华盛顿邮报》上抱怨的经过整整一天的工作面试之后的筋疲力尽：

> 当与白人打交道时，我一直表现出标准的具有平衡性的黑人行为。这包括足够大地扩展我的生活圈，以使得那些白人没有觉得被威胁，而我同时还要继续保持我的诚实品质。在融入美国文化和保持传统的黑人文化之间存在着一根很细的线，离开这条线就意味着灾难。这条线的一端连接着就业及自我憎恨，在另一端则是对正直的处于失业状态的人的一种可疑的尊敬。

需要强调的是，这些回应反映了主流群体是如何通过排斥其他人来定义自己。这种社会性差异的创造及演化是很多历史研究的课题。赛德（Said，1978）证明了在"东方人"中存在着西方的思想，这是对殖民主义有着重大意义的概念。在美国，罗迪格（Roediger，1991）和其他历史学家告诉我们，欧洲裔工人是如何在19世纪末逐渐被定义成"白人"的。在奴隶解放之前，身份因素引起了白人自由民与非裔奴隶之间的对比。在我们所构建的模型里，社会差异与被排斥群体所采用的对抗性身份之间的互动是关键。

缺少经济机会也会导致人们去选择对抗性的身份。威尔逊（Wilson，1987，1996）强调了有报酬的非技巧性工作数量的下降，不能抚养家庭的男人的自尊心的损失以及城市犯罪和吸毒状况的上升之间的关系。《塔利的困境》（Liebow，1967）一书从理查德（Richard）的微观视角解释了这个过程。由于没有能力找到一份工资体面的工作，他抛弃了他的家庭，并加入街角的一个无业游民组织"塔利"，从而改变身份，理查德不再为不能抚养家庭而感到有负罪感。[1]

红群体的行为有负的金钱外部性。理查德的妻子和孩子不得不去寻找生存的办法。威利斯所描写的高中的"年轻一族"的首要目标就是要通过故意破坏公物、打架、从当地酒吧里醉醺醺地回到学校等行为而获得一个"拉夫（Laff）"。经营这样"年轻一族"的学校是很困难的。这种状况与贝南波（Benabou，1993，1996）在贫困社区的高中模型所论述的外部性类似。进一步讲，外部性还来自毒品交易、犯罪及其他"病

---

[1] 参见蒙哥马利（Montgomery，1994）对理查德的认知失调行为的一个理解。

态"行为。

在我们的模型里也有基于身份的外部性。红人因为绿人遵守主流文化而愤懑，而红人也可能因为"违反规则"而激怒绿人。再来看威利斯的年轻一族和穿耳孔一族。正如年轻一族都把自己定义成穿耳孔一族的对立面，同样穿耳孔一族也定义自己为年轻一族的对立面。耳孔一族甚至比老师更支持规章，他们认为老师应该更严厉。反过来，年轻一族憎恨耳孔一族。而这种情况只是两个群体如何产生对抗的一个（相对比较温和的）例子。

B. 贫困与社会排斥的身份模型

在原始模型里有两种活动，活动 A 和活动 B。活动 A 被看作是"运行良好"的状态，而活动 B 则是"运行不好"的状态。有一个拥有很多个体的大社团，将其规模标准化为一。个体 i 选择活动 A 的经济收益为 v_i，我们假设 v_i 在 0 与 1 之间均匀分布，这反映了人群的异质性和内部解的存在。活动 B 的经济收益标准化为 0。

就身份来说，社会分成两类群体，红和绿。绿人遭受身份上 r 的损失，表现为这个社团中的人不为社会主流群体所接纳的程度。那些适应能力较弱的红身份者不会遭受这方面的损失。行为准则认为绿群体人（红群体人）应该符合活动 A（活动 B）的标准。那么，绿群体人（红群体人）在活动 B（活动 A）中受到 $I_s^G(I_s^R)$ 损失。①由于红群体人反对主流文化，他们也会比绿群体人从活动 A 中获得更少的经济收益。②一名红群体个体 i 从活动 A 中仅仅获得 v_i-a 的收入，而遭受 I_s^R 的损失。当红群体人与绿群体人相遇时，还会有身份因素的外部性。绿群体人（红群体人）损失 $I_o^G(I_o^R)$。此外，选择活动 B 的红群体人使得选择活动 A 的红群体人遭受金钱方面的外部性 k。

假设其他人已经作好选择的前提下，每个人 i 选择一种身份和活动。我们假定人们不能更改他们的身份或活动。相反，他们在给定对绿群体人选择活动 A、绿群体人选择活动 B、红群体人选择活动 A，以及红群体人选择活动 B 等各种状况发生的概率情况下，个体要选择身份和活动以使期望收益最大化。

---

① 我们在后面讨论了一个红身份的可能性，在这个红色身份下，个体可能既排斥主流文化，同时又不会从活动 A 中遭受大小为 I_s^R 的损失。

② 威尔逊（Wilson, 1996, Chapter 5）记录了雇主在雇佣来自于内城的雇工时所感觉到的困难。从我们模型的优点来看，这种由参数 a 表示的察觉问题是否反映了生产中的真实差异或者是否仅仅是因为雇员的错误配对或雇主的态度而想象出来的。

C. 均衡与解释

模型的均衡显示了，此社团与来自主流群体的社会排斥之间的互动如何导致了红身份和活动 B 的流行。①当且仅当主流群体的排斥给绿身份者带来的损失 r 小于在绿群体里做一名红人的难度，全绿均衡（每个人都是绿身份且选择活动 A）才存在。图 4—2 显示这个条件出现在从原点引 45 度线的上方区域。对于更高水平的 r，均衡中必然在社团里有一些人选择红身份。全绿均衡的不存在揭示出，此模型与之前的贫困社区行为模型在预测上的差异。这里，社会排斥（$r>0$）将导致社区一些成员选择一个对立身份和活动 B，即使在没有类似产生的外部性的情况下（即 $I_o^R = I_o^G = k = 0$）。

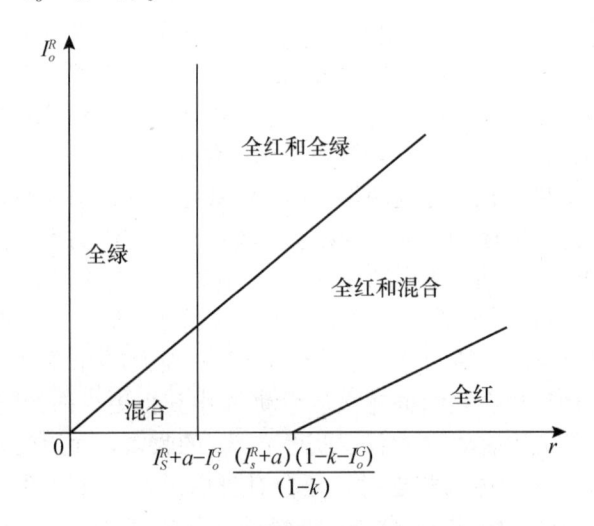

图 4—2 贫困与社会排斥模型的均衡

图形显示，对于三个不同均衡的参数范围：每个人都是绿人和选择活动 A 下的均衡；绿人选择活动 A 而红人选择活动 B 的混合策略均衡；每个人都选择红色而有些人选择活动 A、有些人选择活动 B 的全红均衡。

我们模型的一个混合均衡中，社团中的一些人选择活动 A 和绿色身份，而其他人选择活动 B 和红色身份。这一均衡来自中等水平的 r 值（在图 4—2 中两条向右上方倾斜的直线之间）。

采用红色身份和活动 B 的均衡重现了下层人的自我毁灭行为，而这

---

① 对于模型的完全的分析可以在发出请求之后从作者那里得到。在分析中，我们验证了假定 $I_o^G > k$，这样，任何选择一个绿身份的人都会选择活动 A。我们也假定所有的参数都是正的并且都小于 1，以及 $I_s^R + a + k < 1$。

正是社会学研究的中心课题,但与标准的经济学思想相反。雷恩沃特(Rainwater,1970,p.3)总结了他对犹太人区贫困的经典研究结果:"白人的贪婪创造了一些结构性条件。黑人具有通过把个人控制在其惩罚世界中的社会和个人回应来进行基本社会适应,这些结构性条件对此充满了敌意,也产生了对自己和他人的敌意,这导致了黑人对他们自己及其他人的行为扭曲。"选择活动 A 能使绿身份者效用最大化,但是红身份者就不能达到效用最大化。这种红人的"自我毁灭"行为不是个人"不理性"的结果,而是由于低经济禀赋和高度的社会排斥所导致的。

混合均衡的比较静态结果解释了威尔逊(Wilson,1987,1996)对犹太人区贫困的分析。中产阶级(在模型中获得高收益 v_i 的人)的向外移居将进一步导致剩余人群去选择红身份。当这种作用消失时,从活动 A 中所获得的收益会有一个下降的趋势。这种变化也会增加人们选择活动 B 和红身份的可能性。

在全红均衡中,某些个体选择活动 A 并使其经济行为与主流群体保持一致,但是所有人都选择了对抗性的红身份。当在一个全红社团中,做一名绿人所受到的损失(I_o^G)较高,且社会排斥 r 也很高时,这种均衡就出现了(图 4—2 中垂线的右边区域)。①此均衡也可能出现在较低水平的损失(I_s^R)处,那就可以解释为什么社会隔离会产生社会运动。一些分离主义领导者,比如马尔科姆·X(Malcolm X)和路易·法拉克汉(Louis Farrakhan)已经发展了对抗性的红地位,但是同时还试图改变相对应的行为准则,使得 I_s^R 更低。在这些社会运动中,选择活动 A 并不意味着与主流群体一致。而是说,自我约束、教育和就业是个人发展和社区民主化的一种方法。

D. 来自模型的启示

此模型及其解也对用来降低贫困和社会排斥影响的政策设计提供了一种解释。

首先,模型能解释为什么住宿工作公司项目能够取得成功,而其他的培训项目却遭受失败(Stanley,Katz,and Krueger,1998)。根据这个模型,在社区之外培训新人会减少他们与那些红人间互动的负面影响,至少暂时是这样的。而且,生活在不同地方可以减少受训者选择绿身份和追求活动 A 的直接损失 r。也就是说,这种损失可能既是特定个人的,又是整个环境的,而离开贫困社区可能产生一个比其他方式更低

---

① 因为这个条件独立于 I_s^R,因此它就同其他均衡区域交叉了,这与前面的那些均衡不同,在前面的均衡中,一个红会从同绿的互动中遭受损失。

的 r。在一个被稍微控制的实验里,美国政府试图通过 JOBSTART 来节约开支,这一计划保留了住宿工作公司项目的大部分特征,却要求昂贵的住宿费用。对 JOBSTART 的后续研究发现,就业和收入很少或根本没有得到改善。①

第二,本模型可以解释少数族裔学生主动接受教育的差异。如住宿工作培训项目一样,位于东黑人区的中央公园东中学(CPESS)就取得了成功,因为它把绿身份学生与红身份学生分离开来。比如,学生必须要主动向学校申请,表示他们和家长愿意遵守这些规则(讨论的细节可参见弗利格尔(Fliegel, 1993)和迈耶(Meier, 1995))。对 CPESS 和其他学校成功的另一个解释(例如科默(Comer, 1980)的《新天堂》)与全红模型均衡的逻辑一致,但是其中一些学生选择活动 A。学校想方设法降低红身份学生在身份上的损失 I_s^R,比如参加学习标准英语的活动。②在德皮特(Delpit, 1995)的获奖书《其他人的孩子》里提出了很多降低少数民族学生在学校里所经历的被排斥感的方法。

最后,这个模型阐明了对确认行动进行辩论的一系列议题。这一辩论中很多议题是关于特定项目的成功与失败的(参见如迪肯斯和凯恩(Dickens and Kane, 1996)等)。然而,更多项目处于生死关头。对确认行动的夸张修饰和象征意味的宣传会影响到社会排斥 r 的大小。一方面,劳里(Loury, 1995)认为将非裔美国人描写成受害者,是保持确认行动项目的形象需要,但这对黑人代价高昂。根据我们的模型,这种夸张描述将增加 r 和采取红身份的人数。另一方面,确认行动会降低 r,程度取决于它多大程度上被看作对以前歧视的道歉和对黑人进入主流社会的邀请。确认行动的反转将会否定这种效果。引用最近的一个例子,我们的分析表明,加州大学及得克萨斯州立大学法学院去掉确认行动的录取标准限制,这带来的社会意义远远超过对申请者的影响。

因此,社会排斥的身份模型解释了,为什么法律上的平等还不足以充分减少种族不平等。③如果非裔美国人由于被排斥而选择做红人,而

---

① 新泽西的就业与培训中心是一个显著的例外。
② 奥格布(Ogbu, 1997)和德尔皮特(Delpit, 1995)发现,在一个贫穷的居民区里面的非裔美国学生可能对学习标准的美国英语持有模棱两可的态度,因为使用标准英语可能会被理解成是"装白人"。
③ 我们从最近两项关于美国的种族关系的研究所得出的不同结论中看到了这种区别。A. 特恩斯特伦和 S. 特恩斯特伦(A. Thernstrom and S. Thernstrom, 1997)催促尽早结束平权措施,因为自《美国困境》(Myrdal, 1944)发表以来,白人对黑人的态度以及黑人的法律机会发生了改变。相反,希普勒(Shipler, 1997)却指出,从许多方面来看,非裔美国人与白人之间相互觉得不爽,而且黑人仍然被视为与别人不同,并没有被完全接受。

白人永远保持对黑人的排斥，那么即使法律上平等，种族间的不平等均衡也可能永久地存在下去。但是，当社区整体进入到主流文化中，使 $r=a=0$，社区中每个人都选择绿身份时，负的外部性及其影响才会消失。当然，这是美国内部相互融合的理想状态，或者是主流文化内部各阶层仍保有部分差异的一种新的理想状态。

Ⅵ. 身份与家庭经济学

家庭身份模型与上面出现的模型不同，它可以预测丈夫与妻子之间不对称的劳动分工。此理论建立在比较优势的基础上（例如贝克尔（1965）和明瑟（1962）），认为不管是丈夫还是妻子，在外面工作得更多的人应该在家里付出的少一些。然而，我们下面给出的数据显示了一种性别的不对称。妻子在家庭外面工作的时间比丈夫长时，她仍然承担着更多家务劳动。

霍克希尔德（Hochschild，1990）在《第二转变》里的研究揭示了这种不对称的细节。在她的研究里，有一对夫妇找了一种具有创造性的方法来分担家务。伊万·霍尔特是一名家具销售员，他负责家里的下半部分的家务（比如地下室及其工具），而他的妻子南茜，是一名全职的注册社会工作者，负责打理上半部分。她要照顾孩子，而他照顾家里的狗。

来自霍克希尔德样本的数量证据和我们的数据分析都表明，霍尔特一家的行为与全国的模式一致。图4—3显示出丈夫平均承担了较低比重的家务，以及这一数值对其在家庭外工作时间的低弹性。此图显示了在收入动态的面板（PSID）①研究中已婚男人所承担家务的比重②，这些数据是计算自如下问题的回答："平均每个星期你（你的妻子）大约花多少

---

① 在普雷斯顿（Preston，1997）对1 700名科学家的研究中，男人分担家务的报告几乎与女人的报告完全一样。

② 在1983年到1992年之间，观察的单位是每对夫妇每年。一个给定年份的一对情侣，如果他们已经结婚，没有人退休，没有人是残疾人，那这对夫妇就有正的工作时间、正的收入以及正的家务时间。而且，只有那些双方都有完整的收入、工作时间、家务时间和孩子个数等数据的夫妇才被包含在内。最后的样本稍多于29 000对夫妇一年观察值。我们将丈夫的家务工作比例定义为，hswk，是这对夫妻承担总工作量的比例。因此，即使这对夫妇雇了工人来做家务劳动，我们仍能测度hswk。我们估计了以下的Tobit方程 $hswk = a + \sum_{i=1,2,3} \{b_{1i}h_i + b_{2i}h_i^2 + b_{3i}h_i^3 + b_{4i}h_i^4\} + error$，其中 h_i 表示在群体 i 中的丈夫在外工作的时间比例。加和（$i=1, 2, 3$）是在三类家庭之上：没有孩子或孩子超过13岁的家庭、孩子0～5岁的家庭以及孩子6～13岁的家庭。控制包括相对于人口平均的夫妇年龄，对数总收入以及总的家务时间。结果对于不同的模型设定和估计结果以及收入比例对劳动时间比例的弹性是稳健的。如果您对方程与置信区间有要求，可以向我们索取。

时间在家务方面？比如说做饭、打扫卫生以及其他的一些家务活动？"这个问题没有包括照顾小孩的时间。这一数据发现，对于那些有小孩的家庭，男人的家务比例是男性在外工作时间比例的四分之一。当男人一人做全部的家外工作时，他们只承担全部家务工作量的10%。但是随着他们在外面工作的比例下降，他们承担的家务劳动的比重最高也不到37%。如图中所示，小孩的年龄差异会对这种结果产生细微的影响。[1]将自变量从在外工作时间比例换成收入的比例，我们仍然得到类似的结论。

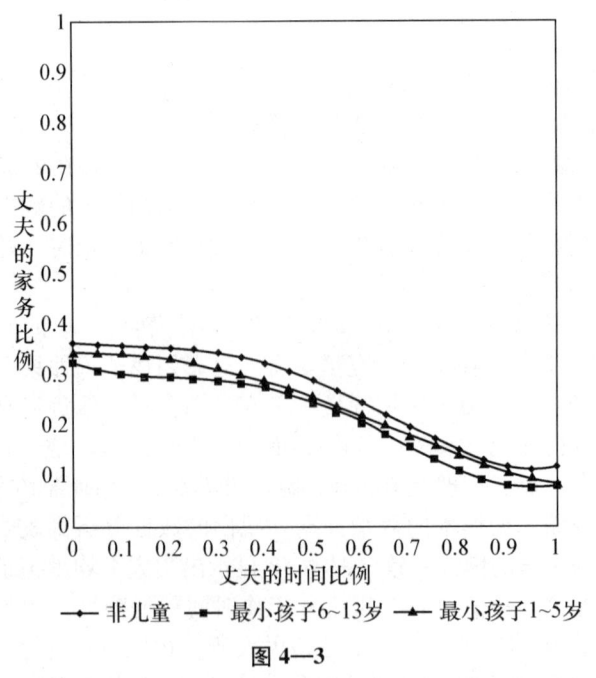

图 4—3

由 Tobit 估计得到的预测值。
丈夫的时间比例。
完全的去均数控制。

已有理论不能预测这种不对称性。考虑到基于比较优势的下列变量。丈夫和妻子具有相同的效用函数，随着他们劳动所产生的共同物品数量的增加而增加。[2]效用随家庭外劳动投入和家务劳动投入的增加而

---

[1] 赫尔什和斯特拉顿（Hersch and Stratton，1994）使用了 PSID 来研究是否丈夫们的更高的工资收入会导致他们分担更少的家务劳动。相反，这里的估计评价了丈夫的收入比例与他们分担的家务比例之间，以及妻子的收入比例与她们分担的家务比例之间的关系。
[2] 婚姻的公共物品方面是遵循伦德伯格和波拉克（Lundberg and Pollak，1993）的研究，其中，夫妻双方的贡献在"相互分割的方面"，这反映了性别角色。家庭的第一个讨价还价模型来源于曼瑟和布朗（Manser and Brown，1980）以及麦克尔罗伊和霍尼（McElroy and Horney，1981）。

递减。①而我们假定夫妻双方具有相同的讨价还价能力，所以他们也会得到相同的效用水平。②在此框架下，当妻子在做家务上有比较优势时，专业化可以解释观察到的家庭劳动分工。在图4—3的右半部分我们看到，在家庭外工作中投入低于一半的女性投入家务的时间超过家务工作的一半以上。但是这个模型与图形左侧所显示的情况相矛盾。

对身份因素的考虑可以解释，那些在外面承担较大比例工作量的妻子们同时又承担更多的家务劳动。把"男人"和"女人"的社会类属加入到上面的模型中。行为准则要求"男人"不应该在家里做"女性的工作"，同时"男人"应该赚得比妻子更多。霍克希尔德的调查结果也显示，许多男性以及一部分女性认同这种行为准则。在此经过修改的模型中，当丈夫去做家务，同时他的妻子赚钱比他多时，他的身份就会受到损失。当妻子承担更多的家务劳动时，这种效用的平等性又会得到恢复。例如，霍克希尔德在他的报道里提到"Tanagawa"家庭，尼娜赚得比她丈夫多，但是她还要在家里工作得比彼得更多，以宽慰她丈夫对这种状况的不满。最终，尼娜辞去了她的工作。

Ⅶ. 结　论

这篇论文分析了身份如何影响经济的产出。根据心理学和社会学的主要内容，在我们的模型里，身份是以社会差异为基础的。一个人的自我认知感与不同的社会群体相联系，同时也和这些群体里人的行为方式相关。对效用函数的简单扩展就能够极大地加深我们对经济结果的理解。在具有社会差异的环境里，个人所做出的一个最重要的经济决策就是，让他自己成为他所属那种类型的人。而选择受到约束也是决定经济行为、机会和福利的重要因素。

在我们的模型里，身份通过四种途径影响经济产出。首先，身份改变了来自某人自己行为的收益。在模型中，我们用 I_s 来表示这种可能性。例如，在我们对工作场所中的性别问题的研究中，做一份"男性

---

① 妻子的效用为 $U_f = U_f(\bar{g}, h_f^h, h_f^w)$，其中 $\bar{g}$ 是家庭的公共物品，由家里和家外的劳动共同生产；h_f^h 是妻子花在家务上的时间，h_f^w 是妻子在外面工作的时间。类似地，丈夫的效用函数为 $U_m = U_m(\bar{g}, h_m^h, h_m^w)$，这里假定 U_f 和 U_m 具有相同的函数形式。

② 我们假设一个家庭在限定条件 $U_f = U_m$ 下实现效用总和的最大化。当讨价还价能力来源于挣钱的能力和对资金资源的控制——正如赫尔什和斯特拉顿（1994）以及其他人所假设的那样，那么，它只能强化这样一个结论，即谁在外面工作的时间越长，那么谁做家务的时间就越短。

化"工作的女性会遭受效用方面的损失，从而影响工作效率。第二，身份改变他人行为的收益。在模型中，我们用 I_o 评估这种情况。比如在我们的贫困模型里，那些遵循占主导地位的文化的社区成员可能会对一名"红"的人不利。第三，对不同身份的选择，或者是没有这种选择能力都会影响个人的经济行为。在这个贫困模型里，尽管个人能够在"绿"和"红"之间进行选择，但是他们永远不能成为一名"真正"的绿人。这种社会隔离的程度越大，个人避开有利活动的均衡可能性就越大。最后，社会类属及其行为准则会变化，影响到基于身份的偏好。这种可能性扩大了我们在性别模型中就业政策的范围，也扩大了我们在社会隔离研究中教育政策的范围。

本文仅仅涉及到身份在经济运行中作用的皮毛。在未来的研究中，我们应该对一个特定的情况继续进行深入的分析。比如，在政治经济学、组织行为学、人口统计学以及语言经济学、暴力行为、教育、消费和储蓄行为、退休决策、劳动关系等领域里，身份可能会影响经济结果。①正如本文所说，包含了已被良好论证的社会类属及其行为准则的模型可以得到新的结果。然后，我们要跨时间和空间来考察身份的影响，并进行对比。②例如，研究者可以分析为什么"阶层"和"种族"的概念在不同国家的含义是不一样的；为什么在不同行业里性别和种族影响会不同；什么可以解释种族紧张的出现和消失。在探索以身份为基础的偏好的形成过程时，这样的对比研究将会产生丰富的成果。③

作为结语，这篇论文探索着如何把身份纳入到行为的经济学模型当中。许多标准的心理学和社会学的概念——自我认知，理想类型，群内和群外，社会类别，认同，焦虑，自我毁灭，自我实现，情景等——都很自然地运用到我们的分析框架中，使我们可以对经济结果进行扩展性分析。因此，这种分析框架可能是用相当一般性和共同的理论将许多行为的非金钱动机纳入到经济推理过程的一种方式。

---

① 参见本文的一个先前版本提供的许多这类应用的简短版本。
② 我们感谢一位匿名审稿者提供的这份可比性研究的列表。
③ 例如，一些学者研究了来自演化心理学最优化理论的基于身份偏好的形成过程，这一理论认为，对"外来者"的敌意可能是人的本性中所固有的，这种本性是由进化过程引起的；生存取决于同内部人的合作以及对外来者的敌意。另一个对身份的功能性解释源于社会认知理论：固化的总结信息方法和对人类有限的认知能力进行的补偿。(参见韦瑟雷尔(Wetherell，1998：186-197) 的评论。) 然而，这些理论可能会发现很难适应不同的社会和不同的时间、社会类属的复杂性以及准则还有社会类属的多样性。

参考文献

Akerlof, George A., "The Economics of Caste and of the Rat Race and Other Woeful Tales," *Quarterly Journal of Economics*, XC (November, 1976), 599-617.

——, "Social Distance and Social Decisions," *Econometrica*, LXV (September 1997), 1005-1027.

Altenbaugh, Richard J., *The Teacher's Voice: A Social History of Teaching in Twentieth-Century America* (London: The Falmer Press, 1992).

Anderson, Elijah, *StreetWise: Race, Class, and Change in an Urban Community* (Chicago: University of Chicago Press, 1990).

Andreoni, James, "Giving with Impure Altruism: Applications to Charity and Ricardian Equivalence," *Journal of Political Economy*, XCVII (December 1989), 1447-1458.

Arrow. Kenneth J., "Models of Job Discrimination" and "Some Mathematical Models of Race Discrimination in the Labor Market," in Anthony H. Pascal, ed., *Racial Discrimination in Economic Life* (Lexington, MA: D. C. Heath, 1972).

Baldwin, James, *The Fire Next Time* (New York: The Dial Press, 1962).

Becker, Gary S., "A Theory of the Allocation of Time," *Economic Journal*, LXXV (September 1965), 493-517.

——, *The Economics of Discrimination*, second edition (Chicago: University of Chicago Press, 1971).

Bénabou, Roland, "Workings of a City: Location, Education, and Production," *Quarterly Journal of Economics*, CVIII (August 1993), 619-652.

——, "Heterogeneity, Stratification, and Growth: Macroeconomic Implications of Community Structure and School Finance." *American Economic Review*, LXXXVI (June 1996), 584-609.

Bergmann, Barbara R., "Occupational Segregation, Wages and Profits When Employers Discriminate by Race or Sex," *Eastern Economics Journal*, I (1974), 103-110.

Bhabha, Homi, "Difference, Discrimination, and the Discourse of Colonialism," in *The Politics of Theory*, F. Barker, ed. (London: Colchester, 1983).

Blau, Francine D., and Marianne A. Ferber, *The Economics of Women, Men, and Work* (Englewood Cliffs, NJ: Prentice-Hall, 1986).

——, Patricia Simpson, and Deborah Anderson, "Continuing Progress? Trends in Occupational Segregation in the United States over the 1970's and 1980's," NBER Working Paper No. 6716, 1998.

Bowles, Samuel, and Herbert Gintis, "Optimal Parochialism: The Dynamics of Trust and Exclusion in Communities," mimeo, University of Massachusetts at Amherst, 1997.

Breger, Louis, *From Instinct to Identity: The Development of Personality* (Englewood Cliffs, NJ: Prentice-Hall, 1974).

Brock. William A., and Steven N. Durlauf, "Discrete Choice with Social Interactions I: Theory," NBER Working Paper No. 5291, 1995.

Brown, Roger W., *Social Psychology: The Second Edition* (New York: The Free Press, 1986).

Bryk, Anthony S., Valerie E. Lee, and Peter B. Holland, *Catholic Schools and the Common Good* (Cambridge, MA: Harvard University Press, 1993).

Bulow, Jeremy I., and Lawrence H. Summers, "A Theory of Dual Labor Markets with Application to Industrial Policy, Discrimination and Keynesian Unemployment," *Journal of Labor Economics*, IV (July 1986), 376-415.

Bumiller, Elisabeth, *May You Be the Mother of a Hundred Sons: A Journey Among the Women of India* (New York: Random House, 1990).

Butterfield, Fox, *All God's Children: The Bosket Family and the American Tradition of Violence* (New York: Avon Books, 1995).

Clark, Kenneth, *Dark Ghetto* (New York: Harper & Row, 1965).

Cole, Harold L., George J. Mailath, and Andrew Postlewaite, "Social Norms, Savings Behavior and Growth," *Journal of Political Economy*, C (December 1992), 1092-1125.

Comer, James P., *School Power: Implications of an Intervention Project* (New York: The Free Press, 1980).

Davies, Margery, *Women's Place Is at the Typewriter: Office Work and Office Workers, 1870—1930* (Philadelphia, PA: Temple University Press, 1982).

Davis, Fred, *The Nursing Profession: Five Sociological Essays* (New York: John Wiley & Sons, 1966).

de Grazia, Victoria, *The Sex of Things: Gender and Consumption in Historical Perspective* (Berkeley: University of California Press, 1996).

Delpit, Lisa, *Other People's Children: Cultural Conflict in the Classroom* (New York: The New Press, 1995).

Dickens, William T., and Thomas J. Kane, "Racial and Ethnic Preference in College Admissions," *Brookings Policy Brief No. 9* (Washington, DC: The Brookings Institution, November 1996).

Du Bois, William E. B., *The Souls of Black Folk* (Greenwich, CT: Fawcett Publications, 1965).

Elster, Jon, *The Cement of Society: A Study of Social Order* (Cambridge: Cambridge University Press, 1989).

Fanon, Frantz, *Black Skin, White Masks* (New York: Grove Press, 1967).

第 4 章 经济学与身份

Fisher, Sue, *Nursing Wounds: Nurse Practitioners/Doctors/Women Patients/ And the Negotiation of Meaning* (New Brunswick, NJ: Rutgers University Press, 1995).

Fliegel, Seymour, *Miracle in East Harlem: The Fight for Choice in Public Education* (New York: Random House, 1993).

Folbre, Nancy, *Who Pays for the Kids: Gender and the Structures of Constraint* (New York: Routledge, 1994).

Franke, Katherine M., "The Central Mistake of Sex Discrimination Law: The Disaggregation of Sex from Gender," *University of Pennsylvania Law Review*, CXLIV (November 1995), 1-99.

Frazier, Franklin, *The Black Bourgeoisie: The Rise of the New Middle Class in the United States* (New York: The Free Press, 1957).

Friedman, Milton, *Essays in Positive Economics* (Chicago: University of Chicago Press, 1953).

Fulwood III, Sam, *Waking from the Dream: My Life in the Black Middle Class* (New York: Doubleday, 1996).

Gandhi, Mohandas, *Autobiography* (London: Jonathon Cape, 1966).

Gerson, Kathleen, *Hard Choices: How Women Decide about Work, Career, and Motherhood* (Berkeley, CA: University of California Press, 1986).

Gleitman, Henry, *Basic Psychology* (New York: Norton, 1996).

Goldin, Claudia, *Understanding the Gender Gap: An Economic History of American Women* (New York: Oxford University Press, 1990a).

——, "A Pollution Theory of Discrimination," mimeo, Harvard University, 1990b.

Goodson, Ivor F., and Andy Hargreaves, *Teachers' Professional Lives* (London: The Falmer Press, 1996).

Hannerz, Ulf, *Soulside: Inquiries into Ghetto Culture and Community* (New York: Columbia University Press, 1969).

Hersch, Joni, and Leslie S. Stratton, "Housework, Wages, and the Division of Housework Time for Employed Spouses," *American Economic Association Papers and Proceedings*, LXXXIV (May 1994), 120-125.

Hochschild, Arlie, with Anne Machung, *The Second Shift* (New York: Avon, 1990).

Honey, Maureen, *Creating Rosie the Riveter: Class, Gender, and Propaganda during World War* II (Amherst: University of Massachusetts Press, 1984).

Huang, Peter H., and Ho Mou Wu, "More Order without Law: A Theory of Social Norms and Organizational Cultures," *Journal of Law, Economics, & Organization*, X (October 1994), 390-406.

Kandori, Michihiro, "Social Norms and Community Enforcement," *Review of Economic Studies*, LXIX (January 1992), 63-80.

Kanter, Rosabeth Moss, *Men and Women of the Corporation* (New York: Basic Books, 1977).

Kevane, Michael, "Can There Be an 'Identity Economics'?" mimeo, Harvard Academy for International and Area Studies, 1994.

Khatibi, Abdelkebir, *La Blessure du Nom Propre* (Paris: Denoël, 1986).

Khattab, Hind, "Women's Perceptions of Sexuality in Rural Giza," Reproductive Health Working Group, The Population Council, Monographs in Reproductive Health No. 1, 1996.

Kuran, Timur, "Ethnic Norms and Their Transformation through Reputation Cascades," *Journal of Legal Studies*, XXVII (Summer 1998, Part 2), 623–659.

Landa, Janet T., *Trust, Ethnicity, and Identity: Beyond the New Institutional Economics of Trading Networks* (Ann Arbor: University of Michigan Press, 1994).

Lazear, Edward P., and Sherwin Rosen, "Male-Female Wage Differentials in Job Ladders," *Journal of Labor Economics*, VIII (January 1990), S106–S123.

Levine, Judith A., "It's a Man's Job, or So They Say: The Production of Sex Segregation in Occupations," mimeo, Department of Sociology, Northwestern University, 1995.

Liebow, Elliott, *Tally's Corner: A Study of Negro Streetcorner Men* (Boston: Little-Brown, 1967).

Loewenstein, George, "Because It Is There: The Challenge of Mountaineering … for Utility Theory," mimeo, Carnegie Mellon University, 1998.

Loury, Glenn C., *One by One from the Inside Out* (New York: The Free Press, 1995).

Lundberg, Shelly, and Robert A. Pollak, "Separate Spheres Bargaining and the Marriage Market," *Journal of Political Economy*, CI (December 1993), 988–1010.

MacKinnon, Catharine A., *Sexual Harassment of Working Women* (New Haven, CT: Yale University Press, 1979).

MacLeod, Jay, *Ain't No Makin' It: Leveled Aspirations in a Low-Income Neighborhood* (Boulder, CO: Westview Press, 1987).

Manser, Marilyn, and Murray Brown, "Marriage and Household Decision Making: A Bargaining Analysis," *International Economic Review*, XXI (February 1980), 31–44.

Mason, Karen Oppenheim, "Commentary: Strober's Theory of Occupational Sex Segregation," Chapter 9 in Barbara Reskin, ed., *Sex Segregation in the Workplace* (Washington, DC: National Academy Press, 1984).

McElroy, Marjorie B., and Mary Jean Horney, "Nash Bargained Household Decisions," *International Economic Review*, XXII (June 1981), 559–583.

Meier, Deborah, *The Power of Their Ideas: Lessons for America from a Small School in Harlem* (Boston, MA: Beacon Press, 1995).

Milkman, Ruth. *Gender at Work: The Dynamics of Job Segregation by Sex during World War II* (Urbana: University of Illinois Press, 1987).

Miller, Kerby A., "Assimilation and Alienation: Irish Emigrants' Responses to Industrial America," in P. J. Drudy, ed., *The Irish in America: Emigration, Assimilation and Impact* (Cambridge, UK: Cambridge University Press, 1985).

Mincer, Jacob, and Solomon Polachek, "Family Investments in Human Capital: Earnings of Women," *Journal of Political Economy*, LXXXII (March 1974), S76-S108.

—— "Labor Force Participation of Married Women: A Study of Labor Supply." in *Aspects of Labor Economics*, Conference No. 14 of the Universities-National Bureau Committee for Economic Research (Princeton, NJ: Princeton University Press, 1962).

Montgomery, James D., "Revisiting *Tally's Corner*: Mainstream Norms, Cognitive Dissonance and Underclass Behavior," *Rationality and Society*, VI (1994), 462-488.

——, "Towards a Role-Theoretic Conception of Embeddedness," mimeo, London School of Economics, 1997.

Mottus, Jane E., *New York Nightingales: The Emergence of the Nursing Profession at Bellevue and New York Hospital 1850—1920* (Ann Arbor: University of Michigan Press, 1981).

Myrdal, Gunnar, *An American Dilemma: The Negro Problem and American Democracy* (New York: Harper and Row, 1944).

Nelson, Jill, *Volunteer Slavery: An Authentic Negro Experience* (New York: Penguin, 1993).

Nisbett, Richard E., and Dov Cohen, *Culture of Honor: The Psychology of Violence in the South* (Boulder, CO: Westview Press, 1996).

Norton, Anne, *Reflections on Political Identity* (Baltimore, MD: The Johns Hopkins University Press, 1988).

Ogbu, John U., "Beyond Language: Ebonics, Proper English and Identity in a Black American Speech Community," mimeo, University of California at Berkeley, Department of Anthropology, 1997.

Okuno-Fujiwara, M., and Andrew Postlewaite, "Social Norms and Random Matching Games." *Games and Economic Behavior*, IX (April 1995), 79-109.

Padavic, Irene, "The Re-Creation of Gender in a Male Workplace," *Symbolic Interaction*, XIV (1991), 279-294.

Pierce. Jennifer, *Gender Trials: Emotiona Lives in Contemporary Law Firms* (Berkeley: University of California Press, 1995).

Pierson. Ruth Roach, *They're Still Women After All: The Second World War and Canadian Womanhood* (Toronto: McClelland and Stewart, 1989).

Preston, Anne, "Sex, Kids, and Commitment to the Workplace: Employers, Employees, and the Mommy Track," Russell Sage Foundation Working Paper No. 123, 1997.

Pringle, Rosemary, *Secretaries Talk: Sexuality, Power and Work* (New York: Verso, 1988).

Rabin, Matthew, "Incorporating Fairness into Game Theory and Economics," *American Economic Review*, LXXXIII (December 1993), 1281–1302.

Rainwater, Lee, *Behind Ghetto Walls: Black Families in a Federal Slum* (Chicago, IL: Aldine, 1970).

Reskin, Barbara, and Patricia Roos, eds., *Job Queues, Gender Queues: Explaining Women's Inroads Into Male Occupations* (Philadelphia, PA: Temple University Press, 1990).

Rodriguez, Richard, *Hunger of Memory: The Education of Richard Rodriguez* (New York: Bantam, 1982).

Roediger, David R., *The Wages of Whiteness* (New York: Verso Press, 1991).

Romer, Paul M., "Preferences, Promises, and the Politics of Enlightenment," mimeo, University of California at Berkeley, December, 1994.

Sachs, Susan, "Muslim Schools in U.S. a Voice for Identity," *The New York Times*, November 10, 1998, A1.

Said, Edward W., *Orientalism* (New York: Random House, 1978).

Sanday, Peggy Reeves, *Fraternity Gang Rape: Sex, Brotherhood, and Privilege on Campus* (New York: New York University Press, 1990).

Schultz, Vicki, "Reconceptualizing Sexual Harassment," *Yale Law Journal*, CVII (April 1998), 1683–1805.

Sen, Amartya K., "The Impossibility of a Paretian Liberal," *Journal of Political Economy*, LXXVIII (January 1970), 152–157.

—— "Goals, Commitment, and Identity," *Journal of Law, Economics, and Organization*, I (Fall 1985), 341–355.

—— "Maximization and the Act of Choice," *Econometrica*, LXV (July 1997), 745–779.

Shipler, David, *A Country of Strangers: Blacks and Whites in America* (New York: Knopf, 1997).

Stanley, Marcus, Lawrence Katz, and Alan Krueger, "Impacts of Employment Programs: The American Experience," mimeo, Harvard University, 1998.

Staples, Brent, *Parallel Time: Growing Up in Black and White* (New York: Pantheon, 1994).

Stinnett, T. M., *Professional Problems of Teachers* (New York: Macmillan, 1968).

Strober, Myra, "Toward a General Theory of Occupational Sex Segregation: The Case of Public School Teaching," Chapter 8 in Barbara Reskin, ed., *Sex Segregation in the Workplace* (Washington: National Academy Press, 1984).

Sugg, Redding S., *Motherteacher: The Feminization of American Education* (Charlottesville: University of Virginia Press, 1978).

Suskind, Ron, *A Hope in the Unseen* (New York: Broadway, 1998).

Tajfel, Henri, and John Turner, "An Integrative Theory of Intergroup Conflict," in *The Social Psychology of Intergroup Relations*, William G. Austin and Stephen Worchel, eds. (Monterey, CA: Wadsworth, 1979).

Thernstrom, Stephan, and Abigail Thernstrom, *America in Black and White: One Nation, Indivisible* (New York: Simon and Schuster, 1997).

Thomas, Kerry, "The Defensive Selfi A Psychodynamic Perspective," in *Understanding the Self*, Richard Stevens, ed. (Thousand Oaks, CA: SAGE Publications, 1996).

Turow, Scott, *One L* (New York: Warner Books, 1977).

Watkins, Mel, *Dancing With Strangers: A Memoir* (New York: Simon and Schuster, 1998).

Wetherell, Margaret, "Group Conflict and the Social Psychology of Racism," in *Group Conflict and the Psychology of Racism*, Margaret Wetherell, ed. (Thousand Oaks, CA: SAGE Publications, 1996).

Whyte, William Foote, *Street Corner Society: The Social Structure of an Italian Slum* (Chicago: University of Chicago Press, 1943).

Williams, Christine, *Gender Differences at Work: Women and Men in Nontraditional Occupations* (Berkeley: University of California Press, 1989).

Willis, Paul R., *Learning to Labour: How Working Class Kids Get Working Class Jobs* (Westmead, Farnborough, Hants., UK: Saxon House, 1977).

Wilson, William J., *The Truly Disadvantaged* (Chicago, IL: University of Chicago Press, 1987).

——, *When Work Disappears: The World of the New Urban Poor* (New York: Knopf, 1996).

Wurzburg, Lynne A., and Robert H. Klonoff, in Hope Landrine and Elizabeth A. Klonoff, eds. *Discrimination Against Women: Prevalence, Consequences Remedies* (Thousand Oaks, CA: SAGE Publications, 1997), pp. 175-195.

第5章 "标识"经济学及其在最优所得税、福利计划与人力规划中的应用[*]

乔治·A·阿克洛夫[**]

负收入税的优点易于描述。减税即使对最穷的人也能够提供正向的工作激励。对于某些形式的负所得税来说，它们并不会激励家庭为了获得更多的福利支付而解体。此外，这类税收以相同的方式对待收入相似的人，因而是公平、低成本并易于管理的。

与负所得税的这些优点相比，由不同补贴拼凑而成来帮助各种贫困群体的福利系统，其优点难以描述，又不易理解。这一系统运用年龄、就业地位、女性支撑的家庭等各种特征，来识别（按我的术语就是"标识（tag）"）那些平均处于贫困的人群。这些群体将在之后被特殊对待，或如经济学家所见，他们得到了区别于其他人的特殊税则。标识制度允许相对较低的边际税率下的相对较高福利支付，这一命题将得到详细的阐释和讨论。

---

[*] 本文最初发表为 George Akerlof（1978），"The Economics of 'Tagging' as Applied to the Optimal Income Tax, Welfare Programs, and Manpower Planning," *The American Economic Review*, 68, 1. 版权归美国经济学会所有，经授权重印。

[**] 加州大学伯克利分校教授。感谢 George Borts 和一位匿名审稿人的宝贵意见，同时也感谢国家科学基金会通过加州大学伯克利分校的商业和经济研究所管理下的 SOC 75 – 23076 研究基金提供的资助。

第5章 "标识"经济学及其在最优所得税、福利计划与人力规划中的应用

I. 引 言

本文旨在探究在标识下最优负所得税的性质，并比较有标识条件和无标识的同等对待所有群体条件下最优负所得税的异同。不过，在论述开始之时，我想强调一点，就是我并不想为一种福利制度相对于另一种进行辩护——相反，我认为一项福利改革要成功，就必须先理解各种制度的优点，尤其是那些要被替代的制度的优点。有足够的证据表明，福利制度改革的建议者并没有理解（或不想面对）包含于从以标识为基础的福利制度（如我们美国）向以同等对待所有人为基础的福利制度转变过程中的成本。

标识在收入再分配中的重要性，可以通过一个非常简单的公式及其变形而轻易地观察到。考虑一个形如 $T=-\alpha\bar{Y}+tY$ 的负所得税，其中 α 是那些总收入为零的人得到的人均收入的比例，t 为边际税率，$\bar{Y}$ 是人均收入。公式左端和右端分别对经济中所有个人进行加总，再除以总收入，可以得到如下形式的公式：

$$t=\alpha+g \tag{1}$$

其中，g 是净税收与总收入之比，而 t 和 α 来源于负所得税公式。[①] 公式（1）表明，负线性所得税带来了蕴含在收入再分配中的基本权衡取舍。支持高水平的 α 就必须要以高水平的边际税率为代价。因此，如果 α 是40%而 g 是15%，这些数值并不离谱，那么边际税率将高达55%。

不过，假设能够识别（标识）一个包含所有穷人的群体，并且这个

[①] 定义 g 为 $\sum T_i / \sum Y_i$，其中 g 是净税收与总收入之比。公式（1）的推导如下：$T_i=-\alpha\bar{Y}+tY_i$ 是经济中个人 i 缴纳的税收，对所有 i 进行加总（假定数目为 n），得到

$$\sum_{i=1}^{n} T_i = \sum_{i=1}^{n} -\alpha\bar{Y} + \sum_{i=1}^{n} tY_i$$
$$\sum_{i=1}^{n} T_i = -\alpha n\bar{Y} + t\sum_{i=1}^{n} Y_i \tag{a}$$

由定义有 $\bar{Y}=(\sum Y_i)/n$ 和 $g=\sum_{i=1}^{n}T_i/\sum_{i=1}^{n}Y_i$，因此，(a) 式两端除以 $\sum Y_i$ 可以得到

$$\frac{\sum T_i}{\sum Y_i} = -\alpha\frac{n\bar{Y}}{\sum Y_i}+t.$$

因此，$g=-\alpha+t$，从而 $t=\alpha+g$。

群体占总人口的比例只有 β。通过给予此群体一个最低补贴，即平均收入的 α 比例和边际税率 t，同时给予其他人零补贴和相同的边际税率 t，那么，和公式（1）相似，我们发现①：

$$t = \beta\alpha + g \tag{2}$$

公式（2）表明，标识通过取消给纳税人的奖励，使得补助水平和边际税率间的权衡取舍变得更为有利，从而允许以税收结构更少扭曲为代价给予穷人更大的支持。

表 5—1 摘自 1974 年《总统经济报告》（p.168）。此表表明了标识在联邦再分配计划中的范围、规模和重要性。标识的例子包括例如对老年人、盲人和残疾人的资助计划，以及医疗保险（包括社会保障系统管理下的这类资助）计划。类似对抚养未成年子女家庭的资助计划作为标识的例子显得不够鲜明——但是必须注意的是，这一计划是以"资助未成年子女计划"肇始，且资助是给予那些有孩子但没有健康父亲的家庭。

女性支撑的家庭发生贫困的可能性尤其高，因此，这一标准（尽管以这样的标准作为标识对分解家庭有不当激励）是进行标识的一种最有效技巧。其他计划，如医疗保险和住房补贴等，是最常见于欠发达国家

---

① 公式（2）的推导方式类似于公式（1）。令 n_p 表示穷人的人数，且令 $n_p/n = \beta$。（将穷人分别从 1 到 n_p 编号）穷人支付的税收为

$$T_i = (-\alpha\bar{Y} + tY_i), \quad i = 1, K, n_p$$

而其他人支付的税收为：

$$T_i = tY_i, \quad i = n_p + 1 \cdots, n$$

因此，总净收入为：

$$\sum_{i=1}^{n} T_i = \sum_{i=1}^{n_p} (-\alpha\bar{Y} + tY_i) + \sum_{i=n_p+1}^{n} tY_i$$

从而

$$\sum_{i=1}^{n} T_i = -n_p \alpha \bar{Y} + t \sum_{i=1}^{n} Y_i$$

或用 β 的定义，$n_p = \beta n$

$$\sum_{i=1}^{n} T_i = -\beta\alpha n\bar{Y} + t\sum_{i=1}^{n} Y_i \tag{b}$$

将（b）的两端同除以 $\sum Y_i$ 得：

$$\frac{\sum_{i=1}^{n} T_i}{\sum_{i=1}^{n} Y_i} = -\beta\alpha \frac{n\bar{Y}}{\sum_{i=1}^{n} T_i} + t$$

或 $\quad g = -\beta\alpha + t$

第5章 "标识"经济学及其在最优所得税、福利计划与人力规划中的应用

和社会主义国家的标识形式。因为与其他人相比,穷人会将收入的更大比例花费在医疗和住房上,所以对这些低级但实用的支出项目提供的补贴,就构成了收入"再分配"的一种方法。这同样是标识的一例。总之,表5—1准确地表明,除一些例外,美国联邦再分配体制是以标识为基础的。

表5—1　　　　　联邦政府转移支付计划,1973财年

计划	总支出（百万美元）	接受转移支付人数（千）	每人每月所得补贴[a]（美元）	接受者中处于贫困的比例[b]（%）
社会保障				
老年和生存保险	42 170	25 205	139	16
伤残保险	5 162	3 272	132	24
公共援助				
对有未成年子女家庭的补助	3 617	10 980	c	76
盲人	56	78	c	62
残疾人	766	1 164	c	73
老年人	1 051	1 917	c	60
其他现金计划				
退伍军人补偿抚恤	1 401	7 203	74	(4)
失业保险救济	4 404	5 409	68	(4)
实物支付				
医疗保险	9 039	10 600	71	17
医疗补助	4 402	23 537	c	70
食品券	2 136	12 639	14	92
公共住房	1 408	3 319	c	d
租房补贴	106	373	24	d
自有房屋补助（section 235）	282	1 647	14	d
租房补助（section 236）	170	513	28	d

a. 接受转移支付的人数,指的是个人而不是家庭。
b. 贫困被定义在货币收入与接受转移支付者的家庭规模之比。其中,货币收入包括货币转移支付但不包括获得的实物收入。所有百分数均为估计值。
c. 联邦政府和州政府共同负担的支出项目。
d. 数据不可得。

而且,福利改革论争的历史揭示,核心议题包括反映在公式（1）和（2）中的 α、t、β 间的权衡取舍。回顾一下1969年8月,尼克松

(Nixon) 总统提出的家庭补助计划（Family Assistance Plan）。根据这一计划，一个完全无收入的典型福利家庭，每年可以得到 1 600 美元（《纽约时报》，1969 年 8 月 9 日）。家庭工作收入不高于 720 美元时，获得的补助不会减少，超过 720 美元以上的收入，每多挣 1 美元就会减少 50 美分的补助，直到收入达到 3 920 美元。对这项提议的争论在国会中持续了很长时间，许多细节问题得到了讨论，但一个中心问题凸现出来。一方以参议员亚伯拉罕·里比科夫（Abraham Ribicoff）为代表，认为补助太过"不足"（里比科夫的话，源自《纽约时报》，1970 年 4 月 21 日）；另一方是行政官员，以卫生、教育和社会福利各部的部长为代表，他们认为对这些补助的任何提高都过于"代价高昂"（埃利奥特·理查森（Elliott Richardson）的话，《纽约时报》，1971 年 7 月 22 日）。按照这种说法，提高补助会使得边际税率 t 不得不很大提高。双方未能达成任何妥协，行政当局于 1972 年 3 月撤回了议案。当然，背景是当代福利制度允许在 a 和 t 之间存在更好的权衡关系——尽管对于工作和维持家庭的其他激励可能具有消极影响。

因此，公式（1）及其引入标识的修正形式颇有启发性，并适于现实问题。这些公式通常有益于说明福利资助和边际税率之间的双向权衡，也有益于说明这两个变量和标识之间的三项权衡。按照消费者剩余的观点，由于私人边际产品和社会边际产品（这里是边际税率本身）间存在差异，税收成本成为一种"无谓损失"，这很直观；然而，按照理想化方式，税收的福利成本是内生的，也应该从效用最大化和一般均衡分析的基本原理中推导出来。

雷·费尔（Ray Fair）和詹姆斯·莫里斯（James Mirrlees）曾提出了统一运用的负所得税理论。我们将在下一部分评论他们的方法，因为增加复杂因素后，这些权衡可以应用于带有标识的最优负所得税模型。第三部分描述了一个命题：对穷人的标识通常会导致对于穷人更高的资助水平。以第三部分提出的简单和解说性的例子为基础，第四部分给出了一个带有标识的更为复杂和一般化的最优收入再分配模型。第五部分讨论了标识和人力规划的成本收益估计之间的关系。第六部分给出了结论。

Ⅱ. "莫里斯–费尔"的一个简单例子和解释

按照莫里斯和费尔的例子，存在能力为 a 分布的一群人，遵循分布函数 $f(a)$。这一人群中每个成员的收入，依赖于其边际产出 $w(a)L(a)$，其

中 $w(\alpha)$ 是一个能力指数为 α 的工人的工资，$L(\alpha)$ 是该工人的劳动投入。税后收入为 $w(\alpha)L(\alpha)-t(w(\alpha)L(\alpha))$，其中，$t(y)$ 是对总收入 y 征收的税收。这一人群中每个成员的效用同税后收入正相关、同劳动投入负相关。因此，一个能力为 α 的人的效用为

$$u(\alpha)=u[w(\alpha)L(\alpha)-t(w(\alpha)L(\alpha)),L(\alpha)] \tag{3}$$

最优税被定义为最大化此群人期望效用值，表示为 U，

$$U=\int u[w(\alpha)L(\alpha)-t(w(\alpha)L(\alpha)),L(\alpha)]f(\alpha)\mathrm{d}\alpha \tag{4}$$

约束条件是税收等于转移支付，或者说，

$$\int t(w(\alpha)L(\alpha))f(\alpha)\,\mathrm{d}\alpha=0 \tag{5}$$

约束条件还有，在给定支付给每个人的能力工资、效用函数 u 和效率表 $t(y)$ 条件下，每个人选择劳动投入以最大化自身效用，从而有一阶条件：

$$\frac{\partial}{\partial L(\alpha)}\{u[w(\alpha)L(\alpha)-t(w(\alpha)L(\alpha)),L(\alpha)]\}=0$$

不管方程或数学多么复杂，在莫里斯-费尔类型的最优所得税选择中的基本权衡仍可以解释如下。当税收得到提高、收入重新分配时，存在一个福利增加，因为收入被分配给了那些更需要它（更高边际效用）的人。不过，这一收益必须以一个损失平衡：随着相对高生产率工作的税率上升，以及相对低生产率工作的补贴上升，工人将更不愿意选择高生产率工作（而更愿选择低生产率工作）。这种工作职位的转移本身导致了 U 的损失，因为每个工人都是选择工作的数量或类型以最大化其私人效用，而不是选择工作的数量或类型以最大化社会效用。总之，税收/转移支付引致职位转换所带来的收益与损失再分配，是带有和不带有标志的最优所得税和福利支付理论中的主要权衡取舍。

Ⅲ. 引入标识化后的最优税收和补助的简单例子

第一部分的公式（2）表明，标识改进了边际税率与被标识穷人得到的最低补贴之间的关系。更宽泛地讲，可以说标识的后果是降低收入再分配的成本（因为在更低的边际生产率下，来自工作的社会收益和私人收益之差会更小，从而再分配引致的职位转换带来的消费者剩余损失

更低)。结果是,标识并不是天然地就会增加对穷人的最优转移支付。

A. 基本的莫里斯-费尔模型

正如莫里斯所述,对于能力连续分布的最优所得税模型,不存在有意思的易于求解的代数例子。毫无疑问,因为标识增加了一个自由度,所以它将使得问题更加难解。因此,这里提供的例子,是比莫里斯-费尔一般模型简化得多的版本。

这里给出的是最基本的模型,其中无论是否引入标识,最优税收结构都是通过税收和补贴引致的无谓损失与富人、穷人间的再分配所产生的收益之间的权衡取舍来规定的。与工人的连续分布(正如莫里斯所述)不同,这里只有两类工人:熟练工人和非熟练工人;同产出依赖于劳动投入的连续分布不同,这里只有两类工作:困难工作(用下标 D 表示)和简单工作(用下标 E 表示)。同描述反映连续分布的劳动投入和工人类型的最优税收以及使用相应的变分法所得到的边际条件不同,最优税收被描述为一个不等式约束,推导自对离散型工作类型和工人类型进行离散计算的结果。

假定熟练工人和非熟练工人的人数相等。熟练工人既可以从事困难工作又可以从事简单工作,但是非熟练工人只能从事简单工作。①一个熟练工人在困难工作上的产出是 q_D,一个不依赖于该工作中工人人数的常数。类似地,简单工作中,熟练工人和非熟练工人的产出都是 q_E,这个值也是一个不依赖于该工作中工人人数的常数。表 5—2 总结了这些数据,从而给出了模型的技巧。当然,困难工作中的产出高于简单工作的产出,因此 $q_D > q_E$。

经济是竞争性的,因此每个工作的税前、转移支付前收入等于此工作中工人的边际产出。每个工人的效用依赖于税后、转移支付后的收入以及工作的非货币性收入。效用函数可以写为货币性收入和非货币性收入的可分函数。令 t_D 代表困难工作中(收入为 q_D 的)工人缴纳的税收,t_E 表示简单工作中(收入为 q_E 的)工人获得的转移支付。困难工作的税后收入是 $q_D - t_D$,简单工作的转移支付后收入是 $q_E + t_E$。困难工作中的熟练工人的效用是 $u(q_D - t_D) - \delta$;而简单工作中的熟练工人和非熟练工人的效用都是 $u(q_E + t_E)$。参数 δ 反映了因困难工作必须付出巨大努力而导致的,工人对于困难工作的非货币性厌恶。当然,$u' > 0$,$u'' < 0$。进一步假设 $u(q_D) - \delta > u(q_E)$;否则,简单工作占优于困难工

---

① 如果假设非熟练工人可以在不同岗位工作,但是非常讨厌工作要求的额外努力,则仍与此模型的结论等价。

作，以致在最优条件下，所有工人在不缴纳税收或不获得转移支付的情况下都会在简单职位上工作。表5—3总结了上述数据。

表5—2 不同工人类型和工作类型的工人产出

工人类型 （占工人总数的百分比）	工作类型	
	困难工作	简单职位
熟练工人（50%）	q_D	q_E
非熟练工人（50%）	不适用	q_E

注：$q_D > q_E$。

表5—3 不同工人类型和工作类型下的工人效用，对税前收入为 q_D 的工人征税 t_D，对税前收入为 q_E 的工人转移支付 t_E

工人类型 （占工人总数的百分比）	职位类型	
	高难度职位	轻松职位
熟练工人（50%）	$u(q_D - t_D) - \delta$	$u(q_E + t_E)$
非熟练工人（50%）	不适用	$u(q_E + t_E)$

注：$u(q_D) - \delta > u(q_E)$。

在没有标识的情况下，运用此模型可以得到莫里斯-费尔最优所得税。训练有素的工人将按照哪个（税后）给他带来更大的效用来选择熟练或非熟练工作，税收等于转移支付，在以上两个条件约束下，选择困难工作的收入税水平 t_D 和简单工作的转移支付水平 t_E 即可推导此最优所得税。在数学上，该问题就变成了选择 t_D 和 t_E 以最大化 U，

$$U = \frac{1}{2}\max\{u(q_D - t_D) - \delta, u(q_E + t_E)\} + \frac{1}{2}u(q_E + t_E) \tag{6}$$

约束为

$$t_D = t_E，如果 u(q_D - t_D) - \delta \geqslant u(q_E + t_E) \tag{7a}$$
$$t_E = 0，如果 u(q_D - t_D) - \delta < u(q_E + t_E) \tag{7b}$$

为方便起见，我们可以用星号表示最优值。因此，U 的最优值为 U^*，t 的最优值为 t^*，而 t_E 的最优值为 t_E^*。

（6）式要最大化的部分由熟练工人和非熟练工人效用的人口比例加权和构成。由于熟练工人被假设在 $u(q_D - t_D) - \delta \geqslant u(q_E + t_E)$ 时选择困难工作，反之则选择简单工作，熟练工人的效用为 $\max\{u(q_D - t_D) - \delta, u(q_E + t_E)\}$。方程（7a）和（7b）一起反映了预算平衡约束。如果熟练工人从事困难工作，那么每个熟练工人的纳税额为 t_D。若纳税额等于转移支付，则 $t_D = t_E$（这就是（7a））。不过，如果熟练工人选择简单工作，那么他们也一定会得到与非熟练工人相等的转移支付。结果就是，

税收等于转移支付的约束条件意味着 $t_E=0$，正是（7b）。

在此最大化中标识并不存在，因为如果熟练工人和非熟练工人都从事简单工作，那他们就获得相同的转移支付 t_E。

公式（8）和（9）刻画了最大化 U 下的最优税收、转移支付：

$$t_D^* = t_E^* \tag{8}$$

$$u(q_D - t_D^*) - \delta = u(q_E + t_E^*) \tag{9}$$

当然，（8）是税收等于转移支付的平衡预算约束。方程（9）表述了一个附加条件，在最优条件下，由熟练工人向非熟练工人的再分配，必须尽可能地多，满足的约束条件是任何更多的再分配都将导致熟练工人由困难工作向简单工作转移。（任何将 t_D 提高到超过 t_D^*，或将 t_E 提高到超过 t_E^* 的再分配，都会导致所有熟练工人转向简单工作。）作为这种职位转换威胁的结果，税收或转移支付的边际增加带来的"无谓损失"，将超过任何来源于再分配收益的回报。[1]因此，我们的模型尽管原始，仍具有反映莫里斯-费尔权衡关系的最优税收—转移支付表：最优税收/转移支付政策既取决于来自再分配的收益，又取决于税收和转移支付变化带来的劳动供给变化所导致的损失。

B. 引入莫里斯-费尔基本模型中的标识

现在，考虑标识将如何改变莫里斯-费尔的最大化问题及其最优解。假设 β 比例的非熟练工人能被识别出（即被标识出）是非熟练工人，并假设税收/转移支付安排区别于其他工人。在引入标识的修正模型中，T_D 表示从事困难工作的未标识工人缴纳的税收，T_E 表示从事简单工作的未标识工人的转移支付（也许为负）；令 τ 表示已标识工人（他们都从事简单工作）的转移支付。表5—4比较了原无标识模型的税收/转移支付安排与当前的有标识模型的税收安排。

表5—4　带有标识和不带有标识的模型中，对困难工作的税收和对简单工作的转移支付

	带有标识的模型	不带有标识的模型
对困难工作的征税	t_D	T_D
对简单工作的转移支付（不被标识的工人）	t_E	T_E
对简单工作的转移支付（被标识的工人）	不适用	τ

---

[1] 这个最大化中也出现了下述问题：税收或转移支付的任何边际增加都会引起困难工作中赚取高收入工人数量的巨大、非连续变化，从而降低了向非熟练工人再分配的可行收入。

第 5 章 "标识"经济学及其在最优所得税、福利计划与人力规划中的应用

用表 5—4 构造表 5—5 很简单，而表 5—5 给出了税后、转移支付后不同工作类型的工人效用。表 5—5 与表 5—3 的区别是增加了最底下一行，描述了接受转移支付 τ 的从事简单工作的被标识工人的效用。

表 5—5 带有标识的按工作类型下工人类型分类的工人效用；未标识工人从事困难工作时支付的税收 T_D 和从事简单工作时得到的转移支付 T_E；已标识工人从事简单工作得到的转移支付 τ

工人类型 （劳动力比例）	工作类型 困难	工作类型 简单
熟练工人（未被标识）(1/2)	$u(q_D-T_D)-\delta$	$u(q_E+T_E)$
非熟练工人（未被标识）$((1-\beta)/2)$	不适用	$u(q_E+T_E)$
非熟练工人（已被标识）$(\beta/2)$	不适用	$u(q_E+\tau)$

利用表 5—5 中的数据，我们可以很容易地看到，有标识情况下，最优税收—转移支付政策就是选择 (T_D, T_E, τ) 的值来最大化 U^{Tag}，其中：

$$U^{Tag} = \frac{1}{2}\max\{u(q_D-T_D)-\delta, u(q_E+T_E)\}$$
$$+ \frac{1}{2}(1-\beta)u(q_E+T_E) + \frac{1}{2}\beta u(q_E+\tau) \quad (10)$$

受到平衡预算约束（11a）和（11b）的约束：

$$T_D = (1-\beta)T_E + \beta\tau, \text{如果 } u(q_D-T_D)-\delta \geq u(q_E+T_E) \quad (11a)$$
$$(2-\beta)T_E + \beta\tau = 0, \text{如果 } u(q_D-T_D)-\delta < u(q_E+T_E) \quad (11b)$$

我们仍然用星号表示最优值：T_D^*，T_E^*，τ^* 和 U^{Tag*}。

U^{Tag} 的最大化部分是三类工人——熟练工人、未标识的非熟练工人和已标识的非熟练工人——的效用在人口比例上进行加权之和。熟练工人的效用是 $u(q_D-T_D)-\delta$ 或 $u(q_E+T_E)$，这取决于他们选择困难工作还是简单工作。(11a) 和 (11b) 是税收等于转移支付的平衡预算约束。两个方程分别适用于熟练工人从事困难工作和简单工作的情形。

附录中，我们证明了在无标识模型中，当 $u(q_D)-\delta > u(q_E)$ 而 $0 < \beta \leq 1$ 时，给被标识工人的最优转移支付 τ^* 高于给未标识的非熟练工人的最优转移支付 t_E^*。在 $\beta = 1$ 的最优条件下，能够实现完全相等的收入。正是在此意义上，标识提高了那些被识别出的穷人的最优转移支付，同时给予他们特殊的税收待遇。

标识和非标识最优化间的差异显而易见：带有标识的模型中，对于被标识者得到的补贴的任何增加，困难工作和简单工作间收入的差异将下降，因为 T_E 不需要变化，而因此在给定的收入再分配下，工人由困

难工作向简单工作的转换倾向更小。结果是，有标识下被标识工人得到的最优转移支付高于无标识的情形。

附录给出的简要证明，更为确切地描述了这一逻辑的应用。此证明过程表明，在最优下，从事困难工作工人的缴税率和从事简单工作的未被标识工人的转移支付率要设定在以下一点上：这两个率的任何进一步提高都将导致熟练工人向简单工作转移。这反映在最优条件（12）中，它非常类似于无标识情形中的最优条件（9）：

$$u(q_D - T_D^*) - \delta = U(q_E + T_E^*) \tag{12}$$

通过反证法可以证明 τ^*（被标识的工人得到的最优转移支付）大于 T_E^*（未被标识的非熟练工人得到的最优转移支付）。假定相反的结论成立（即 $\tau^* \leq T_E^*$）。此时，T_E 的边际减少同时 τ 的相同美元数量的边际增加不会引起效用的下降，但是这种变化会在不引起任何熟练工人从困难工作转向简单工作的情况下，允许增加从事困难工作的熟练工人向其他工人的收入再分配。因为这两种变化中的任一种，都会确保总效用 U^{Tag} 增加，而不会因另一种变化降低，所以最优的 τ^* 和 T_E^* 是矛盾的。因此，在最优点上，τ^* 必定大于 T_E^*。

上述分析已经表明 $\tau^* > T_E^*$，T_D^* 和 T_E^* 满足（12）。而且我们也已获知，t_D^* 和 t_E^* 满足与之类似的条件（9），即 $u(q_D - t_D^*) - \delta = u(q_E + t_E^*)$，此约束条件可以用来证明 $\tau^* > t_E^*$。

Ⅳ. 问题的一般化

在上一部分的例子中，人们没有机会来改变被标识的特性。年龄、种族和性别是这类特征在现实生活中的例子。不过，仍然存在再分配计划，其中的人可以通过付出某种努力或承担一些效用损失来改变他们的特征，从而成为被标识群体的一员。最常被引用的例子是，一些家庭被怀疑为了获得"未成年子女补助计划"的资助而分开（参见 Daniel Moynihan）。

为了对群体成员内生情形做更一般的考察，这里提出一个一般化的模型。此时，本文的问题变成了实证问题（而不是理论问题）：确定标识多少数量（而答案很可能是 0）能最大化总效用 U。除非上一部分给出的那个命题的反例——一视同仁的负所得税总是优于对具有特定问题或特性的人提供特定资助的福利制度——是假的，否则，一般而言并不存在核心定理。

第5章 "标识"经济学及其在最优所得税、福利计划与人力规划中的应用

通常，我们可以假设目标是选择函数 $t_\gamma(y_\gamma)$，最大化

$$U=\int u_x f(x)\mathrm{d}x \tag{13}$$

其中，$f(x)$ 表示类型为 x 的人的分布，这类人的效用依赖于税后收入、个人特征以及所属群体 γ，即

$$u_x=u(y-t,x,y) \tag{14}$$

当然，在现实世界，标识并非无成本，对现有福利制度的主要抱怨之一就是高昂的管理成本。令 $\varGamma$ 表示把人口细分为各类群体的分组，令 $c(\varGamma)$ 为此类标识的管理成本。

要在两个约束下实现 U 的最大化。第一个约束条件是税收等于转移支付加上管理成本，或

$$\int_x t_\gamma(y(x),\gamma(x))f(x)\mathrm{d}x+c(\varGamma)=0 \tag{15}$$

其中，$\gamma(x)$ 是类型为 x 的个体所属的群体；第二个约束是 x 类个体选择劳动投入和所属群体，以最大化

$$u[w(x,y)L(x,\gamma)-t_\gamma(w(x.y)L(x,\gamma)),x,\gamma] \tag{16}$$

其中，$w(x,\gamma)$ 是属于群体 γ 的特征为 x 的人的工资，而 $L(x,\gamma)$ 是劳动投入。

总之，这就是带有标识的税收莫里斯（和费尔）问题的一般化情形。因为标识个人特性和管理成本的潜在内生性，这一点使得详细论述这种一般性问题具有难度。

Ⅴ. 标识化与人力规划的成本—收益评估

另一种标识在其中扮演重要角色的计划是人力资源培训计划。通常在美国，这种计划都是为了提高处于不利地位或临时失业者的工作技能。由于有正式的资格要求，又由于被培训者可以自主选择，这类计划可以识别（或标识）出具有特别需求的人。

在美国，对这类计划进行的成本—收益评估如此之多，以至于出现大量的"对评论的评论"（参见 David O'Neill）。研究通常（但偶有例外）发现，正如传统计算的结果，人力培训计划的收益要低于成本。不过，因为这类计划具有标识方面的价值，所以低于1的收益—成本比率

并不足以构成削减计划的理由。

这最后一点可以通过第三部分和第四部分的标识模型正式得出。通过假设一个之前未被标识的非熟练工人转变为一个熟练工人需要一个给定人均成本，我们就可以将人力计划引入到第三部分的模型中。正如通常的计算，此计划的成本等于其运营成本加上工人参加培训期间放弃的工资。运营成本成为了平衡预算约束中的另一项（类似于（15）式中的 $c(\Gamma)$）。从此计划中得到的收益，则是经过培训后工人税前、转移支付前工资的增加。很容易构造一个例子，让（这样计算的）收益小于成本，不过，此计划下的 U^{Tag} 仍会大于不存在此计划时，因为此计划对非熟练工人进行了标识，并使收入再分配对激励机制造成相对较少的扭曲。

通过消费者剩余的逻辑进行的一个粗略计算表明，人力计划的标识收益可能相当大。考虑人口中的两个群体，他们都是年轻人并且当前收入较低。一个群体是熟练工人，但由于正在积累人力资本而获得较低的当前收入；另一个群体是非熟练工人，并因此而获得较低的当前收入；其永久收入也较低。

假定现在有一个人力培训计划。一个年轻的非熟练工人可以通过 c 美元的成本，将其持久收入提高 1 美元。此计划的成本（正如通常计算的结果）是 c 美元，收益是 1 美元。考虑消费者剩余，假设因该计划需要支付税收而导致每美元 λ 的无谓损失，那么，此计划包括无谓损失在内的成本是 $c(1+\lambda)$。

现在，比较一下此培训计划与付给所有熟练和非熟练年轻工人一次总付（lump sum）的负所得税。令非熟练工人占总人口比例为 θ。为了把 1 美元再分配给一个年轻的非熟练工人，就必须将总共 $\frac{1}{\theta}$ 美元再分配给所有年轻人。

人力培训计划与负所得税，哪一个方案是再分配 1 美元给非熟练工人的更便宜方式呢？包括人力计划的无谓损失，总成本为 $c(1+\lambda)$。包括负所得税的无谓损失，总成本等于 $\frac{1}{\theta}$ 美元的无谓损失，加上再分配的 1 美元，或者说等于 $\frac{\lambda}{\theta}+1$。哪种方案的成本更为低廉，取决于 $c(1+\lambda)$ 与 $\frac{\lambda}{\theta}+1$ 的大小对比。

令 λ 为 0.05，而 θ 为 0.1，用两个数字分别代表所得税造成的无谓损失和例如职位公司（Job Corp）等典型人力培训计划的人口比例，这样合理的参数设定较具有代表性。如果人力培训计划的收益—成本比为 $\frac{1}{c}$,低于0.7,那么负所得税就是成本更低的再分配方案;如果收益—成本比高于0.7,那么人力培训计划的成本就更低廉。

VI. 总结与结论

本文对收入再分配制度设计中的重要权衡进行了甄别。不论是从资格条件要求,还是从受益人的自选择的角度看,一些类型的计划都识别(标识)了具有特殊需求的人。借助于标识,(与受益人相对的)纳税人被排除出转移支付的受益者行列,因此事实上,一次总付转移支付是给了被标识的人。

与之不同,在负所得税的情况下,补助是付给所有的纳税人,而且该补助必须得到弥补从而获得同样的净收益。这一弥补过程导致了很高的边际税率,其抑制激励的效应是负所得税的核心缺点。不过,此缺点必须与标识的缺点、此类制度的不公正性以及其管理费用相权衡,其中标识的缺点在于为那些需要被标识的被识别者提供不当激励。

无论是否引入标识,最优再分配制度的问题已经在莫里斯-费尔最优所得税的框架中构造出来。这些已经描述于一个特殊例子中,如果一部分穷人能够(在此例中无任何成本地)被识别,那么可以通过给被标识穷人更多的补助而提高总福利 U。

最后,本文讨论了为人力计划进行标识的后果。因为标识是大多数人力计划的一种收益,所以收益—成本比不必非得大于1才能证明此计划的收益性。实际上,一个例子显示,收益—成本比可以显著小于1(此例中为0.7),而作为一种收入再分配的方法,人力计划仍然比负所得税更被推崇。

附　录

定理1:通过第三部分对 τ^* 和 t_E^* 的定义和该部分的模型,如果 $u(q_D)-\delta > u(q_E)$ 和 $0 < \beta \leqslant 1$ 成立,则有 $\tau^* > t_E^*$。

证明:

证明过程需要5个命题。命题1和命题2用不同的论断表明,在不诱使熟练工人转向轻松职位的前提下，能够从他们那里得到的最大可能的再分配数量。由此可以推导出下述条件：

$$u(q_D - T_D^*) - \delta = u(q_E + T_E^*) \tag{A1}$$

类似地，在未引入标识下，这就是

$$u(q_D - t_D^*) - \delta = u(q_E + t_E^*) \tag{A2}$$

由（A1）和（A2），可以很容易地证明（命题3），如果 $T_D^* > t_D^*$，则有 $T_E^* < t_E^*$（反之亦然）。

接着，命题4表明，$\tau^* \geqslant t_E^*$。存在两种情形。在一种情形下，$T_D^* < t_D^*$。如果 $T_D^* < t_D^*$，那么由命题3，$T_E^* > t_E^*$。假设 $t_E^* \geqslant \tau^*$。一个不同的论断表明，因为 T_E^* 的下降和 τ^* 的上升都能够提高 U^{Tag}，所以它不可能是最优的。在另一种情形下，$T_D^* \geqslant t_D^*$。但是如果 $T_D^* \geqslant t_D^*$，由命题3，$T_E^* \leqslant t_E^*$。不过，根据平衡预算约束，如果 T_E^* 小于 t_E^*，T_D^* 大于 t_D^*，那么 τ^* 必定大于 t_E^*。其结果是，不论是在情形Ⅰ还是在情形Ⅱ中，都有 $\tau^* \geqslant t_E^*$。命题5表明，该不等式是严格的。

命题1：$u(q_D - T_D^*) - \delta \geqslant u(q_E + T_E^*)$。

证明：

假定命题不成立。那么，由 u 的凹性以及约束（11b），即 $(2-\beta)T_E^* = -\beta\tau^*$ 可知，

$$U^{Tag*} = \frac{1}{2}\{(2-\beta)u(q_E + T_E^*) + \beta u(q_E + \tau^*)\} \leqslant u(q_E) \tag{A3}$$

因为由假定有 $u(q_D) - \delta > u(q_E)$，那么

$$u(q_E) < \frac{1}{2}\{u(q_D) - \delta + u(q_E)\} \tag{A4}$$

由于 $T_D = T_E = \tau = 0$ 是一个可行的税收/转移支付向量（这满足预算约束（11）），并且由

$$U^{Tag} = \frac{1}{2}\{u(q_D) - \delta + u(q_E)\} \tag{A5}$$

U^{Tag*} 的最优性同（A3）、（A4）和（A5）相矛盾。通过这一矛盾有

$$u(q_D - T_D^*) - \delta \geqslant u(q_E + T_E^*) \tag{A6}$$

命题2：$u(q_D - T_D^*) - \delta = u(q_E + T_E^*)$。 \quad (A7)

第5章 "标识"经济学及其在最优所得税、福利计划与人力规划中的应用

证明：

假设 $u(q_D-T_D^*)-\delta > u(q_E+T_E^*)$。一个论断可以证明，$(T_D^*, T_E^*, \tau^*)$ 不是最优的。

令

$T'_D = T_D^* + \varepsilon$

$T'_E = T_E^* + \varepsilon/(1-\beta)$

$U^{Tag}(T'_D, T'_E, \tau^*) = U^{Tag}(T_D^*, T_E^*, \tau^*)$

$\qquad + \dfrac{\varepsilon}{2}[-u'(q_D-T_D^*)+u'(q_E+T_E^*)]+o^2(\varepsilon) \qquad$ (A8)

其中，$o^2(\varepsilon)$ 是满足 $\lim\limits_{\varepsilon \to 0} o^2(\varepsilon)/\varepsilon^2 = 0$ 的一个表达式。但是因为根据假设，$u(q_D-T_D^*)-\delta > u(q_E+T_E^*)$，根据 u 的凹性可知

$$u'(q_D-T_D^*) < u'(q_E+T_E^*) \qquad (A9)$$

因此，根据（A8），对于足够小的 ε，有 $U^{Tag}(T'_D, T'_E, \tau^*) > U^{Tag}(T_D^*, T_E^*, \tau^*)$，这显然与最优解 (T_D^*, T_E^*, τ^*) 相矛盾。因此，$u(q_D-T_D^*)-\delta \leqslant u(q_E+T_E^*)$。

根据命题1，$u(q_D-T_D^*)-\delta \geqslant u(q_E+T_E^*)$。因此，

$$u(q_D-T_D^*)-\delta = u(q_E+T_E^*) \qquad (A10)$$

命题3： 当且仅当 $T_E^* < t_E^*$ 时，$T_D^* > t_D^*$。

证明：

假设 $T_D^* > t_D^*$。由命题2

$$u(q_D-T_D^*)-\delta = u(q_E+T_E^*) \qquad (A11)$$

按照相似的逻辑，

$$u(q_D-t_D^*)-\delta = u(q_E+t_E^*) \qquad (A12)$$

如果 $T_D^* > t_D^*$，则

$$u(q_D-T_D^*) < u(q_D-t_D^*) \qquad (A13)$$

从而

$u(q_E+T_E^*) = u(q_D-T_D^*)-\delta < u(q_D-t_D^*)-\delta = u(q_E+t_E^*)$ (A14)

$T_E^* < t_E^* \qquad (A15)$

类似地，若 $T_D^* < t_D^*$，则 $T_E^* > t_E^*$。

命题4： $\tau^* \geqslant t_E^*$。

证明：
假设

$$\tau^* < t_E^* \tag{A16}$$

我们将证明最优的 τ^* 和 t_E^* 是相互矛盾的。两种情形将被分析：

情形 Ⅰ： $T_D^* < t_D^*$

情形 Ⅱ： $T_D^* \geq t_D^*$

情形 Ⅰ：根据命题3，若 $T_D^* < t_D^*$，则

$$T_E^* > t_E^* \tag{A17}$$

但是有

$$U^{Tag}(T_D^*, T_E^* - \varepsilon, \tau^* + (1-\beta)/\beta\varepsilon)$$
$$= U^{Tag}(T_D^*, T_E^*, \tau^*) - \frac{(1-\beta)\varepsilon}{2u'(q_E + T_E^*)}$$
$$+ \beta\frac{1-\beta}{\beta}\varepsilon/2u'(q_E + \tau^*) + o^2(\varepsilon) \tag{A18}$$

对于足够小的 ε，等式（A18）

$$> U^{Tag}(T_D^*, T_E^*, \tau^*) \tag{A19}$$

因为根据 u 的凹性和不等式（A17）即 $T_E^* > t_E^*$，以及假定（A16）即 $\tau^* < t_E^*$，我们有 $u'(q_E + T_E^*) < u'(q_E + t_E^*) < u'(q_E + \tau_E^*)$。因此，不等式（A19）同 (T_D^*, T_E^*, τ^*) 的最优值相矛盾。因此，若 $T_D^* < t_D^*$，则 $\tau^* \geq t_E^*$。

情形 Ⅱ： $T_D^* \geq t_D^*$。

再次假设

$$\tau^* < t_E^* \tag{A20}$$

我们将证明一个矛盾。根据命题3，如果 $T_D^* \geq t_D^*$，则有

$$T_E^* \leq t_E^* \tag{A21}$$

由不等式（A21）（$T_E^* \leq t_E^*$）、预算约束（7a）（$t_D^* = t_E^*$）以及不等式（A20）（$\tau^* < t_E^*$），我们有

$$T_D^* \geq t_D^* = t_E^* > (1-\beta)T_E^* + \beta\tau^* \tag{A22}$$

这与预算约束（11a）相矛盾，此式表明：

$$T_D^* = (1-\beta)T_E^* + \beta\tau^* \tag{A23}$$

第 5 章 "标识"经济学及其在最优所得税、福利计划与人力规划中的应用

因此，若 $T_D^* \geq t_D^*$，则 $\tau^* \geq t_E^*$。

结合情形 I 和情形 II，可以证明 $\tau^* \geq t_E^*$。

命题 5：$\tau^* > t_E^*$。

证明：

仍然需要证明的是，$\tau^* \neq t_E^*$。假设相反的情形，即 $\tau^* = t_E^*$ 成立。我们将证明存在一个矛盾。根据命题 3，在最优解点，有

$$u(q_D - T_D^*) - \delta = u(q_E + T_E^*) \tag{A24}$$

而且类似地，

$$u(q_D - t_D^*) - \delta = u(q_E + t_E^*) \tag{A25}$$

最优值 (T_D^*, T_E^*, τ^*) 和 (t_D^*, t_E^*) 也同样必须满足预算约束（7a）和（11a）：

$$T_D^* = (1-\beta) T_E^* + \beta \tau^* \tag{A26}$$
$$t_D^* = t_E^* \tag{A27}$$

再将下面的假设（A28）加入（A24）到（A27）的系统中，

$$\tau^* = t_E^* \tag{A28}$$

$\tau^* = t_E^*$ 下的最优解必须满足（A24）到（A28）的五个关系。这五个方程构成了一个五变量 $(T_D^*, T_E^*, \tau^*, t_D^*, t_E^*)$ 的五方程系统，有唯一的解，特征为 $T_D^* = T_E^* = \tau^* = t_D^* = t_E^*$。

令

$$T'_D = T_D^* + 2\varepsilon_1 \tag{A29}$$
$$T'_E = T_E^* - 2\varepsilon_2 \tag{A30}$$
$$\tau' = \tau^* + \frac{1-\beta}{\beta} 2\varepsilon_2 + \frac{1}{\beta} 2\varepsilon_1 \tag{A31}$$

其中

$$\varepsilon_1 < \frac{u'(q_D - T_D^*)}{u'(q_E + T_E^*)} \varepsilon_2 \tag{A32}$$

那么，

$$U^{Tag}(T'_D, T'_E, \tau') = U^{Tag}(T_D^*, T_E^*, \tau^*)$$
$$-\varepsilon_1 u'(q_D - T_D^*) - (1-\beta)\varepsilon_2 u'(q_E + T_E^*) + \beta \frac{\varepsilon_1}{\beta} u'(q_E + \tau^*)$$
$$+ \beta \frac{1-\beta}{\beta} \varepsilon_2 u'(q_E + \tau^*) + o^2(\varepsilon_1) + o^2(\varepsilon_2) \tag{A33}$$

因为 $\tau^* = T_E^*$，所以对于足够小的 $(\varepsilon_1, \varepsilon_2)$，有 $U^{Tag}(T'_D, T'_E, \tau') > U^{Tag}(T_D^*, T_E^*, \tau^*)$，这与 (T_D^*, T_E^*, τ^*) 的最优性相矛盾。因此，$\tau^* \neq t_E^*$。并且，由命题 4，有 $\tau^* > t_E^*$。

参考文献

R. C. Fair, "The Optimal Distribution of Income," *Quart. J. Econ.*, Nov. 1971, 85, 557-579.

J. A. Mirrlees, "An Exploration in the Optimal Theory of Income Taxation," *Rev. Econ. Stud.*, Apr. 1971, 38, 175-208.

D. P. Moynihan, "The Negro Family: The Case for National Action," in L. Rainwater and W. L. Yancey, eds., *The Moynihan Report and the Politics of Controversy*, Cambridge, Mass. 1967.

D. M. O'Neill, "The Federal Government and Manpower: A Critical Look at the MDTA-Institutional and Job Corps Programs," American Enterprise Institute for Policy Research, 1973.

New York Times, Aug. 9, 1969; Apr. 21, 1970; July 23, 1971.

U. S. Council of Economic Advisers, *Economic Report of the President*, Washington, 1974.

第6章 对美国未婚生育的一项分析[*]

乔治·A·阿克洛夫
珍妮特·耶伦和迈克尔·卡茨[**]

Ⅰ．导 论

当丹尼尔·莫伊尼汉（Daniel Moynihan）写下了他的著名报告《黑人家庭》(美国劳工部，1965）的时候，黑人的未婚生育率是24%。25年后，这个比例被定义为未婚妇女的生育百分比，比先前高了两倍多，达到了64%。与此同时，白人的婚外出生率经历了更快的增长——尽管是从一个较低的水平开始——从3.1%到18%，超过了五倍。[①] 未婚生育率的上

---

[*] 本文最先发表在 George A. Akerlof, Janet L. Yellen, and Michael L. Katz (1996), "An Analysis of Out-of-Wedlock Childbearing in the United States," *Quarterly Journal of Economics*, 111, 2. 版权归麻省理工学院出版社所有。经允许重印。

[**] 作者们要感谢迈克尔·阿施（Michael Ash）、赫尔希·罗格斯（Halsey Rogers）和尼尔·西格尔（Neil Siegel）提供的优秀的研究协助。同时，他们还对 Lawrence Katz, John Baldwin, Nancy Chodorow, Curtis Eaton, Pierre Fortin, Claudia Goldin, Bronwyn Hall, Eugene Hamill, Joseph Harrington, Richard Harris, Elhanan Helpman, Edward Lazear, Ronald Lee, Richard Lipsey, Mark Machina, Carl Mason, Hajime Miyazaki, Preston McAfee, Daniel McFadden, James Montgomery, Fraser Mustard, Peter Nicholson, James Rauch, Christina Romer, David Romer, Paul Romer, Andrew Rose, Nathan Rosenberg, Edward Safarian, Andrei Shleifer, Tamara Springsteen, Judy Stacy, James Wilcox, Michael Wolfson 以及一位匿名的审稿人提供的无价的评论表示感谢。他们感谢加拿大高级研究机构和国家科学基金会管辖下的 SBR－9409426 研究基金所提供的慷慨的财政资助。珍妮特·耶伦（Janet L. Yellen）是联邦储备系统的官员。本论文的观点只是作者的观点，而不代表联邦储备系统的观点。

[①] 安德森（Anderson, 1990）、威尔逊（Wilson, 1987）和其他人对未婚生育以及其他形式的社会/经济困境，如犯罪、药物滥用和贫穷（尤其是在市区黑人贫民窟）的同时上升作了很好的记录。这种上升是符合莫伊尼汉的悲观预测的。

升受到了社会政策的关注,因为成长于单亲家庭的孩子更容易遭受贫穷,以及在后来的生活中遭受艰难困苦。①

未婚生育率上升的一个主要原因是"奉子成婚(shotgun marriage)"事件的下降。一直到20世纪70年代初,关于婚前性关系,都有这样一条规则:一旦怀孕就要结婚。这种习俗的消失,成为了白人和黑人未婚生育率上升的主要原因。事实上,在1965—1969年和1985—1989年间,白人婚外初次生育率增量中的大约3/4,以及黑人婚外初次生育率增量的大约3/5可以用通过结婚来解决婚前怀孕初次生育的下降来解释。通过这种表述,我们想要说明的是,如果1985—1989年,通过结婚来解决的婚前怀孕初次生育的比率同20年前的可比期保持不变,那么白人的未婚生育率的增加将只有现在的1/4,而黑人的未婚生育率的增加将只有现在的2/5。②

人种学的研究描述了20世纪60年代后期的奉子成婚。例如,在20世纪60年代末从事旧金山白人工薪阶层研究的鲁宾(Rubin, 1969)发现,求爱是一种简洁的方式,并且很容易涉及性活动。如果怀孕了,就结婚。她的一个调查对象简洁但却非常肯定地表达了这种在许多文化中都能毫无疑问地观察到的情形:"如果女孩怀孕了,你就娶她。你别无选择。所以我就娶了她。"这种关于怀孕和婚姻的社会规范很显然同样存在于黑人之中,尽管可能存在更大的不确定性和更多的争议,因为黑人的未婚生育率要比白人高得多。③

对于白人,奉子成婚率的下降几乎与未婚妇女避孕措施,以及堕胎合法化同时出现。在20世纪60年代末和70年代初,包括纽约和加利福尼亚在内的许多主要的州都阐明了它们关于堕胎的法律(明显早于

---

① 一个随后的文献表明,单亲会引起大量的对孩子不利的影响(例如,可参见曼斯基、桑德福、麦克拉纳汉和鲍尔斯(Manski, Sandefur, McLanahan, and Powers, 1992))。

② 此计算结果所用的数据来自当前人口调查(Current Population Survey)的婚姻和生育历史,它将奉子成婚定义为在婴儿出生前的七个月发生的婚姻。在附录中对数据进行了描述。《当前人口调查生育增刊》最先被奥康奈尔和摩尔(O'Connell and Moore, 1980)以及奥康奈尔和罗格斯(O'Connell and Rogers, 1984)用来评估非自愿婚姻率。依据非自愿婚姻率的改变而发生的未婚生育的改变是以如下方式计算的。设 oow_t 和 oow_{t+1} 是未婚生育的比率,而 $bcoow_t$ 和 $bcoow_{t+1}$ 则是婚外怀孕的比率,sr_t 和 sr_{t+1} 则是 t 和 $t+1$ 时期非自愿婚姻的比率,则由非自愿婚姻率的改变而引起的未婚生育率改变的公式为 $((1-sr_{t+1})bcoow_{t+1}-(1-sr_t)bcoow_t)/(oow_{t+1}-oow_t)$。分母是未婚生育率的改变。分子的第一项是第 $t+1$ 期未婚生育所占的比率,第二项是当在第 $t+1$ 期和第 t 期的非自愿婚姻率相同时,在 $t+1$ 期的比率可能的值。分子的第一项与第二项的差别就是由非自愿婚姻率的改变所引起的婚外出生率的改变。

③ 因此,在圣路易斯市的布鲁特—伊基区的公共住宅工程中,雷恩沃特(Rainwater, 1970)报告说,"婚姻被认为是(对意外怀孕的)最有吸引力的解决办法。"但是至少在布鲁特—伊基区,婚姻习俗并非是毫无疑问的,因为雷恩沃特同样观察到:"但是它(指婚姻)不是自动的;非自愿婚礼是要得到仔细地考虑的,因为如果夫妻不般配的话,他们就不太可能结婚。"

1973年1月的罗伊诉韦德案（Roe v. Wade））。大约与此同时，未婚者获取避孕措施也变得更加容易也更为普遍。在1970年7月，马萨诸塞州关于禁止向未婚个体发放避孕措施的法律，在具有里程碑意义的案件——艾森施塔特诉贝尔德案件（Eisenstadt v. Baird）中——被宣告是违反宪法的（参见加罗（Garrow，1994，p.457））。本文将解释，为什么女性避孕措施、堕胎合法化与奉子成婚率的下降之间可能存在着关联。

为什么会存在这样一种关联呢？无论是女性避孕措施的出现还是堕胎的合法化都可以类比于技术变迁：两者都将可行选择边界向外扩展。使用这些选择带来的问题引起了激烈的争议，与此同时，家庭计划者则将女性避孕和堕胎视为对妇女福利的改进：它们使妇女可以自由选择。但是，技术创新在成就了赢家的同时，也带来了失败者。一项节省成本的创新几乎肯定会对那些无论出于什么原因没能采用它的生产者进行惩罚。19世纪早期，英国的手工纺织者就对这一观点作过一个经典体现。在女性避孕和堕胎方面，那些想要孩子的妇女，以及那些因为犹豫不决或宗教信仰而不能采纳这些新技术的妇女，就遭受了巨大损失。[1]技术的改变可能也使那些没有受到直接影响的人受益。例如，小麦的增产品种的开发会使小麦价格下降，从而使消费者受益。与此类比，在女性避孕和堕胎方面，男性可能成为受益者。最后，技术革新甚至会损害那些选择推进他们的人的利益，这点是可以想象的。例如，如果小麦的需求是缺乏弹性的话，那么，一个无成本的增产新品种的应用会使消费者受益，但只要农民种植相同的小麦面积，农民的收益就会下降。

本论文的第一个任务，就是要通过两个理论模型来阐明，如果堕胎的合法化和女性避孕措施越来越易获得，类比机制如何发挥作用。这些模型将显示，堕胎的合法化和女性避孕措施的可行性是如何导致妇女的竞争地位相对于男人下降的——特别是如果她们不采取避孕措施或不堕胎的话。

在第一个模型中，堕胎成本的下降（或避孕措施的可获得性的增加）会降低获得婚姻承诺的激励——如果婚前性活动会导致怀孕的话。那些打算堕胎或者依赖于采取避孕措施的妇女不再认为需要将性关系建立在这类承诺条件之上。而那些想要孩子的妇女，那些由于道德或宗教原因而不想堕胎的妇女，或者那些不信赖避孕措施的妇女可能会要求婚姻担保，却发现她们被迫在没有任何类似担保的情况下参与到婚前性关

---

[1] 根据1982年的全国家庭增长调查（NSFG）对未婚生育的母亲的报道指出，1970年，有19%的这类小孩是想要的；65%的这类小孩出生的时候不合适，或者说既非想要的也非不想要的；15%是不想要的。这些数据反映了有过未婚生育经历的妇女在对待是否想要这类小孩的问题上表现出来的可以察觉到的犹豫不决和模棱两可。

系中来。她们处在一个不利的竞争地位：这种情形同那些没有转而采用新品种小麦的农民所面临的情形类似。在婚前关系中，对没有承诺的性活动的期望增加了，这至少使得部分妇女的情况变得不利，因为她们的男性伙伴参加到了性关系之中却无需承担当父亲的责任。

第二个模型阐述了为什么先前的支持系统会被女性避孕措施的出现和堕胎的合法化所破坏。生育婴儿成为了母亲的选择，这一事实对父亲的决定具有隐含意义。通过使小孩的出生成为母亲的生理选择，性革命使婚姻和抚养孩子成为了父亲的一个社会选择。这第二个模型探讨了父亲的决定是如何取决于母亲的决定和选项的。该模型的逻辑与一个互联网投稿人写给爸爸权利新闻组（Dads' Rights Newsgroup）的话一致："既然是母亲独自决定是否生下孩子（参见罗伊诉韦德案），我不明白，为什么要父母双方都对孩子负责……如果一个人拥有决定权，那她就该单独承担该决定带来的责任。"

在第二个模型中，未婚生育是一系列决定的结果：关于男女关系、关于性活动、关于对避孕措施的使用、关于怀孕之后是否堕胎以及关于孩子出生后是否结婚。此模型通过引入未婚生育和性参与到理性选择框架中，从而扩展了贝克尔（Becker, 1981）的研究。[1]

解释未婚生育率上升的主要经济理论建立在工作可获得性的变化（Wilson, 1987）和福利动机的变化（参见默里（Murry, 1984））基础之上[2]，但是，正如将要讨论的那样，经验上，这两种因素都无法解释未婚生育率变化的哪怕很小部分。因此，本文提出的替代假设填补了这一空白。在缺少更好理论的情况下，福利理论成为支持削减福利的首要理论，尽管计量经济学提出了相反的证据。但是，如果未婚生育的上升主要源于技术的改变或一些更为深远的原因，那么当前预想的福利削减远达不到其倡导者的期望。

本文的理论解释了为什么堕胎和女性避孕的技术性突破可能在未婚生育的上升中起主要作用。如果我们模型的简单版本可以完全解释数据，那么，反对堕胎和拒绝让未婚女性采用避孕措施将逆转未婚生育的增加趋势。但是，伴随性习俗的改变和之后未婚生育人口上升的是，由未婚生育所引起的羞耻心在下降。因为这种羞耻心的消失过程不可能逆转，所以禁止堕胎或禁止向未婚妇女提供口服避孕药和其他避孕措施无法对减少未婚生育有效。拒绝这些选项极有可能进一步增加婚外出生人

---

[1] 本论文也扩展到婚前情况，研究结婚对男女间回报的分配。参见伦德伯格和波拉克（Lundberg and Pollak, 1994）的一个近期评论。

[2] 埃尔伍德和克兰（Ellwood and Crane, 1990）对这两个主要理论进行了评论。

口的数量，而非减少未婚生育，因为本可以堕胎或使用避孕措施的妇女却要生下不想要的孩子。

如果原来的社会规范无法恢复，那么还能做些什么呢？旧时，性伴侣之间存在一个私人的合同系统，用以保证孩子能够得到双亲的财政和情感支持。尽管旧的系统不太可能被重建，社会政策仍然可以创造一些激励，使得逃避家长责任的父亲们要付出巨大代价。埃尔伍德（Ellwood，1988）提出了令父亲们承担成本的治理方法。这一制度不仅能直接使非婚子女状况得到改善，而且能对其父亲收税，从而至少部分抵消了由技术冲击引发的父母之间观念的改变。

Ⅱ．基本趋势

在给出未婚生育模型之前，有必要先描述一些核心事实，包括未婚生育、总生育、堕胎、口服避孕药的使用、性经历等的数量和时间，作为性参与、奉子成婚和儿童生活安排的指标。这些事实为模型的构造和模型的解释提供了相关的背景。数据附录描述了依据我们自己的计算而得出的统计量。表6—1总结了核心统计量的趋势，表6—2给出了与妇女受孕和生育历史有关的重要决策的统计量。

表6—3描述了对使用堕胎和口服避孕药、性参与和奉子成婚率等的趋势进行的突变时间序列检验。在基础序列无法拒绝单位根假设，而一阶差分后可以拒绝单位根假设的前提下，所有的回归都是在一阶差分的形式下进行的。在每一个例子中，我们都拟合ARMA模型来刻画相关的包括年度虚拟变量（此虚拟变量在水平上相关年份之前取0，相关年份之后取1）的时间序列过程，从而抓住了一个时间序列可能在某一个或几个时期的非连续变化特征；或者是包括趋势虚拟变量（相关时点之前为0，相关时点之后为1‰的增长率）的时间序列过程，从而体现趋势的离散变化。在堕胎、使用口服避孕药和性参与的例子中，存在着变量的绝对水平的跳跃，而非趋势的变化；相反，在白人奉子成婚率的例子中，存在着趋势的变化，而非序列的突变。表6—3报告了我们偏爱的模型设定。核心发现是，对绝对水平或趋势变化的发生时间和数量大小的估计结果，在不同的模型设定下是稳健的。这些模型包括包含滞后自变量的模型、进一步的移动平均和自回归误差修正模型、改变样本期的模型以及构造在时间序列之上的其他方法。[1]冲击确切时间的确定

---

[1] 参见阿克洛夫、耶伦和卡茨（Akerlof，Yellen and Katz，1994）对细节的进一步描述。

通常对非白人比白人困难得多。这里报告的基准方程因没有自回归误差和异方差性而通过了标准检验。

表6—1　　主要统计量：生育、总生育率、婚姻状况、婚外出生

	1965—1969	1970—1974	1975—1979	1980—1984	1985—1989
生育（单位为千）[a]					
总量	3 599	3 370	3 294	3 646	3 809
白人	2 990	2 760	2 660	2 915	3 001
黑人	542	538	540	590	636
每千已婚15~44[b]岁女性生育率					
白人	119.4	103.6	93.1	94.5	90.2
黑人	129.1[f]	110.3	93.3	90.6	84.5
每千未婚15~44[c]岁女性生育率					
白人	12.7	12.6	13.7	18.9	24.1
黑人	91.0[f]	94.6	85.5	81.7	84.4
已婚15~44岁女性（百分比）[d]					
白人	67.8	65.3	61.6	58.8	57.9
黑人	55.9[f]	52.9	45.2	39.9	37.7
已婚15~44岁男性（百分比）[a]					
白人	60.9	58.7	54.9	52.1	51.4
黑人	49.7[f]	46.5	42.1	36.8	35.6
未婚生育（以千为单位）					
总数	322	406	515	715	911
白人	144	166	220	355	485
黑人	189[f]	230	280	337	393
未婚生育百分比[e]					
总数	9.0	12.1	15.6	19.6	23.9
白人	4.8	6.0	8.2	12.2	16.1
黑人	34.9[f]	43.0	51.7	57.1	61.8

　　a. 资料来源：Vital Statistics of the United States, 1989：Volume I—Natality, Tables 1-76 to 1-79 and Current Population Series P—20。
　　b. 资料来源：Vital Statistics of the United States, 1989：Volume I—Natality, Tables 1-77。
　　c. 资料来源：Vital Statistics of the United States, 1989：Volume I—Natality, Tables 1-76。
　　d. 资料来源：Current Population Reports, series P—20, Marital Status and Living Arrangements and Marital Status and Family Status。
　　e. 资料来源：Vital Statistics of the United States, 1989：Volume I—Natality, Tables 1-77 and 1-78。
　　f. 仅基于1969年数字。

A. 婚外出生人口

从20世纪60年代中期开始，无论是白人还是黑人中，婚外出生的小孩的比率都在以一个加速的节奏在增加，这个趋势一直持续到了现在。1970年，婚外出生人口大约为40万人（新生总人口为370万）；1990年，婚外出生人口为120万人（新生总人口为400万）。

第6章　对美国未婚生育的一项分析

表 6—2　未婚女性的遭遇：性参与、避孕药的使用、奉子成婚、孩子的生活安排以及收养

	1965—1969	1970—1974	1975—1979	1980—1984
具有性经验的 16 岁女性（百分比）[a]				
白人	13.8	23.2	28.1	32.8
黑人	35.0	42.3	50.8	49.9
第一次交往使用避孕工具的未婚女性（百分比）[b]	5.7	15.2	13.4	NA
15～44 岁未婚女性堕胎（千人）[c,d]	88	561	985	1 271[h]
每千 15～44 岁未婚女性	6.7	35.3	50.0	54.2
首次生育奉子成婚率（百分比）[e]				
白人：生育前结婚	59.2	55.4	45.7	42.0
首次生育前结婚	70.9	65.6	57.6	53.3
黑人：生育前结婚	24.8	19.5	11.0	11.4
首次生育前结婚	34.7	29.3	18.1	16.4
与未婚妈妈生活的 3～5 岁儿童（百分比）[f]				
白人	NA	0.5[i]	1.5[i]	2.2
黑人	NA	13.5[i]	23.4[i]	28.6
与父母都不生活在一起的 3～5 岁儿童（百分比）[f]				
白人	NA	1.5[i]	1.9[i]	1.5[i]
黑人	NA	5.0[i]	5.6[i]	6.5[i]
收养（千）[h]	158	156	129[j]	142[j]
通过代理机构	83	69	48[j]	51[j]
通过私人	75	86	81[j]	91[j]
对婚外出生者的收养比率（百分比）	49.0	38.4	29.0[j]	19.8[j]

　　a. 资料来源：1982 National Survey of Family Growth 中关于给定年份曾有性经历的女性的回溯性数据。
　　b. 资料来源：1982 National Survey of Family Growth 中关于第一次性经历中使用避孕措施的女性的回溯性数据。
　　c. 资料来源：1982 National Survey of Family Growth 中关于 15～44 岁女性堕胎的回溯性数据，数据经过年龄截尾的调整，并被调整为与艾伦·古特马赫（Alan Guttmacher）1973—1981 年序列一致。
　　d. 资料来源：1973—1984 年 *Abortion Factbook*：1992 Edition, Alan Guttmacher Institution, Table 3, pp. 176—177。
　　e. 资料来源：作者基于 Fertility Supplements of Current Population Survey 1980、1982、1990 三年的六月份数据计算得到。
　　f. 资料来源：Current Population Reports, series P—20, Marital Status and Family Status。
　　g. 资料来源：*Abortion Factbook*, Washington, D. C.：National Committee for Adoption, 1989, Table11, p. 99.
　　h. 1983 年的数字是 1982 年和 1984 年的平均值。
　　i. 调整以便在 1982 年后增加覆盖范围。不在父母身边生活的孩子包括那些居于团体宿舍（与户主无关系）或不在家庭中的孩子。
　　j. 1975—1979 年数据是基于 1975 年堕胎调查；1980—1984 年是基于 1982 年堕胎调查。

B. 怀孕率和结婚率

从 20 世纪 60 年代末到 20 世纪 80 年代末，年龄在 15 岁到 44 岁之间的白人未婚妇女平均每人生育的数量翻了一番。相反，同一时期黑人的这个比率下降了 5%~10%。无论是白人还是黑人，其未婚妇女的比率都显著地上升了：白人的比率上升了 30% 多一点，黑人的比率上升了 40% 多一点。已婚妇女的怀孕率也迅速地下降，其中黑人几乎下降了 1/3；白人几乎下降了 1/4。已婚妇女受孕率的下降，以及已婚妇女比率的下降同奉子成婚率的下降一起导致了未婚生育率的上升。①

C. 堕胎

在堕胎法律出现之前，未婚妇女堕胎的数量相对较小；我们的估计显示，在 20 世纪 60 年代末，每年的数量小于 100 000 人。②与此相对比的是 1965 年到 1969 年间，婚外出生人口的年平均数量为 322 000 人。无论是在绝对数量上还是在相对数量上，在 20 世纪 70 年代，堕胎都迅速地增加了。1980—1984 年，未婚妇女年平均堕胎的数量超过了 125 万，与此同时，婚外出生人口数量上升到 715 000 人。

表 6—3 中使用的回归表明，在 1970 年，随着堕胎在纽约州以及加州在贝纳森法案下的合法化，堕胎表现为一个离散的冲击。许多其他州对自由堕胎的法律放宽也大概是在这个时候（参见卢克（Luker, 1984, p.272））。

D. 口服避孕药

未婚妇女初次性行为中使用避孕药成为 20 世纪 70 年代一个重要因素。据全国家庭增长调查（NSFG）的回溯性自我报告，从 1970 年到 1974 年，在初次性行为中使用口服避孕药的平均比率为 15%，比之前 5 年的两倍还要高。我们使用的回归方程（如表 6—3 显示）表明在 1969 年和 1971 年之间发生了一次跳跃。假定未婚妇女初次性行为中使用口服避孕药具有重要性，那么，在 20 世纪 70 年代，性行为频繁的未婚妇女中使用口服避孕药的人数很可能占有一个相当大的比重。

---

① 内桑森和金（Nathanson and Kim, 1989）设计了一个化整为零的方法，该方法已经表明了在 1971 年至 1979 年间，十多岁的青年人中婚减少以及性经历增加的重要性。

② 对于堕胎统计数据的准确性的讨论，参见数字附录。

第6章 对美国未婚生育的一项分析

表6—3 堕胎、使用避孕药、性经验以及奉子成婚的时间序列特征

自变量	年份	常数	1970年变化哑变量	1971年变化哑变量	MA (1)	AR (1)	AR (2)	调整的 R^2
每千 15～44[a] 岁女性堕胎的变化								
白人女性	1960—1987	−0.013 (0.45)	10.90*** (2.31)	—	−0.60*** (0.17)	—	—	0.55
黑人女性	1960—1987	−0.170 (0.28)	6.24** (2.87)	7.51** (2.86)	0.40 (0.29)	−1.07*** (0.22)	−0.46** (0.17)	0.55
所有女性在初次性经历中使用避孕药的百分比变化[b]	1961—1980	−0.0038 (7.10)	9.60** (3.82)	—	−0.96*** (0.30)	—	—	0.58
有性经验的16岁女性百分比变化[c]								
白人女性	1955—1981	0.41 (0.97)	10.20*** (3.58)	—	−1.00*** (0.12)	—	—	0.40
黑人女性	1955—1981	0.21 (1.29)	—	13.63** (6.27)	−0.94 (0.15)	—	0.51*** (0.15)	0.45

135

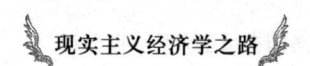

续前表

自变量	年份	常数	1968 年变化哑变量	MA (1)	调整的 R^2

初次怀孕奉子成婚比例的变化[d]

| 白人女性 | 1955—1989 | 0.008 3
(0.006 9) | −0.021**
(0.008 9) | −0.90***
(0.11) | 0.48 |
| 黑人女性 | 1955—1989 | −0.003 7
(0.013) | −0.005 7
(0.017) | −0.75***
(0.13) | 0.40 |

a. 资料来源：每千 15~44 岁女性堕胎数据来源于 1982 年和 1988 年 National Survey of Family Growth 的回溯性报告。数据经过年龄截尾的调整，并做合并。参见数据附录。

b. 资料来源：所有女性初次性经历中使用避孕药的百分比数据来源于 1982 年 National Survey of Family Growth 回溯性报告的初次性经历年份数据。参见数据附录。

c. 资料来源：在给定年份已有性经历的 16 岁女性百分比数据来源于 1982 年 National Survey of Family Growth 回溯性报告的初次性经历年份数据。参见数据附录。

d. 资料来源：作者基于 Fertility Supplements of Current Population Survey 1980、1982、1990 三年的六月份数据计算得到。此自变量是那些婚外怀孕第一胎并在该子出生前 7 个月内结婚的女性比例。如果出生前 8 个月亲还没有结婚，一个孩子就被看作是婚外怀孕育的。参见数据附录。

标准误写在括号里。* 代表 10% 的显著性水平，** 代表 5% 的显著性水平，*** 代表 1% 的显著性水平。

E. 性经历

从表 6—3 中可以看出，我们的性经验指数——年龄在 16 岁以下且回溯性地报告有性生活经验的妇女——对于白人，确切地在 1970 年出现了跳跃，而对于黑人则可能是一年以后。不过，因为黑人的数据相对于白人的数据存在着更大的噪音，所以对于黑人的数据确定是否存在跳跃更为困难。

F. 奉子成婚

白人的奉子成婚比率在 20 世纪 60 年代末开始下降。1969 年，初次生育奉子成婚率达到峰值 0.61；到 1988 年，这个比率下降到了 0.35。黑人的奉子成婚率也经历了类似的下降，不过比白人奉子成婚比率的下降开始得更早。在 20 世纪 60 年代，黑人奉子成婚率约为 0.25；到了 80 年代，该比率下降到约为 0.085。如果奉子成婚率保持其 1965—1969 年的水平，那么白人的婚外初次生育率会比之后 15 年的水平低 85%，比之后 20 年的水平低 76%。奉子成婚率的下降也在黑人婚外初次生育率的增长中起到了重要作用，尽管相应的贡献分别为 50% 和 58%，并不像对于白人那样大。

G. 生育和堕胎

随着堕胎 1970 年在纽约州的合法化，纽约十几岁黑人、白人女性的生育立即减少。然而，近期的研究惊奇地发现，十几岁少女生育数量与堕胎的易行性之间存在正的相关性，我们将在后面讨论这一问题。

H. 儿童的生活安排

旧时，20 世纪 70 年代之前，婚外出生的孩子只有很小比例由未婚母亲抚养。今天的情况相反，只有很小部分被别人收养或被交予其他亲属抚养。考虑到刚好处于技术冲击之前的 1969 年，有 360 000 名婚外儿童出生需要处理。根据我们自己的估计，其中的 135 000 名儿童，他们的母亲在接下来的 3 年里结婚了。①剩下的 225 000 名孩子中，有 65 000 人在三年后同他们从未结婚的母亲生活在一起。1972 年的报告显示，在 1969 年群体中，有 7 万名儿童从未同他们的父亲或是母亲生活在一

----

① 我们计算了一个扩展的奉子成婚率，我们将其定义为导致小孩三岁之前结婚的未婚生育的比例。将这些比例应用到人口动态统计中报告的婚外出生人口数量中，能够得到对那些其母在其三岁之前结婚的婚外出生小孩的比例。

起过。这个数据有重复计算的可能,因为这些孩子并非都是婚外出生的。这些数字与当时较高的收养率大致吻合。在1969年,有170 000例收养,其中包括一些在出生时,他们的母亲已经结婚的。[①]那些由在三年内没有结婚的母亲抚养的孩子的比例大约为0.28。

相比较而言,15年后,那些由母亲抚养的婚外出生儿童所占比例要大得多。1984年,这类出生人口为770 000人。我们估计其中有200 000儿童,其母亲在3年内结婚。剩下的570 000名儿童,大约有320 000人被报告在三年后同他们的从未结婚的母亲生活在一起。还有60 000人没有同父母中的任何一位生活在一起。每年收养的儿童下降到了105 000名,同从未结婚的母亲生活在一起的小孩与那些婚外出生且其母亲没有结婚的小孩的比例翻了一番,达到了0.56。

Ⅲ. 一个女性陷入困境的基本模型

我们现在将构造一个有关奉子成婚的基本模型。在此模型中,在确定性关系之前,女性可以选择是否要求对方承诺在怀孕的情况下结婚。如果她们要求这一保证,她们将害怕对方寻找其他性伙伴。当堕胎成本低或避孕措施易于获得时,潜在的男性伙伴就能在不需要做出任何承诺的条件下很容易地得到性满足,于是他们不愿对婚姻做出承诺。因此,一旦出现了避孕措施并允许堕胎,那些在没有避孕措施、不允许堕胎时只有保证结婚才发生婚前性关系的女性,就不得不参与到没有承诺的关系中。在此模型中,隐含的或明确的婚姻承诺被视为一个有约束力的合

---

① 由于报告误差、重复计算以及其母亲在其出生时结婚的原因,收养的孩子总和、没有与父母任何一方生活的孩子、与从未结婚的母亲生活在一起的孩子以及其母亲在后来结婚的孩子并没有计入婚外出生人口的总数之中。这些数据有四个不同的来源,每一个来源都有自己的报告误差。婚外出生人口的总数来源于人口动态统计。对在孩子出生后三年内结婚的母亲比例的估计来源于《当前人口调查生育增刊》,该增刊包含了关于女性的婚姻数据和她们的孩子的出生数据的回溯问题。与从未结婚的母亲生活在一起的孩子的数量以及没有与父母任何一方生活的孩子的数量源于每年三月份CPS对生活安排的调查。收养数据源于全国收养委员会。在年度组中,与从未结婚的母亲生活在一起或没有与父母任何一方生活的孩子数量的估计为各自类别中的年龄在3岁到5岁的小孩数量的1/3。对与既没有与亲生父母生活,也没有与养父母生活的孩子的分类符合人口统计的分类"与父母以外的家户生活在一起"和"不在家庭中"。无论是与从未结婚的母亲生活在一起的孩子序列,还是没有与父母任何一方生活的孩子的序列都是为了在1982年范围的改变而调整的。当然,这些没有与亲生父母在一起生活的孩子以及被收养的孩子包括了那些其母亲在生他们时已经结婚的情况。被收养者也包括那些其双亲再婚,并且被一对新的配偶收养的情况。

同。如果需要的话，男人就会履行他们先前的承诺。

在确立性关系之前，一个女人可以选择要求或不要求在怀孕下结婚的隐含或明确承诺。我们发现，在 25 年前的旧金山，白人工薪阶层青年中这类承诺是一个规范。[①]我们自己在 1994 年夏天对加州大学伯克利分校本科生的调查（下将述及）结果显示，婚前性关系通常与这类承诺无关。

A. 博弈中的决策

图 6—1 展示了一个简单的博弈树。其焦点就是"竞争"的作用，因为它影响着女性决定是否把要求获得婚姻承诺作为婚前性关系的条件。女性的决策就是要求或者不要求婚姻承诺，如果她要求婚姻承诺，她就要冒着男朋友离她而去的风险。男人的基本决策就是当婚姻承诺成为同他当前的伙伴发生性关系的前提时，离开还是不离开。我们将按顺序描述女性和男性获得的支付。

B. 女性的支付

如果女性选择参与到婚前性行为中，而不要求婚姻承诺，那么她得

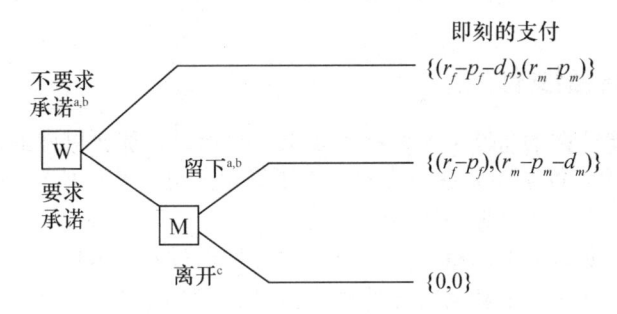

即刻的支付

不要求承诺[a,b]：$\{(r_f - p_f - d_f), (r_m - p_m)\}$

留下[a,b]：$\{(r_f - p_f), (r_m - p_m - d_m)\}$

离开[c]：$\{0, 0\}$

图 6—1　带有支付的婚姻要求博弈树

a. p_f 采用两个值 $p_f > 0$ 和 $p_f < 0$。
b. 下一时段随机配对的概率为 θ。
c. 下一时段随机配对的概率为 1。

[①] 卢克（Luker, 1991, p. 78）写到："然而，甚至连这些数据（关于从 20 世纪 50 年代到 1979—1981 年十几岁青年性行为的增长）也不能抓住（当前的）十几岁青年的性活动同之前有什么深刻的区别。像金西报告（Kinsey Report）的来源指出，对于 20 世纪 60 年代之前的许多美国女性来说，婚前性行为是'带有婚约性质'的性活动。女性的涉入，至少是具有排他性的，而且她通常会在一个相对较短的时间内同她男友结婚。金西数据中，几乎有半数妇女同她们的未婚夫有过婚前性行为。"

到一个即刻的收益（$r_f - p_f - d_f$）。p_f 是当在发生性关系之前得到一个婚姻承诺时，每期怀孕的预期成本。d_f 是当她没有从其男友那里得到婚姻承诺时，每期的预期额外损失。r_f 是每期从相互关系中得到的收益。我们假定，如果博弈的双方都同意确立关系的话，那么该关系持续到下一期的概率为 $1-\theta$，而终止的概率为 θ。如果关系终止，那么下一期可以相互接触的男性和女性之间就会进行随机的配对。为了操作的方便，这里假定男女在数量上相等。① 这样一个博弈的收益为 v_f，它表示此博弈对于这个随机配对的女性的价值。无论女性开始一段新关系还是将旧关系维持下去，未来的收益都将加上一个折旧因子 γ 的权重。

下面继续对收益的讨论。如果女性要求得到一旦怀孕就结婚的保证，那么男性既可以保持性关系，也可以选择离开。如果男性选择保持性关系，那么女性当期的收益就是（$r_f - p_f$）。她保持这种关系，其每期的回报为 r_f。她还要继续承担潜在的怀孕成本 p_f，但是因为有承诺，所以无需承担成为单身母亲的额外成本。下期她继续保持同样的关系并且得到同样的即刻收益的概率为 $1-\theta$，而开始一段新的关系并且收益值为 v_f 的概率为 θ。

如果男人离开，女性得到的即刻收益为 0。她离开了此期的关系，同时，也排除了怀孕的可能性。下一期她将开始另一段关系，其预期值为 v_f。

C. 男性的支付

如果女性在婚前性关系之前不要求一个承诺，那么男性的即刻收益就为 r_m，代表每期性关系的价值。为了简单起见，我们假定 p_m 是怀孕对男性的成本，如果他不向女性做出结婚承诺，那么该值就为 0。对于女性，关系继续下去的概率为 $1-\theta$，而男性通过同寻求伙伴的女人进行随机配对而开始一个新的博弈的概率为 θ。男性从这样一个博弈中得到的价值为 v_m。当女性要求承诺时，与之继续保持关系的男性，获得的即刻收益为（$r_m - d_m$）。同样，关系继续下去的概率为 $1-\theta$，而他重返配对池的概率为 θ。同女性的收益标记符号相对应，d_m 表示的是对潜在婚姻作出承诺之后的每期的预期成本。如果男性选择离开，那么他下一期开始一个价值为 v_m 的新博弈。当然，未来回报的贴现系数为 γ。

D. 一个简单例子

理论上讲，所有的支付，p_f、p_m、r_f、r_m、d_f 和 d_m 分配在个体之

---

① 其他作者强调，男女比例的改变会影响愿意结婚而不愿保持单身的男人的数量（例如，参见威利斯（Willis, 1994））。

第6章 对美国未婚生育的一项分析

间。我们将对前面描述的手工纺织者类比作必需的最小假定。这一描述要求有两类女性。一类采用堕胎或避孕措施，或者两者皆可使用，并且由此可能会增加福利；而另一类则不采用新技术，并且将因此而处于不利地位。所有的男性都属于同样的类型。

依照怀孕的预期成本的不同，此例中的女性被归为两类。怀孕的预期成本为正（用 p_f^+ 表示）的女性所占的比例为 α，对于这类人，如果选择堕胎的成本足够低，她们就会通过堕胎来终止妊娠。为了使我们考虑的旧时规范得以模型化，我们将不仅假定 p_f^+ 为正，而且还将假定它比 r_f 要小，这样 p_f^+ 的女性在其男朋友承诺娶她们的时候会愿意参与到性关系中。此外，我们将假定 $p_f^+ + d_f > r_f$；这样，在缺少避孕措施和不能堕胎的情况下，p_f^+ 的女性在没有婚姻承诺时会拒绝发生性关系。

与那些在没有婚姻时，怀孕会导致其效用减少的女性相反，我们假定存在一个占人口比重为 $1-\alpha$ 的第二类女性群体，对她们来说，怀孕成本（用 p_f^- 表示）为负。我们也假定 $r_f > p_f^- + d_f$，这样，即使没有婚姻承诺，这些女性也愿意进入婚前性关系，并且抚养孩子。d_f 也被假定为正。与既没有孩子也没有丈夫相比，p_f^- 的女人更愿意选择有孩子但没有丈夫的情形，当然对她们最好的情形是既有孩子又有丈夫。

两类女性对于阐述同手工纺织者的类比是必需的，不过我们的例子只要求一类男性。为了简化，我们将假定 p_m 为 0，以及对于所有的男性，d_m 皆为正，但小于 r_m。男性可能不愿意做出婚姻承诺，但如果这是维持他们关系的唯一办法，他们也愿意这么做。

E. 均衡

我们现在可以在此模型中刻画技术冲击前后的均衡。很明显，在技术冲击之前，具有正怀孕成本的女性，都不愿意在没有婚姻承诺的情况下参与性关系。总是存在一个均衡，其中怀孕成本为负的女性也会在参与性关系之前要求婚姻承诺。事实上，只要 p_f^+ 女性所占的比重 α 足够高，就会存在这样一个唯一的均衡。在 α 足够高的情况下，即使没有 p_f^- 的女性要求婚姻承诺，男性与任何要求婚姻承诺的 p_f^- 的女性保持关系一样要付出代价。①在此均衡中，由于 p_f^+ 女性不愿意在没有婚姻的

---

① 男性关于留下/离开的决定会受到在随机配对过程中的要求承诺/不要求承诺女性的比例影响。然而，在下一期的随机配对中，这个比例将总会大于 $\alpha/(1-\alpha)$，因为所有要求承诺的 p_f^+ 的女性（这些人中，占比例 θ 的人将会在下期中寻找新的伙伴）以及所有被其同伴抛弃、在下期中寻找新男伴的 p_f^- 女性都选择了要求承诺的策略。

情况下生育孩子，她们会要求一旦怀孕就结婚的承诺；而 p_f^- 的女性尽管在即使没有婚姻的情况下也愿意生育，但她们知道男人会接受婚姻承诺，所以她们也会提出同样的要求。对于男性来说，寻求另一个关系并无价值，因为他会失去当前的效用，并且最终的状况不会改善。

现在，让我们看看此博弈及其均衡是如何被廉价、易得的避孕措施和堕胎所改变。让我们假定，对于 p_f^+ 的女性来说，堕胎成本低于怀孕成本。为了简化，我们令堕胎的成本为 0。从经验上来讲，堕胎的金钱成本相对于抚养一个孩子的金钱成本来说是极低的。（另外，我们可以假定可靠的避孕措施是容易获得的。）随着堕胎的出现，p_f^+ 的女性不再需要怀孕结婚的承诺。而且，即使她打算要求承诺，她的男友也会知道履行此承诺无需成本，因为女性会堕胎而不是把孩子生下来。p_f^+ 女性的收益变成了 r_f，与之对应，此关系中的男性的收益，对称地为 r_m。在此模型中，新技术增强了 p_f^+ 的女性及其男伴的福利。

现在，让我们来考虑一个 p_f^- 的女性与其男伴的决策。这个女人可能会要求婚姻承诺，但是如果她确实这么做的话，她的男伴可能会离开。在我们的模型中，在确定了堕胎的可行性以及既定的 p_f^+ 和 d_f 下，我们知道男性如果遇见一个 p_f^+ 女性，他会在下期收益 r_m。事实上，如果参数值能保证她在下一期中通过随机配对遇到一个 p_f^+ 女性的概率足够高，而且婚姻给他带来的负效用以及贴现因素也足够高的话，那么他总是会选择离开。因此，在这些条件下，p_f^- 的女性不会向男性提出承诺要求，而且男性会在不作承诺的情况下保持关系，因为他去别的地方并不能使状况改善。结果是，在堕胎和避孕措施变得简便易行之后，出现了一个新的均衡，在这个均衡中，没有女性——即使她想要孩子和婚姻——会要求婚姻承诺。在该均衡中，如果任何女性要求婚姻承诺，她的男伴都会离开，因此她会失去伴侣。p_f^- 女性，如同手工纺织者一样，遭受了福利的降低。①

---

① 如果 p_f^- 女性所占的比重 α 足够低，那么也将存在一个均衡，其中所有 p_f^- 女性都会要求男性留下，并且这些男性也不会选择离开。此外，在此简单的模型中，可能会存在混合均衡，即部分女性要求婚姻承诺而其他一些女性在一个很大的参数值范围内不要这样的承诺。然而，引起这种情况发生的原因却是难以置信的。如果大量 p_f^- 女性向男性要求婚姻承诺，而这些被要求男性中相当比例会选择离开，那么向男人要求承诺的被抛弃的 p_f^- 女性将会在下期的随机配对中占主导。在下一步博弈中遇到这些女性的高概率，可能诱使男性在被要求做出婚姻承诺时仍然选择留下。选择留下的男性的比例反过来又会成为一些女性要求婚姻承诺的动机。我们相信，在技术冲击之后，这种女性要求承诺的随机配对的浪潮只不过是一种珍稀事件。为了简化，我们假定关系终止的外生概率 θ 不依赖于伴侣间关系的类型。然而，"没有承诺"的关系，破裂的可能性要高于承诺了的关系，这点看上去是合情合理的。结果，在稍微现实一点的情形中，没有 p_f^- 女性要求婚姻承诺的均衡将可能成为唯一的均衡。

第6章 对美国未婚生育的一项分析

对此例进行微小修改可以证明，所有的女性，如同种小麦的农民一样，可能因为新的技术进步而遭受损失。假定避孕措施/堕胎的出现降低了怀孕成本，虽然没有消除成本。这可能导致从唯一均衡——所有的女性都得到婚姻承诺——转向双重稳定均衡。在其中一个均衡中，如同先前一样，每个女性都会得到一个婚姻承诺，从而福利不会改变，而在另一个均衡中，没有女性得到婚姻承诺，因为每人都能准确地预料到这样的要求会导致她的关系破裂。向着这个非承诺陷阱移动一步很可能会减少所有女性的福利。在此模型中，堕胎和避孕措施的出现所带来的收益完全由男性得到。

我们已经用此模型分析了堕胎和避孕措施可得性变化的影响，而且模型的其他修改可以被容易地引入。只对单身母亲福利支付的提高将降低 d_f 的值，这会引起单身母亲羞耻感的变化。女性能够得到更好的劳动就业机会，使得她们对男性的财富依赖降低，从而 d_f 值下降。女性的更高工资水平也会提高怀孕成本 p_f，因为照料孩子的机会成本增加了。如果未婚父亲不同未婚母亲结婚，那么对其后代更大的自主义务也要增加 p_m 的值，这也会降低 d_m 的值。

F. 性参与的同构模型

经过简单地重新解释，先前的博弈结构可以阐述竞争的增加是如何影响到性参与的。在这个类比模型中，女性决定是否参与到婚前性关系中，而男性则决定是否在没有性的情况下保持关系。该模型同先前的模型是同构关系，用"参与/不参与"替代了"承诺/不承诺"。在技术革新之前，节欲是所有女性的规范。在技术革新之后，那些愿意采取避孕措施或者愿意在怀孕时堕胎或者两者兼采用的女性会参与进婚前性行为中来。然而，那些不愿意采取避孕措施或不愿意堕胎的女性同样也将参与到性活动中来，因为他们正确地意识到，如果他们不这样做，他们的伴侣会到别的地方寻求满足。被他人使用的避孕措施和堕胎可能会导致那些反对新技术的人性参与度的不情愿上升。

Ⅳ. 性参与、堕胎和奉子成婚

前一节描述了在一个单一主要决策博弈中，竞争导致的后果。不过，在现实中，奉子成婚是一系列决策的产物：婚前性行为、堕胎和婚姻。在本节中，我们通过对前述模型进行显著修改来模型化这一系列决策。在前述模型中，婚姻承诺被认为是强制性的。相反，我们现在假定，男性在孩子出生前的结婚愿望取决于结婚给他自身带来的成本与他对其伴侣成为单身母亲的成本的感受进行的比较。

前述模型表明，生殖技术的进步会通过增加竞争而导致女性陷入困境。本节中的模型阐述了另外一种机制，在该机制下，技术的进步会导致贫困的女性化。在性解放之前的旧世界中，女性具有较少的选择自由，而期望男性对她们的福利负责，这样的期望在更多的时候会成真，而不是被违背。现在女性有了更多的选择自由，但是男性也得到了相应的选择可能。在我们的模型中，男性的理由是："如果她不愿意堕胎或采取避孕措施，为什么我就应该牺牲自己去结婚呢？"模型准确地预测了奉子成婚的下降：在堕胎容易实现的情况下，许多先前以奉子成婚为结局的关系现在以堕胎而告终。相对地，当女性生下小孩时，男性仍能理性地保持单身。该模型也真实地预测了受孕率的下降（参见威尔逊和尼克尔曼（Wilson and Neckerman, 1986））以及婚外出生率的上升。然而，正如后将述及，我们认为在最后一节中强调的因素在经验性地解释美国婚外出生人口增加时，可能更为重要。

A. 对模型的描述

图6—2的树图描述了一对男女在决定是否开始一段性关系时所面对的决策和支付序列。[①]该模型忽略了女性和男性保持性关系的价值，分别为r_f和r_m，不过我们将比先前模型更详细地描述每一方所面临的决策序列以及对应于不同结果的支付。起初，女性决定是否同其男友开始性关系。如果她决定发生性关系，就会有潜在的未来结果。女性怀孕的概率为q。这个概率明显地取决于这对伙伴是否采取避孕措施，但是为了简便起见，我们不考虑避孕措施，将q视为固定。如果女性怀孕，我们假定她的下一个选择就是是否堕胎。如果她选择不堕胎，那么她的伙伴就必须决定是否娶她（同时她也决定是否嫁给他）。有趣的是，有一个模型与我们的模型是完全同构的，并且得到了类似的结果。在该模型中，女性选择的是是否采取避孕措施，而非是否堕胎。博弈树的每一个分支相对应的支付决定了博弈的均衡，包括奉子成婚率。我们将首先描述女性的支付，然后再描述男性的支付。

B. 女性的支付

为了标注的方便，我们将使支付标准化，因此，如果女性参与性关

[①] 伦德伯格和普洛特尼克（Lundberg and Plotnick, 1990, p.247）在他们的国家政策对怀孕、堕胎和婚姻的影响的研究中用到了同样的决策树。

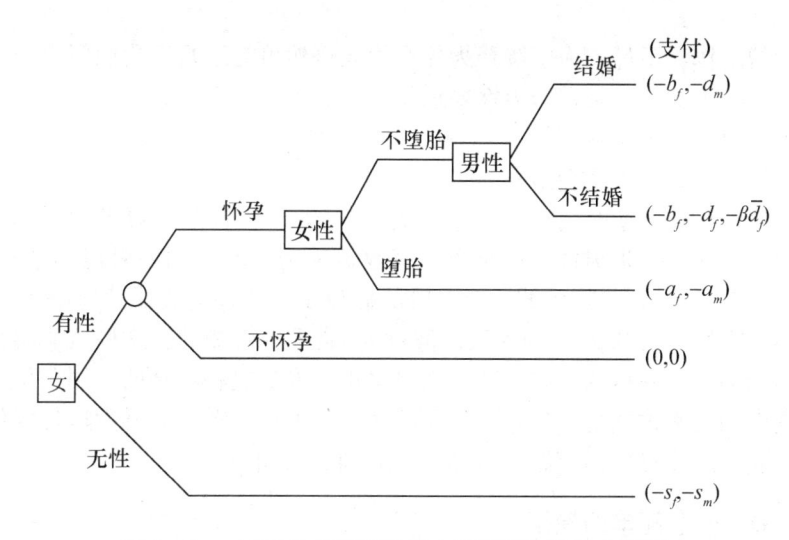

第6章 对美国未婚生育的一项分析

```
                                         （支付）
                                  结婚
                                  (-b_f,-d_m)
                       不堕胎  男性
                女性           不结婚
           怀孕                 (-b_f,-d_f,-βd̄_f)
                     堕胎
                               (-a_f,-a_m)
     有性
女        不怀孕
                              (0,0)

     无性
                              (-s_f,-s_m)
```

图6—2 一对发生性关系的男女面对的决策和支付序列

系并且怀孕，她的收益就为 0。如果她决定完全放弃这种关系，她的收益就是 $-s_f$。如果女性同意性关系并且怀孕，她的下一步选择就是是否堕胎。女性堕胎的财务与情感上的成本为 a_f。因此，如果她选择堕胎，其支付就是 $-a_f$。如果她选择不堕胎，存在着两种可能：一是她的男友娶她，另一种是她成为单身母亲。我们令 b_f 为即使结婚也要为生小孩支付的成本，从而作为一个结婚母亲的支付为 $-b_f$。与前述模型不同，为了简化，我们假定对于所有女性，b_f 皆为正，这样，即使有婚姻承诺，也不会有女人想要小孩。如果不结婚，就会有一个数量为 d_f 的额外成本（包括财务和情感），因此，在这种情况下，她的支付就是 $-b_f-d_f$。（为了简化起见，我们假定 $d_f>0$，这样所有的女性都愿意结婚而不是成为单身母亲。而当 $d_f<0$ 时，女性愿意成为单身母亲而不是同伙伴结婚，因此，博弈树也必须包括女性是否结婚的决策。）

C. 男性的支付

我们假定不出现怀孕时从性中得到的回报为 0，从而标准化男性的支付。假定男性从性中获得的愉悦为 s_m，则当女性选择不开始性关系时，他的收益为 $-s_m$。如果女性怀孕，那么男性的收益取决于女性是否选择堕胎，如果女性不堕胎，就取决于他是否娶她。为了简化，我们假定婚姻施加在男人身上的成本为 d_m，这样，如果他结婚，他的收益就是 $-d_m$。马斯格里奥（Marsiglio，1988）的调查研究表明，由于女友意外怀孕而必须结婚会给男性带来一个损失，这一损失主要源于与朋友互动的减少和不能再同其他女人约会。男性也坚信，他们会被要求拥有稳定的工作。不过，为了解释为什么男人仍然可能结婚，我们假定，不能同其孩子的母亲结婚的男性要承担一个成本。我们假设这一成本取决于男性对其女友（和孩子）状况的关心程度（我们用参数 β 来代表），以及对不能维持关系会给女人带来的痛苦的预期，用 $\bar{d}_f$ 表示，其中 $\bar{d}_f$ 是当出现意外怀孕时，选择不堕胎的女人的 d_f 值按照人数平均得到的结果。因此，如果男性选择结婚，其收益就为 $-d_m$，而如果他不结婚，其收益就为 $-\beta \bar{d}_f$。这里的一个重要的假设是，男性的负罪感取决于 $\bar{d}_f$ 而不是女性自己的 d_f，因为我们假设 d_f 是不可观测的。这种负罪感作为婚姻的一个动机的重要性同马斯格里奥的发现是相吻合的。用一个被调查者的话来说就是："我并不想同我的女朋友结婚，但因为这是**我的错**，我不能冷酷地抛弃她。"（黑体为后加上去的。）

D. 一个简单的模型

理论上，几乎所有个体的博弈树的支付都不同，因此应该通过人口中的一个联合分布来刻画。然而，一个简单的例子描述了堕胎成本的下降是如何导致未婚生育率上升的。我们将分析此简单情形下的博弈结果，此时女性之间的差异仅在于她们的 d_f 值，即成为单身母亲而非已婚母亲所带来的负效用，而男性之间的差异仅在于 d_m 值，即结婚的负效用。我们假定对于所有女性，d_f 服从 0 到 $D_f^{\max}$ 之间的均匀分布。因为有可能部分女性（即那些具有高 d_f 值的女性）根本不参与性活动，所以，怀孕女性的 d_f 的分布可能无法覆盖整个区间。我们令 D_f 代表那些参与进性活动中并且可能怀孕的女性的 d_f 的最大值。我们假定 d_m 在 0 到 D_m 之间服从均匀分布。并且假定剩下的参数对于所有个体来说都是一样的。这些参数包括：堕胎成本 a_f、生小孩的成本 b_f、男人的同情程度 β、女人和男人从性中得到的收益 s_f 和 s_m、男性对堕胎的反感度 a_m 以及怀孕的几率 q。这个简单模型允许对女性和男性决定之间的互动进行异常丰富的讨论。[①]

[①] 那些不在正象限中的 (d_f, d_m) 将会反映出堕胎决策前的 d_f 和 d_m 的真实值，因此会把它们同我们在这里描述的博弈相分离。d_f 和 d_m 在 0 处的最小值正确地反映了对于 $d_f>0$ 的女性和 $d_m>0$ 的男性的博弈信息结构。如果女性的 d_f 值为负，那么她就没有理由不在堕胎决策之前，将它透露给她的伙伴，因为她在任何情况下都不想同他结婚。他对于是否生小孩的思考依赖于 $a_f>b_f$，还是 $a_f<b_f$，这与男人的决策无关。如果男性拥有负的 d_m 值，他应该在堕胎选择之前透露给对方。如果 d_m 是负的而 d_f 是正的，这对伴侣会透露各自的信息并在女性不选择堕胎时结婚。然而，如果 d_f 和 d_m 都大于 0，那我们所描述的博弈将会发生。如果 $d_m>0$，男性想要女性相信 d_m 是足够大的，以最大化她采取堕胎的意愿。相似地，如果 $d_f>0$，女性想要男性相信 d_f 足够大，以使他会娶她。在此情形中，无论男性对其 d_m 值的陈述还是女性对其 d_f 值的陈述都是可信的。在这些情况下，我们的模型正确的假设，男性和女性都知道 d_f 和 d_m 的分布，但是并不知道他们特定伴侣的确切值。

E. 博弈的均衡

如果堕胎的成本小于成为单身母亲的成本,那么该博弈就有一个平凡解:所有怀孕的女性都会堕胎。由于在这种情况下,不会存在任何生育,我们将把焦点放在更相关的 $a_f > b_f$ 情形。在此例中,堕胎、合法生育和非婚生育的频率依赖于参数值。

在 $a_f > b_f$ 的情况下,该博弈包含一个基本的同时性:因为堕胎的成本足够高,所以如果确信她的伙伴会娶她,任何孕妇都会把孩子生下来。但是对于男性,婚姻带来不同的负效用(d_m)。一些男人会娶放弃堕胎的同伴,而另一些则不会。因此,女性是否堕胎的决定取决于她所预测的一个概率,即如果她生下孩子,男人娶她的概率。对一个给定的婚姻概率,那些 d_f 值超出了临界值 d_f^{crit} 的女性会选择堕胎。对于这些女性,成为单身母亲的负效用太大,以至于不能冒险生小孩。相反,那些 d_f 值低于 d_f^{crit} 的女性会生下小孩,因为她在为这样一种前景赌博:由于反对堕胎,她们的伴侣会给孩子一个正式的名分。女性的这些决策决定了那些选择不堕胎女性的平均 d_f 值。这个值为 $\bar{d}_f$;根据均匀分布假定,$\bar{d}_f = d_f^{crit}/2$。婚姻的概率越高,d_f^{crit} 值就越高。

由于婚姻的概率反过来取决于 d_f^{crit},因此同步性就上升了。d_f^{crit} 越高,男性就越有可能娶选择不堕胎的女性。在给定男性本身对结婚厌恶程度的情况下,男性是否结婚的决定取决于他们对同伴成为单身母亲的成本的预测。如果 $d_m < \beta \bar{d}_f$,男性就会结婚。由于 d_m 在 0 到 D_m 之间服从均匀分布,则对于选择不堕胎的女性,结婚的概率 F 为 $\beta \bar{d}_f / D_m$。我们假定男性没有关于他们的同伴的真实值的信息,但是却对选择不堕胎的女人的 d_f 的平均值有一个准确的估计。因此,男性的决定与他们对 $\bar{d}_f$ 的估计值正相关。

理性预期均衡要求 $\bar{d}_f$ 必须是那些选择不堕胎的女性的 d_f 的真实平均值。结果,

$$\bar{d}_f = d_f^{crit}/2 \tag{1}$$

假定 d_f^{crit} 在其上限 D_f 之下,它将被确定,以令 $d_f = d_f^{crit}$ 的边际女性对堕胎与否是无差异的。如果女性选择堕胎,其收益就为 $-a_f$,如果她选择不堕胎,那么她将以概率 F(其大小为 $\beta \bar{d}_f / D_m$)获得收益 $-b_f$,以概率 $1-F$(其大小为 $1 - \beta \bar{d}_f / D_m$)得到收益 $-b_f - d_f$。使得女性对于堕胎与否完全无差异的 d_f^{crit} 值满足下列方程:

$$\frac{b_f \beta \bar{d}_f}{D_m} + (b_f + d_f^{crit})\left(\frac{D_m - \beta \bar{d}_f}{D_m}\right) = a_f \tag{2}$$

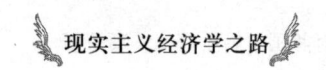

在对 d_f^{crit} 的值的限制不受约束的内点解中，我们可以将 $d_f^{crit}/2$ 表达成是 $\overline{d}_f$ 的一个函数①：

$$\frac{d_f^{crit}}{2}=\frac{a_f-b_f}{2(1-\beta\overline{d}_f/D_m)} \tag{3}$$

方程（3）是一个"反应函数"，它表明女性堕胎与否的决定是如何取决于 d_f 的平均值的。当 $\overline{d}_f$ 上升时，结婚的频率上升，因此 d_f^{crit} 也上升，它导致更多的女性不会堕胎。

该子博弈的均衡由（1）和（3）同时满足的要求所决定。该解集在某种程度上是复杂的，这主要是因为，当 D_f 足够大的时候，上限以及多重均衡的可能性。但是，解的性质可以总结为一幅图，该图将 $\overline{d}_f$ 的均衡值看作是 a_f-b_f 的一个函数。

图6—3表明，在生小孩的成本恒定的情况下，当堕胎的成本 a_f 下降时，$\overline{d}_f$ 的均衡值也会下降。堕胎成本的下降会使堕胎率和未婚生育率都上升。随着堕胎成本的下降，性活跃的女性的受孕率也会变低。随着选择生下孩子的女性变少，对于选择生小孩的女性，成为单身母亲的平均负效用也会下降，结果是，结婚率（F）也会下降。因此，婚外出生率上升了。

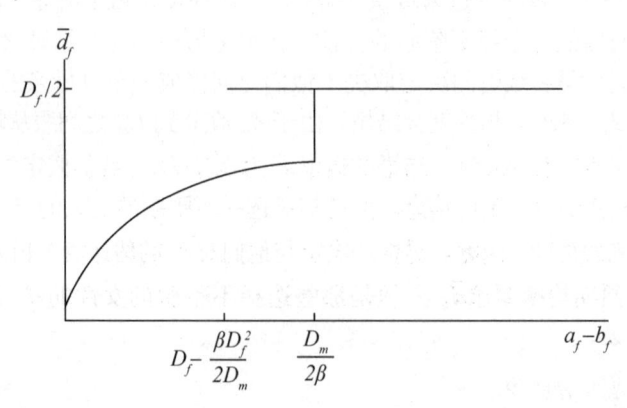

图6—3 堕胎成本和婚外抚养儿童的单身母亲平均负效用之间的关系

对于图6—3中的每一个均衡，女性和男性的福利（支付）可以被容易地计算出来。如果我们把注意力限定在"内部均衡"上，那么就能得到三个竞争性的静态结果。首先，随着堕胎成本的下降，不节制性活动的女性，以及在怀孕后不堕胎的女性会在竞争中失败，因为她们结婚

---

① 如果 $(a_f-b_f)/(1-\beta\overline{d}_f/D_m)\geqslant D_f$，那么对 d_f^{crit} 的限制是有约束力的，并且 $d_f^{crit}=D_f$。

的可能性会下降。其次，对于所有女性，福利的期望值可能会上升也可能下降，这取决于女性特征的分布。最后，只要参数 a_m（男人自己的堕胎负效用）足够低，那么，随着堕胎成本的下降，男人的福利会上升。①

该模型可能扩展到包含 AFDC② 支付，这种支付只对于单身母亲。整合这类支付的最简单的方式就是令女人在成为单身母亲的情况下的支付等于 $-b_f-d_f+w$，这里，w 是 AFDC 支付的水平。在这样的情况下，不结婚的男人得到的收益为 $-\beta(\overline{d}_f-w)$。在该模型中，未婚生育羞耻感的减少的影响同未婚母亲收益的增加是相同的。

F. 参与进婚前性活动中的决策

到目前为止，我们的讨论集中在那些参与到婚前性活动中的女性的受孕和未婚生育的决策上。沿着图6—2中的博弈树返回其最初的节点，我们也可以分析初始决策的决定因素：是否参与到婚前性活动中。堕胎成本的下降或避孕措施的可获得性的增加很可能会导致婚前性活动的增加。

V. 对模型的讨论以及美国的实际经验

无论是主流经济理论、福利理论和就业理论，还是将要描述的第三种理论，混合效应假说，都不能解释婚外出生人口的规模或是婚外出生人口的时间变化。相反，技术冲击解释，尤其是当包含了羞耻心

---

① 除了具有正的堕胎率的"内部均衡"之外，$\overline{d}_f=D_f/2$ 的均衡也是可能的，这里的隐含条件是尽管堕胎可以获得，但是没有人会这样做。然而，在这样一个均衡中，存在着一个正的未婚生育率。图6—3表明，这个结果可能会以两种方式发生：（1）对于在范围 $\{b_f+D_f-(\beta D_f^2/2D_m)\leqslant a_f\leqslant b_f+D_m/2\beta\}$ 之内的堕胎成本，存在着双重均衡。这两个解都符合各自的方程（3）的分支——其中一个在 d_f^{it} 的上限有约束力的，这样 $\overline{d}_f=D_f/2$，而另一个则不是，这样内部均衡就发生了。（2）然而对于堕胎成本的更大的值，$(a_f>b_f+D_m/2\beta)$，唯一的均衡在 $\overline{d}_f$ 处于其极限值 $D_f/2$ 时发生。这些解表明，随着堕胎成本的下降，婚姻和婚外出生人口的水平可能会存在不连续的移动。这种不连续性反映了男性婚姻意愿的一个迅速扩散的概率，该过程可能由堕胎成本的一个小的改变所激发。男性的这种婚姻意愿源于他们对女性不能结婚时所产生的成本的预期的改变。婚姻的这样一种不连续地下降以及婚外出生人口的这样一个不连续的上升，可能在事实上符合美国的婚姻突然下降和未婚生育率的突然上升。这些改变同通常家庭结构改变的缓慢的节奏相比，发生的是非常迅速的。

② 即 Aid to Families with Dependent Children 的缩写，意为：对有（未成年）子女家庭的补助。——译者注

的内生性改变的现实性的修正之后，符合第二节中记录的关于性参与、堕胎、避孕措施的使用、奉子成婚和孩子生活安排的规模和变化时间。

A. 福利理论、工作理论和混合效应

尽管文献汗牛充栋，但无论是福利理论（参见默里（Murray, 1984））还是工作短缺理论（参见威尔逊（Wilson, 1987））都不能解释婚外出生人口增加的规模和时点。例如，埃尔伍德和萨默斯（Ellwood and Summers, 1986）指出，AFDC 不可能在婚外出生人口的上升中起到主要作用，因为 AFDC 在 20 世纪 60 年代上升了许多，而在 1970 年又下降了（当时资格要求也变得更为迫切），然而婚外出生人口却持续地上升了。莫菲特（Moffitt, 1992, p. 29）得出了同样的结论。他还发现，用横截面和面板数据估计的福利收益的影响太小了，只能解释婚外出生人口的上升的非常微小的部分。

威尔逊的工作稀缺假说也曾被质疑过。梅尔和温希普（Mare and Winship, 1991, p. 194）利用横截面数据，估计出在 1960—1980 年间，黑人结婚率的下降中至多有 20% 可以用就业的下降来解释。詹克斯（Jencks, 1992, p. 133）注意到，在 1960—1980 年间，年龄在 30 岁到 40 岁之间的已婚失业黑人比重的下降（13%）只是稍高于已婚的就业黑人所占比重的下降（11%）。[①]在确认这些怀疑时，伍德（Wood, 1995）估计只有 3%～4% 的黑人结婚率的下降能够用合格的黑人群体的萎缩来解释。

第三种理论——我们可以称之为混合效应假说——提出了一个在堕胎合法化和未婚生育率间进行选择的关系。若说有何区别，那就是该理论的运用要比工作稀缺理论和福利理论都要差一些。根据混合效用假说，奉子成婚率可能会随着堕胎的合法化而下降，因为在堕胎合法化之前，如果出现婚前怀孕，非常可能结婚的那一类伙伴，在堕胎合法化之后，很可能会堕胎从而避免奉子成婚。（奥康奈尔和罗格斯（O'Connell and Rogers, 1984）给出了对奉子成婚率下降的这一解说。）阿克洛夫、耶伦和卡茨（Akerlof, Yellen and Katz, 1994）利用横截面数据，将个人堕胎合法化后采取堕胎来终止婚前妊娠的概率对个人在前堕胎时代对奉子成婚的预测概率进行回归，来检验上述效应。同提前计划倾向相关的教育，以及宗教实践的测度结果（天主教/非天主教服务的参与率）

[①] 也参见勒曼（Lerman, 1988）。

被包括在各种预测方程中。①因为在奉子成婚概率和堕胎之间不存在任何稳健的显著正相关关系,所以混合效应不能在奉子成婚的下降中起到任何重要作用。

总之,工作短缺理论、福利理论和混合效应假说的失败,使得婚外出生人口增加的解释仍待研究。

B. 技术进步和婚外出生人口的相对规模

上一节的模型证明了为什么堕胎和女性避孕对未婚生育率的总效应为正,这一点同通常的假设是相反的,传统假设认为,堕胎和避孕措施的直接效应是可以通过减少不想要的非婚生婴儿的数量来发挥作用。如果堕胎的变化和女性避孕方法的运用,相对于出生人口的数量和未婚妇女的数量都要高,那么,似乎很可能技术进步成为导致婚外出生人口上升的一个重要因素。

正如我们在第二节中所述,事实上,无论是对口服避孕药的使用,还是堕胎数量的增加,相对于未婚女性和婚外出生人口的数量来说,都是非常大的。在短短的几年之内,初次性活动中使用口服避孕药的女性的比重从6%跳跃至15%。而未婚妇女堕胎的次数,在20世纪60年代还不到婚外出生人口数量的一半,然而,在这几年之内增长了10倍或者更多。事实上,在20世纪70年代,堕胎数量的增长速度要快于婚外出生人口的增长速度,结果,到了70年代末,未婚妇女堕胎次数要比婚外出生人口多出了75%。

因此,技术进步假说遇到了这样的考验:技术使用的变化,达到了这样的规模,以至于足以成为随后婚外出生人口和家庭结构的巨大变化的承载者——前提是,影响有正确的符号。

C. 对未婚生育上升的技术冲击解释

有一个简单的理论不仅足以解释未婚生育率的增加,而且能解释家庭结构的相对改变和性实践。此理论建立在前几节的模型之上。根据此理论,始于20世纪60年代末的堕胎合法化使愿意在怀孕时堕胎的未婚妇女参与到婚前性关系之中,且在婚前怀孕的情况下不需要婚姻承诺,这些妇女占了一个较大比重。类似地,口服避孕药的发明与避孕措施可获得性的增加首先通过减少怀孕的几率,强化了未婚妇女参与到没有承诺的婚前性活动中的意愿。因此,技术进步激发了我们在两个静态模型

---

① 关于细节,参见阿克洛夫、耶伦和卡茨(Akerlof, Yellen and Katz, 1994)。

中所描述的行为的转变。想要生小孩的女人会处于困境，这是因为他们处于竞争的位置，她们对婚姻担保的讨价还价能力降低，这点可以从我们的第一个模型中找到。此外，一旦女性在堕胎法案之后不愿意堕胎，她们的同伴的同情度以及结婚愿意度也会下降。我们的第二个模型阐述了这种因果机制。

如同威尔逊的工作短缺理论一样，技术冲击理论也将未婚生育的增加同合格男性的供给下降联系了起来。然而，这种下降之所以发生是因为愿意结婚的男人变少了，而不仅仅是因为工作的短缺。技术冲击理论既解释了受过教育的低失业率男性结婚率的下降，也解释了未受教育的高失业率男性的结婚率的上升。技术冲击模型也预测了性伙伴之间亲密性的下降，因为这种关系很可能是短期的，从而强化了结婚的非意愿性。

技术进步理论足以解释为什么婚外出生婴儿的留存率会存在如此大的上升。在以往，如果女人想要一个孩子，她通常可以得到男人娶她的承诺。因此，大多数在婚前怀孕的第一次生育（根据我们的列表，白人大约为60%，黑人大约为35%）导致了婴儿出生之前的婚姻。当然，这些婴儿是由他们的母亲抚养的。如果女性不能在婴儿出生之后不久结婚，那么孩子被抚养的机会低于30%。然而，在堕胎合法化之后的新世界之中，存在着两条理由可以解释为什么婴儿更可能被抚养。首先，那些想要孩子的未婚女性会发现，想要得到（或强求）一份合同来承诺一旦怀孕就结婚会越来越困难。由于这些女人想要小孩，她们自然会抚养他们。此外，因为不想抚养婚外出生婴儿的女性拥有获得避孕措施的途径变得容易，以及意外怀孕有了流产的选择，所以婚外出生婴儿中，属于意料之内生育的婴儿所占比重相对更大。这样，我们就不会奇怪，尽管性参与大量地提高了，被代理收养的婴儿数却在5年内减少了一半，从86 000人下降到了43 000人，也就是说，1970年，也就是技术冲击的那一年，是收养人数的峰值年。

剩下的问题是，为什么在20世纪70年代早期的技术变革之后，奉子成婚率的下降是逐渐发生的，而不是突然下降的。例如，表6—3所报告的时间序列结果表明，白人女性的奉子成婚倾向存在着一个重大的改变，这种改变开始于1968年左右，从20世纪60年代开始，白人的奉子成婚率经历了一个长期而稳定的下降。

白人奉子成婚率的逐渐下降可能是由两种不同的因素所致。第一个因素较为简单，即现实中，均衡之间的转变需要时间来完成。第二个是一个补充因素，即与成为未婚母亲相联系的羞耻感内生地下降了。

首先聚焦于我们模型的均衡转换上，这种移动在现实中的渐进性是

第 6 章　对美国未婚生育的一项分析

易于得到认同的。例如，考虑在第一个"困境模型"中，$p_{\bar{f}}$ 的女性——即那些无论结婚与否都会生下孩子的女人——以及其男性伴侣的态度。因为可以在其他地方得到更好的福利，所以在女性怀孕时作出一个隐含或明确婚姻承诺其实是为性关系支付一个太高的价格。男性要意识到这一点极有可能需要花费时间。如果要求这样的婚姻承诺，那么男性离开的意愿会增加。女性意识到这一点，可能也需要花费时间。随着新的预期的形成，社会规范将重新调整，奉子成婚率就下降了，虽然这种下降是逐渐的。然而，到了最后，想要性活动但却不想在女方怀孕时做出婚姻承诺的男性，既没有被期望这么做，也没有被要求这么做。

奉子成婚率下降是逐渐发生而非突然发生的第二个重要原因，同羞耻心有关。未婚生育羞耻感的下降，是技术进步的一个自然的内生结果。在模型中，由 d_f 的减少所代表的羞耻感的下降进一步强化了奉子成婚的下降和婚外出生婴儿被保留数量的增加。

正如我们已记录的那样，婚前性节欲的规范在技术冲击之后完全消失了。在婚前性活动成为规范而非例外之后，未婚生育婴儿就不能再被作为社会性禁忌被违反的标志了。因此，与婚外生子相联系的羞耻心逐渐地受到侵蚀，并且最终极大地被销蚀掉。在我们的第一个模型中，d_f 的减少反映了参与到未承诺的婚前性活动中的意愿。在我们的第二个模型中，d_f 的减少是一个额外的因素，它起到了减少在意外怀孕发生时，父亲们担负责任的压力。由于未婚生育不再会导致社会排斥，故而在文字上和数字上，奉子成婚在意外怀孕时都不再发生。羞耻心的减少为这样一个问题提供了一个额外的理由，即为什么在先前会把她们的婴儿送进收养院的女性，现在会选择自己抚养婴儿。正如我们所看到的那样，在 1970 年，大多数母亲在其出生后的第一个三年内没有结婚的小孩，都会被送往收养院（通常是由其亲属）。相反，到了 20 世纪 80 年代，2/3 的这类孩子是由他们的母亲抚养的。

未婚生育的羞耻心大大地下降了，这一点已毋庸置疑。甚至这种现象的名称也在过去的 15 年里发生了变化：婚外出生的小孩不再同"非法"相联系。官员们询问关于未婚生育问题的意愿以及市民们回答这个问题的意愿，是羞耻心减少的一个进一步的指示器。例如，在 CPS 的生育增刊调查问卷中，白人女性在 1990 年的调查中，未婚生育第一胎的比例显示出要比 10 年前（1980 年）调查的同样的比例高出了 32%。[1]在以前，

---

[1]　由于时间的流逝，这些母亲在 1990 年可能比在 1980 年有不同的回忆偏差，但是这些回忆性的偏差最可能导致被遗忘的孩子数量的增加，这一点将会减少婚外出生人口的数量，而不是增加。

高校学生一旦怀孕，就会停止上学。1958年，在17岁或更小的年龄怀孕且成为母亲的高校学生的学业完成率为19%，到了1986年，这个比率为56%。在1972年，联邦法律规定，学校因为学生怀孕或成为父（母）亲而开除学生是非法的。《纽约时报》描述了基于下面这些变化的转变：

> 在20世纪60年代、50年代和40年代，十来岁的孕妇是贱民，会被学校开除，被其同辈人驱逐或赶到小镇之外秘密地生下孩子。现在，十来岁的孕妇甚至开始被其同龄人视为偶像。她们不再受到驱逐或嘲弄，而是因为她们生下孩子的决定而得到支持和拥抱。她们抚养她们的婴儿，继续她们的学业，参与学校活动（(Williams, 1993, p. C1)）。

最后一个需要解释的矛盾就是，为什么黑人的奉子成婚率开始下降的时间要早于白人，但在1970年左右并没有呈现出重大的变化。这里，福利政策可能起到了作用。对于那些收入低到足以满足成为福利补贴潜在获得者的女性来说，福利补贴的增加对婚外出生人口的影响，起到了同未婚生育孩子所带来羞耻感的下降一样的作用。白人和黑人之间资格的差异以及福利政策的变化——在20世纪60年代增加了，然后下降——的模式的不同可能会解释为什么黑人奉子成婚率下降的开始时间早于白人。以及由于黑人的低收入，他们得到福利补贴的变化的影响程度要大于白人，这一点无须赘述。埃尔伍德（Ellwood, 1988, p. 201）计算出，超过1/3的黑人小孩在其70%的时间处于贫困中，与此相对的是仅有3%的白人小孩如此。结果，20世纪60年代，社会福利收入的上升可能只对白人的奉子成婚有一个较小的影响，却导致了黑人奉子成婚率的一个巨大下降。

D. 调查结果

我们的技术冲击理论指出了奉子成婚规范借以淡化的两个不同的机制。第一个模型强调的是，新技术在女性参与进没有承诺的婚前性活动中的意愿的增加上所起的作用。第二个模型强调的是男性对照顾某一类女性的责任感的减少，这类女性是那些放弃使用避孕措施以及堕胎的人。部分基于我们对加州大学伯克利校区的本科生进行的一项调查所得到的定性报告，我们认为，第一个机制要比第二个机制更为重要。我们试图证明，学生们是否同意第二个模型的逻辑，该模型考虑了堕胎的可获得性对一个男性娶其女友的责任感的影响。

学生们被要求，测量男性在两种情况下，娶其女友的责任感：第一种情况是堕胎"能够容易地获得",第二种情况是堕胎"是非法的,正如这个国家在20世纪70年代以前一样。"① 他们还被要求,解释他们得到的回应背后的原因。学生们对于在能和不能堕胎的情况下,责任等级的区别具有预料到的特征,但是平均起来却很小——在1到10分的范围内,平均分只有1.2——因为这个问卷调查就是被设计来获取此反应的情况的,所以这就是一个格外令人吃惊的结果。在此意义上,学生们隐含承认以下逻辑:堕胎应该对男性的责任具有影响。然而,有趣的是,没有哪一个学生愿意给出关于他或她在两种不同的情况下的答案之间区别的任何解释。换句话说,没有学生将堕胎的可获得性当作是对婚姻负责的决定性因素。相反,学生们将焦点放在责任的水平上。无论是男性还是女性,所提供的最为一般的解释是,男人应该对孩子负责,而不是对孕妇负责。许多人都强调了男人对孩子的财政上的责任。另外一些人则解释说,一个强迫的婚姻很可能会以一个较早的离婚而结束,因此,孩子从一个非自愿的婚姻中所遭受的痛苦,要比出生在婚外更多。可能这种民间的智慧是正确的,然而,这一回应隐含了这样的假定:在两种情况中这对伙伴——他们一起外出了一年,并且很明显有过亲密的性关系——是不相配的。考虑鲁宾(Rubin,1969)对性的描述与25年前旧金山的社会风俗之间的区别,这样一对伙伴肯定是在婚姻上是足够相配的,尽管男人宁愿保持单身。事实上,如果女性怀孕,那么性关系可能涉及一个关于婚姻的隐含承诺。我们认为,这些加州大学伯克利校区的学生在1994年的见解,同我们在第一个模型中所描述的行为吻合得很好。在该模型中,如果婴儿是性关系的结果,那么性伙伴之间不会有婚姻的承诺。

将对当前男女伙伴的期望考虑进社会风俗之后,学生们可能是这样一个风俗的一个较好的标准。即使这类问题不是来源于应答者的个人经历,他/她也肯定仍然听到过对这类问题的大量讨论。关于第二个模型对奉子成婚下降的解释,应答者对此隐含地表现出缺乏热情,然而,我们应该在一定程度上留意应答者的这种表现。在他们自己生育的5年之前,对关于性与婚姻行为的社会预期的承认可能要求不寻常的历史视角,特别是在那些习俗实际上大大地改变了的情况下尤为如此。

---

① 第一种情况的调查对象是20岁的迈克尔和19岁的莎伦,两人的年薪都是15 000美元,都是一个百货商店的职员。在与迈克尔外出一年之后,莎伦怀孕了。迈克尔明确地表示,他不愿意结婚,他想让莎伦堕胎。在他们的地区,堕胎是容易获得的,但是莎伦却想结婚并且生下孩子。第二种情况除了堕胎合法这一条件之外,同第一种情况是完全一样的。与"容易获得"相反,"堕胎是非法的,正如这个国家在20世纪70年代以前一样。"

E. 对于堕胎与母亲身份的近期研究

几项近期的研究检验了堕胎的可获得性与出生人口的关系，所得出的结论是令人吃惊的，这些结论支持了本论文的基本原则，即：堕胎的可获得性（尤其是通过性参与）影响了行为。如果在堕胎出现之后，出生人口的下降小于1∶1，那么性参与或者避孕措施的使用必定受到了堕胎的可获得性的影响。杰克逊和克勒曼（Jackson and Klerman，1993）以及莱文、特雷纳和齐默尔曼（Levine，Trainor and Zimmerman，1995）已表明，国家对用于堕胎的医疗补助基金的限制，同出生率的下降相关。凯恩和斯泰格（Kane and Staiger，1996）发现，在一个县中，当距最近的堕胎服务提供者的距离下降时，十来岁少年的生育率上升。[1]因此，这些研究表明，出生人口减少的数量同堕胎的数量之间的比例远低于1∶1。

Ⅵ. 结 论

在过去的25年里，在美国（以及其他一些西方国家）出现了一些令人困扰的倾向。恰在大概1970年，对贫困的永久治疗方法似乎出现了，但是恰在彼时，在女性获得了控制生育数量和出生时间的工具的条件下，单身母亲和女性贫困化开始了长期、稳定的上升。结果，美国的贫困率在上个世纪最后25年里顽强地保持不变。

理解为什么家庭结构的这些改变会发生是很重要的。经济学家和社会学家所做的定量工作强烈地表明，这些改变的规模是如此之大，以至于不能用福利资格和利益的增加（发生在20世纪60年代，而不是70年代）来解释。它也不能用提供给受教育程度较低者的工作数量的减少来解释。尽管计量经济学的工作体现出确定的结论，误解的观念依然持续。一方观点是，福利确实起到了这样的作用，而另一方则认为，男性工作的减少才是罪魁祸首。

结果，我们需要给出另一个解释。这个解释也较为流行，它聚焦在这样一个模糊的观念：单身父（母）亲的增加是因为对性行为的态度的

---

[1] 这些新的结果用早期研究的观点来看格外令人惊讶，因为早期的研究表明，随着堕胎的合法化，十来岁少年的生育率下降了——当堕胎在全州范围内合法化之后，十来岁青年的生育人口数在纽约市在下降（参见乔伊斯和莫肯（Joyce and Mocan，1980））以及在那些于20世纪60年代和70年代早期使堕胎合法化的州中，未婚生育率在有差别地下降。

改变。本文支持这个观点,并且解释了那些性和婚姻的习俗借以发生改变的机制。尽管对于一些类似于社会习俗的改变这样普遍的事情的最终原因,总是存在着争议,然而,本文的技术冲击理论确实符合事实。新技术很快被接受,并且应用范围广泛。因此,从表面上看,技术进步导致了婚姻和孕育模式中一个相当大的改变。改变的时间看上去,至少也是粗略地符合该理论的。

从一个政策的视角来看,试图通过否认女性有权使用堕胎和避孕来使技术时钟回拨是不太可能的,而且,就算是可能的,那么也几乎肯定是既不符合需要又达不到目的。除了会减少使用新技术的女性和男性的福利之外,此方法可能还会导致更大的贫困。在性禁欲很少出现以及成为未婚母亲的羞耻心较小的新均衡中,取消这种选择权可能会增加婚外出生婴儿的数量,并且导致单亲家庭的贫困化。相反,如果女性选择使用新技术,那么就应该努力保证她们可以做到这点。最后,如果本文的技术冲击理论为单身母亲数量的上升提供了正确的解释,那么当前所提倡的政府福利的削减只会进一步加深受害者的困境。这样的削减对婚外出生婴儿的数量的影响微乎其微,却会使那些已经在依靠福利补贴生活的人的状况变得更加糟糕。相反,行政上的措施,例如埃尔伍德所建议的那样,使父亲为此支付,应该得到认真的政策考虑。

数据附录

堕胎、性经历和对口服避孕药的使用

性经历、对口服避孕药的使用以及堕胎的时间序列,来源于全国家庭增长调查(National Survey of Family Growth)的1982年和1988年的专门问题小组。这项调查在全国范围内采访了具有代表性的妇女样本,这些妇女年龄在15岁到44岁之间,她们处于各种各样的婚姻状况,每个小组的应答者大概有8 000人。这些妇女分别被询问她们的生育史:怀孕情况以及其结果、是否有不孕症、避孕措施的使用情况、生育计划、领养情况、性教育以及家庭成员。

将每次怀孕的数据以及其相应的结果从答案到问题制成关于堕胎的表格,而堕胎序列被计算成是怀孕通过这种方式终止的次数。我们使用了我们的数据中关于堕胎的年龄分布以及来源于重要统计的关于人口的年龄分布的数据,来推断45岁以下女性的堕胎经历,这些女性由于年龄截断的原因而被先前的样本忽略了。通过使用来源于1982年小组关

于从 1960 年到 1972 年的数据，1982 年小组和 1988 年小组关于从 1973 年到 1981 年的平均数据，以及 1988 年小组关于 1981 年以后的数据，我们从这两个小组中构建了一个单独的序列。由于年龄截断的重要性，后一个小组忽略了 1973 年以前的序列。这个序列被用来作为表 6—3 中报告的时间序列检验。然而，同 1972 年以后，来源于格特马切尔中心的医疗提供者的完整表格相比较，NSFG 包含了不容忽视的未报道的堕胎。例如，从 1973 年到 1982 年，NSFG 的第三和第四小组只报道了格特马切尔中心调查所报道的未婚妇女堕胎数量的 31.3%。表 6—2 中的总的堕胎数据以格特马切尔中心提供的 1972 年以后的数据为基础。对于 1973 年之前的数据，表格使用了 1982 年 NSFG 提供的堕胎数量，以对报道误差进行调整。

年龄在 16 岁且拥有性经历的女性所占的比重是由全国家庭增长调查 1982 年小组从下面两个问题得到的答案中编辑得到的，这两个问题分别是："在你生活中的任何时候，你是否曾经发生过性行为？"如果答案是肯定的，那么，女性将会随后被问道："你第一次性行为是在什么时候——具体的年月？当时你有多大？"

关于使用口服避孕药的序列，是被报道在初次性行为中使用口服避孕药的未婚女性所占的比重，该比重源于 1982 年小组的初次性行为数据。

奉子成婚率

回顾一下，奉子成婚率是指在婚外怀孕，在怀孕与分娩之间的这段时间结婚，这样出生的小孩所占的比重。为了获得一个年序列以及包括在孩子出生后结婚的情况在内的奉子成婚率，我们采用了奥康奈尔和摩尔（O'Connell and Moore, 1980）、奥康奈尔和罗杰斯（O'Connell and Rogers, 1984）以及美国商务部（1991, p.10, Table F）的方法。《当前人口调查生育增刊》在 1980 年、1982 年和 1990 年进行的调查中询问了女性关于她们的孩子的出生日期以及她们的结婚以及离婚日期。1980 年和 1990 年的调查询问了所有 15 岁到 65 岁之间的女性最初五次生育的情况；1982 年增刊只询问了第一次生育的情况。奉子成婚的第一次生育率是指在结婚后 7 个月之内出生的第一个孩子所占的比重，当然，孩子的母亲在怀孕时还没有结婚。我们的分析之所以集中在初次生育上，是因为相比于第二次（以及以后的）生育对于一个已经成为母亲的未婚女性的意义，初次生育对于一个女人来说更有可能是一个具有标志性意义的事件。用来估计表 6—3 中的倾向的改变时间序列数据，是由《当前人口调查生育增刊》的 1980 年小组和 1982 年小组提供的一直到 1979

年的数据以及 1990 年小组提供的 1979 年之后的数据组成。由于 1980 年和 1982 年 CPS 调查的奉子成婚率与 1990 年 CPS 调查的同一时期比低估了 32%——我们假定这是因为与未婚生育相联系羞耻感的下降所致——整个前 1979 年序列都被上调了，以同后面关于同样的出生人口的报道一致。

加州大学伯克利分校和布鲁金斯学会

联邦储备系统理事部

加州大学伯克利校区

参考文献

Akerlof, George, A., Janet L. Yellen, and Michael L. Katz, "An Analysis of Out-of-Wedlock Childbearing in the United States," mimeo, University of California at Berkeley, 1994.

Anderson, Elijah, *StreetWise* (Chicago: University of Chicago Press, 1990).

Becker, Gary S., *A Treatise on the Family* (Cambridge: Harvard University Press, 1981).

Ellwood, David T., *Poor Support: Poverty in the American Family* (New York: Basic Books, 1988).

——and Jonathan Crane, "Family Change among Black Americans: What Do We Know?" *Journal of Economic Perspectives*, IV (1990), 65–84.

——and Lawrence H. Summers, "Poverty in America: Is Welfare the Answer or the Problem?" in *Fighting Poverty: What Works and What Doesn't*, S. Danziger and D. Weinberg, eds. (Cambridge: Harvard University Press, 1986).

Garrow, David J., *Liberty and Sexuality: The Right to Privacy and the Making of Roe v. Wade* (New York: Macmillan, 1994).

Jackson, Catherine A., and Jacob A. Klerman, "Welfare, Abortion and Teenage Fertility," mimeo, The RAND Corporation, 1994.

Jencks, Christopher, *Rethinking Social Policy* (Cambridge: Harvard University Press, 1992).

Joyce, Theodore, J., and Naci H. Mocan, "The Impact of Legalized Abortion on Adolescent Childbearing in New York City," *American Journal of Public Health*, LXXX (1980), 273–278.

Kane, Thomas, and Douglas Staiger, "Teen Motherhood and Abortion Access," *Quarterly Journal of Economics*, CXI (1996), 467–506.

Lerman, Robert I., "Employment Opportunities of Young Men and Family

Formation," mimeo, Brandeis University, 1988.

Levine, Phillip B., Amy B. Trainor, and David J. Zimmerman, "The Effect of Medicaid Abortion Funding Restrictions on Abortions, Pregnancies and Births," NBER Working Paper No. 5066, 1995.

Luker, Kristin, *Abortion and the Politics of Motherhood* (Berkeley: University of California Press, 1984).

——. "Dubious Conception: The Controversy over Teen Pregnancy," *The American Prospect* (1991), 73-83.

——and Robert D. Plotnick, "Effects of State Welfare, Abortion and Family Planning Policies on Premarital Childbearing among White Adolescents," *Family Planning Perspectives*, XXII (1990), 246-275

—— and Robert A. Pollak, "Noncooperative Bargaining Models of Marriage," *American Economic Review*, LXXXIV (1994), 132-137.

Manski, Charles F., Gary D. Sandefur, Sara McLanahan, and Daniel Powers, "Alternative Estimates of the Effect of Family Structure during Adolescence on High School Graduation," *Journal of the American Statistical Association*, LXXXVII (1992), 25-37.

Mare, Robert D., and Christopher Winship, "Socioeconomic Change and the Decline of Marriage for Whites and Blacks," in *The Urban Underclass*, C. Jencks and P. E. Peterson, eds. (Washington, DC: Brookings Institution, 1991).

Marsiglio, William, "Commitment to Social Fatherhood: Predicting Adolescent Males' Intentions to Live with Their Child and Partner," *Journal of Marriage and the Family*, L (1988), 427-441.

Moffitt, Robert, "Incentive Effects of the U. S. Welfare System: A Review," *Journal of Economic Literature*, XXX (1992), 1-61.

Murray, Charles, *Losing Ground: American Social Policy 1950—1980* (New York: Basic Books, 1984).

Nathanson, Constance A., and Young J. Kim, "Components of Change in Adolescent Fertility, 1971—1979," *Demography*, XXVI (1989), 85-98.

O'Connell, Martin, and Carolyn C. Rogers, "Out-of-Wedlock Births, Premarital Pregnancies, and Their Effects on Family Formation and Dissolution," *Family Planning Perspectives*, XVI (1984), 157-162.

—— and Maurice J. Moore, "The Legitimacy Status of First Births to U. S. Women Aged 15 - 24, 1939—1978," *Family Planning Perspectives*, XII (1980), 16-25.

Rainwater, Lee, *Behind Ghetto Walls* (Chicago: Aldine, 1970).

Rubin, Lillian Breslow, *Worlds of Pain: Life in the Working-Class Family* (New York: Basic Books, 1969).

Sklar, June, and Beth Berkov, "Abortion, Illegitimacy, and the American

Birthrate," *Science*, CLXXXV (September 13, 1974), 909−915.

U. S. Department of Commerce, *Fertility of American Women: June 1990*, Current Population Reports, Population Characteristics, Series P − 20, No. 454 (Washington, DC: U. S. Government Printing Office, 1991).

U. S. Department of Labor, Office of Policy Planning and Research, *The Negro Family: The Case for National Action* (March 1965).

Williams, Lena, "Pregnant Teen-Agers Are Outcasts No Longer," *The New York Times*, Late Edition (December 2, 1993), C1.

Willis, Robert J., "A Theory of Out-of-Wedlock Childbearing," mimeo, University of Chicago and National Opinion Research Center, 1994.

Wilson, William J., *The Truly Disadvantaged* (Chicago: Chicago University Press, 1987).

——and Katherine M. Neckerman, "Poverty and Family Structure: The Widening Gap between Evidence and Public Policy Issues," in *Fighting Poverty: What Works and What Doesn't*, S. Danziger and D. Weinberg, eds. (Cambridge: Harvard University Press, 1986), pp. 232−259.

Wood, Robert G., "Marriage Rates and Marriageable Men: A Test of the Wilson Hypothesis," *Journal of Human Resources*, XXX (1995), 163−193.

第7章 没有孩子的男人们*

乔治·A·阿克洛夫**

近些年来强烈影响美国人的家庭价值观已聚焦于那些成长过程中没有父亲的孩子所产生的影响上。在本篇讲稿中，我将表述与此相对的问题：既不结婚也不与孩子生活的男人们会对社会产生什么影响。1968—1993年之间，25~34岁年龄段的男性作为家庭户主并与孩子一起生活的比例从60%下降到40%。① 我将依照婚礼传统和习惯的含义，将婚礼模型化为一种人生大事——这种仪式标志着生活将发生阶段性转变。我将讨论，男性越来越推迟结婚意味着推迟那种转变，这会带来哪些后果。

美国过去的30年中，犯罪率上升，结婚率下降，而婚外生育已激增。药物滥用像入狱率（这大部分与毒品有关）一样急剧增长，超过原有水平的两倍——超过133万。② 保守主义（如默里（Murray，1984））将这些病态发展大部分归咎于福利的增加，这种观点不能通过计量检验，因为在时间以及州之间，福利支付与婚外生育之间几乎没有相关性（参见莫菲特（Moffitt，1992），埃尔伍德和萨默斯（Ellwood and Summers，1986），以及埃尔伍德和克兰（Ellwood and Crane，1990））。自

---

* 本文最初发表为 George Akerlof（1998），"Men Without Children," *The Economic Journal* 108。版权归皇家经济协会所有，1988。布莱克威尔出版社授权重印。

** 1997年 Harry Johnson 讲稿。作者特别感谢 Michael Ash 和 Jennifer Eichberger 提供的重要研究帮助以及 William Dickens, Sanders Korenman, Richard Lipsey, 和 Janet Yellen 的无价贡献。感谢加拿大高级研究机构和国家科学基金 NO. SBR-9409426 的资助。

① 资料来源：表格来自《当前人口调查（the Current Population Survey）》。

② 弗里曼（Freeman，1996，p.1）。

由主义（参见威尔逊（Wilson，1987，1996））将其归咎于失去工作，但依据计量证据这种观点同样不可信，因为不同人的工作可得性降低与他们各自结婚可能降低间几乎没有相关性（(Wood，1995）；(Jencks，1992)）。

在本文中，我将从社会病理学角度对这些变化提出另外一种观点。尽管我很清楚这一新观点并不能解释所有现实，但是它或许足够解释大部分针对贫困、弱势群体的经济政策调整。事实上，我将采用的观点很旧，这使得它看上去很新——接受福利的母亲穷且不幸，因此理应得到相应的支持；而且，犯罪和吸毒这些社会病态的增长有社会原因，却大半无法用例如失业和福利等明显的经济因素来解释。尽管一些看起来相互矛盾的事实还无法解释，但是我希望能够使您相信这一可能性：社会的变化对上述社会病态的上升起到了主要作用。

自 20 世纪 60 年代早、中期，婚姻习俗发生了巨大的变化。或许这些习俗的变化是因为避孕方法的出现产生的技术冲击以及流产的合法化，导致男性不必一定要娶怀有身孕的女性。或许习俗的变化是由于相关的其他原因，例如，对婚外生育的包容，萌芽并伴随 20 世纪 60 年代的文化冲击而来的更加宽容的态度。或许导致社会世俗化的允许商店周日营业也包容了婚外生育，因为母亲们能更自由地抚育孩子。无论这种变化的原因到底是什么，这一变化的存在性不容忽视。

过去，一个年青男子如果令女朋友怀孕，那他被认为会娶她，而她也被认为会嫁给他（参见阿克洛夫、耶伦和卡茨（Akerlof，Yellen and Katz，1996））。大多数情况下，婚外怀孕都是如此。有时，婚前观念导致堕胎的发生，但它并不合法，而且对于未婚女性非常罕见。如果恋人在孩子出生后没有结婚，那么孩子很有可能被收养——通过亲戚或者正式的收养机构。只有很少孩子被单身母亲抚养。这一系统在 20 世纪 60 年代早期的黑人中以及在 20 世纪 60 年代晚期和 70 年代早期的白人中开始坍塌。娶怀孕女友的男性越来越少。更多的母亲养育孩子。收养从占全部婚外生育大约 1/2 下降到 1/5。

继续对比新旧习俗，在以前，与怀孕的新娘结婚或在孩子刚出生后与女朋友结婚的年轻男性被认为是要安定下来支撑家庭。通常，父亲比母亲大几岁，从而他们不必从中学退学，尽管退学时有发生。[①] 不过，如果怀孕母亲十分年轻，几乎一定会从中学退学。鲁宾（Lillian Rubin，1969）将这种体系产生的强烈痛苦描述为不成熟男性娶了同样不

[①] 1965 年，第一次结婚时新郎的中间年龄为 22.8，新娘为 20.6。资料来源：《美国统计摘要（Statistical Abstracts of the United States）》。

成熟的女性，两个人对于生活和对方都没有做好准备。

这种以前的体系在现在已经几乎消失了。对离婚的包容已经在起作用——走进强制婚姻的男人和女人可能会结束他们的婚姻，如同开始时那样迅速。而且，在这个性自由、轻易可以堕胎的新世界，男性在他们的女朋友怀孕时与之结婚的责任感比以前少得多，因为流产使得女性不再简单地因为怀孕而必须生下孩子。或许更重要地，因为当今性关系在恋爱关系的很早期就会发生，恋人对于彼此了解得太少以至于怀孕就结婚似乎很难奏效。因为这些原因，奉子成婚现在大体上是过去的习俗。关于这种习俗的消失以及它与20世纪70年代晚期的技术冲击的关系在我、耶伦（Janet Yellen）和卡茨（Michael Katz）先前的一篇文章中提到过。现在，我想进一步做出阐释。我至少想沉思一下，记忆中这种很早、频繁的奉子成婚习俗的消失如何改变年轻男性的生活轨迹。我想思考的是，这些男性的生活如何因选择单身而变得不同。

过去什么发生在这些假想夫妻身上？现在呢？曾经，至少依照社会规范，男人应该安定下来。或许不情愿，或许也不幸福，年轻男性将依照旧规范承担其作为父亲和结婚的责任。因为他们的朋友也在做相同的事，前先他所属的同龄群体将解体。他们仍然会继续相聚，此时很多时候就是回忆与其婚后非常不同的过去生活。

现在，生活改变了。男人不再被迫与女人生活在一起。他可能会与女性同居（莫菲特等（Moffitt, et al., 1995）认为这种情况变得越来越普遍），不过平均来说，他承担的作为父亲和对婚姻的责任比在过去被期待少得多，尤其是伴随着更多的男性或者没有孩子从而不需负责任，或者抛弃自己的孩子。越来越多的抛弃行为体现为单亲母亲家庭中孩子比例的上升，而这正是未婚、分居和离异的结果。即使离婚的中产阶级中也只有一小部分父亲承担抚养孩子的重要责任（参见沃勒斯坦（Wallerstein，1980））。对于某些男性，当代家庭责任感的缺失是一个机会。单身男性的事业现在更有可能长久且不间断地发展。对于那些追求长期目标者，它表现为更长期、更高级的教育。对于那些无此想法的人，结果可能是先前同龄群体活动的长期演化。这种演化如何发生并无定论。有些单身男青年会对其以往的活动感到厌烦——包括以往曾参与过的任何年轻的草率和不适宜行为。也许这些人正是那些少数的非常可能结婚并成为全时父亲的男人。对于另外的那些曾经行为不端及更甚者，二十岁之后可能会犯更严重罪行。随着婚姻的推迟，这种演化被中断的可能下降。那些同龄群体都会转化为老友聚会，但并不是总粘在一起，现在却是逗留不散——从而有更多的时间演进。因为20岁左右的年长群体扮演着行为标杆的角色，所以十几岁的同龄群体会仿效他们的暴力行为。因此，婚姻冲击加强甚至导致了犯罪冲击和毒品滥用冲击，而且这些冲击相互助长——这导致当代年轻人的不端行为达到了前所未有的水平，而这会是下一代年轻人仿效的目标。

由贫困的女性化引起的社会问题和经济问题逐年上升，其原因的这一替代解释把已发生的社会变迁看作给定。这种解释并不归罪于政府不断增加的福利。相反，福利被看作一种有用的权益之计。这种解释也无法从积极的和消极的方面来使旧式的价值浪漫化。父亲们承担了责任，但是许多都不快乐。从福利改革的角度看，对福利改革的政治需求来源于对工作和无工作贫困者的不公平。认为对福利政策问题的合理解决方法不是抛弃那些没有工作的贫困者，而是增加那些没有工作贫困者的收入，而这些人可能正是那些有许多孩子，却没有足够工作报酬的人（Rubin，1992；Ellwood，1988）。在美国，现在是通过所得税抵免向工作的贫困者提供帮助来实现的。

对犯罪和毒品滥用增加的原因，上面的故事所依赖的思想是结婚的男性安顿下来：如果不能结婚就无法安顿。毫无疑问，单身和已婚男性的行为间有很大差异。我们将给出大量的证据，用以表明同龄的单身和已婚男性间的种种不同。不过，困难之处并非在于确定单身和已婚男性行为是否有差异，而是确定结婚是男性行为变化的制造者，还是影响行为演化的一个重要冲击。已婚和未婚人士间的不同也许只是因为选择偏见。已婚人士就是简单地区别于单身者，或者即使不是永远不同，也可能是因为处在生命周期的不同阶段。我们也将给出一些相当复杂的证据，用以表明正要结婚的男性倾向于改变其行为。但是即使这些证据也应该详细审查，因为很可能，在男性计划改变他们行为的时候选择结婚。如果他们结婚或早于或晚于他们改变行为的时间，那么他们的行为就没有受到结婚的影响。所以仅仅从男人们在结婚时改变行为出发并不能认为这种结婚的平均年龄上的改变对于男性行为有重要影响。随后我将给出一些证据，考虑婚姻中的选择偏见以及生命周期变化与婚姻同时发生的可能性。

总之，我将给出犯罪和毒品上升的一种简单解释。社会习俗改变。过去假使男人们还保持单身，他们会做的，现在他们依然会做。莎士比亚显然赞成结婚年龄的上升有这种影响。人口统计历史学家劳伦斯·斯通（Lawrence Stone）讲到：

> 试婚的上升伴随着社会中单身比例的上升，这种单身比例的上升部分是由于越来越高的婚姻年龄，部分是由于那些从不结婚的人比例的上升。青春期的问题以及给社会带来的麻烦从15世纪就熟

现于欧洲，特别是性成熟与结婚之间的时间间隔越来越大。莎士比亚的戏剧《冬天的故事》中，当牧羊人谈起下面的话时，也一定引起你的同感，"我宁愿从十六岁直接进入二十三岁，否则青春将露宿街头；因为这段时间只充满孩子间的通奸、败坏传统、偷盗、打架，其他什么都没有。"

这种解释当然过于简单。因为从计量经济学证据中很难梳理出事实，不论事实是什么，或许失业的冲击也严重影响了结婚率。除了家庭的冲击，犯罪、毒品和福利的冲击或许也存在，而且它们相互影响。不过，家庭的冲击很可能是其中最重要的因素之一。迄今，我强调了在结婚率变化的起因上，我的假设与威尔逊的不同之处，但是，我们不能忘了同样的重要相似点。低结婚率将导致社会病态的令人失望的增加，例如犯罪和毒品，这一点上我遵循威尔逊的假设。奇怪的是，那些对"威尔逊假设"进行了检验的人专注于工作与婚姻之间的关系，却没有检验《真实的贫困(The Truly Disadvantaged)》中强调的更深关系——低结婚率与其他社会病之间的关系。无论低结婚率的原因是什么，我们现在转而研究其后果。

I. 婚姻模型

人类学中一个普遍的观点就是，各种各样的通过仪式标志着人生新阶段的开始。婚姻在基督信仰中是一种神圣的东西，而婚礼则庆祝这一重要的转变。根据《大英百科全书》(1973，v. 14，p. 927)记载，"(在基督教)通过婚姻的神圣本性的教条，它被提升为是去往神圣优雅的途径。婚姻因此被赋予夫妻对彼此、对他们的后代以及对主最高可能的责任。"我们希望婚姻正如这种思想表明的那样，重新校正新娘和新郎的能量，而且婚礼后新娘和新郎的生活将发生改变。这可以被模型化为效用的改变：结了婚，新娘和新郎将增加对彼此、对后代的责任，而如果有信仰，也增加对主的责任。在一些社会，结婚也赋予了对社会的责任。如我们将要看到的，这种婚姻观点与经验实事相符：婚姻似乎开启了这样一个时期，男人将自己投身到人力资本的回报获得中，然后将他们的所得用于支撑婚姻生活。许多统计指标表明，婚姻事实上预示了行为在许多不同方面的变化。

一个初步的模型非常简洁地重现了婚姻作为一种通过仪式的思想。一个人具有如下形式的效用函数

第7章 没有孩子的男人们

$$u = u(t_b, t_o, M) \tag{1}$$

其中 t_b 是花在家庭导向活动的时间所占份额，t_o 是花在家庭外导向活动的时间所占份额，M 是婚姻状况。简单的分类中，M 有两个取值：m 表示已婚，s 表示单身。更一般的分类中会增加以下状态：离婚、鳏寡以及分居。家庭导向的时间以及家庭外导向所花时间的份额之和为 1。婚姻是家庭导向时间的互补品，是对家庭外导向时间的替代品。婚姻价值与单身价值之比下降，将导致选择 m 而非 s 的比例下降。最终的结果是，婚姻的互补品 t_b 下降，婚姻的替代品 t_o 上升。这个模型的基本思想是，在婚姻的通过仪式之后，M 由 s 变为 m，在不同活动上花费的时间带来的效用会变化。

当然，这一模型是贝克尔-明瑟（Becker-Mincer）最优时间配置模型的一种变形，但是重点不同。在其经典论文，贝克尔（1965）和明瑟（1962）中，他们讨论了生产服务或商品（从而产生效用）的市场时间与家庭时间间的替代性。相比，我集中关注家庭导向时间与家庭外导向时间之间达不到完全替代的程度，而且我也聚焦于婚姻状态变化对两种时间带来效用的影响。这种模型在形式上与莱布森（Laibson）的信号（cue）模型相似：按照莱布森（1996）的论述，一个人的效用可能会因为环境中的一个信号而改变。相似的，在本模型中，行为在结婚后发生改变。但是，本模型的动机与环境信号在根本上不同：婚礼的钟声不是指示新行为的信号——相反，它象征着新娘和新郎采用了新的身份。[①]

当然，上面的模型是对更加现实模型的初步近似。更加详细的模型可以解释夫妻之间的时间配置、赚取收入用以补偿婚姻的商品、分娩的决定以及效用函数的进一步变化，用进一步的通过仪式描述，例如在分娩时。尽管缺少细节，如果我们可以将行为分为家庭导向时间的和家庭外导向时间的，我们的模型仍会有用。通常，t_b 不仅按字面的意思指在家里花的时间，而且指赚取收入购买商品补偿婚姻花的时间。例如，我们可以认为，结婚的人们更可能去购买住宅，而且他们也更可能生小孩。他们将花非常多的时间照顾孩子，也会赚取收入购买商店的商品去抚养和照顾他们。换个说法，结婚后，夫妻将直接花时间在家庭中，也会花更多的时间在家庭外来为家庭消费赚必需的钱。特别是，当生下小孩或拥有住房之后，相对于未来收入，对于当期收入具有更大的需求。孩子需要鞋、食物、玩具和空间；房屋通常需要抵押贷款以及昂贵的维护

[①] 我将这项当前正在进行的观察工作归为卡兰顿（Rachel Kranton）的贡献。

费用。孩子和房屋都需要从闲暇中抽时间去照料。所以，我们认为已婚的人比单身者有更高的用于家庭的商品、时间与闲暇间的替代。如果 t_b 狭义上不仅仅代表花在家庭导向行为的时间还包括花在为家庭导向购买而赚取收入的时间，如果 t_o 类似地不仅仅代表花在家庭外的时间还包括为非家庭导向活动而赚取收入的时间，那么我们会发现，婚姻或者使花在家庭本身的时间增加，或者增加了为家庭购买而赚取收入的时间。对收入的需求和对照看孩子/房屋的需求都可能减少对教育的需求。女性更可能从事照顾孩子的工作而很少去追求教育或成为劳动力中的全职（即使是兼职）；男人不太可能去追求教育，而更可能通过工作培训增加收入。所有婚姻中时间配置的家庭导向策略都需要贝克尔-明瑟的时间配置模型，虽然如此，模型（1）对婚姻中获取的利益改变如何影响 t_b 和 t_o 的时间分配给出一个近似和粗略的预测。①

有两个附加条件将使模型更加具有现实性，也可能需要它们来解释现实。施蒂格勒和贝克尔（Stigler and Becker，1977），或类似地贝克尔和默菲（Becker and Murphy，1988）令效用函数变为获取人力资本的形式。在我们的应用中，婚姻引起的不同行为将引起效用函数进一步的变化，这种变化又进一步影响行为。用贝克尔与其合作者的话，夫妻正在构建婚姻资本。补充这些适应性行为，对于解释后述在婚姻过程中具有工资差异的经验结果是有用的。

为了接近现实，模型的另一个附加条件是，婚姻也许不是唯一的信号，或者事实上不是唯一的通过仪式。确切地说，十几岁的孩子可能在二十多岁时效仿比他们年长的，当二十多岁年轻人的单身比例发生变化，而且行为也相应变化时，十几岁的孩子也会效仿他们的哥哥姐姐们。这类变化的行为将因结婚年龄的变化而被放大，从而青年男子在二十多岁的行为会影响男孩子们在十几岁的行为。

II. 已婚 VS. 单身

根据我们的基本假设，结婚年龄已有很大变化，而单身和已婚男人的行为非常不同。这一节将研究结婚年龄的变化以及单身和已婚男人的差异。正如假设的那样，这两者都有一定的规模，都足够解释美国犯罪率变化的相当大比例。但是，相关性并不是因果，尤其是对于单身和已

---

① 我没有在这里给出这个模型是因为模型的复杂程度会让人忽略从中获得的观点。

婚的差异，因此下两节中将估计单身、已婚与婚姻对行为的影响间的相关程度，正如我们的通过仪式模型所述。

2.1 结婚年龄的变化

过去，例如在1965年，12年受教育程度的男性中，有3/4的24岁男性已婚，相比25年后只有40%。① 在1965年，20~24岁男性中大概有一半已经结婚，相比在1990年只有20%。在1965年，25~29岁的男性只有20%单身，而25年后，几乎有一半还单身。②图7—1a和图7—1b描述了21~34岁年龄段，只有12年教育程度的男性和女性在1964—1968年之间结婚的比例与1989—1993年之间结婚的比例的比较。在21岁，结婚男性的比例大约有30%的差距；这个差距在25岁达到33%的高峰后开始缓慢地下降。在30岁时下降到17%。随着婚姻的变化，承担父亲责任的男性占的比例也呈现出戏剧性的变化。在1965年有12年教育程度的25岁男人中只有37%的家庭没有小孩。到1993年，我们记载的最近一年，这个比例已经上升到64%。

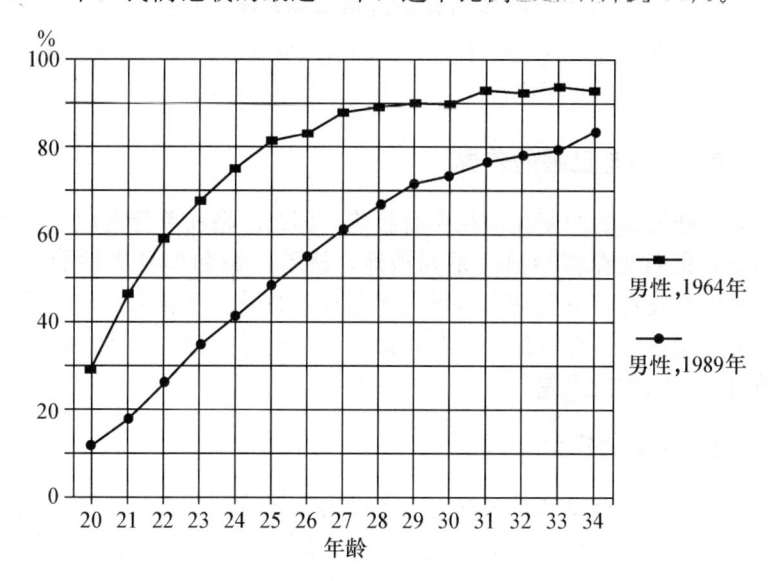

图7—1a 只有高中学历者结婚年龄的百分比

资料来源：美国CPS数据计算得到；1964年的百分比是1964—1968年的平均值；1989年的百分比是1989—1993年的平均值。

---

① 资料来源：《当代人口调查》的计算。
② 资料来源：《美国统计摘要》。

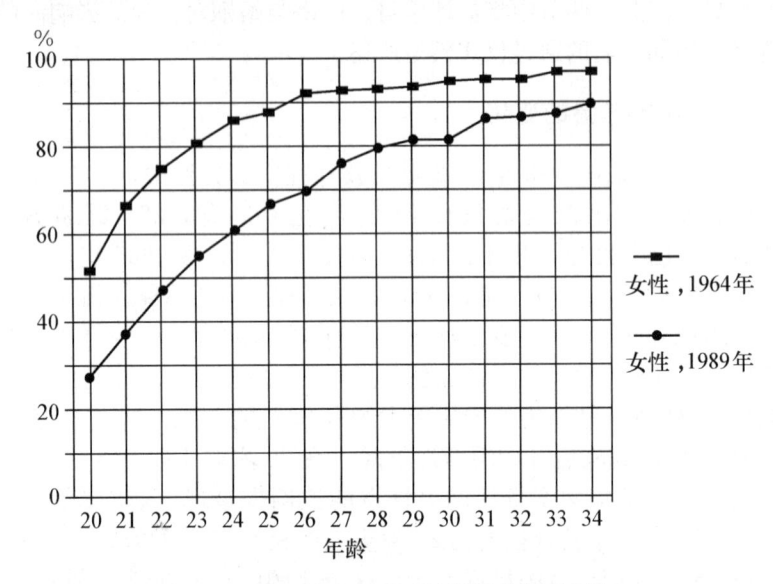

图 7—1b　只有高中学历的结婚年龄百分比

资料来源：美国 CPS 数据计算得到；1964 年的百分比是 1964—1968 年的平均值；1989 年的百分比是 1989—1993 年的平均值。

2.2　单身与已婚的差异

如果结婚年龄的变化对社会有影响，那么已婚和单身者应该有不同的特征。我们现在将给出一系列指标，显示已婚和单身男性的重要差异。我们首先看一下劳动力市场，接着看犯罪受害率和拘留率，接下来是吸毒和酗酒，还有其他的社会指标。这些粗糙的统计都将展现出已婚和单身男性间的巨大差异。

2.3　劳动力行为

已不上学的已婚和单身在五个劳动力市场特征上有所不同。他们有更高的工资，更可能属于劳动大军，因为辞职而失业的可能性较小，具有较低的失业率，更可能是全职工作者而较少兼职。在每个方面，已婚男性都比未婚者有更强的劳动力市场依附度。

在表 7—1a 和表 7—1b 中，对 1993 年的情况按照年龄将这些差异制成了表。已婚男性的工资稍微高些。例如，只有 12 年教育程度的 20～24 岁之间以及 25～29 岁之间的已婚男性分别比相应的单身者的工资高 11％和 14％。劳动力依附的差异更加巨大。高中教育程度的 20～24 岁之间单身男性不在劳动大军中的可能性是已婚男性的三倍多。如果属于劳动力市场,这个年龄段高中学历单身男性失业的可能性比已婚男性高 75%。类似地,已婚者全职工作的比例也会比未婚者高超过 40%,已婚男性为 70% 而单身男性为 50%。只有 12 年教育程度的 20~24 岁之间的单身男性因为辞职而失业的可能性比已婚男性高出 50%。①在 25~29 岁之间,这一比例将是两倍。

表 7—1a　　　　　单身和已婚男性的比较:劳动力特征

	年龄 20~24 岁 已婚	年龄 20~24 岁 单身	年龄 25~29 岁 已婚	年龄 25~29 岁 单身
不在学校				
每小时工资数 *	7.54	7.05	9.99	9.27
非劳动力 †	3.78	7.84	4.12	10.3
失业 ‡	9.0	13.9	7.0	9.7
全职,全年工作 †	65.6	48.0	73.6	59.8
因辞职而失业 ‡	0.96	1.65	0.66	1.19
只有 12 年教育程度				
每小时工资数 *	7.59	6.84	9.34	8.18
非劳动力 †	3.0	9.7	3.1	8.7
失业 ‡	7.8	13.8	7.8	11.5
全职,全年工作 †	69.7	50.3	74.8	61.6
因辞职而失业 ‡	0.94	1.43	0.6	1.23

　* 以美元表示。
　† 具有所描述特征的人口比例。
　‡ 具有所描述特征的劳动力比例。
　资料来源:1989—1993 年 CPS,对所有分类五年平均。

2.4　犯罪

已婚男性犯罪或是成为受害者的可能性比单身男性低。单身男性被关押的可能比已婚男性大很多。单身男性被关押的可能性是已婚男性的六倍,几乎也是离婚男性的六倍。

年青男性因犯罪而陷入麻烦的途径有两种。作为罪犯被抓,或作为并非总是无辜的旁观者成为犯罪的牺牲品。单身男性不仅如其入狱率所体现得更可能犯罪,而且他们也更有可能成为犯罪的受害者。单身男性(超过 12 岁,在年龄上不做其他区分)成为暴力犯罪的受害

---

① 只有 12 年教育程度的 21~25 岁之间因辞掉最近一项工作而失业的男性比例。只有 12 年教育程度的这个年龄段的男性很少依然在学校中。

者的机会几乎是已婚男性的四倍，被抢劫的机会大约是已婚男性的五倍。

表 7—1b　　　　　单身和已婚男性的比较：社会特征

	已婚	未婚
年龄 18～44 岁		
关进监狱（政治犯）*†	2.6	17.6
年龄在 12 岁及以上		
受害率*‡		
暴力犯罪	30.1	111.9
抢劫	3.3	16.2
年龄 21～25 岁		
文学与艺术团体的成员§‖	3.9	8.6
参观博物馆与展览馆§‖	29.4	56.2
观看经典歌剧§‖	0.0	19.4
年龄 25 岁		
拥有住宅（1976 年独立生活）§**	47	25

　　* 每千人中的比率。
　　† 美国司法部，司法统计局，1991。《美国修正人口》。表 4—1，第 26 页。离婚/分手/鳏寡没有包括在此比率中。低于 18 岁和高于 44 岁的人的估计也不包括在此比率中，那部分大约占全国犯罪人口的 9%。假设这些年龄人群的婚姻状态反映了整个人口这个年龄段的婚姻状态。
　　‡ 美国司法部，1993。《美国犯罪受害者》，表 12，第 20 页。离婚/分手/鳏寡的受害者不包括在此比率中。
　　§ 具有所描述特征的人口比例。
　　‖ 资料来源：1972—1994 年社会普查；变量 memlit，visitart，gomusic，按婚姻状况分类，年龄为 21～25 岁，各个年份。
　　** 资料来源：1976 年 CPS；只包括那些作为户主的。

2.5　吸毒、酗酒、抽烟以及其他社会指标

　　也有证据表明毒品滥用因为婚姻状态而不同。NLSY 显示在最近一个月内被报道吸食大麻的已婚者的比例低于未婚者超过 35%；类似地，调整了年龄、测量年限、劳动经验和经验平方、教育程度、南部地区以及城市的影响后，最近一个月中一次喝酒超过六瓶的概率已婚者少 6%。

　　另外一些社会指标也更进一步证明了单身和已婚者间生活方式的差异。表 7—2 显示了单身和已婚者由于不同原因在不同的年龄段死亡率的不同。

表 7—2　按原因划分的导致单身和已婚者每 100 000 中的死亡人数，1990 年

	年龄 25～34 岁		年龄 35～44 岁	
	单身	已婚	单身	已婚
所有原因	330	131	824	233
糖尿病	3	1	11	4
心脏病	14	8	82	43
脑血管病	3	2	13	6
慢性肺部阻碍	1	0	5	1
事故	75	48	86	43
机动车	44	31	36	23
所有其他事故	31	17	50	20
自杀	34	20	41	21
他杀	47	17	43	15

资料来源：《美国人口普查》，1990 年。《美国生命统计（第二卷——死亡率）》，表 1—34，pp. 387 400。

单身者在很多原因下都具有较高的死亡率。汽车事故率上，已婚和单身之间的区别是明显的。根据加拿大的数据，对于 21～25 岁的单身男性在汽车保险中的支付比已婚男性高出 40%，因此，NAIC 咨询委员会保险标准（1979）提议把婚姻状态作为汽车保险费中一个因素。

抛开造成社会问题的原因，我到现在为止强调了那些有害的不同，这些不同可能因为单身生涯的延长而被加强。但是，单身生涯的延长也具有好的一面。根据《社会总调查》(General Social Survey)，去年，21～25 岁的未婚男性成为文艺或是艺术团体成员的可能性是已婚男性的两倍多，参观博物馆或画廊的可能性大约是两倍，而且更有可能参与经典音乐或歌剧的演出。他们也具有高出大概 10% 的可能性成为服务团体的成员。

除了要孩子外，已婚者比未婚者更可能购买自己的住宅。在那些独立生活的男性中，在 1976 年，可获得相关数据的第一年，25 岁只有 12 年教育程度的已婚男性中 50%～47% 购买自己的住宅，相比而言单身者中则只有 25%。（这个差距在近几年有较大的下降，或许因为单身生活时已婚者与单身者之间的差别减少，或许是不选择独立生活而在家与父母一起生活的此年龄段年轻男性增加了。）

2.6　总结

综上所述，结婚年龄在过去的 25 年中发生了变化，而且已婚和未婚男性的生活方式存在显著的不同。已婚男性更可能成为劳动力；他们

具有较少的毒品滥用，较少去犯罪，成为犯罪的受害者的可能性也较小，健康状况更好，有较小的事故倾向。

这些统计表明，已婚与单身男性间存在的重要差异——这足以表明婚姻年龄的改变对于过去 25 年中发生的社会变迁也许起到了主要作用。这一思想是要表明，这些差异已经足够大，可以构成解释社会变迁的潜在重要因素。

但是已婚和单身间在横截面上的差异也许并非因为男人们由于结婚而做出不同的行为。另外两种解释也与这些数据一致。第一种解释是选择偏见：已婚和单身男性本来就不一样。婚姻对于他们的行为没有影响。这种对已婚和单身行为区别的潜在解释可以通过对个人数据回归分析中加入个性（person-specific）影响来检验。婚姻状态不同而行为不同的另一种解释更难以检验：男人的行为在某个预定的年龄而改变。这个年龄因人而异。婚姻在这种改变的时刻或在接近这个时刻发生。我们也将对这种解释做出检验。

一个简单检验证明，这种选择偏见可能相当重要。卡拉姆（Karam，1981，p.735）指出糖尿病（依赖于胰岛素）更严重的形式是一种有遗传倾向的疾病，人们认为它是由一系列的情况触发的，例如来自腮腺炎或柯萨奇 B4 病毒、有毒化学物质或是细胞毒素的感染，通常在发病后很久才能发现。但从这个病因来看，似乎这种疾病的发生不可能受到婚姻的显著影响，因此不同婚姻状态的不同发病率被看作对于婚姻状态的选择偏见。事实上，对于这种疾病，已婚和单身者的死亡率存在很大不同。对于 25～34 岁的单身者，死亡率是已婚者的三倍。对于那些稍年长的，35～44 岁的，单身的死亡率是已婚的两倍多。这一巨大的差异表明，已婚和单身者行为的显著不同可能就是因为选择偏见。

Ⅲ. 婚姻对人力资本影响的检验

科伦曼和诺伊马克（Korenman and Neumark，1991）使用一种固定效应模型来估计选择偏见影响工资溢价的重要性，使用了《年轻男性国民纵向调查》的数据。他们利用带有和不带有固定效应的回归比较了已经完成学业年轻男性的婚姻溢价。有两种方法：一种只加入一个表示结婚、存在配偶的虚拟变量，一个表示离婚、鳏寡或分居的虚拟变量。另一种方法是不同的模型设定，增加自变量婚龄、婚龄的平方。此例中，婚姻虚拟变量相当小，并且是统计上显著的，但是，在婚姻的平均年

第 7 章 没有孩子的男人们

数（当前为 7.7）中，婚姻每年使工资收入增加 0.9%。这是个非常大的溢价；与此相比，工人因其生命周期上的职位晋级带来的工资增长大约为每年 1.2%。（坚持在工作岗位上的工人获得比整个劳动力群体平均工资高 1.2%的工资增速（参见阿克洛夫、迪肯斯和佩里（Akerlof, Dickens and Perry, 1996, p. 18)。）在固定效应模型的任何一种设定下，无论固定系数还是可变年份设定，婚姻引起的工资溢价的份额在固定系数模型中，是相应无固定系数模型中估计的婚姻溢价的 80%～90%。这表明工资溢价大部分是来自婚姻引起的人力资本的不同积累，而不是相对于单身的已婚者的选择偏见。

科伦曼和诺伊马克的发现与肯尼（Kenny, 1993）在一个非常不同样本中的发现非常类似。肯尼利用了科尔曼·罗西（Coleman Rossi）生命历史研究的数据样本中年龄在 30～40 岁的年长一些的男性数据。他计算了收入增长因结婚年数和未婚年数而带来的差异。他发现（1983, p. 229），结婚 10 年将导致高出 17%～20%的工资率。在这两个研究中都出现了已婚男性有更高的收入增长率而不是更高的收入水平。这些发现似乎都表明，更高的人力资本的积累率开始于婚姻——此发现与将选择偏见作为工资溢价的主要决定因素并不一致。很难解释为什么选择偏见对同一个人结婚后能够产生比结婚前更高的工资增长。洛（Loh, 1996）的一项研究使用白人男性 1990 年的 NLSY 数据和固定效应，证实了科伦曼和诺伊马克以及肯尼的男性收入婚后比婚前有更高增长率的发现。另一方面，婚姻的工资溢价近来似乎有很大的下降，而且很可能已经消失。布莱克本和科伦曼（Blackburn and Korenman, 1994）指出，在 CPS 数据中婚姻溢价已经降低很多。格雷（Gray, 1997）证实了科伦曼和诺伊马克关于 20 世纪 70 年代婚姻溢价的发现，但是发现在 20 世纪 90 年代婚姻溢价很小（只有 1.4%），而且在统计上不再显著。

使用较晚的 1993 年的 NLSY 数据，我们得到了与科伦曼和诺伊马克以及肯尼性质相同的结果。与科伦曼和诺伊马克相比，我们使用了较少的控制变量，例如职业、行业以及工会身份，因为我们认为职位的晋升是收入因婚姻而提高的一个途径。使用 NLSY 的面板数据，我们发现在没有固定效应的横截面中，已婚者不光有较高的工资，而且全时工作的可能也更大，每周平均工作的时间更长，更有可能全年工作，工作更多的周数，失业的周数更少，以及不属于劳动力的周数更少。进一步地，婚后最近一个月中一次喝酒多于六瓶的可能性以及最近一年中吸食大麻的可能性都更低。婚姻增强了男人固守于劳动力群体，这一观点在固定效应回归中得到了证实。这些发现中的任何一条都被固定效应回归所证实，尽管影响的力度比横截面下要小。这些数据似乎告诉我们，行为确实在婚后发生了改变。表 7—3 和表 7—4 给出了这些结果。① 表 7—3 表明，婚姻对于以下方面的影响：工资的对数、全时工作、每周的小时数、全年工作、工作的周数、失业的周数、不为劳动力的周数、最近一个月吸食大麻、最近一月喝酒六瓶或更多。表 7—4 给出了同样的内容，只是增加了婚龄和婚龄的平方。除了工资，我们的数据并未表明，在婚后这些变量有很大的增长。平均来看，结婚带来的变化比婚龄带来的变化更加显著。②③

同时，正如我们已经述及的，洛证实了科伦曼和诺伊马克以及肯尼的男性收入婚后比婚前有更高增长率的发现，他也声称拒绝了人力资本的原有解释。洛引用贝克尔-明瑟的家庭中劳动分割和人力资本积累模型，将男性工资的婚姻升水的增加解释为男性在市场工作而女性在家庭中活动的比较优势。在这个模型中，如果妻子辞去工作待在家里，男性在婚后比婚前有更多的时间去构建其人力资本。在这个解释中，婚姻溢价应该依赖于妻子是否工作；这种溢价应该开始于同居，而不是结婚。洛指出，这种升水不依赖于配偶是否工作，同居对收入也没有影响。这也许是对贝克尔-明瑟的家庭中工作分配模型的一个好的反驳，但是事实上，它证实了我们对于人力资本因婚姻而改变的解释。与洛的发现一致，男性和女性的效用函数将因婚姻而改变，因为结婚后，男人（和女人）扮演了改变其行为的新身份。④

---

① 我们在样本选择标准上遵循科伦曼和诺伊马克，但是我们使用 NLSY79 而不是原始的 NLS。我们的计量技术是相似的，但也有一些不同。我们将样本限制在到 1985 年已经完成学业的白种男人，对 1985—1992 年之间的研究，这些变量都是可得的。我们可以确定 2 306 个这样的人的教育情况，1 704 个到 1985 年已经完成全部学业。其中有 1 023 个 1985—1992 年之间的数据是完整的。我们与科伦曼和诺伊马克的计量技术有一些不同。我们使用 GLS 来估计他们三年的面板数据。我们通过使用 OLS 而且考虑到个人内部错误的 AR1 过程估计八年的面板数据。两种方法得出相似的结论。

② 所有的回归都控制了教育程度、经验、经验的平方、南部地区、城市、调查年限和生育的八年。

③ 两个研究——一个是前面讲述的，另一个是遵循科伦曼和诺伊马克的——声称得到不同的结果（参见（Nakosteen and Zimmer, 1987）以及（Cornwell and Rupert, 1995））。他们使用工具变量预测婚姻，然后将预测的婚姻作为工资溢价方程的变量。这个方法解决了选择偏见的问题，但是选择的工具变量非常缺乏说服力，因为预测婚姻而不是工资溢价的变量很少。这些结果在婚姻状态虚拟变量上有很高的标准误，而且事实上与婚姻中人力资本的快速建立是一致的。

④ 洛提供了反驳贝克尔-明瑟模型的另一种检验：自我雇佣的男性的婚姻升水为负。有趣的是，这些发现恰与明瑟的模型一致：婚姻将使男性通过自我雇佣而建立其人力资本，低的当期收入反映了相对于未来收入，当期收入的推迟。税法提供了自我雇佣男性在收入报告时比较保守的激励。

第7章 没有孩子的男人们

表 7—3　　婚姻状态对承担劳动力市场责任和节制的影响*

依赖的变量	截面估计† 系数 婚姻虚拟变量	截面估计† 系数 孩子虚拟变量	纵向估计‡ 系数 婚姻虚拟变量	纵向估计‡ 系数 孩子虚拟变量
工资的对数§	0.086 (0.018)	0.023 (0.018)	0.043 (0.018)	−0.003 (0.016)
全职工作虚拟变量‖**††	0.371 (0.084)	0.259 (0.061)	0.345 (0.063)	0.100 (0.062)
概率改变†††	0.047	0.031	0.016	0.005
每周工作的小时数§††	2.12 (0.540)	1.15 (0.395)	0.985 (0.533)	0.245 (0.366)
全年工作虚拟变量‖††‡‡	0.397 (0.060)	0.039 (0.044)	0.244 (0.047)	0.008 (0.044)
概率改变†††	0.115	0.011	0.054	0.002
工作的周数§††§§	1.97 (0.487)	0.502 (0.355)	1.16 (0.487)	0.124 (0.336)
失业的周数§§§	−0.769 (0.324)	−0.161 (0.237)	−0.155 (0.368)	0.109 (0.253)
非劳动力的周数§§§	−1.36 (0.343)	−0.294 (0.248)	−1.01 (0.353)	−0.184 (0.245)
大麻的吸食量‖‖	−0.408 (0.073)	0.203 (0.085)	−0.153 (0.053)	−0.023 (0.058)
概率改变†††	−0.154	0.080	−0.058	−0.009
过度饮酒‖***	−0.238 (0.069)	−0.089 (0.071)	−0.127 (0.072)	−0.077 (0.070)
概率改变†††	−0.077	−0.029	−0.033	−0.020

*资料来源：工资和劳动力：白人男性，1985—1992 年 NLSY 面板数据报告了所有需要的数据，到 1985 年已经完成学业的人。
　　大麻的吸食：白人男性，1979—1983 年 NLSY 面板数据，报告了所有需要的数据。
　　过度饮酒：白人男性，1982、1983、1985、1986、1988 和 1989 年 NLSY 面板数据，报告了所有需要的数据，到 1985 年已经完成学业的人。
　　†控制变量：经验、经验的平方、南部地区、城市、出生年、调查年限、离婚/分手/鳏寡以及教育程度的虚拟变量。
　　‡控制变量：与横截面一样，不包括教育程度和出生年不变的虚拟变量。
　　§估计的方法：普通最小二乘法，对每个人的 AR1 序列相关误差。
　　‖估计的方法：纵向估计的 Probit，随机效应 Probit 方法。
　　**如果平均每周工作多于 35 小时，虚拟变量=1。
　　††对工作的妻子的控制，也包括在横截面中。
　　‡‡如果上一年中工作多于 50 周或更多，虚拟变量=1。
　　§§在横截面以及纵向数据中包括对工作的妻子的控制。
　　‖‖如果在上一年中吸食大麻，虚拟变量=1。
　　***如果在上一月中一次喝酒六瓶或多于六瓶，虚拟变量=1。
　　†††概率改变是变量从 0 到 1 改变的影响，在其他变量在整个样本中保持均值不变下。

表 7—4　婚姻状态以及婚龄对劳动力市场以及清醒的贡献*

依赖的变量	截面估计† 婚姻虚拟变量	截面估计† 婚龄的系数	截面估计† 婚龄的平方	纵向估计‡ 婚姻虚拟变量	纵向估计‡ 婚龄的系数	纵向估计‡ 婚龄的平方
工资的对数§	0.034 (0.024)	0.028 (0.008)	−0.001 6 (0.000 6)	0.018 (0.020)	0.016 (0.007)	−0.001 5 (0.000 5)
全职工作虚拟变量‖**††	0.314 (0.109)	0.022 (0.028)	−0.001 2 (0.001 9)	0.297 (0.080)	0.028 (0.026)	−0.002 0 (0.001 8)
概率变化	0.040	0.003	−0.000 14	0.014	0.001 3	−0.000 09
每周工作小时数§††	0.953 (0.652)	0.575 (0.191)	−0.031 (0.014)	0.735 (0.575)	0.068 (0.159)	−0.009 (0.010)
全年工作虚拟变量‖††‡‡	0.258 (0.076)	0.049 (0.020)	−0.002 (0.001)	0.170 (0.058)	0.042 (0.019)	−0.002 (0.001)
概率变化	0.074	0.014	−0.000 5	0.037	0.009	−0.000 5
工作的周数§††§§	1.04 (0.575)	0.458 (0.177)	−0.014 (0.013)	1.16 (0.524)	−0.182 (0.152)	0.002 (0.009)
失业的周数§††§§	−0.198 (0.401)	−0.220 (0.111)	0.007 (0.008)	−0.122 (0.396)	0.029 (0.111)	0.002 (0.007)
非劳动力周数劳动力§††§§	−1.02 (0.395)	−0 192 (0.129)	0.004 (0.009)	−1.03 (0.378)	0.156 (0.115)	−0.003 (0.007)
吸食大麻‖‖	−0.067 (0.129)	−0.258 (0.084)	0.028 (0.011)	−0.126 (0.072)	−0.025 (0.049)	−0.001 5 (0.006 8)
概率变化	−0.026	−0.10	0.01	−0.048	−0.01	−0.001
过度饮酒‖***	−0.075 (0.108)	−0.079 (0.047)	0.004 (0.004)	−0.089 (0.098)	−0.024 (0.042)	0.000 6 (0.004)
概率变化	−0.024	−0.025	0.001	−0.023	−0.006	0.000 2

*资料数据：工资和劳动力：白人男性，1985—1992 年 NLSY 面板数据，报告了所有需要的数据，到 1985 年已经完成学业的人。

　　大麻的吸食：白人男性，1979—1983 年 NLSY 面板数据，报告了所有需要的数据。

　　过度饮酒：白人男性，1982、1983、1985、1986、1988 和 1989 年 NLSY 面板数据，报告了所有需要的数据，到 1985 年已经完成学业的人。

†控制变量：经验、经验的平方、南部地区、城市、出生年、调查年限、离婚/分手/鳏寡以及教育程度的虚拟变量。

§估计的方法：普通最小二乘法，对每个人的 AR1 序列相关误差。

‖估计的方法：纵向估计的 Probit，随机效应 Probit 方法。

**如果平均每周工作多于 35 小时，虚拟变量=1。

††对工作的妻子的控制，也包括在横截面中。

‡‡如果上一年中工作多于 50 周或更多，虚拟变量=1。

§§在横截面以及纵向数据中包括对工作的妻子的控制。

‖‖如果在上一年中吸食大麻，虚拟变量=1。

***如果在上一月中一次喝酒六瓶或多于六瓶，虚拟变量=1。

†††概率改变是变量从 0 到 1 改变的影响，在其他变量在整个样本中保持均值不变下。

第 7 章 没有孩子的男人们

综上所述，肯尼、科伦曼和诺伊马克、洛以及我们的发现确与我们的婚姻模型一致。结婚带来了承诺。这种承诺也许是在说"我愿意"时出现的，也许是经验的逐渐变化导致了一个边际改变，从而导致人力资本的形成。明瑟模型也是正确的，但是它告诉我们关于家庭内劳动分配的一些不同方面。它解释了为什么结婚后的女性比单身女性不易于成为劳动力，而且，如果是劳动力，也是兼职劳动力。因此，我们的关于婚姻意味着什么的大体观点似乎在正确的路上。

Ⅳ. 固定效应的变化与结婚时间的巧合

科伦曼和诺伊马克的固定效应模型及其结论的实证扩展中依然存在另外一个问题。这个问题将高估婚姻在人力资本形成上的影响。假设人们在决定结婚的同时改变了他们对于人力资本积累的偏好。那么固定效应不是时间上固定的，而是在时间上变化的。固定效应的水平也应该与婚姻状态相关。通过忽略与婚姻状态虚拟变量相关的固定效应参数的变化，科伦曼和诺伊马克与我们的固定效应回归存在一个设定错误，而这一错误可能增加了婚姻状态虚拟变量的系数。因此，我引用的结果可能高估了婚姻对人力资本形成和其他劳动市场行为的影响。我现在将通过其他方法来研究婚姻状态与行为之间的关系。

科伦曼和诺伊马克已经检验了另外一组数据，他们至少在某种程度上解决这个问题。他们对马萨诸塞州一个大型生产工厂人力记录上的工资的婚姻差异进行了检验。如果事实上，工人生活上的改变与他们开始为这家工厂劳动相符合，这将完全解决固定效应的变化与婚姻状态相关的问题。另外，他们发现一个重大的婚姻效应，这种影响显然是因为已婚职工比单身职工升职更快。调整了工作级别，已婚和单身职工得到几乎一样的收入，但是，已婚职工有更大的升职机会。当存在对工作表现的控制之后，晋级的机会不再更大，不过已婚职工的工作表现似乎比单身职工好很多：这个事实与我们这篇文章的观点一致，婚姻是一种通过仪式，标志着新郎生活方式的改变。

但是，仍然有一种可能，尽管婚姻是那些已经进入工厂的人改变生活方式的标志，这些改变在当时甚至没有结婚时也能发生。因此我们对婚后的改变存在另外一种检验。这些检验使用全体人口的宏观数据。加总全体人口排除了选择偏见，因为全体人口的行为将不再有选择偏见。因此，我们预期，如果结婚是原因，那么婚姻引起的行为改变应该随着结婚比例的下降而下降。我们使用这个思想在计量中估计下降的结婚率的影响，假设结婚男性比例下降快的年龄分组也应该在婚姻相关的行为方式上有大的下降。

我们可以加总，发现

$$P_{A,at} = f_t \gamma_a [1 + (1 - f_{at})s] \tag{2}$$

其中，$P_{A,at}$ 是年龄组 a 在时间 t 上行为的总比率，f_t 是基年龄组的结婚男性在时间 t 行为的比率，γ_a 是年龄组 a 相对于基期的因数，$1+s$ 是单身相对于已婚男性的因数，以及 f_{at} 是年龄组 a 在时间 t 已婚的份额。作为一种近似，我们得到带有误差项的计量估计方程：

$$\ln P_{A,at} = \ln f_t + \ln \gamma_a + (1 - f_{at})s + \xi_{at} \tag{3}$$

其中，我们添加了一个误差项 ξ_{at}，假设它是独立正态分布的。

加总的时间序列/横截面回归使用（3）来估计不同时间和年龄组的参数 f_t，γ_a 以及对于不同行为 s 的值。考虑到随着单身份额的上升，溢价 s 将下降的概率，我们在 f_{at} 中加入一个平方项，所以 $s = c - d(1 - f_{at})$。

如果我们认为一个年龄组单身份额的发生率受到接下来的年长的年龄组的份额的影响——例如十几岁中的杀人比率受到二十几岁的人吸毒的数量的影响，吸毒的数量因为潜在经销商更多的供应以及毒品更大的需求随着结婚的男人减少而更大——那么，模型将会变得更为复杂。

为了检验这个假设，我们分别对七个不同的统计量的对数对单身份额以及单身份额的平方在那个阶段以及那个年龄组以及相应阶段、年龄组的虚拟变量平均五年进行了回归。包括人群的单身份额的平方是考虑到选择偏见：当单身份额变大时，我们认为单身溢价在下降，因为至少在某点上，已婚和单身人群越来越相似。这七个统计量是杀人死亡率、暴力犯罪的被捕率、汽车事故的死亡率、只有 12 年教育程度的非劳动力份额、只有 12 年教育程度的无工作经验者的份额以及二者的辍学份额（教育程度少于 12 年）。研究的阶段为 1965—1993 年[①]，年龄分组为 20～24 岁，25～29 岁，30～34 岁，35～39 岁。

这些数据比较清晰地反映了一个信息，就是选择偏见的重要性。七个特征中的六个——除了杀人死亡率之外的——单身份额平方的系数是

[①] 对每个年龄人群的最近一个阶段的观察是平均了 1990—1993 年四年间所对应的最新调查数据。

负的。这些结果在表 7—5 中有所反映，这个表给出了时间和年龄分组上单身份额的系数以及单身份额平方的系数。这些结果可以被解释为这六个分类中随着单身份额的上升单身溢价的下降。所有这六种情形下，系数在 5% 水平上显著。这六种情况的每个中，单身份额的系数也是正的，尽管没有一个是显著的。六个中的五个系数足够大，以至于在回归中单身比率的边际效应在年龄分组人群的单身份额比率的平均数是正的，尽管有些情况下这种边际效应非常小。对于谋杀出现了相反的情况。线性项的系数是负的，但是，在平方项的系数很大，是正的，而且显著。在单身份额的平均值，单身比率上升的边际效应将引起谋杀率的上升。将十几岁的人，15～19 岁的年龄组，包括到谋杀率的回归中，将证明大于 20 岁的杀人比率对他们自己的单身份额很敏感，但是十几岁的人却对接下来的年龄组的单身份额敏感，那些二十岁初头的人的行为，例如吸毒或其他犯罪，被怀疑是否影响到十几岁人的死亡。

表 7—5　年龄—时间分组不同行为以及单身份额之间的相关性

	系数	
	单身份额*	单身份额平方
非劳动力		
只是中学文凭	1.58 (1.31)	−4.04 (0.89)
低于中学文凭	0.94 (0.84)	−1.48 (0.57)
先前无工作经验		
只是中学文凭	10.61 (1.14)	−8.96 (1.58)
低于中学文凭	0.36 (0.96)	−2.36 (0.65)
暴力入狱率	0.76 (0.21)	−0.77 (0.14)
机动车死亡率	0.50 (0.29)	−0.54 (0.19)
杀人死亡率	−1.43 (1.08)	3.37 (0.74)
	包括单身份额†（长于 20 岁）	包括单身份额平方（长于 20 岁）	20～24 岁单身份额（十几岁的人，15～19 岁）
杀人死亡率	−1.52 (1.14)	3.40 (0.79)	4.23 (0.80)

* 20～24 岁，25～29 岁，30～34 岁，35～39 岁 5 年一段的年龄分组以及 1965—1969 年，1970—1974 年，1975—1979 年，1980—1985 年，1985—1989 年 5 年内的平均以及 1990—1993 年 4 年内的平均，对没有报告的年龄及时间进行控制。
† 与上面相同，包括 15～19 岁的年龄组。

有趣的是，单身份额平方的显著系数，尽管是负的，却证明了单身份额确实影响行为。单身份额对总体行为无影响的原假设，对单身份额及其平方置予系数零。随单身行为变得更加平常而单身溢价下降的事实——也是为什么单身平方系数为负的原因——表明事实上单身溢价的存在。

这些结果带来的好消息是，边际效应的显著性表明，肯定存在着一种显著的单身效应。坏消息是，它们表明选择偏见也很显著。当单身份额，特别是对于年长一些的分组上升时，已婚和未婚行为之间的区别可能因为这两个人群更加相似而下降。这些结果也与先前布莱克本和科伦曼（Blackburn and Korenman，1994）引用的对于婚姻升水明显下降的发现相一致，而且，更为格雷（Gray，1997）所支持，婚姻升水已经消失（即为正，但很小并且统计上不显著）。这些发现都支持随着婚姻不那么普遍，工人更不可能有基于婚姻状态的区别的观点。通过我们的数据研究得到的任何结论都应该得到谨慎地解释。24 个数据点——4 个年龄分组，6 个时间段——不足以用来估计微妙的交叉影响，例如具有相对较高单身份额的群体的典型婚姻行为的发生率。相对于年龄，行为的有偏改变更可能掩盖单身份额增加引起的任何影响。也许数据微弱地支持了婚姻状态影响群体行为的假设，但是结果本身并不稳健。不同的模型设定产生了相异的结论。

4.1　对计量发现的总结

计量发现证明了已婚和单身行为之间存在着差异，而且这些发现中的一些甚至表明这些区别存在因果关系。许多不同模型设定下结果的诸多一致表明，这些数据呈现给我们的是事实。但是，解决选择偏见问题的最后一个检验存在忽略变量的偏见的问题，这意味着结果对于模型设定并不稳健。汽车事故率被期望有最好效果，却仍存在明显的错误信号。或许横截面和面板结果以及无数不同设定的错误的可能性，和近期关于婚姻的工资升水下降的结果的数据，试图揭示以下信息：这些结果应该被审慎地对待。劳伦斯·斯通和莎士比亚的牧羊人只可能是正确的。

V．结　论

福利的保守观点（参见默里（Murray，1984））宣称，婚外生育增加是年轻未婚母亲的福利增加导致的。默里的消灭福利的极端处方至少在最近 25 年被部分采纳，现金福利按照实际值大约下降了 50%（尽管在粮票和医疗补助上有所增加）。

今年是马铃薯大饥荒 150 周年纪念（参见任德拉夫-史密斯（Woodruff-Smith，1962））。对那场饥荒，英国官方的反应是限制给予的帮助。当时盛行的经济理论是公共帮助将制约健康市场对粮食短缺的反

第 7 章 没有孩子的男人们

应，这类似于默里关于福利的理论。对穷人的粮食供应将减少他们的工作动机，也将使爱尔兰粮食价格下降，从而挤出了供给的重要作用。在1846年第二次也是损失最惨重的饥荒年，英国政府采取了停止救济的政策，而这恰是人民所需。但是，爱尔兰农民没有钱购买食物，私人的反应没有使商品充足。查尔斯·特里维廉（Charles Trevelyan），英国财政部副部长进行了小的政策调整：政府对爱尔兰人的粮食供应无疑会对粮食的私人供应产生不良的后果。但是，如历史所示，影响很小也不重要。对于大的没有预期的自然灾难的反应应该是去帮助那些受难者。

马铃薯饥荒是个极端的例子——极端是因为任何对马铃薯缺乏的私人反应都是不可能的。英国的政府帮助或许没有什么显著的挤出效应。今天，我们面临着另一个问题，另一类型的灾难。这个灾难是美国家庭系统的瓦解，不仅是那些依赖福利的人的家庭系统的瓦解，而且在较小但很重要的程度上那些在经济和社会回报中有较高贡献的人的家庭系统在瓦解。同样这个问题是设计一个系统，使这个系统不挤出健康的私人反应，而使人们将有尽可能多的动机去处理他们自己的问题，而不是仅仅依赖政府。例如有断言说，享受福利、不需要工作的妇女丧失了对时间管理的修养。福利系统的另一个问题是导致低工作动机，人们将用福利替代工作，不愿为低工资去工作。

探究社会病态而不是福利系统自身的原因，这篇讲稿表明福利是对贫困的一个反应而不是引起贫困的原因。贫困是福利外的其他原因导致的，从穷人那里减少的每一块钱是从最需要它的人那里掠夺资源。如果英国政府对马铃薯饥荒的自然灾难第一反应是补充缺少的粮食，那么对家庭结构瓦解的社会灾难的第一反应就应该是补充失去的收入。福利中减少的每一块钱都是来自美国最贫困的家庭。次之却仍然重要的任务是设计一个最低反激励、破坏力最小的政策系统。

本文是解释美国发生的自然灾难方面的文章中的一篇。通过理解这些自然力量，我们希望阻止我们后代的牺牲，正如我们的前辈们所做，要去取悦那并不存在的上帝。

加州大学伯克利分校和布鲁金斯研究所

参考文献

Akerlof, G. A., Dickens, W. T. and Perry, G. L. (1996), "The Macroeconomics of Low Inflation," *Brookings Papers on Economic Activity*, vol. 1, pp. 1-76.

——, Yellen, J. L. and Katz, M. L. (1996), "An Analysis of Out-of-wedlock Childbearing in the United States," *Quarterly Journal of Economics*, vol. 111 (May), pp. 278-317.

Becker, G. S. (1965), "A Theory of the Allocation of Time," *Economic Journal*, vol. 75 (September), pp. 493-517.

Becker, G. S. and Murphy, K. M. (1988), "A Theory of Rational Addiction," *Journal of Political Economy*, vol. 96 (August), pp. 675-700.

Blackburn, M. and S. Korenman (1994), "The Declining Marital-status Earnings Differential," *Journal of Population Economics*, vol. 7 (July), pp. 247-270.

Cornwell, C. and Rupert, P. (1995) "Marriage and Earnings," *Federal Reserve Bank of Cleveland Economic Review*, (Quarter 4), pp. 10-20.

Ellwood, D. T. (1988), *Poor Support: Poverty in the American Family*, New York: Basic Books.

——and Crane, J. (1990), "Family Change among Black Americans: What do We Know?" *Journal of Economic Perspectives*, vol. 4, pp. 65-84.

——and Summers, L. H. (1986), "Poverty in America: Is Welfare the Answer or the Problem?" in *Fighting Poverty: What Works and What Doesn't*, (S. Danziger and D. Weinberg, eds), Cambridge, MA: Harvard University Press.

Freeman, R. B. (1996), "Why Do So Many Young American Men Commit Crimes and What Might We Do About It?", National Bureau of Economic Research Working Paper 5451. Cambridge, MA: National Bureau of Economic Research.

Gray, J. S. (1997), "The Fall in Men's Return to Marriage: Declining Productivity Effects or Changing Selection?", *Journal of Human Resources*, vol. 32 (Summer), pp. 481-504.

Jencks, C. (1992), *Rethinking Social Policy*, Cambridge, MA: Harvard University Press.

Karam, J. H. (1981), "Diabetes Mellitus, Hypoglycemia, and Lipoprotein disorders," in (M. A. Krupp and M. J. Chatton, eds.), *Current Medical Diagnosis and Treatment 1981*. Los Altos, CA: Lange Medical Publications.

Kenny, L. W. (1983), "The Accumulation of Human Capital During Marriage by Males," *Economic Inquiry*, vol. 21 (April), pp. 223-231.

Korenman, S. and Neumark, D. (1991), "Does Marriage Really Make Men More Productive?", *Journal of Human Resources*, vol. 26 (Spring), pp. 282-307.

Laibson, D. I. (1996), "A Cue-theory of Consumption," mimeo, Harvard University, September.

Loh, E. S. (1996), "Productivity Differences and the Marriage Wage Premium for White Males," *Journal of Human Resources*, vol. 31 (Summer), pp. 566-589.

第 7 章　没有孩子的男人们

NAIC (1979), *Private Passenger Automobile Insurance Risk Classification: A Report of the Advisory Committee*, mimeo, May.

Moffitt, R. A. (1992), "Incentive Effects of the U. S. Welfare System: a review," *Journal of Economic Literature*, vol. 30, pp. 1-61.

——, Reville, R. and Winkler, A. E. (1995), "Beyond Single Mothers: Cohabitation, Marriage, and the U. S. Welfare System," mimeo, July.

Mincer, J. (1962), "Labour Force Participation of Married Women: A Study of Labour Supply," in *Aspects of Labour Economics*, Conference No. 14 of the Universities-National Bureau Committee for Economic Research, Princeton: Princeton University Press.

Murray, C. (1984), *Losing Ground: American Social Policy 1950—1980*, New York: Basic Books.

Nakosteen, R. and Zimmer, M. (1987), "Marital Status and Earnings of Young Men," *Journal of Human Resources*, vol. 22 (Spring), pp. 248-268.

Rubin, L. B. (1969), *Worlds of Pain: Life in the Working-Class Family*, New York: Basic Books.

—— (1992), *Families on the Fault Line*, New York: Harper Collins.

Stigler, G. J. and Becker G. S. (1977), "De gustibus non est disputandum," *American Economic Review*, vol. 67 (March), pp. 76-90.

Stone, L. (1979), *The Family, Sex and Marriage in England 1500—1800*, abridged edition. New York: Harper and Row.

Wilson, W. J. (1987), *The Truly Disadvantaged*, Chicago: Chicago University Press.

Wilson, W. J. (1996), *When Work Disappears: The World of the New Urban Poor*, New York: Random House.

Wallerstein, J. (1980), *Surviving the Breakup*, New York: Basic Books.

Wood, R. G. (1995), "Marriage Rates and Marriageable Men: A Test of the Wilson Hypothesis," *Journal of Ruman Resources*, vol. 30, pp. 163-193.

Woodruff-Smith, C. (1962), *The Great Hunger: Ireland 1845—1849*, London: Hamish Hamilton.

第8章　认知失调的经济后果[*]

乔治・A・阿克洛夫
威廉姆・T・迪肯斯[**]

自从《国富论》问世，经济学家就基于一些简单的假设，将整个经济学科建立在一个人类行为的单一而有效的理论之上。该模型已被广泛应用于对各类问题的分析中。

但是，尽管经济学家在坚持其基本行为假定的前提下，一直致力于使其分析精益求精，然而，社会学家、人类学家、政治科学家以及心理学家却不断地发展和验证建立在与经济学完全不同假定上的模型。

对于多数经济行为，经济学家的模型可能已经足够了。[①] 其他社会科学家建立的模型通常并不适合引入经济分析之中。然而迄今，若其他学科的研究证明人们的行为并非像经济学家假设的那样，则经济学家就应该设法吸收这些研究成果。

本文提出一例，用以说明在特定情景下认知性失调的结果如何发生。有关于此的理论一直备受心理学家的关注。阿尔伯特・赫希曼（Albert Hirschman，1965）最早使用这一理论来描述在社会发展过程

---

[*] 本文最先发表于 George A. Akerlof and William T. Dickens（1982），"The Economic Consequences of Cognitive Dissonance，" *The American Economic Review*，72，3，版权归美国经济协会所有。经允许重印。

[**] 加州大学伯克利分校。我们要感谢 Allen Berger，Robert Clower，Jack Hirshleifer，Bernard Saffran 以及 Janet Yellen 提供的宝贵的评论。

[①] 这篇文章的方法被经济学家称为非理性行为分析法，不同于加里・贝克尔（Gary Becker）的观点。贝克尔把非理性视为是对经济理性的随机偏离。心理学家认为，非理性行为是可以预见的，因此不完全是随机的。本文采纳这一观点，对福利效应的分析也遵循这一观点。

中，人们对现代化的态度转变及其原因。本文将拓展认知失调理论在经济学中的应用，并通过一个正式模型来分析其福利效应。

Ⅰ. 概　述

A. 基本命题

首先，必须把心理学理论的术语转换为易于纳入经济模型的概念。我们认为，认知失调原理完全可以归纳为以下三个用经济学术语描述的命题：第一，人们不仅有对现实世界状态的偏好，而且有对现实世界状态所持信念的偏好。第二，人们在某种程度上可以控制自己的信念，这不仅因为他们能在给定可得信息条件下对信念做出选择，还因为他们能通过挑选那些支持他们"想要"的信念的信息资源来控制自己的信念。第三，信念一旦被选定，就将具有时间上的持续性，这一原理具有重要的现实意义。①

在下一节，我们将给出一个社会心理学研究结果的简要概述。这一成果显示，在特定情景下，人们的行为将遵循以上三条前提假设。

B. 基本模型

在第三节我们将通过一个模型对以上三条假设的含义及其实际运用加以阐述。大量非正式渠道的信息表明，从事危险性工作的工人往往对所存在的危险熟视无睹。② 关于这一点，最典型的是对生产苯的工人的采访。其中某些人拒绝承认自己工作中存在有害的化学物质（参见本-霍林（Daniel Ben-Horin，1979））。另外，布赖恩·梅因（Brian Main）则向我们讲述了他在一个核工厂的经历。在那里，为了收集核辐射泄露状况的信息，要求工人在每周检查时佩戴一个设计特别的安全徽章。结果这个工厂的所有工人，其中还包括一些博士，都没有佩戴徽章。他们把徽章放在抽屉里，只在每周检查时才会戴上。霍华德·库恩鲁瑟等人（Howard Kunreuther et al.，1978）也讲述了类似情况：面临洪涝灾害或地震灾害的高风险人群却没有购买保险。

---

① 事实上，这些假定考虑到了比简单的认知失调更多种类的行为。第5节中的一些"应用"利用到了这一点。

② 对于这种现象的另外一种可能的解释是，工人们对于不同工作安全性的估计会受到干扰。在此情形下，就会存在这样一种倾向，即从事该项工作的人是那些低估其危险的人。这个模型的一些含义也在迪肯斯（Dickens，1981）的文章中得到了探讨。

本文第三节构建的模型主要用来解释这一现象。在模型中，人们更倾向于认为他们的工作是安全的。这与前面的第一个命题（工人更偏好于自己对现实状态的信念）相对应。工人需要做出的选择是，是否相信自己的工作是安全的。这与前面的第二个假设是一致的（工人需要对自己的信念做出选择）。相信工作是安全的工人，既会从中获益，又要承担成本：对于那些选择相信自己从事的工作是安全的人而言，他们不用面对消极情绪和产生恐惧，忐忑不安地怀疑自己选择从事此类危险的工作是否明智；另一方面，如果工人确信自己的工作是安全的，一旦他们的信念和现实世界的真实情况不符，做出的错误判断将带来成本。

在我们的模型中，相信工作是安全的成本，就是有可能在选择安全操作时犯错误。工人通过比较是否收益大于成本或是相反来选择自己的信念。如果在某个特定活动中，压抑自己内心的恐惧所获得的心理收益，大于由于事故发生率增加而带来的成本，工人就会相信此活动是安全的，相反则会认为此活动并不安全。（此模型假定工人的信念是完全可塑的：无论信息是什么，他都坚信自己的选择。当然这是一种极端的情形，在更复杂更一般的模型中，人们可以根据可获取的信息来选择一组信念。在信念选择集给定条件下，个体通过选择信念等来实现自身效用最大化。）

这一决策过程的模型将在第三节给出，主要分析工资和劳动力供给如何随着新安全设备使用的变化而变化，并把安全立法的作用考虑在内。在此条件下，安全立法将可以导致资源利益的帕累托改进。

本文并不试图表明认知失调是每一次经济交易的重要特征。相反，在第二节提出的模型中，认知失调反馈是自我约束的。在大多数经济交易中，理性化不会带来收益，而且认知失调也不起作用。然而在某些特定情形下，第二节模型中的假设还是适用的，且认知失调将发挥重要作用。

除了安全法规外，我们认为，认知失调在理解创新、广告、犯罪和社会保障立法等方面都是至关重要的。这些方面的应用具有重要的潜在价值。但是，与安全立法方面的直接运用相比，其他方面的应用价值更多地是基于推测。我们将在第四节对此进行具体阐述，并在第五节中给出结论。

Ⅱ．基本命题的心理学证据

很多社会心理学理论都以认知失调原理为基础。从最抽象的层次上看，这意味着人们在同时持有两个相互矛盾的观点时，内心感觉不太舒服。认知失调理论也是认知协调原理的一种应用。现实中，大多数认知失调反应源于人们把自己看作"既聪明又招人喜欢"。而与此想象相矛盾的信息将被忽视、抵制或者通过改变其他方面的信念来扭曲信息。[①] 在其他例子中，人们在做出某种决定时也会有意识的过滤掉那些体现其决定是错误的信息，因为这样的认知和之前形成的对自身形象的认知和信念相抵。认知失调理论还表明，从事危险性工作的人需要在两个相互矛盾的认知中做出选择。因为根据之前的认知，如果自己是聪明的，那么就不会选择从事危险的工作。如果这个工人选择继续在这个危险的环境中工作，那么他将设法拒绝接受"工作是危险的"这一信念。

自然而然就产生了这样一个问题：被心理学家贴上认知失调标签的行为，是否是在贝叶斯决策法则之下的理性行为？有认知失调反应的个体所持的后验分布，不只由可得信息决定。他们对于世界状态的估计受到其对自身信念状态的偏好的影响。使用贝叶斯法则时，对世界状态的估计仅受可得信息和他们对世界状态的偏好的影响，而与他们对信念状态的偏好本身无关。在认知失调的典型心理学实验中，实验者会比较两组被试的信念——一组是控制组，另一组实验对象对不同信念的偏好会被实验者改变。实验者试图在没有告知第二组实验对象任何（和他们对世界状态的估计）相关的新信息的情况下，改变他们对信念的偏好。从我们的实验证据中，几乎所有实验的结果都无法用贝叶斯法则解释。这是因为基本上不可能对两组实验对象所获信息的差异做出合理解释。

本文很大程度上依赖于我们之前给出的三个假设条件，这些条件是可以从心理学实验中获得证据的。介绍一下这些数据是有用的，不仅因为它给之前的假设以支持，更因为它还表明了在什么样的条件下认知失调反应会产生。不过必须注意，接下来的论述只是陈述性的。简而言之，我们并没有给三个基本假设及理论本身提供最充分的证据：这些在很多心理学实验结果中出现的证据，能通过认知失调原理得到很好的解释。

实验表明，拥有相同信息的实验对象持有相近的信念，这与其偏好相符。例如，人们喜欢认为自己是做出正确决策的人。对赛马场上赌马者进行的访谈（Robert Knox and James Inkstyer，1968）表明，刚

---

① 本文中对认知的描述以及我们对实验的选择在很大程度上应归功于埃利奥特·阿伦森（Elliott Aronson，1979）的优秀著作。

刚离开投注窗口的人比那些排队的人更会对他们所选中的马感到意外。另外一个例子，一名调查人员（Jack Brehm，1956）要一群女性给两件家用电器的价值排序，随后允许他们从中挑选，但是这些家电是被包裹着的。数分钟过后，再要求这些女性对这些被包裹着的家电进行第二次评价。结果，她们的评价无一例外的更偏好于被选择了的那些家用电器。

很多实验是关于不人道的虐待行为的。在一个例子中（Keith Davis and Edward Jones，1960），要求学生在被采访时注视对方，然后告诉对方，他是一个浅薄、不值得信赖和愚蠢的人。参与这个实验的学生系统地改变他们对施虐对方的态度。按照前面的两个假设，人们倾向于把自己看作是一个好人。如果她们对施虐对象的评价不良，那么这种自我形象的信念将得以维持。另一个与此类似的实验（David Glass，1964）报告，那些给受害者以电击的学生会贬低对受害者的评价。

认知失调模型不仅预测到对给定信息解读的系统性偏差，而且还能预测到依据不同偏好而形成的对新信息的接受程度的系统性偏差。还有一个例子，实验者要求被试女性中的一部分先对一组产品进行排序，然后要求她们从两组满足完全不同欲望的产品中进行选择。但是，在这些选择被最终确定时，有一组产品蕴含着没有被选上的产品的相关信息，另一组则蕴含着具有相似排序却没有被选择的产品的信息。奇怪的是，决策与新信息无关的人与决策与新信息相关的人比，会花更多的时间去阅读那些信息。这是很多支持这种被称为对新信息有偏接受的实验中的一个。

我们不应该忽视第三个假设，即对信念认知失调的后果具有长久的持续性。认知失调原理的另外一个应用，就是那些试图说服自己承担一项困难工作的人，更倾向于对所面对的困难工作做出好的评价，并对此持有强烈而持久的信念。如果困难很艰巨而外在奖励很小（相对于所付出的努力而言），那么个体要么说服自己这个困难工作有意义，要么认为自己面对这样的困难本身是愚蠢的。很多实验结果表明这种效应是短期存在的，但有一个特殊的实验（Danny Axson and Joel Cooper，1980）表明，这些效应会持续很长一段时间。两组参与一个减肥计划的女性，在四周的时间内，其中一组投入较多的努力，另一组则努力甚微。四周过后，两个减肥计划都同样见效。一年后，需要在减肥计划中付出更多努力的女性平均体重都减少了 8 磅左右，而只需在减肥计划中付出少量努力的女性的体重几乎没有变化。由此，我们把这个实例看作是认知失调行为很可能具有持续效应的一个论据。

Ⅲ. 一个模型

A. 对模型的一般性描述

本节将给出一个简单模型，并分析认知失调的经济效应。模型分为两个阶段：在第一个阶段，工人可以从危险性工作和安全性工作中做出选择，与此相对应将分别获得很高的总收入（危险性工作）和零收入（安全性工作）。

在第一阶段，由于没有给他们配备任何安全设备，从事危险性工作的工人不得不承受可能存在事故发生的风险。如果在将来作出错误决策的成本并不是很大，那么由于存在认知失调，选择从事危险性工作的工人将会逐渐坚信他们的工作确实是安全的。

在第二阶段，提供给工人具有成本效应的安全设备，但是到那时由于从事危险性工作的那些工人已经认为自己的工作是安全的，所以他们不会去购买这些设施。为了实现帕累托最优，安全立法便成为必需，因为工人对安全设备与货币收入间的边际替代率的评价有误。①

在这个模型中，产品市场和劳动力市场都是完全竞争的，而且工人开始时都是理性预期的。这些工人也知道他们从事危险性工作时会产生认知失调，并要不断改变其对事故发生可能性的估计。我们建立这样一个"完全信息"模型的目的并不是要去和现实完全符合，因为我们并不期待人们会对他们自己未来会发生的行为有清醒的认识。② 相反，我们建立这个假设的目的是试图表明，即使在工人进入危险性行业前可以完全预见到自己对不安全条件的心理反应的模型中，安全立法也存在福利改进的作用。这种作用在无理性预期的模型中更为明显，因为此情形下政府拥有比私人更多的信息。

模型的假设将在 B 部分中给出，C 部分是对模型的基本分析，D 部分将阐明最终均衡的结果，E 部分将讨论均衡的性质和安全立法引入后的效应，从一开始 B、C、D、E 部分中我们一直都在假设工人没有签订合约事先承诺购买安全设备。在 F 部分中将对这一情况存在的结果和含义进行讨论。

---

① 我们假定工人不能事先承诺购买安全设备，这个假定将在第三节的 F 部分中分析。
② 在模型中，人们并没有完全意识到自己在将来的行为。这一假定将在第 197 页注释①中分析。

B. 模型的假设

模型的假设分为四部分：对安全性行业的劳动力需求的描述；对危险性行业的产品需求的描述；对危险性工作非货币损失的描述；单个工人的心理选择的描述。

安全性行业的劳动力市场。安全性行业与危险性行业是相对的。在安全性行业中，工人的工资是固定的，记为 w_s。这一工资水平锚定了阶段 1 和阶段 2 中从事危险性工作的工资水平，由两个行业之间货币收益和非货币收益的适当等价来决定。

对危险性行业的产品需求和供给。在每个阶段中，危险性行业的产品需求曲线是一条向右下方倾斜的需求曲线 $D=D(P_h)$。在这里，D 表示产品需求，P_h 表示产品价格。产品仅由劳动一种要素生产，且每个人在每一阶段中生产一个单位的产品。生产者是完全竞争的，因此在每个阶段中，产品的供给对于给定工资水平具有无限弹性。

危险性行业的非货币损失。如果没有安全假设，所有从事危险性工作的工人在阶段 1 和阶段 2 中都可能以概率 q 承受事故发生的危险，成本为 c_a。

在第一阶段没有任何的安全设备提供。在第二阶段中，工人购买安全设备用以消除安全隐患的成本为 c_s，为了使购买设备是经济划算的，假定 $qc_a>c_s$。我们还假定工人不能事先承诺购买这些安全设备，他们到第二阶段才能决定是否购买。在 F 部分中，我们将放宽这一假定，并对这一做法的合理性进行讨论（另外还应注意到，在一个完全竞争的模型中，由工人还是厂商来购买安全设备是无关紧要的）。

此外，在每个阶段，从事危险性工作的工人都有恐惧的心理成本，等于 $c_f f$。在这里 c_f 表示恐惧的单位成本，f 表示工作恐惧的总水平。（为了便于处理，工人由于感到不安全而引起的内心的不舒服的感觉被称为"恐惧"。这个界定并不影响或掩盖认知失调模型本身的含义。认知失调理论对于工人的不安感觉有着比动物本能性的恐惧更为复杂的解释：个体在两种认知之间难以决策，一方面认为自己是聪明的人，然而自己又选择从事危险性工作。福利效应和市场机制的解决方法是互不相关的，它们共同清楚地描述了工人的这种不适情绪。）

恐惧感 f 和可观测到的事故发生概率 q^* 之间的关系；工人对 q^* 的选择。一般地，f 会是 q^* 及工人对期间事故发生可能性的主观评价的函数。这个函数的形式被设为

$$f=q^*/q \tag{1}$$

其中，$0 \leq q^* \leq q$。对于每个工人而言，在他做出从事哪个行业的工作的选择之前，q^*一开始等于q，q是事故发生的真实概率。但是在认知失调的模型中，我们让每一个工人可以选择从 0 到 q 之间的任何 q^* 值。不过，一旦做出选择，工人必须按照以下规则行事：即新的 q^* 值就是事故发生的真实概率。在这个模型中，工人能充分认清其决策的环境：他们具有理性预期。

C. 模型均衡的描述

从第二阶段逆推，我们可轻易地找到模型的均衡解。在附录中将给出模型的证明。证明的要点在此稍作概述。均衡的分析是根据以下四个命题展开的。

命题 1：从事危险性工作的工人的工资水平在第二阶段中为 w_s+c_s。

危险性行业的生产成本在第二阶段中是低于第一阶段的。原因在于新的安全设备的引入使得产品的价格降低，从而使需求增加。结果更多的产品将被生产出来。进而在第二阶段，厂商将雇佣更多的劳动，而在第二阶段中，新增工人必然来自安全性行业。那些认为 $q^*=q$ 的工人将会因此而购买安全设备。他们的物质补偿将从没有从事安全性工作所获得的工资中得到，而且还要加上购买安全设备的成本 c_s。唯有如此，两种工作才具有可比性。因此在第二阶段，从事危险性工作的工人的工资水平为 w_s+c_s。

命题 2：如果下式成立，则在第二阶段中从事危险性工作的工人会选择购买安全设备：

$$q^* > qc_s/(qc_a+c_f) \tag{2}$$

也就是说，如果预期的恐惧成本和预期事故的成本高于购买安全设备的成本，工人就会购买安全设备。恐惧水平为 q^*/q。因而恐惧成本为 $(q^*/q)c_f$，而事故发生的成本为 q^*c_a。所以当 $q^*c_a+(q^*/q)c_f$ 大于（小于）c_s 时工人才会购买（不购买）安全设备。不等式（2）由此得到。

命题 3：如果 $(qc_a-c_s)<c_sc_f/(qc_a+c_f)$，则在第一阶段中工人的选择是：

$$q^*=0 \tag{3}$$

如果 $(qc_a-c_s)>c_sc_f/(qc_a+c_f)$，则

$$q^*=qc_s/(qc_a+c_f) \tag{4}$$

在第一阶段中，工人将选择一个变量 q^* 值来最大化自己的福利水平。工人正确地认识到：如果他选择的 q^* 值小于临界水平 $qc_s/(qc_a+c_f)$，那么在第二阶段中他将在决定是否购买安全设备时做出错误的决策。

一个选择了低于临界水平值 $qc_s/(qc_a+c_f)$ 的工人，应该选择 $q^*=0$ 来使他的恐惧感最小化。在这种情况下他的恐惧成本为 0，但是在第二阶段做出关于购买安全设施的错误决策的成本为

$$qc_a-c_s \tag{5}$$

对于任何 $q^*<qc_s/(qc_a+c_f)$ 都一样。

另一方面，工人可以维持 q^* 足够高，以保证他能正确地购买安全设备。只要命题 2 中 $q^*>qc_s/(qc_a+c_f)$，这种情况就会发生。而当 $q^*=qc_s/(qc_a+c_f)$ 时，就能实现恐惧成本的最小化。

那么工人应该选择怎样的 q^* 值呢？为了使他的货币收入与非货币收入的总和最大，他应该将在 $q^*=qc_s/(qc_a+c_f)$ 水平下的恐惧成本同不能在 $q^*=0$ 下购买到安全设备的成本进行比较。在 $q^*=qc_s/(qc_a+c_f)$ 下的恐惧成本为 $(q^*/q)c_f$，或者

$$c_s c_f/(qc_a+c_f) \tag{6}$$

相应地，如果（6）超过了（5），工人应该选择 $q^*=0$，而如果（5）超过了（6），工人就应该选择 $q^*=qc_s/(qc_a+c_f)$。

命题 4：在第一阶段中，受雇于危险性行业的工人的工资为

$$w_{h_1}=w_s+qc_a+\min(qc_a-c_s, c_s c_f/(qc_a+c_f)) \tag{7}$$

在第一种情况下，工人选择 $q^*=0$，他必须因为第一阶段中的事故（qc_a）的预期成本以及在第二阶段中决策错误的成本而得到补偿。一个从事安全性工作的工人在第二阶段得到的工资为 w_s。一个从事危险性工作的工人得到的工资为 w_s+c_s。一个从事危险性工作的工人，如果没有购买安全设施，得到的总净收益为 $w_s+c_s+qc_a$。因此，对于一个从事危险性工作的工人，如果他在两期中得到的净收益同一个从事安全性工作的工人一样，那么他在第一阶段必须得到工资：

$$w_{h_1}=w_s+qc_a+(qc_a-c_s) \tag{8}$$

在第二种情况下，工人选择 $q^*=qc_s/(qc_a+c_f)$，他在第二阶段购买安全设施的成本为 c_s，得到的工资为 w_s+c_s。因此他在第二阶段的净收益就同一个从事安全性工作的工人的净收益完全一样。然而，在第一阶段中，他有一个数值为 qc_a 的额外的事故成本，以及一个数值为 $(q^*/q)c_f$ 的额外的恐惧成本。因此，相对于一个从事安全性工作的工人，他必

第 8 章　认知失调的经济后果

须得到额外的补偿，补偿的量为 $qc_a+c_sc_f/(qc_a+c_f)$，从而

$$w_{h_1}=w_s+qc_a+c_sc_f/(qc_a+c_f) \tag{9}$$

综合这些分析，即可得到命题 4。

D. 均衡的解释

图 8—1 描述了该均衡。在每期中，危险的行业对工人的需求量完全等于对商品需求量，因为生产一单位商品需要使用一个工人。在第一阶段中，在保留工资

$$w_{h_1}=w_s+qc_a+\min(qc_a-c_s,c_sc_f/(qc_a+c_f)) \tag{10}$$

下，工人的供给具有无限弹性。因此，在第一阶段中，均衡工资为 $w_s+qc_a+\min(qc_a-c_s,c_sc_f/(qc_a+c_f))$。在第二阶段中，存在着两种可能的劳动供给曲线。在第一种情况下，$q^*=0$，当工资率为 w_s 时，工人供给的劳动能达到 $D(w_{h_1})$，高于 $D(w_{h_1})$，即存在来自于安全行业的工资为 w_s+c_s 的无限的劳动供给。在第二种情况下，$q^*=qc_s/(qc_a+c_f)$，在工资 w_s+c_s 下，危险的行业存在着无限的劳动供给。无论是第一种情况还是第二种情况，第二阶段的均衡工资都是 w_s+c_s，这是因为劳动的需求曲线与两种可能的供给曲线各自相交于 $D(w_{h_1})$ 的右边，在那里，劳动的供给在工资 w_s+c_s 下具有无限弹性。

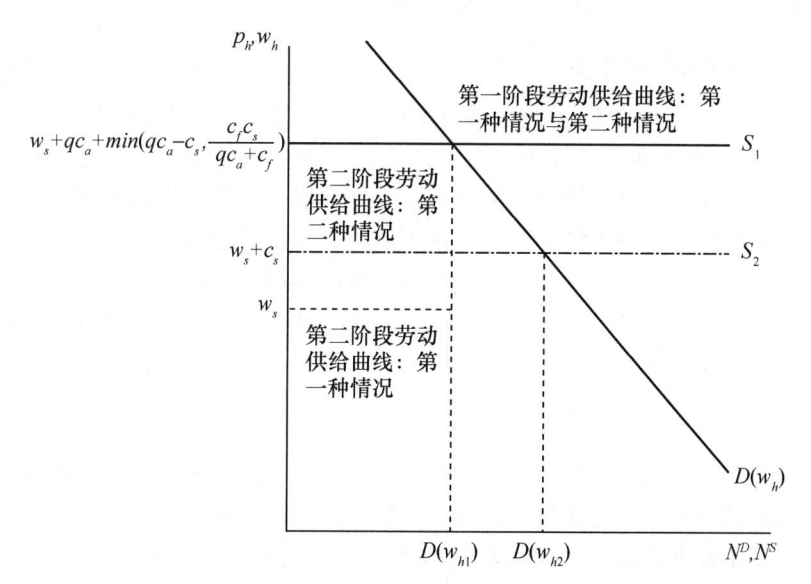

图 8—1　第一阶段和第二阶段，危险行业中的劳动需求与供给

E. 均衡的讨论；安全立法的引入

这个均衡的分配含义是什么？首先，对于所有的工人，不论其工作经历如何，当加总两个时期的收入时，都会拥有相同的货币收入和非货币收入的预期：$2w_s$。[①] 当安全、恐惧和事故的相对价值使得所有的工人都会选择在第二阶段购买安全设施时，所有的工人在每一阶段都会拥有一个预期的收入，其大小为 w_s。如果决定问题的参数使得在第一阶段中从事危险性工作的工人不会在第二阶段中购买安全设备，那么情况就会有些不同。那些工人将会认为他们在第二阶段的收入为 w_s+c_s，而事实上，他们的预期收入为

$$w_s+c_s-qc_a<w_s \tag{11}$$

然而，由于他们在第一阶段的开始预测到了这个可能性，他们在第一阶段的工资就补偿了他们的这个损失。因此，引入了对认知失调的考虑之后不会改变工人之间福利的分配。那么工人和消费者之间的分配又会怎样呢？

我们现在将刚得到的均衡同涉及安全立法的均衡进行比较。这种安全立法要求购买安全设备，这种对设备的购买已被发现对成本是有影响的。在这种情况下，在危险性行业中，工作的保留工资在第一阶段只会有

$$w'_{h_1}=w_s+qc_a \tag{12}$$

由于工人们知道他们会被要求采用新的安全技术，因此他们会选择 $q^*=0$，并且在第一阶段不会有恐惧感。由于他们在第二阶段会被要求购买安全设备，故而他们不会因为在第二阶段中决策的失误或因为一定程度的恐惧（这种恐惧会使他们在可以购买安全设备的情况下去购买安全设备）而要求得到补偿。在有安全设备的情况下，所有工人在第二阶段的保留工资都将是 $w_{h_2}=w_s+c_s$。在第二阶段中，无论有没有安全合法性要求，工资都一样会是：

$$w_{h_2}=w'_{h_2}=w_s+c_s \tag{13}$$

由于安全立法而引起的两期的净改变是，危险性行业的第一阶段的一个较低的工资——因此使得该行业生产的货物有一个更低的价格。

存在安全法时，工人在两期内仍然拥有同样的预期收益总和 $2w_s$。

[①] 从事安全行业的工人获得的工资为 w_s，每阶段的总的净收益为 $2w_s$。

但是，由于消费者在第一阶段中只需要为危险性行业的产品支付一个较低的价格，因此他们的状况改善了。因此，安全法导致了一个帕累托改进结果。[1] 如果消费者拥有不变的收入边际效用，那么从安全法中获得的福利就等于图8—2中的阴影部分。

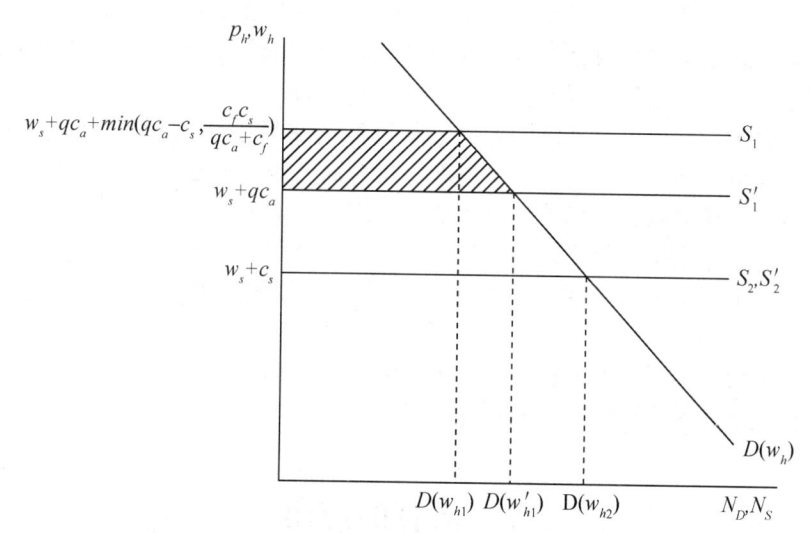

图中纵轴标注 p_h, w_h，曲线标签从上到下为：
$w_s + qc_a + min(qc_a - c_s, \frac{c_f c_s}{qc_a + c_f})$ —— S_1
$w_s + qc_a$ —— S'_1
$w_s + c_s$ —— S_2, S'_2
需求曲线 $D(w_h)$，横轴 N_D, N_S，横轴标注 $D(w_{h1})$、$D(w'_{h1})$、$D(w_{h2})$。

图 8—2 在引入和没有安全立法的情况下，危险行业的劳动需求和供给

阴影部分的面积描述了从立法中获得的福利收益；S 是没有安全法时的供给曲线；S' 是有安全法时的供给曲线。

F. 事前签订的合同

杰克·赫什莱弗（Jack Hirshleifer）已经为我们指出，在一个完美预见的世界里，如果工人们能在第一阶段开始的时候签订合同，而这样做会约束他们在第二阶段购买安全设备，一个帕累托最优的均衡就能通过工人们的自发行为而无需任何政府干预而得到。这类事先签订的合同是否可能实现，取决于法律系统的性质。如果在第二阶段允许重新签订合同，那么工人们可能会事前作出各自的承诺，但在第二阶段的开始重新签订合同。在第二阶段开始时，给定工人的偏好和信念的情况下，这

---

[1] 只有当工人们能完美地预测到他们未来的行为时，消费者才会成为安全法的受益者。如果工人们不能意识到安全技术的最新改进，恐惧的效应，或者他们信念的改变的可能性，以及，如果有的话，安全法的收益会流向从事危险性工作的工人。每个人的平均收益是 $qc_a - c_s$，并且会在所有工人决定相信他们的工作在第一阶段是没有危险的情形下被获得。只要恐惧的成本大于 $qc_a - c_s$，且工人们都不知道他们可以改变信念，或者没有意识到该选择对他们在第二阶段决定是否购买安全设施时产生影响，那么这种情况就会发生。一个关于这些可能性的详细分析的打印文件可以从作者们那里得到。

种重新签订的合同肯定会导致一个帕累托最优结果。因此，如果工人们通过使自己相信他们的工作是安全的，从而利用他们的事前承诺，他们现在就会违反他们的合同。如果允许重新签订合同，他们可能会通过向与他们签订合同的人提供一定数量（少于 c_s）的支付来这么做。正如我们所假定的那样，如果工人们在第一阶段拥有对真实模型的理性预期和正确的感觉，他们就会意识到在存在重新签订合同的可能性的情况下，事先承诺是无效的，因此会克制自己去这么做。

然而，在一个订立合同者可以从以往的交易中获得声誉的模型中，事前承诺可能是可行的。如果重新签订合同会影响那些出售安全设施者的声誉，从而减少他们签订有利的未来事前合同的可能性，那么他们可能不愿意这么做。但是，一个声誉起到一定作用的模型会因此涉及到一个不同于通常的竞争模型框架的模型，并有可能出现非帕累托最优的结果。

最后，如果我们放松关于工人们能预见他们的认知失调的反应，那么预先承诺的合同就变得不可能。

Ⅳ．潜在的应用

上一节描述的模型，在将心理学的发现应用到经济模型方面，是具有例证作用的。本节提出了对类似模型的一些其他可能的应用。这些潜在的应用中，有一些是直接由认知失调引发的，而另一些则仅仅是对一些心理学理论的经济学解释。

A. 创新的源泉

我们的模型描述了一个关于信念的选择的经济理论：起初，只有在净货币和心理收益为正的时候，信念才会被采纳。由于认知失调，信念一旦被接受就一成不变，人们倾向于避免或抵制与他们树立的信念相抵触的新信息。作为一种应用，本模型为经济学创新注入了一些洞察力。在本文的上一节，在第一种情形下，第二阶段购买新安全设备的创新者们不是那些因为经历过，所以熟悉危险行业的情况的工人，而恰恰相反，是那些新的工人，他们在第一阶段从事安全行业的工作，在第二阶段才转移到危险的行业中来。

从该模型中得到的预测——创新者是一项活动的先前的门外汉——是符合以下两项观测结果的。首先，在科学史上，托马斯·库恩（Thomas Kuhn, 1963）曾经指出，那些首先采用一项新的科学范式的人主要是那些进入该领域的新参与者。在产业组织领域，通常认为产业实验室要为大量的次要创新负责，但是主要的创新大部分来自于外部（Edwin Mansfield，1986：92）。约翰·朱克斯等人（John Jewkes et al.，1959）在他们的研究中发现，第二次世界大战前，在61项主要发明中，只有12项发明出自产业实验室。超过半数的发明来自于个人。丹尼尔·汉贝格（Daniel Hamberg，1963）报道的二战后的情况同样如此。

B. 广告

广告是如何发挥作用的？公司为什么会花费数百万美元投入广告活动？在其他条件相同的情况下，为什么人们更愿意购买广告品牌而不是未做过广告的商品？

毫无疑问，这是一个复杂的问题，其答案取决于特定的产品和特定的情况。但是，关于广告的教科书强调一个因素：广告传达了关于该产品的信息。在这里使用的"信息"这个词，并不仅仅涉及关于被广告产品的物理特征的因素。广告还可能传达了关于消费该产品的社会意义的信息，以及该产品如何既能满足消费者的生理需要，又能满足消费者的心理需要的信息。①

如果广告提供的信息大体上能让人们区分一项产品的功能价值或心理学价值，那么就很容易理解它是如何帮助人们做出决定的。但是，广告教科书也承认，存在着广告中传递不相关信息的情形。

例如，一部关于广告的大学教科书将产品分为了三类：在物理效能上有重大区别的一类、那些仅仅在"设计或构成特性"（Weilbacher，p.174）上有区别的一类以及"普通产品"，或那些"如果不辨别的话，至少是彼此之间无法区分的"产品（Weilbacher，p.178）。当最后一类的品牌（以及第二类中的部分）声称同其他品牌有区别时，该宣称不过是"基于对该类别中所有产品的普遍成分或内在质量的抢先告知，或是基于一些抽象的甚至是想象的品质"（Weilbacher，pp.178，181）。作者视为最后一类的产品，恰是那些广告量最多的产品。另一本书指出，一旦对消费群体的欲望进行了识别，通常有两种方式来迎合他们的需求。首先，可以创造出一个新产品。作者认为这属于"产品策略"。作为一种选择，他们建议他们的读者可以采纳一条旨在改变"消费者"对一个现存产品的认知的广告"策略"，以便看上去满足了那些需要（参

---

① 例如，一部关于广告的大学教科书指出："消费者常常希望营销部门是为他们服务的，无论是物质意义还是心理意义上。大多数营销部门都会承诺某种特定的心理满足以及生理上的效能"（William Weilbacher，1979，p.159）。

见戴维·雅克尔和约翰·梅耶斯（David Aaker and John Myers，1974，p.158））。最后，尽管关于广告的教科书愿意将人们的心理需求当作是完全与"公开的生理"需要等同，但明显的是，至少从广告所传递的产品的相关信息来看，实际情况并非如此。一辆车的后备箱的尺寸以及净空高度同购买这辆车的人是否需要携带大的物件或者是否是高个子是相关的。一辆带有大的后备箱或者较高车顶棚的轿车可能比那些不具备这些特征的轿车更有价值。然而，一个人所使用的牙膏的种类对他在社会上的被接受程度是没有影响的。同理，一个人所携带的软饮料的类型通常不会影响一次野餐的乐趣。

如果广告所传递的信息的价值微乎其微，那么为什么会有人关注到它们呢？

本文所提出的信念理论为这种现象提供了一个解释。正如广告从业人员所指出的那样，人们确实有着某些需要和嗜好，而且他们确实会购买商品来得到满足。这些需要和嗜好中有一些是相当隐晦、微妙的；可能很难说清什么时候这些需要得到了满足。在此情形下，人们可能想要相信他们刚刚所买的物品满足了他们的需要。广告为人们提供了一些外在的正当理由，使人们相信就是他们想的那样。人们喜欢觉得自己是有魅力的、被社会接受的，而且是聪明的。拥有这些关于他们自己的信念会让他们觉得很舒服。广告为这些信念提供了便利——如果人们购买了广告产品。

上述论述也指出了广告效果的一个局限。人们可能会愿意为一件贴有迷人的幻想光环的产品支付高一点的价格。然而，他们的支付意愿是有限度的。当信念的价值低于广告品牌的额外成本时，广告就会失败。这样一种对广告的观点为广告的福利分析提供了一种方法，它既不同于广告学教材，也与经济学文献（Richard Schmalensee，1972）提供的方法大相径庭。

C. 社会保障

这类潜在的经济重要性的另一个应用是关于养老保险。社会保障立法建立在以下信念之上：那些有权自己抉择的人倾向于购买过少的养老保险。

如果存在着这样一些人，当他们赚钱能力消失时，仍简单地不愿意做片刻思考，如果为年老而储蓄的典型事实迫使人们必须要作此思考，那么，就有理由施行强制性的养老保险。正如我们所看到的那样，这种情况同前一节所提到的安全法的情况是类似的。在那个模型中，工人们发现去思考在危险的行业工作所涉及的危险是不舒服的。出于这个原因，他们有时候不能得到在安全和工资之间的准确的边际替代率。在一个类似的模式下，人们可能发现思考他们的老年是不舒服的。出于这个原因，在给定他们自己偏好的情况下，他们可能会在当前消费和为退休储蓄之间做出错误的权衡。

D. 犯罪的经济理论

认知失调的应用之一就是将其应用到犯罪的经济解释之中。按照戈登·塔洛克（Gordon Tullock，1974）的观点，经济学家的犯罪理论是一个对标准价格理论的直接应用：

> 大多数对犯罪问题有过认真思考的经济学家，都会马上得出这样一个结论：惩罚实际上会阻止犯罪。原因相当简单……如果你增加一件东西的成本，那么对它的消费就会减少。因此，如果你增加犯罪的成本，那么犯罪数量就会减少（pp.104-105）。

由认知失调理论所引发的心理学实验强烈地表明，塔洛克的结论仅仅是部分正确的。尽管认为阻碍越大，观察到的反抗就越多的观点可能是正确的，而这些实验表明，一旦这些惩罚的威胁消除，那些受到相对严厉惩罚威胁的人同那些受到相对轻微惩罚威胁的人相比，更有可能不服从。

有一个在各种不同的条件下进行的实验中，孩子们被要求不能玩一个他们非常喜欢的玩具。其中的一组被威胁如果不服从就会受到严厉的惩罚；而另一组被威胁如果不服从只会受到轻微的惩罚。之后，孩子们被允许在放有那个玩具的房间里玩耍一段时间。后来（在一次实验中是好几个星期以后（参见乔纳森·弗里德曼（Johnathan Freedman，1965）），孩子们再次被放进那个放着玩具的房间，只是这次没有受到惩罚的威胁。那些曾受到更加严厉的惩罚威胁的孩子，同那些只是受到轻微威胁的孩子相比，更有可能去玩曾受到禁止的玩具。一些类似的情况也表明，那些在家时，因为攻击行为而受到严重惩罚的孩子到了学校之后，会比那些只受到轻微惩罚的孩子要显现出更多的暴力倾向（参见罗伯特·西尔斯等（Robert Sears et al.，1953））。

对这些结果的解释是，那些因为违反规则的惩罚相对较小而服从规则的人，需要为他们的行为建立一个内在理由。当他们进入一个违背规则的外部制裁减少了或消除了的环境中时，他们就不太可能违反规定，因为他们受到了在第一种情况下建立的内在理由的限制。

因此，将价格理论应用到犯罪中并不像塔洛克还有贝克尔（Becker，1968）想让我们相信的那样自然。增加的惩罚可能在其影响比较明显，而且犯罪被抓获的概率被犯罪分子所熟知的情况下才会起到阻止作用。但是，大多数罪行之所以被犯下，是因为犯罪分子预期他们不会被抓获。因此，守法的自我动机毫无疑问是减少犯罪的一个关键因素——而且犯罪可能会随着严厉惩罚的减少而减少。

V. 结　论

本文提供了一个将心理学理论引入理论经济学模型的例子。特别地，由认知失调理论引发出一个决策模型，从而对理性决策模型作出修改。

标准的经济学分析假定，人们完全了解其行动的潜在后果，并且通过决策来使自己的福利最大化。本模型在此意义上接近于标准的经济学分析。不过，引入认知失调后，得出了与标准分析不同的结果，尤其是为一些标准经济学分析无法解释的难题提供了更好的解释。

例如，本文的方法更好地解释了包括为什么非信息性广告是有效的，为什么社会保障立法和安全法会大行其道，以及为什么人们没能购买在保险统计上会获利的洪涝灾害保险和地震灾害保险等现象。这些解释并不依赖人们被错误告知信息的假设——而依赖于如果他们相信一些事情而非真相，那他们就会通过自己的选择而做出行动。

参考文献

Aaker, David A., and Myers, John G., *Advertising Management*, Englewood Cliffs: Prentice-Hall, 1975.

Aronson, Elliot, *The Social Animal*, 3rd edn., San Francisco: W. H. Freeman, 1979.

——., and Calsmith, J. Merrill, "Effect of the Severity of Threat on the Devaluation of Forbidden Behavior," *Journal of Abnormal and Social Psychology*, June 1963, 66, 584–588.

Axsom, Danny, and Cooper, Joel, "Reducing Weight by Reducing Dissonance: The Role of Effort Justification in Inducing Weight Loss," in Elliot Aronson, ed., *Readings for the Social Animal*, 3rd edn., San Francisco: W. H. Freeman, 1980.

Becker, Gary S., "Irrational Behavior and Economic Theory," *Journal of Political Economy*, February 1962, 70, 1–13.

——, "Crime and Punishment: An Economic Approach," *Journal of Political Economy*, March/April 1968, 86, 169-217.

Ben-Horin, Daniel, "Dying to Work: Occupational Cynicism Plagues Chemical Workers," *In These Times*, June 27/July 3, 1979, 3, 24.

Brehm, Jack, "Postdecision Changes in the Desirability of Alternatives," *Journal of Abnormal Social Psychology*, May 1956, 52, 384-389.

Davis, Keith, and Jones, Edward E., "Changes in Interpersonal Perception as a Means of Reducing Cognitive Dissonance," *Journal of Abnormal and Social Psychology*, November 1960, 61, 402-410.

Dickens, William T., "A Little Learning is a Dangerous Thing…," mimeo, Berkeley, January 1981.

Freedman, Jonathan, "Long-time Behavioral Effects of Cognitive Dissonance," *Journal of Experimental Social Psychology*, April 1965, 1, 145-155.

Glass, David, "Changes in Liking as a Means of Reducing Cognitive Discrepancies between Self-Esteem and Aggression," *Journal of Personality*, December 1964, 32, 531-549.

Hamberg, Daniel, "Invention in the Industrial Research Laboratory," *Journal of Political Economy*, April 1963, 71, 95-115.

Hirschman, Albert O., "Obstacles to Development: A Classification and a Quasi-Vanishing Act," *Economic Development and Cultural Change*, July 1965, 13, 385-393.

Jellison, Jerald M., and Mills, Judson, "Effect of Similarity and Fortune of the Other on Attraction," *Journal of Personality and Social Psychology*, April 1967, 5, 459-463.

Jewkes, John; Sawers, David; and Stillerman, Richard, *The Sources of Invention*, New York: St. Martin's Press, 1959.

Knox, Robert E., and Inkster, James A., "Postdecision Dissonance at Post Time," *Journal of Personality and Social Psychology*, April 1968, Part 1, 8, 319-323.

Khun, Thomas S., *The Structure of Scientific Revolutions*, Chicago: University of Chicago Press, 1963.

Kunreuther, Howard et al., *Disaster Insurance Protection: Public Policy Lessons*, New York 1978.

Mansfield, Edwin, *The Economics of Technological Change*, New York: Norton, 1968.

Schmalensee, Richard L., *The Economics of Advertising*, Amsterdam: North Holland, 1972.

Sears, Robert et al., "Some Child-Rearing Antecedents of Aggression and Dependency in Young Children," *Genetic Psychology Monographs*, First Half, 1953,

135-234.

Tullock, Gordon, "Does Punishment Deter Crime?," *Public Interest*, Summer 1974, 36, 103-111.

Weilbacher, William M., *Advertising*, New York: Macmillan, 1979.

第9章 幻觉经济学[*]

乔治·A·阿克洛夫[**]

通常有这样的一种观点，即认为经济学理论将偏好视为是给定的，而其他社会科学——人类学、心理学和社会学——关心的则是这些偏好的本质以及构成。例如，德布鲁（Debreu，1959，p.54）尽可能抽象地用数学公理的形式描述了这些偏好，而埃文斯-普里查德（Evans-Pritchard，1940，pp.16-50）则尽可能具体地用努尔人对牲口的爱的形式描述了这些偏好。但是，这种流行的二分法遗漏了一点，即其他的社会科学主要关心的是人们如何不同地形成概念。概念形成不仅涉及偏好，还涉及信息的有偏使用。来源于人类学、哲学和心理学（正如下面将要讨论的那样）都解释了概念形成在确定真实事件中所起的重要事例。这些学科也强调了概念形成的重要性，其中的概念形成过程是下意识的，或者最好的情况也是决策者的错误理解。

关于公共选择的传统经济学模型在本文中得到构建；这些模型是建立在最大化理论和市场出清假说之上的。本文还有一个主要的创新：信息被以一种有偏的方式理解，这种有偏方式赋予两个个体目标以权重；一方面，决策者有欲望对其自身、行动和所生活的社会感觉良好；另一方面，则需要一个对世界的确切观念以做出正确的决策。根据这些关于信息传递方式的创新，这些模型与引入外部性的传统模型有显著的区

---

[*] 这篇论文最初发表于 George Akerlof（1989），"The Economics of Illusion,"*Economics and Politics* 1，1。版权归布莱克威尔出版社所有。经允许重印。

[**] 作者要感谢 Laura Nader、Hajime Miyazaki、Joseph Stiglitz 和 Janet Yellen 提供的宝贵帮助和评论。还要感谢国家科学基金会通过加州大学伯克利分校商业和经济研究所管理下的 SOC 79-05562 研究津贴所提供的慷慨财政资助。

别：因为任何个人对公共选择结果的影响都接近于0，因此，每一个个体都有激励去选择一个关于世界的模型，以使其私人幸福最大化，而无需任何对社会政策结果的考虑。我们刻意挑选了这些例子来反映这些有偏的世界观念选择所产生的潜在影响。

那些来自于其他社会科学，并且引发了这些关于信息有偏处理过程的关键概念是：来自人类学的文化；来自心理学的压抑和认知失调；来自社会学的对环境的定义以及涂尔干的构造主义。我将花一定的篇幅来一一解释这些概念是如何应用到一个模型之中的，在这个模型中，决策者对世界的观点部分的是下意识选择的，以便能对其自身或是其所处的世界感觉良好。

文化

人类学的核心概念是文化。根据格尔茨（Geertz）的定义，文化是"**意义**（meanings）的一种历史传承形式，它嵌入在**符号**之中；是一种通过符号形式表达的继承来的**概念**系统，通过这种方式，人们进行交流，使他们关于生活的知识和对生活的态度得以延续和发展。"（Geertz, 1973：89，黑体是后加的。）我加上黑体的词："意义"，"符号"以及"概念"，强烈地表明，文化更为关注人们考虑世界的方式，而不是偏好关系的差异。的确，日本人的偏好是寿司，而美国人的偏好是热狗，但是鲁斯·贝内迪克特（Ruth Benedict）关于日美文化差异的经典著作《菊花与剑》，几乎完全关注的是如何不同地使社会关系概念化。经典的人类学故事不是关于偏好中的差异的，而是关于文化上的误解的故事。这些故事中最著名的一个可能要属格尔茨关于科恩，一个在摩洛哥的犹太商人，发生在1909年的故事了。科恩的帐篷遭到柏柏尔部落的袭击，并且导致他的一位客人死亡。他要求500只绵羊作为赔偿，并且得到了柏柏尔部落酋长的同意。然而，法国当局却认为他是通过武力得到这样一种解决办法的，因此带走了他的绵羊，并且把他投进了监狱（Geertz, 1973：7-9）。正如格尔茨的更长的报告中所清楚地阐明的那样，这不是一个关于不同偏好的故事，而是一个关于意义被错误理解的故事，这源于科恩、酋长和法国司令官三者的不同的世界观。

人类学关于误解的故事几乎都是外来的而且很稀少，因此有必要给出一个例子来阐明发生在现代背景下和古代部落下的认识偏差，同时这些偏差也是涉及核心问题的。人们常常会提到，关于美国社会的两个主流纪事都是由外国人而不是美国人写的，尽管大部分主题是关于美国本土的。尤其是我牢记着托克维尔对美国民主的研究（de Tocqueville,

1945）以及迈尔德尔对美国黑人地位的研究（Myrdal，1962）。这两个例子都表明，对于一个文化的外来者来说很明显的事情可能对处于该文化之中的人来说是不明显的；并且这只发生在文化内的人解释信息的方式带来无法觉察的文化偏见时。

尽管可以列举出几乎无数个关于文化偏见和误解的例子，然而与此同时，却很难理解解释这些偏见发生的准确心理学和社会学机制。一个由人类学家劳拉·纳德（Laura Nader）报道的事件给出了一个关于基本事件的明显例子，这个例子中与个体文化（或自我想象）相反的观点被抑制了。纳德（1981）报道了一些人讨论安全的禁忌，这些人直接或间接地为原子能机构服务。她在劳伦斯伯克利实验室参加了两个来自国际原子能机构的研究者做报告的论坛，题目是关于实验室是否应该加入到增殖反应堆的研究中。会议由这样一句话介绍和引发："增殖反应堆是我们将要走的一条路。"在一个小时的陈述过程中，安全性一直没有被提及。没在实验室工作的人，来自伯克利校园的教授、本科生问到了明显的安全问题，但是实验室内部人员却没有谁问过这样的问题。由于"背景定义"在于增殖反应堆是"必由之路"，考虑安全性问题可以被理解为与实验室的政策相悖。然而，令人奇怪的是，研讨会对于所有问题都是开放的，而且，在给定实验室的职业环境的情况下，没有哪一位在实验室工作的科学家觉得在提问上受到任何限制。在实验室工作的科学家们自己在回答当时情况下为什么会在关于安全性的问题上保持沉默时，解释说因为这在他们的研究领域之外。纳德（1981）报道了在另外一个类似的场合对安全性问题的类似反应。尽管我将给出来自于其他理论的其他例子，然而，纳德所讲述的关于增殖反应堆以及安全性禁忌的故事是本文中的权威案例：人们在一定程度上有能力检视他们的思考，从而避免思考偏差或不适。不过，就劳伦斯实验室的科学家而言，他们并不知道这些思考偏差的存在。

心理学

心理学中至少有两个重要的概念，弗洛伊德阶段理论和认知失调理论都认为信息会被有偏处理，以令人们自我感觉良好。对于弗洛伊德阶段理论的一个有趣的现代解释可以直接用经济学术语加以阐释。按照布雷杰（Breger，1974）的观点，当人们锚定于对现实的错误观点时，神经症就会加重。锚定之所以会发生，是因为存在着太多同放弃幻觉相联系的焦虑，以至于不值得进行任何放弃幻觉的尝试。用标准的经济学语言来表述这种情况就是，为了获得真相，焦虑所带来的成本超过了收益。或者，用心理学家的话来说，"为什么某些人会被卡在或锚定在偏离的认知上？对此问题的一般回答是，过度的焦虑与最初的冲突相关，这种焦虑是发生认知偏离的初始原因，而为进行非偏离现实检验的重新尝试将再次唤醒焦虑"（Breger，1974：216）。

不考虑弗洛伊德的阶段理论的准确优点，弗洛伊德心理学为我们留下了一个一般视角：有机体接收到的是过量的信息。与照相机胶卷或档案柜不同，人类的大脑必须"选择"将哪些刺激进行处理和储存，对哪些刺激进行忽略和抑制。这个选择过程几乎不可避免地涉及有机体的目标，因此对世界的看法将不可避免地因目标而导致偏离现实。

为了避免使抑制（repression）看上去像一个特定的弗洛伊德概念，有必要指出在另一个背景下它也存在。沃勒斯坦－凯利（Wallerstein-Kelly，1980）对离婚后遗症的研究指出，一旦一个离婚的决定做出之后，就会出现高频率的残酷的家庭争斗。可以预见，一旦这个决定被做出，压抑婚姻痛苦的收益和成本之比会突然改变，以前对婚姻痛苦的压抑就会成为新冲突的导火索。

认知失调理论提供了第二个心理学模型，在该模型中，信息根据主体的需要被选择性地使用（Akerlof and Dickens，1982）。正如埃利奥特·阿伦森（Elliot Aronson，1979：109）对认知失调所描述的那样，个体想拥有一个积极的自我认知，比如，好、聪明或值得信赖。他们倾向于通过拒绝会得出相反结论的信息来保护这样一种积极的自我认知。这就导致了一个（相对于世界的真实状态来说）能维护人们良好的自我感觉的信息选择，而另一方面，这也会导致愚蠢的决定。

社会心理学家也提供了一系列生动的实验，其中人们理解信息使之同他们的愿望保持一致的做法，达到了令人吃惊的程度。在阿施（Acsh，1951）的实验中，实验对象们同实验人的一个同伙被安排在一个房间里，并且被要求与其他三个人连成一条线，每两个人间的距离要相同。这项任务一点也不难（当只有实验对象在房间里时，几乎100%能给出正确的答案）。在阿施的实验中，该实验人的一个同伙首先做出错误的答案。令人吃惊的是，当上述情况发生时，30%的实验对象也选择了错误的连线。

这些结果也不能完全用贝叶斯定理的论断来判断，贝叶斯定理指出，实验对象之所以会改变他们的答案，是因为从实验人的同伴的答案中得到了额外的信息：因为在隐私程度不同的回答中，实验对象获得的隐私程度越大，他们给出的错误答案就越少（（Argyle，1957）；（Mouton，Blake and Olmstead，1956））。

社会学

大部分社会学关注的是"环境的定义"如何决定结果。在主流社会学教材中（Broom and Selznik，1977，p. 23）对这个概念的描述，就如同格尔茨对文化的描述那样，想当然地强调无意识的意义，如同格尔茨对文化的看法：

> 定义环境就是要给出环境的**意义**，从而使其成为社会秩序的组成部分。当人们拥有对环境的相同定义时，社会秩序就存在了。这样，他们就有了相似的期待，并且知道如何确定行动的方向。这些共享的环境定义大部分都是**无意识**地获得的。它们构成了一个**理所当然的世界**。（黑体是后加上去的。）

"对环境的定义"通常指的是微观环境，而"文化"通常指的是一个社会的宏大景象；环境的定义经常被其中的决策者所操纵。然而，无论是人类学家还是社会学家，都通过某种独立的路径，发现了相同现象的一些方面：由于不清晰的认知假定，个人常常会用有偏的方式处理信息。

兰的"文档"（Lang's "File"）

数学家瑟奇·兰（Serge Lang，1981）的一个书信趣文集阐述了"环境定义"的概念。这个文集是由兰的一封初始的抗议信而来，这封抗议信是关于一个由西摩·马丁·利普塞特（Seymour Martin Lipest）和埃弗里特·拉德（Everett Ladd）发起的关于"美国教授职位的观点"的问卷调查的。兰知道自己的政治观点同利普塞特的观点有很大的不同，并且怀疑利普塞特对问卷调查的结果的理解很有可能同自己的理解大相径庭，于是，他写了一封抗议信，要求回复；利普塞特马上回信并做了一定的详述。兰对于收到的任何信件的答复，以及为了确认（或否认）他们宣称的关于问卷调查的角色而同任何信中提及的任何第三方的联系构成了该文档。最初接触的第三方是那些在利普塞特的初始回信中提到的人。兰的信件以及回信还有那些知道兰和利普塞特以及拉德之间逐渐升温的争论的第三方发给兰的任何相关材料，都被添加到了该文档中；此外知道这个争论的第三方的人数越来越多，因为任何先前在该文档中提到的人都被添加到了送给兰的或由兰送出的关于问卷调查新材料的接收人的"抄送"列表中。

读该文档能弄清楚与本文相关的两点。首先，问题的答案是非常不准确的，因为应答者常常试图回答另外一个问题，而这个问题"对环境的定义"更有利于应答者。正是因为这个原因，该文档里面充满了让兰不舒服的答案,其结果是,兰对他的一个应答者的典型的回信是这样开始的:"亲爱的弗里德曼女士,谢谢你的来信。我将处理你提出的观点并且从我先前的信件中复述一些要点,因为你并没有针对这些要点而谈"(Lang,1981:405)。包括兰在内的这些信件的作者们都试图给出对自己有利的环境定义,而且,信的近500页中几乎难以找到直接回答问题的答案。

该文档的第二个含义就是得到明确语言的难度。利普塞特和拉德设计的问卷调查的意图很可能是毫无疑问的,要尽可能少地得到模棱两可的理解。也没有理由怀疑利普塞特对兰的"报复"的抱怨的诚实性(或者说准确性),其理由是他所调查的问题在调查研究中一点也不异常。然而,数学家桑德斯·麦克莱恩(Saunders Maclane)发现在84个并不完全真实的问题中,有38个问题是模棱两可的,对于不同的人有不同的意义,使用了含蓄的词语或具有社会认可的标准(Lang,1981:276,279-288)。尽管采用了问卷调查的形式,以使理解的含糊性降到最低,然而含糊性等通常的问题还是发生了。

我已经花了一定的篇幅来描述兰的文档,这部分地是因为兰的旗帜鲜明的不妥协的信件。(例如,"亲爱的弗里德曼女士,……我仍然有两个问题没有得到回答。")唯一弄清楚的就是争论者试图用有利于他们的方式来定义环境,而与此同时,对利普塞特-拉德的问卷调查的批评性的评论弄清楚的就是,即使试图消除不确定性,不确定性也会出现。

涂尔干社会学理论的构造主义

在下一节建立的模型中,决策者选择他们对于世界的观点,或许是下意识地,这会使其自身福利最大化,而决策者的福利部分依赖于其心理状态,部分依赖于其实际行动。在一种极端的情况下:决策者的行为会像变色龙一样随时发生改变,此时,福利最大化就不再是问题了:人们可以根据形势调整自己对世界的观点,因此人们追求一种对世界的看法来提高自己的心理幸福感就不会限制他们的行为。伍迪·埃伦的电影《变色龙》证明,此类行为的确存在,但最极端的情况也确实少见。

社会学家和人类学家已经证实一个地方的思维方式可能会在另一个看似毫不相关的地方复制。① 例如涂尔干(Durkheim,1915)称,澳大

---

① 利瓦伊·斯特劳斯(Levi-Strauss)给出了这类构造主义的一个极端形式,他声称法国农民对把女儿嫁给异族青年与法国南部的偏远的小饭店之间互相交换葡萄酒的思维方式是相同的。

利亚当地的土著人在他们的宗教信仰和社会组织结构方面想法是一样的。后来的一些批评证明，涂尔干的理论的一些细节是错误的。但是思维方式确实会影响结果这个观点是被大部分人接受的。著名的民族志学者马林诺夫斯基（Malinowski）、米德（Mead）、贝内迪克特（Benedict）和埃文斯·普里查德（Evans-Pritchard）都试图记录他们描述的社会形态的思维方式。克罗伯（Kroeber，1948）的著名教科书指出，伟大发明同时出现的频率是由发明所在社会的思维方式决定的。短裙和军事行动的同时出现也被认为是看似不相关的地方却被相同的思维方式控制的例子。类似地，戈夫曼声称，美国精神病医院的"医学模式"传到了一些与其没有明显联系的地方，"所有的决定都是根据这个模式做出的，比如什么时候供应医院的三餐，或者亚麻布应该怎样折叠等"（Goffman，1961，p.84）。①

Ⅰ．幻觉的公共选择模型

上一部分有点长的序言是为了说明不像经济学，其他的社会科学不会假设人们处理信息时是没有偏见的；相反，人类学、社会学和心理学主要考虑的问题就是人们在处理信息时怎样无意识地掺入个人偏见。

外部性和社会选择的一个经典问题

本节给出了一个外部性和投票行为的模型，这个模型是对在一个可耗竭的池塘里过度捕鱼的经典例子的改编。考虑最简单的一个例子，这可能是微观经济学课程的一个标准的家庭作业，住在池塘旁边的人钓鱼和闲暇的效用是：

$$U=(\bar{L}-L)^{\alpha}F^{1-\alpha} \tag{1}$$

其中，F 是他们捕鱼的数量；
$\bar{L}$ 是劳动和闲暇的总时间；
L 是捕鱼的总时间；
$\bar{L}-L$ 是闲暇时间。

---

① 福柯（Foucault，1979）对法国医院的建筑和法国医生看待医疗行为的方式之间的关系给出了一个相似观点，但论述更加深奥。福柯认为，它们对于医疗的看法（通过"凝视"，从病人的身上发现症状）导致了不必要的不舒服的法国医院，这样医生们可以观察他们的病人。

211

此例中会发生外部性是因为，当越来越多的鱼被捕出池塘，留给其他渔民的鱼就越少，结果人们用来捕鱼的时间就越多。或者说，捕鱼的总收益就越来越少。如果人们按照生产函数捕鱼，捕鱼收益减少就完全可以作为标准作业的例子。

$$F=L^\beta \qquad (2)$$

其中，$\beta<1$。

在没有税收的情况下，劳动的私人收益是平均产出 $L^{\beta-1}$，比社会的劳动边际收益 $\beta L^{\beta-1}$ 要高。对捕鱼征收 $t=1-\beta$ 的税就会使个人收益等于社会的边际收益并且达到帕累托最优。一次性补贴来自税收收入。

在一般的投票行为的模型中，就像在这个模型里一样，人们的意见一致，因此制定的 $1-\beta$ 税应该没有问题。明白这个模型并且知道成本收益数量，投票者会一致认为 $1-\beta$ 的税是最优的。因此在标准社会选择理论下的标准外部性分析表明，税率是 $1-\beta$，并且通过一个全体同意的税率体系，帕累托最优将被重新获得。

经典问题的一个变形

我们对这个经典的例子进行两方面的修改。首先，我们假设工作时间在效用函数里不再没有作用（像（1）一样），在修正过的效用函数里人们也可以从工作中得到快乐，尽管 1 小时的工作代替 1 小时的闲暇会使快乐下降。另外，效用函数修改后，人们从工作中获得的快乐依赖于人们认为自己对社会的益处大小。一个人感觉到自己从池塘捕的鱼越多，使得别人捕鱼越难，他捕鱼获得的乐趣就越少。更准确地说，人们会估计参数 β，β 代表池塘资源耗尽的程度。β 的估计值越低，估计捕鱼对池塘的耗竭越高，人们从捕鱼中获得的快乐就越少。下面这个式子是修正后的效用函数：

$$U=(\bar{L}-L+\hat{\beta}\gamma L)^\alpha F^{1-\alpha}, \quad 0<\alpha<1, 0<\gamma<1 \qquad (3)$$

其中，$\bar{L}-L$ 是休闲时间；

L 是捕鱼的总时间；

F 是捕鱼的数量；

$\hat{\beta}$ 是 β 的估计值。

我们可以看到，这个新的效用函数（3）符合我们较早的观点：因为 γ 和 $\hat{\beta}$ 小于 1，1 小时的闲暇而不是捕鱼会增加效用，而且 $\hat{\beta}$ 越高，人们就越享受他们的工作，因此他们就越不会认为他们的工作会使池塘的鱼耗竭。

第9章 幻觉经济学

第二个主要的修改涉及人们对 β 的估计。假设人们知道这个模型的结构,包括性质 $0\leq\beta\leq 1$。因为这些知识,对于 β 估计就不会受到限制:他可以任选 $\hat{\beta}$ 的值,只要 $0\leq\hat{\beta}\leq 1$。

每个效用函数为(3)的决策者选择 L, F 和 $\hat{\beta}$,以令下式达到最大:

$$U=(\bar{L}-L+\hat{\beta}\gamma L)^\alpha F^{1-\alpha} \tag{4}$$

受其 β 知识的约束,因此

$$0\leq\hat{\beta}\leq 1 \tag{5}$$

并且受预算约束

$$F=(1-t)Lw_F+s \tag{6}$$

其中,w_F 是1小时的捕鱼量;

s 是对捕鱼的补贴;

t 是对捕鱼收入征收的税率。

这个最大化问题的解(给定约束(5)和(6),使(4)最大)表明,一个工资是 w_F、捕鱼收入的税率是 t、补贴是 s 的人会选择

$$L=\frac{(1-\alpha)\bar{L}(1-t)w_F-\alpha(1-\gamma)s}{(1-\gamma)(1-t)w_F} \tag{7}$$

且

$$\hat{\beta}=1 \tag{8}$$

对整个社会来说,补贴 s 要满足平衡预算约束

$$tw_FL=s \tag{9}$$

由(7)和(9)我们可以算出,对于税率 t,对补贴平衡预算约束

$$L=\frac{(1-\alpha)(1-t)}{(\alpha+(1-\alpha)(1-t))(1-\gamma)}\bar{L} \tag{10}$$

给定根据(8)选择 $\hat{\beta}$ 的值,根据(10)选择的 L 值的条件下,个人通过投票选择 t,从而使得福利最大。换句话说,投票者选择 t 使得福利(11)最大

$$(\bar{L}-L+\hat{\beta}\gamma L)^\alpha F^{1-\alpha} \tag{11}$$

个人行为最大化作为约束

$$L=\frac{(1-\alpha)(1-t)}{(\alpha+(1-\alpha)(1-t))(1-\gamma)}\bar{L} \tag{12}$$

$$\hat{\beta}=1 \tag{13}$$

而且以经济的以下行为假设为约束

$$F=L^{\beta} \tag{14}$$

并且

$$\beta=\hat{\beta} \tag{15}$$

这个有约束最大化问题的解是 $t^*=0$，其中 t^* 是人们偏好的税率（给定人们估计 $\beta=1$ 并且假设人们会想要看到那个使社会福利最大化的税率）。[①]

对前述模型的评述

通常的理性预期模型认为，个体在认识真实世界时没有偏差。此模型旨在阐明与此相反的观点可能产生的某些结果。它在逻辑上证明了，社会选择理论中的一个标准命题——在存在简单的外部性的情况下，政府选择税收连同补贴的方式实现帕累托最优——可能会被改变，因为个体（可能是下意识地）选择了那些部分地令自我感觉良好的信念。在此例子中，如果人们参与捕鱼，那么他们有动力相信自己并没有过度捕捞。并且若投票行为与这些信念相符，税收将为 0。进一步地，不论 γ 的大小，只要 γ 严格为正，税收都为 0，而且在此意义上，税收也与信念对效用函数影响的大小无关。在此模型中，来自错误信念的收益是私人的，而所有正确的信念的收益是公共的；因为每个决策者对关于税收的公共选择决策的影响可以忽略不计，所以他没有理由去选择自己的信念，用以平衡其私人收益和来自更好的社会选择的收益（表现为更好的税收连同补贴决策，而不是 $t=0$）。因此，私人收益主导着 $\hat{\beta}$ 值的选择。

我们通常假设，决策者是根据其自身利益进行投票的。但是什么是最优的利益本身并不显而易见，也难以被界定。除非个人有强烈的内在欲望坚信事实或者他相信事实本身是具有说服力的，否则这种自我错觉的欲望和能力将会导致低效率的社会决策，这是模型最核心的内容。然而，还应当看到，模型带有某些道德说教的寓言意味，就像通常考虑一个纯交换经济时一样。模型还想证明，对选择的自我错觉的修改将如何显著地改变教科书所述外部性模型的结论，税收将被选择为 0 而非其最优水平。

[①] 为使这个解可行，需令 $\gamma \leqslant \alpha/(1-\alpha)$。

评论

这个模型还有另外一个很有意思的特征，虽然没有什么经济上的重要性。假定上述模型中有一个政府，可以选择 $\hat{\beta}$ （可能是以政治宣扬的方法），但仍会受公众按照此 $\hat{\beta}$ 值做出的税收选择的制约。在此模型中，只要 γ 严格为正，社会最优的 $\hat{\beta}$ 值就大于真实值 β。为什么？因为最优的 $\hat{\beta}$ 值在知道事实的基础上赋予了权重，这将有效防止出现不现实行为，也将权重赋予到对世界的乐观看法上，这将使得 $\hat{\beta}$ 值尽可能大。只要最优值赋予世界乐观看法以权重，最优值就会高于真实值。这就是报纸专栏上每天都刊登的那些建议的材料。亲爱的艾比，是否应该告知安迪·简所存在的问题从而使她能够明智的行动，还是不告诉她这一问题，让她保持对自我的良好看法？①

II．武士和牺牲者

弗里曼·戴森（Freeman Dyson）在其关于核策略的极富挑衅性言论的书中把人分为两个群体：武士和牺牲者（Dyson，1984：4—5）。武士是那些包括军事机构人员，包括鹰派和鸽派、研究军事和国际事务的学者以及军队人员、军火制造商等。按照戴森的说法，这些人员最显著的特点就是他们热衷于可以简化为数量分析的细节。与此相反，牺牲者则是余下人员，通常指妇女和儿童。武士是牺牲者的代理人；他们以技术语言作为幌子使牺牲者很难真正理解哪些行为能真正代表自身的利益。

戴森的术语是否讲得通？在一个民主的国家里为什么武士平均不是大多数人意志的执行者呢？在此情况下，多数人即牺牲者。为什么军事策略的制定并不是代表大多数人的意愿（虽然任何方向上都可能存在失误）？在此我们建立一个模型来回答这些问题，模型也可能适用于专业化人士等比军事人士更能代表公众的情况。因此，本节也可以重新命名为"职业化人士和牺牲者"或者"专家和牺牲者"而不是"武士和牺牲者"。我在本节中使用的"武士"、"职业化人士"和"专家"这些术语是可以互换的。

---

① 易卜生（Ibsen）也在《野鸭》一文中写过类似的问题并得出相同的结论：直言无讳的实情并不总是社会最优的。

模型

存在一个经济,按照生产函数

$$G+B=\overline{X} \tag{16}$$

生产大炮和黄油,其中 G 代表军火,B 代表黄油,而 $\overline{X}$ 则是一个由技术决定的常数。

公众的偏好由柯布-道格拉斯效用函数给出,其效用取决于军火与黄油的生产量以及他们对军火专家的信任 c_{inc}。此效用函数为

$$U=A(c_{inc})G^{\alpha}B^{1-\alpha} \tag{17}$$

对当前在任者信任程度越高,则 $A(c_{inc})$ 的值就越大,进而效用 U 越大。在这个模型中,个人选择变量 c_{inc} 来实现自身效用最大化,而在任的专家选择军火和黄油的社会配置。

通过竞选,可能会使当权专家退位。投票人对当权者的竞争对手也保有一个信任程度 c^*。这个变量是外生的,因为它不受任何选择的影响,没有进入到效用函数之中。这些竞争对手也可以提出一些纲领来给出配置军火和黄油的建议。对于当政者,最具威胁的纲领将是对 $\overline{X}$ 的划分,从而 $G=\alpha X$ 而 $B=(1-\alpha)X$。这是最受公众偏好的纲领。

投票行为如下:当

$$A(c_{inc})G_{inc}^{\alpha}B_{inc}^{1-\alpha}<A(c^*)G_{chal}^{\alpha}B_{chal}^{1-\alpha} \tag{18}$$

时,投票人更加偏好于当权者的竞争对手,而当

$$A(c_{inc})G_{inc}^{\alpha}B_{inc}^{1-\alpha}\geqslant A(c^*)G_{chal}^{\alpha}B_{chal}^{1-\alpha} \tag{19}$$

时,投票人更加偏好于当权者。

其中,G_{inc} 是当权者选择的军火数量;

B_{inc} 是当权者选择的黄油数量;

G_{chal} 是竞争对手选择的军火数量;

B_{chal} 是竞争对手选择的黄油数量。

当权专家也有自己的偏好,但这种偏好很大程度上与公众偏好不同:

$$U_{inc}=G^{\beta}B^{1-\beta} \tag{20}$$

而且,假定 $\beta>\alpha$。

当然,关键的假定就是武士对于军火的偏好要大大超过公众,反映在式子中就是 $\beta>\alpha$。这种偏见反映了大多数专家人士的偏好:他们更加

偏向于把资源用在生产他们所擅长的领域。在武士的例子中，他们为国民安全负责。一个人类学家或社会学家能讲述复杂的故事，解释为什么应该把资源用于他们所探求的领域（而他们的职业生涯通常依赖于可得资源的多少）。对于上述例子，这些故事可以用来解释为什么在模型中 β 会大于 α。

我将假定当权专家在其重新参加选举的约束下，根据其自身偏好选择军火—黄油产出组合，或者用数学来描述，即当权者选择 G_{inc} 和 B_{inc} 来使

$$U_{inc}=G_{inc}^{\beta}B_{inc}^{1-\beta} \tag{21}$$

约束条件为

$$G_{inc}+B_{inc}=\overline{X} \tag{22}$$

以及

$$A(c_{inc})G_{inc}^{\alpha}B_{inc}^{1-\alpha} \geqslant \max_{G_{chal}+B_{chal}\leqslant \overline{X}} A(c^{*})G_{chal}^{\alpha}B_{chal}^{1-\alpha}$$
$$=A(c^{*})\alpha^{\alpha}(1-\alpha)^{1-\alpha}\overline{X} \tag{23}$$

（23）式确保了当权者选择的资源配置方案可以令竞争对手无法给出更受公众偏好的方案。这种行为假定保证了当权者的连任。

前面的最大化问题有两类解，若（23）式的约束不发挥作用，那么当权者就将在满足约束条件（22）的情况下选择使自身利益最大化的解，而不需要考虑公众的利益。在这种情况下，公众的效用将会是

$$U=A(c_{inc})\beta^{\alpha}(1-\beta)^{1-\alpha}\overline{X} \tag{24a}$$

另一方面，如果约束（23）发挥作用，那么公众的效用就为

$$U=A(c^{*})\alpha^{\alpha}(1-\alpha)^{1-\alpha}\overline{X} \tag{24b}$$

综合这两种情况，我们可以看出，公众的效用为：

$$U=\max[A(c_{inc})/A(c^{*}),\alpha^{\alpha}(1-\alpha)^{1-\alpha}/\beta^{\alpha}(1-\beta)^{1-\alpha}]$$
$$A(c^{*})\beta^{\alpha}(1-\beta)^{1-\alpha}\overline{X} \tag{25}$$

公式（25）是有意义的。若当权者和公众有相同的偏好（即 $\beta=\alpha$），则公众将获得的最大效用为 $U=A(c_{inc})\alpha^{\alpha}(1-\alpha)^{1-\alpha}\overline{X}$。同样，如果公众想通过投票让当权者下台，即如果 $A(c_{inc})=A(c^{*})$，那么 $U=A(c_{inc})\alpha^{\alpha}(1-\alpha)^{1-\alpha}\overline{X}$ 即为最大可能效用。然而，如果 $\beta\neq\alpha$ 并且 $A(c_{inc})>A(c^{*})$，那么均衡将在低于最大可能效用之上达到。当专业人士（而非公众）的偏好是配置军火和黄油的一个影响因素时，公众的效

用会低于当专家使公众效用最大化下带来的公众效用最大可得值。这个值为 $A(c_{inc})\alpha^{\alpha}(1-\alpha)^{1-\alpha}\overline{X}$。从这层意义上讲，尽管公众有权让这些当权的专家下台，然而因为专家会从自己的利益出发作决策，所以公众成为了当权专家（别名为专业人员或武士）的受害者。

进一步的评论

很有必要通过米尔格拉姆（Milgram，1975）关于《服从与权威》的行为实验来评论一下本节模型的稳固性。在一个社会心理学实验中，米尔格拉姆发现，超过 60% 的实验对象都愿意在实验人的指令下，用 450 伏的电压去电击一个实验人的同伙。在先前的模型中，实验对象能从相信实验人（在实验中，特指一个教授或者一个专家）中得到效用，因此他们愿意舍弃自己的判断。

Ⅲ. 结 论

本文分析了公共选择情景下进行信念选择的结果。本文并没有强调一个显而易见的事实，即我们的信念在很大程度上是由现实所决定的，这些事实有时候是简单且不容否认的。相反，它所强调的领域包括在大部分公共政策争议中的问题，此时简单的不可否认的事实不能单独决定信念。只要还存在着可以质疑的地方，个人就会有自由选择他们应该相信什么，而且，在这样一种环境中，人们存在着选择使其自我感觉良好的信念的自由。在前述的第一个模型中（在第 1 节），人们相信自己所做的是正确的，在第二个模型中，人们相信，自己即使没能弄清楚当权的专业人士是如何操纵权力的，也并无不妥，而这些当权的专业人士的判断能够在一个冠冕堂皇的借口下，使公众成为其决策的受害者。

对于一个受过经济模型中估计是事实的无偏预测的思想训练的经济学家来说，作出任何其他关于人类行为的假定都是不自然的。然而，对于一个人类行为的敏锐观察者伦纳德·伍尔夫（Leonard Woolf）来说，对事实的无偏认知是很难实现的。因此，他把哲学家穆尔（G. E. Moore）称为"我在真实的平凡生活中曾经见到过或知道的唯一伟大的人"（1957，p.131），他的伟大之处就在于"对思想、生活和人际……之中哪些是重要的以及哪些是不相关的具有天才的预见性，这是因为在他体内燃烧着……对真理不断追求的激情……"（1957，pp. 134-135）。本文所述的经济模型之中，对事实的探索并不常见——其目的在于划清经济学和其他社会科学的界限，发现使用经济模型可能遇到的陷阱，揭示在公共政策体系失误时可能存在的重要原因。

乔治·A·阿克洛夫
加州大学伯克利分校经济系
伯克利，CA94720

参考文献

Akerlof, George A. and William T. Dickens, 1973, The Economic Consequence of Cognitive Dissonance, *American Economic Review* 72, June, 307-319.

Aronson, Elliot, 1979, *The Social Animal*, 3rd edn. (W. H. Freeman, San Francisco).

Argyle, Michael, 1957, Social Pressure in Public and Private Situations, *Journal of Abnormal and Social Psychology* 54, March, 172-175.

Asch, Solomon E., 1951, Effects of Group Pressure upon the Modification and Distortion of Judgement, in M. H. Guetzkow, ed., *Groups, Leadership, and Men* (Carnegie Press, Pittsburgh).

Breger, Louis, 1974, *From Instinct to Identity: The Development of Personality* (Prentice-Hall, Englewood Cliffs, New Jersey).

Broom, Leonard and Philip Selznick, 1977, *Sociology*, 6th edn. (Harper and Row, New York).

Debreu, Gerard, 1959, *Theory of Value: An axiomatic analysis of economic equilibrium* (John Wiley and Sons, New York).

Deutsch, Morton and Harold B. Gerard, 1955, A Study of Normative and Informational Social Influence upon Individual Judgment, *Journal of Abnormal and Social Psychology* 51, Nov., 629-636.

Durkheim, Emile, 1915, *The Elementary Forms of the Religious Life* (George Allen and Unwin, London).

Dyson, Freeman, 1915, *Weapons and Hope* (Harper and Row, New York).

Evans-Pritchard, Edward E., 1940, *The Nuer: A Description of the Modes of Livelihood and Institutions of a Nilotic People* (Oxford University Press, Oxford).

Foucault, Michel, 1979, *Power/Knowledge: Selected Interviews and Other Writings 1972-1977*, Colin Gordon, ed., translated by Colin Gordon, Leo Marshall, John Mepham, and Kate Sopher (Random House, New York).

Geertz, Clifford, 1973, *The Interpretation of Cultures* (Basic Books, New York).

Goffman, Erving, 1961, *Asylums: Essays on the Social Situation of Mental Patients and Other Inmates* (Doubleday, Anchor Books, Garden City, New York).

Kroeber, Alfred L., 1948, *Anthropology: Revised Edition* (Harcourt, Brace and World, New York).

Lang, Serge, 1981, *The File: Case Study in Correction (1977 - 1979)* (Springer-Verlag, New York).

Lévi-Strauss, Claude, 1969, The Principle of Reciprocity, from chapter V, Le principe de reciprocité, in *Les structures élémentaires de la parenté*, 1949 (Presses Universitaires de France, Paris). Abridged and Translated by Ruth L. Coser and Grace Frazer, in Lewis A. Coser and Bernard Rosenberg, eds., *Sociological Theory*, 4th edition (Macmillan, New York).

Milgram, Stanley, 1975, *Obedience to Authority: An Experimental View* (Harper and Row, New York).

Mouton, Jane S., Robert R. Blake and Joseph A. Olmstead, 1956, The Relationship between Frequency of Yielding and Disclosure of Personal Identity, *Journal of Personality* 24, March, 339-347.

Myrdal, Gunnar, 1962, *An American Dilemma: The Negro Problem and Modern Democracy*, with the Assistance of Richard Sterner and Arnold Rose, 20th anniversary edition (Harper and Row, New York).

Nader, Laura, 1981, Barriers to Thinking New About Energy, *Physics Today*, 34: 2, February, 99-104.

Tocqueville, Alexis de, 1945, *Democracy in America*, The Henry Reeve text as revised by Francis Bowen, further corrected and edited by Phillips Bradley (A. A. Knopf, New York).

Wallerstein, Judith S. and Joan B. Kelly, 1980, *Surviving the Breakup: How Children and Parents Cope with Divorce* (Basic Books, New York).

Woolf, Leonard, 1975, *Sowing: An Autobiography of the Years 1880 to 1904* (Harcourt Brace Jovanovich, New York).

第 10 章　延迟与服从
——理查德·T·伊利演讲[*]

乔治·A·阿克洛夫[**]

在这篇演讲中,我将集中讨论在时间不一致行为下的重复决策。尽管每一个选择都可能接近于最大化,从而只会导致很小的损失,然而,一系列重复错误的累积效应可能是相当大的。因此,在我的模型中,作决策的人相当接近于经济分析中所假定的睿智而见多识广的个体,但是,累积起来,他们却会做出在标准的经济学教材中不会发生的严重的错误决策。

本演讲讨论并阐述了多种个体或群体行为中的"病态"模式:在作决策时候的延迟、对权威的过分服从、宗教膜拜群体中看似正常的个体的会员资格以及对于明显地不明智的行为过程的过分沉迷。在每一种情形中,个体多选择一系列当前的行动而不会全面考虑这些行动对未来的感觉和行为具有怎样的影响。这违反了标准假定中的理性、远见性和效用最大化。在一系列决策制定过程中,决策中错误的非独立性可以用来

---

[*] 本论文最初发表于 George Akerlof(1991), "Procrastination and Obedience," *The Richard T. Ely Lecture*, *American Economics Association Papers and Proceedings*, 81, 2。版权为美国经济学会所有。经允许重印。

[**] 加州大学分校经济学系, CA 94720。我要感谢 Glenn Carroll, Benjamin Hermalin, Denial Kahneman, David Levine, Andreu Mas Colell, Charles O'Reilly, Christina Romer, David Romer, Paul Romer, Andrew Rose, Richard Sutch, David Wise 以及 Janet Yellen 提供的宝贵评论。作者感谢政策改革机构和斯隆基金会以及国家科学基金会通过加州大学伯克利分校商业和经济研究所管理下的 SES 90-09051 研究基金所提供的资助。

自认知心理学的概念——过度突显和鲜明（undue salience and vividness）——来解释。例如，当前的收益和成本可能相对于未来的成本或收益看起来过分突显。

当前的成本同未来的成本相比显得过分突出，导致个体将任务推迟到明天时，延迟就发生了。显然，个体没有预见到，当明天到来时，所要求的行动会被再度推迟。当今天的一种行动的突出性取决于来自于先前行动中的偏差时，对权威的不理性的服从或沉迷的逐渐升级就会发生。当个体具有对不服从的负效用，而且领导人恰当地选择了步骤大小时，个体就有可能受到引诱而将他们的行动升级到一个特别的水平；社会心理学家斯坦利·米尔格拉姆（Stanley Milgram，1975）在假象学习实验中让实验对象用高压电去电击其他人。这些实验对象被诱导去实施与他们的真正道德价值观相违背的行动。在本文的后半部分，我将举例说明，那些错误序列（每一个错误在作决策时都很小），是如何累积成严重的错误的；这些决定也表明，米尔格拉姆出于引诱出那种行为的需要，而在实验中精心设计的孤立的实验室环境，实际上常常会发生在非实验的环境之中。因此，作为本文主题的错误序列并非是罕见而异常，只能发生在心理学家的实验室里的，而是社会和经济病态中的常见现象。

尽管对于行为病态的分析最初看上去似乎不在适当的经济学范围之内，然而，我要指出的是，在重要的例子中，这种病态影响了个体和各类机构在经济和社会领域的表现。这些例子包括：为退休而进行的储蓄不足导致的老年人的贫穷，酗酒和毒品上瘾，犯罪与团伙犯罪活动，公司"文化"对企业绩效的影响。犯罪、储蓄和组织的经济理论相对不足，并且当这类行为被忽视时得出了误导性的结论。我所描述的行为病态也对如储蓄、物质滥用以及管理方面的政策具有影响。

一些个体的行为表现出了各种各样的病态（我将对这些病态建立模型），这些个体并没有使他们的"真实"效用最大化。因此，显示偏好原理不能被用来断定所选择的选项肯定比没有被选择的选项要好。如果个体的选项有限或者他们的选择受到限制，那么他们的状况就有可能得到改善。强制的养老金计划可能好于自愿的储蓄计划，直接对酒精或药物的禁止可能要好于根据他们对其他人带来的厌恶成本而征税，一个重要的管理函数可能是通过设定时间表和截止日期来激励员工，而非简单地建立"恰当"的理论价格激励机制。

第10章 延迟与服从——理查德·T·伊利演讲

Ⅰ. 突显与决策

现代认知心理学的一个中心理论，就是个体对突出的事件过于重视而对不突出的事件则过于轻视。理查德·尼斯比特和李·罗斯（Richard Nisbett and Lee Ross，1980）描述了下面的思想实验，他们将这个实验当作是认知心理学的"试金石"，正如供给曲线或需求曲线的移动是经济学实验的中心思想一样。

> 让我们假定你想买一辆新车，并且出于经济和使用寿命的考虑，你想买一辆耐用的中型的瑞典小汽车——要在沃尔沃和萨伯之中做出选择。作为一个谨慎而又明智的买者，你查阅《消费者报告》，发现专家的一致意见是沃尔沃在机器性能方面要更胜一筹，而读者的一致意见是沃尔沃有更好的维修服务记录。在掌握了这些信息之后，你决定在这周内去同一个沃尔沃的零售商进行交易。然而，在休息的时间，你参加了一个鸡尾酒聚会，在那里，你把你的想法告诉了一个熟人。他满脸地不相信，并且警告你说："一辆沃尔沃！你一定是在开玩笑！我的姐夫有一辆沃尔沃。先是奇怪的燃料吸入的电脑错误，250美元。接下来后端又开始出问题，需要替换掉。接下来是变速器和离合器。最后，在购买三年之后把它当垃圾卖掉了。"（引自 Nisbett and Ross，p.15；摘自 Nisbett et al.，1976，p.129。）

这种额外信息的作用只是为《消费者报告》增加了一个样本。平均修理记录很有可能几乎保持不变。然而，尼斯比特和罗斯则指出，大多数将要买车的人都不会满足于这样去看待这些新信息。

尤金·博格达和尼斯比特（Eugene Borgida and Nisbett，1977）设计了一个实验来证实这一直觉：突显的信息对于决定具有过度的影响。密歇根大学心理学专业的大一新生被选为研究对象。学生们被要求表达关于对心理学选修课的偏好。在做出这个决定之前，其中一个控制组只被给出平均的课程评价结果；而其他人被安排到一个高级心理学专业的学生组成的讨论小组中，但令他们得到的课程评价也符合平均值。正如在沃尔沃思想实验中，突显的信息起到了比平白的信息更加重要的作用一样，同控制组相比，那些被安排进讨论小组的实验对象选择课程的比例要高于均值。有一种观点认为，这种偏见可能是源于实验对象的不假思考，因为这种决定不重要。为了回击这种论调，博格达和尼斯比特指出，那些后进入这个专业的人要比那些中途退出的人表现出更大的偏见。

Ⅱ. 延　迟

延迟提供了最简单的例子，一些成本和收益相对于其他成本和收益有无根据的突显，从而导致重复的判断错误。在这种情况下，每一个关于判断的误差都导致一个小的损失，但是，随着时间的流逝，这些错误会累积起来，导致更大的损失，并且最终导致决策者巨大的后悔。

让我先讲一个亲身经历的故事，然后再来说明如何模型化这类行为。几年前，当我在印度呆了一年的时候，我的一个好朋友约瑟夫·斯蒂格利茨拜访了我；由于在他离开时，受到了意料之外的行李携带限制，他给我留了一箱子衣服，并让我将这箱衣服邮送到美国给他。既因为印度签证的低效率，也因为我在这类事情上的愚笨，我估计送这些包裹需要花费一整个工作日。在接下来的 8 个月里，每天早晨醒来，就会决定，第二天早晨就去送斯蒂格利茨的包裹。直到我离开的几个月前，当我决定将它放进我的另一个即将与我同时返回美国的朋友的货物里的时候，这种情况一直都在发生。

刚才讲述的这个故事可以用下面的方式进行数学化表达。箱子在第 0 天的时候交给了我，在当年年底，也就是第 T 天的时候，可以被免费送走。在第 T 天前的任何一天，送箱子的预计成本都是 c，工作一天的价值。我估计约瑟夫使用箱子里的物品的价值（同我认为他使用他的物品的价值一样）为每天 x 美元。我没有看出有任何理由赋予他对箱子的使用以贴现。然而每天当我醒来，如果我还没有把斯蒂格利茨的箱子邮寄出去，那么我将要进行的活动就看上去重要而紧迫，相反，那些我将在几天之后再处理的事情因此变得模糊而且不鲜明。因此，相对于未来任何一天邮寄包裹箱的成本来说，我高估了在当天邮寄包裹箱的成本，高估的值为 δ。这导致了我的延迟。

在每一天 t，直到第 $T-c/x$ 天，我做出了动态不一致的决策，即我不愿意在那天邮寄箱子，而总是想在每个第二天邮寄。最后，我决定只是简单地等待，并且在我离开时无成本地送它回去。

考虑我的决策过程。在每一天 t，我醒来并且做出决定在第 t^* 时刻送出箱子。我选择 t^* 来使扣除邮寄箱子的收益后的成本 V 最小化。

如果我在当天（第 t 天）邮寄箱子，V 将会是

第 10 章 延迟与服从——理查德·T·伊利演讲

$$V=c(1+\delta)-(T-t^*)x, \quad t^*=t \tag{1}$$

其中 δ 代表在当天邮寄箱子的额外显现部分。但是如果我等待,并且在以后的某个时候把箱子邮寄出去,但不是在我离开的时候,V 将会是

$$V=c-(T-t^*)x, \quad t+1 \leqslant T \tag{2}$$

但是如果我一直等到我离开时才邮寄箱子的话,我发现

$$V=0, \quad t^*=T \tag{3}$$

在第 $T-c/x$ 天——也就是邮寄箱子的成本刚好等于收到它的收益的那一天——之前的每一天里,我都决定在第二天邮寄箱子。由于 δc 足够大,则在每一天 t,我都会设定在 $t^*=t+1$ 时邮寄箱子的计划。到了第 $T-c/x$ 天时,很明显邮寄箱子的费用不再超过收益,因此我满怀愧疚地决定在我回美国的时候用轮船把它带回去。我已延迟了太长的时间。

环境的三个关键因素导致了延迟。首先,决策之间的时间间隔很短。其次,在每一期中,如果现在就去完成这项任务而不是以后的话,都会存在一个较小但却并非微乎其微的"突出成本"。导致延迟的条件是 $\delta c>x$。如果决定之间的时间间隔较短,那么每天从箱子中获得的收益 x 就会较小。如果现在而不是以后完成这项任务存在一个重大的心理上的总额成本,δc 就会很大。环境的最后一个关键因素就是我在作决定时的动态不一致性。每天我都决定把任务推到明天。我没有理性的预期,因为我不能预见当第二天到来的时候,我会继续将决定推延到下一天。

我延迟的成本是很大的。由于我的延迟行为而导致的累积损失,其大小大约为 $Tx-c$。① 对于临界日(大约是 $T-c/x$)到来前的每一天里,我错误地决定不要邮寄箱子。在临界时间(大约)$T-c/x$ 之后,我做出了等待邮寄箱子的正确决定。② 对于在 0 和 $(T-c/x)$ 之间的每一天,从当天所作的决定中受到的损失为 x,也就是增加不能使用箱子一天的成本。结果,累积的损失就是每天延期的成本 x 与延期决策的成本 $(T-c/x)$ 的乘积。这个损失为 $Tx-c$,也就是未能送出箱子的总损失。结果,决策失误的累积成本总量为在这期间发生的总损失。许多具有相同类型但数量较小的错误决定累积起来构成了一个重大的损失。

---

① 确切的损失为 $Tx-c(1+\delta)$。如果我在第 0 天的时候邮寄箱子,V 的值就为 $c(1+\delta)-Tx$。由于我是在第 T 天的时候邮寄箱子,$V=0$。两者之间的差就是 $Tx-c(1+\delta)$。

② 确切的临界日期是第 T 天,即决策者决定邮寄包裹的第一天;也就是,使 $c-(T-t-1)x>0$ 最小的 t。

但是这种损失仅仅是低水平的非理性或"不当突显"的结果。

对于阐述延迟发生所要求的当前相对于未来工作的"突显性"溢价 δ,有一个数值模型是有用的。假定我对我的时间的定价为 50 美元/天,而对斯蒂格利茨每天使用他的箱子的定价为 50 美分/天。如果 δ 大于 0.01(=0.50/50),那么在 265(=365−50/0.5)天里,延迟都会发生。我们由此可以看出,在这类模型中,由于相对于收益存在着重大的初始成本,因此只要少量的当前相对于未来行为的无根据的突显就能导致重大的延迟。

有截止时间的延迟(procrastination with deadlines)。前面的模型具有这样的特性,即如果任务没有及时完成,那就根本不需要完成了。这就像一个审稿人的报告一样,在遗忘了很长的一段时间之后,编辑愤怒地将这篇报告送到了另一位审稿人那里。然而,许多任务都是有截止时间的。对于我们的学生来说,延迟的成本还包括"通宵达旦"地按时完成学期论文(会议论文)。

定性地讲,与我们看到的相同类型的结果仍然会发生:在任务开始时,小的突显成本可以导致成本高昂的延迟。考虑如果一项任务的负效用会随着工作小时数的平方的变化而变化,而完成该任务的小时数是固定的,那么又将出现什么情况呢?设开始一项任务的突显成本为第一天工作的负效用的倍数。在一个例子中,突显成本占总成本的 2%,而工程的长度是 100 天,则完成项目增加的成本能被计算出来近似为 41%。①

可能还有一点值得注意,那就是如果开始该项目的突显值随着第一

---

① 让我们假设,完成一项任务,每天的效用成本随着每天工作的小时数的平方而改变,而且该计划在没有延迟的情况下,会要求 T 小时的劳动。那么我们就可以把跨期的效用函数写成 $U = \sum_{t=0}^{T} e_t^2$,这里 e^t 是在第 t 天工作的小时数。在没有延迟的情况下,任务的总效用成本为 $U = Th^2$。

让我们将之与由延迟者所产生的成本进行比较。对于延迟者来说,当前的成本同未来的成本相比要显得十分突出。突出的溢价为 δh^2,δ 是如果按时开始,工程的每日成本的一个倍数。因此,如果在第 τ 天开始,那么完成该任务的估计成本为:

$$V = \delta h^2 + \sum_{t=\tau}^{T} e_t^2$$

在每一期中,延迟者都会将如果从那天开始,计划的总成本 V(包括那天的输入额外的突出成本 δh^2)同再等一天开始的成本进行比较,而不考虑当第二天到来的时候,它同样会有特定的突出。按照这样一种行为行事,则任务开始时,离它的完成时间还剩下大概 $T\delta^{-1/2}$ 天。对于数值较低的 δ 来说,这是一个粗略的近似,因为对于较低数值的 δ 来说,延迟是没有成本的。这增加了该任务的总成本,增加的大小为 δ 的平方根的倍数。在这个模型中,开始一项任务的小的突出成本会导致来自于未来行动的损失,其大小为成本的倍数。例如,如果 T 是 100 天且 δ 为 2,那么开始计划的突出成本同总的非延迟成本的比率仅为 0.02。但是完成任务的总成本增加了 41%($\sqrt{2}-1$)。

期工作强度的增加而增加,那么一项任务,例如节食,可能从不会开始,或者一项任务可能会在可能完成的最晚的日期才开始。

Ⅲ. 延迟:物质滥用、储蓄和组织失败

第一眼看上去,我的延迟模型可能显得同经济学没有相关性。然而我想指出的是,这些行为可能在理解诸如毒品滥用、储蓄不足和一些类型的组织失败等不同的问题的原因方面是至关重要的。

A. 物质滥用

通常可以观察到,消费者对他们的决定是很了解的,并且他们的决定是使效用最大化的。使用毒品者的研究记录表明,对毒品的使用也不例外。加里·贝克尔和凯文·默菲(Gary Becker and Kevin Murphy, 1988)以及乔治·施蒂格勒和贝克尔(George Stigler and Becker, 1977)在他们关于理性的上瘾的预见模型中发展了关于这种行为的理论。在这些模型中,对一种物品的使用影响其未来消费的享受,但是人们正确地预见到偏好的这些改变。对这些模型的应用,同功利的道德规范相结合,导致了这样的结论:对毒品的使用应该合法化,前提是要对它给其他人带来的厌恶征税。

我不同意这些结论,因为我不认同预见的理性行为的模型能准确地描述个体决定毒品或酒精摄入的方式。大多数瘾君子同大多数超重者一样,根本上都想减少毒品或食品的消费,因为他们意识到他们上瘾的长期成本超过了收益。他们打算戒掉——但是在明天。遵从延迟模型的个人既是追求效用最大化的人,又是聪明的,然而他们的决定并不是完全理性的。例如心理学家罗格·布朗(Roger Brown)用以下方式描述了上瘾:

> 像吸烟、饮酒、吃糖以及工作超时以"赶超别人"这些行为都会导致即刻的某种满足,而它们的负面后果在时间上是遥远的,只是可能发生的,而且现在看来仍然是可以避免的。这是没有争议的:确定的、即刻的回报会胜过只是可能的、遥远的成本,即使这种回报较小而可能的成本是致命的(1986, p. 636)。

关于瘾君子的人物志记录表明,他们中大多数很清楚他们习惯的长期代价,并且许多人对于毒品的影响有详细、细致的了解。(例如,参见谢丽尔·卡彭特等(Carpenter et al, 1988)以及哈维·费尔德曼等

(Feldman et al, 1979)。)他们利用了这种知识来避免一些使用药物的最糟糕的潜在结果。一次对西雅图市塔科马港地区的使用"天使之尘"(PCP)的人——唐的采访揭示，他知道吸食毒品的长期影响，但是他在使用这些知识来停止吸食毒品方面显得无能为力。唐告诉采访他的人说：

> 每次我吸食毒品，然后躺下，直直的。因为我对吸毒有越来越深刻的认识，所以我总是告诉自己："好了，这是我最后一次。我现在不需要它了。"我能看见这是哪里，我做过什么，而且这也是我想做的，但每件事还是依次出现（Feldman et al.，p. 137）。

在后面我将讨论来自于群体动力的社会压力通过一些途径强化上瘾的理由。

B. 储蓄

延迟模型也可解释跨期储蓄和消费决策。现代教科书/杂志文章中的消费和储蓄决策模型通常将决策者看作是最大化贴现率为 δ 的时间可分效用函数。这个时间贴现据称是代表决策者不耐烦程度的参数。令人奇怪的是，用这类效用函数建立模型的经济学家认为他们自己在模型化理性消费者的行为。然而，对不耐烦的早期讨论却把贴现看作非理性行为。欧文·费雪（Irving Fisher）认为这种不耐烦是缺乏远见或是缺乏意志力的证据。出于这种考虑，他写到：

> 大体上说，远见越大，就越少出现不耐烦，而反之亦然……这可以通过一位农夫的故事来阐明，他从不介意屋顶漏水，因为当下雨的时候，他不能阻止屋顶漏水；而当不下雨的时候，就不需要阻止漏水！在这类人之中，对当前满足的偏好非常有力，因为他们对未来的预见很弱（1930，p. 81）。

费雪关于农夫的例子符合一个决策者持续做出不一致决策的模型。

延迟模型的一个明显的道德就是，当开始一项任务存在一些固定成本（可能并不大），且"时期"较短，每期延期的成本较低时，时间不一致行为尤其容易发生。许多人的财务决策都满足这些条件。有一个很好的例子是关于哈佛大学初级职员的行为。因为一些奇怪的制度，在退休金的接受者填写一份表格，表明他对教师保险和养老金协会——大学退休证券基金（TIAA/CREF）两项退休基金的分配意愿之前，提交的养老金并不支付利息。其实这个表可以在任何时候完成，而且不需要一个小时。然而大多数在20世纪70年代离开哈佛的初级职员都是在他们离

第10章 延迟与服从——理查德·T·伊利演讲

开的时候才做这个决策。因此,他们损失了价值成百上千美元的利息,仅仅是由于没有完成这一个小时的工作。①

一个对延迟模型更加重要的应用就是储蓄。② 大多数美国老年人(那些年龄超过65岁的人)得自金融资产的收入相对很少。在1971年,有51%的老年人没有从金融资产中得到收入;78%的老年人从金融资产中得到的收入达不到他们收入的20%(Michael Hurd, 1990: p.571)。这种金融资产收入的特别缺乏与以下假设一致:在缺少私人年金计划的情况下,除了为购买住房的支出以及为抵押贷款的分期支付而做的资金准备,大多数家庭的储蓄都会很少。部分是因为这些金融资产的增加非常少,所以一些看上去似非而是的结果才会出现。例如,菲利普·卡根(Phillip Cagan, 1965)和乔治·卡通纳(George Katona, 1965)发现了养老金计划和私人储蓄之间的一个正相关关系。在生命周期模型中(在一定范围内),1美元的年金增加应该导致1美元的私人储蓄下降。史蒂芬·文蒂和戴维·怀斯(Steven Venti and David Wise, 1986, 1989)报道了与卡根和卡通纳相同的结果。他们没有发现养老金计划的所有权与IRAs投资意愿之间存在明显的相关性。艾丽西亚·芒内尔(Alicia Munnell, 1976)的发现则没有这么极端。1966年,她观察了一个由5 000名年龄在45岁到59岁之间的男人组成的样本的储蓄。她估计出1美元的私人养老金的增加使得这些接近退休年龄的男人的非养老金储蓄下降了62美分。如果人们是生命周期储蓄者并且年金计划不会引致过度储蓄,那么这一结果仍然远远小于1美元。③

存在这样一种假定:在缺少养老金计划的情况下,很多个人都缺乏足够的自律来及时地为退休储蓄。这种假定同以下发现一致:在20世纪60年代末期和70年代,社会保障支出迅速而始料不及的增长之前,老年贫困率非常高。在1966年,老年贫困率为30%,整整是非

---

① 对于这个观察我要感谢珍妮特·耶伦。

② 理查德·塞勒和赫什·谢夫林(Richard Thaler and Hersh Shefrin, 1981)讨论了圣诞俱乐部在强制制定储蓄日程表方面的作用。他们关于储蓄行为和延迟的模型,不同于我的这篇演讲中的模型。他们的模型讨论了两种类型的决策制定:对于长期的计划和使当前效用最大化。人们可以克制自己(也就是,可以像圣诞俱乐部一样做出安排),以便他们可以在不受未来限制的情况下,自由地使他们的短期效用最大化。按照这种方式,预算扮演着心理账户的角色。相对于我的模型,圣诞俱乐部为储蓄设定了清晰的日程表,如果不遵守这张日程表就会招致处罚,因此阻止了延迟。

③ 它之所以较低,还因为我们可能预期那些没有年金计划的人会在储蓄失败之前,接近退休的时候做出补救,这就像延迟的学生会在接近学期论文截止日期的时候格外努力地工作一样。

老年贫困率的两倍(David Ellwood and Lawrence Summers, 1986: p.81)。①

C. 组织失败

拖延的情况在工作场所与在家里一样常见。员工的拖延常常会使得应该开始的计划不能按时启动,应该完成的项目也不能按时完成。②

在私人生活中,人们经常被迫去控制自己的行为,比如说戒瘾,写博士论文,给自己设计资产管理计划,或者是寄一份仲裁报告,像这种拖延会容易地导致严重的损失。但是在工作中,存在着外部的监管,管理的主要功能就是制订工作计划表以及完成监控任务来阻止员工的拖延。

合理的管理不仅会阻止项目初始时的延迟,也会阻止项目结束时的拖延。心理学家发现了一个趋势,那些自认为是项目发起者的员工总会拖延这个项目的结束。巴里·斯托(Barry Staw, 1976)将240名商学院的本科生分成两组。一组决定在商学院的一个案例中,亚当与斯密公司的投资配置。他们进一步被要求在公司里他们发起的最初项目和其他项目间进行投资的配置。与之相对,控制组只做第二类投资分配。然而,两组的表现情况与这个公司历史及项目的成功相匹配。在项目失败的例子中,那些事前承诺将增加投资的人会比那些没有这种承诺的人在这种项目中投资更多。有一种解释符合我们的模型:就是不完成这个项目能够推迟终止这个项目的痛苦决定。而马上承认犯错的痛苦与在将来不得不承认可能更大的错误的痛苦是明显相关的。认知失调也可以解释这种现象。一旦人们作出了决定,他们就回避那些不支持他们决定的信息,因为这些信息会使他们心理上感到痛苦。

斯托和麦克兰(Staw and McClane, 1984)报道了一家大型美国银行的商业部门是如何避免在减少贷款决定上的拖延。贷款部员工不会因

---

① 这种高比率可能反映了在1966年老年人口的贫困化之前的生活;这群人的大部分工作时间都是在大萧条中度过的。但是来源于像居住在贫民收容所的老年人的比率这样的指示器的更早统计数据表明,在20世纪20年代,老年人有过特别高的贫困率,这一时间既要早于现代的年金计划,也要早于大萧条(Michael Dahlin, 1983)。

② 在关于延迟的建议书中,简·伯卡和莱诺拉·源(Jane Burka and Lenora Yuen, 1983)指出,延迟者应该为自己设置清晰而又真实的日程,并且严格按照日程来行事。在先前斯蒂格利茨的箱子模型中,决定一个有约束作用的时间表会导致箱子在第1天或者是第2天被送出。托马斯·谢林(Thomas Schelling, 1985, p.368)在类似的模型中解释了为什么生活在海边的父母可能会给他们的子女明确的建议,建议他们千万不要到水里面去,尽管他们并不介意孩子们身上有些许打湿的痕迹。在没有明确告诉孩子们什么时候水会变得很深的一个清楚的"日程表"的情况下,他们可能会越涉越深,最后遇到危险。

为减少贷款而受处罚，虽然他们会由于不能预计到潜在损失而被处罚，尤其是在贷款损失在他们报告之前就被检查部门的人发现的情况下。更重要的是，非常困难的贷款涉及一个审批委员会，而这个委员会在最初的决策中没有包括最大回收价值。

下一部分我将讨论有选择的减少与决策目标相反的信息是如何强化这个决策过程的，以至于增强了对最初心理上的过度承诺。罗斯与斯托（Jerry Ross and Staw，1986）考察了在范库弗峰举行的 1986 年世界博览会。这个项目的损失从当初的最大 600 万美元到最后超过 3 亿美元。在这个案例里，退出成本增强了这种过分的初始心理承诺：英属哥伦比亚的首相担心最终选举失败，不得不违背和约，使得预期会得到公正对待的卖方的投资蒙受损失。

斯托与罗斯（1987）列举了限制过度承诺的管理方法：如行政岗位轮换，降低经理承认失败的成本，明确统计工作业绩的资料，允许损失在可证明免责的情况下仍被责备，分离终止决策与启动决策，以及从一开始便考虑到终止项目的成本及过程。

Ⅳ. 教导与服从

对权威的不理性服从是"病态"的时间不一致行为的第二种类型，具有重要的社会和经济含义。当存在着现在就行动的固定成本，且当前的成本比未来成本更突显时，拖延就会发生。如果对权威的不服从是突显的和令人讨厌的，那么对权威的盲目服从也会作为拖延行为的一种形式而发生。而且，当昨天的行动影响今天的行为准则时，权威可能会特别强大。这两类效应（当前不服从的突显性和决策者以前行为导致的效用变动）会在我即将介绍的米尔格拉姆（Milgram）实验中出现。

米尔格拉姆实验的对象是成年男性，通过发邮件邀请他们参加一个实验，关于惩罚对记忆的影响。这些参加实验的人被要求扮演教师的角色，同时由一名专业演员扮演学习者。当这个学习者回答问题是错误时，老师要对他进行电击。这种电击是一个管理学习者的工具，这个学习者是一名训练有素的演员，被要求对老师发出的电击假装做出恰当的反应，而老师们可以通过玻璃窗看到这种反应，但是他们不知道根本没有通电。这些实验参与人最初只给出了最小的 15 伏电击，而这种电击每次增加 15 伏，最大值达到 450 伏。尽管这个实验有各种版本，但是在所有情形下，学习者都对不同大小的电击作出了明显不同的反应。例如在一个实验中，按照米尔格拉姆的叙述，"在 75 伏时，学习者开始咕哝和呻吟。在150伏时,他要求退出实验。在180伏特时,他哭着说他受不了这种痛苦了;在300伏时,他……[强烈要求]必须要获得自由"(1965, p.246,引自斯托特和坎农(E. Stotland and L. K. Canon, 1972, p.6))。尽管看到学生的这些反应,仍有62.5%的老师将电压调到最大值——450伏。这个实验在很多不同的条件下重复,但是得到的结果总是一样的:大部分管理者都会使用最大量的惩罚措施。

米尔格拉姆实验的首要发现是,人明显是服从权威的,而与这个发现同样重要的是,这个实验进一步发现人们并不了解自己和其他人都有这种特点。加州大学圣克鲁兹分校的一位社会心理学教授阿伦森(Elliot Aronson,1984)问他班上的学生,当这个学习者被电击、摔倒时,多少人会继续加大电击。没有人肯定地回答这个问题。米尔格拉姆对一所医学院的精神病医生做了一个调查,他们预计大部分实验者不会将电击调到超过150伏,而不会有人调到最大的450伏。这个调查支持我的中心论点:在适当的情况下,人们以他们自己所没有预料到的与时间不一致的方式行事,就像他们会拖延或者表现出对权威的不理性服从。

米尔格拉姆实验中的一个行为模型。现在我提出一个简单模型,与之前的拖延模型有所变化,用以解释米尔格拉姆实验中决策者做出的一系列决策。我首先假设实验参与人当前的不服从是非常痛苦,也是特别突显的。李·罗斯(Lee Ross,1988)认为因为实验中的教师与实验设计者之间存在着隐性的联系,所以不服从具有特殊的突显性。实验环境的设计令教师没有一种合法的途径去结束电击。①因此,实验参与人认为当前的不服从行为的成本是很高的,尽管是错误定义的方式,而他们可能是计划在未来不服从。第二,我将假设实验参与人遭受到效用损失,与他们对学生电击的当前大小无关,而是基于电击的当前大小与前一次电击大小的差(替代的方式是令他的效用损失依赖于当前电击大小与电击的最大值的差)。此模型与认知失调一致。一旦人们采取了行动,特别是他们并不知道为什么要这么做时,他们也会找到证明他们行动是合理的理由。在此思想下,实验参与人会采取服从的态度直到时间T,以使得效用V_t最大化。

如果今天他在时间t不服从,那么他的效用是

$$V_t = -bD(1+\delta) \tag{4}$$

---

① 罗斯认为,如果教师有一个红色的按钮,可以用来停止实验,那么将很少有实验参与人会施加最大的伤害。在我的模型中,这将降低δ的值,即附加于当前不服从之上的特殊突显性。

第 10 章 延迟与服从——理查德·T·伊利演讲

而如果他将服从行为推迟，那么他的期望效用是

$$V_t = -bD - c\sum_{k=t}^{T-1}(W_k - W_{t-1})T \geq t+1 \tag{5}$$

如果他首先在时间 $T \geq t+1$ 时不服从，其中 δ 是依附于当前不服从行为的额外突显成本，D 是不服从行为的成本，W_k 是在时间 k 时电压伏数，W_{t-1} 代表的是以前电击行为决定的标准电击水平。

在这个方程里我们可以很容易地看到，在米尔格拉姆实验中，在每一期只要预期未来命令会足够缓慢的增加，则实验参与人就会逐渐提高电击的强度。他们计划在未来不服从，而不是在当前，只要实验继续下去。在计划未来不服从的条件下，如果电击命令继续升级，实验参与人将持续提高电击的水平，以便引致他们采取不服从的行动。行为准则依赖于之前的行为，不仅导致由于拖延而引起的持续错误决策，而且还使得决策中的错误不断增加。

在米尔格拉姆实验的条件下，V 是使实验参与人即时最大化的效用，一个更精确的表达是他们真实跨期效用函数为

$$V_o = \sum_k \{-bD_k - cW_k\} \tag{6}$$

其中 V_o 是跨期效用，k 包括所有的影响因素。

这样一个效用函数反映在实验结束后的访谈及随后的调查问卷中。在他们的回忆中，大部分实验参与人都对他们在实验中所做的决定极度后悔。比如有一个实验参与人是一名社会工作者，他在一年后的调查问卷中写道：

> 使我胆寒的是，我对某种主导思想的顺从。记忆实验中表现出来的价值观明显是以违背另一种价值观为代价的。不去伤害那些无助的并没有伤害你的人。正如我的妻子所说，"你可以称呼你自己艾希曼①了。"（Milgram, 1975, p.54）

人们有着他们自己并未完全了解的认知结构，我们之前的拖延与服从模型就是关于人们的这类行动。这些认知结构会影响人类行为的假定并不为经济学所熟悉，却是其他社会科学的核心。心理学的一项主要任务就是去发现这类未意识到的行为规律；人类学的文化概念以及社会学中的情景定义都涉及决策者较少理解的认知结构。

---

① 艾希曼（Eichmann）是二战期间的一个奥地利人，他成为了一名纳粹军官，管理的集中营杀害了数以百万计的犹太人。——译者注

米尔格拉姆实验表明，在实验室中孤单的个体会表现出明显的服从性（及不正常的）行为。但是在群体环境下，证据显示这种行为只有在参与者的意见接近一致时才会出现。关于这一点，阿施的一个实验提供了最相关的证据。在所罗门·阿施（Asch，1951，p.479）的实验中，实验参与人被要求把线长与对比组的不同线长相匹配，当他们被之前做出错误决定的实验设计者的同伙带领时，他们在大约40%的时间里都会做出错误决定。然而，稍微改变这个实验的环境，阿施又发现在一大组同伙中，只要有一个同伙做出了正确决策，就可以减少三分之二的错误决策数目。这表明，具有相同意向的其他人的存在能够极大地提高不服从行为的可能性，就像在米尔格拉姆实验中的情况一样。我们也可以推论得到，米尔格拉姆所得到的服从行为的结果仅仅出现在人们与外界的信息及影响隔离的实验室里。

下面四节，我们将举几个在集体中的个人做出令人后悔的决定的例子。每个案例中，一连串的小错误产生严重的负面结果。而且，在每一种情况下，都存在自然均衡，在均衡里，那些不认同所采取的行为的人认为，表达出对这种行为的不满对他们是不利的。这样，他们的意见就被排除在决策过程之外。

V. 宗教膜拜

A. 统一教派

证据显示，不管是宗教成员还是加入类似于统一教派（比如说文鲜明统一教团）的人，他们在心理上和其他人都没有太大的区别（参见加兰特等（Marc Galanter et al.，1979）；加兰特（Galanter，1980））。通过了解加入文鲜明统一教团的方法我们发现，无论多么正常的人，尤其在他们生活非常困难的时候，都可能加入宗教团体，并坚持下去。加入文鲜明统一教团的成员都要经历4个阶段。首先，教会成员单独联系潜在成员并邀请他们参加一个为时2天的周末讲习班。这种讲习班结束后还有7天及12天的讲习班。结果，潜在成员要分别做出4个决定，既决定是否在开始时参加两天的讲习班，接着是否参加7天的讲习班，然后是否再参加12天的讲习班，最后决定是否加入教派。就如米尔格拉姆实验里所表现的一样，达到加入教派的决定过程是缓慢的。

我们现在来考虑潜在成员观点的变化过程。那些认同参加2天讲习

第 10 章 延迟与服从——理查德·T·伊利演讲

班行为的人一定是很容易接受教派观点的人，否则他们就不会去参加讲习班了。但是他们还可能会很惊讶地发现在教堂里有很多跟他们有相似意向的人。此外，在第一次2天讲习班当中，教会成员会与潜在成员在一起，并善诱他们加入教会。这时，潜在成员的心理就开始变化。再经过7天的讲习班和12天的讲习班，只有最虔诚的人才会继续下去，而那些不认同教会行为的人就会离开。每一阶段，教会成员逐渐增加他们传递信息的强度。与米尔格拉姆实验及其他社会心理学实验中的一致性行为一样，这些潜在的进入者在没有不认同教会的情况下，很有可能改变他们的观点。同时，就像我们所看到的，由于这种自我选择过程的存在，参加讲习班的人不太可能会强烈反对教会的理念。加兰特对8个系列讲习班的研究呈现了由于加入教会意愿的不同而产生的摩擦。在最初的2天讲习班中，收到邀请的104位潜在成员有74位没有出席。在随后的7天讲习班中，30个人里有12人没有继续听课（包括一部分已经被他们家庭解救的人以及被教会禁止来听课的人）。在剩下的18位潜在成员中，又有9位没有参加12天的讲习班。而在最终只有6位参加者在6个月后成为教会成员。

文鲜明统一教会的例子阐明了人思想转变的过程。皈依者做出了一系列决定后才接受权威的教会思想。最终，这一系列决定去服从教会而不是反对它的结果就是，皈依者有了一种与他们在这个决策过程刚开始时非常不同的信仰和价值观。认同权威的意愿是由自我选择过程所强化的。那些最认同教会的人被自我选择加入教会。因为那些最不认同教会的人退出，反对教会理念的不满情绪没有发展起来。

B. 山朗姆会

山朗姆会可能是这些宗教组织中被最好研究的，同时最终它成为了最恐怖的一个组织。在这个组织中，我们可以看到米尔格拉姆实验中服从权威的压力，以及那些打破隔离的反对者的可选择出路，而这个隔离是保持对权威的服从的必需品。

山朗姆会最初是一个致力于治疗药物上瘾的组织，但是它逐渐转变成其创始人和领导者开展他们奇思怪论的准军事化机构（我的记载来自戴维·格斯特尔（David Gerstel，1982））。查尔斯·戴德里奇（Charles Dederich）是这个组织的领导人，他和其他创始人一起创造了将互不相识的酒鬼聚在一起的办法来治疗药物上瘾。在那个时代，大家都不了解什么是药物上瘾，同时很多人都认为药物上瘾是不可以治愈的。为证明这个观点是错误的，山朗姆会公开地吸收了很多会员。他们通过派发礼物诱惑人们入会，同时还在钢笔、铅笔、公文包等商品上印上山朗姆会的会标以扩大影响力。最终，它们的规模从只有十几人扩大到覆盖南加州及北加州一些超过 1 600 名居民的社区（Richard Ofshe, 1980, p. 112)。

为了理解山朗姆会如何从最初的治疗药物上瘾组织变成最后的宗教组织，我们需要着重了解这个组织的运行规则。山朗姆会会员都过着双重生活：白天工作，晚上以玩所谓的"游戏"为乐。会员们白天努力工作，尤其是当为社会工作时，他们会更勤奋。会员实际上是没有个人财产的，他们希望将自己的财富全部捐给山朗姆会。格斯特尔对山朗姆会的第一印象是非常惊讶，因为山朗姆会的建筑非常干净，家具摆设非常整洁，工人非常开心。山朗姆会会员白天的工作准则是一直保持开心积极的态度，就像垃圾清理工之歌所唱的一样："我们是山朗姆会的垃圾清理工。我们不是为了钱而工作，我们为了快乐而工作，为了摆脱身上的垃圾。"

然而，在晚上，会员们的行为就完全不同了。他们在"游戏"中表现出了他们对人的攻击性和敌意。参与游戏的人被要求残忍地直接批评那些在生活中没有达到山朗姆会标准的会员。因为会员们的生活是彼此开放的，所以这些批评可能扩大到最细小的细节上面。由于会员没有隐私，这些批评行为自然地被监控以防止与组织目标相违背。设置"游戏"的出发点就是为了促使会员保持最佳的行为。

但是，这个"游戏"和其他"游戏"一样，是有规则的，而且这个大团队的领导可以通过这些规则完全控制整个团队。这些规则鼓励团队成员之间互相批评，却可以防止成员批评山朗姆的目标本身和领导的缺点。任何批评这个组织或者领导的人会受到其他所有人的猛烈批评（为了使自己置身事外）。如果这个人一直持批评态度，就会被驱逐出这个团队。

在这些行为规则下，山朗姆就会演化成为在一个越来越没有缺点的领导控制之下的组织。在 20 世纪 70 年代末期，戴德里奇一直让所有的成员都按照他的想法做事。举例来说，这包括强迫成员节食（the Fatathon)，强迫男性成员进行输精管切除手术，甚至还强迫成员更换伴侣，先是强迫结婚的成员，后来是强迫所有成对的成员，不管是否结婚。那些不遵守这些措施的成员就会遭到"被博弈"，也就是说，会遭到猛烈的批评，会挨打或者被驱逐出该组织。同时，在这个阶段，戴德里奇也在建立自己的半武装力量，以便用来对付来自组织内外的威胁。在山朗姆内部，反对者会被打，在组织之外，如果过路人或者邻居被认为有针对该组织的攻击，不管是真的还是假的，都会被暴打一顿。以前的一个成员为了争取还住在组织内的孩子的监护权，被打至终生残废。戴德里奇最后是以阴谋谋杀被起诉的——给一个反对山朗姆的洛杉矶辩护律师

第 10 章　延迟与服从——理查德·T·伊利演讲

寄送了他根本就没要的邮件，两名警察发现邮件里被放了一条有毒的响尾蛇。

山朗姆的经历跟米尔格拉姆在实验室里观察到的一样。对于戴德里奇的每个命令，组织成员要自己决定是否遵守。不遵守，当前的代价是离开该组织，并且还要在有限的人力和财力资源的情况下马上找到一种新的生活方式。过去很多成员发现山朗姆之外的生活是痛苦的，并且不能再在山朗姆寻求庇护。因此不遵守戴德里奇命令的后果是立竿见影的。因为组织成员都会选择遵守，所以山朗姆成员的行为标准会慢慢变化，就像参与米尔格拉姆实验的人们会根据他们以前所受到惩罚的标准而改变他们的行为一样。这个过程会加快，因为没有人持反对意见，不管是在山朗姆，还是在米尔格拉姆的实验里。在山朗姆里，在正常情况下，没有反对是通过博弈实现的，在某些不正常的情况下，没有反对是通过驱逐实现的。

Ⅵ. 犯罪和毒品

把犯罪和吸毒纳入模型研究的经济学家（参见贝克尔（Becker，1968））把这些行为看成是由个人动机引起的。贝克尔和默菲根据施蒂格勒-贝克尔模型，把个人吸毒的决定看成是理性和前瞻性的。米尔格拉姆实验和一些宗教群体的行为向我们提出警示。难以想象参与米尔格拉姆实验的人是有前瞻性的。他们不可能想象得到任何人（至少他们自己）最终会变成什么样子。同样地，山朗姆会的 20 世纪 60 年代的孩子们也想象不到他们会变成 70 年代持枪的社会危害。如果我们要使用施蒂格勒-贝克尔模型，人们在对待消费资金变化时是有前瞻理性的这个假设是完全被违反的。

把宗派群体的行为和少年匪帮的行为作比较是完全可以的，犯罪和吸毒往往是从这个地方开始的。少年匪帮的成员往往发现他自己（很少是她自己）所处的位置和山朗姆组织成员的相似性。一个典型的匪帮成员会做出一系列决定，来加强自己对匪帮领导的服从。在他作为匪帮成员的每一个阶段，他可以选择服从还是不服从领导。在极端的情况下，不服从命令会被驱逐出帮派。因此匪帮成员会面临山朗姆成员一样的困境：或者是放弃亲密的可以对其生活方式产生很大影响的朋友，或者是要服从帮派的决定。在匪帮里，在从新成员到老成员这个过程中，或者是在跟随一个行为古怪的领导的过程中，匪帮成员的服从力会越来越强。这种情况跟米尔格拉姆实验中一样。

而且，米尔格拉姆实验中由于不同意而产生孤立这种情况，在匪帮中自然也会出现。根据戴维·马塔（David Matza，1964）所述，匪帮的主要行动是出去闲逛，在闲逛时侮辱其他匪帮的成员，看他们怎么反应。这种行为叫做"回应"，因为它测量了别的成员对这种侮辱的反应深度。这种深度的测量往往关注的是匪帮成员的男人气概和（或者）他对帮派的忠诚度。对忠诚度的考察所发挥的作用跟"游戏"在山朗姆会中发挥的作用一样。在"反应"中，那些对帮派不够忠诚的成员，或者在"游戏"中对山朗姆不够忠诚的成员，会受到舆论的谴责。这种程序会使帮派的成员在不同意帮派的目标或者行为时不愿意说出来，就像山朗姆的成员发现自己很难对组织持反对态度一样。因此帮派的成员发现他们自己处于孤立的位置，不能抵制有权力的、行为古怪的领导者的目标。对帮派的人类学研究支持了"反应"的重要性，肯定了重要领导的作用，他们往往在决定帮派行为时起着过大的作用。（参见麦克劳德（Jay MacLeod，1988）；怀特（William Whyte，1943）。）

就像参与米尔格拉姆实验的人会慢慢"滑向"服从，山朗姆的成员会慢慢变成流氓一样，马塔（Matza，1964）指出少年人是怎样慢慢"滑向"犯罪的。马塔（1969）把少年人慢慢犯罪的这个过程比作"改变信仰"。这个"滑向"和"改变"的过程都和我的时间不一致行为模型是一致的。像我刚才所描述的宗派群体一样，犯罪的少年有一套机制保证他们与外界是隔离的，不受外界的影响。如此一来，有这么多不受社会限制的帮派从事危害社会的事，我们还会感到惊讶吗？

让我们考虑一个叫做"走廊执刑者"的匪帮的行为，如麦克劳德所记述，这个帮派住在新英格兰城一个低收入住房社区。他们的主要行动就是在13号走廊闲逛，互相骚扰，伴随着不同程度的玩笑和恶毒攻击。在闲逛的时候，帮派成员会找点刺激，包括大量啤酒和大麻、可卡因、PCP，有时候还有海洛因。这个群体的中心价值就是对帮派和其他帮派成员的忠诚，就像山朗姆的中心价值从头到尾都是组织成员对组织的忠诚一样。这个帮派的风气就可以用麦克劳德所写的肖特和斯力克的故事说明，他们俩在偷窃当地的运动鞋厂时被抓（下面是肖特讲的）：

> 看，这就是我们偷窃那天斯力克是怎么想的。他想如果他丢下我会很粗鲁，你知道。如果他让我自己被抓的话，他知道我脑子里有很多的想法，所谓的兄弟。他本来能跑掉的，我本来可以正好把他推进篱笆里，他就跑了。但是，他没跑，他等着我，所以我们俩都被捕了。我被卡住了。我的肚子通不过篱笆的那个洞。

50年前怀特在经典的街头人类学中已经强调过了同样的帮派行为。他

第 10 章 延迟与服从——理查德·T·伊利演讲

解释了为什么最有能力的街头男孩缺乏社会流动性,因为他们不愿为了一种新的生活方式而牺牲和同龄人之间的友谊,因为这些朋友不会跟他们一起走。就像麦克劳德所说,当肖特被抓住时,斯力克没有跑。怀特说,"街头男孩"的头儿道克没有继续上学,这样他就可以继续和朋友们在一起。

这种帮派为这些值得惋惜的决定提供了一个很好的社会环境。成员们发现不同意的成本特别高,因为不同意会导致他们在所尽忠的组织里受到孤立。像在山朗姆这样类似的环境下一样,帮派成员会被领着一步步滑向犯罪、暴力和毒品的深渊,每一步都给下一步设立了标准。

我们的问题仍然是怎样通过社会政策来改变这些行为。威廉·威尔逊(William Wilson,1987)认为,中产阶级从城市中心搬到郊区非常重要,因为这使社会关系网消失了,而原来社会关系网是就业的途径。根据威尔逊所述,特别是在黑人社区,这导致缺乏能工作的(因此是合格的)男性,也导致非婚生孩子大量增加。

但是,城市中产阶级的消失对还留在城市中心的贫穷的年轻人来说,还有另外的影响。中产阶级消失了,那些不认同同龄人暴力行为的人就没有什么社会群体可以选择,所以这就使得认同暴力的人和帮派团伙越来越多。

社会政策的作用是重建社会关系网所能带来的好处,如若必要。这样会通过提供其他的选择来降低帮派成员不认同犯罪、暴力和吸毒这些行为的成本。另外,我们可以看到一点点的不认同,也可能是一点点的信息就可能使成员不再忠于帮派。利斯贝思·肖尔(Lisbeth Schorr,1989)已经列出了很多的社会计划可以减少底层阶级的问题,像青少年怀孕、逃学、吸毒、暴力和酗酒。在这些社会计划中,成功的关键是社会工作者要努力取得客户的信任。这些计划的成功表明,一旦打破这些人的孤立,同他们建立起信任,少量的信息就可以大大减少令人遗憾的决定的数量。①

同社会的脱离导致高犯罪率这一点有证据可以证明,那就是犯罪率和城市大小成正比。小的城市不如大城市有那么多地方让他们专门进行帮派活动,所以就比较难从社会准则中孤立出去。小城市往往犯罪率比较低。人口少于 10 000 人的城市,暴力犯罪率是人口多于 25 000 人的城市的五分之一。1985 年,人口多于 25 000 人的城市的暴力犯罪率比

---

① 在文鲜明统一教团情形下,这种主动的干预往往是在帮派成员被亲戚抓住并强行按住的情况下进行的。

人口在 10 000～25 000 人的城市高 50％（美国调查局，1987）。①

Ⅶ. 政治和经济

把经济工具应用到政治领域的经济学家们已经研究了个人价值下民主和多数票规则的运行机制（Kenneth Arrow，1963）。他们是乐观主义者。相反，宗派行为的模型可以让我们了解政治的阴暗一面。下面我就给出两个例子。

A. 斯大林接任

我的第一个例子说的是斯大林接管苏联。布尔什维克的历史和山朗姆惊人地相似。（布尔什维克的历史源自多伊彻（Isaac Deutscher，1949）。）最初，早期的改革者满怀热情，在阁楼和仓库以及其他的组织里秘密地碰头。但是，除此之外，也是最重要的，他们都忠于自己的组织。对于布尔什维克来说，忠诚是最最重要的。实际上，党派成员仅仅是党派的贡献者（无论是财政上还是政治上），除此之外，应该服从党派纪律。这把俄国社会工人运动分裂成两部分，美什维克和布尔什维克，这已经不是宪法能规定的了。对党派纪律的忠诚在革命中非常有用，也最终使得斯大林接管了布尔什维克并扭曲了它的理念。他的那些强硬的革命同志也同意废除布尔什维克主义原来的原则：党派之间可以自由辩论并为工人和农民的事业而奋斗。在 20 世纪二三十年代，当斯大林集合农民对反对者实行专政时，这些老同志并没有参加，也许他们并不同意斯大林的做法，但是他们也没有明显地表现出来，和米尔格拉姆实验中被动服从、被动抵制的参与者有点相似。甚至托洛茨基在流放时也没有流露出反对斯大林的意思，直到肃反运动开始，斯大林做了一系列对农民更加残暴的决定，还决定停止政治辩论。这次例外，有人反对斯大林的决定，这也恰恰证明了这个规则。纳迪娅的父亲是一位布尔什维克的元老，所以她从一出生就继承了布尔什维克的理念。她同时也是斯大林的妻子。当斯大林在六个月的时间里从农场里集结了大约八千万的农民时，纳迪娅在党内表示反对，但遭到斯大林强硬地反驳。那个晚上，纳迪娅自杀了。② 她的做法与那些制定决定并且被采用的党内领

---

① 毋庸置疑，犯罪率的差异是因为中心城市的高犯罪率的贫困人口更多。
② 关于纳迪娅自杀和斯大林之前的行为 Khrushchev 也给出了一个说法（Nikita Khrushchev，1990）。这两种说法互不排斥。

第 10 章 延迟与服从——理查德·T·伊利演讲

导人的做法形成了对比,在每一个交叉口,这些人都要决定是要停止迫害农民和反对者,还是要继续忠实于党派。他们通过一步步地慢慢默认了斯大林的行为,逐渐形成了新的行为标准。相比之下,纳迪娅退出决策的过程而专心做一个妻子和母亲,肯定对党派已经偏离了其原来的理念感到反感。

B. 越南战争

我所说的另一个组织行为偏离的例子是关于参加约翰逊总统的周二午宴的那群人,这些人主要控制着美国军队在越南战争中的决策(Irving Janis,1972)。这里我们会看到模型的所有特征:突显、权威和服从。首先,对越南人民的暴力行动不断升级。比尔·莫耶斯(Bill Moyers)在离开政府部门后回忆起对越南的政策时,描述了为什么暴力会不断升级:"制定政策时,我们几乎总是在考虑其他做法的短期后果,从不考虑长期后果。我们越来越被这些短期的结果控制住了"(Janis,p. 103)。参与米尔格拉姆实验的人恐怕也会说同样的话。

约翰逊总统对那些分歧意见的控制和山朗姆组织以及"走廊执刑者"相似。总统称呼莫耶斯是"停止轰炸"先生;其他意见不同的人也有相似的外号,如"我最喜欢的主和派"、"支持越南的恶魔"等。少年帮派可能觉着这些"回应"很正常,但是他们的"回应"行为没有固定的形式并不影响其发挥作用。该群体内要达到意见统一(组织想法)除了采取一定的措施外,就是反对者的主动辞职,如比尔·莫耶斯、乔治·鲍尔、麦乔治·邦迪以及罗伯特·麦克纳马拉在不同的时期反对制定的政策时就主动辞职了。有趣的是,这些辞职的人都是在有反对意见后很快就离开了,组织内意见不一致的时间很短。

Ⅷ. 官僚机构

到目前为止,我们说的服从于权威的例子主要关注的是非经济现象:宗教信仰、犯罪、毒品和政治。但是,服从于权威的现象在现代工业社会的官僚机构中一样很常见,而官僚机构主要从事经济活动。

根据罗伯特·默顿(Robert Merton,1968)和韦伯(Weber),官僚机构的一个作用是制造专家。另一个作用是"迷惑那些有恰当态度和情感的参与者"(Merton,1968,p. 253)。我们把米尔格拉姆实验比作一个玩具厂的官僚机构,我对这个实验做的模型就是这个机构的模型。

此例中，参与人已经熟悉的电击水平 W_{t-1} 构成了他的"态度和情感"。按照默顿的术语，它定义了参与人的官僚主义特征。

用默顿的术语来讲，我们前面所说的专业化会导致"作用障碍"的官僚主义个性。我们已经在文鲜明统一教团、山朗姆、少年黑帮、吸毒酗酒、布尔什维克、总统的周二午餐宴的行为中看到这种"作用障碍"了。用默顿的另一个术语来说，个人决策的变化具有"时滞"，因为组织内的其他人不理解而且他们也并没有打算改变决策。而且，决策时的变化恰好跟我刚才说的一样：在制定一系列小的决策的过程中，决策者的决策标准渐渐发生变化，前面的决策是后面决策的前提。对于这种官僚主义的后果，默顿给出了另一个例子，美国规划局对海军上将伯德飞越南极的飞行员申请公民权请求的处理。

> 根据劳动部的裁决，伯恩特·巴尔肯拿不到公民证书。巴尔肯是挪威人，他于1927年声明要申请美国的居民权。这件事被搁置下来，因为他不满足在美国连续居住五年这个条件。因为去南极探险，他离开了美国，尽管他所在的船上挂的是美国国旗，这次探险也是很有价值的，而且探险的地方也因为是由美国人开发和占有的而被美国声称为其所有，称其为小美国。
>
> 美国规划局解释说，它们不能进一步证明小美国是美国的领土。那将是一个没法裁定的国际问题。规划局认为，巴尔肯离开了美国而且没有遵守规划法（p.254，quoted from *The Chicago Tribune*, June 24, 1931, p.10）。

比较有名的官僚主义改革支持者，如威廉·阿奇（William Ouchi, 1981）、托马斯·彼得和罗伯特·沃特曼（Thomas Peters and Robert Waterman, 1982）已经确切地强调了企业中非专业化的好处，因为他们认识到非专业人员比专家有更广泛一些的经验，所以就不大可能形成一定的官僚特征。而且，就像我在前面的例子里所说的第二个意思一样，非专业人员天生就没有专业人员那么孤立。用非专业人员可以打破与社会的孤立，而这种孤立是形成官僚主义行为障碍特点所必需的。

官僚主义的经济学模型建立在委托代理理论的基础上。模型的目标是根据信息流的技术特性得到最优的组织结构（两个很好的例子是保罗·米尔格拉姆和约翰·罗伯特（Milgrom and Roberts, 1988）；本·霍姆斯道和金·泰勒（Holmstrom and Tirole, 1988））。相比之下，我的分析则显示了信息影响官僚主义的另一种方式。制定专业决策的官僚机构可能会"不正常"行事。在特定情形下，比如实验室里埋头搞研究的科学家，绿色贝雷帽（陆军特种部队）以及美国林业服务（参见

Kaufman，1960)，这种孤立可能是有益的而且行为不正常是非常有用的。① 另一方面，我们已经看到，同样的专业化也可能机能不良。委托代理模型中，完全不可能的是行为隐藏地随着对权威的服从而改变。而官僚主义理论必须强调激励问题（正如委托代理问题一样），它也需要考虑如何组织决策过程以便创造机构特征的有效变化（而不是导致机能不良）。

Ⅸ. 结 论

标准的经济学分析是建立在边沁主义观点之上的，即每个人有固定不变的效用。斯蒂格勒-贝克尔和贝克尔-默菲进一步指出，这些效用是可变的，但是个人是前瞻的并可以预见未来的变化。建立在20世纪的人类学、心理学和社会学之上的比较现代的行为学观点是，个人的效用可变，并且他们无法完全预见这些变化，或者即使能够认识到会发生变化。本文将这类行为模型化为一系列决策，给出了日常生活中的例子，说明了哪些情况下这类决策行为容易发生，并且在一些情况下，给出了一些可能的补救措施。拖延和服从理论可以应用于储蓄、犯罪、吸毒、酗酒、政治和官僚主义组织问题的讨论中。

参考文献

Aronson, Elliot, *The Social Animal*, 4th edn., New York: Freeman, 1984.

Arrow, Kenneth J., *Social Choice and Individualistic Values*, 2nd edn., New Haven: Yale University Press, 1963.

Asch, Solomon E., "Effects of Group Pressure upon the Modification and Distortion of Judgments" in Harold S. Guetzkow, ed., *Groups, Leadership and Men*, Pittsburgh: Carnegie Press, 1951.

Asch, Solomon E., *Social Psychology*, Englewood Cliffs: Prentice-Hall, 1952.

Becker, Gary S., "Crime and Punishment," *Journal of Political Economy*, March/April 1968, 76, 169–217.

——and Murphy, Kevin M., "A Theory of Rational Addiction," *Journal of Political Economy*, August 1988, 96, 675–700.

---

① 在科学家的例子中，可能是孤立下的个人心理以及群体心理导致"疯子科学家"的画面被举例为古怪科学家的特征。

Borgida, Eugene and Nisbett, Richard, "The Differential Impact of Abstract vs. Concrete Information on Decision," *Journal of Applied Social Psychology*, July 1977, 7, 258-271.

Brown, Roger, *Social Psychology: The Second Edition*, New York: Macmillan, 1986.

Burka, Jane B. and Yuen, Lenora M., *Procrastination: Why You Do It, What to do About It*, Reading: Addition-Wesley, 1983.

Cagan, Phillip, *The Effect of Pension Plans on Aggregate Saving: Evidence from a Sample Survey*, NBER, Occasional Paper No. 95, New York: Columbia University Press, 1965.

Carpenter, Cheryl et al., *Kids, Drugs and Crime*, Lexington: D. C. Heath, 1988.

Dahlin, Michel R., "From Poorhouse to Pension: The Changing View of Old Age in America, 1890-1929," unpublished, doctoral dissertation, Stanford University, 1983.

Deutscher, Isaac, *Stalin: A Political Biography*, Oxford: Oxford University Press, 1949.

Ellwood, David T. and Summers, Lawrence H., "Poverty in America: Is Welfare the Answer or the Problem?," in Sheldon H. Danziger and Daniel H. Weinberg, eds., *Fighting Poverty: What Works and What Doesn't*, Cambridge: Harvard University Press, 1986.

Feldman, Harvey W., Agar, Michael H. and Beschner, George M., *Angel Dust: An Ethnographic Study of PCP Users*, Lexington: D. C. Heath, 1979.

Fisher, Ivying, *The Theory of Interest*, New York: Macmillan, 1930.

Galanter, Marc, "Psychological Induction Into the Large-Group: Findings from a Modern Religious Sect," *American Journal of Psychiatry*, December 1980, 137, 1574-1579.

——, *Cults: Faith, Healing, and Coercion*, New York: Oxford University Press, 1989.

——et al., "The 'Moonies': A Psychological Study of Conversion and Membership in a Contemporary Religious Sect," *American Journal of Psychiatry*, February 1979, 136, 165-170.

Gerstel, David U., *Paradise, Incorporated: Synanon*, Novato: Presidio Press, 1982.

Hirschman, Albert O., *Exit, Voice and Loyalty: Responses to Decline in Firms, Organizations and States*, Cambridge: Harvard University Press, 1970.

Holmstrom, Bengt R. and Tirole, Jean, "The Theory of the Firm," in Richard Schmalansee and Robert Willig, eds., *The Handbook of Industrial Organization*, Amsterdam: North-Holland, 1988.

第 10 章 延迟与服从——理查德·T·伊利演讲

Hurd, Michael D., "Research on the Elderly: Economic Status, Retirement, Consumption, and Saving," *Journal of Economic Literature*, June 1990, 28, 565-637.

Janis, Irving L., *Victims of Groupthink: A Psychology Study of Foreign-Policy Decisions and Fiascoes*, Boston: Houghton Mifflin, 1972.

Katona, George, *Private Pensions and Individual Savings*, Monograph No. 40, SRC, Institute for Social Research, Ann Arbor: University of Michigan, 1965.

Kaufman, Herbert, *The Forest Ranger: A Study in Administrative Behavior*, Baltimore: Johns Hopkins University Press, 1960.

Khrushchev, Nikita S., *Khrushchev Remembers: The Glasnost Tapes*, transl. / ed., Jerrold L. Schector with V. V. Luchkov, Boston: Little, Brown, 1990.

MacLeod, Jay, *Ain't No Makin' It*, Boulder: Westview, 1988.

Matza, David, *Becoming Deviant*, Englewood Cliffs: Prentice-Hall, 1969.

——, *Delinquency and Drift*, New York: Wiley & Sons, 1964.

Merton, Robert K., *Social Theory and Social Structure*, 1968 Enlarged Edition, New York: Free Press, 1968.

Milgram, Stanley, *Obedience to Authority: An Experimental View*, New York: Harper and Row, 1975.

Milgram, Stanley, "Some Conditions of Obedience and Disobedience to Authority," in I. D. Steiner and M. Fishbein, eds., *Current Studies in Social Psychology*, New York: Holt, Rinehart, and Winston, 1965.

Milgrom, Paul R. and Roberts, John, "An Economic Approach to Influence Activities Organizations," *American Journal of Sociology*, Suppl. 1988, 94, S154-S179.

Munnell, Alicia H., "Private Pensions and Saving: New Evidence," *Journal of Political Economy*, October 1976, 84, 1013-1032.

Nisbett, Richard E. and Ross, Lee, *Human Inference: Strategies and Shortcomings of Social Judgement*, Englewood Cliffs: Prentice-Hall, 1980.

Ofshe, Richard, "The Social Development of The Synanon Cult: The Managerial Strategy of Organization Transformation," *Sociological Analysis*, Summer 1980, 41, 109-127.

Ouchi, William G., *Theory Z: How American Business Can Meet the Japanese Challenge*, Reading: Addison-Wesley, 1981.

Peters, Thomas J. and Waterman Jr., Robert H., *In Search of Excellence: Lessons from America's Best-Run Companies*, New York: Harper and Row, 1982.

Ross, Jerry and Staw, Barry M., "Expo 86: An Escalation Prototype," *Administrative Science Quarterly*, June 1986, 31, 274-297.

Ross, Lee, "Review of Authur G. Miller, *The Obedience Experiments: A Case*

Study of Controversy in Social Science, New York: Praeger, 1956," *Contemporary Psychology*, February 1988, 33, 101-104.

Schelling, Thomas C., "Enforcing Rulers on Oneself," *Journal of Law, Economics and Organization*, Fall 1985, 1, 357-373.

Schorr, Lisbeth B., *Within Our Reach*, New York: Doubleday, 1989.

Staw, Barry M., "Knee-Deep in the Big Muddy: A Study of Escalating Commitment to a Chosen Course of Action," *Organizational Behavior and Human Performance*, June 1976, 16, 27-44.

——and McClane, S., *Throwing Good Money After Bad: Escalation in a Banking Context*, Symposium presentation, Academy of Management, 44th Annual Meetings, Boston, 1984.

——and Ross, Jerry, "Behavior in Escalation Situations: Antecedents, Prototypes, and Solutions," in Larry L. Cummings and Barry M. Staw eds., *Research in Organizational Behavior*, Vol. 9, Greenwich: JAI Press, 1987.

Stigler, George J. and Becker, Gary S., "De Gustibus Non Est Disputandum," *American Economic Review*, March 1977, 67, 76-90.

Stotland, E. and Canon, Lance K., *Social Psychology: A Cognitive Approach*, Philadelphia: Saunders, 1972.

Thaler, Richard H. and Shefrin, Hersh, M., "An Economic Theory of Self-Control," *Journal of Political Economy*, April 1981, 89, 391-406.

Venti, Steven F. and Wise, David A., "IRAs and Savings," NBER Working Paper No. 1879, Cambridge, April 1986.

——and ——, "Have IRAs Increased U. S. Saving?: Evidence from Consumer Expenditure Surveys," NBER Working Paper No. 2217, Cambridge, April 1987.

Whyte, William F., *Street Corner Society*, Chicago: University of Chicago Press, 1943.

Wilson, William J., *The Truly Disadvantaged: The Inner City, the Underclass and Public Policy*, Chicago: University of Chicago Press, 1987.

U. S. Bureau of the Census, *Statistical Abstract of the United States: 1987*, Washington: USGPO, 1987.

第 11 章　掠夺：因牟利而破产的经济黑幕[*]

乔治·A·阿克洛夫[**]
保罗·M·罗默

20 世纪 80 年代期间，发生了许多罕见的金融危机。例如，在智利，金融部门倒闭，政府负责处理大量的外债。在美国，许多政府承保的储蓄和贷款无法清偿，最后政府埋单。在得克萨斯州的达拉斯，甚至在空置房屋激增之后，不动产价格和建筑物仍然继续增加，接着骤然崩盘。还是在美国，垃圾债券市场刺激了收购浪潮，经历了一场类似的大起大落。

在本文中，我们利用简单的理论和直接的证据，强调这四个事件共有的线索。理论表明，这个共有线索适用于具有下列特征的其他情形：

---

[*] 本文最初发表于 George A. Akerlof and Paul M. Romer（1993），"Looting：The Economic Underworld of Bankruptcy for Profit," *The Brookings Institution*：*Brookings Papers on Economic Activity*，2：1993。版权为布鲁金斯学会出版社所有，并授权重印。

[**] 作者非常感谢 James Pierce 和 William Black。在他们担任"国家金融机构、改革、重建和实施委员会"执行主任和副主任期间，他们一直致力于对储贷危机进行独立调查，他们得到了很多有益的结论，并为我们提供了许多有益的确凿证据。我们同样非常感谢 Halsey Rogers 给予我们的重要的研究帮助，同时也感谢 Paul Asquith，James Barth，Mark Carey，Roger Craine，Curtis Eaton，Pierre Fortin，Sebastian Edwards，Jeffrey Frankel，Jeffrey Gunther，Bronwyn Hall，Robert Hall，Elhanan Helpman，Richard Lipsey，Ken Rosen，Nate Rosenberg，Edward Safarian，Benjamin Stein，Nancy Wallace，Michael Wolfson 以及 Janet Yellen 对于我们理解未知领域的复杂问题给予的帮助。本文结论仅代表我们的观点，对于文章中可能存在的事实或理解错误由我们负责，与这些人无关。此项研究由国家科学基金会、加拿大高级研究会以及 Russell Sage 基金的制度和发展研究小组提供资助。

国家承担大量外债，政府必须帮助没有清偿能力的金融机构走出困境，不动产价格明显上升，然后下降，或者新的金融市场大起大落。不管怎样，我们描述的证据只考虑了智利金融危机、美国的储蓄机构危机、达拉斯不动产和储蓄机构以及垃圾债券的情形。

我们的理论分析表明，如果企业有动力以社会代价进行牟利性破产（掠夺）而不是孤注一掷（博取成功），经济黑幕活动就会复活。如果账目混乱，规制松散，对违规行为惩罚太轻，会促使所有者捞取超过其企业的价值，拖欠债务，就会发生牟利性破产。

当政府对一个企业的债务进行担保时，更常发生牟利性破产。最明显的担保是存款保险，但政府也会或明或暗地担保保险公司的保单、私有企业的养老金契约，实际上所有的大银行契约、学生债务、受补贴住房的抵押金融、大的或有影响的企业的一般契约都得到政府担保。为执行规定，限制股东的机会主义，政府会根据净值账目，视满足特定目标的情况，不断适用担保。但是，因为净值一般只是受担保机构全部资产的一部分（毕竟，这是他们需要和接受政府担保的原因），牟利性破产容易变成所有者的策略，这种策略比最大化实际经济价值更有吸引力。

如果这样，最大化经济价值的正常经济学就被最大化当前可榨取价值的扭曲的经济学所取代，最大化当前可榨取价值往往会使企业的经济净值变成极大的负值。一旦所有者决定通过最大化当前收入从企业中榨取更多，任何允许他们榨取更多价值的行动就非常有吸引力，即使这导致企业实际经济净值大幅下降。今天股利增加1美元对于所有者价值1美元，但是企业未来盈利增加1美元的价值为零，因为未来支付自然增加到债权人身上，债权人将独立承担非属自己的全部责任。结果，牟利性破产导致社会损失，这种损失令股东引起的债权人的转让相形见绌。因为所有者所得与他们带来的损失并不一致，我们称牟利性破产为掠夺。

不幸的是，由政府担保的企业不是面对严重扭曲激励的唯一企业。掠夺能够共生地传播到其他市场，唤醒具有错误激励的整个经济黑幕活动。政府担保的部门的掠夺者会与部门之外的非关联企业进行交易，导致他们不考虑未来损失，以一种有助于最大化掠夺者当前抽取价值行为的方式进行生产。掠夺者不是寻找重合同的商业伙伴，而是寻找会签订看起来若执行就有很高当前价值的合同的伙伴，但是这种合同不会也不能得到履行。

我们首先讨论一个抽象模型，该模型说明掠夺发生的条件。在下一部分，我们描述智利金融危机和美国储蓄机构危机的情景，尤其注意监管和会计细节，它们是我们故事的核心。我们接着转向分析得克萨斯州

第11章 掠夺：因牟利而破产的经济黑幕

储蓄机构的活动中心——达拉斯的不动产繁荣，我们构建了一个土地市场的理性预期模型，其中投资者从市场价格推断经济基本面。① 然后，我们将证明即使引入相对少量的掠夺者，也会对市场价格产生很大影响。

在最后一部分，我们研究在20世纪80年代新兴起的垃圾债券市场中，储蓄与贷款协会和保险公司的掠夺在操纵价格中的可能作用。与达拉斯的土地市场中价格变动好像是个人掠夺策略的无意的次要影响相对照，我们认为在垃圾债券市场中，局外人能够——也许——协调一些掠夺者的行动，蓄意操纵价格。证据表明，市场参与者明白并利用了这种机会。通过人为保持低额的垃圾债券利率，这种策略能够显著增加通过债务融资并购而得到利益的企业的比例。

在转到理论模型之前，我们会将这篇文章放在与我们讨论问题有关的大量文献的背景中。储蓄机构危机的文献主要有两类：流行的解释②与经济学家的解释。③

与流行解释相比，经济学家的工作一般在细节上存在不足，因为经济学家强调的激励不能解释发生的大多数行为。一般经济分析基于道德风险、过度冒险以及对存款保险收取保费的风险不够敏感。对这种策略有许多生动的描述："如果为正面我就赢，如果为反面我不赢不亏"；"置之死地而后生"；"最后一搏"；这只是其中几个。运用与期权定价类似的方法，经济学家提出了对这种过度承担风险策略的一种很好的理论解释。④ 对20世纪80年代的事件，这种解释存在的问题是，那些打赌他的储蓄机构一定盈利的人，却从不以其他储蓄机构运行的方式运营，完全不考虑甚至最基本的贷款规则，即保持合理的贷款证明，保护不受外部欺诈和滥用，证实贷款申请信息，甚至烦扰借款人填写贷款申请。⑤ 许多这种储蓄机构运营的研究表明，所有者会像未来损失是其他人的问题那样行事。他们是对的。

一些经济学家的解释认为，除了过度承担风险之外，在20世纪80年代，还发生了一些事。⑥ 爱德华·凯恩（Edward Kane）把储蓄和贷

---

① 对于这一模型，参见 Grossman（1976）。

② 对于描述在那些臭名昭著的机构里究竟发生什么的细节，我们可以从以下畅销书中查阅到：Adams（1990），Mayer（1990），O'Shea（1991），Pizzo, Fricker and Muolo（1989），Robinson（1990），Wilmsen（1991）。

③ 例如，可参见 Kane（1989），White（1991），Brumbaugh, Carron and Litan（1989）。

④ 参见 Merton（1987）。

⑤ Black（1993b）强烈强调这一点。

⑥ 参见，例如，Benjamin Friedman 对 Brumbaugh, Carron and Litan（1989）论文的评论。

249

款行为与庞氏骗局（Ponzi Scheme）进行了比较，得到了一些我们所强调的观点。① 然而，许多经济学家仍然好像不理解20世纪80年代的一系列经济状况使得掠夺金融机构非常容易，并且几乎没有诉讼风险。一旦清楚这一点，自然仅在某些世界状态下获利的高风险策略就只适用于胆小鬼了。如果你能利用一件有把握的事情而又几乎没有风险，为什么还要去浪费制度参加那些可能获利的赌博呢？

我们对掠夺策略的描述成为一个复杂版本：一个有限责任公司借钱，放入所有者的私人账户，然后拖欠债务。当然许多关于公司金融的文献强调，当股东具有有限责任时，权益持有人能够使用这种策略，剥削债务持有人。② 在涉及私人部门或企业之间的交易背景下，我们分析这个问题没有增加任何新东西。本文的突出观点在于，最优化的个人不会在被剥削的情况下重复放贷，因此如果存在放贷，一定是某种保护机制（诸如声誉、附属担保品或者债务协议）在起作用。

不过，这一分析不一定适用于政府做出的贷款。政府有时会做一些最优化的当事人不做的事情，并且，因为具有征税能力，他们能做那些其他人或企业因缺乏资源被迫终止的决策，并持续很长时间。

一个抽象的掠夺模型

一个简单的三期模型能够抓住牟利性破产分析中的要义。在这一部分，我们利用它得出三个基本结论。第一，有限责任赋予公司所有者剥削债权人的可能机会。第二，如果债务合同允许这种事发生，所有者会有意促使一个有清偿能力的企业破产。第三，当一个企业所有者促使该企业破产，他们能导致很大的社会危害，就像在暴乱中的强盗导致的社会损失远大于其私人收益一样。

我们提醒读者，这一部分中我们建立模型的方法不同于大多数其他合同研究所采用的方法。一般分析是从描述经济环境开始，接着描述有效率合同的特性。假定在市场中不会出现无效率的合同，或无效率合同至少不会存续很长时间。

首先，我们假设相关债权人，政府认同一份无效率合同，并在一段时期内履行该合同。我们对政府为何这样做不提供任何明确的理论说明。在论文的主要部分，我们的目标只是描述无效率的政府合同和管制

---

① Kane (1989).
② 参见，例如，Brealey and Myers (1984, pp.501–503).

第 11 章 掠夺：因牟利而破产的经济黑幕

所导致的私人部门行为，仅在结论部分我们对政府为何采取这种行为的较复杂动机做出暗示。

除了假设合同是无效率之外，我们的基本模型建立在完全确定性和存在合法的掠夺策略的基础上。完全确定性使得模型较为简化，但更重要的是，它完全对比了我们所强调的掠夺策略（破产）和受补贴的承担风险（孤注一掷）策略，后一策略在迄今为止研究储蓄机构危机的经济学家提出的大多数先前的解释中占据支配地位。① 在最初介绍该模型时，只存在合法交易的假设也有助于比较说明掠夺理论和孤注一掷理论。然后，我们说明基本模型的要素如何保留在所有者确实进行欺诈的模型中。

在介绍三期模型之前，有必要在最简单可能的情景中阐述我们的基本观点，并确定一些简化阐述的常规。假设 V 代表一个有限责任公司的真实价值或净值。假定政府同意借给该公司大量的钱，条件是所有者付给本人的不能超过 M。一个所有者或管理者将面临一个简单的决策。如果 M 小于 V，所有者将按照价值最大化的标准原则经营该公司。政府提供的资助与该所有者没有什么关系。但是如果 M 大于 V，该所有者将向政府借入足够多的贷款，支付 M，很清楚，该公司将来会拖欠债务。更严重的是，在这种情况下，所有者没有动机保证他们能够良好的经营公司。

从本质上这就是我们讲述的发生在许多储蓄机构的故事。细节主要是监管、会计制度、产生 M 大于 V 的情形的不合法支付的机会。这个故事的三方面值得评论。在下文中除非明确说明，我们假定公司管理者和所有者之间不存在利益分歧。我们做这一假设不仅是为了简化阐述，还是因为它正确地描述大多数储蓄机构发生情形的特征，在这些情形中，都发生了最严重的滥用行为。在 20 世纪 80 年代，一个重要的监管变化使得个人拥有储蓄机构或总公司拥有作为子公司的储蓄机构。如同人们所期望的那样，当高度集权或管理者由所有者牢牢控制的时候，滥用策略就会更容易实施。事实上，这就是一直到 20 世纪 80 年代银行管理者都实施限制高度集权的规则的原因所在。存在另外一些储蓄机构，所有权非常分散，并且（想保住工作和声誉的）管理者和（如果管理者掠夺了其机构，将赚取很多的）所有者之间存在严重利益分歧。他们没有考虑我们试图证明的行为。

这个故事的第二部分——政府直接向企业提供贷款——完全是分析

---

① 参见 Craine（1992）最近描述的一个不确定性模型，该模型抓住了过度承担风险策略的本质。

251

便利。在实际中,私人把储蓄借给一个金融机构,并且政府对这个金融机构的债务做出担保。就我们的目的而言,这等同于假定储户持有政府债务,而政府直接把钱借给储蓄机构。在任一种情况下,当储蓄机构违约时,结果相同。政府受到损失。

这个故事的第三部分——通过股利支付,财富从储蓄机构转移到所有者的私人投资组合——是真正不应采用的阐述捷径。事实上,有许多异常有利的交易,储蓄机构的个体或公司所有者能借此从中抽取资源。其他方式一般不合法,而且难于监管和起诉。重要的是,从所有者的角度看,他们实际上能够增加从储蓄机构中抽取的总财富量。下面的例子表明可能的结果。在 1988 年,Southmark 公司以其全资子公司——得克萨斯州休斯敦的 San Jacinto 储蓄和贷款公司的不动产所有权交换了一组公司。由于这是在附属公司间的交易,所以它需要监管机构批准。一个投资银行对被认购公司给出 1.46 亿美元的估价,根据它提供的公平估价,监管者按 San Jacinto 不动产的可比数值批准了这笔交易。到 1990 年时,被认购公司的价值实际上明显为负。①

一般模型

我们现在介绍构成分析核心的抽象模型。该模型不存在不确定性,并且只有三个时期,即时期 0,1 和 2。在时期 0 到 1 之间,给定的市场利率为 r_1,在时期 1 到 2 之间,给定利率为 r_2。

在时期 0 存在一个储蓄机构,所有者对它的投资为 W_0。它获得存款 L_0,并购买一组资产 A,其初始值为 $A_0 = W_0 + L_0$。该储蓄机构受制于由政府制定的净值或资本要求的规定。这一规定要求净值 W_0 必须大于或等于 cA_0,其中 c 为某一常数。该资产在时期 1 产生 $\rho_1(A)$ 的现金支付,在时期 2 产生 $\rho_2(A)$ 的现金支付。

为了简化说明,假设在资产上的投资不能流动,并且在时期 0 以后不购买任何新资产。在时期 1,该银行得到 $\rho_1(A)$ 的现金支付,并向其所有者分发了 Δ_1 的红利。为适应这些交易,该银行调整存款负债。在交易后,其存款负债是前期存款加累计利息 $(1+r_1)L_0$,减去现金支付 $\rho_1(A)$,再加上红利 Δ_1。这就意味着储蓄机构可以通过向外界借款,即通过吸收新存款,支付红利 Δ_1。

在时期 2,资产上的投资最终得以支付,并且能清算储蓄机构。该银行得到 $\rho_2(A)$ 的支付。时期 1 的存款负债加累计利息等于 $(1+r_2)$

---

① FDIC v. Milken (1991, pp. 76–77).

第11章 掠夺：因牟利而破产的经济黑幕

$[(1+r_1)L_0-\rho_1(A)+\Delta_1]$。最终的净值等于资产和负债之差。

如果没有有限责任和储蓄保险，储蓄机构的最初投资者遇到的决策问题是，选择一组资产 A，最大化该银行支付贴现后的现值。（因为在下文中我们将把最优收入资金流 V^* 的现值与红利支付的限额作比较，该限额正常是以时期 1 单位进行表示，而且把 V^* 表示为时期 1 的现值是合理的。）根据上文对收入流的论述：

$$V^* = \max_{A,\Delta_1} \frac{\{\rho_2(A)-(1+r_2)[(1+r_1)L_0-\rho_1(A)+\Delta_1]\}}{1+r_2} + \Delta_1 \tag{1}$$

其中，$0 \leqslant cA_0 \leqslant W_0$。

由于时期 1 的红利支付的两项抵消，这一最大化问题中唯一重要的决策变量就是时期 0 购买的资产。因为红利抵消掉后，这个等式就可以简化为：

$$V^* = \max_A [\rho_2(A)/(1+r_2)] + \rho_1(A) - (1+r_1)L_0 \tag{2}$$

其中，$0 \leqslant cA_0 \leqslant W_0$。

现在假设储蓄机构为有限责任公司。进一步假设，政府对储蓄机构的负债进行担保，并且规定该银行在时期 1 支付给所有者的红利上限为 $M(A)$。就像这个符号所表明的，这个上限是该银行持有资产的函数。在这种情况下，银行所有者遇到的最大化问题是：

$$E = \max_{A,\Delta_1,\Delta_2} [\Delta_2/(1+r_2)] + \Delta_1 \tag{3}$$

其中，$0 \leqslant cA_0 \leqslant W_0$；

$\Delta_1 \leqslant M(A)$；

$\Delta_2 \leqslant \max\{0, \rho_2(A)-(1+r_2)[(1+r_1)L_0-\rho_1(A)+\Delta_1]\}$。

在这个表达式中，我们引入了一个新的符号 E，即所有者权益价值，该值可以不同于储蓄机构的真实经济价值 V^*。

为了表述这一部分的基本结果，我们引入一个最终变量 M^*。用 M^* 代表在 A 满足 $0 \leqslant cA_0 \leqslant W_0$ 条件下 $M(A)$ 的最大值。M^* 是在时期 1 得到的红利的最大值。

命题：

1. 如果 $M^* \leqslant V^*$ ——时期 1 储蓄机构支付流的最大值——该银行所有者选择 A 以最大化该银行的真实价值。

2. 如果 $M^* > V^*$，该银行所有者选择 A 以最大化 $M(A)$。他们在时期 1 支付的红利为 M^*，在时期 2 不履行该银行的责任。

证明：

这一结果背后的经济学直觉非常简单。如果所有者付给自己的不超过储蓄机构在时期1的价值，那么公司在时期2的净值为正，并且对于时期2的红利来说，最优化时选择0就没有关系。在这种情况下，具有有限责任的方程（3）的最大化问题简化为没有有限责任确定为 V^* 的方程（1）的最大化问题。

另一方面，如果所有者所得到的红利大于储蓄机构的真实经济价值，即使这要求他们对产生负的净现值的项目进行投资，他们也会这样做。通过增加一些约束，当他们得到大于储蓄机构的价值时，他们就会在时期2导致储蓄机构不履行责任。如果他们打算不履行责任，所有者不会关心投资项目是否有负的净现值，因为政府将承担这个项目的全部损失。因此，所有者仅仅选择 A，以最大化他们在时期1获取的红利数量。

（为正式得出该结论，用等式（3）的最大值替代时期2红利的上限值，并且交换两个最大值算子的顺序。）

从该结论立即能得到两个观察结果。第一，如果所有者得到大于储蓄机构的真实经济价值，那么获得正净值的所有者将毫不犹豫地从该银行抽取资源，选择破产。破产对他们而言是一种选择，而非经济环境强加于他们的。第二，当所有者选择 A 以最大化 M^* 时，他们会投资于一些负净现值的项目。如果这样的话，所有者通过掠夺策略所得到的收益就会严格小于政府支出，结果，整个社会遭受净损失。

这些观察结果透彻地说明，我们所强调的为了牟利而破产的策略和依赖于过度承担风险的更熟悉的策略之间的差别。根据我们的策略，有清偿能力的储蓄机构的所有者偏爱的结果是，该银行破产。当所有者成功抽取大于真实经济价值 V^* 的收入时，就会明确显示出对储蓄机构如何管理有点儿漠不关心，这是在研究许多破产储蓄机构的日常运作时看到的。按照另一种过度承担风险策略，拥有者偏爱的结果是，赌博获得成功，并且该银行仍然有偿付能力。如果所有者遵循这一策略，他们就会关注贷款的质量和承担的运作成本，因为每一美元的损失或成本表示如果赌博成功他们的收益减少量。

这一结果也证明我们使用掠夺术语是合理的。牟利性破产策略将导致整个社会承受巨大的损失，因为 M 对 A 的依赖会鼓励银行所有者对有负净现值项目进行投资。下一部分会说明在20世纪80年代期间，监管如何导致这些激励。

到目前为止，模型假设在时期1的支付约束 $M(A)$ 只是由监管制度和会计规则决定的，因此由储蓄机构做出的所有决策都是合法的。然

第11章 掠夺：因牟利而破产的经济黑幕

而，我们所列举的掠夺的例子主要涉及不合法的活动。在某种程度上，在我们的例子中，不合法活动相对于合法活动的比例高，反映我们的资料来源存在偏差，这主要是根据合法活动记录的证据得到的。合法的或不可能起诉的掠夺从来不会呈现在法庭或监管记录中。但是，事实上我们相信合法掠夺的机会相对于那些包括各种各样巧妙的附带支付的机会来说较小，这些附带支付机会具有侦查、刑事检控和民事胜诉多种可能性，因此模型应该扩展到包含合法和不合法的掠夺方式。

为此，假设 F 代表管理者的欺诈活动。我们对 F 做出两种假设。首先，F 增加导致官方检举或起诉风险有关的期望成本 $C(F)$ 增加。这些期望成本依赖于法庭上损失的可能性和在刑事或民事诉讼中损失的成本。它们还依赖于管理者和所有者对待风险的态度以及与诉讼有关的声誉成本。

F 值增加的第二个效应是，增加所有者所能抽取的资源总量。一般这些资源不会采取显而易见的红利支付形式，而是代表机构净值的减少程度。从储蓄机构资产负债表的真实状况角度，它们具有和红利支付同样的效果。因此，我们能扩展以前对第一期抽取的财富约束的表达式 $M(A)$，并写为 $M(A, F)$，条件为 M 随 F 增加而增加。

由于这些扩展，我们将模型改写如下：

$$E = \max_{A,F,\Delta_1,\Delta_2} \Delta_2/(1+r_2) + \Delta_1 - C(F) \tag{4}$$

其中，$0 \leqslant cA_0 \leqslant W_0$；

$\Delta_1 \leqslant M(A, F)$；

$\Delta_2 \leqslant \max\{0, \rho_2(A) - (1+r_2)[(1+r_1)L_0 - \rho_1(A) + \Delta_1]\}$。

以前模型的基本直觉在这个扩展模型中仍然成立。一个临界值可把价值最大与牟利性破产的经济效果区分开来。如上所述，用 V^* 代表不存在掠夺机会时红利的最大值。在这种情况下，用 M^* 代表 $M(A, F) - C(F)$ 关于 A 和 F 的最大值。这一数值等于从储蓄机构中得到的整个货币价值减去与所采取的欺骗程度相关的期望法律成本。如果 M^* 大于 V^*，所有者会采取掠夺行为，这就是说，他们选择 A 和 F 来最大化 $M(A, F) - C(F)$；另一方面，如果 M^* 小于 V^*，他们设 F 为 0，选择 A 来最大化价值，并得到 V^*。

总而言之，当 V^* 很小，或者有很小的起诉可能性从企业中抽取数量很大时，掠夺和不合法行为就可能发生。规制、正确记账以及法律的有效实施对保证 V^* 大于 M^* 是有必要的。一定存在合法支付的限制，与真实经济收益相一致。此外，会计和规制的释义必须使不合法支付行为易于侦查、起诉和矫正。

掠夺的例子

对于金融机构而言，限制从储蓄机构中获取的红利和其他支付的规则来源于下述规定：储蓄机构的净值在每期必须大于监管者规定的资金要求。在我们的三期案例中，在时期1，红利限额 M 是由下列条件决定的：储蓄机构发放红利后剩余的净值必须大于常数 C 乘以资产的账面价值。因此，在模型中如果储蓄机构运营合法，$M(A)$ 就能根据监管约束和会计规定得到。

案例1：夸大资产净值

我们从讨论会计规则开始，如果在储蓄贷款行业的危机讨论中没有普遍忽视会计规则，会计规则显然就不值得论述。如果为了获得声誉而虚增净值，就将产生掠夺行为的激励。由于净值对从储蓄机构抽取价值的能力给予极其重要的约束，所以每一美元的额外虚增净值都转为可以从储蓄机构中抽取的每一美元的净值。尤其是如果虚增的净值大于全部必要资本量，产生掠夺行为所需要的条件就会具备。由于资本必需量 c 在20世纪80年代明显降低，这增加了掠夺行为发生的可能性。

在20世纪80年代，一些因素导致了净值的人为增加。在一个储蓄机构购买另一个具有负净值的储蓄机构的情况下，就产生了恰好具有这里所述的增加效应的"声誉"。另外，许多储蓄机构的真实净值实际为负之后，仍然允许它们继续运营。根据监管性的会计准则，人为增加储蓄机构的净值是为了免除监管者必须将其关闭的法律要求。（下文我们会讨论声誉核算和资本要求。）

夸大净值本身并不会导致储蓄机构所有者做出错误的投资决策，但是牟利性破产会消除认真经营储蓄机构的任何激励因素。所以，由于对储蓄机构管理不善而导致社会的净损失就可能发生。

案例2：控制收益曲线

假设我们认为储蓄机构在计算净值时不允许包含声誉，但包含在一些资产上进行投资的机会，这些资产能导致夸大第一期的会计所得。那么，储蓄机构还是能进行牟利性破产。

我们以长期债券为例说明。因为在模型中不存在不确定性，套利交易意味着在时期0以票面价值发行的一种两期的长期债券必须支付满足

下式的息票 r_L：

$$(1+r_L)+(1+r_2)r_L=(1+r_1)(1+r_2) \tag{5}$$

忽略乘积项 r_2r_L 和 r_1r_2 就得到收益率曲线纯期望理论的一个普通近似值 $r_L=(r_1+r_2)/2$。我们只关注即期利率随时间变化而增长的情形，所以我们假设 $r_2>r_L>r_1$。

根据仍适用于银行或储蓄机构的会计惯例，银行或储蓄机构计划持有长期债券到期，在储蓄机构的投资组合中的长期债券在时期1按票面价值估价，尽管由于利率随着时间变化持续升高，该债券的市场价值严格小于票面价值。（这一会计处理所要求的是储蓄机构持有债券到期。）根据这一惯例，在该债券上投资的会计收益是其息票 r_L。按照假设，它严格大于真实经济收益 r_1。如果两者差值很大，满足下列条件：

$$r_L-r_1-c\geqslant 0 \tag{6}$$

牟利性破产所需要的条件就得到了满足。对于许多储蓄机构而言，因为 c 的有效价值很小，所以仅需资产的会计收益率 r_L 和真实经济收益率 r_1 之间的微小差别，就使得牟利性破产具有吸引力。

在这种情况下，为利用牟利性破产，储蓄机构所需要做的是，以流行的短期利率筹集资金（比如在存款凭证市场），并投资于具有高投资收益率的长期债券，把所有会计收益（r_L-r_1）A作为红利支付给股东。如果 r_L-r_1 等于 c，在时期1所有者就可以在不违反规章制度中对净值要求的规定下，利用虚假利润抽取初始投资 $W_0=cA$。如果 r_L-r_1 大于 c（或者在一个多期模型中投资收益差持续若干时期），所有者就可以获取超过初始投资价值的收益。

在时期2，储蓄机构将被迫支付一个大于其债券收益的存款利率。如果所有者已经能够提取大于其初始投资现值的价值，储蓄机构就不能兑现承诺，政府必须承担其责任。

注意与第一个例子相比，本案例中决定红利支付的准则促使储蓄机构购买一种特殊资产，而不是净现值为负的资产。因此，正如在第一个案例中，会计规则不会直接促使所有者投资于净现值为负的项目。然而，正如在所有牟利性破产的案例中，所有者在储蓄机构未来收益和损失上没有利害关系，因此所有者对引起社会损失的行动漠不关心。

这促使人们得出下述结论：这个案例代表的情形是，储蓄机构冒险行动，使自己暴露在利率风险中，但这种解释是误导性的。在这个完全确定的模型中，不存在风险。这里的结果是完全可预期的。更进一步，如同上文所述，所有者所偏好的结果是储蓄机构无力清偿债务，不是它有正净值的结果。

这里说明的利用向上倾斜的收益率曲线策略在 20 世纪 80 年代不是非常重要,但它确实说明我们试图要说明的问题的本质。如果监管利用不同于真实经济价值或市场价值的账面价值,这将产生滥用职权行为的机会,这种行为与法律规定一致。

避免这种滥用职权行为发生也非常容易。如果所有的长期债券在时期 1 都盯住市场,就不会有虚假的会计收益。仍使用历史价格评估持有到期的政府证券,这对监管过程和会计人员而言是一个显而易见的事实。[1]

案例 3:并购、开发和建设贷款

如果储蓄机构对曲解会计规则,夸大净值感兴趣,并购、开发和建设(ADC)贷款是储蓄机构资产的一个样本,该资产为记录虚假会计收益提供了大量机会。不动产投资也为所有者提供了一些机会,以管理者不易监督、法律机构不易起诉的方式,为他们自己捞取好处。

在最极端的情形中,一项 ADC 贷款采取了如下形式。储蓄机构为土地开发商提供一笔没有追索权的贷款,这笔资金足以购买大片土地,建设房屋,支付该开发商开发费用,支付储蓄机构提供的贷款的最初办理费(通常大约是贷款数额的 2.5%),并在项目的最初几年支付贷款利息。储蓄机构可以通过找到一个几乎没有开发经验的不择手段的个人,并接着提供贷款,扩大几年内他们的会计收益。开发商没有向该项目投入任何资金,在一些年中就可以借钱,得到开发费用和工资收入。作为回报,开发商同意"支付"给储蓄机构一些自己的钱,看起来像以非常高的利率支付贷款。因为开发商拥有很少或几乎没有开发经验,所以该项目可能会产生负的净现值。在大多数情况下,仅这一事实就足以使开发商最终出现拖欠贷款行为。对贷款征收的不切实际的高利率实际上使拖欠行为可能发生。由于该贷款是没有追索权的,所以开发商如果没有将个人财富置于危险之中,就会远离保持其费用的项目。

为简化起见,我们忽略办理费用(从技术上讲,它在时期 0 能够带来收入),可以将这笔贷款看作这样一种资产:在时期 1 支付等于贷款利息的高额会计收入。就像在最后一个案例中,保证该掠夺行为获益的条件是方程 (6) 中不相等的推论得到满足。扣除资金成本以后,储蓄机构获得的超额会计利润只需大于资本要求量 c,正如我们上文所述,c

---

[1] 参见 Floyd Norris,"Bond-Accounting Shift is Approved," *New York Times*,April 14, 1993,p. C1。

第11章 掠夺：因牟利而破产的经济黑幕

可以很小。

相比于控制收益率曲线，这种安排非常难以监管，因为在建的不动产项目本身难以评估。由于办理贷款时，就产生了支付初期利息的准备金，所以在时期1，不会发生拖欠贷款。如果一个疑心的管理者或会计对贷款的担保品价值提出质疑的话，储蓄机构所有者就会找一个与他有合作关系的鉴定人，证明该项目的价值足以保证贷款不遭受损失。如果有必要的话，储蓄机构所有者（或是有合作关系的储蓄机构所有者）就会向新的开发商贷款，并从第一个开发商那里以一定的价格购买该项目，以此用市场价格证明鉴定人估价的正确性。在时期2，如果开发商拖欠贷款，"具有高获利能力"的储蓄机构突然就会破产，政府必须提供资金来赔付储户。

我们想要强调说明的是一个诚实的开发商与储蓄机构达成这类协议。即使项目一旦拖欠贷款，开发商个人不用承担贷款责任，在重点项目上拖欠贷款会有损开发商的声誉，并且会限制其将来的借款能力，尤其是一旦滥用协议变得清楚时。因此，储蓄机构所有者有动力寻找一些最不择手段的"开发商"，并依靠他们在早些年汇报显然夸大的利息支付，然后在后些年拖欠贷款。因为高额的红利支付可能引起规制者的注意，所以通过其他方式从储蓄机构中提取资金在大多数情况下更有利可图，比如说从所有者那里购买高估的土地的无追索权融资，或参与其他私下交易。如果罪恶昭彰地从事这些活动，就会承担诉讼风险，但是如果行事谨慎，就很难被起诉。储蓄机构所有者的错误激励通过经济体系传播，产生错误的价格信号，并对其他经济领域产生错误激励。储蓄机构所有者进行牟利性破产，但现在的情况变为与其有共同利益的开发商们也从事牟利性破产。

在这种情况下，显然牟利性破产完全符合我们对掠夺的定义。这种协议下的开发项目一般实际上有负的净现值。在得克萨斯州，拖欠贷款结束的一些项目质量低劣，所建造的楼群已经被推土机铲为平地。

智利金融危机

在上文控制收益率曲线的例子中，储蓄机构持有支付很高现期收益的资产。相比之下，其负债有很低的现期收益。这种收益差导致支付给股东高额现期会计收入。然而，现期会计收入并不是资产组合的真实经济收益，因为一部分高额现期收益只不过弥补了长期资产的资本价值的期望折旧。预期资产收益的下降与短期利率的预期上升相联系。

在这部分中，我们描述一种相关情形，即预期资产价值的下降是由于预期汇率贬值造成的。在这种情况下，虚假会计收入是由于资产和负债的记账货币不一致造成的，而不是由于资产和负债的持续时间不一致。

为了说明银行如何在固定汇率制度下利用货币的预期贬值，假定以下四种条件能够得到满足。第一，银行资产将以本国货币衡量（我们把比索作为本国货币）；第二，银行的负债以外国货币来衡量（我们把美元作为外国货币）；第三，预期比索对美元贬值（也就是说兑换一比索的美元数预期减少），这反映在比索贷款的名义利率上，它超过了美元贷款的名义利率；第四，借出美元的人把低于保险精算的公平水平的破产保险费用记入银行账户，因为他们相信发行比索的政府会承担其银行美元借款的责任。

在这些条件下，银行把比索利率支付和美元利率支付的差值视作现期利润，而且该利润可以作为银行盈利进行支付。当然，这种利润是虚幻的，因为比索对美元的高汇率反映比索的预期贬值。一个正确的会计制度会把利率溢价带来的所有额外盈利作为准备金，以防止将来汇率变化引起的资产价值的损失。但是，如果官方政策是汇率保持不变，政府规制者很难坚决要求企业增加这种准备金。

前面概述表明固定汇率和误导性的账目错误如何助长一种牟利性破产模式，这种模式最终导致整个经济出现金融危机。实际金融危机并不会这么简单，因为银行管理者将努力中止我们所描述的牟利性破产方案。而且，合法以及不合法的手段都被用于抽取支付。因此，通过至少评述一件实际贬值事件，观察是管理者还是掠夺者先出现就很有用。因为关于1982年智利金融危机有一些很好的描述，相对而言，几乎没有含混的事实，我们主要讨论这个案例。[①]

在1979年，智利的经济改革家取得了相当大的成就。以消费者价格指数（CPI）衡量的通货膨胀自1973年大于600%的年度最高点，下降到每年38%。而实际国内生产总值在1975年到1979年四年间增加了30%。[②] 包括减少对国内产业保护政策在内的结构调整使得制造业迅速扩张。

得到这些成就的鼓舞，经济部长决定进一步推进改革。他们通过降低货币贬值的速度和固定比索兑换美元的汇率，结束通货膨胀。在1979年6月，这一固定汇率确定为39比索兑换1美元。[③] 在接下来的9

[①] 参见 Edwards and Edwards (1991), de la Cuadra and Valdes (1992), McKinnon (1991) 和 Velasco (1991)。

[②] 参见 Edwards and Edwards (1991, p. 28, 表2—1和p. 12, 表1—3)。

[③] 参见 Edwards and Edwards (1991, p. 38)。

第 11 章 掠夺：因牟利而破产的经济黑幕

个月内，大幅放宽对资金流入和流出以及银行国外负债的限制。但主要由于金融部门运营以外的其他因素，固定汇率政策被证明是不切实际的。通货膨胀有自己的动力，未能停下来，尤其是工会工资根据过去通货膨胀完全指数化。因此即使是通货膨胀突然停止（如同规划者所期望的那样），工资还是会由于过去 CPI 的上涨而大幅上涨。事实上甚至在汇率固定之后，工资和一般价格水平仍然上涨。通货膨胀确实减速了，但从 1979 年第三季度到 1981 年第四季度，真实汇率（以一美元能兑换的比索计算，因通货膨胀每个国家都进行了调整）升值 50%。从 1979 年 5 月份到 1981 年 5 月份蓝领工人的实际工资上涨 20%。在 1981 年，CPI 表示的通货膨胀率是 9.9%。①

因此人们总是越来越高估比索汇率，并且随着时间变化，越有理由预期固定汇率的官方政策因比索贬值而崩溃。由于对资本流动没有施加实质性的限制，因此比索的利率应该很快就接近于未抛补的利率平价暗示的利率水平——美元利率加预期贬值率。由于缺少对银行行为进一步的规制，银行可以借入美元并贷出比索，如上文所述，借入利率和借出利率之差被看作现期收入。

银行管理者考虑到汇率风险，要求银行将其美元资产与美元负债相匹配。② 银行的实际反应是，把汇率风险转化为了管理者所不能监控的信贷风险。我们以一个简单的例子来说明这是如何实现的。假设银行从一家较大的国际银行那里以伦敦银行同业拆借利率（LIBOR）借入资金。这家国际银行愿意以不收取违约保证金的方式借给智利银行这笔贷款，因为它相信如果智利银行破产，智利政府会承担银行的债务。假设一家公司从智利银行借入美元，并将其投资于以比索结算的金融资产，该公司现在可以根据其资产和负债的记账货币不同，从事掠夺行为。该公司享有其现期收入和借贷成本之间的大幅差额价值，因此它报告大量现期盈利，并将其作为红利分发给公司股东，可以预料，当比索贬值时，它会拖欠这笔美元贷款。

当然，任何试图最大化经济价值的银行都不会把钱借给有可能掠夺的企业；但在我们的例子中，银行愿意这样做，因为它也有掠夺动机。在 ADC 贷款中银行与合作开发商接洽的案例中，银行和借款者都有追求牟利性破产的动机。为了更具体的说明这个例子，让我们把这个例子应用于 1979—1981 年的通行利率，在这段时期内智利的汇率是固定不变的。智利银行的比索贷款年利率大约为 50%，美元贷款利率为 20%，

---

① 参见 Edwards and Edwards（1991，p.75，表 3—9；p.158，表 6—7；p.28，表 2—1）。
② 参见 de la Cuadra and Valdes（1992，pp.76—77）。

LIBOR 大约为 15%。① 给定这些利率，在我们的例子中，在充分了解到货币调整时公司就会拖欠贷款的情况下，银行仍以 20% 的年利率将美元借给企业。此时，银行账簿上有美元负债，它要支付 15% 的利率，匹配美元资产（如规制所要求的），这些资产的利率为 20%。（银行收取较高利率的能力可能受到限制，因为超过 LIBOR 的难以置信的大幅利差是发生除标准正常交易以外的情况的明显信号。）直到发生贬值，银行可以报告利润雄厚，并支付高额红利给股东。与此同时，企业可以把以美元贷款的 20% 的资金成本和比索贷款的 50% 的收益之差报告为收入。

如同前文收益率曲线和 ADC 案例中所表明的一样，该策略要求银行和企业都报告并支付虚假盈利，这些盈利大于所有者在每个公司的全部权益。方程（6）中的不等号说明如果收益率差额乘以持有期（在本例中指直到货币贬值的期望时期）大于净值占总资产的比例时，这就是可能的。银行能满足这一条件，不需要美元和比索利率之间存在大幅差额，因为对于银行而言净值与资产比率很小。然而，经济状况迫使所有的银行破产并不属实。审慎管理的智利德尔埃斯塔银行和外国银行驻当地的机构也不会遵循牟利性破产策略，而且当货币贬值时它们也不会破产。

当一个企业拥有大量权益，并且管理者能够监控和限制从银行借款者的债务权益比率时，需要大额利差才能使掠夺有利可图。但是当企业已经处于破产边缘时，实际上根本不需要利差。1981 年在智利就有很多这样的企业。面对汇率上涨，实际工资急剧增加和两位数字的实际利率（即比索利率减去比索 CPI 通货膨胀率），很多智利公司都几乎没有剩余资本。在比索不贬值时，任何这样的企业仍能存活，但当比索贬值时，它们就会破产，它们愿意为美元贷款支付高于美元利率的溢价。只要美元利率没有高于比索利率，这些企业偏好美元贷款而不是比索贷款。因此，银行有需要美元贷款的原因，这促使它们从国外的纽约银行借入资金，而纽约银行也急切想以不高于美元利率向这些银行提供贷款。因此，例如，建筑业仅仅在 1981 年美元债务就增加了 284%。② 从 1978 年到 1982 年，智利银行国外债务增长 10 倍，表明其对美元贷款的需求增长，这占该时期智利私人债务全部增加额的 70%。③

正如所描述的，这种安排把大量掠夺来的利润给予能够利用收益率

---

① 参见 McKinnon（1991，p. 39，表 3—5）。
② 参见 de la Cuadra and Valdes（1992，p. 86）。
③ 参见 Edwards and Edwards（1991，p. 71，表 3—98）。

第 11 章 掠夺：因牟利而破产的经济黑幕

差的企业。仅从这些利率数据判断，银行显然能获得很少的掠夺利益。然而，这一结论是建立在银行与借款人无关这样一个错误假设基础上的。事实上，大多数大的智利银行是商业集团（或者像日本的经连会一样的联营企业集团）的一部分。通过集团中的银行办资金贷给同一集团中的企业，然后该企业按比索利率贷款，所有者就可以得到 LIBOR 和国内比索利率之间 35 个百分点的全部差额。追溯分析说明银行在和它处在同一集团的企业进行的自我交易中发挥很重要的作用。[①] 根据詹姆斯·泰伯特（James Tybout）的观点，集团企业从关联银行中以优惠利率借入资金，购买关联公司的权益，提高股票价格，这样通过股票价格的上涨而不是通过直接发放红利的形式转移收益给所有者。[②] 另外，银行将资金借给集团企业是国外美元贷款两个最大用途之一，仅通过贸易融资与之相匹配。

20 世纪 80 年代储蓄和贷款中的掠夺行为

在这一部分中，我们把掠夺行为的抽象讨论与美国储蓄和贷款危机相联系。我们强调三个基本点：第一，监管和会计惯例的变化促使理论部分中所讨论的掠夺行为发生。这种变化也可以使愿意通过承担任何被起诉风险而进行掠夺行为人的财富增加。我们证明了监管制度中最重要的变化，并将之与模型相联系。第二，我们考察了储蓄和贷款危机中的财务细节，从中我们得出结论——掠夺行为确实发生了。我们找到了大量的证据证明投资是一种为了获得虚夸的会计利润，以及旨在将这些虚夸收入的大部分支付给政府官员和股东的策略。第三，通过加总这些有用的掠夺行为所涉及的资金账目，我们可以确定掠夺行为是导致这次储贷机构危机的主要原因。

监管的变化

在 20 世纪 80 年代初期，美国储蓄和贷款产业陷入了深重的危机。正如人们广泛关注的那样，监管制度使得储贷机构（S&Ls）持有与资产证券投资组合不协调的具有高风险利率的贷款。直到 1980 年，许多诚实的经营储蓄和贷款的人却得到了一个负值的净资产。整个产业损失

---

① 参见 Edwards and Edwards（1991，pp. 100-101）和 McKinnon（1991，p. 40）的讨论。
② 参见 Tybout（1986，p. 378）。

263

了超过 1 000 亿美元的资产①，但储蓄保险基金没有足够的资产承担这些债务。

联邦政府可以采取令保险基金破产，通过税收弥补债务差额，或者改变监管规则。使储户失去其存款是不可想象的，明显的破产保险基金并不可行，所以只好改变监管规则。监管规则主要通过两种方式进行改变：首先，修正对现期收入的结算方式；其次，改变净资产和资产总额的定义。这些变化记录在监管性会计程序（Regulatory Accounting Procedures，RAP）中，并且管理者要求用 RAP 取代公认会计准则（GAAP）作为会计标准。而且，官方政策变成了一种"宽容"政策。

与此同时，储蓄机构所有者忽然发现他们对投资项目的选择更加自由，并且可以按其需求设定储蓄利率。首先，1980 年的《储蓄机构撤销管制规定和货币控制法案》（Depository Institutions Deregulation and Monetary Decontrol Act）和 1982 年的《Garn-St. Germain 储蓄机构法案》（Garn-St. Germain Depository Institution Act）去除了很多之前对储蓄机构所有者资产的限制。储蓄机构所有者为了利用新的机会，把州执照改换成联邦执照，一些州（比如得克萨斯州和加利福尼亚州）通过采纳更多自由条例对此做出回应。其次，通过取消可能施加在储蓄利率上的限制，《Garn-St. Germain 储蓄机构法案》不仅取消了过去可以制止掠夺行为发生的特权价值这一最终策略，而且还实质性地赋予储蓄机构所有者可以不受限制地向政府借款的权利。为了对由政府隐含支持的储蓄保险系统提供新的债权，储蓄机构不得不吸收新的储蓄。在此之前作为一种吸引储蓄的无价格竞争方式，它们受到了地区性的限制。随着取消对利率的限制，对储蓄机构所有者唯一的限制就是对其资产或净资产资金量做出的相当低的要求。全国性的协调储户和储蓄机构所有者的经纪人系统的出现是对这一变化做出的必然反应。

购买多种类资产的能力使得对储蓄机构所有者的证券投资组合进行评估更加困难，并且对个体储蓄机构所有者可以掌控的净资产进行过高评估提供了机会。储蓄机构向某一借款者发放贷款额度的上升，增强了储蓄机构所有者和借款者通过并购和经营负资产项目而榨取收入的能力。传统上，储蓄机构的所有权由至少 400 个股东控制，而且每名个人股东所持有的股份不能超过 10%，团体股东不能超过 25%。另一个监管规则的变化是允许私人拥有他或她的储蓄机构，这使得储蓄机构所有者更容易以私利为目的行事。②

---

① 参见 Kane（1989，p. 75）和 White（1991，p. 77）。
② 参见 Mayer（1990，p. 63）。

第 11 章　掠夺：因牟利而破产的经济黑幕

对资本要求本身的弱化增加了对待不能满足资金需求的储蓄机构时的宽容。在 20 世纪 80 年代初期，资本要求明确指出，股本的价值必须达到企业总资产价值的 5%。到 1982 年 1 月份，资本要求降低至 3%。①而且，新的储蓄机构所有者可以用 20 年的时间达到资本要求水平，因此行业的新进入者需持有的净资产等于总资产的 0.15%。② 迅速成长的储蓄机构所有者也被允许使用前四年的平均资产和当年（数量更大）的资产。③ 储蓄机构所有者通常是土地开发商，他们也可以利用那些难以评估价值的土地和其他资产投入到储蓄银行中。

新的 RAP 条例连同对传统 GAAP 条例的宽松解释，产生了很多虚增资产的方法。净资产已严重为负的机构因此可以继续营业、报道利润，并且在大多数情况下，可以向其管理者和所有者支付利润。S&Ls 可以用市场价格衡量一些资本价值，尽管这些资本在账本中因为历史成本而亏损，但其价值却增加了。出售资产的亏损也可以在整个资本期限内分摊，而不需要一次性支付，因为它们符合任何一个经济上合理的会计体系。④

当然，监管者并非对他们所设立的策略可能导致的问题视而不见。比如说，联邦住宅贷款银行委员会（Federal Home Loan Bank Board），最先推行"净资产证书"（一张视作对无偿还能力的机构净资产增值的证明）时，该机构坚持认为直到不再需要净资产证书，接受者才能停止红利支付。然而，一旦这种宽容的模式和会计准则扩张成为常规，监管者限制投机主义的能力就会被迅速削弱。

当一家储蓄机构并购另一家储蓄机构时，一个特定的处理无形资产或商誉的会计规定产生了，并导致商誉的增加。传统的 GAAP 会计条例明确说明了当一个公司为其购买目标支付的价格大于其目标本身的价值时，其差额就被视为无形资产，该无形资产计入购买公司的资产中，并在一段时间以后摊销。在价值最大化的世界里，这是非常有意义的。如果一个人想要以大于市场价值的价格购买某公司，那么该公司必须有某种隐性资产。但是在一个为了牟利而破产的世界里，这个过程就会导致对记账过程的严重扭曲。传统意义上，联邦住宅贷款银行委员会指导储蓄机构所有者将这一时间限制在十年之内，但是在 1981 年这条规定被取消了，并且储蓄机构所有者可以按照 GAAP 条例的规定将这一时

---

①② 参见 Breeden（1990，p.8）。

③ 参见 Breeden（1990，pp.8—9）。

④ 参见 Breeden（1990，p.16）。

间扩大到最长为 40 年的期限。①

为了说明这一决策的影响，我们举下面的案例。假设一个经济窘困的储蓄机构所有者需要抵押一个名义价值为 40 亿美元而市场价值为 30 亿美元的资产，这种价值差异是由于利率上升造成的。假设这个人有 38 亿美元的储蓄债务，因此其净资产为负 8 亿美元。如果另一个储蓄机构所有者以零成本接收了这个储蓄机构的资产和债务，他将承担 38 亿美元的储蓄债务。因为这笔交易的市场价值为零，因此他也将承担 30 亿美元的抵押资产，连同 8 亿美元的无形"善意"资产。从监管者的角度看，这笔交易意味着这个产业可估价的资产增加了 8 亿美元，同时也解决了一个无偿还能力的公司。得到的储蓄机构市场价值也会直接下降，因为其市场价值具有负面影响。以利率为 10% 计算，收入的净损失将为 38 亿美元和 30 亿美元之间差值的 10%，也就是 8 亿美元资产的 10%。

当然在收益最大化的经济世界里，为了得到一个公司而连同接受其 8 亿美元债务是没有意义的。但是在为了牟利而破产的情况下，这种奢侈的不合理行为是很有意义的，因为这时并购公司可以比其他任何一种情况下支付更多红利给股东。一段时间以后，抵押资产的"善意"和贴现将不存在，但是会计条例使得这种情况在不同利率下都可以发生。如果典型的抵押平均年限为 7 年（这是一个典型的价值，因为当把房子售出时抵押就能得到偿还），储蓄机构将以票面价值计算的年收入贴现的 1/7 登记该收益。在这种情况下，每年将产生 1.43 亿美元（10 亿美元的 1/7）的额外会计收入。因为 4 年之后这一"善意"将会贬值，从会计收入中减掉的资产只有 2 000 万美元。在收购新公司的第一个 7 年时间里，每年将会产生 1.23 亿美元的虚增收入。每年 8 000 万美元的真实损失将意味着额外支付 4 300 万美元的红利，而这一支付是在下一个 7 年时期内按年支付的红利总量。7 年过后，名义价值的贴现将消失，并且会计收入也将严格下降。不过，在这 7 年里，那时的资本所有者可能早就跑了。很多储蓄机构所有者都会加速利用这些漏洞：仅仅在 1982 年一年里，以"善意"记录的储蓄和贷款就达到了 150 亿美元。②

另一个十分重要的会计条例中的宽容政策，涉及向房地产开发商提供收购、开发和建设贷款（ADF）所获得的收入。《Garn-St. Germain 储蓄机构法》取消了对抵押贷款—价值比例的传统限制③，并且——从掠夺者角度看更好的是——允许项目资产包含利息储备金来支付第一个

---

① 参见 Black（1990，p. 104）和 Breeden（1990，pp. 21-25）。
② 参见 Breeden（1990，p. 24）。
③ 参见 Kane（1989）。

7年里的贷款利息和在项目初期支付给开发商的相当于资产总量的2%～4%的费用。这就意味着，开发商可以在不承担投入自有资金的风险下，经营固定资产项目，并且得到一笔数额巨大的初期开发费用。由于存在利息储备金，在几年内，开发商和储蓄机构所有者都可以在无需担心违约的条件下经营项目，尽管该项目在竣工时毫无价值。① 新的监管性会计条例也允许把储贷机构的贷款资金的2.5%作为现期收入，而记为初期费用。② 虽然恰当的会计处理要求预留贷款损失储备金来抵御贷款损失风险，但是实际情况往往不同。比如，在得克萨斯州，会计条例允许把名义利息收入和初期费用记录成为利润——尽管开发商从未把自己的资金投入到项目中。

如上文所述，这些会计条例为开发商和储蓄机构所有者相互勾结、虚增资产的掠夺行为提供了好机会。开发商经营那些初期资产被人为夸大并最终破产的项目，而储蓄机构所有者则是在项目经营的几年内对其进行资金帮助。这就是最后人们所熟知的"得克萨斯州策略"掠夺骗局。这一策略对房地产市场的影响就是下一部分所要论述的内容。

在这些对资产所有者减少限制的条款中，1982年的《Garn-St. Germain储蓄机构法》同样允许储蓄机构所有者从事商业借贷和购买垃圾债券。垃圾债券提供了同样的收益差别，与收益曲线例子和智利例子中相似。恰当的会计核算要求预留储备金来弥补垃圾债券的高违约率③，但由于对风险储备金缺乏足够的监督，储蓄机构所有者可以将垃圾债券的利息收入作为现期收入公布。这种做法对于垃圾债券市场的影响将在下文论述。

掠夺的证据

20世纪80年代有关储蓄和贷款监管的变化为掠夺的发生提供了机会。不过现实中，是否很多储蓄机构所有者对他们的机构进行掠夺？如果他们这么做，他们是期待通过购买高风险的资产为他们的公司赢得巨大利润吗？那些为谋取尽可能多利润的掠夺策略也是作为储蓄和贷款危机最终成本的重要因素之一吗？

掠夺的证据非常之多。本质上，这些证据是微观经济领域而非宏观经济领域的，因为掠夺策略和高风险策略都是用来从储蓄和贷款危机中

---

① 参见O'Shea（1991，p.55）。

② 参见Breeden（1990，p.19）。

③ 根据Asquith, Mullins and Wolff（1989，p.29），该利率在11年或12年后将减为初始值的三分之一。

榨取收益的，并导致了很多机构陷入深深的破产危机中。为了证明存在掠夺，就需要证明贷款的制定或资产的购买都是为了现期的高收益，而不是为了未来收益。此类例子之一是奥克兰的 FCA 贷款案，该公司在破产之前其资产曾经达到了 340 亿美元。[1] 按照会计准则，FCA 公司所遵循的迅速增长策略就是通过将资金借贷给那些愿意支付 20％或更多利率的开发商实现的，而该策略就是储蓄和贷款危机中人们所熟知的以拖欠资金为目的的吸引"柠檬"策略。[2] 根据另一会计准则，FCA 可以购买美国西南部的抵押经纪人所出售的任何抵押资产，然后向第三方出售该抵押资产，并给借款者提供资金来购买抵押资产，但不强迫借款者履行还款义务。[3] 相比于转向复兴的策略，这些策略更符合为牟利而破产的策略，因为很难想象出避免破产的可能。

得克萨斯策略首先出现在对麦斯奎特公司，一家位于得克萨斯的皇家储蓄和贷款机构的调查中。得克萨斯策略表明，具有负资产是那些破产的储蓄机构所有者资产组合的主要特征，而资产间的高差异性并不是其主要特征。这一策略在其后的许多储蓄和贷款危机中以不同的形式实施。第一步就是制造一笔贷款——通常是贷给房地产开发商——来谋求比抵押品更多的价值。许多复杂的系统可以高估抵押品的价值。比如，在皇家储蓄和贷款案中，一群相互勾结的开发商和储蓄机构所有者，通过一系列来来回回的土地交易赚取了巨大利润；因为他们的包装非常相近，所以站在一边的资产评估者可以将这些交易作为评估价格。

一旦开发贷款得到允许，在我们的模型中开发本身就可以作为开发费用取之不尽的源泉。开发商需要对贷款支付一笔较高的投资收益，但这一点很容易得到解决，因为贷款中已经包含了这部分资金：直到项目结束的可预期的时间范围内的利息支付。因此，储贷机构可以在一段时期内得到高的现期回报。更进一步，那些在建筑业非常有才智并且得到储贷机构资助的开发商，开始预期拥有高的现期回报和巨大增长率的美好未来。因此，开发商和他的朋友们用属于储蓄机构所有者的一部分资产（被高估的地产或项目）来购买一个在储贷机构中规模巨大的集团的股份。对于这种投资收益唯一的有效限制就是对储蓄机构所有者提出的要求：因为监管规则仍然对借给任何一个人或企业的资金数目进行了限制，所以需要找到一些合理的没有犯罪记录并且愿意扮演开发商角色的人。麦

---

[1] 参见 Stein（1992，p. 206）。

[2] 参见 Robinson（1990，pp. 26－27）这一逆向选择问题符合 Stiglitz and Weiss（1981）所提供的合理贷款理由。

[3] 参见 Mayer（1990，p. 111）。

第 11 章 掠夺：因牟利而破产的经济黑幕

斯奎特公司最终给那些能够找到潜在"开发商"的人支付酬劳。现在所需要的仅仅是能够通过银行审核人员的一份足够清白的财务声明。①

表 11—1 包含了一组储蓄机构名单，政府调查人员认为这些机构都有明显的欺诈行为。从我们对掠夺行为后果费用的估计看，政府为此所耗费的成本将达到 540 亿美元。这一数字仅仅是对掠夺给政府带来的潜在成本的估计值。由于我们缺少对列表中列举的部分储蓄机构的数据估计，而且对掠夺行为的成本通常是低估而不是高估，因此该成本数字总体上是被低估了。而且，有可能存在大量没有引起政府注意的掠夺案件。另一方面，因为有可能把 20 世纪 70 年代的损失也计算在内，由投机和掠夺所导致的损失也有可能被高估了。

对掠夺造成的成本的一个更直接的估计，来源于比较共同储蓄银行（mutual saving banks）和储贷机构的掠夺的处理成本，两类企业的资产构成中储蓄和贷款方面是相似的，但我们由于历史和制度方面的原因，将前者视作银行而非储蓄机构。因此，这些储蓄银行就会被管理条例 FDIC（而非 FSLIC）所忽略，管理条例 FDIC 曾在 20 世纪 80 年代早期从对这些银行的管理激进地转变为对查处资金损失的限制管理。② 银行专家并没有给这些利益共同体赋予新的权力，允许会计条例对其净资产进行核算以及鼓励它们走出困境。相反，他们限制利益共同体的活动并等候问题出现。

表 11—1　对储蓄机构欺骗行为的处理成本（以百万美元为单位）

储贷机构	州名	处理费用
American Diversified Savings Bank	加利福尼亚州	798
American Federal of Colorado	科罗拉多州	339
American S&L	加利福尼亚州	1 699
Ameriway Savings Assoc	得克萨斯州	173
Bell Savings Bank	宾夕法尼亚州	189
Beverly Hills S&L	加利福尼亚州	983
Bexar Savings	得克萨斯州	483
Brookside Savings	加利福尼亚州	63
Caguas Central FSB	波多黎各	120
Cal America	加利福尼亚州	100
Capital FS&L	阿肯色州	23
Caprock S&L	得克萨斯州	299

---

① 参见 O'Shea（1991，p. 31）。

② 对于细节，参见 Mayer（1990，pp. 81—82）FL。

续前表

储贷机构	州名	处理费用
Cardinal Savings Bank	北卡罗来纳州	34
Carver S&L Association	加利福尼亚州	54
CenTrust Bank	佛罗里达州	1 705
Century S&L Association	得克萨斯州	48
Charter Savings Bank	加利福尼亚州	34
City Savings	新泽西州	1 531
Colonial Federal Savings	新泽西州	119
Colonial Savings Association	堪萨斯州	37
Columbia S&L	加利福尼亚州	1 149
Commerce Savings	得克萨斯州	604
Commodore Savings Association[a]	得克萨斯州	1 846
Commonwealth[b]	佛罗里达州	325
Community Federal S&L	密苏里州	372
Community S&L	威斯康星州	37
Concordia Federal	伊利诺伊州	90
Continental S&L	得克萨斯州	678
Cornerstone Savings	得克萨斯州	24
Creditbanc Savings[a]	得克萨斯州	1 108
Cross Roads S&L Association	俄克拉何马州	11
Deposit Trust Savings	路易斯安那州	21
First Atlantic Savings	新泽西州	247
First California Savings	加利福尼亚州	74
First Federal of Shawnee	俄克拉何马州	56
First Federal S&L	加利福尼亚州	16
First Federal Savings Bank	怀俄明州	11
First Network Savings	加利福尼亚州	139
First Savings Assoc of East Texas	得克萨斯州	88
First Savings Bank and Trust	密苏里州	3
First State Savings	得克萨斯州	271
First S&L of Toledo	俄亥俄州	128
First Texas/Gibraltar Savings[a]	得克萨斯州	5 304
Franklin Savings (Creditbanc)[a]	得克萨斯州	…
Freedom S&L Association	佛罗里达州	349
Frontier Savings[a]	俄克拉何马州	279
General Savings Association	得克萨斯州	18
Gibraltar	加利福尼亚州	522
Gold River Savings[b]	加利福尼亚州	3

第 11 章　掠夺：因牟利而破产的经济黑幕

续前表

储贷机构	州名	处理费用
Great West Savings	科罗拉多州	7
Gulf Federal	路易斯安那州	176
Hill Financial Savings Association	宾夕法尼亚州	657
Home Savings	阿拉斯加州	45
Imperial Savings	加利福尼亚州	1 647
Independence Federal	阿肯色州	291
Independent American[a]	得克萨斯州	6 111
Interwest Savings Association (Commodore)[a]	得克萨斯州	…
Lamar Savings Association[a]	得克萨斯州	2 115
Liberty Federal	新墨西哥州	80
Libertyville Federal S&L	伊利诺伊州	9
Lincoln S&L	加利福尼亚州	2 824
MeraBank	亚利桑那州	1 023
Mercury Savings	加利福尼亚州	34
Mercury Savings[a]	得克萨斯州	1 327
Meridian Savings	得克萨斯州	418
MeritBanc Savings	得克萨斯州	211
Midwest Federal	明尼苏达州	826
Mission Savings	得克萨斯州	65
Multibanc (Independent American)[a]	得克萨斯州	…
Northpark Savings (Commodore)[a]	得克萨斯州	…
Odessa Savings[a]	得克萨斯州	1 490
Otero Savings	科罗拉多州	257
Paris S&L Association (Mercury)[a]	得克萨斯州	…
Peoples Bank for Savings	伊利诺伊州	18
Peoples Heritage Federal Savings	堪萨斯州	958
Peoples Homestead Federal	路易斯安那州	98
Peoples Savings[a]	得克萨斯州	343
Phoenix Federal	亚拉巴马州	74
Pima S&L	亚利桑那州	319
Resource Savings Association	得克萨斯州	278
Richardson Savings (Mercury)[a]	得克萨斯州	…
Royal Palm Savings	佛罗里达州	154
San Angelo Savings (Odessa)[a]	得克萨斯州	…
San Jacinto Savings	得克萨斯州	1 424
Saratoga Savings	加利福尼亚州	11

续前表

储贷机构	州名	处理费用
Security Savings	得克萨斯州	468
Skokie Federal	伊利诺伊州	168
Stockton Savings (Lamar)[a]	得克萨斯州	…
Sun S&L Association	科罗拉多州	157
Sunbelt Savings of Texas (Independent American)[a]	得克萨斯州	…
Territory S&L Association	俄克拉何马州	46
TexasBanc	得克萨斯州	308
Trinity Valley	得克萨斯州	12
United Savings Association of Texas	得克萨斯州	1 374
United Savings	新泽西州	25
United Savings	弗吉尼亚州	112
United Savings	怀俄明州	147
United Savings of America	佛罗里达州	26
United Savings Bank	明尼苏达州	31
Unity Savings	加利福尼亚州	57
Universal Savings	得克萨斯州	223
University Federal Savings Association	得克萨斯州	2 557
Victoria Savings	得克萨斯州	782
Vision Banc	得克萨斯州	64
Western Savings	亚利桑那州	1 728
Western Savings (Independent American)[a,b]	得克萨斯州	…
Westport Savings	加利福尼亚州	20
Williamsburg Federal S&L	犹他州	37
总的处理费用		53 966

资料来源：列表中的名单主要来自于两部分：Resolution Trust Corporation (RTC) 中已经开始或结束的起诉名单，摘自于美国参议院（1991）；以及刊登在《纽约时报》（1990 年 10 月 3 日，第 40 页）的戴维·约翰逊（David Johnson）《已证实的 S&L 犯罪案件调查》中所提及的"RTC 优先起诉案件中的'前一百名'名单"。我们也增加了两个储蓄机构所有者——United Savings of Taxes 和 Gilbraltar of California——在反对 Michael Milken 和 Drexel Burnham Lambert 的 FDIC 诉讼案件中特点突出的两个典型案例。

对处理成本的估计取自于美国参议院（1990），FSLIC 从 1990 年到 1991 年的年终报告中的数据表，以及 RTC 中 Resolved Conservatorship Report of December 1992。其中，Cal America 公司的数据取自于美国房屋典型（1987）。在考虑到 1990 年和 1991 年出版的资料文件时，这张表中也包括了那些可能存在欺骗性的案件。该表中排除了一些重要的案件——Vernon Savings 和得克萨斯州的皇家储蓄——由于这些诉讼案发生在早期。

a. 由 FSLIC 售出的作为储蓄机构利益集团的一部分的储蓄机构所有者，如果表中列出它的成本，该成本代表整个储蓄机构利益集团的成本，而不是单个储蓄机构所有者的成本；如果表中未列出它的成本，则储蓄机构所有者就代表了储蓄机构所有者所在的利益集团。

b. 初始材料包含着"不能具体辨别"的含义模糊的说明。

第11章 掠夺：因牟利而破产的经济黑幕

在1982年，储蓄银行所包含的资产中有25％的资产是以储蓄和贷款形式存在的。① 1981—1986年，通过调整银行资产结构，FDIC花费了70亿美元来挽救那些处境艰难的储蓄银行。② 如果这条经验有指导意义的话，那么整个储蓄机构危机就能通过采取和FDIC类似的策略以280亿美元为代价得到解决，FDIC采取的策略主要是限制无偿还能力机构的活动和以减少利率的方式增加抵押资产价值的方法来解决问题。

当储蓄人是合法的资产拥有者时，建立损失评估体系的另一种方式是把股东拥有的储贷机构的处理成本和共同储贷机构的处理成本进行比较，该体系是针对储蓄机构及其所有者不良动机进行监管的条例。因为共同储贷机构所有者的分布更分散，所以更难控制管理层的行为，而且更难直接从掠夺和投机行为中谋取利益，共同储贷机构的管理层就没有强烈动机去采取能够给股东提供现期收益但会危及自身事业的策略。与这一原理相符，埃斯蒂（Benjamin C. Esty）发现在1983—1988年期间，股份制储蓄机构破产的比例（26.8％）是共同储蓄机构破产比例（8.1％）的3倍。③

对股份制储蓄机构和共同储蓄机构的成本比较同样表明，解决储蓄机构危机的成本约为200亿～300亿美元。在1982年，共同储贷机构的资产几乎相当于股份制储贷机构资产的两倍。如果不存在掠夺行为的动机，那么这两种不同类型的储蓄机构所有者的行为是一样的，而且股份制储蓄机构处理成本就会是共同储蓄机构成本的一半。但事实上，这两种不同类型机构的管理者所面临的动机是完全不同的；他们的做法也反映出了其中的差别。当共同储蓄机构所拥有的资产总量在1982—1987年几乎保持不变时，股份制储蓄机构所有者的资产几乎增长了四倍以上。④ 由于在这一阶段，股份制储蓄机构所有者的许多投资都发生了亏损，因此股份制储贷机构的小问题最终演变成为了大问题。

为了估计储蓄机构管理者如果采用FDIC保守策略储贷机构的处理成本，我们计算了1982年以后如果所有储蓄机构所有者都像共同储蓄机构那样行事的处理成本总额。我们用国库券利率将不同年份所发生的成本转化为同一计量单位，即1982年的美元价值。（因为储蓄机构所有者需要通过支付高于国库券利率的利率溢价来吸收储蓄，所以应用这一利率使我们的成本估计略大于实际成本。从这个角度而言，我们使用国

---

① 参见 *Federal Reserve Bulletin*，July 1984，p. A26。
② 参见 Based on personal communication with G. K. Gibbs。
③ 参见 Esty（1992，表1，座谈小组B）。
④ 参见 Barth（1991，表3—8，p. 57）。

库券利率是保守估计。）如果我们把共同储蓄机构每一美元资产耗费的成本估计应用到储贷机构产业中的全部资产，我们发现处理成本总额以1982 年美元价值计算将达到 268 亿美元。①

关于处理成本的计算有四点需要说明。第一，越早处理问题，当前的货币成本越低，这是因为处理成本会随着利率的上升而增加。如果我们把 1982 年的 268 亿美元处理成本用三个月的国库券利率换算为 1993 年的值，那么这一数值现在可能略小于 600 亿美元（即 2.15×268 亿美元）。这个数值可以与 1 400 亿美元的实际成本（转化成为 1993 年的美元价值）进行比较。

第二，在储蓄机构产业中 268 亿美元的处理成本总额包括共同储蓄机构中的由掠夺和过度风险承担产生的成本。为了做出近似估计，我们计算了表 11—1 中，全部可疑储蓄机构中共同储蓄机构所占的比例。共同储蓄机构的成本占 8%。股份制储蓄机构占总成本的 92%。用这一百分比估算 1982 年至 1993 年间共同储蓄机构可避免的损失，将使处理成本总额减少 40 亿美元（以 1982 年的美元价值计算）。

第三，这一估计假定那些在 1982 年至 1993 年间转化为股份制的储蓄机构，以及后来被处理的共同储蓄机构，其净资产非负。我们认为这是一个合理的假设。在转化期间，现有储蓄者有机会购买新储蓄机构的股份。那些不具有掠夺能力的分散的小投资者不会投资于净资产为负的储蓄机构。另外，批准所有制转化的银行委员会要求储蓄机构的净资产为正，且新机构的股票价格是合理的。这些规定连同对内部人士所能购得的股本数量的限制，使得一个具有较高净资产的共同储蓄机构向旨在获得控制权和掠夺资产的股份制储蓄机构转化变得不那么容易。

第四，我们去掉了 1991 年的处理成本，它是我们所能得到的最后一年的数据。我们用国库券利率将不同年份的成本转化为 1993 年水平，根据我们的数据计算得到，这些年所发生的处理成本总额为 1 400 亿美元，这一数值比较接近于国家金融制度改革、复苏和执行委员会估计的可能为 1 500 亿美元到 1 700 亿美元。② 因此我们预期该成本包括政府所能遭受的全部成本。在任何情况下，对于数据表中所包含的储蓄机构，按照 1993 年的美元价值计算得出的接近 600 亿美元的处理成本与 1 400

---

① 共同储贷机构和股份制储贷机构的资产和处理成本的数据来源于 Barth (1991)，并且我们对 1990 年和 1991 年的处理成本的计算来自于 Resolution Trust Corporation 的年度报告。非常感谢 James Barth 在他的书中向我们提供的有关处理成本的最新资料。

② National Commission on Financial Institution Reform, Recovery, and Enforcement (1993, p. 4).

亿美元的实际成本相比较，都是合理的。由于共同储蓄机构的成本结算早于股份制储蓄机构，我们预期最终结果将主要反映股份制储蓄机构的额外成本，而不是共同储蓄机构的额外成本。如果是这样的话，假设股份制储蓄机构的行为保持不变，最终的成本将高于我们估计的结果。

达拉斯的繁荣与衰退

我们在上文描述了储贷机构与和它具有共生关系、最终破产的开发商合作时如何走向破产的过程。在这一部分中我们构造有关这一活动的模型，并证明由储贷机构引起的如此少量的掠夺如何（通过乘数效应）激励建筑业和地产价格产生泡沫经济。那些没有真正理解被掠夺者歪曲的超额需求的诚实开发商，又推动了该泡沫经济进一步形成。由于这些开发商通过观察地产市场的价格推断出隐含租金的存在，所以我们把他们看作没有主见的人；他们类似于股票市场上没有搜集基础信息的投资者，购买投资组合产品。[①] 对于这些没有主见的开发商，不幸的是，由于掠夺使得土地的需求增加时，他们没能理解价格上涨的真正含义。这些没有主见的开发商遵循这样一个道理：当一群人看着天空的时候，他们也要抬头看天，因为天空中肯定有什么东西是值得看的——否则这些人是不会故意看天的。大多数情况下这是正确的。当这种情况不属实时，它最终将突然停止。

模型

我们用有关土地价格的简单模型开始讨论，在初始条件下，假定没有掠夺者。此时有两种类型的开发商。第一类是市场占有率为 $(1-\beta)$ 的开发商，他们的需求依赖于转换变量 A 和土地价格 p。他们的土地需求量 D_1 为：

$$D_1=(1-\beta)(A-bp) \tag{7}$$

转换变量 A 代表基本原则，比如迁移到该城市或地区的人口数量，城市居民的预期收入以及其他外界因素。第一类开发商了解转换变量 A 的价值。

第二类开发商的市场占有率为 β，并不了解转换变量 A 的价值，但能够从其他开发商的活动信号中估计该值大小。他们的市场需求 D_2 类

---

① 有关近期模型中行为人通过观察其他人来推断出重要信号的价值，参见 Banerjee (1993)，Bikchandani, Hirshleifer and Welch (1992)，Caplin and Leahy (1991)，以及 Romer (1993)。

似于第一类开发商的市场需求,但他们对于转换变量的估计是 A^e:

$$D_2 = \beta(A^e - bp) \tag{8}$$

类似于格罗斯曼的充分显示理性预期模型,在我们的简单模型中,我们假定第二类开发商根据土地市场价值对 A 价值进行估计。① 换句话说,对 A^e 的估计来自于下列方程:

$$A^e = \delta + \gamma p \tag{9}$$

我们假定对 A^e 的估计是理性的,所以表达式中变量 δ 和 γ 必须给定,以保证 A^e 是对 A 的无偏估计。

对开发商的土地供给 S 是由模型以外的因素给定的,并且具有向上的斜率:

$$S = d + ep \tag{10}$$

在此 p 是土地价格, d 和 e 是参数。

土地市场供求平衡产生了一个均衡的土地价格,这也就是 A^e 表达式中变量的作用。为了使 A^e 和 A 相等,我们使各表达式中对应系数相等,即 $\delta = d$ 和 $\gamma = b + e$。这些值代入式中,没有主见的投资者对土地的需求就可以写成:

$$D_2 = \beta(d + ep) \tag{11}$$

这些没有主见的开发商的需求将随着价格的上升而上升,因为在市场机制中价格升高是需求增加的信号。而且均衡时,他们购买了市场上建筑用地 β 比例的土地。也就是说,他们将市场作为一个整体,严格复制了股票市场中指数投资者购买股票市场的一定份额的行为。

这个需求供给模型描述了一个简单的理性预期均衡。现在考虑当制度变化时新的均衡情况,储贷机构中掠夺者提供数量为 N 的贷款给那些与其有共生关系的开发商,这些开发商是该行业新进入者并且不关心盈利与否。在决策者行为符合期望方程中的参数变量之前,初期均衡价格将会如何变动?谁将获利,获利多少?谁将亏损,亏损多少?

为了简化模型,我们假定这些有共生关系的开发商只是为了建造楼房而取得贷款,并且需向一块建筑用地投资 B 美元建造楼房。掠夺的直接结果就是使得建筑用地需求增加 $D_3 = N/B$。新的均衡使得需求总量 $D_1 + D_2 + D_3$ 和供给总量 S 相等。储贷机构中的掠夺者和有共生关系的开发商有各种理由掩饰他们的真实动机,我们假定诚实但不知情的开

---

① 参见 Grossman(1976)。

发商没有意识到作为新进入者中有这种共生开发商的存在，因此这些诚实的开发商仍旧按照过去的方法判断市场供求和价格。当然，这些知情的开发商就会继续观察 A 的真实价值。这些条件综合在一起就会直接导致不动产投资业的繁荣和衰退。现在我们描述一个新的均衡（及其瓦解）。

对于那些没有主见的开发商，参数 A 的价值增加的数量为：

$$[1/(1-\beta)](N/\beta) \tag{12}$$

建筑用地的价格增加：

$$[1/(1-\beta)](N/\beta)[1/(e+b)] \tag{13}$$

那些已开发的土地的数量增加等于供给方程中的斜率 e 乘以价格变动量。注意这一增量将与基础开发商占有的市场份额（$1-\beta$）成倒数关系。如果这些开发商只占有市场份额的 10%，那么来自于具有共生关系的掠夺者和开发商的市场需求将十倍于所有开发商都是知情者的情况。

在新的均衡里，这些基础开发商撤离市场。假定他们观测到的价格增量和对市场基础的估计没有变化，他们将减少土地的购买，$(1-\beta)b$ 乘以价格增量。那些没有主见的投资者将增加土地的购买，为 βe 乘以价格增量。

现在假设 A 的真实值被揭示（比如说通过持续的高空置率），监管者没收了共生开发商开发的地产，并在公开市场上出售，同时储蓄和贷款被禁止用于此类掠夺行为。由于楼房是不能拆除的，已建的楼房价格下跌到比掠夺者开始进行投资之前还低的水平。正如预期，这些共生开发商趋于破产。然而，那些基础投资和没有主见的投资人也一同趋于破产，这是因为没有预料到使其资产遭受损失的价格下降。在一个上升的经济的扩展模型中，建筑业发展的正常速度将在未来几年内被打断，直到本地新增需求能够满足过度的供给，否则不会有新的建筑出现。

论据

我们的模型及其相应后果描述了 20 世纪 80 年代发生在达拉斯的建筑业繁荣景象，而达拉斯是得克萨斯州储蓄机构事件的中心城市。将达拉斯和休斯敦进行比较是有启示意义的。对于这两个城市，表 11—2 说明了建筑活动和办公楼盘的闲置率。休斯敦的建筑业高峰早于达拉斯和沃斯堡，休斯敦的办公用房建筑高峰发生在 1983 年，但是该峰值直到 1985 年才出现在达拉斯和沃斯堡。这一峰值出现的时间差异可以部分地由两座城市经济因素的差异来解释。休斯敦的经济主要是依靠石油，而达拉斯和沃斯堡的经济则是相对多样化。比如，在休斯敦大约 45% 的办公楼是与能源相关的公司购买的，而在达拉斯和沃斯堡这一数值仅为 10.5%。[1] 几乎同时发生的石油和建筑业的价格升降说明，石油价格的变化是引起休斯敦与居住相关或无关的建筑业繁荣和衰败的可能原因。

尽管经济因素的不同也许能够解释发生在达拉斯和沃斯堡建筑业高峰晚于休斯敦的原因，但是它却不能解释在达拉斯和沃斯堡建筑业出现高闲置率的情况下，仍然能够建造新楼群的原因。[2] 直到 1983 年，在达拉斯和沃斯堡已建的闲置办公楼已达 20%，该比例等同于休斯敦的数值。事实上，从 1986 年到 1990 年，达拉斯和沃斯堡已建楼群的闲置率就已经达到休斯敦的水平。然而相当数量的楼群直到 1988 年才停止建设。

表 11—2　　1981—1990 年达拉斯和沃斯堡以及休斯敦的办公楼建筑数量及其闲置率

年份	达拉斯和沃斯堡 建筑数量[a]	闲置率[b]	休斯敦 建筑数量[a]	闲置率[b]
1981	7 739	8	17 193	6
1982	14 750	11	22 490	8
1983	14 928	20	29 230	20
1984	10 843	19	10 900	24
1985[c]	20 000	23	3 500	24
1986	14 090	32	4 301	32
1987	7 290	32	626	29
1988	2 328	32	756	26
1989	1 807	27	543	24
1990	831	24	837	21

a. 以一千平方英尺为单位。
b. 占总数的百分比。
c. 1985 年的数据是估计值。
资料来源：都市土地机构（1986，1990 和 1991）。

---

[1] 参见 Steve Brown, "City Review：Dallas," *National Real Estate Investor News*, October 1986, p. 180.

[2] 1986 年税收改革议案中对房地产投资损失可扣除税收量的调整也许能够解释建造办公楼建筑业的繁荣结束的原因。然而，我们的问题不是如何解释繁荣结束的原因，而是为了解释为什么在达拉斯和沃斯堡建筑业出现 20% 的高闲置率的情况下，建筑业繁荣仍然能够持续这么长时间。

第 11 章 掠夺：因牟利而破产的经济黑幕

与银行借贷行为相比，储贷机构过度的借贷行为十分明显。从 1982 年到 1986 年期间，得克萨斯商业银行的资产增加了 27%；相比之下，得克萨斯储贷机构资产增加了 99%，而且其中臭名昭著的"得克萨斯 40"储贷机构资产增加了 299%①，其不动产贷款增长速度相当于总资产的增长速度。

这一建筑业"盛宴"的事后效应非常符合我们在模型中对业内大量破产现象的预测，甚至符合那些没有"赴宴"参与掠夺的银行和开发商的行为。在 1987 年，对此次危机进行处理时，得克萨斯储贷机构中不动产投资拖欠贷款率已经高达 29%，但通过我们模型的解释这并不奇怪。尽管在得克萨斯银行——这样一个管理更严格的机构——只有 13% 的不动产投资贷款不能得到偿付，但这是自从大萧条以来未曾有过的现象。②

我们的假设是储蓄机构并没有慎重考虑过这些不动产投资贷款是不是存在拖欠的可能性。正如前面论述的 FCA 案例所描述的那样，银行家的普遍观点是认为高利率容易导致拖欠行为。在得克萨斯的储蓄机构中，那些在后期不能履行还款能力的贷款和那些有偿付能力的贷款相比平均抵押利率高出 76 个基点。进一步地，那些增长迅速的储贷机构很可能具有高的抵押借贷利率。1980—1984 年间，在贷款最终不能履行还款能力的得克萨斯储贷机构中，有 35 家增长速度超过年 50%，而它们的平均借贷利率比那些仍然保持偿付能力的储贷机构高出 148 个基点。③ 高利率是掠夺储贷机构的唯一方法。正如上文所述，很难收集具体数据的收入看起来更加重要。

我们所讲述的故事可以追述于发表在《国家房地产投资者新闻》（NREIN）中关于达拉斯的城市报道。早在 1982 年 6 月，那些类似于我们模型中知情开发商的地产商们就意识到所发生的情况，并公开发表他们的观点。比如，发表在 NREIN 的题为《专家对存在的大量供给表示忧虑》，达拉斯的林肯财产委员会的马克·波格（Mark Pogue）指出，"我们要提高警惕……市场如何才能消化吸收这些数量巨大的建筑？"④ 一年以后，1983 年 6 月，达拉斯的闲置办公楼面积居全国第二。⑤ 与此同时，有悖常理地，达拉斯办公楼建筑却排名全国第一。在

---

① 参见美国众议院（1990，p. 213）。
② 参见 Short and Gunther（1988，表 4，p. 5）。
③ 参见 Short and Gunther（1988，表 3，p. 3）和个人交流。
④ 参见 Steven Brown, "Office Market Outlook: Dallas," *National Real Estate Investor News*, June 1982, p. 46。
⑤ 参见 Steven Brown, "City Review: Dallas," *National Real Estate Investor News*, June 1983, p. 60。

1983年10月，美国一家十分成功和知名的开发商川麦尔柯罗公司的威廉姆斯（McDonald Williams）对过度建筑提出了警告，并强烈指责说"我认为推动储蓄和贷款投资于商业地产……将使建筑业存在过度供给。"① 他同时也指责了在我们的模型里对应于没有主见开发商的资金供应单位的机构投资基金。一年以后，随着NREIN报道一篇题为《达拉斯的古老计时器被建筑业的惊涛骇浪所震惊》②，史威灵公司的阿诺德（Dan Arnold）对这一持续的建筑活动做出了他的解释："金融机构和那些出借资金的人有可以借贷出去的资金。"③ 但在晚些时候，即1985年6月份，斯韦林根（Wayne Swearingen）却对闲置建筑面积的持续扩大不能有效抑制办公楼建筑的现象做不出合理的解释。"当地产商的房屋卖不出去的时候，资金借贷者却给他们提供资金建造另外一栋楼。我不得不责备资金借贷者，我想让他们告诉我这些地产商的资金是从哪儿得来的……市场供求平衡不能控制这一市场行为。面对在高闲置率的情况下仍然投资建筑，似乎与可以得到资金投资建筑业有关，而不是因为有市场需求。"④

他是在人们认为这不算是不良现象之前提出这种观点的，而我们的模型证明他的观点是正确的。

掠夺，垃圾债券和收购

现在我们提出最后的问题。20世纪80年代发生在北美的比房地产投资繁荣和衰退更戏剧性的问题是垃圾债券的繁荣和衰退，以及依靠债务提供融资的公司收购。那么在为牟利而破产的储贷机构、垃圾债券和收购人之间存在联系吗？

初看觉得他们之间不可能存在关联，由储贷机构控制的垃圾债券价值只占垃圾债券总量很小的部分，该价值相比于流动资产总量就更少了。即使在高峰时期，储贷机构也只控制了132亿美元的垃圾债券⑤，

---

① 参见 Steven Brown, "City Review: Dallas," *National Real Estate Investor News*, October 1983, p.127。

② 参见 Steven Brown, "City Review: Dallas," *National Real Estate Investor News*, October 1984, p.183。

③ 参见 Steven Brown, "City Review: Dallas," *National Real Estate Investor News*, October 1984, p.192。

④ 参见 Steven Brown, "City Review: Dallas," *National Real Estate Investor News*, June 1985, pp.198–100。

⑤ 参见 Yago (1991, p.187)。

第11章 掠夺：因牟利而破产的经济黑幕

而直至1989年全部垃圾债券流通总量却超过了2 000亿美元。[1] 在20世纪80年代，收购的流动资产总额达到了13 000亿美元。[2] 由储蓄机构所购买的为数不多的垃圾债券是如何作用于整个垃圾债券市场，并间接作用于收购数量的？

在本部分，我们将证明，事实上一种特殊类型的储贷机构掠夺影响了收购交易的时间和规模。论述的第一个论据是通过说明詹森（Michael C. Jensen）所举的例子，其论述是基于垃圾债券市场的建立鼓舞了20世纪80年代的收购浪潮。[3] 在20世纪80年代，德崇证券（Drexel Burnham Lambert）利用短短几天的时间筹集数亿美元资产的能力，增加了大公司竞标的资信度，而这些大公司在此之前从未得到过融资。尽管垃圾债券提供的融资只相当于收购交易总额很小的一部分，正如詹森所说的那样，"在收购领域，高产出债券是一项很重要的创新，它使得收购作为一种威慑力量有效控制了交易规模"[4]。

第二个论据是，那些由有掠夺行为的储贷机构所有者所提供的资金，可能人为降低了由德崇证券承诺支付的垃圾债券的利率。[5] 德崇证券债务的潜在购买商可以观察到如下两个重要信号：其承诺支付的成功率和重要流动资产拖欠率。我们认为用他人为数不多的资金来控制这两个信号，由此可以使德崇证券借款者支付一个比他们必须支付的利率还低的利率。

我们将要说明，非常规的市场环境为成功控制债券市场提供了一个很好的机会。我们也将说明，有很多案例中的内幕信号和实际环境中发生的市场操纵相吻合。在论述文章细节之前需说明一点，我们会从流行的观点和学术的角度讨论收购问题。

我们所论述的掠夺和收购行为与新闻中所描述的取得一个公司的管理权并掠夺其资产的"接管高手"的描述毫不相关。在此类公司掠夺案例中，人们常常把维克托·波斯纳（Victor Posner）作为典型，维克托·波斯纳在1984年管理公司期间从公司谋取了超过2 300美元的个人

---

[1] *Investor's Digest Daily*，引自Yago（1991，p.199）。
[2] Andrei Shleifer and Robert W. Vishny, "The Takeover Wave of the 1980s'," *Science* 249，August 17, 1990, p.745.
[3] 参见Jansen（1988）。
[4] 参见Jansen（1988, p.39）。
[5] 据我们所知，斯坦是第一个强调储贷机构和垃圾债券市场之间关联的人。他的观点首先出现在出版于20世纪80年代后期的Barron的系列论文中。对于他的案例的总结，参见Stein（1992）。

利益。①

新闻媒体的描述无法解释这种资金庞大的收购活动。正如 RJR-Nabisco 收购案例,这些交易的细节提供给我们大量关于交易的真实经济回报的证据。② 而且,很多老道的投资者投资于收购交易,但并没有获得佣金收入和额外的回报。③

因此,解释公司收购浪潮的理论必须符合令投资于收购行为的投资人利益最大化的行为相符合。正如上文所述,我们认为由储贷机构引起的掠夺行为可能导致垃圾债券的利率下降,而这使得以债务融资进行收购的投资者更能被吸引。

市场操纵

在通常的市场环境下,大市场是不会被少数为牟利而形成的小群体所操控的。历史上试图控制美国谷物、黄金和白银行为的最终失败,都说明了这一经济理论的洞察力。他们最终使得这些有抱负的投机者并未成功。在这部分论述中,我们将证明 20 世纪 80 年代的垃圾债券市场条件是不正常的。信息结构和他人资金的可得性——也就是由金融机构的掠夺者控制的纳税人的税负——为牟利控制大型市场提供了唯一的机会。我们想说明的是,有足够的证据在法庭上起诉市场操纵行为。

20 世纪 80 年代的垃圾债券市场不是充分信息条件下、交易活跃的匿名竞拍市场。在很大程度上,市场由一个人——米尔肯(Michael Milken)控制,并且他的行为就像一个拍卖人。米尔肯创造了一个新的债券市场,向那些过去只能从银行借款的公司放贷。20 世纪 80 年代之前,这种信用级别低于投资标准的新发行债券市场的规模可能比较小,因为对有限责任公司借款中投机行为的控制存在固有的困难。如上文所述,私有借贷者和政府在借款给那些可以宣布破产的企业时面临相同的问题:负债者可以携款逃跑。我们也注意到,经济学家假定投资行为在那些私有借贷行为中得到某种程度的控制。一个显而易见的推论就是,在那些明显获利的借贷行为没有发生的条件下,这种投机行为得不到控制。在 20 世纪 80 年代之前,证券化风险债务市场并不存在,这说明当

---

① 参见 Stewart(1992,p. 121)。
② 参见 Burrough and Helyar(1990,pp. 363—366)。
③ 对于有助于理解为什么收购交易是吸引人的,以及为什么很多公司需要在 20 世纪 80 年代重建的根本理论机制的讨论,参见 Jensen(1988),Scherer(1988),Shleifer and Vishny(1988),and Andrei Shleifer and Robert W. Vishny,"The Takeover Wave of the 1980's," *Science* 249,August 17,1990,pp. 745—749。

第 11 章 掠夺：因牟利而破产的经济黑幕

银行借贷者和监督还款的监管者同属于一个机构时，除了银行贷款，其他任何制度安排都不能解决机会主义问题。

作为贷款经纪人的米尔肯

米尔肯在 20 世纪 80 年代宣称，在有贷款风险的证券市场上，他既扮演了筛选者，也扮演监督者。他将识别有信用的借款人以及确定他们能够按照程序规定按期还款，这些有信用的借款人愿意并且能够支付高额的投资收益。（就第二方面，20 世纪 80 年代高投资收益的债券比传统的公司债务明显需要更少的契约和约束①，因此米尔肯对这些公司的控制也许是通过其他机制实现的。）

为了利用他在评估和监督借款方面的优势，米尔肯可以让德崇证券扮演银行的角色，拥有这些公司高投资收益的债务，并从这些借款费用中获取高额利益。但米尔肯并没有像银行家那样经营，而是通过收取贷款佣金和分享收购交易中的利益来为自己和德崇证券赚钱。

在创建银行贷款证券市场过程中，米尔肯遭遇了严重的信用危机。在贷款债权人和债务人之间得到交易佣金的经纪人信誉不佳，这是理所当然的。将不良贷款介绍给易受骗的贷款债权人，然后携初始费用逃跑的动机十分强烈。而且这一欺骗在几年之后才会被发现，这是因为即使是信誉最差的贷款人也可以通过一笔贷款中的初始收益来支付一些利息。把垃圾债券视作一种证券化的银行贷款，其支持者不仅认为米尔肯是唯一有能力评估信贷风险和判断借款人的信用的人，同时相信他在某种程度上可以向购买垃圾债券的投资者证明其才能和信用。

事后看，我们发现米尔肯作为一名贷款经纪人能成功建立信誉并非易事，因为他要具有评价贷款债务人的特殊能力。即使是在当时，人们也能清楚地看到米尔肯对贷款债务人做出了很多有问题的判断，他一如既往地支持波斯纳就是典型的例子。

投资者对于米尔肯的信任，最合理的解释是"成功"。到 1987 年，当起诉威胁成为人们普遍关心的问题时，米尔肯又证明了两种类型的显著成功。相比于投资级债券的溢价，米尔肯债券的违约率更低，并且由他承诺支付的贷款的成功率要高很多。考虑到垃圾债券市场的私密性，投资者判断米尔肯行为的可观测市场信号很少，从这些信息来看米尔肯已经做得很好了。威廉·塞德曼（William Seidman）回忆起他当时的感受时说：

---

① 参见 Asquith and Wizman（1990）。

当我担任亚利桑那州立大学商学院院长时，令我感到困惑不解的现象是：德崇证券和其明星合伙人迈克尔·米尔肯是如何在出售垃圾债券市场上取得无与伦比的成功的？我所能确定的是，无论公司如何受怀疑或者出售风险有多大，他管理的垃圾债券从没失利过，并且都成功地销售给了市场。其他的投资机构都有某种程度的失败垃圾债券，但是德崇证券的记录却是几乎完美的。我们派出全体职员对此事进行调查……全体职员没能提出看似合理的解释，像其他人一样，他们都臣服于垃圾债券大王的独特天才。①

如果我们把米尔肯看作是致力于向他的贷款的购买者传递良好信誉的投资人，我们就能清楚地看到他为了达到这一美好期望而做的、没有瑕疵的记录，对于保持期望均衡值有多重要。我们猜想米尔肯是通过操纵垃圾债券市场来保证成功承销贷款和保持低违约率记录的。

通过合伙公司购买

FDIC对米尔肯及其合伙人的诉讼，对近乎完美的承销记录做出了解释。② 通过这些诉讼我们了解到，米尔肯组成了500多个不同类型的合伙公司，这些合作人在公开市场上购买了由其雇主承销的债券。这些诉讼反映出在1988年的上半年，这些合伙人和德崇证券的内部人士通过6 000个不同的账户买进了14 000多笔德崇证券公开发行的债券。这些债券的买进有如下几个作用：他们能够保证市场上提供的债券全部售出；他们也能够使债券价格标高；或者在债券出售给公众之前从债券中剥离出转换选择权，因此隐瞒债券发行者德崇证券和购买者米尔肯在每一交易中的真实利润。参与这种保证获利的合伙关系，能够诱使机构投资者利用共同基金和储蓄贷款购买那些被高估的或者有较高风险的垃圾债券。

杰西·科恩布卢斯（Jesse Kornbluth）报道了如何从这些合伙关系中获得巨额利润的交易细节。③ 当KKR公司（Kohlberg Kravis Roberts）参与到有线电视公司Storer Communications的竞价战争时，这些合伙人相信德崇证券能够承担这些交易费用。为了使KKR打败他的竞争对手，米尔肯在两天内筹集了14.66亿美元支持这一购买行为，这一价格很多业内人士认为代价太高。④ 这也是米尔肯第一次需要对此类

---

① 参见Kornbluth (1992)。
② 参见FDIC V. Milken (1991)。
③ 参见Kornbluth (1992)。
④ 参见Bruck (1989, p.176)。

第 11 章 掠夺：因牟利而破产的经济黑幕

短期交易筹集数额巨大的资金。米尔肯告诉 KKR 为了筹集这部分资金，需要把"股权奖励"——认股权证——和债务捆绑在一起。米尔肯让德崇证券把这些捆绑在一起的债务和认股权证卖给他所控制的多个合伙人。这些合伙人保留了认股权证，但是把债务卖给外部人。这些交易中的认股权证产生了 1.72 亿美元的利润。米尔肯领导的合伙人控制了超过 80% 的认股权证。[1]

不过，该问题的不确定性在于由米尔肯秘密购买的债券数量是否大到可以保证债券市场盈利。那些想要参与市场操纵的人幻想着可以得到大笔金融资产。这些资产能够给基金提供充足的金融支持，从而使得新发行的债券受到人们的关注，并很快由合伙人转移给外部人。通过对那些实际上已经破产的公司新的长期融资的支持，这些资金也可以用来降低可观察到的违约率。一些典型的债券可以与那些被受控机构操纵的新债券作交换，或者这些公司已经被垃圾债券发行的新资产所迷惑。

我们接下来要考虑的是储蓄和贷款中的掠夺者可能使违约行为延期，并降低可观察到的违约率。对共同基金管理者的贿赂也可以达到相同的效果，但是我们只关注储蓄和贷款行为，因为我们感兴趣的是由政府担保引起的掠夺行为的经济影响。

经纪人操纵的潜在利润

在通常情况下，委托人使用自己的资源来改变违约率，是不需要支付经纪人费用的。操控方式增加的经纪人佣金通常大于收益。然而，20 世纪 80 年代后期提供了仅有的机会。储贷机构掠夺的可利用性使操控垃圾债券市场更加繁荣。

通过把债券购买者的预期收益与支付给债券经纪人的佣金预期支出进行比较，我们可以发现，经纪人通过购买那些以票面价值出售、将来得不到偿付且要承担损失的债券并不能得到好处。通过承担这种损失可以增加债券市场需求，而需求的增加会提高债券经纪人的佣金收入，但是几乎不可避免的，佣金的增加会低于为降低未来违约率而增加的融资成本。

通过控制违约率，购买现期发行债券的预期收益是未来预期损失的减少量。在一个新债券发行稳定的情况下，如果债券购买者将来拖欠损失的预期值是由过去拖欠损失的历史数据外推而出，那么对于前期发行债券的费用将严格等于现在发行的债券将来可预期损失的减少量。因为

---

[1] 参见 Kornbluth（1992，pp.323-334）。

这些期望损失的减少量发生在将来，但支付给经纪人操盘手的费用却是在现期，所以债券购买者的期望收益贴现值将少于支付给这些经纪人用来改变历史违约率的费用。这些经纪人也要面对他将来只能得到由他创造的市场价值增值中很小的一部分的现实。

如果债券购买者推测到人为的低违约率，那么债券市场的快速增长将降低与债券购买者的期望收益相对应的操控成本，这是因为更快的市场增长减少了已发行的债券数量，前期发行的债券损失一定可以通过发行现期债券得到补偿。如果债券总量以垃圾债券的利率增长，并且将来违约率的期望值是由现在的违约率决定，那么操纵新发行债券的市场价值增量将刚好等于经纪人承担违约损失的成本。如果债券市场的增长速度高于垃圾债券的利率，那么新发行债券的期望收益将超过支付给经纪人的期望费用。

许多情况使得20世纪80年代的垃圾债券市场可以操控。德崇证券和米尔肯的合伙人能够得到债券市场供给曲线和需求曲线楔形之间的重要部分作为垃圾债券，早期的Storer交易就已经说明了这一问题。米尔肯和德崇证券不仅仅收取常规的佣金。在很多情况下，他们可以利用相当大的买卖价差，榨取尽可能多的收益。因此，他们可以通过操控违约率，得到新发行债券溢价中的很大一部分。因此，这种操纵所产生的利润是相当巨大的。

经纪人进行这种操纵的成本是否低到值得这么做呢？当然这种操控的费用已经很低——事实上费用为零——如果再筹资发行的债券没有得到经纪人的资金援助，而是得到参与掠夺行为的储贷机构带有援助性质的购买。高的再融资名义收益将会增强储贷机构的账面利润。同时，资产所有者和投资管理者也会因购买米尔肯合伙人的股票期权或股份而获得利润。

除了可以利用他人的资金，三个附加因素也强化了任何由储贷机构购买的投资组合在降低违约率上的作用。正如上文所述，高投资收益的证券化债务市场是新兴并发展迅速的金融市场（其发展速度快于20世纪80年代的利率增长速度），相比于现在发行的债券数量，早期发行的债券数量要少很多，而且早期发行的债券违约损失需要人为控制。其次，储贷机构资产不需要用来直接购买再融资债券。精明的投资者很容易就会明白，储贷机构资产可以在后期用作抵御未来风险的担保。与此同时，这些投资者可以毫无顾虑地操纵高收益债券。再次，因为再融资债券在出售时不会遇到任何困难，而且其溢价又如此之高，所以没有主见的投资者（也就是那些通过价格推断资产质量的投资人）就会买进相当数量的债券。正如达拉斯房地产中的没有主见的投资人一样，这些投资人的行为将扩大储贷机构掠夺行为的影响。

总之，20世纪80年代的垃圾债券市场对债券市场操纵提供了一个良好的契机。人们抓住了这些机会吗？在下文的论述中我们将说明事实上垃圾债券市场的行为符合市场操纵。

证据：实际违约率

我们列举两种类型的案例来说明早前描述的发生在20世纪80年代的操纵行为的可能性。首先，人们相信即使德崇证券有较低的违约率，并且低于其他的债券发行商[①]，实际上其真实违约率高于其他承销商的垃圾债券违约率。特别地，正如债券发行时提出的旨在为"普通公司目标"而集资，为再融资债务发行的债券其违约率尤其高。下一部分将论述案例：米尔肯及其合伙人和储蓄机构所有者的交易符合上文所论述的骗局。

保罗·阿斯奎思、戴维·W·马林斯和埃里克·D·沃尔夫（Paul Asquith, David W. Mullins and Eric D. Wolff）已经指出，融资债券交易在降低已记录的违约率上的重要性。[②] 1977—1983年间发行的146亿美元的垃圾债券中，直到1988年底已有22亿美元或者15％的债券在市场上进行了债券交易。[③] 如果这些交易包括了那些可能会产生违约行为的问题公司，从累积度量的违约行为中忽略掉这些交易将明显改变可观测到的违约率数值。有证据表明，这些数据实际上包括了那些问题严重的公司，因为直到1986年底，这些经营期短暂的公司再筹集资金债券具有相当高的违约率——39％（从数量角度考虑）和33％（从价值角度考虑）。[④] 阿斯奎思、马林斯和沃尔夫的研究（我们的原始数据出处）第一次计算了包含这些交易的违约率，每一个原因都使我们相信当初计算债券市场违约率时没有考虑这些交易。而且，由于这一违约率的计算只有1988年以前的数据，早于在1989年和1990年发生债券市场崩溃的时间，这使得最终计算得出的违约率依然低于实际。

需要强调的是，这些旧债换新债交易只是给出了一种可以掩盖违约行为的方法。从一般公司债发行中获得的收益，或者从用于并购而发行

[①] 参见 George Gilder, "The War against Wealth," *Wall Street Journal*, September 27, 1990, p. A12。

[②] 参见 Asquith, Mullins, and Wolff (1989)。

[③] 作者根据 Asquith, Mullins, and Wolff (1989，表1, p. 928 和表6, p. 934) 中的数据得出计算结果。

[④] 参见 Asquith, Mullins, and Wolff (1989，表7, p. 935)。

的债券操作过程得到的收益,也可用来为当前的债务机构融资,从而避免以前发行的债务违约。

最近一份由债券投资者协会做出的分析报告(按照容易理解的制表方式把全部垃圾债券列举分析)表明,根据自称的债券发行目的给它们分类,德崇证券为再融资而发行的债券存在相当高的违约率。① 在1992年底,发行于1983—1990年间为再融资支付现期债券利息的债券,其违约率高达45.2%,而其他全部债券发行商的债券违约率为26%。② 正如研究者所发现的那样,"这些数据支持了那些批评家的意见,即认为德崇证券掩盖了很多通过以再融资为名发行的低质量债券。"③

这一事件发生的年代与市场操纵理论的假想相符。债券市场崩溃以后很快就引发了1983年3月对米尔肯的控告。从1988年底到1989年10月,垃圾债券投资收益和10年期财产收益之差由488个基点上升到704个基点。在1990年,这一差值又进一步升高,超过了1 000个基点。④(这一指数现在已经降低了。)这个收益差的变化幅度比投资收益变化幅度还要高2~3个百分点,人们认为这种程度的投资收益差变化足以引起一场大的收购浪潮。⑤

与储贷机构的关联性

正如上文所述,尽管储贷机构只拥有132亿美元的垃圾债券,然而这些持有量非常集中:11个机构占有69%的垃圾债券,而这些机构都与米尔肯有密切的联系。站在重组信托公司(RTC)立场上,FDIC控告米尔肯在垃圾债券市场行为不端(该案以13亿美元达成和解)⑥,该指控宣称:米尔肯领导了一个"阴谋"集团(这也是对米尔肯集团的称呼),该集团利用储贷机构资产人为地推高了垃圾债券价格。

从1982年起,米尔肯集团和那些有相同目的的个人或团体就开始了有目的地、系统性地侵吞储贷机构财产的活动。米尔肯集团

---

① 参见 Lehmann (1993)。
② 在这里计算的违约率是求均值得到的。这里所使用的数据是德崇证券的84期再融资债券,以及其他发行人的债券。
③ 参见 Lehmann (1993, p. 25)。
④ 参见 First Boston Corporation (1989, 1990), quoted in Black (1993a)。
⑤ 参见 David Gillen, "Moody's Says Junk Still Sliding: Number of Corporation Defaults Surges," *The Bond Buyer*, March 15, 1991, p. 3, and Constance Mitchell and Anita Raghaven, "Junk Bond Prices Hold Steady Despite Report That Defaults Hit a Record in the Latest Period," *Wall Street Journal*, April 9, 1991, p. 50, quoted in Black (1993b)。
⑥ 参见 Stewart (1992, p. 523) 和 Seidman (1993, p. 238)。

第 11 章 掠夺:因牟利而破产的经济黑幕

将目标锁定在储贷机构,是因为其充足的储蓄使其拥有大量的资金。米尔肯团伙密谋以非法手段抬高垃圾债券的价格,并制造出垃圾债券价格的上升可以在一个富有流动性的市场中实现的假象,迅速而又轻易地不断获得储贷机构的资本是其目标。①

后来为了避免人们对于此控诉的质疑,该指控强调:

借助其合伙集团[主要是指受米尔肯控制和占有的合伙企业]和其他内部人购买债券,米尔肯集团制造了对德崇证券发行的债券市场有强烈需求的假象。该欺骗行为进一步强化了他们的目标,即给人们提供有关垃圾债券价值表面上的信用,人为制造需求提高债券价格的市场,从而使该合伙集团以及其他内部人从中牟取巨额利润,并奖励参与这一计划的所有合伙人。②

根据这一控诉可以了解到,很多储贷机构的管理者没能控制好垃圾债券的购买量。其中三人——哥伦比亚储蓄机构的托马斯·施皮格尔(Thomas Spiegel),林肯机构的查尔斯·基廷(Charles Keating)和森德拉斯特银行的戴维·保罗(David Paul)——和其他匿名人士一起成为了联合被告。根据詹姆斯·斯图尔特(James B. Stewart)的说法,哥伦比亚储贷机构是允许米尔肯利用它们账户"自由交易"的机构之一。③ 哥伦比亚公司是垃圾债券持有量最大的公司,持有超过 1/4 的储贷机构垃圾债券。本杰明·斯坦(Benjamin J. Stein)曾经描述了斯皮格尔如何偏袒地奖励这样的公司。④ 斯坦报道了一个发生在米尔肯和斯皮格尔之间的交易,该交易是有关哥伦比亚公司购买的有问题债券和与上文提到的 Storer 通信公司的杠杆收购有关的优先股。一家由斯皮格尔控制的合伙公司被报道为了得到价值 132 000 美元的 Storer 债券而放弃了股票期权,该期权在一年以后以 700 万美元价值出售。⑤

该控诉声称这种行为只是一般模式中的一部分:

米尔肯集团培植了一批可以控制储贷机构的人。该群体中的每一个人都可以按照米尔肯集团标定的价格购买和出售债券。每个人都试图分享各自所在公司的掠夺利益和米尔肯集团对大量购买德崇证券发行债券的人所提供的利益。这些人不需要关心米尔肯集团所

---

① 参见 FDIC v. Milken (1991, p. 38)。
② 参见 FDIC v. Milken (1991, p. 44-45)。
③ 参见 Stewart (1992, p. 521)。
④ 参见 Stein (1992)。
⑤ 参见 Stein (1992, p. 105)。

从事的大量非法活动的范围，他们为了自己的利益同意遵循米尔肯集团的出价，尽管这一出价会与各自所在公司的利益相悖。这些不为人知的参与者包括，控制林肯机构的查尔斯·基廷、控制森德拉斯特银行的戴维·保罗，以及控制哥伦比亚储贷机构的托马斯·施皮格尔。①

通过其他资料我们了解到，这种使用他人资金的方式不仅限于储贷机构。据斯图尔特和斯坦所说，第一执行人寿保险公司总裁卡尔（Fred Carr）也将其垃圾债券投资组合的控制权转让给了米尔肯。卡尔允许米尔肯集团交易公司的债券，并开具确认单。②自资产约为152亿美元的第一执行公司（第一执行人寿保险公司的母公司）大规模破产，并于1991年被政府接管以后，第一执行人寿保险公司案件的细节就被公布于众。该保险公司大概1/3的资产投资于垃圾债券。比较而言，大都会人寿保险公司只拥有1‰的垃圾债券形式的资产，安泰保险也只拥有1％，保诚集团则拥有3％。③

很显然，在许多储贷机构所有权转移过程中，米尔肯和德崇证券相当积极。在某些情况下，关联性通过关系密切的合伙人间接实现。比如通过这些指控发现，第一执行人寿保险公司购买了24.9％的帝国储贷股份，而哥伦比亚储贷机构则是承担了帝国储贷机构8.1％的普通股票。④但关联通常是直接的。比如说在哥伦比亚公司案例中，德崇证券得到了该储贷机构10.3％的普通股票，而米尔肯的孩子则通过信托机构得到了9.9％的普通股票——这些股票在哥伦比亚公司得到一份重要的垃圾债券投资组合以后被出售了。⑤米尔肯通过基廷对林肯储贷的资产提供资金支持；伊万·波斯基（Ivan Boesky）证明说，米尔肯反复鼓励他购买储贷机构。

最后，一个偶发的证据证明，米尔肯集团的成员也试图控制垃圾债券等级。根据斯坦交代，债权评级公司达夫菲尔普斯（Duff & Phelps）被米尔肯集团成员以拥有不公开的所有权股份的方式控制着，该成员包括詹姆斯·达尔（James Dahl），米尔肯在贝弗利山庄办公室的高级销售员，也包括在起诉中提到的两个受控储贷机构，帝国和哥伦比亚。最

---

① 参见 FDIC v. Milken（1991，p. 32）。
② 参见 Stewart（1992，p. 521）和 Stein（1992）。
③ 参见 A. M. Best Company（1990）。
④ 参见 FDIC v. Milken（1991，p. 62）。
⑤ 参见 FDIC v. Milken（1991，p. 56）。

第 11 章　掠夺：因牟利而破产的经济黑幕

终，达夫菲尔普斯公司对哥伦比亚公司发行的债券授予了非常高的等级。①

测定大小

与米尔肯和德崇证券有密切关联的机构，控制了拥有价值为 140 亿美元垃圾债券的资产投资组合：被控诉为被控制储蓄机构占大约 90 亿美元，而第一执行公司拥有大约 50 亿美元资产。直到 1988 年，发行期在 1986 年或更早的高投资收益债券的违约成本总额为 76 亿美元。② 如果这些被称为受控的机构所拥有的 1/4 债券资金被用来防止违约行为，仅仅靠这一项就可以使得可观测到的违约率降低 1/3。如果米尔肯能够劝说别人去购买那些陷入资金困境的公司的债券，可观测到的违约率的减少量将会更大。潜在的债券购买者是那些隐含担保的内部人，他们含蓄地保证在债券价格降低之前购买债券。外部的投资商则像达拉斯案例中的没有主见的投资人，或者股票市场上的指数型投资人那样行事，他们也有可能买一些陷入资金困境的公司发行的债券，这是因为那些看似精明的投资人也会购买该类债券。因此储贷机构的垃圾债券投资组合的数量如此巨大，以至于可以影响市场上可观测到的债券违约率。

另一个简单的计算说明，储贷机构是多么有利可图。德崇证券以 5 600 万美元价格通过查尔斯·基廷的投资公司——美洲大陆公司（American Continental Corporation，ACC），收购了林肯的储贷机构。在接下来的五年内，林肯储贷机构购买了 27 亿美元的垃圾债券。③ 通过 FDIC 控诉报告的垃圾债券购买量的年规模，我们就能够容易地判断，即使德崇证券收取较低的佣金（3%），使用 15% 的贴现率，但仅佣金收入就超过了它购买林肯储贷机构的支出——即使德崇证券支付给基廷 5 600 万美元。

操纵在收购浪潮中的作用

无论发生在 20 世纪 80 年代垃圾债券市场中的操纵行为有多少证据，这种操纵都不能对发生在 20 世纪 80 年代的收购浪潮给出全部解释。1977—1986 年，股东从并购公司中所获得的总收入按照 1986 年的美元价值计算是 3 460 亿美元。④ 由于这一价值增量大于整个垃圾债券

---

① 参见 Stein（1992, pp. 147-148）。
② 参见 Asquith, Mullins, and Wolff（1989, 表 5, p. 932）。
③ 参见 FDIC v. Milken（1991, p. 64）。
④ 参见 Jensen（1988, p. 21）。

总量，所以操纵不能将这么多的资金从垃圾债券持有者手中转向股东。因此对违约率实施的操控充其量只能给出 20 世纪 80 年代收购浪潮的部分解释。其他交易的例子（说明这些交易与股东总收益可能有关系）则是由庞帝夫（Jeffrey Pontiff）、施莱弗（Andrei Shleifer）和韦尔巴赫（Michael S. Weisbach）提供的有关过去债券持有者损失方面的例子，由巴加特（Sanjai Bhagat）、施莱弗和维希尼（Robert W. Vishny）提供的有关税收收入和支出方面的例子，由奥尔巴克（Alan J. Auerbach）和莱舒斯（David Reishus）提供的有关税收收益方面的例子。[1] 因此在 20 世纪 80 年代之前，相对于理论值，股票价值一定被低估，而在这之后则是被高估了。不考虑垃圾债券市场上的操纵，对于收购浪潮的完全解释必定能够说明为什么实际值与理论值相背离可以使收购行为存在利润。

结　论

本文已经说明了他人资金，尤其是那些金融机构或者保险基金的储蓄资金是如何为牟利而被掠夺的，而且这种资金掠夺行为是在有资产担保者，特别是政府或者纳税人为担保人的情况下遭受掠夺的。当起诉的净成本 M^* 大于机构潜在期望收益 V^* 时，这种掠夺行为就会发生。在这种情况下，金融机构的所有者就会有特别的理由与那些能够提供大量（也许不公开）现期支付和不履行未来约定的人进行有问题的交易。大量的现期支付将会增加 M^*，而不履行约定将会使机构价值低于 V^*。

更进一步，由于掠夺行为引起的市场初期骚乱，可能会向其他市场转移严重的累加效应。因此储贷机构的掠夺行为可能导致建筑业或者公司收购等市场出现繁荣和衰退。那些通过观望市场信号采取行动的市场买者（或卖者）会引起严重的市场累加效应，然而他们没能理解那些影响他们行为的市场信号已经被未被怀疑的掠夺行为所改变。如果掠夺者的行为与操纵市场信号的行为保持一致，这种累积效应将相当严重。

我们检验了模型中的四个历史事件：智利金融危机、美国储贷机构监管变化、达拉斯/沃斯堡建筑业兴衰以及垃圾债券—金融收购浪潮。这些案例不仅说明了掠夺者如何行事，也说明了他们如何与其有共生关

---

[1] 参见 Pontiff, Shleifer and Weisbach（1990）；Bhagat, Shleifer and Vishny（1990）；Auerbach and Reishus（1988）。

第 11 章 掠夺：因牟利而破产的经济黑幕

系的同谋者互动，并且共同应对试图阻止他们的监管者。正如理论所预测的那样，历史案例也说明了这种发生在猫（监管者）和老鼠（掠夺者）之间的博弈的确切结果，尤其依赖于猫所面临的约束条件，有时也会受猫所犯错误的影响。

对发生在 20 世纪 80 年代事件的问题，掠夺理论提供了一种历史解释，并且指出了在未来某时期可能发生该类事件的地区。保险公司，尤其是人寿保险公司，其主要目的是掠夺资产。第一执行人寿保险公司的破产说明了一个保险公司如何因为过度购买垃圾债券而遭受掠夺的。1992 年查处的佐治亚州沿海州立人寿保险公司的案例说明，监管者在控制他们无法正确评价的复杂保险投资组合时面临着困难。[①] 该沿海州立人寿保险公司几乎将其所有的投资组合都投入了抵押贷款担保债券的利息分拆证券（interest-only strips）和反向浮利债券（inverse floaters）。在这些对冲投资组合的市场价值暴跌后，处理沿海州立公司花了两年的时间，因为该公司的所有者声称他们并没有违反任何法律。无论参加保险的人损失有多大或者纳税人将为此承担多少损失，佐治亚州沿海州立人寿保险公司的所有者做得并不过分，因为他的保险公司在短短几年的经营期内，提供给他们所在的保险市场价值 1 550 万美元的保险合同。考虑到相关的保险监督机制的不完善，在佐治亚州保险公司发生的事情同样也可能发生在其他州。

存在掠夺退休金基金的可能性类似于存在掠夺人寿保险公司的可能性。而且在存在退休金担保的地方，当主办公司破产时，纳税人就将成为这些资金供给不足的退休金的最终承担者。TWA 是其中一个例子。尽管该公司的退休基金在美国是资金最不充足的公司之一，但当该公司破产时，公司职员的福利却增长了 1 亿美元。[②] 为了避免这种道德风险，国会提出了不允许资金不充足的退休金基金增加企业退休金收益的提案（但是没有通过）。[③] 这些联邦政府退休金收益担保公司没有履行的债务大致是 350 亿美元。[④]

现在不断出现的有关由美国房屋和城市建设部门（HUD）支持的抵押担保丑闻使人们产生了历史重演的感觉，这是由于储贷机构丑闻的主要特征在其他事件中也不断出现。政府不得不承担波士顿一项房地产

[①] 参见 Laura Jerseki, "Seized Insurer's Woes Reflect Perils of CMOs," *Wall Street Journal*, May 12, 1993, P. C1.

[②] 参见美国国会预算办公室（1993, p. 12）。

[③] 参见美国国会预算办公室（1993, p. 29）。

[④] 参见美国国会预算办公室（1993, p. 3）。

项目中 950 万美元的抵押贷款，而这是不必要的损失。人们总结说，负责该项目的董事会"并没有按照项目最大利益行事"①。这类住房抵押担保贷款共有 430 亿美元，预计的违约金将高达 119 亿美元。②

最后，银行危机也是高通货膨胀国家的地方特色。在 20 世纪 80 年代，银行危机发生在阿根廷、巴西、智利、哥伦比亚、哥斯达黎加、厄瓜多尔、墨西哥、秘鲁和委内瑞拉，以及世界上其他国家和地区。③ 本文也说明了，如果货币兑换是反通货膨胀方案的一方面原因，那么试图控制拉丁美洲通货膨胀能够导致对银行的掠夺行为。这种货币兑换已经作为应对通货膨胀的一条标准建议。④ 理论和文中的案例提醒我们，这种货币兑换必须有银行严格的监督条例作保证，以此来避免类似于发生在智利的掠夺行为。更普遍的意义则是，这是一个可信赖的意见，即那些国内精明的投资商数量严重不足且监督管理机制远不如美国健全的发展中国家，由于其金融市场处于完善阶段，它们将会成为金融市场欺骗行为的牺牲品。

美国储贷机构危机给我们留下了很多思考，为什么政府将其置于如此容易受伤害的环境？当然，答案的一部分是因为政府所采取的策略是政治程序的结果。当监管者发现人为的会计方法确实有问题时，当国会议员给监管者施加压力，要求他们满足支持议员的选民和政治捐赠者的意见时，当最大的经纪人业务公司游说政府保护其在全国范围内的储蓄机构经纪人进入任何一家储蓄机构时，当游说使得议案者为储蓄和贷款产业所争取到的直至产业危机达到必须采用普遍税收来解决问题时，而不是依靠只对产业中成功企业征税这一行动策略时——当人们采取这些和其他行动时，人们就会对他们所面临的政治流程的激励做出理性的反应。

然而，储贷机构危机也归因于人们认识的不足。无论是公众还是经济学家，都没有预见到 20 世纪 80 年代的监管制度会导致掠夺行为的发生。人们既不知道掠夺是什么，也没有认识到问题的严重性。因此，那些在这一领域里最初就对掠夺有清醒认识的人，只能获得很少的支持。现在我们清楚地认识到了问题所在。如果我们能从中得到有益的教训，

---

① 参见 Jason DeParle, "Housing Project Haunted by Ghosts of Noble Ideals," *New York Times*, September 18, 1993, p. A8。

② "Price Waterhouse and Company Estimate," *Wall Street Journal*, June 21, 1993, p. A12。

③ 参见 Brock (1992, p. 1)。

④ 参见 Sachs and Larrain (1992, pp. 746—747)。

第11章 掠夺：因牟利而破产的经济黑幕

历史的悲剧就不会重演。

参考文献

Adams, James R. 1990. *The Big Fix: Inside the S&L Scandal*. New York: John Wiley.

A. M. Best Company. 1990. *Best's Insurance Reports: Life-Health*. Oldwick, N. J.: A. M. Best.

Asquith, Paul, David W. Mullins, Jr., and Eric D. Wolff. 1989. "Original Issue High Yield Bonds: Aging Analyses of Defaults, Exchanges and Calls." *Journal of Finance* 44 (4): 923-952.

——and Thierry A. Wizman. 1990. "Event Risk, Covenants and Bondholder Returns in Leveraged Buyouts." *Journal of Financial Economics* 27: 195-213.

Auerbach, Alan J., and David Reishus. 1988. "Taxes and the Merger Decision." In *Knights, Raiders, and Targets: The Impact of the Hostile Takeover*, edited by John C. Coffee, Jr., Louis Lowenstein, and Susan Rose-Ackerman. New York: Oxford University Press.

Banerjee, Abhijit V. 1993. "A Simple Model of Herd Behavior." *Quarterly Journal of Economics* (forthcoming).

Barth, Iames R. 1991. *The Great Savings and Loan Debacle*. Washington: AEI Press.

Bhagat, Sanjai, Andrei Shleifer, and Robert W. Vishny. 1990. "Hostile Takeovers in the 1980s: The Return to Corporate Specialization." *BPEA. Microeconomics*, 1992: 1-72.

Bikhchandani, Sushil, David Hirshleifer, and Ivo Welch. 1992. "A Theory of Fads, Fashion, Custom and Cultural Change as Informational Cascades." *Journal of Political Economy* 100 (5): 992-1026.

Black, William K. 1990. "Ending Our Forebearers' Forbearances: FIRREA and Supervisory Goodwill." *Stanford Law and Policy Review* 2 (1): 102-116.

——. 1993a. "Junk Bonds." *Staff Report 7*. San Francisco: National Commission on Financial Institution Reform, Recovery, and Enforcement (April 8).

——. 1993b. "The Incidence and Cost of Fraud and Insider Abuse." Staff report 13. San Francisco: National Commission on Financial Institution Reform, Recovery, and Enforcement (April 12).

Brealey, Richard, and Stewart Myers. 1984. *Principles of Corporate Finance*. New York: McGraw-Hill.

Breeden, Richard C. 1990. "Concerning Issues Involving Financial Institutions and Accounting PrinciPles Before the Committee on Banking, Housing and Urban Affairs, United States Senate." Paper prepared for the U. S. Securities and Exchange Commission for testimony before the U. S. Senate Committee on Banking, Housing, and Urban Affairs (September 10).

Brock, Philip L. 1992. "Introduction." In *If Texas Were Chile: A Primer on Banking Reform*, edited by Philip L. Brock. San Francisco: ICS Press.

Bruck, Connie. 1989. *The Predators' Ball: The Inside Story of Drexel Burnham and the Rise of Junk Bond Raiders*. New York: Penguin Books.

Brumbaugh, R. Dan, Jr., Andrew S. Carron, and Robert E. Litan. 1989. "Cleaning Up the Depository Institutions Mess." *BPEA*, 1: 1989, 243-283.

Burrough, Bryan, and John Helyar. 1990. *Barbarians at the Gate: The Fall of RJR Nabisco*. New York: Harper and Row.

Caplin Andrew, and John Leahy. 1991. "Business as Usual, Market Crashes and Wisdom after the Fact." Unpublished paper. Columbia University and Harvard University (December).

Craine, Roger. 1992. "Fairly Priced Deposit Insurance." Unpublished paper. University of California, Berkeley (November).

de la Cuadra, Sergio, and Salvador Valdés. 1992. "Myths and Facts about Financial Liberalization in Chile: 1974-1983." In *If Texas Were Chile: A Primer on Banking Reform*, edited by Philip L. Brock. San Francisco: ICS Press.

Edwards, Sebastian, and Alejandra Cox Edwards. 1991. *Monetarism and Liberalization: The Chilean Experiment*. Chicago: University of Chicago Press.

Esty, Benjamin C. 1992. "Organizational Form, Leverage and Incentives: A Study of Risk Taking in the S&L Industry." Harvard Business School (December 7).

First Boston Corporation. 1989. *High Yield Research*, 3rd Quarter Review (October).

——. 1990. *High Yield Research*, 3rd Quarter Review (October).

Friedman. Benjamin. 1989. "Comment on 'Cleaning Up the Depository Institutions Mess.'" *BPEA*, 1: 1989, 284-290.

Grossman. Sanford J. 1976. "On the Efficiency of Competitive Stock Markets Where Traders Have Diverse Information." *Journal of Finance* 31: 573-585.

Jensen, Michael C. 1988. "Takeovers: Their Causes and Consequences." *The Journal of Economic Perspectives* 2 (1): 21-48.

Kane, Edward J. 1989. *The S&L Insurance Mess: How Did It Happen?* Washington: Urban Institute Press.

Kornbluth, Jesse. 1992. *Highly Confident: The Crime and Punishment of Michael Milken*. New York: William Morrow.

Lehmann. Richard. 1993. "Analyzing Bond Defaults by Proceeds." *Merrill*

第 11 章 掠夺：因牟利而破产的经济黑幕

Lynch: *Extra Credit* (January/February): 24-28.

Lucas, Robert E. Jr. 1972. "Expectations and the Neutrality of Money." *Journal of Economic Theory* 4: 103-124.

Mayer, Martin. 1990. *The Greatest-Ever Bank Robbery: The Collapse of the Savings and Loan Industry*. New York: Charles Scribner's Sons.

McKinnon, Ronald I. 1991. *The Order of Economic Liberalization: Financial Control in the Transition to a Market Economy*. Baltimore: Johns Hopkins University Press.

Merton, Robert. 1978. "On the Cost of Deposit Insurance When There Are Surveillance Costs." *Journal of Business* 51 (3): 439-452.

National Commission on Financial Institution Reform, Recovery, and Enforcement. 1993. *Origins and Causes of the S&L Debacle: A Blueprint for Reform*. Washington: The Commission.

O'Shea, James. 1991. *The Daisy Chain: How Borrowed Billions Sank a Texas S&L*. New York: pocketbooks.

Pizzo, Stephen, Mary Fricker, and Paul Muolo. 1989. *Inside Job: The Looting of America's Savings and Loans*. New York: McGraw-Hill.

Pontiff, Jeffrey, Andrei Shleifer, and Michael S. Weisbach. 1990. "Reversions of Excess Pension Assets After Takeovers." *Rand Journal of Economics* 21: 600-613.

Robinson, Michael A. 1990. *Overdrawn: The Bailout of American Savings*. New York: Dutton.

Romer, David. 1993. "Rational Asset Price Movements Without News." *American Economic Review* (forthcoming).

Sachs, Jeffrey D., and Felipe B. Larrain. 1992. *Macroeconomics in the Global Economy*. Englewood Cliffs, N. J.: Prentice-Hall.

Scherer, Frederic M. 1988. "Corporate Takeovers: The Efficiency Arguments." *Journal of Economic Perspectives* 2 (1): 69-82.

Seidman, William L. 1993. *Full Faith and Credit: The Great S&L Debacle and Other Washington Sagas*. New York: Random House.

Shleifer, Andrei, and Robert W. Vishny. 1988. "Value Maximization and the Acquisition Process." *Journal of Economic Perspectives* 2 (Winter): 7-20.

Short, Genie D., and Jeffrey W. Gunther. "The Texas Thrift Situation: Implications for the Texas Financial Industry." Paper prepared for Financial Industry Studies Department. Federal Reserve Bank of Dallas, Dallas, Texas (September).

Stein, Benjamin J. 1992. *A License to Steak The Untold Story of Michael Milken and the Conspiracy to Bilk the Nation*. New York: Simon and Schuster.

Stewart, James B. 1992. *Den of Thieves*. New York: Simon and Schuster.

Stiglitz, Joseph E., and Andrew Weiss. 1981. "Credit Rationing in Markets with Imperfect Information." *American Economic Review* 71 (3): 393-410.

Tybout, James. 1986. "A Firm-Level Chronicle of Financial Crises in the Southern Cone." *Journal of Development Economics* 24 (2): 371-400.

Urban Land Institute. Various years. *ULI Market Profiles*. Washington: ULI.

U. S. Congressional Budget Office. 1993. *Controlling Losses of the Pension Benefit Guaranty Corporation*. Washington: Government Printing Office.

U. S. *Federal Deposit Insurance Corporation et. al. v. Michael R. Milken et. al.* 1991. U. S. District Court, Southern District of New York (January 18).

U. S. House of Representatives. Subcommittee of the Committee on Government Operations. 1987. *Fraud and Abuse by Insiders, Borrowers, and Appraisers in the California Thrift Industry*. Hearing. 100 Cong. 1st sess. Government Printing Office.

U. S. House of Representatives. Committee on Banking, Finance and Urban Affairs. 1990. *Effectiveness of Law Enforcement Against Financial Crime*. Field hearing. 101 Cong. 2 sess. Government Printing Office. Part 1.

U. S. Senate. Committee on Banking, Housing, and Urban Affairs. 1990. *Fraud in America's Insured Depository Institutions*. Hearing. 101 Cong. 2 sess. Government Printing Office.

———. 1991. *Restructuring the Resolution Trust Corporation and the Semiannual report on FIRREA Legislation: 1991*. Hearing 102 Cong. 1 sess Government Printing Office.

Velasco, Andrés. 1991. "Liberalization, Crisis, Intervention: The Chilean Financial System, 1975 - 1985." In *Banking Crises: Cases and Issues*, edited by V. Sundararajan and Tomfás J. T. Balifño. Washington: International Monetary Fund.

White, Lawrence J. 1991. *The S&L Debacle: Public Policy Lessons for Bank and Thrift Regulation*. New York: Oxford University Press.

Wilmsen, Steven K. 1991. *Silverado: Neil Bush and the Savings and Loan Scandal*. Bethesda, Md.: National Press Books.

Yago, Glenn. 1991. *Junk Bonds: How High Yield Securities Restructured Corporate America*. New York: Oxford University Press.

第二部分

宏观经济学

第12章 相对工资和通货膨胀率[*]

乔治·A·阿克洛夫[**]

I

在后凯恩斯主义时期，货币理论在很大程度上主要关注如下问题："货币是中性的吗？"当然这是一个重要的问题，因为像菲利普斯曲线一类经济学理论正确与否很大程度上依赖于对该问题的回答。帕廷金（Patinkin）的著作讨论了货币中性问题：在完全竞争的市场条件下，不同货币供给水平下的所有均衡实际变量相同。[①]不过，正如帕廷金本人所述，那样一个不存在菲利普斯曲线的世界，自然完全来源于定义，而与现实无关——因为在长期，无论货币供给（或者其增长率）多大，均衡总能达到；而根据定义，这样的均衡不存在失业。

问题的关键是帕廷金的结论能否推广到有"黏性"和各种"市场不完全"的情形。弗里德曼在其美国经济学会会长致词中断言，在不考虑

---

[*] 这篇论文最初发表于 George Akerlof（1969），"Relative Wages and the Rate of Inflation," *The Quarterly Journal of Economics* LXXXⅢ，3。经麻省理工学院出版社授权再版。

[**] 作者对 Bent Hansen, Stephen A. Marglin, William Nordhaus, Albert Fishlow, Giorgio La Malfa 以及 Bagicha Minhas 提出的宝贵建议表示感谢，同时感谢印度统计局（新德里）所提供的资助，不过文中的一切错误皆由本人承担。

[①] D. Patinkin, *Money, Interest and Prices*（2nd edn.; New York: Harper and Row, 1965），从一开始就需要声明，此模型的观点与托宾和格利-肖（Gurley-Shaw）投资组合平衡类型的观点有本质上的区别。由于这个原因，资产组合或资本投资决策被有意忽略掉了。J. Tobin, "Money and Economic Growth," *Econometrica*, Vol. 33（Oct. 1965）; and J. G. Gurley and E. S. Shaw, *Money in a Theory of Finance*（Washington: Brookings Institution, 1960）。

市场结构、黏性等情况下,长期失业水平将独立于长期货币供给的增长率。① 他的结论还强调,如果长期内给定的通货膨胀率被人们普遍预期到,那么人们就会对冲掉这一通货膨胀率——而且因为所有的交易都是按照实际变量的理性考虑,所以实际交易(除资本形成外)的进行就像是不存在通货膨胀一样。初看弗里德曼的论断,觉得该结论似乎颇具一般性。不过遗留的问题是:如果合同是根据真实变量签订的,而在合同的持续期内某些价格变量按货币度量保持不变,那么弗里德曼的逻辑是否依然有效?这类机制的一个典型例子就是,当意识到谈判的"实际"方面时,工会与管理者双方的工资谈判——由于受到签订合同过程的限制,货币工资只能以一年为间隔进行变动。②

对历史上恶性通货膨胀的记载可以清楚地显示,当通货膨胀率非常高时,这种固定货币合同就会瓦解。③ 不过,对于通常的菲利普斯曲线观察者而言,这种高通货膨胀率案例不在考虑范围内:更重要的问题是适度的通货膨胀(即年通货膨胀率为 2%~3%)比零通货膨胀更好吗?④ 在此意义上,给定固定货币合同的便利性——而价格稳定政策目标的主要原因之一也是固定货币合同本身——那么,期望合同形式保持不变也并非不合理。⑤

当然,容易证明对未来通货膨胀率有固定预期的短期菲利普斯曲线的存在性及性质。在长期,如果对通货膨胀率的预期确实实现了,那么菲利普斯曲线将得到更加严格的限制;但是在下面的模型中,将给出这类菲利普斯曲线的存在性以及货币中性论断错误性的一种解释。⑥

---

① M. Friedman, "The Role of Monetary Policy," *American Economic Review*, LVⅢ (Mar. 1968), 7-10. 林达尔(Lindahl)在30年前就预见到了弗里德曼的结论,"……价格水平的可预期变化没有经济相关性,因为它们既不会影响生产要素和消费商品的相对价格,也不会影响生产的范围和方向。"引自 E. Lindahl, *Studies in the Theory of Money and Capital* (London: Allen and Unwin, 1939), p. 148。

② 该模型必须稍作改变,包括"工资变动"。

③ 特别可以参见 C. Bresciani-Turroni, *The Economics of Inflation* (London: Allen and Unwin, 1937)。

④ A. W. Phillips, "The Relation between Unemployment and the Rate of Inflation in the United Kingdom, 1861—1957," *Economica*, N. S. XXV (Nov. 1958)。

⑤ 对暂时性固定价格好处的一个出色解释由 O. Eckstein and G. Fromm, "The Price Equation," *American Economic Review*, LⅧ (Dec. 1968), 1159-1160。

⑥ 除了弗里德曼,还有很多研究长期和短期菲利普斯曲线关系的学者。特别是可以参见 R. G. Lipsey, "The Relation between Unemployment and the Rate of Change of Money Wage Rates in the United Kingdom, 1861—1957: A Further Analysis," *Economica*, N. S. XXⅦ, 1960; and E. Kuh, "A Productivity Theory of Wage Levels—an Alternative to the Phillips Curve," *Review of Economic Studies*, XXXⅣ (Oct. 1967)。

第 12 章 相对工资和通货膨胀率

II

本文的具体经济观点来源于特里芬（Triffin）的《垄断竞争和一般均衡理论》。① 正如文中所描述的，经济由许多垄断者组成，他们竞争一个给定的需求总量（从而与总就业相关）。也许看待该模型含义的最好方法是，寡头垄断行业的生产者将达成一个偏离完全垄断价格不多的价格决策。（该过程与费尔纳（Fellner）教授在《少数生产商之间的竞争》中所描述的情况相似。②）因此，这些行业（如同垄断者行为）以张伯伦形式相互竞争一个固定水平的总需求。

当然，需要担心的是寡头间的相互依赖被严重忽视了；但这可能是对此观点的误解。垄断竞争被想当然地选择来作为我们想要描述的非完全（或相互依赖的）世界的简单例子——并且任何其他经典的讨价还价解都可能给出不同的代数结果——却给出了相同的数量结果。而且，张伯伦意义上的不相关性无疑是描述许多行业中大企业行为的一个不良模型；不过相反的是它可能是对产业内定价行为的较好描述。正如特里芬所说，纺织企业和汽车企业可以只是为任何两种布料或任何两种类型汽车间消费的每一美元而展开激烈竞争；但是却难以令人相信纺织企业和汽车企业会考虑到定价决策是彼此依赖的。

在此意义上，假设经济中只存在两个厂商（这里两个厂商是对真实世界多维度多个厂商经济的抽象）。并且按照垄断竞争理论，每个厂商（或行业）选择一个使边际收益等于边际成本的价格水平——而不用考虑其他厂商的反应。但是在该方法中（除了希望简化代数运算之外）并不内涵地要求这一特定解符合寡头问题。

给出需求曲线的形式，令

$$D_1 = a - p_1/p_2 \tag{1}$$

对称地，令 D_2 为

$$D_2 = a - p_2/p_1 ③ \tag{2}$$

其中 D 是需求，p 是价格，下标 1、2 代表厂商 1、2，并且 a 是一个参

---

① Cambridge, Mass.：Harvard University Press, 1940.
② New York：Knopf, 1949.
③ 原文为 $D_1 = a - p_1/p_2$，疑为作者笔误。——译者注

数。若 $p_1=p_2$，则 $D_1=D_2=a-1$。以张伯伦的语言来说，厂商 1 的 dd 曲线是令价格固定为 p_2 下的需求曲线。而在 $p_1=p_2$ 条件下的 DD 曲线是一条垂线。参数 a 符合 $2a-2$ 的总产出水平。这些需求曲线比理想中的情况偏小，原因有：（1）理想情况下，这两个厂商的市场需求曲线需要累加，得到一个与相对价格无关的常量。但是代数上的简单相加应该使他们通过公式（1）和（2）做出的选择合理化——至少是出于解说者的目的。同样应该注意，在 $p_1/p_2=1$ 时，$D_1+D_2=2a-2$。（2）也需要对 a 作为参数的合理性给出解释。如果需求曲线更一般地写为

$$D_1=a-bp_1/p_2 \qquad (1')$$

和

$$D_2=a-bp_2/p_1 \qquad (2')$$

所有的解都依赖于 a/b 的值——一个能够反映需求弹性的参数。另一方面，用 a 的变化反映市场其他部分发生的情况是合理的：当完全就业达到时，劳动供给的弹性就会下降。在本部分所列举的例子中，为使问题得到数学简化，边际成本被假设为零。在下一部分，供给变量被给定错误的维数（这也是为了简化数学）——但是人为操纵参数 a 与 b 的比值能够产生与供给弹性变化相同的结果。后面的注释将严格地证明这一过程。

对参数 a 的决定因素的判断仍存疑问（直到稍后）；但是现在可以给出两个注解。首先，与总需求水平相符的 a 被看作一个由政府的货币政策和财政政策确定的控制参数；其次，这里显然是一个封闭经济——否则一个定价行为外生给定的第三"厂商"就必须考虑进来。只因这个缘故，本模型描述得更像是美国经济的图景，而非以英国为例。

接下来的模型假设，厂商按照如下方式经营；他们是张伯伦意义下的垄断竞争者。这意味着每个企业制定价格，以令 $MR=MC$，其中边际收益表示增加一单位产出的销售所带来的收益变化——如果竞争者保持其价格不变。在此需要强调，这一特殊假设对于整体观点的论述并不是必需的，下一节也是如此。

暂时假设，厂商 1 和厂商 2 都没有可变成本（也就是说，两个厂商的边际成本 MC 为零）。因此，本节可以看作后续复杂模型的一个简单例子。

此模型的第二个重要因素是，厂商 1 和厂商 2 定价决策的非同步性。也就是说，厂商 1 每年 1 月做出定价决策，而厂商 2 每年 6 月做出定价决策。价格确定后一年内保持不变，这也是模型的重要特征。以半

年为周期,则厂商 1 做出价格决策的时间为 $2t$,而厂商 2 做出价格决策的时间为 $2t+1$,并且

$$p_{1,2t}=p_{1,2t+1} \tag{3}$$

$$p_{2,2t+1}=p_{2,2t+2} \tag{4}$$

货币价格在两期保持不变的假设是本文区别于弗里德曼思想的主要特征。[①] 这一假设的合理性在于它描述了市场不完全的真实世界。此假设在下一节将更加符合现实,其中保持年度不变的"价格变量"是货币工资,而不是产品价格。

厂商 1 和厂商 2 具有对称的需求曲线,并且以实际变量进行讨价还价;厂商 1 和厂商 2 对通货膨胀有相同的预期,并且在给定总需求水平下,厂商 1 在偶数时期对于世界的观点与厂商 2 在奇数时期对于世界的观点相同。结论——可以被严格证明——是厂商 1 在偶数时期具有的实际可能与厂商 2 在奇数时期相同。而两个厂商设定的相对价格将决定最终的结果。结果是,厂商 1 在偶数时期确定的相对价格与厂商 2 在奇数时期确定的相对价格相同。

此处,由于模型接近于竞争,我们应该在此稍作停顿,对已有假设做个总结:(A)只有两个厂商;(B)需求由(1)和(2)给出;(C)每个厂商一年定一次价,即方程(3)、(4);(D)因为价格两期保持不变,所以厂商的定价要最大化两个时期的期望利润,不过,厂商不能考虑到下一个时期其他厂商的反应;(E)至少暂时,两个厂商的边际成本为零。

对于定价的非同步性和相对定价决策的对称性假设可以放在一起:根据方程(1)和(2)的对称性、相同成本曲线和通货膨胀预期,

$$\frac{p_{1,2t}}{p_{2,2t}}=\frac{p_{2,2t+1}}{p_{1,2t+1}}=\frac{p_{1,2t+2}}{p_{2,2t+2}} \tag{5}$$

由(3)和(4),有

$$p_{1,2t+2}=\frac{p_{2,2t+1}}{p_{1,2t+1}}p_{2,2t+2} \quad \text{由(5)得}$$

$$=\frac{p_{2,2t+1}}{p_{1,2t+1}}p_{2,2t+1} \quad \text{由(4)得}$$

$$=\frac{p_{1,2t}}{p_{2,2t}}p_{2,2t+1} \quad \text{由(5)得}$$

[①] Friedman, *op. cit.*

$$= \left(\frac{p_{1,2t}}{p_{2,2t}}\right)^2 p_{1,2t+1} \qquad 由(5)得$$

$$= \left(\frac{p_{1,2t}}{p_{2,2t}}\right)^2 p_{1,2t} \qquad 由(3)得$$

或者写成：

$$\frac{p_{1,2t+2}}{p_{1,2t}} = \left(\frac{p_{1,2t}}{p_{2,2t}}\right)^2 \qquad (6)$$

一年以后价格上升 $\left(\frac{p_{1,2t}}{p_{2,2t}}\right)^2$ 倍。相对价格决定了这一通货膨胀率。①

方程（6）需要做一些说明。应该明确，它并不依赖于特定的市场行为：它只依赖于对称性和非同步性。方程（6）也表明，非同步性和非竞争性市场假设对于得到这种通货膨胀结论是必要条件（也是充分条件）。

因为非同步性允许经济在所有时刻都远离静态均衡：在此经济中，如果通货膨胀率为零，厂商1和厂商2必须同时得到满足。稍后将证明，意愿相对价格 $\left(\frac{p_1}{p_2}\right)$ 依赖于总需求水平。在标准模型中，只有一个总需求水平，因此意愿相对价格等于1。如果不存在非同步性，那么任何一个总需求水平都不符合均衡——因为 $\frac{p_1}{p_2}$ 和 $\frac{p_2}{p_1}$ 不能同时达到他们的"意愿"值。因此，意愿相对价格等于1的产出水平与弗里德曼的长期均衡一致。

这一论断的动态要求事前透露一点后面的论述内容。在弗里德曼动态下，给定货币供给或货币供给增长率，如果意愿相对价格大于1，那么价格将会上升到足以降低实际余额和总需求——若意愿相对价格小于1则结果相反。弗里德曼系统不允许——而非同步性允许——一个持续的动态过程，从而相对价格从来无法充分调整。这是本文第四节将要论述的内容。

方程（6）也表明了非竞争性市场的重要性。如果垄断势力不重要，那么在面对有未利用资源时每个决策者制定的相对价格都会很低；在资源得到充分利用情况下，每个决策者制定的相对价格都会很高。因此，通货膨胀率的很大变化来源于总需求的很小变化。在极限情况下，这与传统的货币数量论一致。

---

① 如果厂商1和厂商2的需求不对称，且两厂商对通货膨胀的预期也不同，那么类似的方程也可以被推导出来。

第 12 章 相对工资和通货膨胀率

回到垄断竞争和需求曲线（1）、（2）的特定模型，通胀过程可以得到确切的评价。作为张伯伦垄断竞争者，厂商 1 的管理者在每年 1 月制定本企业产品的价格以最大化全年的收入。收入若用回报率或通胀率贴现将导致些许的差异。为了阐述的目的，我们要假设该时刻被最大化的收入并没有贴现。

收入是 $p_{1,2t}D_{1,2t}+p_{1,2t+1}D_{1,2t+1}$。不过需求 $D_{1,2t+1}$ 依赖于厂商 2 在 $2t+1$ 时期制定的未知价格。厂商 1 预期这一价格将上涨 $(\gamma^e)^2$ 倍，也就是说，$p^e_{2,2t+1}=\gamma^2 p_{2,2t}$（其中 e 代表"预期"）。此例中，预期收入 R^e 将是

$$R^e = p_{1,2t}\left(a-\frac{p_{1,2t}}{p_{2,2t}}\right)+p_{1,2t+1}\left(a-\frac{p_{1,2t+1}}{p^e_{2,2t+1}}\right)$$

$$= p_{1,2t}\left(a-\frac{p_{1,2t}}{p_{2,2t}}\right)+p_{1,2t}\left(a-\frac{p_{1,2t}}{\gamma^{e^2} p_{2,2t}}\right)$$

给定这些预期，厂商 1 选择价格 $p_{1,2t}$ 以最大化预期收入 R^e。作为一个垄断竞争者，他会根据 p_1 来最大化收入 R^e，就好像 p_2 并不依赖于其对 p_1 的选择。这会导致条件

$$\frac{p_{1,2t}}{p_{2,2t}}=\frac{a\gamma^2}{1+\gamma^2}$$

如果厂商 2 对通货膨胀率的预期与厂商 1 相同，由（6），

$$\gamma^A=\frac{a\gamma^2}{1+\gamma^2} \tag{7}$$

其中，$(\gamma^A)^2$ 代表价格变化的每年倍数。

方程（7）将实际通货膨胀率看作总需求水平和期望通货膨胀率的函数。在给定期望下，这可以被看作是短期菲利普斯曲线。

不过，按照弗里德曼的观点，在长期，实际通货膨胀率和预期通货膨胀率应该相符。[①] 以方程描述，有两个均衡条件

$$\gamma^A=F(a,\gamma) \tag{8}$$
$$\gamma^A=\gamma^e \tag{9}$$

或者说，均衡下

$$\gamma=F(a,\gamma) \tag{10}$$

[①] Friedman, *op. cit.*

其中，γ代表均衡通货膨胀率。

自然的问题是，对于每一个总需求水平a，是否有唯一的$\gamma=\gamma(a)$。当然，这样的方程对应于长期菲利普斯曲线。

只考虑静态时，不存在这种与每一个a相对应的唯一γ。当$a>2$时，方程（10）的解为$\gamma=0$和$\gamma=\dfrac{a\pm\sqrt{(a^2-4)}}{2}$。当$a=2$时，解为$\gamma=0$和$\gamma=1$。当$a<2$时，唯一的实解是$\gamma=0$。

考虑$a>2$时，存在一些理由使我们选择较大的根作为描述该过程的最终解。图12—1描述了γ^A是γ^e的函数。可以看出，在静态预期下，0和$(a+(a^2-4)^{1/2})/2$都是方程的稳定根（图12—1中的Z字形曲线）。

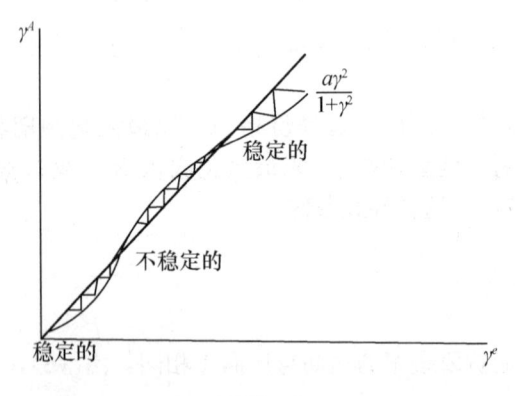

图12—1

开始于非通货紧缩但静态通胀预期的状态，在$a>2$下，会得到较大根。选择这个根作为"解"，则

$$\gamma=(a+(a^2-4)^{\frac{1}{2}})/2a>2 \tag{11}$$

且$d\gamma/da=1/2(1+a/(a^2-4)^{1/2})>0$；或者说，初始无通货紧缩预期条件的经济，其长期均衡是整体总需求水平的增函数。在以上限定和适当的条件下，方程（11）可以看作长期菲利普斯曲线。

虽然模型在较大根的稳态——在初始无通缩预期条件下向较大根的趋近——特征令人满意，一个现实仍然没有解决。这个问题本身有重根，并且既不依赖于成本也不依赖于需求函数。而如果$\gamma=1$是方程（8）和（9）的解，那也将是重根。这一点可以正式地证明——不过一个启发式的讨论可以解释这一现象。

利润最大化者控制厂商1，选择相对价格x以最大化其前期和后期利润之和。在无通货膨胀情形下，利润最大化的相对价格在第一期和第二期完全相同。然而在预期非零通胀情形下，第一期和第二期的利润最大化间存在着矛盾。如果 x^1 代表第一期利润最大化的相对价格，则 $x^1\gamma^2$ 就是第二期利润最大化的相对价格。由于需求函数是二阶可微的，而且两个时期被赋予了相同的权重，利润最大化的解将大致（取决于二阶）是令 x 为这两个时期相对价格的平均值。因此，在 $x=1$ 附近，$x=\dfrac{1+\gamma^2}{2}$，结果是

$$\frac{\mathrm{d}x}{\mathrm{d}\gamma^e}=\gamma^e=1$$

与此同时，这表明了规避重根问题的自然方法。一个很高的时间贴现率会引起决策者赋予第二期很低的权重，这会降低 $\mathrm{d}x/\mathrm{d}\gamma^e$，并导致具有所有良好性质的唯一解。很明显这就是只考虑初期的极端情形，且

$$\gamma^e=\gamma^A=p_1/p_2=a/2$$

下一步是增加货币到系统中，以最为简单的方式。参数 a 或实际需求与实际余额相关。假设 $a=g(M/p)$，或者说 a 依赖于实际余额。

因为只有当 p_1 和 p_2 相等时"价格水平"才是定义良好的，所以在我们的模型中对实际余额的表述有点问题。因此实际余额并非唯一地被良好定义。进一步的问题是假设每个厂商根据实际余额来考虑其价格决定并不合理。所有这些都说明，在构造模型时，若厂商 1 的需求曲线依赖于 M/p_2，则不必要的复杂应该避免，其中 p_2 被解释为"其他"商品的价格水平，而且类似地，厂商 2 的需求曲线应该依赖于 M/p_1。在此意义上，令：

$$D_1=\frac{M}{p_2}-\frac{p_1}{p_2}$$

$$D_2=\frac{M}{p_1}-\frac{p_2}{p_1}$$

进一步，假设名义货币供给有正的增长率 λ。给定初始无通货紧缩价格预期、初始 M/p_1 和 $M/p_2>2$，会达到一个 λ 等于通货膨胀的均衡。若假设 p_1 和 p_2 的增长率小于 λ，则根据上文的论述，a 将会上升，通货膨胀也会上升。类似的，若 p_1 和 p_2 增长率大于 λ，则实际余额（或 a）将会下降。

总之，价格和货币供给在长期会以相同的速率上升。货币供给的增长率决定了实际余额的水平，因此价格和货币供给会以相同的速率上

升。结论是,货币供给增长率将决定实际余额和实际经济的长期水平。

III

遵循上一节,我们仍然假设只有两家厂商,并按垄断竞争者的方式瓜分一个总量需求——而厂商 1 和 2 的需求曲线分别由方程(1)和(2)给出。

不过,其他假设条件有所变化:第一,商品价格在每个时期都可自由调整。相反,货币工资必须在整年保持不变。第二,给定每个厂商一个简单的生产函数——而第三,工资协议必须是明确说明的(也因此要具有限定的格式)。最后,本节的框架很少受到限制,也允许简单修改,用以解决 a 的各类问题。

首先,假设每个厂商的短期生产函数为:

$$Q_1 = E_1$$
$$Q_2 = E_2$$

或者说,每个厂商的产出与其雇佣人数成比例。

每个厂商的成本函数可以确定为:

$$C_1 = w_1 Q_1$$
$$C_2 = w_2 Q_2$$

或者说,每个厂商的生产成本是其工资率与产出水平的乘积。

简单的代数计算可以证明,若边际收益等于边际成本,则

$$(a - 2D_1) p_2 = w_1$$
$$(a - 2D_2) p_1 = w_2$$

或者等价地,

$$p_1 = 1/2(a p_2 + w_1)$$
$$p_2 = 1/2(a p_1 + w_2)$$

不考虑厂商寡头的垄断势力,我们描述一个工会和雇主间每年的工资谈判。对这类谈判解决方案的最好解释就是引入加尔布雷思(Galbraith)理论的一些元素。[1]

---

[1] J. K. Galbraith, *American Capitalism, The Concept of Countervailing Power* (Boston: Houghton Mifflin, 1952).

第 12 章 相对工资和通货膨胀率

不过,更接近完全竞争的不同市场结构也可能产生类似的结果。尤其让人难忘的是贝克尔关于特定培训成本的回报的评论。① 按照贝克尔的观点,明显对特定培训成本之回报的分割涉及到雇主和雇员间的谈判。而且一些关于特定任务的"干中学"的实证研究提供了一些特定培训重要性的论据——尽管这种关联并非必需。②

在我们的特殊模型中只有两个工会:与厂商 1 交涉的工会和与厂商 2 交涉的工会。谈判每年发生——货币工资一年一定,且整年保持不变。工会 1 的谈判每年 1 月发生,工会 2 的谈判每年 7 月发生。再次以半年为时间单位,厂商 1 与其工会的谈判发生于时间 $2t$(对于整数 t);而厂商 2 与其工会的谈判发生在 $2t+1$(对于整数 t)。

工会—雇主谈判过程的一个简单例子如下。每个工会都会认识到,在其行业越高的工资就会导致越高的产品价格。越高的价格会导致越少的市场需求,并进而导致越低的雇佣。因此,对于给定的工会,高工资将导致高失业率;而低工资则相反。从而可能存在使工会总收入最大化的某个工资水平(既不是零也非正无穷)。按我们的表述,每个工会都希望最大化其来年的货币收入。(这是基于约翰·邓洛普(John Dunlop)的工会行为模型的分析。③)工会要求的工资可以最大化其货币收入,而厂商接受了这些要求。需要重申,重点是谈判解的确切性质对于所描述的现象并不重要。

建立一个类似模型,假设每个工会最大化

$$a(u)E+(1-a(u))\frac{wE}{p}$$

或者说,工会最大化某个就业和实际收入的函数。随着就业的上升(或者失业率 u 的下降),函数中实际收入的权重会上升。这个公式解决了变量 a 的人为设定问题:我们可以假设 a 不变,但却随着总需求水平的变化而变化。不过,另一个也许不太重要的问题却出现了。由于有两种产品,价格水平 p 无法良好定义;在推导菲利普斯曲线之前,需要某些以 p_1 和 p_2 来定义 p 的方法。

---

① G. S. Becker, *Human Capital* (New York and London: Columbia University Press, 1964).

② 参见 K. J. Arrow, "The Economic Implications of Learning by Doing," *Review of Economic Studies*, XXIX (June 1962) 以及 S. Hollander, *The Sources of Increased Efficiency: A Study of du Pont Rayon Plants* (Cambridge, Mass.: M. I. T. Press, 1965).

③ J. T. Dunlop, *Wage Determination Under Trade Unions* (New York: Macmillan, 1944), Chap. III.

然而，在原文中，最初的模型假定：工会1想要最大化 $w_{1,2t}E_{1,2t}+w_{1,2t}E_{1,2t+1}$，其中 $2t$ 代表从1月到7月的那段时期，而 $2t+1$ 则代表从7月到下一年1月的那段时期。

预期通货膨胀率和实际通货膨胀率的同样问题也会出现在上一节给出的更为复杂的模型中（而且就是运用相同的分析方法）。若工会1希望价格 $p_{2,2t+1}$ 扩大 γ 倍，则

$$E^e_{1,2t+1}=1/2\left(a-\frac{w_{1,2t+1}}{p^e_{2,2t+1}}\right)$$
$$=1/2\left(a-\frac{w_{1,2t}}{\gamma^e p_{2,2t}}\right)$$

（其中 e 代表"期望"。）

而工会1选择工资来最大化

$$w_{1,2t}E_{1,2t}+w_{1,2t+1}E^e_{1,2t+1}$$

或者，通过微分

$$\frac{w_{1,2t}}{p_{2,2t}}=\frac{a\gamma}{1+\gamma}$$

（应该注意这里的 γ 与第二节中所提到的 γ^e 之间的区别；这只是为了标记方便。）

这里也有一个和方程（6）类似的情况。因为经济决策者是理性的，也因为经济是封闭的，所以所有的谈判都将以实际变量的形式进行，并且可以断定：

$$w_{1,2t}=f(p_{1,2t},p_{2,2t},w_{2,2t};\gamma,a)$$
$$p_{1,2t}=g(p_{2,2t},w_{1,2t},w_{2,2t};\gamma,a)$$
$$p_{2,2t}=h(p_{1,2t},w_{1,2t},w_{2,2t};\gamma,a)$$

在给定预期价格增长率和总需求水平条件下，每种商品或要素的价格（在给定的时间发生变化）是所有其他商品或要素价格的线性—齐次方程。

在固定 $w_{2,2t}$ 条件下，有三个方程和三个未知数。因为三个方程都是（商品和要素价格的）一次齐次方程，如果 $(p^0_{1,2t}, p^0_{2,2t}, w^0_{1,2t})$ 是 $w_{2,2t}=w^0_{2,2t}$ 时方程的一个解，那么 $(\lambda p^0_{1,2t}, \lambda p^0_{2,2t}, \lambda w^0_{1,2t})$ 就是 $w_{2,2t}=\lambda w^0_{2,2t}$ 下方程的一个解。因此，若方程对于给定的 γ，a 和 $w_{2,2t}$ 只有唯一的解，则

第12章 相对工资和通货膨胀率

$$\frac{w_{1,2t}}{w_{2,2t}} = \Omega(\gamma^e, a)$$

通过常量 γ^e，由对称性可得：

$$\frac{w_{1,2t}}{w_{2,2t}} = \frac{w_{2,2t+1}}{w_{1,2t+1}} = \frac{w_{1,2t+2}}{w_{2,2t+2}}$$

加上非同步性，有

$$\frac{w_{1,2t+2}}{w_{1,2t}} = \left(\frac{w_{1,2t}}{w_{2,2t}}\right)^2 \tag{12}$$

而且 $\frac{p_{1,2t+2}}{p_{1,2t}} = \frac{w_{1,2t+2}}{w_{1,2t}}$，因此通货膨胀率也可以通过不同劳工群体间的相对意愿工资得到。

当然，这与上一节的结果完全类似。

同样，方程（12）是对本文标题的一个恰当解释：劳工群体 1 和 2 之间的相对工资决定了通货膨胀率。需要强调，在此所描述的工资谈判与《通论》非常一致。在《通论》中，当每个劳工群体进行谈判时，由于受到其他群体至少是暂时性的固定工资的影响，它或者受到限制或者受到鼓舞。凯恩斯的谈判体系（也是其货币工资"刚性"的原因）与这里给出的非同步性假设如出一辙。[1]

文献中存在着一些关于"跳跃式"通货膨胀的讨论，其别名为"工资—工资螺旋"[2]。方程（12）符合这一现象：相对工资的变化（"跳跃"）决定了通胀率。在下文中可以看出，这一"工资—工资螺旋"上升率是由参数 a 的水平和经济结构决定的：包括厂商的需求曲线、厂商与工会间的谈判以及厂商的定价行为。

需要注意，得到（12）所需的假设是对称的、非同步的和可逆的。因此，特定的垄断和工会谈判的行为假设——或许对问题的特定解很重要——本身并非所述通胀过程的核心。

回到如上一节所述的特定例子，总结方程：
由 $MR = MC$ 可得到：

---

[1] J. M. Keynes, *The General Theory of Employment, Interest and Money* (New York: Harcourt, Brace, 1936), p.14. "换句话说，为货币工资进行抗争主要影响货币工资总量的分布，而不是单位劳动的平均工资，平均工资取决于不同的力量，正如我们所见。工人组合成群体的作用是为了保护其相对工资。实际工资的总水平依赖于经济系统的实际力量。"

[2] 特别参见 W. Fellner, *et al.*, *The Problem of Rising Prices* (Paris: Organization for European Economic Cooperation, 1961), pp.53–54.

对于所有的 t，$p_{1,t}=1/2(ap_{2,t}+w_{1,t})$ (13)

对于所有的 t，$p_{2,t}=1/2(ap_{1,t}+w_{2,t})$ (14)

工会最大化收入的条件使得：

对于所有的 t，$\dfrac{w_{1,2t}}{p_{2,2t}}=a\dfrac{\gamma^e}{1+\gamma^e}$ (15)

对于所有的 t，$\dfrac{w_{2,2t+1}}{p_{1,2t+1}}=a\dfrac{\gamma^e}{1+\gamma^e}$ (16)

工会1在1月发生谈判的条件告诉我们：

对于所有的 t，$w_{1,2t}=w_{1,2t+1}$ (17)

工会2在7月发生谈判的条件告诉我们：

对于所有的 t，$w_{2,2t+1}=w_{2,2t+2}$ (18)

利用方程（13）、（14）、（17）和（18），可以将方程（15）、（16）、（17）、（18）重写为：

$\dfrac{p_{1,2t}}{p_{2,2t}}=az$ 其中 $z=\dfrac{1+2\gamma^e}{2(1+\gamma^e)}$ (15′)

$\dfrac{p_{2,2t+1}}{p_{1,2t+1}}=az$ (16′)

$2p_{1,2t}-ap_{2,2t}=2p_{1,2t+1}-ap_{2,2t+1}$ (17′)

$2p_{2,2t+1}-ap_{1,2t+1}=2p_{2,2t+2}-ap_{1,2t+2}$ (18′)

解（15′）、（16′）、（17′）和（18′），我们发现

$p_{1,2t+1}=\dfrac{2z-1}{(2-a^2z)z}p_{1,2t}$ (19)

$p_{1,2t+2}=\dfrac{a^2z(2z-1)}{2-a^2z}p_{1,2t+1}$ (20)

而且，最为重要的，

$\dfrac{p_{1,2t+2}}{p_{1,2t}}=\left[\dfrac{a(2z-1)}{2-a^2z}\right]^2$ (21)

也可以核对一下，相对工资 $w_{1,2t}/w_{2,2t}$ 也等于 $a(2z-1)/(2-a^2z)$。

方程（21）给出了短期菲利普斯曲线。这个短期菲利普斯曲线具有以下预期特征：

$\dfrac{\partial\left(\dfrac{p_{1,2t+2}}{p_{1,2t}}\right)}{\partial a}>0$

第12章 相对工资和通货膨胀率

且

$$\frac{\partial\left(\frac{p_{1,2t+2}}{p_{1,2t}}\right)}{\partial \gamma^e}>0$$

只要满足条件 $2-a^2z>0$ 即可。然而，这是我们模型取值有意义的范围，否则方程（20）将代表不一致的（负的）定价行为。

不过，下一个问题是长期菲利普斯曲线的本质（或者存在性）。与之前一样，在长期均衡下，价格预期会实现。回忆 γ^e 的定义——从 $2t$ 到 $2t+1$ 时期价格 p_2 的预期增长倍数——应用对称性，（用方程（20））将 γ^A（从 $2t$ 到 $2t+1$ 时期价格 p_2 通货膨胀的实际倍数）写为预期通胀 γ^e 和 a 的函数是可行的。

$$\gamma^A=\frac{a^2z(2z-1)}{2-a^2z}=\frac{a^2\gamma^e(1+2\gamma^e)}{2(1+\gamma^e)^2-a^2(1+2\gamma^e)(1+\gamma^e)} \tag{22}$$

而且，在均衡下，

$$\gamma^A=\gamma^e \tag{23}$$

方程（22）和方程（7）非常相像。首先，对于 $a=4/3$，$\gamma^e=1$ 是一个重根。对此不应惊讶——考虑上一节的结论。其次，对于 $a>4/3$，$\gamma^A(\gamma^e)$ 具有和图 12—1 相同的形状。因此，较大根是稳定的；较小根是不稳定的。运用与上一节完全相同的条件进行的完全相同的分析可在此重复。从无通缩静态预期、$a>4/3$ 出发，系统将产生由 a 决定的通货膨胀率。该通货膨胀率是局部稳定的，并且随着 a 的增大而增大。在条件严格限定的情况下存在长期菲利普斯曲线。

按以往的方式引入货币。假设总需求是消费需求、投资需求和政府需求之和（假定封闭经济）。在变量 a 和货币政策之间存在相关性。静态宏观经济理论表明，这一总需求依赖于（a）政府支出水平，（b）实际税收的水平和税率以及（c）实际余额水平。假设（a）和（b）固定不变；并且假设名义货币供给量以不变的 λ 速率增长。在图 12—2 中，如果就业率大于 $P(\lambda)$，实际余额和由此得到的总需求将下降。类似地，如果就业率小于 $P(\lambda)$，实际余额和由此得到的总需求将上升。$P(\lambda)$ 表示名义货币供给以 λ 速率增长时的均衡就业率——给定按实际变量的政府税收和支出水平的政策。

不过，仍有一点需要强调：实际余额水平的上升可以将需求提高到任何给定的水平，即使实际余额异常小时，需求亦可能超过供给。这是布雷西亚尼-图罗尼（Bresciani-Turroni）对 1923 年德国恶性通胀记载

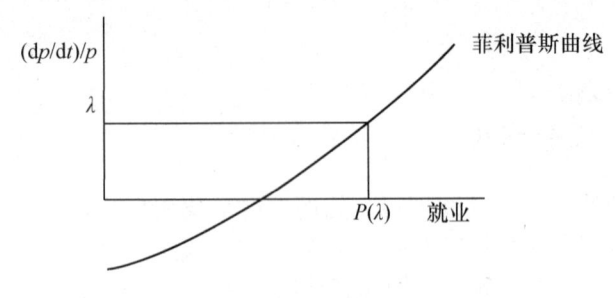

图 12—2

中的一个非常明确的因素：实际余额下降带来的需求下降不足以允许政府通过扩张货币供给来进行政策操作。① 私人和公共实际需求之和将超过经济的潜在充分就业水平。

在传统的凯恩斯通胀模型②和弗里德曼的《货币数量论研究》③ 中，一个更加复杂的问题是：依赖于价格通货膨胀率的总需求关系。按照凯恩斯的观点，消费、投资，且政府需求也可能依赖于通胀率：因为今天的支出依赖于昨天做出的预算。这不应影响之前的分析：假定货币供给以 λ 的速率增长。在长期，如果价格是以低于 λ 的速率上升，实际余额会上升（这将会使消费函数向外移动），或者如果价格以低于 λ 的速率上升，实际余额下降。最终，只要经济中的许多函数（消费函数、投资函数、税收函数（以实际量）和政府支出）是稳定的，均衡就能达到。另一方面，弗里德曼强调通货膨胀引起的货币需求的变动。对于货币持有者，相关的利率是名义利率：实际利率加上通货膨胀率。然而，按照相同的逻辑：若价格增速低于货币供给，则实际余额（进而总需求）上升，类似地，若价格增速高于货币供给，则实际余额（进而总需求）下降。结果将导致之前描述过的均衡——不过还是需要同样的说明（caveat）：过度积极（公共加私人）支出计划将导致恶性通货膨胀——总需求曲线和总供给曲线可能无法相交——即使在零实际余额情况下。

IV

前几节的理论都是以非常特殊的情形出现，而在更为一般的情形下

---

① Bresciani-Turroni, *op. cit.* 卡根（Cagan）证明了超级通胀下实际余额下降的规律。P. Cagan, "The Monetary Dynamics of Hyperinflation," in M. Friedman (ed.), *Studies in the Quantity Theory of Money* (University of Chicago Press, 1956).

② J. M. Keynes, *How to Pay for the War* (New York: Harcourt, Brace, 1940).

③ Chicago University Press, 1956.

仍然能够得到相同的结论。这种一般化研究出现在本特·汉森（Bent Hansen）《通货膨胀理论研究》的第九章中。①

汉森考虑了一个有 n 种商品或生产要素的经济。正如《通货膨胀理论研究》所述，每一种商品或要素的需求曲线和供给曲线对于一个给定的实际余额水平都是 0 次齐次的，这是具有经济合理性的条件。因此，我们可以写出

$$D_i = D_i(p_1, \cdots, p_n; M/p_1) \quad i=1, \cdots, n \tag{24}$$

$$S_i = S_i(p_1, \cdots, p_n; M/p_1) \quad i=1, \cdots, n \tag{25}$$

且在静态均衡下，

$$D_i = S_i \tag{26}$$

n 个 D_i 和 S_i 方程中的每一个都可以看作相对价格和实际余额的函数。因此，不失一般性，方程（24）、（25）和（26）可以写为

$$D_i = D_i\left(1, \frac{p_2}{p_1}, \cdots, \frac{p_n}{p_1}; \frac{M}{p_1}\right) \tag{27}$$

$$S_i = S_i\left(1, \frac{p_2}{p_1}, \cdots, \frac{p_n}{p_1}; \frac{M}{p_1}\right) \tag{28}$$

而均衡下

$$D_i = S_i \tag{29}$$

而且，如无意外（即在所谓通常情形下），方程（27）、（28）和（29）可以解出未知数

$$D_i, i=1, \cdots, n$$
$$S_i, i=1, \cdots, n$$

以及 p_i/p_1，$i=1, \cdots, n$ 和 M/p_1。

当然，这就是帕廷金著作中隐含的逻辑——以及货币中性的观点。

不过，在第 2 节和第 3 节，描述了一个价格变化滞后调整的系统。按照汉森的观点（继而按照萨缪尔森的观点），这可以通过令 $(\mathrm{d}p_i/\mathrm{d}t)/p_i = F_i(D_i - S_i)$ 而近似得到。第 i 种商品价格的变化率依赖于第 i 种商品供给和需求之差。F_i 的属性是 $F_i(0)=0$，$F'_i>0$；若需求等于供给，则价格变化为零；而超额需求越大，价格增速越快。

在此例中，对于长期均衡，价格水平的变化率等于货币供给的变化

---

① London: Allen and Unwin, 1951.

率（这在之前称为 λ）。因此，在长期 $D_i = S_i$ 不成立，而供需相等意味着 $(\mathrm{d}p_i/\mathrm{d}t)/p_i$ 为零。其实，在长期

$$D_i = D_i(1, p_2/p_1, \cdots, p_n/p_1; M/p_1, \lambda) \qquad (30)$$
$$S_i = S_i(1, p_2/p_1, \cdots, p_n/p_1; M/p_1, \lambda) \qquad (31)$$

并且

$$F_i(D_i - S_i) = \lambda \qquad (32)$$

这些方程可能是可以解出 $3n$ 个未知数的

$p_i/p_1, i=1,\cdots,n, M/p_1$
$D_i, i=1,\cdots,n$

和

$S_i, i=1,\cdots,n$

而且，通常系统的实际解将依赖于 λ 的值（即货币供给的增长率）。[①]

第 3 节提到的"凯恩斯主义"工资调整理论为汉森-萨缪尔森（Hansen-Sammuelson）的调整机制提供了一个确切的逻辑；也从而得到了货币非中性——继而得出一条菲利普斯曲线。重新解释一下第 2、3 节的假设，非同步性得出 F_i 的不同形式——而且非竞争性市场使得 F_i 的形式退化：根据市场假设，市场竞争程度越强，F_i 函数的斜率越大；在极限下，货币又会成为中性的。

V

我们的模型与大多数标准通胀模型有很大不同。我们已经证明，它与传统的通胀货币数量论非常不同：在长期，货币供给的增长率决定了充分就业的程度。

[①] 看待这一问题的另一种方式是我们有一个平衡增长方程系统，如 P. A. Samuelson and R. M. Solow, "Balanced Growth Under Constant Returns to Scale," *Econometrica*, Vol. 21 (July 1953). M. 森岛通夫（Morishima）和费雪（F. M. Fisher）皆认为，这一系统可以用来讨论通货膨胀。参见 M. Morishima, "Proof of a Turnpike Theorem: The 'No Joint Production Case,'" *Review of Economic Studies*, XXVIII (Feb. 1961); and A. Ando, F. M. Fisher, and H. A. Simon, *Essays on the Structure of Social Science Models* (Cambridge, Mass.: M. I. T. Press, 1963).

第 12 章 相对工资和通货膨胀率

另一方面,在传统的通货膨胀的需求推动理论中,价格上升的一个目的是"骗那些对价格反应迟钝的人增加花费掉总收入的意愿比例"[①]。这是凯恩斯[②]和史密西斯(Smithies)[③] 理论的核心。不过,在我们的模型中,通货膨胀的发生并非以改变总需求为目的——尽管这在第 3 节容易放入模型之中。

而且,这也不是一个简单的成本推动模型,因为没有价格上升就不会产生工资上涨,正如没有工资上涨就不会有价格上升。这更是一个自发性通货膨胀模型,如同鸡与蛋的关系一样,工资上涨和价格上升是互为因果的。汉森的通货膨胀瓦尔拉斯模型与此最为相似。[④]

我们系统的核心是在需求、供给均衡间的缺口,这种持续的不相容性是由调整过程的性质决定的。系统建立之前,我们给出了例子,其中调整过程允许一个持续的非均衡存在,其结果是使得价格上升、工资上涨。"跳跃"的含义文中已经述及。[⑤] 道(J. C. R. Dow)已经指出了在何种条件下工会和厂商都会为产出份额而讨价还价,两者要求的总和大于 1。[⑥] 特维(Turvey)曾说明一个类似的过程。[⑦] 这里的自发性通货膨胀的附加特征是,它明显的依赖于需求和预期,而无论它是哪种形状。

最后,这篇论文给我们留下了一些尚未完成的工作和仍需回答的问题。首先,许多不同类型的产业结构可以拿来替代垄断竞争,并用于本文的框架进行研究。同样,工会和雇主之间许多不同类型的谈判解也可替代本文的假设。本文理论的一种可能变化是,经济中包括一个垄断部门、一个竞争部门——其中垄断部门指的是"工业",而竞争部门指的是"农业"。此模型可以用来描述发展中经济的通货膨胀过程。

不过,更重要的是不同等级工人概念的引入。因为这对于理解诸如劳动培训项目如何移动菲利普斯曲线从而可能促进就业非常重要。另外,进行这样的宏观经济研究对于比较此类培训项目的成本和收益很有

[①] P. A. Samuelson and R. M. Solow, "Analytical Aspects of Anti-Inflation Policy," *American Economic Review*, L (May 1960).

[②] Keynes, *How to Pay for the War*, op. cit.

[③] A. Smithies, "The Behavior of Money National Income," this *Journal*, L Ⅶ (Nov. 1942).

[④] Hansen, op. cit.

[⑤] Fellner et al., op. cit.

[⑥] J. C. R. Dow, *Oxford Economic Papers*, N. S. Vol. 8 (Oct. 1956).

[⑦] R. Turvey, "Some Aspects of the Theory of Inflation in a Closed Economy," *Economic Journal*, LⅪ (Sept. 1956).

必要。同样，构造包括各种类型雇主的模型也很重要，因为这样就能够评价此类培训项目作为政府促进低技术工人就业的附加政策的作用了。

而且，美国政府最高议会似乎相信某个菲利普斯曲线。[1] 但是，正如库（Kuh）教授所力劝的那样[2]：在一个异质劳动模型（而且市场分割）中，"高级"劳动力和"低级"劳动力间的竞争可能非常低。这说明了在过去的经济周期中，失业也许和劳动者的谈判能力有关，但与此同时失业也许是结构上独立的。如果这是经济的真实特征，那么菲利普斯曲线也许会被结构性地改变；通胀理论的结构对于确定这是否属实是有用的。

加利福尼亚大学

---

[1] 参见 *Economic Report of the President*，1962，p. 44. 对失业和通货膨胀之间存在的可信关系的一个特别清晰和权威的表述。

[2] 参见 Kuh，*op. cit.*。

第13章 货币需求的资金流转理论的微观经济基础[*]

乔治・A・阿克洛夫[**]
伦敦经济学院，伦敦 WC2A 2AE，英格兰
1977年3月9日收到投稿；1978年4月20日修改稿

I. 引言

传统的货币需求交易模型将货币持有量视为是两种不同类型的决策共同作用的结果。[①]第一种类型的决策关注的支出应该被视作自主性支出，因为这些支出无论是在数额上，还是在频率上都独立于银行账户的水平。第二种类型的决策关注的是管理规则，这是由于这些支出是用来防止银行账户过大或是过小的。由于它们不是在大小上就是在频率上对银行库存水平具有依赖性，因此，这类支出应被称作引致性支出。

根据标准 IS-LM 版宏观经济学（例如，大多数本科课程通常教授的中级宏观经济学教程）的观点，货币主义者和凯恩斯主义者都有类似的收入决定的一般模型（例如 IS-LM 框架），但是对货币需求的利率弹

---

[*] 这篇论文最初发表于 *Journal of Economic Theory* 18，1，George Akerlof, "The Microeconomic Foundations of a Flow of Funds Theory of the Demand for Money," Copyright © 1978，经 Elsevier 允许重印。

[**] 作者要感谢国家科学基金会，该协会对本项研究给予了支持，许可证号 SOC 75-23076。本文的一个版本是作者在联邦储备委员会做访问学者时完成的。作者要感谢罗斯・米尔本（Ross Milbourne）对本论文早期版本提供的宝贵评论。

[①] 参见 Baumol [2], Fisher [3], Miller and Orr [4], and Tobin [5]。

性却有着不同的估计。如果将货币定义为 M_1（无需支付利息），这样定期存款就是一个主要的资产形式，而凯恩斯的投机性需求可以忽略，那么托宾（Tobin，1956），鲍莫尔（Boumol，1952）和米勒及奥尔（Miller and Orr，1966）的货币需求的利率弹性理论就成了主导观点，他们认为，随着利率的上升，对银行账户的监管将更加谨慎，这样会得到平均更低的货币余额。

先不考虑这一观点对短期分析的经验重要性，因为这会引起相当大的争议，单就货币需求的利率弹性的来源而言，也是不完全的。因为从总体上而言，货币需求的利率弹性不仅仅取决于因监管规则的改变而引起的引致性支出流的利率弹性，还取决于自主性支出流的利率弹性。据此，本文检验了在一个特定的货币持有模型中，自主性支出流的改变是如何导致货币持有的转变的。在该模型中，银行账户的监管规则被认为是固定不变的。这样，货币需求的收入弹性和利率弹性就可以被分为两个部分：传统部分源于鲍莫尔/托宾/米勒-奥尔的模型，即认为监管规则会随着自主性支出流和利率的改变而相应地改变；第二个部分则源于随着收入和利率的改变而改变的自主性支出流。

此外，本文还将尝试证明比平均余额依赖于自主性流动更多的内容。它还通过一个例子，阐明了一种经验法则，用以辨别在正常环境下，资金流的哪类改变会增加、减少，或者几乎不改变货币需求。通过这种经验法则，从紧监管的银行账户向放松监管的银行账户转移的递增的支出流会增加对货币的需求。

这一原理在详细阐述货币需求利率弹性的来源时很有用。看上去，支出流对利率的敏感性同银行账户监管的严格性之间似乎存在着相关性。那些为了节约预知的利息支付而实行最为严格的监管的银行账户同时很有可能属于那些其支出流最可能因利率的上升而缩减的人，这点对货币需求的利率弹性提出了一个资金流的解释。

支出流在货币需求中扮演的角色可以从米勒和奥尔（1966）的一个模型中看出来，这个模型就是广义的鲍莫尔-托宾模型。本文的第2节将总结这个模型的数学属性；这些数学属性中有一部分已被米勒和奥尔发展，还有一些进一步的发展将会在附录（其中还有米勒和奥尔的评论）中给出。第3节给出了3个支出流变动的例子，以获得一幅使货币需求变化相对较大和相对较小的类型的宽广图景。第4节给出了两个例子，这两个例子都阐明了这样一个原理：资金从监管严格的银行账户向监管松散的银行账户的流动具有使货币需求增加的趋势。第5节讨论了其改变可能会改变货币需求的自主性货币流。第6节给出结论。

第 13 章 货币需求的资金流转理论的微观经济基础

Ⅱ. 支出流模型和货币需求的特性

A. 模型

货币持有模型（采自（4）式）由支出流和监管规则所描述。

支出流。在每一个时间区间，每一个货币持有者都有三种可能：

以概率 p 收入一单位的货币，

以概率 s 不进行交易，

以及以概率 q 支出一单位的货币。

由于只存在这三种可能性，故

$$p+q+s=1 \tag{1}$$

监管规则。个体以如下方式监管其银行账户：如果银行账户达到了上线（用 h 表示），那么货币持有者就会购买价值为 $(h-z)$ 的证券。这就使银行账户还原到了大小为 z 的既定目标。如果银行账户达到了其底线 0，那么货币持有者就会出售数量为 z 的证券，以达到银行账户储备为 z 的目标。为了把精力集中在本文的主要论点上，也就是货币持有对自主性货币流的依赖性（这同对监管规则的依赖性刚好相反），h 和 z 将被假定为是固定的。

B. 以马尔科夫链看待模型

在将系统的"状态"定义为货币持有的水平，并且给定在第 $t-1$ 期到第 t 期，从一种系统状态转向另一种状态的可能性之后，先前的银行账户监管模型和支出流模型就能被描述成一个有限的平稳马尔科夫过程。在方程中，如果 $f(x, t)$ 表示在第 t 期，银行拥有 x 个单位的概率，而 $f(x, t-1)$ 表示的是在 $t-1$ 期银行账户拥有 x 个单位的概率，那么分布 $f(x, t)$ 就由分布 $f(x, t-1)$ 以下面的方程形式表示

$$f(x,t)=pf(x-1,t-1)+sf(x,t-1)+qf(x+1,t-1)$$
$$1\leqslant x\leqslant h-1, x\neq z \tag{2}$$

$$f(x,t)=pf(z-1,t-1)+qf(1,t-1)+sf(z,t-1)$$
$$+qf(z+1,t-1)+pf(h-1,t-1) \tag{3}$$

$$f(0,t)=0 \tag{4}$$

$$f(h,t)=0 \tag{5}$$

$$\sum_{x=1}^{h-1} f(x,t) = 1 \tag{6}$$

在稳态下，对于所有 x, $f(x, t) = f(x, t-1)$，因此，长期稳态分布 $f(x)$ 就被良好定义，并由方程（2'）到（6'）给出。

$$f(x) = pf(x-1) + sf(x) + qf(x+1)$$
$$1 \leqslant x \leqslant h-1, x \neq z \tag{2'}$$
$$f(z) = pf(z-1) + qf(1) + sf(z) + qf(z+1) + pf(h-1) \tag{3'}$$
$$f(0) = 0 \tag{4'}$$
$$f(h) = 0 \tag{5'}$$
$$\sum_{x=1}^{h-1} f(x) = 1 \tag{6'}$$

系统（2'）由两个二阶线性差分方程组成——从 1 到 $z-1$ 和 $z+1$ 到 $h-1$；方程（3'）到（6'）是 4 个边界条件，它们取决于由（2'）给出的四个任意指定的常数。米勒和奥尔给出了方程（2'）到（6'）的一个确切的解，他们还计算出了以关于 p/q, h 和 z 的函数表示的这个分布的期望值 E，令 $y = p/q$，则

$$E = E(y,h,z) = \frac{1}{2}\left\{\frac{1+y}{1-y} + h + z - \frac{hz(1-y^{z-h})}{z(1-y^{z-h}) + (h-z)(1-y^z)}\right\}$$
$$\tag{7}$$

C. E 的特征

货币的长期需求涉及到函数 E。尽管极有可能反映出对于 $y=1$，E 的各种不同的分子和分母的抵消，然而却很难证明 E 是良好表现的，尽管事实上它确实如此。这种良好表现（可以从数学附录中找到不太明显的证明）可以从特征（E1）到（E8）中反映出来。

特征（E1） 在给定 p/q, h 和 z 下，函数 $f(x)$ 独立于 s；因此，E 也独立于 s。（参见附录 AVII。）

特征（E2） 因为 $E(y,h,z) + E(1/y,h,h-z) = h$，所以 $\partial/\partial y\{E(y,h,z) + E(1/y,h,h-z)\} = 0$。（参见附录 AIV。）

特征（E3） 对于所有的 y, h, z，有 $\partial E/\partial y > 0$。（参见附录 AV。）

特征（E4） 对于所有的 y, h, z，有 $\partial E/\partial h > 0$。（参见附录 AⅡ。）

特征（E5） 对于所有的 y, h, z，有 $\partial E/\partial z > 0$。（参见附录 AⅢ。）

特征（E6）　$E(\infty,h,z)=(h+z-1)/2$。
特征（E7）　$E(0,h,z)=(z+1)/2$。
特征（E8）　$E(1,h,z)=(h+z)/3$。（米勒和奥尔（1966）给出了证明。）

Ⅲ. 关于支出变化引起货币需求的较大和较小变化的例子

本文所要讨论的问题是自主性支出的改变是如何改变货币持有期望值的。本节所探讨的一些例子可以看作造成货币需求较大（和较小）变化的各类变化的指标。当然，从本质上讲，支出流必然影响两个银行账户。如果经济只由两个个体 A 和 B 组成，则货币总需求就是

$$M=E(y_A,h_A,z_A)+E(y_B,h_B,z_B)$$

一个引起 y_A 向一个方向转变的自主性支出的改变，会使 y_B 向反方向改变。此时保持稳态的概率 s_A 和 s_B，等于零，因为从 A 到 B 的支出也是从 B 到 A 的支出，$y_A=1/y_B$，于是有

$$\frac{\mathrm{d}M}{\mathrm{d}y_A}=\frac{\partial E}{\partial y_A}-\frac{\partial E}{\partial y_B}\frac{1}{y_A^2}$$

A 相对于 B 具有什么样的性质会使得一个为 $\mathrm{d}y_A$ 的改变减去一个随之而改变的 $\mathrm{d}y_B$ 的改变之后使货币持有增加（或减少）？本节中的两个例子将显示，具有相同严格的监管的单位之间支出流的改变对被需要的货币会具有相对较小的影响。第三个例子表明，不同的严格程度或紧密程度监管的单位之间自主性支出的改变可能对货币需求具有重大的影响；对于这个例子的含义，我们将在第 4 节的两个例子中作进一步的考察。

例Ⅰ　受到 A 和 B 之间相互支出的约束，y_A、h_A、z_A、y_B、h_B 和 z_B 的任何值都是可以允许的。然而，这些参数中，对一些参数相对值的选择要比其他选择更合理（看上去更可行）。

就其目的而言，这个模型探讨了同等宽松地（或严格地）监管的银行账户之间的自主支出流变化的效应，因此不妨假定 $h_A=h_B$。之前已经说明，由 A 和 B 之间的支出具有相互性的条件可得 $y_B=1/y_A$。我们是在考虑了 y_A 和 y_B 的相对值之后作出的这个假定。

对 z_A 和 z_B 的选择保持不变。z_A（或 z_B）太高或者太低会导致太高频率的引致支出流，从而导致交易费用的较高支出。z_A 和 z_B 的合理值

会使这些交易费用相对小些（对于给定的 h 和 y）。由对称性，

$$D(y,h,z)=D(1/y,h,h-z)$$

其中 D 是引致性支出之间的预期时间长度。（其证明参见附录 AⅧ。）由于这个原因，选择

$$z_B=h_A-z_A$$

同样给定 $h_B=h_A$ 以及 $y_B=1/y_A$，在维度上是合理的。

在相对的选择了 (y_A, y_B)，(h_A, h_B) 和 (z_A, z_B) 之后，自主性支出的一个边际变化 dy_A 对货币持有量的影响为

$$\frac{\partial}{\partial y_A}\{E(y_A,h_A,z_A)+E(1/y_A,h_A,h_A-z_A)\}$$

由特征（E2）可知，这种影响为零。据此，在给定两个银行账户的 h，y 和 z 这些相对值之后，支出流的变化不会引起货币持有量的变化。

例Ⅱ 在刚才的例子中，z_A 和 z_B 的相对选择是有一点任意的。在 $y=1$ 的情况下，米勒和奥尔计算出了最大化利息收入减去交易费用净值的最优 z 值。① 值得注意的是，他们求得 $z=h/3$——独立于利息率和每次购买证券的交易成本。利用这个 z 值和特征（E8），对于 $y_A=y_B=1$，$h_A=h_B=h$，$z_A=z_B=h/3$，有

$$M^D=8/9h$$

现在考虑 A 和 B 之间支出流中最极端的变化：A 成为了 B 的稳定支出方，从而 y_A 成为 0，y_B 成为 ∞。利用（E6）和（E7）可知货币需求为

$$M^D=(h+z-1)/2+(z+1)/2=5/6h$$

这种极端变化所引起的 M^D 的变化为 $1/18h$，或者相对于初始的货币持有量 $8/9h$，变化为 $1/16$。我们对这层含义的理解是，如同例Ⅰ一样，即使同等严格的监管账户间较大的支出流变化也只会对总货币需求产生一个相对较小的影响。

例Ⅲ 前面的两个例子显示，具有相似的监管水平的银行账户之间的自主性支出流的变化会引起货币需求一个相对较小的改变。本节给出了一个关于不同监管标准的银行账户之间自主性支出的变化所引起的货币需求的变化大小的例子。

---

① 马丁·韦茨曼（Martin Weitzman, 1968）教授已经表明，这个最优结果是建立在每次购买和出售证券的交易成本都相等的假设之上的。

作为起点，设存在着两个银行账户，分别用 A 和 B 表示，且 $y_A = y_B = 1$。米勒和奥尔的最优结果表明，$z_A = h_A/3$，$z_B = h_B/3$ 是 z_A 和 z_B 的合理值。运用（E8）可得，总货币需求为

$$M^D = 4/9(h_A + h_B)$$

根据（E6）和（E7），从 A 到 B 支出流的最极端变化会将 M^D 变成 $M^{D'}$：

$$M^{D'} = (z_A + 1)/2 + (h_A + z_B - 1)/2 = h_A/6 + 2/3 h_B$$

在极大的情况下（也就是，$\lim h_B/h_A \to \infty$），M^D 会上升到其原有水平的 150%，在极小的情况下（也就是，$\lim h_B/h_A \to \infty$），M^D 会减少为其原有水平的 3/8。下一节将对具有不同监管标准的银行账户之间的支出变化所产生的影响作进一步的细节考察。

Ⅳ．关于不同规模的账户之间支出流变化的例子

上一节表明，不同监管标准的单元之间支出流的变化会改变对货币的需求。当然，经济中不同账户（例如，家庭、企业和政府账户等）的操作规模之间的差异很大。下面是两个例子。

例 I 假设此经济中存在着两类账户：厂商，用下标 F 表示，其数量为 F；以及家庭，用下标 H 表示，其数量为 H。设所有支出都是在厂商和家庭之间进行的，并且在任何单期，厂商和家庭接收或支出都不超过一个单位。厂商支出与家庭收入的相等以及厂商收入和家庭支出的相等得出下列条件

$$F p_F = H q_H \tag{8}$$

以及

$$F q_F = H p_H \tag{9}$$

用（9）式除以（8）式，得到 $y_F = 1/y_H$。

经过思考之后，很容易看出 s_H 和 s_F 不能再被彼此独立地选择，也不能独立于先前关于交易性质的假设而被选择；因为在任何时期，经历收入或支出的家庭的数量必须等于同一时期经历收入或支出的厂商的数量，或者说

$$(1 - s_F)F = (1 - s_H)H \tag{10}$$

（某种程度上更一般情境下（10）的证明，参见附录 AⅥ。）

我们现在选择一个数字例子，我们认为其相对值具有看似真实的大小顺序。首先，我们设家庭的数量是厂商的 3 倍；其次，我们设 $y_H = y_F = 1$。考虑到米勒和奥尔的最优结果，我们选择 $z_H = h_H/3$，以及 $z_F = h_F/3$。

剩下的就是选择 h_H 和 h_F 了。在我们的想法中，家庭账户不如厂商受到的监管严格。一个家庭账户只发生一项收入或支出的概率只有厂商的 1/3（由（10）可知），因为 $H/F = 3$。由于家庭账户发生收入或支出的频率只有厂商频率的 1/3，它同样遵循（关于这点的证明参见附录 AⅧ）这样一条：在 h_H 也被选择等于 h_F 的情况下，家庭作引致性支出的频率也只有厂商的 1/3。同样，这看上去也像一个合理的大小顺序；据此，所选的 h_F 等于 h_H。

例如，设 $h_F = h_H = 9$，那么，当 y_H 增加 1% 时，M^D 的变化为多少？可以利用下面的公式直接计算

$$M^D = FE(y_F, h_F, z_F) + HE(y_H, h_H, z_H)$$

它显示，当 y_H 增加 1% 时，引起 M^D 的增加为 0.20%。

例Ⅱ 上一个例子是具有指导意义的，但在本例中并入一个额外的特征，其作用在于代表了厂商和家庭不同的操作规模。此外，我们还将在本例中证明一个具有某些普遍性的结论。

函数 E 给出了当每期中一个单位获利的概率为 p 而另一单位损失的概率为 q 时，预期货币持有单位的数量（称为单位的数量，是为了区别于货币的数量），就这点而言，函数 E 是有用的。典型地，我们可能认为，涉及到厂商交易的单位规模要比家庭大得多。总体上，如果一个厂商以概率 p_F 获利 X_F 美元而以概率 q_F 损失 X_F 美元，并且上限为 $X_F h_F$，目标值为 $X_F z_F$，那么，厂商的预期货币持有量（以美元计）就会是，

$$M_F^D = X_F E(p_F/q_F, h_F, z_F)$$

类似地，对一个家庭来说

$$M_H^D = X_H E(p_H/q_H, h_H, z_H)$$

因此，总的货币持有量为

$$M^D = FX_F E(p_F/q_F, h_F, z_F) + HX_H E(p_H/q_H, h_H, z_H)$$

再次选择 $y_H = 1/y_F$，$h_H = h_F$，以及 $z_H = h_F - z_F$，我们能计算当 y_H 增加时，货币持有 M^D 会作何反应。再次，如同前面一样，所作的假定要

考虑到 F、H、X_F、X_H、s_F 和 s_H 不能完全地独立。附录 AⅥ 显示了公式（10）的一般化形式，即厂商和家庭的单位具有不同的规模；这个一般化的形式为

$$FX_F(1-s_F)=HX_H(1-s_H) \tag{11}$$

我们认为，$s_H>s_F$ 是看上去合理的，或者，等同地，由于家庭的数量明显地超过了厂商的数量，$HX_H>FX_H$ 也是看上去合理的。结果

$$\begin{aligned}\frac{\partial M^D}{\partial y_H}&=\frac{\partial}{\partial y_H}\{FX_FE(y_F,h_F,z_F)+HX_HE(y_H,h_H,z_H)\}\\&=\frac{\partial}{\partial y_H}\left\{HX_HE\left(\frac{1}{y_H},h_H,h_H-z_H\right)+HX_HE(y_H,h_H,z_H)\right\}\\&\quad+\frac{\partial}{\partial y_H}\left\{(FX_F-HX_H)E\left(\frac{1}{y_H},h_H,h_H-z_H\right)\right\}\\&=(HX_H-FX_F)\left(\frac{1}{y_H^2}\right)\frac{\partial E}{\partial y_F}(y_F,h_F,z_F)\end{aligned}$$

由 $HX_H>FX_F$ 的假定以及特征（E3）可知，最后一个表达式为正。因此，在本例中，从厂商向家庭的一个增加的流转，也就是从大规模的紧监管账户流向小规模的松监管账户，会增加货币需求。

Ⅴ．含　义

我们的例子隐含的观点是自主性支出的变化会改变对货币的需求，这就如同在鲍莫尔-托宾的框架里，监管的变化引起引致性支出的变化，从而改变 M^D。其净结果是对货币的需求更为复杂，并且使引起货币需求变化的因素比通常对 M^D 以及其决定因素的描述更多。在这些决定因素中，可能在经济周期过程中的短期以及长期会发生改变的是：

1．家庭和企业之间的流动，其中，投资是净流入家庭账户的一个决定因素。红利支出和固定收入也很重要。

2．支出通常（自动地）是用于储蓄，例如，社会保障支出和人寿保险费。

3．贸易信贷。注意！贸易信贷可能部分地是引致的，因为贸易信贷的接收者和提供者可能部分地受到他们的货币余额的影响。$p-q-s/h-z-0$ 模型必须被修正为将贸易信贷当作是以一定概率提供或接收的，这个概率取决于货币持有量的水平。

4．出于投机目的而进行的资产购买。这一流量部分地取决于利率，

因为它影响资产价格。

5. 银行贷款。注意，这里银行贷款配给影响自主流动，因此，也可能会影响 M^D。另外，如果银行贷款被视为一个引致流动，而且，引致支出受到配给的影响的话，那么 M^D 也会受到影响。

6. 存货的出售或增加。这是一个重要现象：库存增加的厂商会发现自己现金短缺。

7. 消费。消费决策可能会变化，从而导致家庭和厂商之间资金流的变化。

8. 税收。

9. 监管决策。

这九条影响在另一篇论文中作了更为细节的讨论，该论文选择了不同的模型进行讨论——恒定的支出流、周期性监管以及使用引致性支出购买证券下的货币余额的存货模型，该论文也发现，在存在着刚刚提到的支出（1）到（8）的收入/利息弹性所引起的收入/利息弹性的情况下，由于短期支出的变动，货币的需求也会有所不同。

Ⅵ. 结　论

在一个存货理论框架中已经表明，自主性支出流影响着货币需求。它自动地遵循这样一条规律：这些流动（以及它们的收入/利息弹性）的变动引起货币需求（以及收入/利率弹性）的变动。现行的传统说法认为，货币持有量取决于对银行账户的监管，我们并不打算反对这种观点，相反，我们愿意使这种说法更加充实一些。引用一个物理学的比喻，那就是一条河的深度既取决于河岸和河床，因为它监控着其水流，又取决于它里面的水流。类似地，货币需求既取决于监管银行账户的规则，又取决于这些账户的流进与流出。

本文的主要结论就是自主性支出的变化会影响货币需求，这一结论是稳健的。存在着固定阈值、目标值和固定支出流进或流出的特定情形，此时平均的货币持有量会根据是固定的流入还是固定的流出而取值 $(h+z)/2$ 或 $z/2$。在这种情况下，支出就不会影响平均货币持有量。本文还表明，这种情形是唯一的：如果支出是依概率进行的，而不是固定流入或固定流出的，那么，自主性支出就是货币余额的一个决定因素。此外，如果监管规则（采用欧文·费雪的形式）是周期性的（而非固定的目标—阈值类型），那么，即使流入与流出都是固定的，自主性支出也仍然是货币持有量的一个决定因素，关于这一点，一篇早期的论文进行了一些细节性的探讨。

数学附录

AⅠ. 对 $E(y, h, z)$ 的计算。

附录的此部分是对米勒和奥尔的《厂商对货币的需求》（1966）的附录的复制，持有 x 单位货币的长期概率分布（$f(x)$）被推导出来——给定阈值 h 和 0 以及目标值 z，在每一期中，获得一单位盈利的概率为 p，遭受一单位损失的概率 $q=(1-p)$。

模型

假定1 每一期中，货币持有者从支出中获得一单位盈利的概率为 p，从支出中遭受一单位损失的概率 $q=(1-p)$。

假定2 如果货币持有量达到 h，那么货币持有者购买证券的量就为 $(h-z)$。货币持有量就返回到了目标值 z。如果货币持有量达到 0，那么货币持有者就会出售数量为 z 的证券，这样，货币持有者同样会返回到目标值 z。

用 $f(x, t)$ 表示第 t 期持有 x 单位货币的概率。假定1和假定2通过四个方程描述了以在第 t 期的货币持有的概率表示的第 $t+1$ 期货币持有的概率。这四个方程如下：

$$f(x, t+1) = pf(x-1, t) + qf(x+1, t), 0 \leq x \leq h, x \neq z \quad \text{(A1)}$$

$$\begin{aligned}f(z, t+1) = &p[f(z-1, t) + f(h-1, t)] \\ &+ q[f(z+1, t) + f(1, t)]\end{aligned} \quad \text{(A2)}$$

$$f(0, t+1) = 0 \quad \text{(A3)}$$

$$f(h, t+1) = 0 \quad \text{(A4)}$$

而且，因为 f 是概率分布，因此

$$\sum_{x=0}^{h} f(x, t+1) = 1 \quad \text{(A5)}$$

在稳态下，对于所有的 x，$f(x, t) = f(x, t-1)$。将 $f(x)$ 定义为稳态分布；然后，利用（A1）至（A5）并且忽略时期 t，则

$$f(x) = pf(x-1) + qf(x+1), 0 \leq x \leq h, x \neq z \quad \text{(A1}'\text{)}$$

$$f(z) = p[f(z-1) + f(h-1)] + q[f(z+1) + f(1)] \quad \text{(A2}'\text{)}$$

$$f(0) = 0 \quad \text{(A3}'\text{)}$$

$$f(h) = 0 \quad \text{(A4}'\text{)}$$

$$\sum_{x=0}^{h} f(x) = 1 \tag{A5$'$}$$

系统（A1$'$）到（A5$'$）描述了两组不同的方程（从 1 到 $z-1$ 以及 $z+1$ 到 $h-1$ 由方程（A1$'$）给出，还有四个边界条件方程由（A2$'$）到（A5$'$）给出）。

对于 $p \neq q$，方程（A1）的解为

$$f(x) = A + B(p/q)^x, \quad 0 \leqslant x \leqslant z$$
$$f(x) = C + D(p/q)^x, \quad z \leqslant x \leqslant h \tag{A6}$$

由于 $f(0)=0$，故

$$A + B = 0$$
$$A = -B \tag{A7}$$

由于 $f(h)=0$，故

$$D = -C(p/q)^{-h} \tag{A8}$$

将（A6）、（A7）和（A8）代入到（A2$'$）中得

$$C = A \left[\frac{1-(p/q)^z}{1-(p/q)^{z-h}} \right]$$

$$1 = \sum_{x=0}^{h} f(x)$$
$$= \sum_{x=0}^{z} A(1-(p/q)^x) + \sum_{x=z+1}^{h} (1-(p/q)^{x-h}) A \left[\frac{1-(p/q)^z}{1-(p/q)^{z-h}} \right]$$

这里

$$A = \frac{1-(p/q)^{z-h}}{z(1-(p/q)^{z-h}) + (h-z)(1-(p/q)^z)}$$

$f(x, y, h, z)$ 的分布为

$$f(x,y,h,z) = \frac{(1-y^{z-h})}{z(1-y^{z-h})+(h-z)(1-y^z)}(1-y^x),$$
$$1 \leqslant x \leqslant z \tag{A9}$$

$$f(x,y,h,z) = \frac{(1-y^z)}{z(1-y^{z-h})+(h-z)(1-y^z)}(1-y^{x-h}),$$
$$z \leqslant x \leqslant h \tag{A10}$$

利用 $f(x)$ 的分布可以估算出稳态现金平衡的期望价值。

第13章 货币需求的资金流转理论的微观经济基础

$$E(x) = \sum_{x=0}^{h} x f(x)$$
$$= \sum_{x=0}^{z} x A (1-\left(\frac{p}{q}\right)^x) + \sum_{x=z+1}^{h} x C(1-\left(\frac{p}{q}\right)^{x-h})$$

利用 A 和 C 的值,并且依照下面的恒等式

$$\sum_{x=1}^{h} x \left(\frac{p}{q}\right)^{x-1} \equiv \frac{d}{d(p/q)} \sum_{x=0}^{h} \left(\frac{p}{q}\right)^x \equiv \frac{1-(h+1)(p/q)^h + h(p/q)^{h+1}}{[1-(p/q)]^2} \quad (A11)$$

通过一些变换之后得,

$$E(x) = \frac{1}{2}\left\{\frac{1+y}{1-y} + h + z - \frac{hz(1-y^{z-h})}{z(1-y^{z-h})+(h-z)(1-y^z)}\right\}$$

其中,$y = p/q$。

AⅡ. $\partial E/\partial h > 0$。

证明:

$$E = \frac{1}{2}\left\{\frac{1+y}{1-y} + z + \frac{h(h-z)(1-y^z)}{z(1-y^{z-h})+(h-z)(1-y^z)}\right\}$$

考虑表达式 E_1:

$$E_1 = \frac{h(h-z)}{z(1-y^{z-h})+(h-z)(1-y^z)}$$

$$\operatorname{sgn}\frac{\partial E_1}{\partial h} = \operatorname{sgn}\frac{\partial E}{\partial h},\ y < 1$$

$$\operatorname{sgn}\frac{\partial E_1}{\partial h} = -\operatorname{sgn}\frac{\partial E}{\partial h},\ y > 1$$

因此,我们想要证明的是

$\partial E_1/\partial h > 0, y < 1$

$\partial E_1/\partial h < 0, y > 1$

$$\frac{\partial E_1}{\partial h} = \frac{(2h-z)z(1-y^{z-h}) + (h-z)^2(1-y^z) - \log y \cdot y^{z-h} z h(h-z)}{D^2}$$

其中,$D = z(1-y^{z-h}) + (h-z)(1-y^z)$。

$$\operatorname{sgn}\frac{\partial E_1}{\partial h} = \operatorname{sgn} N$$

其中，$N=(2h-z)z(1-y^{z-h})+(h-z)^2(1-y^z)-\log y \cdot y^{z-h}zh(h-z)$。

这里还要证明

若 $y<1$,则 $N>0$

若 $y>1$,则 $N<0$

通过直接估计，若 $y=1$，则 $N=0$。

$\partial N/\partial y=(h-z)^2 zy^{z-1}(y^{-h}-1+\log y \cdot y^{-h}h)$

∴ 还需要证明（参见图 A1）：

$N_2<0, y\neq 1$

其中

$N_2=y^{-h}-1+\log y \cdot y^{-h}h$

$N_2=0$，如果 $y=1$

$\partial N_2/\partial y=-h^2 \log y \cdot y^{-h-1}$

因此，

$\partial N_2/\partial y>0, y<1$

$\partial N_2/\partial y<0, y>1$

以及（参见图 A2）

$N_2<0, y\neq 1$

证毕。

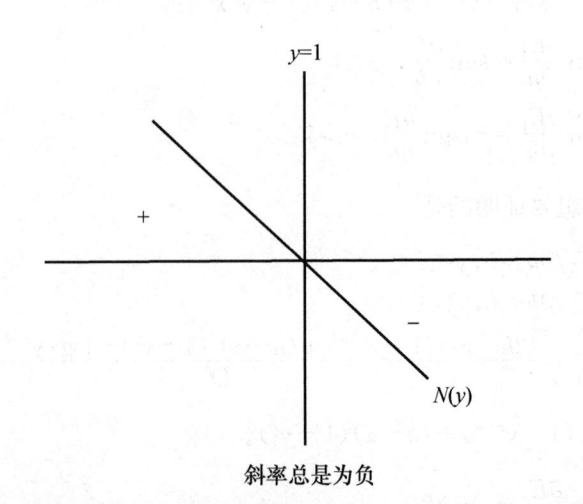

斜率总是为负

图 A1

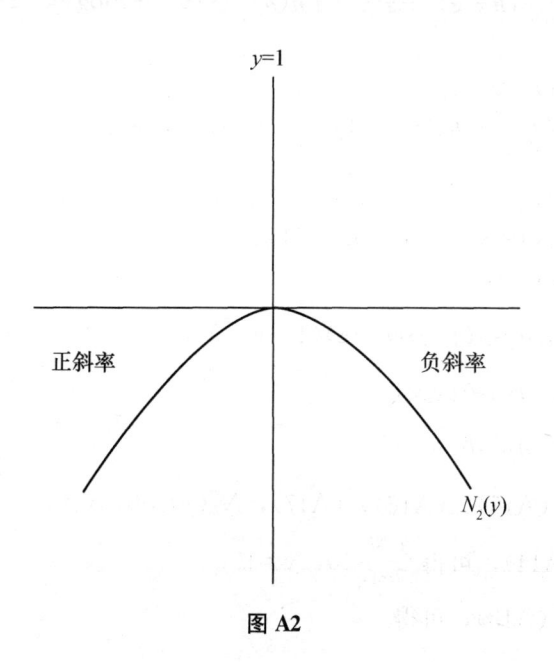

第 13 章　货币需求的资金流转理论的微观经济基础

图 A2

AⅢ. $\partial E/\partial z>0$。

证明：

$$E=\frac{1}{2}\left\{\frac{1+y}{1-y}+h+z-\frac{hz(1-y^{z-h})}{z(1-y^{z-h})+(h-z)(1-y^z)}\right\}$$

$$=\frac{1}{2}\left\{\frac{1+y}{1-y}+h+\frac{-z(h-z)(1-y^{-h})}{hy^{-z}-zy^{-h}-(h-z)}\right\}$$

因此，

当 $y<1$ 时，$\dfrac{\partial E}{\partial z}$ 的符号同 $\dfrac{\partial}{\partial z}\dfrac{z(h-z)}{hy^{-z}-zy^{-h}-(h-z)}$ 的符号相同；

当 $y>1$ 时，$\dfrac{\partial E}{\partial z}$ 的符号同 $\dfrac{\partial}{\partial z}\dfrac{z(h-z)}{hy^{-z}-zy^{-h}-(h-z)}$ 的符号相反。

$$\frac{\partial}{\partial z}\frac{z(h-z)}{hy^{-z}-zy^{-h}-(h-z)}$$

$$=\frac{[-(h-z)^2+z^2y^{-h}+h(h-2z)y^{-z}+h\log y\,y^{-z}z(h-z)]}{D^2}$$

其中，$D=hy^{-z}-zy^{-h}-(h-z)$。

∴当 $y<1$ 时，$\partial E/\partial z$ 的符号同 N 的符号相同；

当 $y>1$ 时，$\partial E/\partial z$ 的符号同 N 的符号相反。

$$N = -(h-z)^2 + z^2 y^{-h} + h(h-2z)y^{-z} + h\log y \cdot y^{-z} z(h-z) \tag{A12}$$

$$N(1) = 0 \tag{A13}$$

$$\partial N/\partial y = -hz^2 y^{-z-1}(y^{z-h} - 1 + (h-z)\log y) \tag{A14}$$

令

$$N_2(y) = y^{z-h} - 1 + (h-z)\log y$$
$$N_2(1) = 0 \tag{A15}$$

$$\partial N_2/\partial y = (1/y)(h-z)(1-y^{z-h})$$

∴ $\partial N_2/\partial y > 0, y > 1$ (A16)

$\partial N_2/\partial y > 0, y < 1$ (A17)

∴利用（A15）、（A16）、（A17），$N_2(y) > 0$，$y \neq 1$。

∴由（A14），可得 $\dfrac{\partial N}{\partial y} < 0$，$y \neq 1$。

∴利用（A13），可得

当 $y < 1$ 时，$N(y) > 0$
当 $y > 1$ 时，$N(y) < 0$

∴由（A12），可得

当 $y < 1$ 时，$\dfrac{\partial E}{\partial z} > 0$

当 $y > 1$ 时，$\dfrac{\partial E}{\partial z} > 0$

AⅣ. $E(y, h, z) + E(1/y, h, h-z) = h$。

证明：

$$2E(y,h,z) = \frac{1+y}{1-y} + h + z - \frac{hz(1-y^{z-h})}{z(1-y^{z-h}) + (h-z)(1-y^z)}$$

$$2E(1/y,h,h-z) = \frac{1+1/y}{1-1/y} + h + (h-z)$$
$$- \frac{h(h-z)(1-y^z)}{(h-z)(1-y^z) + z(1-y^{z-h})}$$

据此，通过相加得，

$$E(y,h,z) + E(1/y,h,h-z) = h$$

ＡⅤ. 对于所有的 $y>0$ 且 $y\neq 1$，有 $\partial E/\partial y(y, h, z)>0$。

证明：
从逻辑上讲，这个定理能被分解成三个部分：

(1) 引理 1 和引理 2 表明，对于所有的 $y>0$ 且 $y\neq 1$，有 $\partial E/\partial y(y, h, 1)>0$ 和 $\partial E/\partial y(y, h, h-1)>0$。

(2) 在定理（定理 1）中，已经证明，在给定 y, h, z——用 $f(x, y, h, z)$ 表示——x 的分布可以被分成两个部分：一个严格地低于目标 z 的较低部分和一个目标以上并包括目标在内的较高部分。

较低部分是一个独立于 x 的 p_1 同分布 $f(x, y, z, z-1)$ 的乘积。较高部分则是一个独立于 x 的 p_1 同分布 $f(x, y, h-z+1, 1)$ 的乘积。

因此，对 $\partial E/\partial y(y, h, z)$ 的计算可以分解为计算 $\partial E/\partial y(y, z, z-1)$，$\partial E/\partial y(y, h-z+1, 1)$，$\partial p_1/\partial y$ 和 $\partial p_2/\partial y$。

(3) 证明的第三部分是证明 $\partial p_1/\partial y<0$ 和 $\partial p_2/\partial y>0$ 的计算。引理 3 和引理 4 是被用来证明 $\partial p_1/\partial y<0$ 和 $\partial p_2/\partial y>0$ 中的计算。

在引理 1 之前，命题 1 被提出。它被用在引理 1 的一个计算中。

命题 1

$$3\sum_{x=1}^{h-1} x^2 + \sum_{x=1}^{h-1} x - 2\sum_{x=1}^{h-1} xh = 0, h \geqslant 2$$

证明：
该证明通过对 h 的归纳而展开。显然，对于 $h=2$，该表达式是正确的。假设对于 $h-1$，该表达式也成立。接下来就应该证明对于 h 也成立。

根据假设，$3\sum_1^{h-1} x^2 + \sum_1^{h-1} x = 2\sum_1^{h-1} xh$。那么，

$$3\sum_1^h x^2 + \sum_1^h x = 3h^2 + h + 3\sum_1^{h-1} x^2 + \sum_1^{h-1} x$$

$$= 2(h^2+h) + \frac{2(h(h-1))}{2} + 2\sum_1^{h-1} xh$$

$$= 2h(h+1) + 2\sum_1^{h-1} x + 2\sum_1^{h-1} xh$$

$$= 2\sum_1^h x(h+1)$$

引理 1 当 $y>0$ 且 $y\neq 1$ 时，$\partial E/\partial y(y, h, 1)>0$。

证明： 通过对 E 的定义，得

$$2E(y,h,1)=\frac{1+y}{1-y}-\frac{h(1-y^{1-h})}{1-y^{1-h}+(h-1)(1-y)}+h+1$$

通过计算得，

$$2\frac{\partial E}{\partial y}=\frac{2}{(1-y)^2}-\frac{h(h-1)(1-hy^{1-h}+(h-1)y^{-h})}{(y^{1-h})^2(1-hy^{h-1}+(h-1)y^h)^2}$$

对于 $y \neq 1$，我们足以表明

$$\frac{(1-y)^2[h(h-1)/2](1-hy^{1-h}+(h-1)y^{-h})}{y^2 y^{-2h}(1-hy^{h-1}+(h-1)y^h)^2}<1$$

或者，利用（A11），也足以证明，对于 $y \neq 1$，

$$\frac{(1-y)^2 \sum_{x=1}^{h-1} x \sum_{x=1}^{h-1} xy^{-x+1}(1-1/y)^2}{y^{2(1-h)}(\sum_{x=1}^{h-1} xy^{x-1})^2(1-y)^4}<1$$

定义多项式 $P(y)$

$$P(y)=\Big[\sum_1^{h-1} xy^{x+1-h}\Big]^2 - \Big(\sum_1^{h-1} x\Big)\Big(\sum_1^{h-1} xy^{-x+1}\Big)$$

足以证明，对于 $y \neq 1$，有 $P(y)>0$。

P 具有下面四个性质。这些性质依次如下：

(P1) $P(1)=0$。

(P2) $dP/dy\big|_{y=1}=0$。因此，1 是 P 一个的重根。

(P3) $P(y)$ 的系数最多改变两次符号。

(P4) $P(0)>0$。

性质（P1）、（P2）、（P3）和（P4），通过笛卡儿的符号法则表明，对于 $y \neq 1$，$P(y)>0$。这些性质将会依次得到证明。

性质（P1） 其证明是显然的。

性质（P2）

$$\frac{dP}{dy}=2\Big(\sum_1^{h-1} xy^{x+1-h}\Big)\Big(\sum_1^{h-1} x(x+1-h)y^{x-h}\Big)$$
$$+\Big(\sum_1^{h-1} x\Big)\Big(\sum_1^{h-1} x(x-1)y^{-x}\Big)$$

$$\frac{dP}{dy}\Big|_{y=1}=\Big(2\sum_1^{h-1} x(x+1-h)+\sum_1^{h-1} x(x-1)\Big)\Big(\sum_1^{h-1} x\Big)=0$$

以上由命题 1 得来。

第13章 货币需求的资金流转理论的微观经济基础

性质（P3） 性质（P3）的证明被分成了五个部分，每一个部分都在图 A3 中得到了阐述。

(1) 系数序列是从 $4-2h$ 到 0 的。
(2) $C_0>0$（对于 $h>2$）。
(3) $C_k>0$，$4-2h\leqslant k\leqslant 1-h$。
(4) $C_{2-h}<0$。
(5) $(C_{k+2}-C_{k+1})-(C_{k+1}-C_k)<0$，$k\geqslant 2-h$。

因此，C_k 的斜率逐渐变小。由此，它们至多能在 $k=2-h$ 和 $k=0$ 之间改变两次符号。

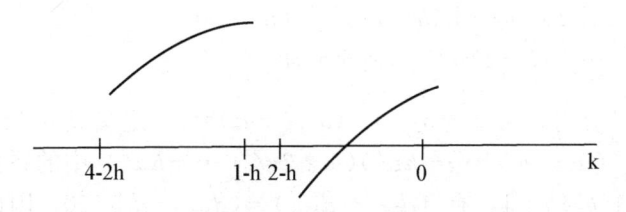

图 A3 把参数 C^k 描述为 k 的函数，按 (1)～(5)

证明：
(1) k 在 $4-2h$ 和 0 之间变化。这可以通过观察而得到证实。
(2) 当 $h>2$ 时，$C_0>0$。

证明：

$$C_0 = (h-1)^2 - \sum_{1}^{h-1} x = (h-1)(h-2)/2$$

(3) $C_k>0$，$4-2h\leqslant k\leqslant 1-h$。这可以通过观察而得到证实。
(4) $C_{2-h}<0$，$h>2$。

证明：

$$C_{2-h} = -\sum_{1}^{h-1} x(h-1) + 下面表达式中 w^{h-2} 的系数$$

$$(1+2w+3w^2+\cdots+(h-1)w^{h-2})$$
$$(1+2w+3w^2+\cdots+(h-1)w^{h-2})$$

$$=-\sum_{1}^{h-1} x(h-1) + \sum_{1}^{h-1} x(h-x)$$

$$=-\sum_{1}^{h-1} x(x-1)<0, \quad h>2$$

(5) C_k 的系数的符号，在 $k=2-h$ 和 $k=0$ 之间最多改变一次。这点可以通过证明 C_k 在这个序列中的二阶差分为负而显示出来。在这个序列中，

339

$$C_k = a_k + b_k$$

其中，$a_k = \sum_1^{h-1} x(-k+1)$。

$b_k = w^k$ 在下式中的系数：

$$(w^{2-h} + 2w^{-h+1} + \cdots + (h-1))(w^{2-h} + 2w^{-h+1}$$
$$+ \cdots + (h-1)), 对于 k \geq 2-h$$

$= w^{k+2h-2}$ 在下式中的系数：

$$(w + 2w^2 + \cdots + (h-1)w^{h-1})(w + 2w^2$$
$$+ \cdots + (h-1)w^{h-1}), 对于 k \geq h$$

通过计算得，$(a_{k+2} - a_{k+1}) - (a_{k+1} - a_k) = 0$。定义 $d_k =$ 当 $k \geq h+1$ 时，w^k 在 $(w+2w^2+\cdots+hw^h)(w+2w^2+\cdots+hw^h)$ 中的系数。它将表明，对于 $k \geq h+1$，有 $(d_{k+2} - d_{k+1}) - (d_{k+1} - d_k) < 0$。因此，对于 $2-h \leq k$，有 $(b_{k+2} - b_{k+1}) - (b_{k+1} - b_k) < 0$。

$$d_k = h(k-h) + (h-1)(k+1-h) + \cdots + (k-h+1)(h-1) + (k-h)h$$
$$d_{k+1} = h(k+1-h) + (h-1)(k+2-h) + \cdots + (k+1-h)h$$

通过相减，得

$$d_{k+1} - d_k = \sum_{k-h+1}^{h} x - h(k-h) = \frac{k+1}{2}(2h-k) - (k-h)h$$

同样，

$$d_{k+2} - d_{k+1} = \frac{k+2}{2}(2h-k-1) - (k+1-h)h$$

并且通过计算可知，$(d_{k+2} - d_{k+1}) - (d_{k+1} - d_k) = -(k+1) < 0$。因此，对于 $k \geq 2-h$，有 $(C_{k+2} - C_{k+1}) - (C_{k+1} - C_k) < 0$。① 因此，$C_k$ 在 $k=2-h$ 和 $k=0$ 之间最多只能改变两次符号。但是 $C_{2-h} < 0$ 且 $C_0 > 0$，C_k 在 $k=2-h$ 和 $k=0$ 之间只改变一次符号。因此，$P(y)$ 的系数只改变两次符号。

性质（P4）② $P(0) > 0$。③ 这条性质已经（在证明性质（P3）的

---

① 原文此处为 $(C_{k+2} - C_{k+1}) - (C_{k+1} - C_{k+2}) < 0$，疑误。——译者注
② 原文此处为 P4，疑误。——译者注
③ 原文此处为 $C_0 > 0$，疑误。——译者注

第 13 章 货币需求的资金流转理论的微观经济基础

过程中）被证明了。

∴综合性质（P1）到（P4），并且应用笛卡儿的符号法则可知，对于所有的 $y\neq 1$，且 $y>0$ 有 $P(y)>0$。

引理 2 对于所有的 $y>0$ 且 $y\neq 1$，有 $\partial E/\partial y(y, h, h-1)>0$。

证明：

$$E(y,h,h-1)=h-E(1/y,h,1) \quad \text{由 A\uppercase\expandafter{\romannumeral4} 部分可知}$$

根据引理 1，$\dfrac{\partial}{\partial y}(E(y,h,h-1))=\dfrac{\partial E}{\partial (1/y)}(1/y,h,1)y^{-2}>0$。

证毕。

引理 3 $\partial/\partial y[y^{-1}f(2,y,h,1)+f(h-1,y,h,1)]<0, y\neq 1$。

证明：

根据关于 $f(x, y, h, z)$ 的公式（A10），

$$\begin{aligned}&y^{-1}f(2,y,h,1)+f(h-1,y,h,1)\\&=\frac{[y^{-1}(1-y^{2-h})+(1-y^{-1})][1-y]}{1-y^{1-h}+(h-1)(1-y)}\end{aligned} \quad (A18)$$

$$\frac{\partial}{\partial y}\frac{[y^{-1}(1-y^{2-h})+(1-y^{-1})][1-y]}{1-y^{1-h}+(h-1)(1-y)}$$
$$=\frac{\{-1+(h-1)^2y^{-h}-2[(h-1)^2-1]y^{1-h}+(h-1)^2y^{2-h}-y^{2-2h}\}}{D^2}$$

其中，$D=1-y^{1-h}+(h-1)(1-y)$。下面还需要证明，对于 $y\neq 1$，有 $N<0$，这里

$$N=-1+(h-1)^2y^{-h}-2[(h-1)^2-1]y^{1-h}+(h-1)^2y^{2-h}-y^{2-2h}$$
$$N(1)=0$$

因此，足以证明

$$dN/dy>0, y<1$$
$$dN/dy<0, y>1$$
$$dN/dy=(h-1)y^{-h-1}N_1$$

其中，$N_1=-h(h-1)+2h(h-2)y+(2-h)(h-1)y^2+2y^{2-h}$。

由于 $N_1(1)=0$，故而足以证明

$$dN_1/dy<0, y\neq 1$$
$$dN_1/dy=2(h-2)N_2$$

其中，$N_2=h-(h-1)y-y^{1-h}$。

由于 $N_2(1)=0$，足以证明

$$dN_2/dy > 0, y < 1$$
$$dN_2/dy < 0, y > 1$$
$$\frac{dN_2}{dy} = (h-1)(y^{-h}-1) \begin{cases} >0, y<1 \\ <0, y>1 \end{cases}$$

证毕。

引理 4 $\partial/\partial y[f(1,y,h,h-1)+yf(h-1,y,h,h-1)]>0, y \neq 1$。

证明：

根据关于 $f(x, y, h, z)$ 的公式（A9）

$$f(1,y,h,h-1)+yf(h-1,y,h,h-1)$$
$$=\frac{[y(1-y^{h-1})+(1-y)][1-y^{-1}]}{(h-1)(1-y^{-1})+(1-y^{h-1})}$$
$$=\frac{(y^{h-1}-y^h)(1-y^{-1})}{(h-1)(1-y^{-1})+(1-y^{h-1})}+\frac{(1-y^{h-1})(1-y^{-1})}{(h-1)(1-y^{-1})+(1-y^{h-1})}$$

$$\frac{\partial}{\partial y}\frac{(1-y^{h-1})(1-y^{-1})}{(h-1)(1-y^{-1})+(1-y^{h-1})}$$
$$=\frac{d}{dx}\frac{(1-x^{-h+1})(1-x)}{(h-1)(1-x)+(1-x^{1-h})}\bigg|_{x=1/y}(-1/y^2)>0$$

通过在引理 3 中完成的计算（参见 A18）得到上述过程。

$$\frac{\partial}{\partial y}\frac{(y^{h-1}-y^h)(1-y^{-1})}{(h-1)(1-y^{-1})+(1-y^{h-1})} \qquad \text{利用（A11）}$$
$$=\frac{\partial}{\partial y}\left[\frac{y^h(y^{-1}-1)(1-y^{-1})}{-y^{h-1}\sum_1^{h-1}x(1/y)^{x-1}(1-1/y)^2}\right]$$
$$=\frac{\partial}{\partial y}\frac{1}{\sum_1^{h-1}xy^{-x}}>0$$

定理 当 $y>0$ 且 $y\neq 1$ 时，$\partial E/\partial y(y, h, z)>0$。

证明：

注：用 $f(x)$ 表示 $f(x, y, h, z)$，$f_1(x)$ 表示 $f(x, y, z, z-1)$ 以及用 $f_2(x)$ 表示 $f(x, y, h-z+1, 1)$。

由 AI 部分中关于 f 的公式（A9）和（A10）得：

$$f(x)=A(y,h,z)(1-y^x), \quad 1 \leq x \leq z-1$$
$$f(x)=C(y,h,z)(1-y^{x-h}), \quad z \leq x \leq h$$
$$f_1(x)=A(y,z,z-1)(1-y^x), \quad 1 \leq x \leq z-1$$
$$f_2(x)=C(y,h-z+1,1)(1-y^{x-h+z-1}), \quad 1 \leq x \leq h-z$$
$$\therefore f(x)=\frac{A(y,h,z)}{A(y,z,z-1)}f_1(x)=p_1(y)f_1(x), \quad 1 \leq x \leq z-1$$

第 13 章　货币需求的资金流转理论的微观经济基础

这里

$$p_1(y) = \frac{A(y,h,z)}{A(y,z,z-1)}$$

$$f(x) = \frac{C(y,h,z)}{C(y,h-z+1,1)} f_2(x-z+1)$$

$$= p_2(y) f_2(x-z+1), \quad z \leqslant x \leqslant h$$

其中

$$p_2(y) = \frac{C(y,h,z)}{C(y,h-z+1,1)}$$

$$\therefore E(y,h,z) = \sum_1^{z-1} x p_1(y) f_1(x) + \sum_z^h x p_2(y) f_2(x-z+1)$$

$$= \sum_1^{z-1} x p_1(y) f_1(x)$$

$$+ \sum_z^h p_2(y)(x-z+1) f_2(x-z+1)$$

$$+ (z-1) \sum_z^h p_2(y) f_2(x-z+1)$$

$$= p_1(y) E(y,z,z-1) + p_2(y)(z-1)$$

$$+ p_2(y) E(y,h+1-z,1) \tag{A19}$$

同样,

$$\sum_1^{h-1} f(x) = \sum_1^{z-1} p_1(y) f_1(x) + \sum_z^h p_2(y) f_2(x-z+1)$$

$$= p_1(y) + p_2(y) \tag{A20}$$

∴对于所有的 $y > 0$,有 $1 = p_1(y) + p_2(y)$。

利用 (A19) 和 (A20),如果 $\dfrac{\mathrm{d}p_2}{\mathrm{d}y} > 0$(由引理 1 和 2 可得),

$$\frac{\partial E(y,h,z)}{\partial y} = \frac{\mathrm{d}p_1}{\mathrm{d}y} E(y,z,z-1) + \frac{\mathrm{d}p_2}{\mathrm{d}y}(z-1) + \frac{\mathrm{d}p_2}{\mathrm{d}y} E(y,h+1-z,1)$$

$$+ p_1(y) \frac{\partial E}{\partial y}(y,z,z-1) + p_2(y) \frac{\partial E}{\partial y}(y,h+1-z,1)$$

$$= \frac{\mathrm{d}p_2}{\mathrm{d}y} [z-1-E(y,z,z-1)] + \frac{\mathrm{d}p_2}{\mathrm{d}y} E(y,h+1-z,1)$$

$$+ p_1(y) \frac{\partial E}{\partial y}(y,z,z-1) + p_2(y) \frac{\partial E}{\partial y}(y,h+1-z,1) \geqslant 0$$

证明的剩余部分由表明 $\mathrm{d}p_2/\mathrm{d}y \geqslant 0$ 构成。通过定义,在稳态下,

343

$\sum_1^{z-1} f(x,t) = \sum_1^{z-1} f(x,t-1)$ 或者 $\sum_1^{z-1}[f(x,t)-f(x,t-1)] = qf(z) - pf(z-1) - qf(1) = 0$。因此,

$$qf(z) = pf(z+1) + qf(1)$$
$$f(z) = p_1(y)[yf_1(z-1) + f_1(1)] \tag{A21}$$

类似地

$$pf(z) = qf(z+1) + pf(h-1),$$
$$f(z) = p_2(y)[y^{-1}f_2(2) + f_2(h-z)] \tag{A22}$$

因此,用(A21)除(A22)得,

$$\frac{p_1(y)}{p_2(y)} = \frac{y^{-1}f_2(2) + f_2(h-z)}{yf_1(z-1) + f_1(1)}$$

而由引理3,有 $d/dy[y^{-1}f_2(2) + f_2(h-z)] < 0$,由引理4,有 $d/dy[yf_1(z-1) + f_1(1)] > 0$。因此,$d/dy(p_1(y)/p_2(y)) < 0$,并且,利用(A20),$dp_2/dy > 0$。

证毕。

AⅥ. 如果 $y_F = 1/y_H$,那么 $FX_F(1-s_F) = HX_H(1-s_H)$。

证明:

$$FX_F(p_F - q_F) = HX_H(q_H - p_H) \tag{A23}$$
$$p_H + q_H = 1 - s_H \tag{A24}$$
$$p_F + q_F = 1 - s_F \tag{A25}$$
$$p_H - y_H q_H = 0 \tag{A26}$$
$$p_F - y_F q_F = 0 \tag{A27}$$

利用(A24)和(A26)得,

$$p_H = (1-s_H)y_H/(1+y_H) \tag{A28}$$
$$q_H = (1-s_H)/(1+y_H) \tag{A29}$$

利用(A25)和(A27)得,

$$p_F = (1-s_F)y_F/(1+y_F) \tag{A30}$$
$$q_F = (1-s_F)/(1+y_F) \tag{A31}$$

用它们代替(A23)中的 p_H, q_H, p_F, q_F 得:

$$FX_F(1-s_F)\frac{y_F - 1}{1+y_F} = HX_H\frac{1-y_H}{1+y_H}(1-s_H)$$

将 $y_F = 1/y_H$ 代入得,$FX_F(1-s_F) = HX_H(1-s_H)$。

证毕。

AⅦ. 由于 f 的分布仅取决于 p/q 而与 s 相独立，因此，E 就同 s 相独立。

足以证明，对于由（A9）和（A10）给出的 $f=f(x, y, h, z)$，当 $1 \leqslant x \leqslant h-1$，且 $x \neq z$ 时，$f(x)=sf(x)+pf(x-1)+qf(x+1)$，以及 $f(z)=sf(z)+pf(z-1)+qf(z+1)+pf(h-1)+qf(1)$。通过计算表明，这点是正确的。

证毕。

AⅧ. **定理** 用 $D(y, h, z)$ 表示转移持续时间。对给定的 s，$D(y, h, z)=D(1/y, h, h-z)$，并且对于给定的 (y, h, z)，$D(y, h, z)$ 同 $1/(1-s)$ 是成比例的。

证明：
$D=[qf(1)+pf(h-1)]^{-1}$。利用关于 p 和 q 的公式（A28）和（A29）以及关于 $f(1)$ 和 $f(h-1)$ 的公式（A9）和（A10），

$$D=\left[(1-s)\frac{(1-y)(1-y^{z-h})+y(1-y^{-1})(1-y^z)}{(1+y)(z(1-y^{z-h})+(h-z)(1-y^z))}\right]^{-1}, \quad y \neq 1$$

这里的定理是在 $y \neq 1$ 的情况下的。可以分开地验证对于 $y=1$，定理也是正确的。

证毕。

参考文献

G. A. Akerlof, "The Questions of Coinage, Trade Credit, Financial Flows and Peanuts: A Flow-of-Funds Approach to the Demand for Money," University of California, Berkeley, Working Paper, September 1975.

W. J. Baumol, The Transactions Demand for Cash: An Inventory Theoretic Approach. *Quart. J. Econ.* 6 (November 1952).

I. Fisher, "The Purchasing Power of Money," Macmillan Co. New York, 1911

M. H. Miller and D. Orr, A Model of the Demand for Money by Firms, *Quart. J. Econ.* 0 (August 1966).

J. Tobin, The Interest Elasticity of the Transactions Demand for Cash, *Reu Econ. Statist.* 8 (August 1956).

M. Weitzman. A Model of the Demand for Money by Firms: Comment. *Quart. J. Econ.* 8 (1968).

第 14 章 欧文·费雪的遗产：货币持有量的固定阈限—目标管理的后果[*]

乔治·A·阿克洛夫[**]

I. 序言

欧文·费雪（Irving Fisher）的货币理论以及那些如鲍莫尔（Baumol，1952）、托宾（Tobin，1956）、米勒和奥尔（Miller and Orr，1966）等存货理论家的货币理论，都把货币持有量看作两类决策的结果。第一类决策是关于独立于货币持有量的支出，因此被称为自主性支出（autonomous）。第二类决策涉及管理规则，这一规则确定了依赖于银行账户水平的支出，这一支出水平可以阻止银行账户过高或过低。因为这类支出依赖于银行账户，所以将被称为引致性支出（induced）。

把货币持有量的决策因素以这种方式划分为两类是有意义的，因为做出这两类决策根本是出于不同的动机。自主性支出为了利用机会来买

---

[*] George Akerlof (1979), "Irving Fisher on his Head: The Consequences of Constant Threshhold-Target Monitoring of Money Holdings," *The Quarterly Journal of Economics* XCⅢ, 2. 版权归麻省理工学院出版社所有。经允许重印。

[**] 作者要感谢通过加州大学伯克利分校商业和经济研究院（the Institute for Business and Economic Research at the University of California, Berkeley）国家自然科学基金（the National Science Foundation，许可号为 SOC75-23076）的资助。作者在做联邦储备委员会的访问研究经济学家时对这篇文章做了修改。同时，作者也想感谢珍妮特·耶伦（Janet Yellen）和季刊的编辑，罗伯特·道夫曼（Robert Dorfman），还有一名匿名审稿人给出的建设性意见。

第 14 章 欧文·费雪的遗产：货币持有量的固定阈限—目标管理的后果

卖货物、要素或证券；而管理规则的选择是为了平衡持有现金的成本和收益。因为这两类决策是出于本质上不同的动机，所以当长期来看影响这两类决策的收入、利率等变量变化时，两类决策的实施会有不同的时间滞后特征。

在费雪的模型中，引致性支出跟随自主性支出之后，管理政策因而是这种平均滞后的反应。按照费雪的说法，这些平均滞后的管理政策将导致对付款流和利率变化的一个较慢反应，因此可以（粗略地）将其看作短期内的常量。

另一方面，鲍莫尔、托宾、米勒和奥尔清楚地推导出，货币需求是最优管理政策和假设的付款流的结果。不过，在这类模型中，与近似最优化相比，完全最优化的额外回报通常计算出来都是非常之小，即使按百分比计现金持有量差异很大。比如考虑鲍莫尔模型中，一个年收入12 000 美元的人，每笔交易的交易成本是 10 美元，年利率是 6％。如果这个人比鲍莫尔模型所描述的再多持有 20％的货币，那他每年只是损失 2 美元，而如果交易费用低于每笔交易 10 美元，那么这个损失更小。

因为最优选择所带来的额外收益微乎其微，所以固定管理规则的短期货币持有量模型（如费雪模型）比完全最优化模型（例如鲍莫尔、托宾、米勒和奥尔模型）更可取。将费雪模型一般化，货币需求可以写为

$$L=L(P,S) \tag{1}$$

其中，P 是非零自主性支出的概率向量，S 代表管理银行账户政策的向量。在本文中，我们假定政策向量短期固定不变，这一方面是因为我们先前对短期内最优选择的额外收益的大小所给出的结论，另一方面是因为我们要把本文所得的结论与传统方法做一比较，在传统方法中，政策向量 S 是对于收入、利率变化的最优反应。当然，我不否认在长期，在给定购买资产的费用、利率和付款流条件下，管理政策要调整到大体符合最优反应的思想。实际上，某些这类最优反应，被看作是短期控制货币持有量的固定经验法则产生的原因。

费雪的 S 是一个时间间隔向量，表示在不同银行账户水平下引致性支出落后于自主性支出的平均滞后量。按照费雪的说法，S 是一个常量，自主性支出增加一倍会引起货币需求增加一倍。他进一步假设所有的自主性支出与货币收入是成比例的，这导致了宏观意义上的货币数量论。

与费雪相反，这里让向量 S 表示管理银行账户的固定目标与上下限；也就是说，每个超过上限 h 的银行账户要被调整返回到目标值 z；

类似地，达到下限 0 的银行账户也要被调整回到目标值 z。① S 是所有银行账户的向量组 (b, z)。令向量 P 表示所有银行账户上非零自主性支出与收入的概率分布。在下面的例子中，银行账户中增加 1 美元的概率是 p，减少 1 美元的概率是 q，没有经历交易的概率是 s，P 是所有银行账户不同组 (p, q)（非零交易的概率）的向量。本文将证明，在固定目标—阈限管理下，所有银行账户非零交易概率的成比例增加（例如上例中的 p 和 q）并不会导致预期总货币持有量的变化。一个附加假设，非零交易的概率随收入成比例变化，将导致一个完全被动变化的流动速度，而非不变的速度。② 而且，当 S 保持不变时，如果是非零交易的数量而非概率随收入成比例变化，那么就不存在关于预期货币需求将会随收入上升或下降的前提假设了。不过，在特殊的（对称性）条件下，货币需求将保持不变，我们将在第三部分加以讨论。

可以用一个简单的例子来解释这种被动变化的速度。任何时期内货币持有量的增加都是预期净自主性支出与净引致性支出的总和。在不变货币供给的均衡状态下，净预期自主性支出与净引致性支出必须完全平衡。在固定目标—阈限管理下，非零自主性支出概率的比例上升会使非零引致性支出的概率发生比例上升。如果自主性支出的概率上升之前，预期净自主性支出和净引致性支出完全平衡，那么在自主支出概率增加之后，两种预期支出仍会继续保持平衡。用电影作类比可以使这个命题更清楚。在目标—阈值管理下，所有非零自主性支出的概率 P 的成比例增加就像整个经济的支出这部电影正在以一个成比例的加快的速度被放映出来。如果自主性支出概率增加之前预期净自主性支出和净引致性支出恰好平衡，那么在自主性支出概率增加之后，这两种支出的"电影放映速度"仍将保持平衡。当然，当管理目标和阈值都固定不变时，不会有额外的货币需求。因此，流动速度是被动地随着银行账户固定管理目标与阈值的变化而变化的。

虽然一个简单的例子无法完全呈现将要论述的理论的总体（因此也无法抓住所有细节），但是它仍有一定的用处。考虑这样一个个人银行账户，每个阶段向这个银行账户存入固定的 x 美元。假设每 λ 个阶段，

---

① 有一种对此监管政策的自然的一般化：货币数量超过上限值就回到目标值 z_b；低于下限值就回到不同的目标值 z_l。博伊兰（Boylan, 1967）研究了这类"双重 (S, s) 政策"的最优性。

② 本文的基本命题，只要非零交易的概率与收入成正比，货币需求就独立于收入，可能应用有限，因为当收入足够大时这一成比例假设将被违背。否则，非零交易的概率会超过 1。不过，应该记住，如果时间间隔很短，做任何交易的概率相应都很小。在极限的连续情形下，在时间区间 dt 内非零交易的概率是 Pdt，不做交易的概率是 1。

348

第 14 章 欧文·费雪的遗产：货币持有量的固定阈限—目标管理的后果

这个账户要被管理，货币持有量降低到 0（通过证券的引致性购买）；那么平均货币持有量将为 $\lambda x/2$，而流动速度是常数 $2/\lambda$。相反，假设这个银行账户的管理规则是设定一个阈值 h，那么账户中的货币将被用来购买证券，这个账户将变为 0；此时平均货币持有量水平为 $h/2$，独立于 x，而流动速度是 $2x/b$，恰好与 x 成正比。在这个简单模型中，从不变滞后期管理到固定阈值—目标管理的变化完全改变了流动速度的行为。在一种情形下，流动速度不变；在另一种情形下，流动速度与支出流恰好成比例。

令 Y 代表总收入，r 代表利率，E 代表外生消费支出的向量。令非零交易的概率依赖于 Y，r 和 E，则 $P=P(Y, r, E)$。那么，短期预期货币总需求函数可以写为

$$L=L(Y,P(Y,r,E)/Y,S) \tag{2}$$

第一项表示，只要支出的概率与收入成正比，货币需求就依赖于收入；第二项表示，只要非零自主性支出的概率不与收入成比例，货币需求就依赖于支出流。①

根据 (2) 式，当 S 固定不变时，$\mathrm{d}L/\mathrm{d}Y\mid_{\mathrm{d}E=\mathrm{d}r=0}$ 有两个组成部分：

$$\frac{\mathrm{d}L}{\mathrm{d}Y}\Big|_{\mathrm{d}E=\mathrm{d}r=0}=\frac{\partial L}{\partial Y}+\frac{\partial L}{\partial (P/Y)}\frac{\partial (P/Y)}{\partial Y} \tag{3}$$

以及

$$\frac{\mathrm{d}L}{\mathrm{d}r}\Big|_{\mathrm{d}E=\mathrm{d}Y=0}=\frac{\partial L}{\partial (P/Y)}\frac{\partial (P/Y)}{\partial r} \tag{4}$$

在费雪意义的固定滞后期管理和与 Y 成比例的概率 P 条件下，(3) 式的第一项是一个正的常数，而 (4) 式将消失，从而导致货币数量理论。

相比之下，在阈限—目标管理下，(3) 式的第一项消失，从而 P 与 Y 成比例条件下短期货币需求的收入弹性为 0。众所周知，实证研究已经发现货币需求的短期利率弹性很低。不过，这些研究不能被用作证明财政政策的短期无效性（不变流通理论的观点）；在固定阈限—目标管理下，货币需求的短期利率弹性也是很低的。

正如我们将在第五部分讨论的那样，本文的固定阈值—目标模型至少大体上符合关于货币需求的实证结果。这一实证结果显示，货币需求

---

① 本文关注的是成比例的预期支付流和收入对货币需求的影响。两篇较早一点的文章 (Akerlof, 1975, 1976)，考察了支付流与收入不成比例对货币需求的影响。

的短期收入弹性比欧文·费雪理论预测的接近于 1 的短期收入弹性低一个数量级。结果，在通常的计量经济学模型中，财政政策之所以能有效地改变总收入，并不是因为货币需求的短期利率弹性高，而是因为货币需求的短期收入弹性低。这种低收入弹性并没有引起货币经济学家们的注意，这大概是因为费雪的货币交易需求与收入成比例的观点似乎颇有说服力。① 根据本文，那些理论对于费雪假设确切性质的敏感程度比以前的设想高得多。我们为货币需求的短期收入弹性较低提供了一个严谨的解释。

Ⅱ．阈值—目标管理下支出流与货币需求间的关系

本部分提出一个阈值—目标管理下的经济，并加以分析。论述过程分为四个部分：A 部分描述阈值—目标管理下支出流的微观经济模型；B 部分定义货币市场的均衡；C 部分推导支出概率变化的微观经济后果；D 部分阐述此模型对于总货币需求的后果。

A. 支出流与管理

支出流与管理的模型以及对其的解释来源于对米勒和奥尔模型的修改。每一个下标为 i 的银行账户都有一个上限值 h_i，达到这一触发点就有一个数量为 $h_i - z_i$ 的引致性商品或证券购买出现，使得此银行账户返回到目标值 z_i。类似地，当到达 0 时，会触发出价值为 z_i 的商品或者证券的出售行为，账户也会返回到目标值 z_i。每个账户都有导致三种结果的可能自主性支出：以概率 p_i 在 t 期到 $t+1$ 期之间账户增加 1 美元，以概率 s_i 在 t 期到 $t+1$ 期之间账户没有支出和收入的变化，以概率 q_i 在 t 期到 $t+1$ 期之间付出 1 美元。

B. 均衡的性质：短期与长期

如果 $f_i(m_i, t)$ 表示账户 i 在时间 t 持有货币数量为 m_i 的概率，那么在 t 时刻货币持有量的预期值用 $E(m)_t$ 表示，就是

$$E(m)_t = \sum_i \sum_{m_i} m_i f_i(m_i, t) \tag{5}$$

---

① 例如，凯恩斯（1936）在《通论》中提到的货币交易需求与收入成比例的观点，就是对费雪（1911）在《货币购买力》中所称的流通速度不变性的重新表述。

第14章 欧文·费雪的遗产：货币持有量的固定阈限—目标管理的后果

令 M_t 表示 t 时刻的货币供给，并假设它是外生决定的。同样，假设概率 p_i，q_i，s_i 依赖于内生和外生变量（如 Y，r，E 等）。给定 $t-1$ 时账户货币数量 m_i 和 h_i，z_i。$E(m)_t$ 由 p_i，q_i，s_i 决定。

因此，一个短期均衡条件由式

$$E(m)_t = M_t \tag{6}$$

给出，其中 $E(m)_t$ 由（5）得到，$f_i(m_i, t-1)$ 已经给定；而且 $f_i(m_i, t)$ 可以由账户支出与收入的假设概率、上限 h_i 和目标值 z_i 通过（7）式和（8）式推导得到：

$$\begin{aligned} f_i(m_i, t) = & p_i(\cdot) f_i(m_i-1, t-1) + s_i(\cdot) f_i(m_i, t-1) \\ & + q_i(\cdot) f_i(m_i+1, t-1) \\ & 1 \leqslant m_i \leqslant h_i - 1 \quad m_i \neq z_i \end{aligned} \tag{7}$$

和

$$\begin{aligned} f_i(z_i, t) = & p_i(\cdot) f_i(z_i-1, t-1) + s_i(\cdot) f_i(z_i, t-1) \\ & + q_i(\cdot) f_i(z_i+1, t-1) + p_i(\cdot) f_i(h_i-1, t-1) \\ & + q_i(\cdot) f_i(1, t-1) \end{aligned} \tag{8}$$

为了使（5），（6），（7），（8）式得到满足，带有支出概率 $p_i(\cdot)$，$q_i(\cdot)$，$s_i(\cdot)$ 的内生变量的取值导致了货币市场在 t 时刻达到均衡。（附录中的微观经济命题Ⅱ证明了此均衡条件也可以表示为流量：在 $t-1$ 期到 t 期之间意愿自主性支出的预期值加上引致性支出的预期值必须等于货币供给的变化。）

如果货币供给是不变量，那么条件（5），（6），（7），（8）也可以导致一个长期均衡条件。例如，如果 p_i，q_i，s_i 保持不变，正如它们的函数在长期均衡下自变量保持不变时那样，$f_i(m_i, t)$ 将会趋向于长期稳态分布（用 $f_i(m_i)$ 表示），特征如下：

$$f_i(m_i, t-1) = f_i(m_i, t) = f_i(m_i) \tag{9}$$

因为有（9）式这样的稳态特征，$f_i(m_i)$ 由（10）和（11）式给出：

$$\begin{aligned} f_i(m_i) = & p_i(\cdot) f_i(m_i+1) + s_i(\cdot) f_i(m_i) + q_i(\cdot) f_i(m_i+1) \\ & 1 \leqslant m_i \leqslant h_i - 1, m_i \neq z_i \end{aligned} \tag{10}$$

$$\begin{aligned} f_i(z_i) = & p_i(\cdot) f_i(z_i-1) + s_i(\cdot) f_i(z_i) + q_i(\cdot) f_i(z_i+1) \\ & + p_i(\cdot) f_i(h_i-1) + q_i(\cdot) f_i(1) \end{aligned} \tag{11}$$

除了式（10）和（11），

$$f_i(0) = 0 \tag{12}$$

$$f_i(h_i)=0 \tag{13}$$

$$\sum_{m_i=1}^{h_j-1} f_i(m_i) = 1 \tag{14}$$

这样（10）式到（14）式的系统由从 1 到 z_i-1 和 z_i+1 到 h_i-1（（10）式）的两个二阶差分方程组成，带有四个从（11）式到（14）式的边界条件。米勒和奥尔（Miller and Orr，1966，pp.434-435）发现：

$$f_i(m_i)=\frac{1-y_i^{z_i-h_i}}{z_i(1-y_i^{z_i-h_i})+(h_i-z_i)(1-y_i^{z_i})}(1-y_i^{m_i})$$
$$0 \leqslant m_i \leqslant z_i \tag{15}$$

$$f_i(m_i)=\frac{1-y_i^{z_i}}{z_i(1-y_i^{z_i-h_i})+(h_i-z_i)(1-y_i^{z_i})}(1-y_i^{m_i-h_i})$$
$$z_i \leqslant m_i \leqslant b_i \tag{16}$$

其中，$y_i=p_i(\cdot)/q_i(\cdot)$。

结果是，在货币供给量 $\overline{M}$ 恒定的情况下，货币市场的长期均衡条件可以由下式给出：

$$\sum_i \sum_{m_i} m_i its f(m_i) = \overline{M}$$

其中，$f_i(m_i)$ 是由（15）式和（16）式定义的分布。

C. 基本的微观经济命题

现在我们用本文的核心"微观经济命题"来表述刚刚给出的长期均衡定义。这些命题被称为微观经济命题是因为支出概率（p_i, q_i, s_i）和内生宏观经济变量的关系还不确切。我们将在 D 部分用一个类似的"宏观经济命题"给出这一确切关系（这些命题的证明在附录中）。

微观经济命题Ⅰ。如果在一个 $t=0$ 的初期，货币持有量是一个随机变量，其长期均衡下的概率分布相对于初始期的 p_i, q_i, s_i, h_i 和 z_i，由（15）式和（16）式定义，那么只要 h_i 和 z_i 保持不变，p_i 和 q_i 的同比例（quiproportionate）变化将会导致货币持有量无法预期的变化。

当然，命题Ⅰ是货币数量论传统思想的对立面。按照费雪的观点，保持流通速度不变，交易的同比例增加会导致货币持有量的同比例增加。按照命题Ⅰ，交易概率的同比例变化不会导致货币持有量的变化。

微观经济命题Ⅱ和命题Ⅲ。微观经济命题Ⅱ和命题Ⅲ证明了引言中关于支出流"影视"景象的核心论断。根据微观经济命题Ⅱ，一个银行账户货币持有量的预期增加是净预期引致性支出和净预期自主性支出之

第 14 章 欧文·费雪的遗产：货币持有量的固定阈限—目标管理的后果

和。因此，如果货币供给固定不变且等于引致性、自主性支出的预期之和，那么这两个预期之和一定也等于0。根据微观经济命题Ⅲ，在长期均衡下，非零自主性支出概率的同比例增加将导致引致性需求的同比例增加。因此，作为类比，长期均衡下自主性支出"速度"的同比例增加导致了引致性支出"速度"的同比例增加；而且，使用微观经济命题Ⅱ，因为固定货币供给的长期均衡下这两个流量保持平衡，所以在自主性支出流量的速度增加之后它们仍将持续平衡；对货币的需求不会有增加。

D. 基本的宏观经济命题

微观经济学命题Ⅰ与一个宏观经济命题相对应。

宏观经济命题。 令 t 时刻的 p_i、q_i 和 s_i 依赖于收入 Y_t、利率 r 和其他外生变量 E_t，即 $p_i(Y_t, r_t, E_t)$、$q_i(Y_t, r_t, E_t)$ 和 $s_i(Y_t, r_t, E_t)$。给定每个银行账户在初始时期货币持有量的分布，表示为 0，而每个后续时期 t 的预期货币需求表示为 L_t，都是 Y_τ, r_τ, E_τ 的函数。特别地，如果在 0 到 t 之间，Y, r, E 是固定不变的，那么可以有

$$L_t = L_t(Y, r, E)$$

总之，L_t 具有以下形式

$$\begin{aligned} L_t = L_t(&p_1(Y,r,E), \cdots, p_N(Y,r,E), \cdots, q_N(Y,r,E); \\ &h_1, \cdots, h_N, z_1, \cdots, z_N; f_1(1,0), \cdots, f_N(h_N-1,0)) \end{aligned} \quad (17)$$

其中经济中共有 N 个银行账户。

根据微观经济命题Ⅰ，（17）式可以写作下述形式

$$\begin{aligned} L_t = L_t(&Y, p_1(Y,r,E)/Y, \cdots, p_N(Y,r,E)/Y, \\ &q_1(Y,r,E)/Y, \cdots, q_N(Y,r,E)/Y; \\ &h_1, \cdots, h_N, z_1, \cdots, z_N; f_1(1,0), \cdots, f_N(h_N-1,0)) \end{aligned} \quad (18)$$

而且如此，如果 p_i, q_i, h_i 和 z_i 给定，每个 $f_i(m_i, 0)$ 由（15）式和（16）式的长期值给出，那么

$$\frac{\partial L_t}{\partial Y} = 0 \quad (19)$$

性质（19）实际上相当特殊；它是货币数量论的准确且一般性的对立面；它说明，除非非零交易的概率随着收入变化，否则货币需求的收入弹性为零；在固定阈值—目标管理下，如果在收入变化之前货币持有量的分布处于长期稳态，则此性质正确。

Ⅲ. 对模型的评价

前一部分模型的特性使得找到模型违反现实的最重要方面非常简单,这些方面有些是固有的,其他则不是。前一部分模型对现实最明显的不符,发生在没有支出和收入值高于 1 美元条件下被假设的支出和收入的概率分布中。不过,此性质并非模型所固有。如果账户转入 l 美元的概率是 p_l,支出 j 美元的概率是 q_j,那么对于任何正值 l, j, p_l, q_j 同比例的变化,所有银行账户 i 都不会导致预期货币持有量发生变化,只要 p_l, q_j 同比例变化之前货币持有量的分布是稳定的。当然,这是微观经济命题Ⅰ的一般化,且易于证明。而且,除了更大范围的支出规模,一般化的模型应该允许支出规模依赖于交易的类型;例如,一些购买行为(比如冰淇淋)包括比其他购买行为(比如汽车)更高的支出 1 美元的概率,因此,每一个 p_l 和 q_j 都应该依赖于特定的自主性支出。

上一部分的第二个特征涉及到比较静态变化的本质;上升的名义收入被假设会导致收入与支出概率的比例上升,那些支出的规模是固定的。名义收入变化的另一个表现是使得交易的概率不变,但交易的规模与收入成比例上升。我们也可以研究一下交易概率的这种数量变化,尽管结果不如交易概率变化明显。对于货币需求与收入之间的独立性,总结如下:在固定目标与阈值下,只有在经济偏离某种将要描述的对称情形时,货币需求才会随着收入的改变而改变。而且,通常并没有假设指出,收入增加会使货币需求增加还是减少。

令交易的规模一致为 λ 美元,这样一个银行账户就以概率 p 收入 λ 美元,而以概率 q 支出 λ 美元。令目标和阈值分别固定为 z 美元和 h 美元,虽然 z 和 h 不再是 λ 的整数倍,我们可以近似得到预期的货币需求,用 λ 表示(根据附录里公式(A4))为 $E(y, h/\lambda, z/\lambda)$,用美元表示是

$$E(m) = \lambda E(y, h/\lambda, z/\lambda) \qquad (20)$$

应用(A4)和一种特定的对称,揭示出一个货币需求独立于 λ 的经济。考虑一个经济,其中银行账户可以被成对的分组,对于每个银行账户增加 λ 美元的概率为 p 而减少 λ 美元的概率为 q,目标值为 h 而阈值为 z 的账户,都有一个对应的账户,其增加 λ 美元的概率为 q 而减少 λ 美元的概率为 p,阈值为 h 而目标值为 $h-z$。这样一种对称的情形是有意义的,因为我们可以想象在每次交易中这两个账户分别是支付者和被支付

第 14 章 欧文·费雪的遗产：货币持有量的固定阈限—目标管理的后果

者。目标值和阈值的相对大小也是有空间意义的，因为这两个账户有相同的引致交易时间间隔。(20) 式和 (A4) 表明，两个成对银行账户的货币需求之和为 h，独立于 λ。微观经济命题Ⅳ（在附录中将给出证明）表明，

$$E(y,h,z)+E(1/y,h,h-z)=h$$

其中，$y=p/q$。

因此，只有银行账户偏离这种对称性时，交易数量的变化（例如 λ 的变化）才会引起货币需求量的变化。而且，如果没有这种对称性，λ 的增加既不会使货币需求增加也不会使其减少。在前述两种意义下，固定目标值和阈值下的货币需求对收入的零弹性这一结论对于后面部分模型所作出的变化是稳健的。

关于在不同时期支出是独立的假设也违背现实，工资支出与账单的每月循环可以证明这一点，但这并非表明此假设是模型所固有的。在罗斯·米尔本（Ross Milbourne）和我 (1977) 的一篇论文中，我们研究了在固定目标值和阈值下，当货币需求的收入弹性很低时，由工资产生的周期性自主性支出流会在多大程度上影响本文的结论。当收入增长时，固定目标值和阈值管理会使银行账户被更频繁的管理。账户管理频率的增加倾向于降低账户的货币持有量，而且可能因更大的支出流而过度地抵消增加的货币持有量，因此，即使在周期性支付的情况下，货币需求的收入弹性很可能实际上是略低于 0。

最后，阈值—目标管理当然对于我们的结论来说是固有的。不过这实际上正是我们的观点。一个采用固定阈值—目标管理的经济拥有低货币需求的收入弹性，这一点毋庸置疑。

Ⅳ. 与现实情况的符合程度

我们仍然需要验证一下短期固定阈值—目标模型所预测的货币需求在多大程度上与现实相符。为了做到这一点，我们应该比较两种货币需求的具体情况；第一种是由银行账户被周期性管理的货币需求理论所产生的货币需求，而且管理习惯反应为管理周期，对于持有现金的收益与成本的变化反应缓慢。根据这个模型（以微分形式，而不是差分形式），

$$\dot{v}=\alpha(v^*-v) \tag{21}$$

其中

　　　v 是当前流通速度
　　　v^* 是目标（最优）流通速度

而

　　　α 是速度调整参数

作为比较，我们通常给出的实证估计货币需求方程为

$$\dot{m}=\alpha(m^*-m) \tag{22}$$

其中

　　　m 是实际余额需求量
　　　m^* 是目标（最优）实际余额需求量

而

　　　α 仍然是速度调整参数

这两种可能的货币需求在短期表现相当不同（短期的极限是变化发生的时间为0）。根据（21）式，短期内流通速度不变，而货币需求与收入成正比，相反，根据（22）式，货币需求在短期不变，而流通速度与收入成正比。固定阈值—目标值模型在短期内与（22）式情形大体上一致，货币需求与收入无关；相应地，模型与（21）式情形不一致，此情形下流通速度是不变的。因此，在货币需求分别由这两个方程所描述的经济中，短期财政政策的效应是不同的。在（21）式情形下，即使短期内，财政政策对收入的效应是完全无效的；在（22）式情形下，财政政策是极为有效的，但并不是因为通常我们认为的原因；不是因为 $\partial L/\partial r$ 很大，而是因为 $\partial L/\partial Y$ 很小。

对货币需求的实证估计通常使用（22）式的差分形式；特别地，莱德勒（Laidler, 1966），周（Chow, 1966），戈德菲尔德（Goldfeld, 1973）等已经对存量调整方程进行了估计。著名的戈德菲尔德"偏好"方程具有季度收入弹性 0.193，比那些假设短期内货币流通速度不变的货币需求理论所预测出来的接近于1的弹性结果要小很多。这个估计的正确性因其拟合效果和稳健性而受到置疑，这些戈德菲尔德已用许多方法进行了检验。较低的收入弹性 0.193 依然至少部分地归因于存货调整方程的约束，其中货币需求随着收入与利率的同速变化而变化（由参数 α 给出）。但是，用无限制收入和利率弹性同速调整的 Almon 滞后进行的货币需求估计（Goldfeld, 1973, pp.598-607）表明，这两个弹性确

第 14 章 欧文·费雪的遗产：货币持有量的固定阈限—目标管理的后果

实以大约相同的速度调整。如果有些不同，那就是货币需求对收入变化的调整要稍慢于对利率变化的调整。用 Almon 滞后估计的 M_1 的季度收入弹性是 0.146。

当然，有人（（Enzler，Johnson，Paulus，1976），（Goldfeld，1976））最近几年已经注意到，1952—1972 年估计的戈德菲尔德方程预测效果非常"差"，以至于这些实证结果多少有点模棱两可。对这种现象人们已经做过一些解释，其中最有说服力的是方便快捷的基金市场的数量增加；基金市场上商业银行的净购买量已经从 1967 年的 10 亿美元增加到 1955 年 6 月的 35 亿美元。[①] 因为联邦基金非常富有流动性而成为货币的替代品，基金市场重要性的上升就会改变货币需求函数。而且，戈德菲尔德方程较差的预测能力不应该影响本文得到的货币需求低收入弹性结论的信心，因为戈德菲尔德方程的错误在于让货币需求太过紧随收入而变化。

最后，当然应该指出，在固定阈值—目标模型中短期货币流通速度的行为至少解释了弗里德曼难题（1959）的一半，弗里德曼难题是指为何在经济周期过程中流通速度与收入协变。此难题的第二部分是要解释为什么在长期中流通速度与收入逆变，这符合第二次世界大战以前的现实，可以通过假设货币持有者对货币账户的目标值和阈值的调整来解释：货币持有者衡量不同目标值和阈值的成本与收益，最终做出最优选择。

Ⅴ. 总结和结论

经济学家通常假设货币交易需求的短期收入弹性相当大，甚至接近于 1。这种判断背后的逻辑是人们有"平均的货币周转率"，反映了人们货币的持有习惯。这些货币持有习惯对收入和利率变化的反映是缓慢的。本文表明，如果货币持有习惯是不同的，以目标—阈值管理来看，流通速度在短期内将不是常数，而是与收入成比例。实际上，这个预测与实证证据一致。因此，财政政策是短期有效的，这并非因为凯恩斯主义者通常给出的原因，即货币需求的利率弹性很大，而是因为货币需求的收入弹性很小。

[①] 参见波特和莫斯科普夫（Porter and Mauskopf, 1978），以及廷斯利和加勒特（Tinsley and Garrett, 1978）。

附 录

微观经济命题 I。如果在一个 $t=0$ 的初始期,货币持有量是一个随机变量,其长期均衡下的概率分布相对于初始期的 p_i, q_i, s_i, h_i 和 z_i,由(15)式和(16)式定义,那么只要 h_i 和 z_i 保持不变,p_i 和 q_i 的同比例变化将会导致货币持有量无法预期的变化。

证明:

我们将证明当 h_i 和 z_i 保持不变时,p_i 和 q_i 的同比例增长不会使假设条件下的货币持有量分布发生变化。因此,预期货币持有量将不会发生改变。

证明将通过归纳法。

根据定义,$f_i(m_i, 0) = f_i(m_i, 0)$。

我们要证明,如果 $f_i(m_i, t) = f_i(m_i, 0)$,那么 $f_i(m_i, t+1) = f_i(m_i, 0)$。

令 p_i,q_i 和 s_i 分别是账户自发的收入 1 美元、自发的支出 1 美元和没有进行交易的概率。

令 p'_i,q'_i,s'_i 分别是 p_i,q_i 和 s_i 同比例变化后的概率。

根据定义,有系数 λ 使

$$p'_i = \lambda p_i \tag{A1}$$
$$q'_i = \lambda q_i \tag{A2}$$
$$s'_i = 1 - \lambda(1 - s_i) \tag{A3}$$

现在,我们可以进行两步运算,证明 $f_i(m_i, t+1) = f_i(m_i, 0)$。根据(7),对于

$$1 \leqslant m_i \leqslant h_i - 1, m_i \neq z_i$$
$$f_i(m_i, t+1) = p'_i f_i(m_i - 1) + q'_i f_i(m_i + 1, t) + s'_i f_i(m_i, t)$$

由(A1),(A2)和(A3)可以得到

$$= \lambda p_i f_i(m_i - 1, t) + \lambda q_i f_i(m_i + 1, t) + \{1 - \lambda(1 - s_i)\} f_i(m_i, t)$$

根据归纳假设

$$= \lambda p_i f_i(m_i - 1, 0) + \lambda q_i f_i(m_i + 1, 0) + \{1 - \lambda(1 - s_i)\} f_i(m_i, 0)$$

重新调整一下各项

第 14 章 欧文·费雪的遗产：货币持有量的固定阈限—目标管理的后果

$$=\lambda\{p_if_i(m_i-1,0)+q_if_i(m_i+1,0)+s_if_i(m_i,0)\}-\lambda f_i(m_i,0)$$
$$+f_i(m_i,0)$$

由于 $f_i(m_i, 0)$ 是稳定的，由（10）

$$=\lambda f_i(m_i,0)-\lambda f_i(m_i,0)+f_i(m_i,0)=f_i(m_i,0)$$

类似地，

$$f_i(z_i,t+1)=p'_if_i(z_i-1,t)+q'_if_i(z_i+1,t)+p'_if_i(h_i-1,t)$$
$$+q'_if_i(1,t)+s'_if_i(z_i,t)$$
$$=\lambda\{p_if_i(z_i-1,0)+q_if_i(z_i+1,0)+p_if_i(h_i-1,0)$$
$$+q_if_i(1,0)+s_if_i(z_i,0)\}-\lambda f_i(z_i,0)+f_i(z_i,0)$$
$$=f_i(z_i,0)$$

证毕。

微观经济命题 I 的推论。 如果在一个 $t=0$ 的初始期，货币持有量是一个长期均衡下概率分布的随机变量，那么只要 h_i 和 z_i 保持不变，p_i 和 q_i 的同比例变化将不会导致后期货币持有量概率分布的变化。

微观经济命题 II。 货币持有量的预期上升是预期引致性支出与预期自主性支出之和。（在定理 II，III，IV 中，下标 i 将会被省略，因为这些定理适用于所有的银行账户）。用符号表示

$$\sum_m mf(m,t+1)-\sum_m mf(m,t)=-p(h-z)f(h-1,t)$$
$$+qzf(1,t)+p-q$$

证明：

$$\sum_m mf(m,t+1)-\sum_m mf(m,t)$$
$$=\sum_{m=1}^{h-1}smf(m,t)+\sum_{m=1}^{h-1}qmf(m+1,t)+\sum_{m=1}^{h-1}pmf(m-1,t)+qzf(1,t)$$
$$+pzf(h-1,t)-\sum_{m=1}^{h-1}mf(m,t)$$
$$=\sum_{m=1}^{h-1}smf(m,t)+\sum_{m=1}^{h-1}q(m+1)f(m+1,t)$$
$$+\sum_{m=1}^{h-1}p(m-1)f(m-1,t)-\sum_{m=1}^{h-1}qf(m+1,t)$$
$$+\sum_{m=1}^{h-1}pf(m-1,t)+qzf(1,t)+pzf(h-1,t)-\sum_{m=1}^{h-1}mf(m,t)$$
$$=\sum_{m=1}^{h-1}smf(m,t)+\sum_{m=1}^{h-1}qmf(m,t)$$

$$+ \sum_{m=1}^{h-1} pmf(m,t) - qf(1,t) - p(h-1)f(h-1,t) - \sum_{m=1}^{h-1} qf(m,t)$$

$$+ \sum_{m=1}^{h-1} pf(m,t) + qf(1,t) - pf(h-1,t) + qzf(1,t) + pzf(h-1,t)$$

$$- \sum_{m=1}^{h-1} mf(m,t)$$

因为 $p+q+s=1$,并且 $\sum_{m=1}^{h-1} f(m,t) = 1$

$$= -p(h-z)f(h-1,t) + qzf(1,t) + p - q$$

微观经济命题Ⅲ。自主性支出概率的同比例增加会导致引致性支出的同比例增加。

证明：

一个账户引致性净流入量为 z 的概率是 $qf(1)$，引致性净流出量为 $h-z$ 的概率是 $pf(h-1)$。根据定理Ⅰ的推论，p 和 q 的同等增长使得 $f(1)$ 和 $f(h-1)$ 不变；因此，如果 p 和 q 同乘以 λ，那么这个账户的引致性净流入量为 z 的概率变为 $\lambda qf(1)$，引致性净流出量为 $h-z$ 的概率变为 $\lambda pf(h-1)$。

微观经济命题Ⅳ。令 $E(y,h,z)$ 代表上限为 h，目标为 z 的账户的预期货币持有量，并令 $p/q=y$。

$$E(y,h,z) + E(1/y,h,h-z) = h$$

证明：

由（15）式和（16）式

$$E(y,h,z) = (\sum_{m=0}^{z} m(1-y^{z-h})(1-y^m) + \sum_{m=z+1}^{h} m(1-y^z)$$
$$\times (1-y^{m-h}))/(z(1-y^{z-h}) + (h-z)(1-y^z))$$

稍作代数变化,可以得到（A4）

$$E(y,h,z)$$
$$= \frac{1}{2} \left\{ \frac{1+y}{1-y} + h + z - \frac{hz(1-y^{z-h})}{z(1-y^{z-h}) + (h-z)(1-y^z)} \right\} \quad (A4)$$

利用（A4），代入 E 的第一个变量是 $1/y$，第二个是 h，第三个是 $h-z$，得到

$$E(1/y,h,h-z)$$
$$= \frac{1}{2} \left\{ -\frac{1+y}{1-y} + 2h - z - \frac{h(h-z)(1-y^z)}{z(1-y^{z-h}) + (h-z)(1-y^z)} \right\} \quad (A5)$$

第14章 欧文·费雪的遗产：货币持有量的固定阈限—目标管理的后果

（A4）和（A5）相加，得到

$$E(y,h,z)+E(1/y,h,h-z)=h$$

证毕。

伦敦经济学院

参考文献

Akerlof, G. A., "The Microfoundations of a Flow of Funds Theory of Demand for Money," Working paper, University of California, Berkeley, March 1976.

——, "The Questions of Coinage, Trade Credit, Financial Flows and Peanuts: A Flow-of-Funds Approach to the Demand for Money," Working paper, University of California, Berkeley, September 1975.

——and R. D. Milbourne, "The Sensitivity of Monetarist Conclusions to Monetarist Assumptions," Board of Governors of the Federal Reserve System, November 1977.

Baumol, W. J., "The Transactions Demand for Cash: An Inventory Theoretic Approach," this *Journal*, LXVI (Nov. 1952), 545–556.

Boylan, E. S., "Multiple (S, s) Policies and the, *n*-Period Inventory Problem," *Management Science*, XIV (Nov. 1967), 196–204.

Chow, G. C., "On the Long-Run and Short-Run Demand for Money," *Journal of Political Economy*, LXXIV (April 1966), 111–131.

Enzler, J., L. Johnson, and J. Paulus, "Some Problems of Money Demand," *Brookings Papers on Economic Activity*, 1 (1976), 261–280.

Fisher, I., *The Purchasing Power of Money* (New York: Macmillan, 1911).

Friedman, M., "The Demand for Money: Some Theoretical and Empirical Results," *Journal of Political Economy*, LXVII (Aug. 1959), 327–351.

Goldfeld, S. M., "The Demand for Money Revisited," *Brookings Papers on Economic Activity*, 3 (1973), 577–638.

——, "The Case of the Missing Money," *Brookings Papers on Economic Activity*, 3 (1976), 683–730.

Keynes, J. M., *The General Theory of Employment, Interest and Money* (New York: Macmillan, 1936).

Laidler, D., "The Rate of Interest and the Demand for Money: Some Empirical Evidence," *Journal of Political Economy*, LXXIV (Dec. 1966), 543–555.

Miller, M. H., and D. Orr, "A Model of the Demand for Money by Firms," this *Journal*, LXXX (Aug. 1966), 413–435.

Porter, R. D., and E. Mauskopf, "Some Notes on the Apparent Shift in the Demand for Demand Deposits Function," unpublished manuscript, Board of Governors of the Federal Reserve System, May 1978.

Tinsley, P. A., and B. Garrett, "The Measurement of Money Demand," preliminary unpublished manuscript, Special Studies Section, Board of Governors of the Federal Reserve System, April 1978.

Tobin, J., "The Interest Elasticity of the Transactions Demand for Cash," *Review of Economics and Statistics*, XXXVIII (Aug. 1956), 241-247.

第15章 以"坝址"看待工作职位[*]

乔治·A·阿克洛夫
伦敦经济学院

Ⅰ. 导论

许多经济分析都是建立在经济过程的本质和经济学家用作分析工具的函数之间的格式化的关系上的。例如，如果生产过程是可以复制的，那么就得到了规模报酬不变的生产函数。初等经济学的学生被告知，如果产品难于被替代，那么其需求就是缺乏弹性的；如果易于替代则其需求就是富有弹性的。以类似的方式，本论文的目的就是要对工作的本质进行分类，并揭示工资对于劳动需求弹性的隐含意义。

我们将一项工作看作一个坝址。对于一座未能充分利用坝址的水坝，即使在蓄水和发电方面是有效率的，但在一个宝贵的坝址被浪费掉这个方面，依旧代价高昂。就算成本为零（从而收益/成本比率为无穷），也没有人愿意付费使用一个未充分利用坝址的大坝。我们可以用同样的方式来描绘工作和工人。工作可以被描绘成坝址，而不同技能的工人就是建在不同坝址上的潜在水坝。工作技能严重不足的工人，即使愿意接受零工资，也无法找到工作，这并非是因为他们在这些工作上的产出为负，而是因为他们未能充分利用这些工作岗位。同理，企业即使需要花大价钱雇佣技术熟练的工人，也会在所不惜。

---

[*] 这篇论文最初发表于 George Akerlof (1981), "Jobs as Dam Sites," *Review of Economic Studies* XLVIII Copyright © 1981 The Society for Economic Analysis Ltd. 经布莱克威尔出版社授权重印。

对于给定技能劳动的需求的工资弹性,对工作的以上看法解释了悲观情绪的缘由。因为它表明,对于非熟练技术工人,无论他们给出多低的工资出价,仍然可能无法同技术熟练工人竞争工作机会。

这至少会带来五种后果。第一,它表明,当总需求下降时期,最终商品和服务的价格在充分就业水平之下,而灵活工资本身并不足以保证充分就业的恢复。熟练工人将获得工作职位和正工资;非熟练工人即使在零工资水平也无法找到工作。

第二,最低工资通常被看作是造成普遍失业和特定青年群体失业的主要原因(可以参见费尔德斯坦(Feldstein,1973)的例子)。最低工资对就业的效应严格依赖于需求的工资弹性。如果非熟练工人在零工资下都无法找到工作,那么,正如我们的观点,其需求的工资弹性非常低。

第三,费尔德斯坦(1973,pp. 19–26)等学者认为,应该支付工资补贴给雇主,以鼓励他们雇佣年轻人参与到阶梯式工作中。费尔德斯坦的建议隐含着一种信念:这类工作对年轻人的需求弹性相当的高——至少要保证只要最低工资充分降低,雇主就会非常愿意雇佣这类工人。因此,工资成本成为了他对这类项目进行成本评估的上界。而另一方面,如果工作像本文里描述的那样,类似于坝址,那么,即使工资为零,厂商也可能不愿意雇佣非熟练工人,因为非熟练工人可能无法充分利用阶梯式职位本身的价值。

补贴项目的另一个方面是人力培训计划。在美国,这类计划遭遇了猛烈抨击,因为其花费在单位工人身上的成本高昂。此类批评中大部分隐含着与在职培训的比较,观点在于这类培训的费用一定要比此类工作的工资低。不过,按照本文的观点,这个隐含比较是无效的,因为在一项工作中使用一个非熟练工人的成本,不仅包括支付给他的工资,而且还包括他对稀缺资源,也就是工作本身的非充分利用。

第四,对劳动市场采取"以坝址看待工作"这一视角,还可以解释另一个广泛现象。非熟练劳动的失业率总是远高于技术熟练劳动的失业率。传统上对这种现象有两种解释,而坝址模型为此提供了第三种。[①]一种解释是工作职位的货币工资刚性。当一项工作职位空缺时,雇主会从所有愿意接受给定职位刚性货币工资的申请者中,挑选出技术最熟练的工人。因为这种遴选制度,技术非熟练工人将不会有机会通过压低工资与技术熟练工人竞争职位。第二种解释来源于贝克尔(Becker,

---

[①] 一个不太知名的解释是梅尔文·雷德(Melvin Reder, 1964),他认为这种现象至少应部分地归因于"梯式晋升"。雷德还给出了一些表格,来说明针对不同熟练水平的相对失业率。

1964)。他认为，更高技术的工人，相对于其工资水平，拥有更高的专有人力资本率。结果，在周期性的经济低迷时期，厂商解雇高专有人力资本工人是次优的选择，而且如果之后无法再雇回这些人，那厂商将遭受投资的损失。与这些解释不同，本文的理论认为，除非非熟练工人愿意接受负工资，如同一些学徒工时期，否则技术熟练工人总能够给出一个工资出价，使得非熟练工人退出竞争。

最后，长期以来困扰经济学的是就业的短期产出弹性很高，这大致反映在奥肯定律（Okun's Law）里，在短期生产函数的概念里似乎不太明显。令人惊奇的是，即使生产工人的短期产出弹性也高于1。本文的模型对此现象提供了一种解释。随着厂商步入经济周期的低谷，厂商可能不会付代价解雇所有产出比工资低的工人，因为这会导致专有人力资本的损失，同时也会使得剩余工人的士气受到影响。另一方面，即使在零工资下，运作职位的边际成本都可能会高于增加的产出价值，因此一些工人可能在经济衰退时期被闲置起来。

本文的安排如下。第2节分析了一些关键因素，它们导致了成本为零且产出为正的资源被弃用。将坝址与李嘉图模型中低等级土地进行类比非常恰当。

第3节讨论的是工作的性质。此节将对专有技术和专有人力资本进行区分（我相信这是本文的新颖之处）。至少一些实证结果支持下面的论断，即工作组织在本质上是一种专有技术；进一步地，正是由于这类组织的通常形式导致了工作具有以下特征：当需求低时，即使成本为零，低等级的互补要素（例如李嘉图模型中的低等级的土地和我们的模型中的非熟练劳动）也不会得到利用。

第4节和第5节是作为坝址的工作的具体例子。它们表明，对非熟练劳动的需求的工资弹性是低的。这两节显示，当需求低时，这类劳动即使同资本一起使用能产生正的边际产量，也不能要求正的工资——因为即使技术更熟练工人赚得正工资，但他们对工作职位的利用更加充分。

Ⅱ．非充分利用模型的一般特征和工作与坝址之间的类比

本文主要讨论在什么样的条件下，即使工资为零，雇佣劳动也无法获利。按照本文的分析，如果劳动者不能充分挖掘工作职位的功能，而这些工作因其潜在的生产能力而使其本身就是宝贵的资源时，上述条件

就会出现。在经济学著作中,至少有三个例子说明如果互补要素严重稀缺,生产要素就不会被使用:它们分别是灰泥—黏土(putty-clay)模型、李嘉图土地理论以及(确定坝址上的给定工程的利用状况)成本收益分析。本节对这三个例子的讨论将会揭示它们的共同特征,而这些特征导致了个别生产要素在其互补要素严重稀缺时不会得到利用,而且回报率为零。一旦揭示出这些模型的共同特征,工作同坝址之间的类比就显得非常自然了,从而可以得出零工资非熟练劳动的雇佣不会带来利润的论断。按照这种方式,一幅关于生产的图景呈现出来,其中劳动需求的工资弹性非常之低。

第一个例子是灰泥—黏土模型。尽管灰泥—黏土文献中所强调的是灰泥—黏土与灰泥—灰泥模型在长期的相似之处((Akerlof,1967);(Bliss,1968),(Johansen,1959),(Solow,1962,1963)),而本文的灰泥—黏土模型所要强调的可能完全不同。本文得到的结论将是更一般生产理论的一种特殊情形,我们将详细地解释这一点。

根据灰泥—黏土模型,每 λ 个单位资本密集度为 λ 的机器,需要使用一个单位的劳动。当一单位劳动同该种资本一起使用时,其他劳动就无法被同样使用。根据索洛的观点,存在着 λ 型机器的一个分布,当使用一单位劳动时,生产的产出为 $g(\lambda)$。完全竞争经济将会按照产出最大化的方式将劳动配置给机器。因此,完全竞争经济将选择 λ 型机器的利用率 $\mu(\lambda)$ 来使总产出最大化,其约束条件为劳动的使用不能超过劳动供给。

令 Λ 代表所有可能机器类型的空间,令 $f(\lambda)$ 代表经济中 λ 型机器的分布,完全竞争经济将选择 $\mu(\lambda)$ 以最大化

$$\int_{\lambda \in \Lambda} \mu(\lambda) g(\lambda) f(\lambda) \mathrm{d}\lambda \tag{1}$$

约束条件为

$$\int_{\lambda \in \Lambda} \mu(\lambda) f(\lambda) \mathrm{d}\lambda \leqslant L \tag{2}$$

其中,L 是经济中的劳动总量。

在约束条件(2)下使(1)最大化的净结果是一个总量产出函数,它依赖于机器的分布 $\{f(\lambda)\}$ 和劳动的总供给 L。这个总量生产函数有一个重要的性质。尽管在低资本密集型机器上工作的劳动将会有一个正的产出,然而只要存在足够大数量的高资本密集型机器,那么额外的低资本密集型机器将不会对总产出产生影响。这些机器的边际产出(处于总产出的生产中)将会为零。零边际产出的原因很容易解释。如果机器

第 15 章 以"坝址"看待工作职位

需要劳动来操作,并且操作机器的劳动者必须从经济中的其他地方寻得,那么使用足够劳动密集的机器将会产生负边际产出,因为其互补性投入的机会成本要大于其产出的价值。

灰泥—黏土模型的这一特性并非独一无二,至少另有两个著名模型适用于同样的原理。(简要地)讨论一下这两种情形是值得的,因为正如本文所述,它们会阐明职位的本质,并且通过类比来解释本文中所得到的结论。

第一个类比,考虑李嘉图的土地利用模型。按照李嘉图的观点,土地有不同等级。数量为 T_λ 的 λ 等级的土地与数量为 L_λ 的劳动一起可以生产产量为 $Q_\lambda = F_\lambda(T_\lambda, L_\lambda)$ 的产出。在完全竞争条件下,会产生一个加总的产出 Q,

$$Q = \sum_\lambda Q_\lambda = \max \sum_\lambda F_\lambda(T_\lambda, L_\lambda) \tag{3}$$

对于每个 $\lambda \in \Lambda$ 等级土地的给定量 T_λ,并选择 L_λ 来最大化(3),约束条件为:

$$\sum_\lambda L_\lambda \leqslant L \tag{4}$$

在劳动约束条件(4)下,最大化总产量(3)的解表明,对于各个 λ 等级的土地,有

$$\partial F/\partial L_\lambda(T_\lambda, 0) < w \tag{5}$$
$$L_\lambda = 0 \tag{6}$$

其中,w 是带来总产出的劳动的边际产出(也就是 $\partial Q/\partial L$)。

在李嘉图的模型中,如果对土地投入每单位的劳动(这项劳动获得了应得的工资)而不能生产一项产出,那么,这块土地将会被闲置,或者用灰泥—黏土模型的话说,就是"荒废"。决定这是否会发生的一个条件就是生产函数 F_λ 中土地对劳动的替代弹性是否小于 1。如果对每个 λ,替代效应都小于 1,那么足够充裕的优等地会导致对劣等地的废弃(Matthews,1964)。

值得注意的是,一般而言,存在一个总量生产函数:

$$Q = F(L, T_1, \cdots, T_\Lambda) \tag{7}$$

但是这个函数有一个特殊的性质。根据这一特性,如果优等土地的数量足够充裕,那么较低等级的土地将不会对总产出有任何贡献。这种对劣等土地的废弃,即便是在对劳动和劣等土地单独考察时都有正的边际产量时也会发生。然而,对较低等级土地的使用需要投入劳动,在优等土

地充裕以及替代能力有限的情况下,这样会使得使用劣等土地的机会成本超出其产出。之所以会出现这种结果,其中一条理由就是,一旦将劳动投入到一种等级的土地中,它将不能再在另一等级的土地中工作。同样地,在灰泥—黏土模型中,如果劳动同一种类型的资本一起投入使用,那么它将不能再同另一种类型的资本一起投入使用。

工作职位的情形与此类似。本质上,一旦一个工作岗位被一个人占据,就不能再提供给其他人。在李嘉图的模型中,如果土地足够贫瘠,以至于产量无法弥补投入劳动的机会成本时,这块土地就将被弃耕。相应地,在下面的模型中,工作职位和劳动质量具有差异,如果劳动的素质非常之低以致无法创造出与其结合的工作职位的机会成本,那么这个劳动者将不会被雇佣。

第三种现象发生在成本—收益分析中,与李嘉图模型中对劣等土地的"荒废"极其类似,也与约翰逊-索洛模型中对低资本密集型机器的闲置类似。成本—收益分析涉及的首要问题是要不要在一个特定坝址上修建水坝。根据通常的成本—收益分析,项目决策者选择的项目,应该保证建坝的收益减去成本之后的净收益贴现值最大。不符合这条标准的工程,即使其收益—成本比高于1,也不该被建设,其中的理由易于解释。因为每一个坝址上只能建造一座水坝。只要建了一座水坝,就不能在其上建造另一座。因此,坝址是一种稀缺资源。那些不能使收益贴现达到最大的水坝项目,浪费了坝址资源,即使其成本—收益比高于1(在考虑成本时不包括坝址的估算租金)。

在坝址例子中,经济结构的一个关键特征是一座坝址上只能建一座水坝(在李嘉图例子中,劳动只能在一个等级的土地上耕作)。只要其上修建了一座水坝,就不能再建另一座。结果,一些有正净收益(不包括坝址的估算租金)的水坝将不会被建造。按照本文的题目,工作职位与此相似,一个工作职位被一个劳动者占据之后,就不能再给另一个人了。因此,如果具有正边际产出的劳动者不能充分利用工作职位(坝址),那么他们仍然可能无法挣到正工资(租金)。在此意义上,对这类劳动的需求具有较低的工资弹性。

Ⅲ. 专有技术和工作职位

专有人力资本与一般人力资本的区别是众所周知的(Becker,1964)。一个企业的专有人力资本由能提升该企业中雇员生产率的知识构成;类似地,一个行业的专有人力资本由能提升该行业中雇员生产率的知识构成。相比之下，通用人力资本提升的是一个工人在任何工作职位上的生产率。

专有技术和通用技术的区别类似于专有人力资本和一般人力资本的区别。企业的专有技术是指专属于一个特定企业的特有技术；而通用技术则是所有企业都能自由应用的技术。在此有必要解释一下技术与人力资本的区别，因为这两个概念有太多相似的地方，例如，两者都涉及到对知识的使用。

假定一个厂商正在使用一个具有既定量专有人力资本的劳动者。如果这个劳动者离职，并且被另一个具有相同通用技能的劳动者所取代，那么厂商的产出将会因"损失"了人力资本租金而下降。相反，假定一个厂商使用某个拥有既定专有技能的工人，如果该工人离开企业并被一个拥有相同通用人力资本的工人所替代，那么该厂商的产量将保持不变。

技术限定着投入与产出之间的关系。由于劳动的报酬构成了所有增加价值的将近75%，因此劳动投入同物质产出之间的关系就尤为重要。专有技术的一个重要形式就是企业将劳动投入同物质产出联系起来的方式。

因为专有技术的类型本身就是一个重要的概念并且值得进一步研究，所以值得对它进行一些罗列，虽然这些与本文的论述无关。不过，做出这样的列表还能揭示专有技术的一个重要特征：许多专有技术都由固定的工作职位描述所构成，而这些描述涉及的是一个具体的人（同多数经济模型中抽象的劳动单位相对）是如何同其他人联系在一起的。

专有技术最明显的形式就是生产过程中的专有知识。此类知识的最为具体的形式体现在发布的专利上。私人产业在研究与开发方面的支出，体现出为了获得专有知识而投入的数量规模。1976年，美国在这方面的投入是174亿美元（1979年美国统计摘要，441页）。与此相比，美国当年的国内私人总投资为2430亿美元，国民生产总值为1.7万亿美元。如此数量巨大的支出居然由私人产业自主承担，这一事实正是存在着数量不容忽视的专有技术的证据。

关于生产过程的知识可以被视作是一个专有技术类型的"硬件"。相对地，其他类型的由管理系统组成专有技术，则是一种"软件"。至少有一种迹象表明，这类专有技术是生产率的一个重要决定因素。普拉坦顿（Pratten，1976）曾经对一家在美国和英国都有生产车间的跨国公司的相对生产率进行过估算。该估算发现，在公司之间的水平上，每名在美国的雇员的生产率大约比在英国的雇员高出50%。然而，与之相反，对美国制造业全体以大致相同的基础进行的估算显示，其人均生产率要比英国的高出116%。英国跨国公司相对于国内制造企业具有更高的生产率，无疑可以部分地用它们使用了更多的人均投入，即更多的人力资本和资本来解释。但是116%和50%这两个不同数字之间的巨大差异也有力地表明，存在着一个巨大的差额，这点可以由英国跨国公司所使用的专有技术来解释。

软件型专有技术可进一步分为三种类型。第一类是工作职位描述。所有的厂商都正式或非正式地拥有一些职位描述，这些职位描述阐明了一个职位的雇员同所有其他职位的所有雇员的相互关系，还有他同物质投入和产出的关系。

专有技术软件的第二种形式，是厂商的雇员关于厂商如何运作的知识。通常认为，这类知识或者由专有人力资本组成（因为雇员离开厂商时会将其所拥有的这类知识一并带走），或者由通用技术组成（从这类知识是共有的这层意义上来讲）。然而，一个相当普遍的共识则是，多数雇员理解了企业运行过程中的独特方面，这类知识通常也是雇员在正式的工作中不耗费成本而获得的副产品。如果上述情况属实，那么我们就可以说企业拥有专有技术，而不是雇员拥有专有人力资本。这类知识涉及的是厂商的内部运作（厂商劳动力和关于厂商物料、资本存量的专有技术之间的相互关系）和外部运营（产品市场和投入品市场，包括政府对这些市场的干预）。

专有技术软件的第三种形式，是厂商雇员的社会习俗。斯蒂芬·马戈林（Stephen Marglin）曾向我讲述了一个纯属这类现象的例子。他参观过两个棉纺厂，一个位于（前）①南斯拉夫北部，另一个位于（前）南斯拉夫南部。这两个工厂的资本设备基本相同。不过，在（前）南斯拉夫北部的工厂中，每个工人负责的机器数量是南部工厂的4倍。如果马戈林对这种差别的解释是正确的，那么，两个分别来自南部和北部工厂的工人之间的互换将引起他们各自生产率的互换。莱宾斯坦（Leibenstein，1976）也许会说，生产力的差别应该归于X-效率的差别。

一种关于工作职位的看法认为，可以根据使用机器的固定数量来描述工作职位的特点，这种观点在"灰泥—黏土"模型中是很自然的。尽管我赞同灰泥—黏土模型构成了关于工作职位的一种观点，然而，我却认为这种观点更适合于19世纪的纺织业——当时的生产情况是每个工人都负责固定数量的机器——而不是大多数现代产业。就我看来，大多

---

① 原文并无"前"字，因为作者写作的年代，南斯拉夫并没有解体。下同。

数的工作职位由描述厂商的一个成员同厂商内部和外部的其他人之间关系的软件构成。本文的一个关键的假定就是，一个工作职位只能被一个人占据（而不是，例如，两个、三个或者更多的人）。做出这种假定的一个理由是：除非是极少情形下或者在更长的时期，改变不同工作职位的成员的相互关系（它是厂商专有技术的组成部分），所支付的成本是巨大的。我们相信，厂商为利用相对稀缺的劳动力而改变职位描述的成本是高昂的，在大多数情况下，该成本都要高于从灵活工资反应中获得的利益。一些经验性的证据为这个观点提供了支持。迈克尔·皮奥里（Michael Piore, 1968）对此进行了一项严谨的研究，该研究表明，在美国制造业工作的工程师并不会通过有意识地调整工作描述，来充分利用劳动市场状况的变化。我们可以从皮奥里的研究中得出这样一个结论：在美国制造业中，对工作描述的调整是一个长期的现象，而绝非一个短期现象。

Ⅳ. 一个局部均衡的例子

本节将通过一个例子阐述如下命题：由于低质量劳动在竞争工作职位上不能胜过高质量劳动，如果存在灵活工资，那么低质量劳动的失业人数将会超过高质量劳动的失业人数。

设在一个工作职位上使用一单位的 α 类型劳动和 m_α 个单位的原材料，能够生产出 q_α 个单位的产品。令 p_m 代表原材料的价格，p_f 为最终产出的价格。w_α 代表 α 类型劳动的工资。那么在该工作中使用 α 类型劳动的厂商的利润为

$$p_f q_\alpha - p_m m_\alpha - w_\alpha \tag{8}$$

类似地，如果厂商在该工作中使用 β 类型的劳动，那么其利润将会是：

$$p_f q_\beta - p_m m_\beta - w_\beta \tag{9}$$

现在可以看出，一个 β 类型的劳动者能否出更低的工资，在竞争中胜过一个 α 类型的劳动者了。只要

$$p_f q_\alpha - p_m m_\alpha - w_\alpha > p_f q_\beta - p_m m_\beta - w_\beta \tag{10}$$

那么一个 α 类型的劳动者就会在竞争工作岗位上比一个 β 类型劳动者更占优势；或者，换一种表达方式，只要

$$w_\beta / p_f > -q_\alpha + q_\beta + (p_m / p_f)(m_\alpha - m_\beta) + w_\alpha / p_f \tag{11}$$

那么，工作职位将会被 α 类型的劳动者得到。

换一种说法，如果 β 类型劳动者的保留工资低于不等式（11）右端的数值，那么，β 类型劳动者将不会获得该项工作职位。如果一个 α 类型的劳动者掌握的技能确切地比 β 类型劳动者多，那么他或她将会生产更多的产出，并且使用更少的原材料。在这样的情况下，如果 β 类型劳动者想获得该工作职位，并且 w_a/p_f 足够低，那么 β 类型劳动者的保留工资将不得不为负。从这层意义上讲，即使技术熟练劳动者在非零的工资情况下被雇佣，灵活工资也不能保证低技术劳动者能获得工作职位。

V. 一般均衡的例子

A. 引言

前面的例子只是一个局部均衡，它表明，如果一个 α 类型的工人的生产率确切地比 β 类型工人的生产率高，并且 α 类型的劳动者的工资足够低，那么，β 类型劳动者将不会被雇佣，除非他愿意接受负工资。然而，仍然存在这样一个问题：技术熟练工人的工资为什么会很低？本节中的例子将表明，如果需求（适当定义的）较低，那么技术熟练工人的工资就会很低。在这种情况下，无论低技术工人的工资如何灵活，他们仍然会失业。

B. 模型

（1）劳动。假设工人分为两类：技术熟练工人和低技术的非熟练工人。令 N_{sk} 为技术熟练工人的总量，N_{un} 为非熟练工人总量。为了简化模型，我们假定技术熟练工人是同质的，与此相反，非熟练工人的能力则是服从一定分布的。令指数 α 表示非熟练工人的能力，遵循最低能力 $\alpha=0$ 和最高能力 $\alpha=1$ 之间的均匀分布。为了在完全灵活工资情形下对失业进行模型化，我们假定所有工人在任何非零工资水平上，其劳动供给都是完全无弹性的。

（2）生产。存在两种类型的工作职位：第一类是主要的工作职位，假定它只能由技术熟练工人占据；同时也假定这些主要职位是不同质的——这类工作职位服从一个分布。一个技术熟练工人占据一个主要职位，使用一单位的原材料，生产 q 个单位的产出。产出在其上限 $\bar{q}$ 和下限 $\underline{q}$ 之间服从均匀分布。主要职位的总数是 J^{pr}。

除了主要工作职位之外，还存在着次级工作职位。这些工作职位都是同质的，其总数为 J^{sec}。一个在这类工作职位上就职的技术熟练工人，其产出为 q_{sk}^{sec}；一个级别为 α（它在 0 和 1 之间服从均匀分布）的非熟练工人，其产出为 αq_{un}^{sec}。与技术熟练工人比非熟练工人更具生产能力的观点相一致，$q_{sk}^{sec} > q_{un}^{sec}$。假设次级部门生产产出时不使用任何原材料。

（3）市场。产品在完全竞争市场上以价格 p_f 出售，原材料以价格 p_m 买入。为了方便起见，我们假定这些价格是国际上公认的价格，或者换句话说，是由政府的商品委员会决定的（该委员会以价格 p_f 购买全部产品并以价格 p_m 提供原材料）。同时，也可以很方便地考虑需求的变动，它由 p_f 相对于 p_m 的变化表示，具体地说，就是随着需求的增加，p_f 将相对于 p_m 上升。下文将证明，随着 p_f 相对于 p_m 的上升，失业将会下降。

C. 对模型的评价

该模型具有许多特有的性质，这些特性大多数是源于经济的模型化。在这些特性中，有两个（下文将对此予以讨论）并非源于所举例子的简单化处理方式，而是模型的内在特征。下文将依次对这些特性予以评论。

第一个特性涉及的是所有技术熟练工人的同质性。这个假定非常有用，因为它可以避免使问题复杂化。如果工作职位和工人都是异质的，那么就必须研究如何在异质的工作职位之间配置异质的工人。尽管这也许是不少人都感兴趣的问题，但通过工作职位和工人的同质假定，本文可以在不陷入这些问题的情况下，更容易地论证本文的要点。对于技术熟练工人，我们假定工作职位是异质的、工人是同质的。

第二个假定是次级部门的情形同主要部门相反。所有次级部门中的工作职位是同质的，但技术非熟练工人则是异质的。将这类或那类工人或工作职位做同质的假定，大大地简化了在工作职位之间分派工人的规划问题。在假定技术非熟练工人服从连续分布之后，就可以显示出失业率是如何随着由需求的边际递减所引起的边际工人失业而连续变化的。

第三个假定是工作职位具有固定的投入产出系数。这个假定至少在一定程度上可以被放宽。如果最终产出和原料投入之间存在有限的替代性，并且替代率小于 1，那么模型的定性行为将保持不变。在此情形下，该模型就会变得更难于分析，但是在做出限定之后，模型就同固定系数模型极其类似了。（请参见阿克洛夫（1969）对此的进一步讨论。）

另一个特别的假设是，次级工作职位不使用原材料。的确，如果次级工作职位使用原材料，那么失业弹性将增加；不过，技术熟练工人能比低技术工人更好地利用这些原材料。我们假定次级工作职位不使用原材料，这点对用一种纯粹的方式阐述本文的主要观点是有益的。即使一个在次级部门工作的低技术工人，能够生产出多于生产过程中所使用的原材料的正净产出，但如果对最终产品的需求足够低，那么这类工人将仍然失业，这是因为相对于使用技术非熟练工人，使用技术熟练工人花费的成本更低。

然而，如果想在完全灵活工资情况下用该模型推导出失业，那么就有两个固定系数假定不能被放松。第一个假定是只能获得一个有限数量的工作职位，其中，在主要部门中为 J^{pr}，在次级部门中为 J^{sec}。该模型的思想是，当需求下降时，主要部门中能够获利的工作职位的数量也将减少。此时，那些在需求旺盛时工作在主要部门的技术熟练工人就会挤入到次级部门，并且同低技术工人进行竞争。当在次级部门寻找工作的技术熟练工人与低技术工人的总数超过该部门中的工作职位数时，低技术工人将会开始失业。随着需求的进一步缩减，这些工人中的失业情况将会持续恶化。假如低技术工人在没有工作情况下也能够生产产出，或者，假如次级部门的工作职位数量超过了全体工人（熟练与非熟练工人）的总数，那么，失业现象就不会发生。

这个例子中的第二个内在的特别假设是，工作职位和工人的数量保持不变。如果一个工作职位已经被一名工人占据，那么它就不能被安排给更多的人；在一个工人占据了一个工作职位的情况下，另一个工人只能另谋他就了。这个假定也是本论文的内在特征；正是由于这一特性，我们才将工作职位视作坝址。

D. 对模型的分析

由于模型较为复杂，故有必要将模型划分为六个独立的部分，它们将各自反映可能出现的六种均衡。在其他参数数值给定的情况下，可以将经济中的均衡视为是用参数 p_f/p_m 表示的总需求的函数，并且据此对均衡进行划分。参数集 p_f/p_m 可以分为六个不同的区域（其中有一个或多个区域可能是空集），这些区域分别对应于不同类型的均衡。下面将对这些区域进行讨论，我们分别用区域Ⅰ至区域Ⅵ表示。

区域Ⅰ 在区域Ⅰ中，所有技术熟练劳动者都在主要部门就职。当所用技术熟练劳动者都就职于主要部门，并且从边际工作职位中得到的净收益，高于次级部门最先雇佣的熟练劳动者的边际收入，那么，就将实现均衡。如果主要工作职位数量大于技术熟练工人的数目，或者如果最终产品的价格相对于原材料的价格来说足够高，那么就能实现这种均衡。

区域Ⅱ 随着最终产品的价格相对于原材料价格的下降，相对于次级部门而言，主要部门雇佣技术熟练工人的获利性越来越小。随着 p_f/p_m 的下降，它将逐渐靠近位于区域Ⅰ和区域Ⅱ交界处的点，在该点上，从主要部门中边际工作职位的收益，扣除材料成本之后所获得的净收益，等于技术熟练劳动在次级部门所带来的边际产品收益。当 p_f/p_m 低于这一界限时[①]，一些技术熟练劳动将到次级部门就业。如果低技术工人的数量少于次级部门的工作职位数，那么技术熟练的工人流入次级部门不会造成任何就业损失——至少在起初是这样的，因为存在着足够的工作职位供给。不过，假设 $N_{sk}+N_{un}<J^{sec}$，随着 p_f/p_m 的进一步下降，必定会最终达到这样一个点：在这点上，必须对寻找次级职位的技术熟练工人和低技术工人进行工作职位配置。开始这类配置的 p_f/p_m 水平就构成了区域Ⅱ和区域Ⅲ的边界。

区域Ⅲ 在区域Ⅲ中，在次级部门求职的工人超过了可以提供的职位数量。这样，工作职位只能被技术最熟练的工人得到，而技术最不熟练的工人将会失业。就业工人的边际产量，是他在次级部门上的产出减去已经失业但愿意以零工资取代其职位（给定完全灵活工资假定）的技术最熟练的工人的产出。随着 p_f/p_m 的进一步下降，主要部门的生产仍然变得更为不经济，而更多的技术熟练工人将涌入到次级部门。低技术劳动者的失业不断增加。假如 $N_{sk}>J^{sec}$，那么最终将达到这样一点：所有低技术劳动者都将失业。这一点就成为了区域Ⅲ和区域Ⅳ的边界。

区域Ⅳ 在区域Ⅳ中，由于最终产出相对于原材料的价格来说下降到了非常之低，因此对主要部门，工作职位的使用将会是如此的不经济，以至于在次级部门寻求就业的技术熟练工人的数量超过了该部门中职位的数量。所有低技术工人都将失业。不过，实际工资并没有下降到零，而是在 $q_{sk}^{sec}-q_{un}^{sec}$ 和 0 之间，并且它还使主要部门和次级部门中对技术熟练工人的总需求等于总供给。然而最终，如果 p_f/p_m 下降到足够低，那么即使工资为零，对技术熟练工人的需求也将少于总供给。使技术熟练劳动的总供求相等的 p_f/p_m 水平，也就是区域Ⅳ和区域Ⅴ的边界。

区域Ⅴ 在区域Ⅴ中，p_f/p_m 是如此之低，以至于即使在零工资的水平上，主要部门对于技术熟练工人的需求也是非常之低，这使得从主要部门中释放出来的技术熟练工人的数量超过了次级部门中工作职位的数目。不过，一些以零工资雇佣工人的主要工作职位仍然能获利。

区域Ⅵ 在区域Ⅵ中，p_f/p_m 非常之低，以至于即使工资为零，

---

① 如果 $N_{sk}>J^{sec}$，那么这一边界也许是 $+\infty$。

也根本没有工人能够在主要工作职位上得到使用而获利。

E. 一个数值例子

在本节中，我们将借助于 J^{pr}，J^{sec}，N_{sk}，N_{un}，$\bar{q}$，$\underline{q}$，q_{sk}^{sec} 和 q_{un}^{sec} 等参数的特定数值来分析一个特定的例子，而非结合这 8 个参数的一般参数值进行代数分析。对于大多数随机选择的例子来说，区域Ⅰ到区域Ⅵ中将会有一个或多个是空集，但是我们所选的例子中，这六个区域都不是空集。因此，这个例子将我们的这个简单模型利用到了极致。所选参数如下：

工作职位数量	劳动者数量
主要职位：$J^{pr}=10$ 辅助职位：$J^{sec}=6$	技术熟练者：$N_{sk}=8$ 技术非熟练者：$N_{un}=4$
主要部门中生产率最高的工作职位的产出：$\bar{q}=15$ 主要部门中生产率最低的工作职位的产出：$\underline{q}=10$ 次级部门中技术熟练劳动的产出：$q_{sk}^{sec}=8$ 最高等级的低技术劳动的产出：$q_{un}^{sec}=5$	

区域Ⅰ 如果所有技术熟练工人都在主要部门就职，那么边际工作职位的产出就是 11。因此，这项边际工作职位的净产出收益为：

$$11p_f - p_m \tag{12}$$

相比之下，一个次级工作职位中，技术最熟练工人的产出收益是 $8p_f$。只要

$$11p_f - p_m > 8p_f \tag{13}$$

所有技术熟练劳动就都将到主要工作职位就职；他将获得大小为 $11p_f - p_m$ 的工资。技术非熟练劳动者将获得次级工作职位；由于技术非熟练劳动的数量少于这些工作职位的数量（两者比率为 4∶6）[①]，这些劳动将得到等于他们在这类工作职位中全部产出的实际工资，并且不会出现失业。

区域Ⅱ 如果

$$11p_f - p_m < 8p_f \tag{14}$$

[①] 此处的原文是："由于低技术劳动的数量高于这些工作职位的数量（两者比率为 6∶4）"，怀疑是作者笔误。——译者注

那么，在次级部门就职的边际熟练工人的边际产出要大于在主要部门就职的同类工人，因此，一些边际熟练的工人将会到次级部门去就业。当

$$p_f/p_m = \frac{1}{3} \tag{15}$$

时，就达到了这样一个临界点。不过，除非有多于两个技术熟练工人到次级部门去求职，否则不会出现失业的现象。只有当

$$12p_f - p_m = 8p_f \tag{16}$$

或

$$p_f/p_m = \frac{1}{4} \tag{17}$$

时，上述情形才会发生。因此，当 $\frac{1}{4} < p_f/p_m < \frac{1}{3}$ 时，提供给技术熟练劳动的工资率为 $8p_f$；等级为 $\alpha(0 \leqslant \alpha \leqslant 1)$ 的技术非熟练劳动的工资率为 $5\alpha p_f$。所有的劳动都将就业。

区域Ⅲ 当 $p_f/p_m < \frac{1}{4}$ 时，就会存在一定程度的失业。技术熟练工人的工资等于其产出减去可能取代其在一个次级职位工作的边际工人 $\alpha_{\min}$ 的产出。因此，如果 $\alpha_{\min} < 1$，那么其工资就为

$$w_熟 = 8p_f - 5\alpha_{\min} p_f \tag{18}$$

同时，我们可以计算出 $\alpha_{\min}$。当技术熟练劳动的工资为 $w_熟$ 时，在主要部门就职的边际工作职位的产出为 $q_{\min}$，这里

$$p_f q_{\min} = w_熟 + p_m \tag{19}$$

在（18）和（19）既定的情况下，主要部门的就业情况（设该部门的工作职位的分布密度已给定）将会是：

$$E_熟^{pr} = 2(15 - q_{\min}) \tag{20}$$
$$= 2(15 - (w_熟 + p_m)/p_f) \tag{21}$$
$$= 2(15 - 8 + 5\alpha_{\min} - p_m/p_f) \tag{22}$$

因此，在次级部门中寻找工作职位的技术熟练工人的数量为：

$$N_熟 - E_熟^{pr} = 8 - 2(15 - 8 + 5\alpha_{\min} - p_m/p_f) \tag{23}$$

不过，知道了在次级部门中就业的技术熟练工人的数量之后，我们就可以计算出次级部门中余留给低技术工人的工作职位数量了，也就是

$$J^{\text{sec}} - \{N_{\text{sk}} - E_{\text{sk}}^{pr}\} = 6 - \{8 - 2[15 - 8 + 5\alpha_{\min} - p_m/p_f]\} \tag{24}$$

根据对 $\alpha_{\min}$ 的定义,低技术工人所占据的工作职位数量为:

$$(1-\alpha_{\min})N_{\text{wn}} = (1-\alpha_{\min})4 \tag{25}$$

因此,

$$(1-\alpha_{\min})4 = 6 - \{8 - 2[15 - 8 + 5\alpha_{\min} - p_m/p_f]\} \tag{26}$$

解关于 $\alpha_{\min}$ 的方程得:

$$\alpha_{\min} = 1/7(p_m/p_f - 4) \tag{27}$$

等式(27)给出了当 p_f/p_m 介于 $0 \leq \alpha_{\min} \leq 1$ 或 $\frac{1}{11} \leq p_f/p_m \leq \frac{1}{4}$ 之间时,低技术工人的失业率。

区域 Ⅳ 在本区域,$\frac{1}{13} \leq p_f/p_m \leq \frac{1}{11}$,技术熟练工人所挣的工资能够使劳动供给等于劳动需求。当工资处在 $0 \leq w_{\text{sk}} \leq 3p_f$ 水平时,主要部门中对技术熟练工人的需求为:

$$2(15 - (w_{\text{sk}} + p_m)/p_f) \tag{28}$$

次级部门中对技术熟练工人的需求等于工作职位的数量 4。相应地,对技术熟练工人的需求等于其供给的工资 w_{sk} 就由下式给出:

$$2(15 - w_{\text{sk}}/p_f - p_m/p_f) + 4 = 8 \tag{29}$$

从而,均衡工资为:

$$w_{\text{sk}}/p_f = 13 - p_m/p_f \tag{30}$$

当 $p_f/p_m < \frac{1}{13}$ 时,即使工资为零,对熟练劳动的供给也超过工作职位的数量,因此,$p_f/p_m = \frac{1}{13}$ 就是区域 Ⅳ 和区域 Ⅴ 的边界点。

区域 Ⅴ 在本区域,$\frac{1}{15} \leq p_f/p_m \leq \frac{1}{13}$。很容易验证,对于本区域中的 p_f/p_m,在零工资水平下,对劳动需求小于供给。在零工资水平下,一些主要工作职位能产生一个正的产出收益,就如同所有次级工作职位一样。然而,对于 $p_f/p_m = \frac{1}{15}$,主要部门中即使是最具生产效率的工作职位也只能有零边际产出。由于这个原因,$p_f/p_m = \frac{1}{15}$ 就是区域 Ⅴ 和区域 Ⅵ 之间的边界。

区域Ⅵ 在本区域中，$p_f/p_m < \frac{1}{15}$。所有熟练工人都将到次级部门去就业，并且工资为零。

Ⅵ. 总结与结论

根据本文的观点，厂商拥有工作职位。一个工作职位的关键特征是它只能被一个工人占据，就如同我们的类比中，一个坝址上只能修建一座水坝一样。如果技术熟练工人的工资足够低，那么，无论低技术工人的工资多么灵活，他们也不能从技术熟练工人那里竞争来工作职位。为此，本文列举了一个例子，此例中，需求的下降导致了技术熟练工人的实际工资的下降，同时，由此引发的低技术工人同熟练工人的竞争，导致了低技术工人的失业。在这样的一幅生产情景中，对工作描述的变化是缓慢的，这自然是同对熟练工人的需求的低工资弹性相联系的。本文的引言部分列举了对这一弹性大小的悲观看法所引发的许多重要后果。

收到论文初稿的时间是 1978 年 7 月；最终版的接受时间是 1980 年 8 月

作者要感谢桑福德·格罗斯曼（Sanford Grossman）、奥利弗·哈特（Oliver Hart）、默文·金（Mervyn A. King）、宫崎（Hajime Miyazaki）、珍妮特·耶伦（Janet L. Yellen）以及一位《经济研究评论》审稿人的有价值的评论。同时也要感谢美国劳工部第 91-06-78-27 号小额津贴的资助，以及国家科学基金会通过加州大学伯克利分校商业和经济研究所管理下的 SOC 75-23076 研究津贴提供的资助。本论文以前的题目是"非自愿失业理论"。

参考文献

Akerlof, G. A. (1967), "Stability, Marginal Products, Putty, and Clay," in Shell, K. (ed.), *Essays on the Theory of Optimal Economic Growth* (Cambridge, Mass.; London; MIT Press), 281-294.

Akerlof, G. A. (1969), "Structural Unemployment in a Neoclassical Framework," *Journal of Political Economy*, 77, 399-407.

Becker, G. S. (1964), *Human Capital: A Theoretical and Empirical Analysis, with Special Reference to Education* (New York: Columbia University Press).

Bliss, C. J. (1968), "On Putty-Clay," *Review of Economic Studies*, 35, 105–132.

Feldstein, M. S. (1973) *Lowering the Permanent Rate of Unemployment*, U. S. Congress, Joint Economic Committee (Washington: Government Printing Office).

Johansen, L. (1959), "Substitution Versus Fixed Production Coefficients in the Theory of Economic Growth: A Synthesis," *Econometrica* 27, 157–176.

Leibenstein, H. (1976) *Beyond Economic Man: A New Foundation for Microeconomics* (Cambridge, Mass: Harvard University Press).

Matthews, R. C. O. (1964), "The New View of Investment: Comment," *Quarterly Journal of Economics*, 78, 164–172.

Piore, M. J. (1968), "The Impact of the Labor Market upon the Design and Selection of Productivity Techniques within the Manufacturing Plant," *Quarterly Journal of Economics*, 82, 602–620.

Pratten, C. F. (1976), *Labor Productivity Differentials within International Companies* (Cambridge: Cambridge University Press).

Reder, M. W. (1964), "Wage Structure and Structural Unemployment," *Review of Economic Studies*, 31, 309–322.

Solow, R. M. (1962), "Substitution and Fixed Proportions in the Theory of Capital," *Review of Economic Studies*, 29, 207–218.

Solow, R. M. (1963), "Heterogeneous Capital and Smooth Production Functions: An Experimental Study," *Econometrica*, 31, 623–645.

U. S. Department of Commerce, Bureau of the Census. (1979) *Statistical Abstract of the United States* Vol. 99 (Washington: Government Printing Office). 1978.

第16章　部分视为礼物交换的劳动合同[*]

乔治·A·阿克洛夫[**]

Ⅰ. 导　论

在研究美国东部一家公共事业公司的工人间的社会关系时，乔治·霍曼斯（George Homans，1953，1954）发现，有一组青年女工（从事一项被称为"现金登记"的工作）显著地超过了厂商的最低工作标准（平均超过了15%）。这些女工中大多数都不需要也不期望用她们的辛劳换来厂商对她们的提拔。那么，她们为什么会这么做呢？

本论文的第二节表明，标准的新古典模型无法同时解释企业和现金登记员的行为。但是，如同本论文的第三节所表明的那样，应用一个标准的社会学模型，则既可以解释青年女工的行为，又可以解释其雇主的行为。根据此模型，工人会在相互的交往中彼此产生感情，同时也会同企业产生感情。由于对企业的感情，工人们会从与企业的礼物交换中获得效用——该效用的大小取决于所谓的礼物交换的"规范"。对工人而言，所送的"礼物"就是超过了最低工作标准的工作；而对于企业来说，所送的"礼物"就是工资——这些女工在离开了其现有的工作之后，就不会再得到这么高的工资了。

---

　[*] 本论文最初发表在George Akerlof（1982），"Labor Contracts as Partial Gift Exchange," *The Quarterly Journal of Economics*，XCⅦ，4。版权归麻省理工学院出版社所有。经同意重印。

　[**] 作者要感谢William Dickens, Brain Main, Hajime Miyazaki, Janet L. Yellen和两位匿名审稿人的帮助，同时也要感谢国家科学基金会通过加州大学伯克利分校商业和经济研究所管理下的SOC79-05562研究基金所提供的慷慨资助。

工人之间彼此产生感情的结果是，企业不能单独地同单个工人个人打交道，而至少在一定程度上必须用相同的规范来对待整个工人群体。

许多社会学家的研究都用到了规范—礼物—交换模型来解释工人的行为，这些解释都较为简单；如果准确地理解这些解释，可以看出它们都是同每个人的人类行为中的个人经历相一致的，也因此具有相当的普遍性。出于这个原因，我有信心从狭隘、特殊的"现金登记"例子中推广到具有普遍性意义的工资谈判和工作条件之中。第四节和第五节定性地探讨了这类行为对工资决定的影响；第六节和第七节构建了一个正式的数学模型；第八节得出结论。

劳动市场的这个微观模型可以用来解释两种传统经济理论无法成功分析的现象。第一，大多数对失业的分析，例如搜寻理论（Phelps et al.，1970），所有的失业都是自愿的。而在我的分析中，存在着失业工人在现行市场工资水平下无法获得工作的初级劳动市场。第二，二元劳动市场理论（Doeringer and Piore, 1971）提出了哪些市场是初级市场，哪些市场是次级市场的问题。在本论文所建立的正式模型中，一个市场是初级市场还是次级市场是内生决定的。初级市场是作为礼物部分的劳动投入和工资占相当比例的市场，因此，工资不能使市场处于出清状态；次级劳动市场则是那些工资能使市场出清的市场。

阿扎利提斯（Azariadis, 1975）和贝利（Baily, 1974）提出了隐形合同模型，其主要特征是各个合同主体签署的一段时间内的风险分担协议。这些模型曾被奥肯（Okun, 1981, p.133）用作描述劳动市场和消费市场的一种分析工具。本论文为隐形合同提供了一个不同的微观基础。它所强调的是属于社会学范畴的因素，把焦点放在了就业安排的礼物交换性质，而交换则是部分地建立在内生决定的行为规范之上的。隐形合同这种对行为规范（而非风险分担）的依赖性，抓住了奥肯描述（1975，1981）的重要方面，这是阿扎里迪斯-贝利模型所未加考察的。

按照本论文的观点，工作努力的规范是产出的一个主要决定因素。在强调努力的过程中，本论文进一步地发展了莱宾斯坦（Leibenstein, 1976）关于"X-效率"的研究。对努力程度的强调也可以用马克思主义的术语，通过区分"劳动力"与"劳动"来表示，这就如同爱德华兹（Edwards, 1979）在其最近的著作中通过使用"劳动力"来分析劳动者与管理者之间存在的不可避免的冲突那样。[①]用爱德华兹的术语来说，

[①] 这种意义下的马克思主义文献综述，也可以参见爱德华兹（1979）。

本文提供了解决这一冲突的均衡模型。最后应该提到的是,赫希曼(Hirschman,1970)提出的"退出、呼声和忠诚"等概念,也可以用规范和礼物交换这些术语来表达。

Ⅱ. 现金登记员或东部公共事业公司的非新古典行为

经济学家通常假定,劳动是作为一种生产要素而被雇佣的,并且像资本一样被投入到生产之中。然而,这个假定忽略了劳动和资本之间存在着的一个根本区别:一旦一个资本家雇佣了资本,那么他就可以在一个相当宽的范围内,随心所欲地使用它(甚至是滥用它)。然而在雇佣了一个劳动者之后,管理层在如何使用它的劳动方面面临着相当多的限制。这些限制不仅有法律上的(比如OSHA管制、童工法等),而且还包括为了最为有效地利用劳动,厂商通常还必须获得劳动者本人的自愿合作。

当然,在存在多种可能的绩效标准的情况下,标准的经济理论确实能够描述合同的性质。根据标准的理论,当一个厂商雇佣了一个劳动者时,双方都应该知道必须达到一定的最小绩效标准。更进一步地,这个合同可能隐含了这样的一层意义:工人们不需要获得对其当前工作表现的奖赏,但却可能会因为他们当前工作中的优秀表现而赢得在未来的晋升,从而得到更高的工资。如果情况确实如此,那么厂商就不需要用严格的规章来奖励工作,也不需要为了使酬劳恰好等于工作产出而进行细致的报酬,因为当前的不公正可以在日后得到补偿。因此,即使在那些将努力或产出与报酬联系在一起的详尽合同需要花费很高成本的地方,标准的理论仍然可以作为现实的一个好的近似。

在这一背景下,让我们来考虑一下霍曼斯对"现金登记员"的研究。这项研究的采访对象是新英格兰市一家公共事业公司中一组从事现金登记工作的10个青年女工,她们被近距离地观察了长达6个月的时间。在东部公共事业公司,现金登记员的职责是在客户交费时,将客户的付款登记在分类账上。公司为这类现金登记设定的标注是每小时300笔,并且对每个现金登记员的工作速度都有详细的记录。任何工作速度低于每小时300笔的人都会受到主管的温和批评。表16—1摘自霍曼斯的《现金登记员》一文,它表明了不同的工人每小时现金登记的次数以及她们的出错频率。

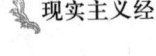

表 16—1　　　　　　　　每个现金登记员的工作绩效

	年龄	在职时间	每小时平均登记数量	每小时平均出错次数
阿斯诺特	22	3 年 5 个月	363	0.57
伯克	26	2 年 5 个月	306	0.66
库格林	20	2 年整	342	0.40
多诺万	20	1 年 9 个月	308	0.79
格纳拉娜	21	1 年 3 个月	438	0.65
洛普雷斯蒂	25	11 个月	317	0.03
默菲	19	7 个月	439	0.62
鲁尔克	17	4 个月	323	0.82
肖内西	23	2 个月	333	0.44
厄克特	18	2 个月	361	0.49
平均	21.1	1 年 4 个月	353	0.55

可以从表 16—1 中看出，每小时现金登记的平均数量（353 次）比公司设定的标准高出了 17.7 个百分点。简单的新古典合同模型无法同时解释为什么速度较快的人不把其速度减少到标准水平；另一方面，为什么厂商不调高对速度较快工人的速度预期。所有现金登记员都具有相同的工资，且有两人拒绝晋升的事实否定了速度较快工人更加努力工作是为了涨工资或晋升的可能性。即使确实有人晋升，那也不过是从事一个通常被认为比现金登记职责更为重大的工作岗位，而且工资仍然保持不变。此外，现金登记员中主动辞职的现象频繁发生（因为大多数年青的女工都会离职去结婚），这样，在大多数情况下，晋升不在相关的考虑之列。因为报酬不取决于努力，而且晋升很少被考虑到，因此，合同的标准经济模型会预测：只要一定水平下的工作对工人产生了边际负效用，那么工人就会设定她们的工作习惯以满足公司的最低绩效标准。另一方面，如果工人对该水平下的工作确实有正的效用，那么，在厂商缺乏对努力的激励的情况下，工人们会选择工作到这样一点，在该点上，额外努力的边际负效用刚好为零。但是在这样的情况下，厂商会通过提高工作较快的工人的工作标准来增加自身的利润。除非工人们的效用函数是非连续的，否则她们宁愿选择她们现在的工作而不会去选择她们在其他地方可能获得的速度更快的工作。

因为产出很容易观测，所以从新古典合同理论的角度观察，工人的工资同其产出不成比例多少会让人感到有些奇怪。尽管埃齐奥尼（Etzioni，1971）为此提供了一个可能的解释，但考虑到在东部公共事业公司工作的现金登记员的产业关系系统，这一点还构成了另一个谜。按照埃齐奥尼的解释，工人可能认为诸如计件工资之类的金钱激励具有"疏远效应"。

新古典理论所认为的现金登记员和东部公共事业公司的神秘行为，可以进行更正式的表述。假设无论是什么原因（有可能是埃齐奥尼所提到的原因），厂商决定为所有现金登记员支付相同的工资 $w=\overline{w}$。进一步假定工人的效用函数为 $u(w, e)$，其中 w 是工资率，e 是努力。留意厂商工作规则的工人，将会选择其努力程度 e 来使

$$u(w,e) \tag{1}$$

最大化，其限制条件是：

$$w=\overline{w} \tag{2}$$
$$e \geqslant e_{\min} \tag{3}$$

这里 $\overline{w}=1.05$ 美元/小时，是每个现金登记员的固定工资，$e_{\min}$ 是为了完成每小时 300 笔的现金登记要求所需付出的最小努力。

只要对于 $e \geqslant e_{\min}$ 有 $u_e<0$，那么这个简单的最大化的解就是：

$$e=e_{\min} \tag{4}$$

在效用函数为凸函数的假定下，存在着两种可能的解。每个解都提出了一个现实经验问题。如果 $u_e(\overline{w}, e_{\min})<0$，那么问题就是——为什么工人不把她们的努力降到每小时 300 笔？反过来，如果 $u_e(\overline{w}, e_{\min})>0$，这样工人就会选择使 $u_e=0$，那么为什么厂商不提高工人的最低标准到使得 $u_e=0$ 之上呢？在上述任意一种情况下所得到的观测结果都是同新古典模型不符的。①

当然，每个现金登记员可能有不同的效用函数，而且由于某些原因，厂商可能会发现其最优选择是对所有的工人设定相同的最小标准。例如，为了尊重每小时完成 300 笔标准有些吃力的那两个工人（正如表 16—1 所示，伯克和多诺万的绩效只比 300 笔的最低标准高 2%），企业设定的速度标准也许不能超过每小时 300 笔。不过，关于为什么要对所有工人制定同一标准的问题，只能用工人之间、工人与企业之间的关系来回答。本文的下一节正是基于这种关系而提出了对现金登记员之谜的破解。

---

① 该论点有点微妙。对于一个拥有凸的效用函数且努力的边际产出为正的工人，如果他对工资收入的效用为正，而对额外努力的负效用为零，那么，企业就可以提高对他的额外补偿以促使其更努力的工作，这样做对双方都有好处。如果工人在接受额外交易前满意于他的工作，那么在接受交易后必定更为满意，从而不愿意辞职。

其他可能的客观因素，例如产出的不可观测性，以及工人对风险的厌恶都可以被排除掉。这是因为：工人保留着他们产出的记录，因此产出很容易观测；同时，工人们也并非因为担心工作速度低于最低标准会受到解雇才令工作速度高于最低标准，因为我们上文已经提到，在工作速度低于最低标准的情况下，工人们所受到的也不过是一次温和的批评而已。

无论是对厂商行为还是对工人行为的解释，都必须依赖于厂商对利润之外的某种东西的最大化，或取决于能够改变工人效用函数的工人之间、工人与厂商之间的相互作用。下面，我们就转向这样一种理论。

Ⅲ. 对现金登记员和东部公共事业公司行为的社会学解释

前一节表明，现金登记员的行为同认为工人追求效用最大化以及厂商追求利润最大化的一个简单的新古典理论是不相符合的。我并不怀疑，引入周转成本或观测难度之后的某种新古典模型[1]，也许可以解释厂商以及现金登记员的行为，但在简单模型已经不能对此做出完美解释的情况下，这个充分的模型必定是十分复杂的。与此不同，本节对现金登记员和东部公共事业公司的这种行为提供了一个简单的社会学解释。

按照社会学的一个著名思想流派的观点，工人们努力程度的决定因素是工作团队的规范。埃尔顿·梅奥（Elton Mayo, 1949, p.70）在谈到霍索恩工厂装配观测车间进行的著名案例研究时曾指出："作为一个整体，工作团队实际上会参照一个标准来决定每个工人的产出。这个标准是预先确定但明确规定了的，它代表着团队对一个公平工作日的基本看法，而且该标准很少（如果有的话）会同效率工程师的标准一致。"

另外一种与此不同但同等重要的观点，对现金登记员表现的解释是：工人们超过每小时300笔最低工作量的部分，是他们送给企业的"礼物"。乍一看，将工人们工作量的一部分视作是送给企业的礼物的看法可能有些荒谬。当然，工人们也不是严格地将自己的劳动视作礼物送给厂商，他希望得到工资作为回报，而且，如果得不到工资，几乎可以肯定会诉诸法庭。同样地，厂商也不会严格地将工资作为一种礼物送

---

[1] 关于不完全信息引起的失业的一个有趣的解释，参见斯托夫特（Stoft, 1980）。索洛（Solow, 1980）也赞同必须用社会行为学模型来解释非自愿失业的看法。

第16章 部分视为礼物交换的劳动合同

出。如果工人持续地达不到企业的某种最低标准，他几乎可以肯定会被解雇。但是，只要在这些最低标准之上，工人的绩效都是自由决定的。适当的工作努力的规范（或是梅奥所称的"标准"）同决定在圣诞节时送出的礼物的标准的规范是相当类似的。如果交换中的一方没有达到预期的水平，那么另一方同样可能降低其水平，从这层意义上讲，这类礼物的送出是关系的交易。

关于礼物，经典的人类学著作，特别是马塞尔·莫斯（Marcel Mauss，1954）的论文强调的是送礼的这种互惠的本质。① 莫斯指出，在西欧语种的两个主干中，毒药同礼物的词根是一样的，因为在古日耳曼语中，单词"礼物"既有礼物的意思，同时还有毒药的意思，而希腊语中用来表示毒药的单词 $\delta\sigma\iota\sigma$（它是英语"does"一词的词根）同希腊语中的"给"（give）一词的词根相同。礼物之所以和毒药在这些古代语言中紧密地联系在一起，是因为礼物的互惠的强制性本质。或者换句话说，源于收礼者的"来而无往，必遭惩罚"的信念威胁。尽管在现代社会中，大多数的礼物回赠都失去了制裁的魔力，但很少有人从来没有收到他们不希望收到的礼物，也几乎没有人从未送出过他们认为不够妥当的礼物。②

为什么会存在一部分劳动是被厂商作为礼物送出的呢？或者说，为什么厂商对工人的部分待遇会被视作是一件礼物呢？对这个问题的回答马上就变得琐碎而深刻。为某机构（在本文中是一个厂商）工作的人具有同其工人同事和该机构产生感情的倾向；在很大程度上，他们使这些机构人性化了（例如"友谊银行"）。人与人之间（比如兄弟之间）会通过分享礼物来表达彼此之间的感情。出于同样的原因，人们自然会从给他们有感情的机构送礼中获得效用。进一步地，如果工人们对他们的同事的福利感兴趣，那么当厂商减轻有重压的工人的工作压力时，他们就可以从中获得效用；作为对减少这类压力的回报，较好的工人通常愿意更加努力地工作。

对礼物的送出几乎总是由行为的规范所决定的。在大多数情况下，送出去的礼物大致在收礼者的预料范围之内，因而他也会好心地回赠。

---

① 贝尔肖（Belshaw，1965）对礼物交换做出了人类学与社会学的评论。尽管该评论已不算新，但是却非常出色。又可参见 Titmuss（1971）。

② 一位匿名审稿人曾向我建议，将劳动合同视为部分礼物交换的分析，同弗里曼-梅多夫（Freeman-Medoff，1979）把贸易同盟视为集体声音的观点密切相关。由于在存在送礼的情况下，不满的工人会发现辞职并找到另一份工作比不存在送礼时更为困难，故互惠的送礼导致了工会的形成。正如莫斯的分析一样，互惠的送礼即相互的善行和依赖，往往伴随着相互的敌意和冲突。

送礼的标准由双方的关系决定；因此（例如），工人提高其生产率之后，会期望增加工资作为回报。许多工会的工资谈判所关注的问题都是一个公平工资的构成。对于一个认为工资是市场出清工资或者只是由合同双方的讨价还价能力决定的经济学家来说，对"公平工资"的长期讨论不应该盯住最终的结果。但是，这个观念忽视了一个事实：工人们工作的平均努力程度超过了厂商工作规则里所要求的必要程度，而作为对这种良好愿望和努力付出的回报，他期望从厂商那里获得一个公平工资。

将这种工资—努力视为互惠的礼物的观点，留下了许多未解答的问题。工厂决定的不仅仅是工作规则，而且还包括每个工人的工资。那么，东部公共事业公司为何不为最低努力设定高标准，并且解雇所有不能或不愿满足该标准的工人（例如表16—1中的伯克和多诺万）呢？再一次，存在一个简单的答案。在一起工作的过程中，工人们彼此之间产生了感情。提高最低标准会给伯克和多诺万带来压力，因此整个团队很容易就会认为：企业不想对该团队劳动生产率超过最低标准17.7%的集体馈赠做出回报。事实上，尽管这些细节在霍曼斯的报告中并不明显，然而，在现金登记员那里已经出现这种情况的迹象。正如霍曼斯所报告的那样，"几年前，当现金登记员同一位前任部门经理之间的关系比较紧张之时，可能对产出造成了某些消极影响。"

在一个不同于上文的环境中，关于第二次世界大战中一个接受基本训练的士兵的案例，也非常清楚地反映了这样一种情况：为什么表现较好的工人会帮助他们的同伴：

> 如果一个人身体素质出众或训练得法而使得他比其搭档做得更多或更好，那他就是在显示其搭档的无能。他的搭档就会因此受到批评或承担更多的工作。你不能这样对待一个竭尽所能而又有自尊的同伴，尤其是在你不得不同他朝夕相处并且目睹其困境和遭遇时。因此，如果这个表现出色的人是个有心人，是个对战友态度敏感的人，那么，他就会帮助那些能力稍逊一筹的同事共同进步（Stouffer et al., 1949, vol. 2, p. 414）。

当然，现金登记员的工作环境并没有那么极端，然而，毫无疑问，她们仍然有理由以类似的方式相互帮助。

通过对现金登记员研究的例子，我已经说明了厂商和工人之间进行交易的本质，并且对厂商和工人之间的行为提出了一个一致且可行的解释；这个解释一方面说明了为什么工人超出了工作的最低标准，另一方面也说明了为什么厂商不提高这些最低标准。但是，工作标准只是工人待遇的一个方面，另一个方面就是工资。最优的合同可能不会将工资设定在工人可以接受的最低水平，其理由与不将最低工作标准设定在工人离开厂商前所能容忍的最高限度的理由类似：如果工人努力的一部分是一件礼物，那么，支付的工资的一部分也将是一件礼物。

Ⅳ. 参照群体

对于现金登记员（或努力程度不是取决于工作规则，而是取决于规范的任何其他群体）来说，存在着这样的问题：作为对超出工作规则所规定的努力水平的工作的回报，该群体会得到什么呢？首先，工人可能获得宽松的工作规则。即便工人习惯于以超过工作规则的速度工作，他仍然可以通过两种方式从宽松的工作中得到好处。第一，如果他放慢其节奏，他就将会从厂商提供的可能的宽松规则中获得效用；第二，正如我们已经提到的，如果他对工作群体的其他成员有同情心，那么他就能从厂商对群体其他成员的慷慨待遇中获得效用；毕竟，工作规则对这些人是具有限制作用的。其次，厂商可能会提供超过雇佣另一个具有相似工作技能的工人所需的报酬。因此，超额报酬和宽松的工作规则，构成了厂商送给其工人的主要礼物。

工人送给厂商的礼物，也就是超出了工作规则的努力，可能同厂商送给工人的礼物是联系在一起的。按照莫斯等人的说法，互惠是礼物交换（同样也是市场交换）的一个主要特征。

不过，礼物交换中交换条件的确定，同市场交换至少有细微的差别。努力的规范是根据一个公平工作日的概念而确立的。（注意到梅奥正是确切地按照这种方式来描述工作标准的。）作为回报，工人们期望厂商能"公平地"对待他们。公平待遇的概念是社会心理学家和社会学家投入大量研究的主题。它主要不是基于一个绝对的标准，而是以一个人的自身处境同别人的比较为基础的。

按照费斯廷格（Festinger, 1954）的观点，人们有一个天生的心理需要：将他们的行为和所受的待遇同其他人进行比较。人们以同别人的比较作为他们该如何行事或该受到何种待遇的指导。这点对于任何有一个小孩的父（母）亲来说是再清楚不过了。考虑一个摔倒在地但并没有受伤的小孩。面对这种情形，小孩首先会有暂时的停顿，以决定他（她）是否应该哭。如果周围的大人的表现暗示这种情形应该哭，那么这个小孩就很可能会这样做；然而，如果周围的大人的表现暗示他不应该哭，这个小孩就很可能不会哭。就本论文而言，我想指出的是，小孩的行为并非是由受伤害的真实程度所决定的，而是由周围的大人的规范所给出的对环境的社会定义所决定的。按照这种方式，小孩通过别人设定的社会标准来校正其行为。①

人们如何判断他们是否被公平对待呢？对此，不存在天然的标准（正如同不存在天然的语言一样）。默顿（Merton，1975）提出了一个关于人们如何通过参考参照个体和群体所受的待遇来判断他们是否获得公平待遇的理论。

在第二次世界大战期间，美国作战部信息与教育处的研究部门，曾经对士兵态度进行了大量的调查。如果从纯粹的个人主义、功利主义角度来看，士兵们的一些态度看起来是异乎寻常的。例如，空军中晋升的频率要远高于其他兵种，然而，士兵对他们晋升机会的满意程度却远不如其他地方的士兵。或者，又如第二个例子，尽管所有的士兵都表现出了强烈的返回美国本土的愿望，然而，在国外、没有参战的士兵要比驻扎在美国本土的士兵更少显现出对军队生活的不满。默顿（Merton，1957）用参照群体的概念来解释这些看上去自相矛盾的发现（也包括许多其他的发现）。空军士兵之所以会对其晋升机会感到不满，是因为空军的晋升频率很高，因此，使他能同其他获得晋升的人进行比较（从而使他觉得自己相对地被剥夺了晋升机会）。驻扎在国外、未参战的士兵在既定的客观条件下会感到相对的满意，因为他们将自己的条件同在国外作战的士兵相比；而驻扎在美国本土的士兵对军队生活相对感到不满，（相对于他们的客观条件）因为他们拿自己同普通公民相比较。在这类事件中，当用士兵们相对于合适的参照群体而言被剥夺的东西来解释他们的态度时，看上去自相矛盾的行为就会变得很自然了。

与此同时，《美国大兵》（1949，第1期和第2期）揭示了对公平感的态度是如何形成的（例如，通过参考合适的参照群体所相对被剥夺的东西），它还包括了构成我们关于群体规范决定绩效（正如我们在谈及现金登记员的情形时所表明的那样，同时，关于这一点梅奥（1949）、罗特利斯伯格和迪肯斯（Roethlisberger and Dickson，1947）也在更早的时候的研究中提到过）的假定的证据。在这方面，有三个具体的发现特别值得注意。

首先，研究部门选择通过用非战斗伤亡的百分比来测评战斗单位的绩效。这个统计数字等于由于受伤或战斗伤害之外的原因而丧失战斗能力的参战人员的百分比。由于这项数据几乎与组群的战斗环境无关，因此，它被选择为单位质量的最佳代理变量。这一数据也与作战单位的军

---

① 关于这种社会相互作用的观点，参见科泽（Coser，1971）关于帕克、米德和库利的论述。"情景的定义"的思想来源于威廉·I·托马斯。

第 16 章　部分视为礼物交换的劳动合同

纪显著有关：基本上，组织较好的单位在战斗之外会损失较少部分的战士。一项以连队为基础，对 3 个受测试作战分队所进行的采访调查发现，在诺曼底登陆前对军队生活的相对喜爱的态度同诺曼底登陆后产生的非战斗伤亡比例之间存在着显著的相关性（Stouffer，1949，vol 2，p.11）。绩效与态度的这种相关性是一个很有用的指示器，它表明，对工作的满意程度会提高工作绩效，这点验证了我们观点的一个方面：厂商会愿意送给工人一件礼物来增加他对工作的满意程度，从而也会提高其工作绩效。

这项研究中还有另一个值得注意的统计数据。该研究以一个团（第 9 师第 37 团）为对象，分别对同一个连队中拥有和不拥有作战经验的士兵的非战斗伤亡比例绘制了图表。该图表清楚地显示出这样一种关系：在作战经验丰富的老兵具有较高非战斗伤亡率的连队中，新兵的非战斗伤亡率同样较高（反之亦然）。这两个统计数据（取自于连队）的相关性为 80%（Stouffer，1949，vol 2，p.11）。有一个假定认为，一个工作群体倾向于按群体规范行事，上述统计数据同这一假定是一致的，那些有着更热爱军旅生涯的群体规范的连队，其新兵和老兵的伤亡比例均更低。不过，这个结论只有在这样一个条件下才能成立，那就是：研究部门关于非战斗伤亡同环境是独立的判断是正确的。否则，如果老兵和新兵在非战斗伤亡方面对环境改变的反应是近似的，那么也可以导致这样的相关性。

最后，研究部门还对在加勒比海地区服役的士兵的态度进行了研究。据此得出这样一个假定：不满与舒适之间存在着相关性。这个假定不免使人感到意外，至少从动机的功利主义观点来看，有证据表明不满与士兵的生活质量之间只存在着弱的联系。这个发现对我们的观点提供了有力的支持：工作团队的士气（以及间接地，其工作行为规范）在相当程度上取决于相对于参照个体或群体的被剥夺状况，而非仅仅取决于客观条件。

美国大兵的这种行为同我们关于现金登记员的行为假定是确切一致的。我们假定：（1）现金登记员的努力之所以会超过要求，是因为他们有更为有利的工作态度；（2）按照梅奥等人的观点，这些态度不仅仅是个体的态度，而且也是工作群体的态度；（3）这些态度部分地取决于工人对公平待遇的意识，这里的这种公平感是通过同类似地位的人进行比较来确定的。在几乎与此平行的例子中《美国大兵》表明：（1）不论是基于连队之间还是基于个别士兵的考察，对军旅生活的热爱态度是同较低的非战斗伤亡百分比相联系的。（2）各连队新兵绩效和老兵绩效之间的相关性表明，部队的绩效并不是在个体之间随机分布的，而实际上是系统地在群体之间存在差异。（社会心理学对此进行了大量的研究，这种研究表明了这种系统变动是如何产生的。）（3）最后，在假定士兵通过拿他们的情形同参照个体或群体进行比较来形成他们的态度之后，就可以用来解释群体里面的士兵对军队的态度。基于同样的模型可以应用到现金登记员和美国大兵这两个情形，这使得我把它当作一个具有普遍性的模型。

Ⅴ．公平工资

厂商送给工人的礼物（由此厂商得到了工人通过努力工作而送出的礼物）以这种送礼规范的形式构成了公平工资的一部分。利用参照个体—参照群体理论，这种工资的公平性取决于某个工人的参照集合中的其他人是如何被类似地对待的。的确，人们确实会在有些时候以与他们不相似的群体或个体作为参照群体或参照个体，然而，出于对公平的考虑，假定大多数人与跟自己相似的人进行比较也许要保险些。在这样的情况下，一个被视为公平工资的判别标准就是其他类似工人所获得的工资。这些工人中当然包括被雇佣的工人；然而，除此之外，还包括参照系中没有被雇佣的工人。虽然按经验来讲，失业队伍在任何时候都是劳动力大军中一个相当小的部分，然而，加入或退出失业队伍所形成的流动是巨大的，而且大多数工人都有许多朋友和相近的亲戚。对于许多人来说，在一个较长时期（比方说一年）内，整个参照系中都不存在失业者的情况的可能性是微乎其微的。

对于参考工资，还有另外一种说法。对于心理学家或社会学家来说，认为人们将他们自己的行为或待遇同过去的情形相比较的说法，可能既没有用，也没有意义。但是，人们确实是这么做的，而且一些经济理论（例如，莫迪利安尼-杜森贝利峰值收入假定）确实依赖于这种行为。因此，作为对相似的就业工人和失业工人的收入以及他们在参照集合中的权数的补充，对于参照工资还存在另一种说法，那就是历史工资。

在所有劳动谈判中，历史工资的作用与上述观察是相一致的。劳动纠纷通常是关于历史工资的水平，因为这是当前谈判的基准。关于这一点我引用了一个事件，让我们考虑通用汽车在1970年的罢工。在1967—1970年间，合同工资实行了指数化。但是对由于生活成本增加而引起的工资的上涨，却设定了每小时8美分的上限。生活成本的上升相对于工资的上升来说，其幅度大大地超过了每小时8美分的标准，由此导致工资水平比完全指数化的工资水平低了 26 美分（Pearstine，1970）。工会声称，公司在合同没有实行工资完全指数化的三年间，已经大发横财，因此，谈判应该以完全指数化工资为基础来考虑实际工资的增长；而公司则声称，增加工资的谈判应该以 1970 年的实际水平为出发点。在解决长期罢工的过程中，这个问题是最具争议的话题。

总结一下所有我们对公平工资的讨论，我们可以得出这样的结论：工人接收的公平工资取决于他付出的超出了工作规则的努力、工作规则本身、其他工人的工资、失业工人的救济金以及这类工人的数量，还有工人在之前时期所接收的工资。这样，我们关于参照群体行为的理论产生了一个关于公平工资的表达式，这个表达式看上去同菲利普斯曲线中所支付的工资是很相像的：

$$w_{i,t+1}^f = f(w_{i,t}, w_0, b_u, u, e_i, e_0) \tag{5}$$

其中，

$w_{i,t+1}^f$ 是个体 i 在第 $t+1$ 期认为公平的工资水平；

$w_{i,t}$ 是个体 i 在先前时期的实际工资；

w_0 是当前和先前时期，个体的参照集合中，支付给其他工人的工资；

b_u 是当前和先前时期，个体的参照集合中，失业者的救济金；

u 是当前和先前时期，参照集合中失业者的数量；

e_i 是当前和先前时期，个体的工作规则；

e_0 是当前和先前时期，个体的参照集合中的工人的工作规则。

当然，方程（5）是一条传统类型的菲利普斯曲线的基础，然而，值得重点注意的是，与从搜寻理论（Phelps et al., 1970）中得到的菲利普斯曲线不同，（5）式并非来源于市场出清的结果。通常，存在着愿意同厂商建立礼物关系的工人，但是不会有厂商愿意同工人建立礼物关系。我们的模型是建立在先前对参照群体和现金登记员的讨论的基础之上的。

Ⅵ. 一个模型

本节和下节将构造一个正式的模型，用以在一定程度上准确地捕捉工资合同中大多数的礼物馈赠思想。本节对该模型的构成做了如下分述：

1. 工作群体中部分工人的努力的规范。 这些规范取决于厂商的工作规则、厂商支付的平均工资、厂商的激励系统（其形式是对不同水平的产出或努力所支付的不同工资)以及厂商中作为工作群体的一部分并受到每个工人同情的同事的效用。所有这些变量对于厂商来说都是内生的。外生于厂商的是规范,它取决于工人的参照集合中其他人的回报。在我们的模型中,这些变量可以被概括为:其他厂商的工人所获得的工资、失业率以及失业救济金。通过假定只有一个时期,我们的模型被大大地简化了。我看不出来这个假定对结论有任何的影响,因此,可以轻易地更改。

由此,我们可以用下边这个方程来概括规范

$$e_n = e_n(\{w(e,\varepsilon)\}, e_{\min}, u_1, \cdots, u_J; w_0, u, b_u) \tag{6}$$

其中,

$\{w(e,\varepsilon)\}$ 是一个类型为 ε 的工人的相对工资关于其努力程度的函数,这是企业的薪金制度;

$e_{\min}$ 是工作规则;

u_j 是厂商中第 j 个工人的效用;

w_0 是其他厂商(可能是一个向量)支付的工资;

u 是失业率;

b_u 是失业救济金。

2. 工人。 每个工人都有一个效用函数。一个获得职位的工人必须决定自己的努力程度,以及是否按照厂商开出的条件接受工作。每个工人的效用取决于努力的规范、努力本身以及如果被雇佣能得到的工资率;如果失业,它还取决于失业救济金。一个工人要做出两种选择,如果获得职位邀请(或者说,如果厂商提供"交换礼物"),他必须决定是否接受该邀请,还有,如果接受的话,他必须决定回赠多少礼物。因此,一个类型为 ε 的工人,当他为厂商工作时,他的效用为

$$u(e_n, e, w, \varepsilon) \tag{7}$$

当他不为厂商工作时,他的效用为 $u(b_u, \varepsilon)$。如果工人选择为厂商工作,那么,他就会在保证其工作职位的必要条件下,通过选择努力的水平 e 来使效用 u 最大化,这个努力程度应该超过了厂商的最小要求,$e \geqslant e_{\min}$。相应地,在提供给工人工作职位的条件下,工人会通过分析

$$\max_{e \geqslant e_{\min}} u(e_n, e, w, \varepsilon) \tag{8}$$

是否大于

$$u(b_u, \varepsilon) \tag{9}$$

来决定是工作还是失业。如果一个工人收到了多个来自于不同厂商的职位邀请，他会选择使自己效用最大化的邀请。

工人中存在着一个关于偏好 ε 的分布；我们称这个分布函数为 $f(\varepsilon)$。

3. 厂商。 最后，让我们来考虑厂商的行为。厂商的产出取决于工人的工作努力程度。这个产出 q 为

$$q=f(e_1,e_2,\cdots,e_J) \tag{10}$$

其中 J 是雇佣的工人数量。e_j 是工人 j 的努力程度。

大体上，厂商根据工人的类别 ε 和努力来支付工资，这样，$w=w(e,\varepsilon)$。

因此，相应地，工资成本为

$$\sum_{j=1}^{J}w(e_j,\varepsilon_j)$$

其中 e_j 是工人 j 的努力程度，而 ε_j 则是工人 j 的偏好。

厂商选择工资函数 $w(e,\varepsilon)$，工作规则 $e_{\min}$，还有它愿意雇佣的工人的数量来实现其利润的最大化，其利润可以表示为

$$pf(e_1,e_2,\cdots,e_J)-\sum_{j=1}^{J}w(e_j,\varepsilon_j) \tag{11}$$

这里 p 是产出的价格。厂商的行为要受到工人是否选择到企业工作的约束，而工人的选择则是依赖于厂商能否为他带来最大的收益（包括作为备选的失业）；厂商也将 e_n 视作是内生决定的。

对于企业关于工人偏好 ε 的了解程度，不同的模型可能有所不同；在下一节的有关模型中，我们假定从失业群体中选择一个 ε 类型工人的概率是随机的。这是一个便利的假定，同时也可以对它进行修改。

上述描述"规范—工人—厂商"的一般模型，可以应用于所有的工人和企业，以描述这个经济的总供给。下节就一定的细节对两个例子进行探讨。这些例子描述了由规范决定的企业—工人间相互作用的模型的主要特征。

Ⅶ．两个例子

根据标准的新古典劳动市场模型，在既定的市场工资下，厂商以最优量购买劳动服务。尽管不准确性在新古典模型中并不重要，然而，这

一结论并不能完全描述厂商的选择集合。对于新古典厂商来说，只要其支付的工资至少同市场工资一样高，就能够购买到愿意购买到的所有劳动服务。厂商选择工资，并且在该限制条件下购买劳动服务。如果厂商选择低于市场出清水平的工资，那么它就购买不到劳动。就其选择而言，如果它对劳动没有需求，那么它的决策就不会有任何区别，只会支付市场工资；并且，选择一个超过市场工资率的工资对它来说没有任何好处。因此，厂商对工资的选择总是处在这样一个边界：它会在市场出清的工资水平下，选择最优的劳动数量。

然而，一旦劳动合同被视为礼物交换的范畴，则认为厂商总是在边界上选择工资就不一定正确了。在礼物交换中，通常的规范就是礼物必须高于能保证留住交换另一方的最低水平。对于劳动市场，这意味着努力程度不高于保住其职位所需最低水平的那些工人，至少会损失部分声誉；相应地，支付给工人的工资不高于留住工人所需的最低工资水平的厂商，也会损失一些声誉。在新古典模型中，厂商绝对不会选择支付高于市场出清水平的工资，因为这样做是没有任何好处的。然而，在礼物交换模型中，由于从支付更高的工资中可能会获得一些利益（以及成本），故而可能出现内点解，即厂商发现支付一种超过其为获得劳动而需要支付的最低工资水平的工资是有好处的。毫无疑问，这种内点解并非一定会发生，而当内点解确实存在时，劳动市场就是初级市场。在同等质量就业工人的工资水平下，一个进入劳动市场的工人并不会自动地找到工作。相对而言，如果是边界解，劳动市场就会出清，此时的劳动市场就是次级市场。在这一市场上，一个求职者很容易就能在同等质量工人所获得的工资水平上找到工作。

本节的目的就是要通过两个具体的例子，来揭示当礼物交换发生时，也就是工人努力的规范取决于厂商对他们的待遇时，劳动市场的特征。其中的一个例子假定，厂商的工作规则是固定的，在这个假定下，我们可以推导出均衡工资和失业。第二个例子假定实际工资是固定的，它揭示，尽管在新古典模型中，工作规则会使劳动的供求达到均衡，然而在社会学的模型中（存在着规范），工作规则却不能做到这点。确切地说，这一模型是因受到了现金登记员行为的启发而建立的。

例1 工资

在此，我们并不会先描述一个模型，然后再表明存在均衡失业，而是采用相反的办法。在该模型中，先选择除了劳动数量外的所有参数和函数。从而该模型表明，通过选择特定的劳动数量，就能得到一个失业率为 u_0 的均衡。

令每个工厂中平均有 $\bar{l}$ 个工人表示劳动供给。我们将会在后面根据

失业率 u_0 来为 $\bar{l}$ 选取一个特定的值，但是，这个选择是在最后做出的，而不是在故事的开始。

根据生产函数的定义，我们设产出 q 是一个努力 e 和劳动 n 的函数，

$$q=(en)^a \tag{12}$$

设所有工人的努力 e 都处在规范 e_n 处，并且所有工人都一样，这样就有

$$e=e_n \tag{13}$$

设努力规范是一个关于企业工资与参考工资之比的函数，其形式如下

$$e_n=-a+b(w/w_r)^\gamma, \ \gamma<1 \tag{14}$$

（之所以选择这样一个特殊形式的 e_n-w 函数（14）是出于两个考虑。首先，厂商选择 w 来使每花费一美元而获得的劳动效率单位最大化。索洛（1979）已经表明，当 w 关于 e 的弹性等于单位 1 时，这样一个内部最大化就会发生。为了确保所选的 w 能够使每一美元支出所得到的努力最大化，e_n-w 的弹性必然是趋于下降的。第二个考虑就是负截距 $-a$。如果能够在 0 工资水平上获得正的努力，那么一个 0 工资（此时每一美元的投入所获得的努力是无穷大的）就是最佳选择。）

设参考工资 w_r 是几何平均

$$w_r=w_0^{1-u}b_u^u \tag{15}$$

其中，u 是失业率，w_0 是其他企业支付的工资，而 b_u 则是失业救济金的水平。

由于我们所讨论的厂商是一个典型意义上的厂商，厂商 n 雇佣的工人数量等于每个企业雇佣的工人的平均数量，或

$$n=(1-u)\bar{l} \tag{16}$$

此外，同样是因为所讨论的企业是典型意义上的企业，故其工资水平同其他企业也是一样的，或说

$$w=w_0 \tag{17}$$

假定 u 等于 u_0。我们就会发现，如果一个以利润最大化为目标的厂商的工资 w 同其他厂商的工资 w_0 一样，那么通过选择适当的参数 $\bar{l}=l_0$，它将会选择雇佣一个数量为 $n=(1-u_0)\bar{l}$ 的劳动。由此可见，u_0 是当劳动供给为 l_0 时的均衡失业率。

厂商将遵循下述行为方式。在 $u_0>0$ 的失业水平上，厂商可以在任

何工资水平下，得到所有它想得到的工人。结果，它选择 n 和 w 来使利润最大化，即令下式最大化

$$\prod = (en)^a - wn \tag{18}$$

其约束条件是：

$$e = e_n \tag{19}$$
$$e_n = -a + b(w/w_r)^\gamma \tag{20}$$
$$w_r = w_0^{1-u} b_u^u \tag{21}$$

将这个最大化问题同条件 $w = w_0$ 联系在一起，可以得出劳动需求 n^d，它是失业率 u_0 的一个函数：

$$n^d = \left(\alpha^{-1} b_u \left(\frac{a\gamma}{1-\gamma} \right)^{-\alpha} \left(\frac{a}{b(1-\gamma)} \right)^{1/\gamma u_0} \right)^{1/(\alpha-1)} \tag{22}$$

如果 n^d 与失业率是一致的，那么，目前模型尚未选择的一个参数劳动供给，必然为

$$\bar{l} = l_0 = \frac{n^d}{1 - u_0}$$

$$= (1-u_0)^{-1} \left(\alpha^{-1} b_u \left(\frac{a\gamma}{1-\gamma} \right)^{-\alpha} \left(\frac{a}{b(1-\gamma)} \right)^{1/\gamma u_0} \right)^{1/(\alpha-1)} \tag{23}$$

根据（23）式的右端选择了 $\bar{l}$ 之后，我们的模型就在失业率为 u_0 的情况下达到均衡，其中 $0 < u_0 < 1$。值得注意的是，尽管失业人员愿意在就业工人的工资水平下工作，但是，厂商却不愿意在该工资水平（或者一个更低的工资水平）下雇佣他们。

此外，我们也能很容易构建一个厂商对 w 的选择不是内点解的例子。毕竟，如果系数 $b=0$ 且 $a<0$，那么此类例子就恰好对应于我们在本节开头处口头上分析的那个新古典模型，在该模型中，所有的市场都是出清的。在我们的分析中，无论市场是否出清，或者，换句话说，无论劳动市场是初级市场还是次级市场，上述性质都是内生的。①

例2 工作标准

第一个例子阐述的是工作规范同工资之间的关系会导致在市场非出清情况下，一个经济范围内（或劳动市场范围内）均衡发生的可能性（并且相关的讨论部分地刻画了这种可能性），因为厂商自己会发现将工

---

① 不能因为一些市场出现了出清就认为不存在失业。失业的工人可能会等待一个从事初级部门工作的机会。参见霍尔（Hall, 1975）。

第 16 章 部分视为礼物交换的劳动合同

资水平设定在能自由地获得劳动的最低标准之上是有利可图的。

然而，我们对现金登记员的讨论，所关心的不是工资，而是工作规则。根据标准的新古典模型，即使由于某种原因，工资没有固定在市场出清的水平，厂商也仍然应该将工作规则调整到使劳动的供求相等的点（即使是在一个非均衡的工资水平下）。本节所给定的例子中，工作规则不会使劳动的供求相等。它并不是最简单的模型，这部分是因为我们打算使这个模型忠诚地反映现金登记员的行为，同时也部分因为工人对规范的反应内在地涉及大量的行为，这些行为无法用简单的线性方程轻易地显示出来。

因为在标准的新古典模型中，即使在一个固定的非均衡的工资率下，工作标准也能使劳动的供求平衡，因此，我们就从假定工资率固定为 $\bar{w}$ 开始。我们还假定政府控制着工资，尽管这不现实，但是，当政府采取一定形式的收入政策时，这种情况当然也偶有发生。

回顾前面提到的，现金登记员中的一些工人，其工作超出了厂商设定的标准很多（格纳拉娜和默菲超过了 45%），而与此同时，一些工人则非常接近这个标准（伯克和多诺万仅高出 2%）。

为了建立一个既包括工作超过标准很多的工人，同时也包括处在边际上的工人的模型，我们有必要将工人分为两类。出于这个原因，我们的模型有两组拥有不同特征的工人。低质工人占劳动者的比例为 p，高质工人占的比例为 $1-p$。

在我们模型背后的故事中，厂商只有在工人加盟之后才有能力辨别他们的质量，但是在之前却不可以。就现金登记员的情形而言，谁能够料到，在性格外向、容易相处等方面几乎完全一样的默菲和伯克会有完全相反的工作记录呢？霍曼斯暗示，这个差别之所以可能发生，部分是因为伯克的社交群体主要是一群"分类账登记员"，而其他现金登记员则主要是彼此之间打交道。很显然，不会有职员能够预料到会发生这类差异。

尽管一旦工人被厂商雇佣，厂商就能够容易地测评其绩效，然而，我们假定厂商在不改变工作规范下不能解雇工人。由此产生的结果是，在构造的模型中，工作努力可以在事后观测，但是在事前则是无法预测的。

工人行为

在这两类工人中，我们用 U^+ 来表示为厂商工作的高质工人的效用，这里

399

$$U^+ = A - B(e-(e_n+\varepsilon))^2 \tag{24}$$

参数 A 取决于工资,但是由于它们被假定是固定的,故而我们可以排除它们之间的依赖关系。我们用 U^- 来表示为厂商工作的低质工人的效用,这里

$$U^- = A - B(e-(e_n-\varepsilon))^2 \tag{25}$$

这里的参数 A 和 B 都是正的,e_n 是工作努力的规范,e 是个体工人的实际努力,ε 则是一个反映工人类别的参数。U^+ 和 U^- 分别是为厂商工作的高质工人和低质工人各自的效用。工人既可以选择以努力程度 e 为厂商工作,也可以选择停止工作而处于失业状态。在这样的情况下,他们的效用就被假定为 0。

一个受雇于厂商的工人,将在企业工作规则的约束下来实现其效用水平最大化。因此,一个效用函数为 U^+ 的高质工人会选择 e 来最大化

$$A - B(e-(e_n+\varepsilon))^2 \tag{26}$$

其约束条件是

$$e \geq e_{\min}^+ \tag{27}$$

这里,$e_{\min}^+$ 是厂商为高质工人设定的最低工作标准。相应地,对于这样一个工人来说,如果为厂商工作时,效用函数 U^+ 为正的话,那么工人就会选择在努力 e^+ 下工作:

$$e^+ = \max(e_{\min}^+, e_n+\varepsilon) \tag{28}$$

类似地,如果为厂商工作时,效用函数 U^- 为正,那么,一个低质工人就会选择在 e^- 下工作:

$$e^- = \max(e_{\min}^-, e_n-\varepsilon) \tag{29}$$

规范。行为的规范取决于工作规则,

$$e_n = e_n(e_{\min}^-, e_{\min}^+) \tag{30}$$

在后面我们将假定,$e_{\min}^-$ 和 $e_{\min}^+$ 只有在当它们对工人的努力具有有效约束的情况下,才会对规范产生影响。

厂商行为

对厂商来说,它既要考虑到工人的努力程度对规范的反应,又要考虑到规范对工作规则的反应。在劳动供给过剩的情况下,此时,只要 U^+ 和 U^- 为正,可以获得任何数量的劳动,那么,厂商将会选择 $e_{\min}^-$、

$e_{\min}^+$ 和 n 来实现利润最大化,或是使

$$(\bar{e}(e_{\min}^-,e_{\min}^+)n)^a-\bar{w}n \tag{31}$$

最大化。这里,$\bar{e}()$ 是结合了(28)、(29)和(30)三式,并选取了适当的权数,以反映平均努力程度对工作规则的依赖程度的函数。

相应地,在最大化问题的内点解上,能够获得其想获得的任何劳动的厂商会选择 $e_{\min}^-$ 和 $e_{\min}^+$ 来使 $\bar{e}(e_{\min}^-,e_{\min}^+)$ 最大化,并且根据边际生产条件:

$$\alpha\bar{e}(e_{\min}^{-*},e_{\min}^{+*})^a n^{a-1}=\bar{w} \tag{32}$$

来选择它对劳动的需求。只要典型的厂商所选择的 n 小于 $\bar{l}$,对劳动的需求就会小于供给,这样,关于厂商可以获得任何数量的劳动的假设就被验证了。

最大内点解的实现问题。然而,一个问题产生了:如何才能得到 $e_{\min}^+$ 或 $e_{\min}^-$ 的最大内点解呢?毕竟,为什么厂商不应该将 $e_{\min}^+$ 提升到使得所有高质工人都处在停止工作的边界点呢?(通过这样做,企业还将获得筛选掉较低质量工人的额外好处。)在现实的社会中,工人们通常会利用制裁来抵制厂商的这种行为。例如,在现金登记员的情形下,记得霍曼斯曾经记录过,由于先前同一个监督人员出现过争执,工人们的工作速度曾有过下降。在我们的模型中,这样一个事实表明了:当工作规则迫使工人充分地工作以超过规范时,他们就会辞职。

设低质工人所占的比例 p 为 $1/2$,设偏好参数 ε 为 1,再设式(24)或(25)中参数 A 和 B 的值分别为 2 和 $1/2$,则

$$U^+=2-1/2(e-(e_n+\varepsilon))^2 \tag{33}$$
$$U^-=2-1/2(e-(e_n-\varepsilon))^2 \tag{34}$$

只要不受工作规则的限制,高质工人就会选择

$$e=e_n+\varepsilon \tag{35}$$

来使 U^+ 最大化。类似地,如果不受限制,低质工人将会选择

$$e=e_n-\varepsilon \tag{36}$$

来使 U^- 最大化。我们假定,当且仅当工作规则对工人具有约束力时,它才会对努力规范具有影响。相应地,规范取决于 $\max(e_{\min}^+-(e_n+\varepsilon),0)$ 和 $\max(e_{\min}^--(e_n-\varepsilon),0)$。此外,我们假定工作规范是平等主义的,因此两种类型工人之间的工作规则的差异,将对规范产生负面影响。

据此,本例中的规范遵循如下公式:

$$e_n = 6 - 0.8\max(e_{\min}^+ - (e_n+\varepsilon), e_{\min}^- - (e_n-\varepsilon), 0)$$
$$- 20|e_{\min}^+ - e_{\min}^-| \tag{37}$$

式（37）的第二项反映的是，随着工作规则越来越成为对工人的努力选择的束缚，努力的规范就会下降。第三项反映的是，对两种类型工人待遇的不平等性对规范造成的影响。

容易验证，想要使 $\bar{e}$ 最大化的厂商会选择

$$e_{\min}^+ = e_{\min}^- \leqslant 5 \tag{38}$$

其最大值为 $\bar{e}=6$。

我将对此作一个简要的证明。首先，$e_{\min}^+$ 和 $e_{\min}^+$ 之间的不均等所造成的 e_n 的减少是如此之大（(37) 式的最后一项系数是 20），以至于厂商总是会发现，使 $e_{\min}^+ = e_{\min}^-$ 是有利可图的。在这样的情况下，关于 e_n 的公式（37）就能够被简化成

$$e_n = 6 - 0.8\max(e_{\min} - (e_n-\varepsilon), 0) \tag{39}$$

简单的代数运算表明，当 $\varepsilon=1$ 时，(39) 式能被改写成

$$e_n = 6, \quad e_{\min} \leqslant 5 \tag{40A}$$
$$e_n = 30 - 4e_{\min} - 4, \quad e_{\min} \geqslant 5 \tag{40B}$$

利用 (34)、(40A)、(40B) 以及 $\varepsilon=1$，可以容易地验证，当 $e_{\min}<5.4$ 时，U^- 就为正；当 $e_{\min}>5.4$ 时，U^- 就为负。类似地，当 $e_{\min}<5.8$ 时，U^+ 就为正；当 $e_{\min}>5.8$ 时，U^+ 就为负。

因此，在 $0 \leqslant e_{\min} < 5.4$ 的范围内，高质工人和低质工人都会就业。对于 $0 \leqslant e_{\min} \leqslant 5$，工作规则对高质工人和低质工人都没有约束，因此

$$\bar{e} = \frac{1}{2}(e_n+\varepsilon) + \frac{1}{2}(e_n-\varepsilon) = e_n = 6, 0 \leqslant e_{\min} \leqslant 5 \tag{41}$$

对于 $5 < e_{\min} < 5.4$，工作规则对低质工人有约束作用，但对高质工人没有约束作用。由于 U^- 和 U^+ 均为正，因此高质工人和低质工人都会就业。因此

$$\bar{e} = \frac{1}{2}(e_n+\varepsilon) + \frac{1}{2}e_{\min}, \quad 5 < e_{\min} < 5.4 \tag{42}$$
$$= 13.5 - 1.5e_{\min} < 6, \quad 5 < e_{\min} < 5.4 \tag{43}$$

通过对例子的设计，对于 $e_{\min}>5.4$，U^- 为负；又由 (40B) 可知，对于 $e_{\min}>5.4$，有 $e_n+\varepsilon<e_{\min}$，因此，工作对高质工人有约束作用。当 $e_{\min}<5.8$ 时，U^+ 为正。因此，在 $5.4<e_{\min}<5.8$ 的范围内，只有高质

第 16 章 部分视为礼物交换的劳动合同

工人会工作,并且因为他们的努力受到工作规则的限制,

$$\bar{e}=e_{\min}, \quad 5.4 < e_{\min} < 5.8 \tag{44}$$

当 $e_{\min} > 5.8$ 时,由于 U^+ 和 U^- 均为负,故 $\bar{e}$ 是无法确定的。不过,愿意工作的工人的数量为 0。因此,根据(41)、(43)和(44),当 $\bar{e}=6$ 且 $e_{\min}^+=e_{\min}^-\leq 5$ 时,$\bar{e}$ 实现了最大化。

为了得到一个失业率为 u_0 的例子,我们只需要选择 $\bar{l}=l_0$,并使之同 u_0 和劳动需求的边际生产条件一致,这样,

$$\bar{l}=l_0=(1-u_0)^{-1}(\alpha^{-1}6^{-\alpha}\overline{w})^{1/(\alpha-1)} \tag{45}$$

评论。这个例子确切地对应于现金登记员的行为。厂商对所有的工人支付相同的工资。有一组工人(占少数)在工作标准水平工作,或非常接近这一水平。剩余工人的工作高于这个标准。出于霍曼斯没有提及但却同我们的模型一致的原因,厂商既没有提高高质工人的工作标准,也没有提高低质工人的工作标准。在均衡处存在非自愿失业。

Ⅷ. 结　论

本文已探讨了关于劳动合同有一部分属于礼物交换的思想。根据这一思想,工资至少部分地取决于工人努力的规范,反过来,工资也影响这种规范;类似地,工人的努力也至少部分地决定于这些规范。在我们看来,交换形式与规范之间的关系是礼物交换与纯粹的市场交换的区别所在。

事实上,尽管影响市场价格的因素可能也会对规范产生极大的影响,然而,纯粹的市场交换同礼物交换之间仍然存在一个主要的区别。在纯粹的市场交换中,一个买者为购买一件商品或要素服务而愿意支付的最高价格,是其他可以购买的相关商品或要素服务的最低价格。与此对应,一个卖者出售一件商品或要素服务时愿意接受的最低价格是相关商品或要素服务能出售的最高价格。而在礼物交换的情形,由于交换条件对规范的影响,买者可能会愿意支付高于所需支付的最低价格来购买一件商品或要素服务;类似地,同样由于交换条件对规范的影响,卖者可能会愿意接受以低于他们能获得的最高价格的价格来出售一件商品或要素服务。我们已经表明,依据这种礼物交换行为,市场不需要出清。因此,至少在一个重要方面,礼物交换经济与新古典经济是有区别的,

在以后的论文中,我们还将对这两种交换模型的区别进行进一步的探讨。

加州大学伯克利分校

参考文献

Azariadis, C., "Implicit Contracts and Unemployment Equilibria," *Journal of Political Economy*, LXXXIII (Dec. 1975), 1188-1202.

Baily, M. N., "Wages and Employment Under Uncertain Demand," *Review of Economic Studies*, XLI (Jan. 1974), 37-50.

Belshaw, C. S., *Traditional Exchange and Modern Markets* (Englewood Cliffs, NJ: Prentice-Hall, 1965).

Coser, L. A., *Masters of Sociological Thought: Ideas in Historical and Social Context* (New York: Harcourt Brace Jovanovich, 1971).

Doeringer, P. B., and M. J. Piore, *Internal Labor Markets and Manpower Analysis* (Lexington, MA: D. C. Heath & Co., 1971).

Edwards, R., *Contested Terrain: The Transformation of the Workplace in the Twentieth Century* (New York: Basic Books, 1979).

Etzioni, A. W., *Modern Organizations* (Englewood Cliffs, NJ: Prentice-Hall, 1971).

Festinger, L., "A Theory of Social Comparison Processes," *Human Relations*, VII (1954), 117-140; reprinted in *Readings in Reference Group Therapy*, Herbert H. Hyman and Eleanor Singer, eds. (New York: The Free Press, 1968).

Freeman, R. L., and J. L. Medoff, "The Two Faces of Unionism," *The Public Interest*, No. 57 (Fall 1979), 69-93.

Hall, R. E., "The Rigidity of Wages and the Persistence of Unemployment," *Brookings Papers on Economic Activity*, III (1975), 301-349.

Hirschman, A. O., *Exit, Voice and Loyalty* (Cambridge: Harvard University Press, 1970).

Homans, G. C., "Status Among Clerical Workers," *Human Organization*, XII (Spring 1953), 5-10; reprinted in G. C. Homans, *Sentiments and Activities* (New York: Free Press of Glencoe, 1962).

——, "The Cash Posters," *American Sociological Review*, XIX (Dec. 1954), 724-733; reprinted in G. C. Homans, *Sentiment and Activities* (New York: Free Press of Glencoe, 1962).

Hyman, H. H., "The Psychology of Status," *Archives of Psychology*,

No. 269 (1942); reprinted in part in *Readings in Reference Group Theory*, Herbert H. Hyman and Eleanor Singer, eds. (New York: The Free Press, 1968).

Leibenstein, H., *Beyond Economic Man: A New Foundation for Microeconomics* (Cambridge, MA: Harvard University Press, 1976).

Mauss, M., *The Gift: Forms and Functions of Exchange in Archaic Societies*, translated by Ian Cunnison (London: Cohen and West, 1954).

Mayo, E., *The Social Problems of an Industrial Civilization* (London: Routledge and Kegan Paul, 1949).

Merton, R. K., *Social Theory and Social Structure*, revised and enlarged edition (Glencoe, IL: The Free Press, 1957).

Okun, A., "Inflation: Its Mechanics and Welfare Costs," *Brookings Papers on Economic Activity*, II (1975), 366–373.

——, *Prices and Quantities: A Macroeconomic Analysis* (Washington, D. C.: The Brookings Institution, 1981).

Pearlstine, N., "Auto Pact Tension Eases; Strike Chances Viewed as Tied to Chrysler, GM Parleys," *Wall Street Journal*, CLXXVI, No. 48 (Sept. 4, 1970), 5, column 2.

Phelps, E. S. *et al.*, *The Microeconomic Foundation of Employment and Inflation Theory* (New York: Norton, 1970).

Roethlisberger, F. J., and W. J. Dickson, *Management and the Worker: An Account of a Research Program Conducted by the Western Electric Company, Hawthorne Works, Chicago* (Cambridge, MA: Harvard University Press, 1947).

Solow, R. M., "Another Possible Source of Wage Stickiness," *Journal of Macroeconomics*, I (Winter 1979), 79–82.

——, "On Theories of Unemployment," *American Economic Review*, LXX (March 1980), 1–10.

Stoft, S., "Cheat-Threat Theory," University of California Thesis Prospectus, August 1980.

Stouffer, S. A., E. A. Suchman, L. C. de Vinney, S. A. Star, and R. M. Willianms, Jr., *The American Soldier: Adjustment During Army Life*, Vol. 1 (Princeton, NJ: Princeton University Press, 1949).

Stouffer, S. A., A. A. Lumsdaine, M. H. Lumsdaine, R. M. Williams, Jr., M. B. Smith, I. L. Jarvis, S. A. Star, and L. S. Cottrell, Jr., *The American Soldier: Combat and its Aftermath*, Vol. 2 (Princeton, NJ: Princeton University Press, 1949).

Titmuss, R. M., *The Gift Relationship: From Human Blood to Social Policy* (New York: Random House, 1971).

第 17 章　公平的工资—努力假说和失业[*]

乔治·A·阿克洛夫
珍妮特·L·耶伦[**]

Ⅰ. 引　言

本文研究关于工人行为的一个假说的后果，我们称之为公平的工资—努力假说（the fair wage-effort hypothesis）。[①]根据这一假说，工人有一个公平工资的概念；如果实际工资低于公平工资，那么工人只付出公平规范下努力水平的一个相应比例。如果 e 代表工人付出的努力，w 代表实际工资，w^* 是公平工资，公平的工资—努力假说即为

$$e = \min(w/w^*, 1) \tag{1}$$

其中，工人的努力规范化为一个单位内，这样公平工资时的努力是 1。这个假说解释了失业的存在。当公平工资 w^* 高于市场出清工资时产生失业。[②] 因为决定 w^* 的因素有些固有的特点，这个假说可以解释为什

---

[*] 这篇论文最初发表于 George A. Akerlof and Janet L. Yellen (1990), "The Fair Wage-Effort Hypothesis and Unemployment," *The Quarterly Journal of Economics*。经允许重印。

[**] 我们要感谢 Samuel Bowels, Daniel Kahneman, David Levine, John Pencavel, David Romer 和 Lawrence Summers 的建设性评论和讨论。我们也非常感谢斯隆基金（给予第一作者）和 Guggenheim 基金（给予第二作者）的资金支持，以及工业关系学院、由加州大学伯克利分校商业经济研究院管理的国家自然科学基金（许可号为 SES 86-005023 和 SES 88-07807）给予的资金支持。

[①] 阿克洛夫和耶伦（1988）包括对本文结论的总结。

[②] 关于公平工资和市场出清工资的差异，请参照卡尼曼、尼奇和塞勒（Kahneman, Knetsch, Thaler, 1986）。

第17章 公平的工资—努力假说和失业

么技术与失业是负相关的。进一步地，它可以解释工资差异和劳动力市场的分割。[1]

公平工资—努力假说的提出是源于对人类行为的简单观察：当人们得不到他们应得的东西时，他们会努力得到平等（even）。下面将给出公平工资—努力假说的五类证据。第一类涉及心理学，在这方面，公平工资—努力假说与亚当斯（Adams，1963）的公正理论一致。此理论已为大量经验研究证实。因此，这些研究也可以有力地支持该假说。第二类证据是关于社会学方面的，公平工资—努力假说与布劳-霍曼斯（Blau-Homans，1955，1961）的社会交换理论一致。社会学研究，包括对工作环境的研究表明，公正意识在社会交换中占主导地位。第三，该假说符合常理，并且经常出现在文献中；人力资源教程中也认为这是显而易见的道理；同样这个假说也可以解释那些对工资、薪金谈判中的大忌。第四，公平工资—努力假说解释了拥有不同技术工人间工资差异的缩小。第五，简单的公平工资—努力假说可以解释我们根据经验得到的失业—技术间的关系；这些模型也可以解释为什么失业没有随着平均教育水平上升而下降，尽管教育程度越高的工人失业率越低。

回顾完支持公平工资—努力假说的证据后，本文第Ⅲ部分和第Ⅳ部分会利用这个假说构建模型。这些模型的公平工资 w^* 是不同的。在第Ⅲ部分中，w^* 是外生的。在第Ⅳ部分中，w^* 取决于相对工资和市场力量。这些模型为失业提供了效率工资解释。但是工资的契约机制与合同的复杂化会减少或者消除非自愿失业这一批评，不会影响这些模型。[2] 如果这些契约被认为是不公平的，那么它们就不是最优的。在一些公平是非常重要的关系中，因为过去的事情所产生的抱怨可能会导致将来的报复。在现有文献中，这个模型最接近于萨默斯（Summers，1988）的基于相对工资的效率工资理论。在萨默斯模型中，工人会把自己的报酬同其他公司中同类工人的报酬进行比较；相反，在我们的模型中，工人是把自己的工资同本企业内其他同事的工资进行比较。

---

[1] 莱文（Levine，1990）基于工人聚合（worker cohesiveness）对此现象给出了一个类似的解释。

[2] 对这些著作和效率工资理论问题的回顾，参见阿克洛夫和耶伦（1986），卡兹（Katz，1986），斯蒂格利茨（Stiglitz，1987）和耶伦（Yellen，1984）。

Ⅱ. 公平的工资—努力假说之由来

A. 公正理论（Equity Theory）

亚当斯（1963）假设在两人间的社会交换中，感知到的"投入"价值与"产出"价值比应该相等。在劳动交换中，雇员的"投入"是其劳动被感知的价值，"产出"是被感知的薪酬。对于企业一方，投入是被感知的劳动者报酬，产出是被感知的劳动价值。

亚当斯的公式说明，在一个工资合同中，被感知的劳动价值应该与报酬价值相等。这一等式可以用经济学概念表示，有效劳动投入的数量（用 e 表示努力）乘以被感知的有效劳动价值（用 w^* 表示）等于被感知的报酬价值。换句话说，

$$e=w/w^*$$

我们想强调被感知劳动力价值 w^* 是公平工资，而不是市场出清工资。

根据心理学家的说法，当 w 和 w^* 给定时，那些投入努力 $e=1$ 却得不到公平工资的人就会改变他们的实际努力 e，或者他们会改变其被感知的努力。类似地，他们可以改变被感知的报酬（通过重新定义工作报酬的非货币项）。在下面的理论中，我们将会假设当报酬低于工人的付出时，工人们会调整实际努力，而不是被感知的努力或被感知的工作报酬中的非货币部分。

心理学实验集中发现那些得到的报酬超过努力者是否会增加努力，因为心理学家认为这是亚当斯理论令人吃惊的预测。心理学家认为，显然那些感觉到报酬低于应得的人会提供较少努力（Walster, Walster and Berscheid, 1977, p. 42）。正如所料，报酬超过努力的实验结果模棱两可。有人（Walster, Walster and Berscheid, 1977, p. 42）认为，之所以会产生这种不明确性是因为对于那些被多支付报酬的人来说，提高劳动投入的心理价值比增加实际投入的成本低。这些实验结果与我们的假说一致，即多支付并不会增加工人的投入，因此，对于 $w>w^*$，$e=1$。

当工人得不到应得的报酬时会少做很多工作，一些研究结果给出了证据。[①]在一个启发性研究中，劳勒和奥加拉（Lawler and O'Gara,

---

① 对证据的回顾者认为这明显是公正理论的含义；一些实验得到了有悖于该理论的结果，但是所有的例子都有另一种简单的解释（Goodman and Friedman, 1971）。

1967)对两组工人进行了访问,其中,一组工人得到 25 美分的报酬,而另一组工人仅仅得到 10 美分的报酬,劳勒和奥加拉对两组工人的表现做了比较,那些仅仅得到 10 美分被访问者的表现平均很差。心理上,那些低支付被访问者也会降低自尊——当没有实现公平的时候,工人不仅调整投入的努力程度,而且调整其对劳动投入质量的认识。

在一个更加巧妙的实验中,普里查德、邓尼特和乔根森(Pritchard, Dunnette, and Jorgenson, 1972)雇佣一些人在为实验创建的一个虚拟人力资源公司工作。工人工作三天后,公司宣布改变计算工资的方法。实验参与者的工资被调高或调低。那些工资被调低了的人在调查问卷中表达了对工作的极大不满,并且在工资改变之后,他们的工作表现不如之前。在一个类似的实验中,瓦伦兹和安德鲁斯(Valenzi and Andrews, 1971)起初支付给雇员每小时 1.4 美元,但是后来宣布,由于国家心理健康局重新进行了资助的预算,有一些人会得到高于 1.4 美元的报酬,另一些人只能得到少于 1.4 美元的报酬。报酬低于 1.2 美元的人中 27% 马上辞职——这个结果不仅与向右上方倾斜的劳动力供给曲线一致,而且工人对受到的不公平待遇非常愤怒。

在这个可能最能说明问题的实验中,施密特和马韦尔(Schmitt, Marwell, 1972)让工人们做出一个选择:是选择两人一组工作还是单独工作。当工资一样时,工人们选择两人一组工作。但当一组中的两个人工资不同时,工人们宁可放弃一大部分收入也要单独工作。

B. 相对损失理论(Relative Deprivation Theory)

公平的工资—努力假说的经济后果依赖于公平工资如何决定。①根据相对损失理论,人们的公平概念是通过与其他明显可比的人相比较而建立起来的。但是,心理学理论却没有给出哪些参照群体明显可比。有三种自然的可能性:人们可能把自己和自己所在企业内担任相似职务的人进行比较,或者同自己企业内不同职务的人进行比较,还可能同其他企业内的人进行比较。在下面第Ⅳ部分的模型中,工人把自己同自己企业内的其他人进行比较。如果工人同和自己相似的可以替代自己的人进行比较,我们发现均衡将是被分割的,能力不同的人会在不同的企业工作。劳动被低效配置,但是没有失业。不过,如果工人同和自己"相异"或者在生产中"互补"的人进行比较,均衡的特征将会是低技术工人的失业或低技术工人具有工资差异的二元劳动市场。

---

① 大部分实验隐含一个假设:人们认为公平的工资要么是事先说明的工资,要么是先前得到的工资,要么是其他人得到的工资。

尽管相对损失的行为后果（因为一些自然的原因）很难记录，但是却有足够的证据显示这种相对损失确实导致了不满（这恰与第Ⅳ部分的模型一致）。

马丁（Martin, 1981）进行了一个天才实验，在一个近似田野的环境中，实验显示，当存在工资差异时，工人容易产生相对损失感。实验要求一家企业的技术人员想象自己处在另一家相似企业的赚得平均工资的岗位上。他们首先要回答，他们最想知道哪个工资水平以便来与自己的工资相比较——是技术工人的最高或最低工资，还是高管的最低、中等或最高工资。大部分技术工人想知道技术工人的最高工资标准——这与我们的模型一致，也就是说如果人们得不到他们应得的，他们就不会那么努力地工作，但是如果他们得到的超过他们应得的，他们却不会工作得更加努力。那些得不到应得工资的人对工作的兴趣相对降低（因此，对工作产生的正面效应就低），而那些得到超过应得的人会表现出较大的工作兴趣，而且如果人们认为投入产出比例不相等，就会产生相当大的负面效应。

马丁实验的第二部分对于我们的模型更加重要。在工人们选择了他们想比较的对象后，他们得到一个工资计划，并且对此计划进行评价：不满、想要或恰好公正。当高管和技术人员之间的工资差异较大时，技术人员就会对工资感到不满或者感觉不公。这为我们第Ⅳ部分的模型提供了实证基础：当其他群体得到高报酬时，那些低工资工人就会感到被剥夺了福利。

C. 社会交换理论（Social Exchange Theory）

与心理学家一起，社会学家们也创建了公正理论的一个版本。布劳（Blau, 1955）的交换模型假设对于交换双方，减去成本后的净收益应该相等。布劳的模型源于对政府部门中互助行为的经验研究。从事调查工作的工作人员会就某个难题向其他同事请教。尽管向其他同事而不是向上司请教违反了政府机构的规则，并且为上司所不允许，但是，一个工作人员平均每小时会与其他同事接触5次，其中大部分是请教问题。在这个机构中，工作人员具有各种不同的特长。布劳发现，那些技术水平一般的人很少向那些技术特别好的人请教，相反，同等能力的人经常互相请教。这让布劳产生了一个迷惑：为什么那些水平一般的人不向专家多多请教？根据他的解释，那些水平一般的人之所以不愿向专家请教，是因为他们发现这样很难产生互惠互利的结果：他们对专家表达了感激和尊敬，但是从专家那得到的回报却很少。因此，布劳总结道，普通人和专家之间的交换同样也要遵循这一点，那就是双方的交换必须是等价的。

基于自己的观察、布劳的研究以及以费斯汀格（Festinger）为首的社会心理学家的共识，霍曼斯（Homans，1961）提出了一个类似的理论。布劳-霍曼斯理论是一个社会交换的一般理论。霍曼斯提出了一个在没有实现交换双方主观等价性情形下社会交换的核心命题："所实现的分配不公对一个人越不利，这个人越会表现出愤怒的情感行为"（Homans，1961，p.75）。简单地说，当人们得不到他们认为自己应得的东西时，就会生气。这个简单的定理是我们模型的基础。那些工资低于公平工资 w^* 的工人会生气。生气的结果就是减少有效劳动投入，使其低于使他们满足的工资水平时他们所投入的劳动水平。这个关系可以由一个简单、自然的函数形式 $e=w/w^*$（对于 $w<w^*$）来表示。

D. 对工厂中工人产出受到限制的经验观察

社会学家已经记录了工厂中产出受到限制这一现象的存在。在马修森（Mathewson，1969）于1930年进行的经典研究中，记录了位于47个不同地方的105家商业机构的223例产出限制。这些观察来源于他作为一个参与其中的观察者的工作经历，对工人的面试以及同样是参与其中的观察者的其六个同事的记录。根据马修森的说法，"有时候工人们认为他们应该得到的工资比经理愿意给他们的要多。当他们得不到他们所认为的公平工资时，他们会根据他们所得到的调整他们的生产。"这正符合我们的公平工资—努力假说。以下摘自一个机器商店的布告板，它充满诗意地描述了公平工资—努力假说：

> 我在工作着
> 感觉公司在偷走属于我的
> 每天从我口袋拿走50便士
> 但是对它们拿走的每一个便士
> 它们要付出十倍之多
> 因为我生产的速度，我敢说
> 因为它让我感到恶心
> 因此我会调整我的生产速度
> 这样我的额头不会再流汗
> 当其他人还在匆匆忙忙
> 另一人就会担心
> 知道我的工资增加
> 我并没存什么恶意的想法

对屠夫和理发师来说
他们一开始就每小时得到 80 美分
三年以来我一直像个傻子一样工作
但是，现在我退却了
当我拿到公平的工资时
我还可以做好我的工作
其他人还可以你追我赶
直到我得到公平待遇
和那些从挖煤中学到交换的这个道理的人一样
尽管我可以做好工作
真有意思
新来的可以拿到那些钱
我却拿不到相同的钱来拯救我的灵魂（Mathewson，1969，p. 127）

在为马修森再版所作的序言中，唐纳德·罗伊（Donald Roy, 1952），一个因为对机械商店生产限制的观察而闻名的社会学家，引用了一个他本人经历的故事。一群机械工人感到不满，因为他们认为他们的工资和企业的利润不成比例。企业的一台切割机非常奇怪：好好的工作一段时间后就会莫名其妙地歪斜，切割的厚纸片会突然被撕碎并且会卡在机器的轮轴里，需要费很大力气才能把这些碎纸片取出来。操作切割机的工人太用力压着机器，这样纸就被压碎并且卡住。尽管这些工人要清理轮轴（一项清理机器的苦差），但是他们认为值得，因为这可以弥补他们的不满（Roy, 1969, p. xxiv）。这个故事说明，当工人认为他们并没有获得他们的应得时，他们就会减少有效劳动投入。这个故事同样表明，工人们认为他们应该得到比能够促使他们愿意上班的工资更高的报酬；而且，那些并不相似者的报酬——在此是那些挣得利润的人的报酬——构成了他们计算公平工资的基础。

马修森和罗伊的研究是组织学人际关系学派的著作的例子。根据此学派的观点，工人们能够在很大程度上控制自己的努力和产出。工人们能够控制自己的努力，并且在他们感到不满时就会这样做，这是我们公平工资—努力假说的基础。

最近《纽约时报》的一篇报道（Salpukas, 1987）考虑的是双重工资制所带来的问题。尽管双重工资制可以大大节省劳动成本，但是由于员工的怨恨情绪以及由低工资所带来的频繁的人员调整，很多采用双重工资制的企业正在逐步走向衰落。双重工资制的使用"导致怀有怨恨情绪的工人阶级的产生，在某些情况下，这些工人把自己的不满发泄到顾

客身上"(Salpukas,1987,p.1):

"在飞机上的态度是个大问题",职业空服人员协会的会长帕特·A·吉布斯(Pat A. Gibbs)说,这也代表了美国(航空)的态度。"你能看出来雇员很生气",美国航空公司的董事长兼执行总监罗伯特·L·克兰德尔(Robert L. Grandall)说。在最近的一次演讲中,他指出由于放松管制缩减劳动力成本带来的压力,使得服务质量受到损害。

那些没有得到应得工资的雇员仅仅完成公司要求他们做的工作,而且有时候他们拒绝帮助那些工资高于公平工资的同事。"给并肩工作的人支付不同的工资很难",巨人食品的奥尔森先生说。大约一半的连锁超市的工人处于相对较低的工资阶层。

E. 文学作品、嫉妒和报复

社会学家和心理学家并不是最近才发现嫉妒和报复以及平等与工作表现之间的关系的:每个人都会经历这些。文学作品也为我们提供了大量的例子,例如约瑟的故事(《圣经:创世记》,37~50)。在所有的孩子当中,约瑟的父亲雅各最宠爱约瑟,父亲给他做了一件色彩斑斓的衣服。当约瑟的兄弟们发现父亲最疼的是约瑟时,他们非常恨约瑟。一天,雅各去了村子里,约瑟的兄弟们把他扔到了一个陷阱里,后来他有幸获救并被卖身为奴。当雅各听人说约瑟死了的时候,他失声痛哭。雅各、约瑟和他的兄弟们的悲剧故事证明了不平等待遇会使失败的管理雪上加霜。

F. 人事管理教程

在人事管理学的教程中很明确地指出了平等对待员工的必要性。通过例证,德斯勒这样写道(Dessler, 1984, p. 223):

平等可能是在决定工资等级时最重要的因素。从外部因素看,同其他公司的工人工资相比,你给工人的工资必须要有竞争性,否则你会发现很难吸引并且留住称职的员工。在公司内部,工资等级也必须一致以使得员工认为他们的工资与其他员工的工资是一样的。

科汉和巴罗奇(Kochan and Barocci)认为,在专家的眼中,公平是薪酬系统中最重要的因素,他们从一个战争劳动委员会计划(由威廉·H·戴维斯(William H. Davis)制定)中引用了下面一段话作为证明:"要想瓦解工人斗志,制造个人不满情绪,鼓励旷工,增加公司人员变动频率，阻碍生产，你就给在同一家公司同一个部门工作的人发不同的工资，没有什么能比这个更有效了"（1985，p.249）。

卡罗尔和托西（Caroll and Tosi, 1977, p.303）这样写道："同工人想得到的并且认为是公平的工资相比，工人实际得到的多少会影响工人对工资的满足程度。一个人觉得工资是否公平（可以看到的工资公平）在很大程度上取决于他把自己和自己的工资同具有可比性的其他人及他们的工资相比较的结果。"

G. 工资—薪水秘密

很多员工不会公开谈论他们的工资和薪水，除非是亲密的朋友。公司通常会有关于工资和薪水的保密制度。这种保密的做法证明，对大多数员工而言，别人的工资并不是无关紧要之事。人事教程课本上建议，公司要公开它们是怎样制定工资的（例如，亨德森（Henderson, 1982, pp.444-446）），但同时也指出，制定一个项目来向工人解释为什么工资是这么多也是很必要的。这个计划的必要性也证明了大部分员工是很关心别人的工资的。

解释一个工资体制的公平性并不是一件简单的事。大部分员工认为，工资应该根据个人的表现来制定（参见戴尔、施瓦布和特里奥特（Dyer, Schwab, and Theriault, 1976）对一群经理人的研究，这个研究证明了这一观点）。但是，大部分员工认为自己的表现是比别人要好的。在迈耶（Meyer, 1975）所做的四个单独的调查研究中，68%～86%的员工认为他们自己是表现最好的员工之一。在第Ⅳ部分的模型中，工资之间的差会被压缩：工人工资之间的差异低于市场出清工资之间的差异。部分是因为工人们对自己表现的较高评价：如果根据工人的表现来支付工资，工人们会认为工资是不公平的。

H. 工资模式

第Ⅳ部分的模型预测的工资模式和我们的经验是一致的。这些经验为我们的模型提供了新的证据。

很多研究结果都对不同行业之间有工资差异这一普遍现象有所记载。斯利克特（Slichter, 1950）发现，同一行业中技术工人和非技术工人工资之间存在相关性。迪肯斯和卡茨（Dickens and Katz, 1986）把工人进行了细分，不仅限于技术和非技术的划分，他们发现，不同行业之间也存在相似的相关性；而且如果一个行业中某一个职位的工资高，那么其他职位的工资也高。克鲁格和萨默斯（Krueger and Summers, 1988）发现，在控制了工人个人特征条件下，行业之间工资差存在长期消退的特点；这表明这种工资差异不只依赖于那些无法观测的劳动质量差异。当一个工人从某个行业转向其他行业时，他的工资就会根据行业之间工资差异而改变。克鲁格和萨默斯表示为了提高员工质量而做的调整同样会产生行业之间的工资差异，这说明这种工资差异已经不是补偿性工资差异所能解释的了。尽管没有非常明确的证据，但是由于每个人有每个人的特征，每个行业有每个行业的特征，这些由经验得出来的结果确实说明不同行业之间存在着工资水平差异。

什么可以解释这种行业范围的工资差异呢？本文给出的解释基于公平工资的基础。如果企业必须向某些工人支付高工资——或许因为这些劳动处于供给不足，或者是为了提高他们的工作质量——工人们就会要求平等工资，这会导致企业中其他工人工资水平的普遍提高，否则工人们将认为他们的工资是不公平的。弗兰克（Frank，1984）也记载了与技术相关的工资差异缩减。尽管他对工资差异缩减有不同的解释（他认为是出于身份地位的考虑），他的数据是符合我们的公平工资—努力假说的。

拉齐尔（Lezear，1986），米尔格拉姆和罗伯特（Milgrom and Robert，1987）为工资差异缩减提出了一个有趣的解释。如果工人之间工资差异很大，他们就有动机保留一部分信息不告诉经理，以便增加他们的影响力（米尔格拉姆和罗伯特）或降低其他同事的声誉（拉齐尔）。但是公平工资—努力假说对流动性很低的职位之间的工资差异缩减给出了一个更好的解释（由斯利克特、迪肯斯和卡茨发现）。如果一个秘书不想成为经理，拉齐尔-米尔格拉姆-罗伯特模型则无法预测经理—秘书工资差异的缩减。

工会—非工会工资差异也与公平工资—努力假说一致。根据弗里曼和梅多夫（Freeman and Medoff，1984），当工厂建立了工会时，白领得到了额外的利益，尽管他们的工资并没有上涨多少。1982年，通用汽车公司和工会就工资进行谈判，之后宣布了对行政人员的奖励，工人在一片哗然中丧失了士气，这最终导致公司收回了奖励计划。GM与UAW后来通过谈判达成了"平等牺牲"的协议，该协议要求白领员工和蓝领员工在工资的升降上保持相等。[①]

I. 失业的模式

按照常理，高工资、高教育程度和高技术职业的失业率较低。此事实可以在表17—1中找到。[②]大多数效率工资模型都没有对这些失业—

[①] 参见弗里曼和梅多夫（1984）。
[②] 也可参见雷德（Reder，1964）。

技术相关性给出自然的解释。技术熟练工人可能比低技术工人更难监督。鲍尔斯（Bowles，1985）、福斯特和万（Foster and Wan，1984）、夏皮罗和斯蒂格利茨（Shapiro and Stiglitz，1984）以及斯托芙特（Stoft，1982）提出的工人—惩罚模型（worker-discipline models），预测技术熟练工人比非技术工人失业率高，只要偷懒给非技术工人带来的效用并不是显著地高于技术熟练工人。与此相反，公平工资—努力模型对失业和技术的相关性给出了一种可能解释。

表 17—1　　　　　　　　失业和技术

按职位划分的失业率　1987 年 4 月（a）	
管理及专业人才	2.1
技术人员，销售人员及行政助理	4.3
服务人员	7.6
精细加工，木工，修理工	6.5
操作工，制造工人，普通劳工	9.8
按受教育划分的失业率　1985 年（b）	
低于 5 年的	11.3
5～8 年的	13.0
1～3 年高中教育	15.9
4 年高中	8.0
1～3 年大学	5.1
4 年或多于 4 年大学教育	2.6

资料来源：（a）Department of Labor, *Employment and Earnings*, 34（May 1987），p. 21, Table A-12.
（b）Summers [1986], Table 4, p. 350.

Ⅲ. 带有公平工资—努力假说的基本失业模型

A. 模型

本部分提供一个包含公平工资—努力假说的最简单的失业模型。假设有单一的工人阶级，其公平工资外生为 w^*。我们在第Ⅳ部分中将不再假设公平工资是外生的。劳动的努力 e，根据公平工资—努力假说为（等式（1））

$$e=\min(w/w^*,1) \tag{1}$$

其中，w 是支付给工人的工资，w^* 是外生决定的公平工资。如果工人得到的工资比公平工资多，他就会付出全部努力 1。如果工人得到的工资低于公平工资，他就会相应地减少自己的努力（为了平衡投入与产出）。

因为大量相似公司的存在，所以产品市场是完全竞争的。生产函数为

$$Q=\alpha eL \tag{2}$$

Q 是产出，e 是劳动者的平均努力，L 是雇佣的劳动数量。

最后，我们有一个独立于工资水平的固定劳动供给 $\bar{L}$。

B. 均衡

此模型的竞争性均衡下，如果 α 小于 w^*，失业率为 1，没有就业；如果 α 大于 w^*，失业率为 0，所有工人都在 α 的工资水平下被雇佣。这种均衡的发生是因为在公平工资—努力假说下，企业单位有效率劳动的边际成本至少与 w^* 一样大，而单位有效劳动的边际产出为 α。

有效劳动投入的数量是平均努力 e、雇佣的劳动数量 L 的乘积。根据生产函数，单位有效劳动的边际产出是常数 α。对于企业，单位有效劳动的边际成本为 w/e——单位努力的工资。根据公平工资—努力假说(1)，对于所有工资低于或等于 w^* 的情况，这个边际成本是 w^*，对于工资大于 w^* 的情况，边际成本是 w。企业对劳动的需求取决于有效劳动力的边际成本和边际产出之间的关系。存在两种情形。

情形 I：$\alpha < w^*$。如果 $\alpha < w^*$，有效劳动的边际成本至少等于 w^*，无论企业支付的工资水平如何。由于有效劳动的边际成本高于边际产出，企业无法盈利。在此情形下，对劳动的需求为 0，失业率为 1。

情形 II：$\alpha > w^*$。如果劳动总供给超过劳动总需求以致出现失业，企业就可以把工资定在任何水平。企业将制定工资以最小化有效劳动的边际成本，w/e。①如果企业选择从 0 到 w^* 的任何一个工资水平，则有效劳动的边际成本都是 w^*。由于有效劳动的边际成本低于劳动的边际产出 α，每个企业都应该雇佣无限多的劳动，这会导致对劳动的超额总需求。在这些情况下，对工人的竞争将迫使企业支付高于 w^* 的工资。由于单位有效劳动的边际产出持续高于边际成本，对于任何在 α 和 w^* 之间的工资水平，劳动需求也将是无限的。相反，如果支付的工资高于 α，有效劳动的边际成本就高于边际产出，劳动需求为 0。由于在工资水平 $w=\alpha$ 时，劳动需求是有无限弹性的，均衡的特征即为所有企业支

---

① 根据公平工资—努力假说，这个工资不是唯一的。0 到 w^* 之间的任何一个工资水平都会产生相同的有效劳动成本——w^*。下面，我们将会假设在不考虑利润的情况下，公司会选择支付公平工资 w^*。

付"市场出清"工资 $w=a$ 的完全就业。

C. 讨论

这个基本模型描述了一个均衡,其中就业和收入分配部分取决于一些基本的经济因素,如偏好、技术以及禀赋等。但是在有失业的情况下,公平的概念,表示为参数 w^*,也影响均衡。从小的方面说,w^* 可以被认为反映了偏好;只要 $w<w^*$,工人就倾向于成比例地降低努力;但这并非利用的是偏好的传统含义。我们已经假设工人之所以会减少努力,并不是因为这样做在客观上会给他们带来什么好处,而是因为他们很愤怒。愤怒(在美国和英国该词的意思都一样)的人往往采取非最大化效用的行为。

因为此模型很简单而且是完全线性的,因此失业率或者是 0,或者是 1。存在许多自然的模型修正。如果生产函数报酬递减,均衡失业率就可能在 0 和 1 之间。如果劳动存在不同的阶层,每个阶层都有其自身的 a 和 w^* 值,那些 $a>w^*$ 的劳动者将被雇佣,而那些 $a<w^*$ 的劳动者则会失业。对于每个劳动阶层,失业率要么是 0,要么是 1,但是总失业率在 0 和 1 之间。如果 w^* 单调地依赖于失业率,$w^*(0)$ 趋近无穷,而 $w^*(1)$ 为 0,则均衡失业率也在 0 和 1 之间。w^* 依赖于失业率是有意义的,失业率高的时候人们能够被雇佣就很高兴,因此他们心中的公平工资就会比较低,而当失业率低的时候,人们并不认为他们能够得到工作是幸运的,因此他们心中的公平工资就会比较高。

下面的模型中很多假设需要一般化。例如,w^* 是内生的,w^* 可能依赖于工人一生中比较重要的同事的工资、企业所有者增加的利润[1]和此工人的历史工资。生产函数可能是非线性的;不同种类的劳动之间可能是互补的也可能是相互替代的;工人的努力可能不是以乘数的形式出现在生产函数中的。下一部分我们就研究上述某些情况同时发生可能出现的结果。

Ⅳ. 公平工资的相对损失模型

本部分将构建一个两劳动群体的模型,两组劳动者的行为都符合公

---

[1] 利润影响公平工资的引入解释了迪肯斯和卡茨(Dickens and Katz, 1987)和克鲁格和萨默斯(Krueger and Summers, 1987)的研究结果:行业工资酬金与行业集中度及盈利性相关。这也提供了建立在公平的基础上的另一个原因,来解释为什么同一个行业内不同职位的工资是正向关的。

平工资—努力假说。模型可能出现不同结果。在一种均衡中,所有企业雇佣全部两类劳动。在此情形下,低工资群体会经历失业,较高工资群体将完全就业。因此,由收入内生定义的技术与失业负相关。均衡也可能是存在一个一级劳动市场和一个二级劳动市场。在这种均衡状态下,低技术工人不会经历失业,但是两个部门的工作间存在工资差异,并且一级劳动部门内的工作是定量配给的。最后,均衡也可能出现在两类劳动不在一起工作的情形。这类平衡是没有效率的。①

A. 假设

关于禀赋、偏好、技术和公平的主要行为假设。

禀赋。第一类和第二类劳动的总供给分别为 $\bar{L}_1$ 和 $\bar{L}_2$。

偏好。每个工人都供给给市场他或她的全部禀赋。

技术和市场结构。市场上有一定数量的相同的完全竞争企业。每个企业都有一个新古典生产函数 F,都由两类劳动的有效劳动能力的二次型来完全地近似给出:

$$F = A_0 + A_1(e_1 L_1) + A_2(e_2 L_2) - A_{11}(e_1 L_1)^2 \\ + A_{12}(e_1 L_1)(e_2 L_2) - A_{22}(e_2 L_2)^2 \tag{3}$$

其中 L_1 和 L_2 是第一类和第二类劳动的投入,e_1 和 e_2 分别是对应的努力程度。②

公平。此模型的关键假设是关于公平的假设。这里有三个假设。第一个是公平工资—努力假说。第二个假设是用自然的方式定义公平工资。第三个假设是说如果企业在利润无差异下会选择支付公平工资。

(ⅰ) 公平工资—努力假说。根据公平工资—努力假说,

$$e_1 = \min(w_1/w_1^*, 1) \tag{4}$$
$$e_2 = \min(w_2/w_2^*, 1) \tag{5}$$

(ⅱ) 公平工资:w^* 的决定。在序言部分我们提出了参考工资的思想。我们这里假设,公平工资 w^* 的一个决定因素是同一家企业内其他员工的工资。因此,第二组工人的公平工资依赖于第一组的工资,对称地,第一组工人的公平工资也依赖于第二组的工资。

我们还假设,市场条件会影响公平工资。在其他条件相同时,低市

---

① 罗默(Romer, 1984)建立了一个异质生产力、相同公正工资的模型,得到了相似的结论。

② 我们假设 A_1,A_2,A_{11} 和 A_{22} 都是正数,A_{12} 可能是正的,此时两类劳动被认为是互补的,或者 A_{12} 是负的,两类劳动被认为是相互替代的。

场需求工人的公平工资比高市场需求工人的公平工资要低。尽管卡尼曼、尼奇和塞勒（Kahneman, Knetsch, and Thaler, 1986）的公平理论研究表明，人们对公平的看法不一定完全对应于市场出清，但模型清楚地说明市场力量能够影响价格和人们对公平工资的观念。相应地，我们将会假设 w^* 的第二个决定因素是市场出清工资。

把这两个因素结合起来，我们假设每一组的公平工资 w^* 是参照组工人得到的工资和市场出清工资的加权平均数。① 相应的写作

$$w_1^* = \beta w_2 + (1-\beta) w_1^c \tag{6}$$

$$w_2^* = \beta w_1 + (1-\beta) w_2^c \tag{7}$$

其中，w_1^c 和 w_2^c 分别是第一组和第二组工人的市场出清工资。

我们定义的市场出清工资 w_1^c 和 w_2^c 是这样的：在一个无论多少工资，工人都会尽全力工作的简单新古典经济中，使得两组劳动市场出清的工资。假定 $e_1 = e_2 = 1$，二次生产函数（3）就会导致简单的劳动需求方程②

$$L_1 = a_1 - b_1 w_1 + c_1 w_2 \tag{8}$$

$$L_2 = a_2 + b_2 w_1 - c_2 w_2 \tag{9}$$

我们假设"自己"的工资比"别人"的工资对劳动需求的影响要大，因此 $b_1 > c_1$，$c_2 > b_2$。③

市场出清工资的马歇尔定义是

$$w_1^c = w_1 - (\bar{L}_1 - L_1)/b_1 \tag{10}$$

$$w_2^c = w_2 - (\bar{L}_2 - L_2)/c_2 \tag{11}$$

马歇尔市场出清工资是指当其他工资保持不变时，足够低以便能够分别令劳动力 $\bar{L}_1$, $\bar{L}_2$ 得到充分雇佣。④ 相反，我们定义瓦尔拉斯市场出清工资是令两个市场都出清的工资。⑤

---

① 或者，我们可以假设公平工资与该组劳动力的失业率负相关。这个假设会产生类似的结果。

② 从生产函数 F 的参数来看：

$a_1 = (A_2 A_{12} + 2A_1 A_{22})/\Delta$；$b_1 = (2A_{22})/\Delta$；$c_1 = -A_{12}/\Delta$

$a_2 = (A_1 A_{12} + 2A_2 A_{11})/\Delta$；$b_2 = -A_{12}/\Delta$；$c_2 = (2A_{11})/\Delta$

其中，$\Delta = 4A_{11}A_{22} - A_{12}^2 > 0$

③ 从生产函数来看，这表示 $2A_{22} + A_{12} > 0$ 并且 $2A_{11} + A_{12} > 0$。

④ 读者可能希望指出，保持其他工资不变时，这个工资水平暗示了另一个劳动市场的不均衡。瓦尔拉斯均衡概念的所有市场出清工资会产生相似的结果。

⑤ 这些工资满足两个需求条件，等式（8）和（9），这时 $L_1 = \bar{L}_1$, $L_2 = \bar{L}_2$。

第 17 章 公平的工资—努力假说和失业

总之，第一类和第二类工人的公平工资是另一组工人得到的工资和相对应的马歇尔市场出清工资间的加权平均（（6）和（7））。

（iii）与利润无关时支付公平工资。最后，我们假设企业对支付公平工资有一些小偏好。结果，当企业利润不受公平工资支付影响时，企业会选择支付公平工资。

这个模型共有三种形式的均衡。在下面我们将会强调的一种均衡里，所有企业都会雇佣两类工人，而一些"低工资"工人会失业，我们称之为整体（integrated）均衡，因为这两类工人都会为所有的企业工作。另外，分割（segregated）均衡也可能出现。在部分分割均衡中，一些企业只雇佣低工资工人，其他企业雇佣两种工人。在这种均衡里没有失业，但是首要部门（整体均衡）企业和次要部门（分离均衡）企业之间低工资工人的收入会有差别。在一个颇具争议性的模型中，这种工资差异会产生"等待性"失业，即工人会排队等待工资高的工作。在完全分离均衡中，一些企业仅仅雇佣低工资工人，其他企业仅仅雇佣高工资工人。这两种工人都会被全部雇佣。下面轮流描述这几类均衡。

B. 整体均衡

此模型中的整体均衡的特点是，低工资工人有失业而高工资工人全部就业。"低（高）工资"工人被内生地定义为均衡状态时工资较低（高）的人。低工资工人得到公平工资，该公平工资高于市场出清工资。他们的就业状况是由在此工资水平下企业的劳动需求决定的。相反，高工资工人得到其市场出清工资，该工资高于其公平工资。[①]均衡时的工资结构显示出基于公平因素的工资差异压缩；β 越高，工资差异越大。当高工资和低工资工人的工作有强烈互补性时，最有可能出现整体均衡。整体均衡的此特点易于证明。

首先，均衡不可能是两组工人全部被雇佣并且所有工人都尽全力工作（除非是在两组工人的瓦尔拉斯市场出清工资相同的这种几乎不可能发生的情况下）。在这种均衡状态下，两组工人得到的工资分别等于他们完全就业时的边际产出。[②]但是，这种均衡不太可能出现，因为低工资工人会认为他们的工资是不公平的；结果，这些工人就会把努力降低

[①] 假设这个模型的参数使得两组工人瓦尔拉斯均衡的市场出清工资不同。在这种情况下，两组工人的瓦尔拉斯均衡工资是相同的，没有失业。在这种特例中，均衡恰与不考虑公平下的瓦尔拉斯均衡相符。

[②] 当所有工人都在尽全力工作时，企业的劳动需求将会由劳动需求函数（8）和（9）决定。均衡时的工资将由市场出清决定，即两类劳动的供给都等于需求。

到正常水平（$e=1$）以下，从而有效劳动的边际成本就会增加；在这种均衡状态下，低工资工人就会失业，因为他们的有效劳动的边际成本超过了边际产出。

第二，均衡不可能是较高工资的工人失业。假设较高工资群体存在失业，企业一定能够从削减这部分工资中获利，因为如果工人失业，他们会认为自己拿比别人低的工资是公平的，因此那些工资较高工人的工资一定高于其公平工资。因此，这群工人会尽全力工作（$e=1$），而且他们有效劳动的边际成本（w/e）等于工资 w。现在我们考虑削减这部分人工资的后果：他们有效劳动的边际成本（w/e）降低，另外，对这部分人工资的削减可以降低另一组工人认为公平的工资，可以潜在地使这些"同事"提供的努力增加，并且降低整个企业的有效劳动的边际成本。

第三，在均衡时，低工资群体得到其公平工资。因为低工资群体存在失业，企业可以把工资设定在使有效劳动的边际成本最低的水平上，这是每一个利润最大化企业的公平的目标。因为付给低工资工人的工资对高工资工人的有效劳动的边际成本没有溢出效应，高工资工人得到的工资高于其公平工资，并且会尽全力工作，因此，高工资工人劳动的边际产出就等于他们的（高）工资，而与低工资工人的工资无关。如果企业支付的工资在 0 到 w^* 之间，那么低工资群体工人的一单位有效劳动的成本是 $w^*=w/e$。如果企业支付的工资高于 w^*，成本就是 w。如果企业低工资工人的有效劳动的成本是 w^*，使成本最小化的工资就不是唯一的，任何 0 到 w^* 之间的工资水平都可以使企业达到单位有效劳动成本最小化。我们已经假设，当企业的工资选择不会影响利润时，企业会选择支付公平工资。如果我们放松这个假设，可以达到一种"工作分担"均衡，此时更多的工人拿到低于公平工资的工资，以更低的效率工作。但是，不管企业支付的工资是公平还是不公平的，低工资工人的"有效"劳动的均衡效用将是一样的。也可能存在着一类均衡，其中不同企业向低工资工人支付 0 到 w^* 之间的任何工资。

第四，在均衡时，高工资群体得到其市场出清工资。有人可能会认为，因工人对公平的考虑，一种技术工人短缺的均衡将会达到，此时，这些高工资工人的工资低于市场出清工资；但是这种均衡在我们的模型中是不会出现的，因为我们假设劳动市场是完全竞争的。当技术工人短缺时，任何招不到所需水平技术工人的企业可以通过支付比其竞争对手稍高的工资而获利。尽管该企业的工资仅仅比其他企业高一点，但是这足以让其招到任何数量的工人，因而可以大大增加企业的利润。即使为了公平起见，支付高工资给技术熟练工人一定会带来低技术工人工资的上升，企业的利润也会增加。

第 17 章 公平的工资—努力假说和失业

为了计算均衡时高工资工人和低工资工人的工资水平和低工资工人的失业率，我们必须明确哪些人是属于"高工资"这类的。根据上面的定理，"高工资"或者说"技术熟练"的工人是指那些在是否公平不影响效率的瓦尔拉斯均衡中拿到比较高的工资的人。在下面的讨论中，我们假设第一类工人是"高工资的"、"技术熟练的"，第二类是"低工资的"、"低技术的"。均衡时的 w_1、w_2 以及低技术的第二类工人的失业率由下面三个均衡条件决定：

$$w_2 = w_2^* = w_1 - ((1-\beta)/\beta c_2)(\bar{L}_2 - L_2) \tag{12a}$$

$$L_2 = a_2 + b_2 w_1 - c_2 w_2 \tag{12b}$$

$$w_1 = ((a_1 - \bar{L}_1)/b_1) + (c_1 w_2/b_1) \tag{12c}$$

根据（12a），低技术工人的工资是由（7）和（11）定义的公平工资。追求利润最大化的企业会雇佣使有效劳动的边际成本等于边际产出的工人数量。相应地，（12b）给出了市场上低技术工人的需求量。因为这些工人会尽全力工作，所以这是根据劳动需求函数（9）得到的。[①]类似地，等式（8）给出了技术熟练工人的需求量。等式（12c）表明了均衡时技术熟练工人的工资 w_1，这个均衡工资使得由（8）给出的劳动需求等于劳动供给。

这个均衡状态可以用图 17—1 表示。图 17—1 中向右下方倾斜的曲线表示由（12b）给出的低技术工人的需求。当 w_1 根据（12c）内生地做出调整以保证技术熟练工人能够全部就业时，低技术工人的需求随着 w_2 的变化而变化。也就是说，这个"劳动需求"是（12b）和（12c）的

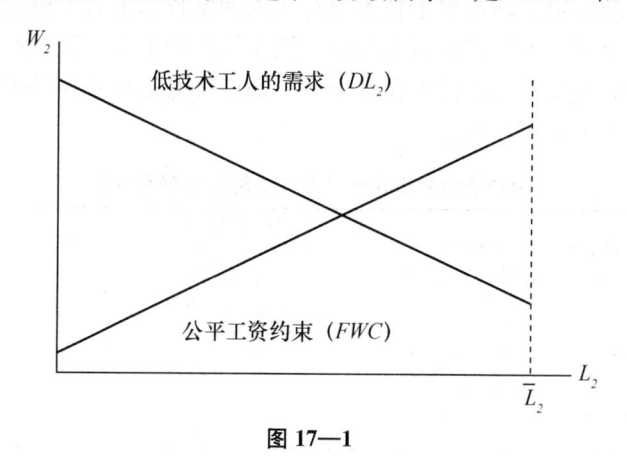

图 17—1

[①] 我们忽略掉这种情况：可能没有一个正数 L_2 满足（12b）式，这时我们有"角点"解 $L_2 = 0$。

一部分简化形式。图 17—1 中向右上方倾斜的曲线是低技术工人的"公平工资约束线"或者说是"劳动供给"。这条曲线与夏皮罗和斯蒂格利茨（Shapiro and Stiglitz，1984）的"无偷懒约束"类似。它表明当 w_1 仍然根据（12c）内生地做出调整以保证技术熟练工人能够全部就业时，低技术工人的公平（实际）工资是怎样随着就业量变化而变化的。"公平工资约束线"是（12a）和（12c）的部分简化形式。之所以该曲线是向右上方倾斜的，是因为低技术工人认为他们的工资应该随着其就业率的上升或者说失业率的下降而上升，这样才是公平的。"公平工资约束线"的斜率是严格由 β 决定的，β 是工人们在制定公平工资标准时相对于市场出清工资赋予与其自身工资对比的另一组工人工资的权重。在极端情况 $\beta=1$ 时，公平工资约束线是水平的，低技术工人的公平（实际）工资是 w_1，而且不随低技术工人的失业率变化而变化。相反，如果 $\beta=0$，工人们会认为他们拿到市场出清工资是公平的，公平工资约束线就是位于 $\bar{L}_2$ 上的一条垂线。

C. 比较静态：劳动供给和生产率冲击

（12a）、（12b）和（12c）系统给出了劳动供给和生产率冲击对工资和失业的比较静态影响的预测。我们将生产率冲击规定为第一类或第二类劳动的边际产出的单位变动，也就是生产函数（3）中参数 A_1 或 A_2 的变化。模型的所有比较静态结果总结在表 17—2 中。其中，最有意思的结果是不同冲击对低技术工人失业率的影响。此模型中低技术工人失业率的变动决定于冲击对于技术熟练工人和低技术工人工资瓦尔拉斯均衡影响的差异。那些增加瓦尔拉斯工资差异的冲击会受到低技术工人的抵制，因此低技术工人的失业率上升；那些降低工资差异的冲击会导致低技术工人失业率下降。

表 17—2　　劳动供给冲击和生产率冲击的比较静态效应

变化的变量	产生的影响		
	w_1	w_2	L_2
$\bar{L}_1$	<0	$\gtreqless 0$，如果 $\left[1+\dfrac{b_2(1-\beta)}{c_2\beta}\right]\lesseqgtr 0$	>0
$\bar{L}_2$	$\lesseqgtr 0$，如果 $A_{12}\lesseqgtr 0$	<0	$0<\dfrac{dL_2}{d\bar{L}_2}<1$
$\bar{A}_1$	>0	>0	<0
$\bar{A}_2$	$\lesseqgtr 0$，如果 $A_{12}\lesseqgtr 0$	$\lesseqgtr 0$，如果 $\dfrac{(1-\beta)}{c_2\beta}(b_1c_2-b_2c_1)-c_1\lesseqgtr 0$	>0
$\bar{A}_1$ 和 $\bar{A}_2$ ($d\bar{A}_1=d\bar{A}_2$)	>0	>0	0

第 17 章 公平的工资—努力假说和失业

技术熟练工人供给的增加无疑会降低低技术工人的失业率,因为技术熟练工人供给的增加会缩小技术熟练工人与低技术工人之间的瓦尔拉斯工资差异。即使技术熟练工人和低技术工人是相互替代的,低技术工人的就业率仍然会上升;在这种情况下,技术熟练工人供给的增加使得低技术工人的需求曲线向下移动,如图 17—2 所示。不过,因为公平工资约束线向下移动了更多,所以低技术工人就业率上升。低技术工人期盼的公平工资降低了和技术熟练工人削减的工资相同的数量。

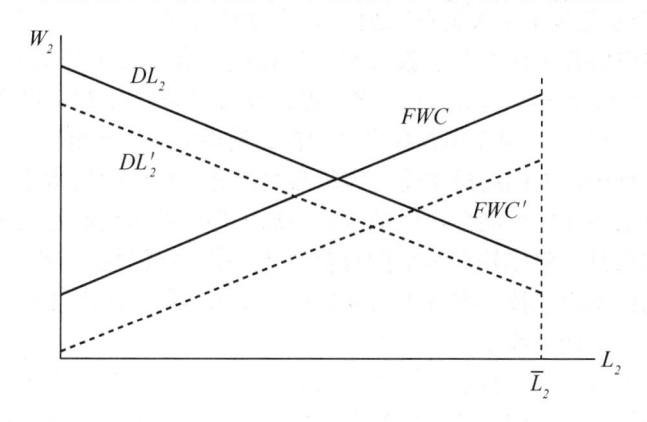

图 17—2

可以预料,低技术工人供给的增加会导致低技术工人失业增加。从图中可以看出,这个冲击使得公平工资约束线向右移动了低技术工人供给增加的数量。一个劳动力群体规模的增加会导致这类劳动力失业率增加。因此,模型符合观察结果,即年轻工人和高教育群体增加劳动份额时他们的失业率也会上升。

参数化生产率冲击的一个简单方式是通过令两类劳动的边际产出分别移动一单位的方式。在生产函数(3)中,这等于让 A_1 或者 A_2 分别变化一单位。①技术熟练工人生产率的这种提高会增加瓦尔拉斯工资差异:瓦尔拉斯均衡的技术熟练工人工资增加,而瓦尔拉斯均衡的低技术工人工资保持不变。结果就是那些抵制工资差异拉大的低技术工人的失业率增加。图形上,技术熟练工人的生产率上升使低技术工人的需求曲线保持不变,而他们的公平工资约束线向上移动;因为当技术熟练工人拿到更高的工资时,低技术工人认为他们也应该获得更高的报酬,这样才公平。根据这个模型,技术熟练工人生产率上升给两类工人带来的好

---

① 生产率冲击的其他可能参数化方法,例如附加于劳动的中性变化改变生产函数(3)中任一类劳动的有效劳动力,其产生的效果不鲜明。

处是不同的：技术熟练工人和低技术工人的工资都会增加，但低技术工人的失业同样增加。

低技术工人生产率上升（A_2 上升）使得技术熟练工人和低技术工人之间的瓦尔拉斯均衡工资差异降低，因此必然导致低技术工人失业率下降。

此模型同样可以用来分析技术熟练工人和低技术工人边际产出同时增加产生的影响，这会出现在所有人受教育水平同时提高的时候。尽管 A_2 增加会使低技术工人失业减少，但 A_1 增加会产生相反的作用。我们的模型可以解释为什么普遍教育水平的提高没有使美国的失业率下降。萨默斯（Summers，1986，p.348）曾计算过保持不变的特定教育程度的失业率，1965—1985 年教育水平的提高使得失业率降低了 2.1%。在我们的模型中，人们通过接受更多的教育提高了自己的技术水平，从而减少了自己失业的可能性，但是他们增加了那些技术稍低的人失业的可能性。结果是，整体教育水平的提高并不一定会减少总失业。实际上，在我们的模型中，技术熟练工人和低技术工人边际产出增加相同数量不会使失业发生任何改变。

在以上讨论中，我们假设整个系统的均衡是对称的和整体性的，所有企业的做法都一样，并且他们会雇佣两类工人。不过，非对称均衡也是可能的，此时企业追求不同的雇佣策略，但会获得相同的利润。在由（12a）、（12b）和（12c）三式构成的系统中，只有当下面这两个条件得到满足时才能达到均衡状态。第一，没有企业可以从同时雇佣两类工人变为只雇佣那类低工资工人中获利。第二，雇佣高工资工人的企业发现他们也可以雇佣一些低工资的工人。如果第一个条件被违背，那么即使能够达到均衡，这个均衡也是不对称的、分割的：一些企业将会只雇佣低工资工人。两类分割均衡——部分的和完全的——都可能出现。下面我们将按顺序讨论两者。

D. 部分分割均衡

部分分割均衡之所以会出现是因为，即使等式（12）中的二个关键均衡条件都得到满足，一个企业如果采取一种"非常规"的雇佣策略，就有可能获得更高的利润。那些非常规的企业会雇佣那些愿意在他们的保留工资水平工作的低工资、失业的工人。在我们的模型中，因为这部分人的劳动供给是一条垂线，所以这个保留工资是 0。这些仅仅雇佣低工资工人的非常规公司不需要考虑公平。使得这种非常规策略能够获利的条件非常简单：从一个满足（12）的潜在均衡出发，一个以 0 工资水平仅仅雇佣低工资工人的企业肯定比那些以公平工资同时雇佣两类工人

第 17 章 公平的工资——努力假说和失业

的企业获得更高的利润。这种盈利性非常规策略所需要的条件可以简单地用生产者剩余的概念解释：如果在整体均衡中企业同时雇佣两类工人获得的生产者剩余高于那些以保留工资只雇佣低工资工人的企业的剩余，那么将不存在可获利的非常规策略。同样，如果高工资工人和低工资工人在生产中是完全互补的，非常规策略也无法获利。当这两类工人在生产中完全替代时，非常规策略总是可以获利的。

如果非常规策略可以获利，那么采取非常规策略就会出现。当采取非常规策略的企业成立后，低工资工人的失业就会消失，而完整型企业中低工资工人的工资将被抬高到令完整型企业和分割型企业利润相等的点。如果部分分割均衡存在，则就会具有下列性质：技术熟练工人会被雇佣两类工人的企业全部雇佣，低技术工人也能够全部就业，分布在只雇佣低工资工人的企业和雇佣两类工人的企业中；这两类企业的利润是相等的；低工资工人在雇佣两类工人的企业赚得的工资要高于在只雇佣低工资工人的企业赚得的工资。这个均衡就是我们通常所描述的二元劳动市场；低工资工人在首要部门和次要部门都可以就业。首要部门提供给低工资工人的工作数量是限量的。如果工资差异导致工人寻求首要部门工作而产生"等待性失业"[①]（我们模型的一个简单调整），那么部分分割均衡也会产生失业。

E. 完全分割均衡

那些采取非常规策略的企业进入市场并且可以获利，破坏了满足 (12) 的潜在均衡，并且可能会导致产生一个有趣的"角点"解。低工资工人的公平工资与他们的失业是负相关的。因为采取非常规策略的企业雇佣低工资工人，所以低工资工人的失业率降低，从而他们的公平工资会升高。[②]结果，雇佣两类工人的企业会减少低工资工人的就业机会。这个过程可能导致在角点达到均衡，其中雇佣高工资工人的企业不愿以公平工资雇佣任何低工资工人。如果两类劳动在生产中是完全替代的，就只会发生完全分割均衡。那些雇佣高工资工人的企业不愿雇佣任何低工资的工人，因为在这些企业中，第一单位低工资工人的边际产出低于低工资工人的公平工资。那些雇佣低工资工人的企业也不愿意雇佣任何高工资工人。在只有一种工人工作的企业中，低工资工人会尽全力工作，因为他们不会考虑公平。只雇佣低工资工人的分割企业引进高工资工人可能会使低工资工人付出的努力大大下降，因为此时低工资工人对

---

① 例如，参见霍尔（Hall, 1975）。
② 在一个更加复杂的模型中，公平工资也会依赖于两个部门间的工资差异。

公平的考虑会影响他们的工作努力。

完全分割均衡会使两类劳动全部就业，两类劳动者之间没有工资差异，他们都尽全力工作，两类工人拿到的都是市场出清工资。不过，除非两类工人是在完全互补的有限情况下，公平仍然显著地影响着资源的分配与生产的效率。在完全分割均衡中，对公平的考虑阻止企业在生产过程中组合两类劳动，尽管这样做几乎总是有效率的。

Ⅵ. 结　论

本文阐述了一个努力是如何依赖于公平工资和实际工资之间关系的理论。文章中，非自愿失业很容易产生，并且使得工资差异减少合理化。此理论符合常理，也符合社会学家和心理学家的理论与观察。

像所有的实际效率工资模型一样，我们模型中的均衡也呈现出中性：如果所有的外生名义变量按比例变化，那么所有的内生名义变量也按比例变化，但是实际变量例如失业率是不变的，因此，有人可能认为这个模型不能解释失业的周期波动。但是，工人认为的公平名义工资水平不能迅速地根据名义劳动总需求的变化而成比例变化，在这种情况下，我们的模型预测总需求冲击会使失业产生周期性波动，因此会产生由需求引起的经济周期。

加州大学伯克利分校

参考文献

Adams, J. Stacy, "Toward an Understanding of Inequity," *Journal of Abnormal and Social Psychology*, LXVII (November 1963), 422–436.

Akerlof, George A., and Janet L. Yellen, "Introduction," in George A. Akerlof and Janet L. Yellen, eds., *Efficiency Wage Models of the Labor Market* (Cambridge, England: Cambridge University Press, 1986).

——, and ——, "Fairness and Unemployment," *American Economic Review, Papers and Proceedings*, LXXVIII (May 1988), 44–49.

The Holy Bible: King James Version (New York: New American Library, 1974).

Blau, Peter M., *The Dynamics of Bureaucracy: A Study of Interpersonal Relations in Two Government Agencies* (Chicago: Chicago University Press, 1955).

第 17 章 公平的工资—努力假说和失业

Bowles, Samuel, "The Production Process in a Competitive Economy: Walrasian, Neo-Hobbesian and Marxian Models," *American Economic Review*, LXXV (March 1985), 16-36.

Carroll, Stephen J., and Henry L. Tosi, *Organizational Behavior* (Chicago: St. Clair Press, 1977).

Dessler, Gary, *Personnel Management*, 3rd edn. (Reston, VA: Reston Publishing Co., 1984).

Dickens, William T., and Lawrence F. Katz, "Interindustry Wage Differences and Industry Characteristics," in Kevin Lang and Jonathan S. Leonard, eds., *Unemployment and the Structure of Labor Markets* (New York: Basil Blackwell, 1987), pp. 48-89.

——, and ——, "Industry Wage Patterns and Theories of Wage Determination," mimeo, University of California, 1986.

Dyer, Lee, Donald P. Schwab, and Roland D. Theriault, "Managerial Perceptions Regarding Salary Increase Criteria," *Personnel Psychology*, XXIX (Summer 1976), 233-242.

Foster, James E., and Henry Y. Wan, Jr., "Involuntary Unemployment as a Principal-Agent Equilibrium," *American Economic Review*, LXXIV (June 1984), 476-484.

Frank, Robert H., "Are Workers Paid Their Marginal Products?," *American Economic Review*, LXXIV (September 1984), 549-571.

Freeman, Richard B., and James L. Medoff, *What Do Unions Do?* (New York: Basic Books, 1984).

Goodman, Paul S., and Abraham Friedman, "An Examination of Adams' Theory of Inequity," *Administrative Science Quarterly*, XVI (September 1971), 271-288.

Hall, Robert E., "The Rigidity of Wages and the Persistence of Unemployment," *Brookings Papers on Economic Activity* (1975: 2), 301-335.

Henderson, Richard I., *Compensation Management: Rewarding Performance*, 3rd edn. (Reston, VA: Reston Publishing Co., 1982).

Homans, George C., *Social Behavior: Its Elementary Forms* (New York: Harcourt Brace Jovanovich, 1961).

Kahneman, Daniel, Jack Knetsch, and Richard Thaler, "Fairness as a Constraint on Profit Seeking: Entitlements in the Market," *American Economic Review*, LXXVI (September 1986), 728-741.

Katz, Lawrence F., "Efficiency Wage Theories: A Partial Evaluation," in Stanley Fischer, ed., *NBER Macroeconomics Annual 1986* (Cambridge, MA: MIT Press, 1986).

Kochan, Thomas A., and Thomas A. Barocci, *Human Resource Management* and *Industrial Relations* (Boston: Little Brown, and Company, 1985).

Krueger, Alan B., and Lawrence H. Summers, "Reflections on the Interindustry Wage Structure," in Kevin Lang and Jonathan S. Leonard, eds., *Unemployment and the Structure of Labor Markets* (New York: Basil Blackwell, 1987), pp. 17-47.

——, and ——, "Efficiency Wages and the Inter-Industry Wage Structure," *Econometrica*, LVI (March 1988), 259-293.

Lawler, Edward E., and Paul W. O'Gara, "The Effects of Inequity Produced by Underpayment on Work Output, Work Quality and Attitudes Toward the Work," *Journal of Applied Psychology*, LI (October 1967), 403-410.

Lazear, Edward P., "Pay Inequality and Industrial Politics," Hoover Institution, Palo Alto, CA, mimeo, 1986.

Levine, David, "Cohesiveness and the Inefficiency of the Market Solution," *Journal of Economic Behavior and Organization* (1990), forthcoming.

Martin, Joanne, "Relative Deprivation: A Theory of Distributive Injustice for an Era of Shrinking Resources," in Larry L. Cummings and Barry M. Staw, eds., *Research in Organizational Behavior: An Annual Series of Analytical Essays and Critical Reviews*, volume 3 (Greenwich, CT: JAI Press, 1981).

Mathewson, Stanley B., *Restriction of Output Among Unorganized Workers*, 2nd edn. (Carbondale, IL: Southern Illinois University Press, 1969).

Meyer, Herbert, "The Pay for Performance Dilemma," *Organizational Dynamics*, III (Winter 1975), 39-50.

Milgrom, Paul, and John Roberts, "Bargaining and Influence Costs and the Organization of Economic Activity," Working Paper 8731, Department of Economics, University of California, Berkeley, 1987.

Pritchard, Robert D., Marvin D. Dunnette, and Dale O. Jorgenson, "Effects of Perceptions of Equity and Inequity on Worker Performance and Satisfaction," *Journal of Applied Psychology Monograph* 56 (February 1972), 75-94.

Reder, Melvin W., "Wage Structure and Structural Unemployment," *Review of Economic Studies*, XXXI (October 1964), 309-322.

Romer, David, "The Theory of Social Custom: A Modification and Some Extensions," *Quarterly Journal of Economics*, IC (November 1984), 717-727.

Roy, Donald F., "Quota Restriction and Goldbricking in a Machine Shop," *American Journal of Sociology*, LVII (March 1952), 427-442.

——, "Introduction to this Edition," x-lii, in Stanley B. Mathewson, *Restriction of Output Among Unorganized Workers*, 2nd edn. (Carbondale, IL: University of Southern Illinois Press, 1969).

Salpukas, Agis, "The 2-Tier Wage System is Found to be 2-Edged Sword by Industry," *The New York Times*, CXXXVII (July 21, 1987), 1 and D22.

Schmitt, David R., and Gerald Marwell, "Withdrawal and Reward Allocation as

Responses to Inequity," *Journal of Experimental Social Psychology*, VIII (May 1972), 207-221.

Shapiro, Carl, and Joseph E. Stiglitz, "Equilibrium Unemployment as a Worker Discipline Device," *American Economic Review*, LXXIV (June 1984), 433-444.

Slichter, Sumner, "Notes on the Structure of Wages," *Review of Economics and Statistics*, XXXII (February 1950), 80-91.

Stiglitz, Joseph E., "The Causes and Consequences of the Dependence of Quality on Price," *Journal of Economic Literature*, XXV (March 1987), 1-48.

Stoft, Steven, "Cheat Threat Theory: An Explanation of Involuntary Unemployment," mimeo, Boston University, May 1982.

Summers, Lawrence H., "Why Is the Unemployment Rate So Very High Near Full Employment?" *Brookings Papers on Economic Activity* (1986: 2), 339-383.

——, "Relative Wages, Efficiency Wages, and Keynesian Unemployment," *American Economic Review*, *Papers and Proceedings*, LXXVIII (May 1988), 383-388.

Valenzi, Enzo R., and I. Robert Andrews, "Effects of Hourly Overpay and Underpay Inequity When Tested with a New Induction Procedure," *Journal of Applied Psychology*, LV (February 1971), 22-27.

Walster, Elaine, G. William Walster, and Ellen Berscheid, *Equity: Theory and Research* (Boston: Allyn and Bacon, 1977).

Yellen, Janet L., "Efficiency Wage Models of Unemployment," *American Economic Review*, LXXIV (May 1984), 200-205.

第18章　黏性工资、价格下的近似理性经济周期模型[*]

乔治·A·阿克洛夫
珍妮特·耶伦[**]

I. 引　言

本文提供了名义货币供给变化短期非中性的一种解释，如果决策者调整工资和价格的方式从他们自身的角度看是"不明显"的次优（suboptimal），那么总需求冲击将导致明显的产出和就业变化。换句话说，决策或调价过程中非常小的交易成本就可能导致实际经济的巨大波动。

论述过程将分成六个步骤：

1. 非中性特征将被证明对于经济周期理论很重要。

2. 近似理性（near-rationality）的概念将被引入。近似理性行为是一种确切定义下的非最大化行为，与其对应的最大化行为所带来的收益增加非常微小。

3. 本文将证明在较广的模型——那些目标函数对于决策者自身工资和价格可微的模型——中，当（完全最大化的）长期均衡被一个冲击

---

[*] 这篇论文最初发表在 George A. Akerlof and Janet L. Yellen（1985），"A Near-Rational Model of the Business Cycle, with Wage and Price Inertia," *The Quarterly Journal of Economics* C, Supplement. 版权归麻省理工学院出版社所有。经允许重印。

[**] 本文是 Akerlof and Yellen（1983）的修改版。作者感谢 Andrew Abel, Alan Blinder, Richard Gilbert, Hajime Miyazaki, John Quigley, James Tobin 以及 James Wilcox 的有益讨论。本文的研究受到国家科学基金 SES81-19150 号的资助（由加州大学伯克利分校商业和经济研究所管理）。

第 18 章 黏性工资、价格下的近似理性经济周期模型

扰动后,相对于最大化决策,保持货币工资和价格黏性所带来的成本很小。如果工资和价格最初处于最优点,则不能调整它们所带来的损失在数值上比冲击更小。

4. 目标函数对于决策者价格和工资可微的经济含义将得到解释。当劳动和产品市场完全竞争时,利润函数不具有这样的特征。但是,在包含不完全竞争的大量模型中,目标函数确实具有这样的特征。

5. 本文将提供某些直觉,用以解释为何决策者的那些非最大化行为致使他们承担二阶(second-order,较小的意思)损失,却带来对实际变量的一阶(first-order,较大的意思)效应。

6. 我们会提供一个模型作为例子,其中,黏性的价格和工资行为导致实际变量的一阶变化却只给非最大化决策者带来不明显的损失。在此模型中,典型企业的利润是其制定的价格和工资的连续、可微函数。此模型假设产品市场的不完全竞争、工资和劳动生产率间的关系导致劳动市场中的"效率工资"支付。本文认为效率工资假设非常有益,因为它使得实际经济中存在的二元经济特征合理化,同时给出了持续非自愿失业的严密证明。

对货币非中性模型的需求

众所周知,在市场出清的新古典模型(Sargent,1973)中,预期到的总需求变动不会导致就业或产出的波动。然而,就业和产出对总需求变动的不敏感已经一般化到新古典模型以外。只要模型假设了理性行为,即从只依赖于实际变量的目标函数中推导出决策行为,预期到的需求冲击对于实际产出没有影响就是毫无疑问的。因此,在当前的非自愿失业模型中,失业是交错或隐含合同、不完全信息、劳动力转移或者效率工资的结果,而对预期到的货币供给变化如何影响实际产出仍然没有给出回答。

在凯恩斯主义模型中,总需求变化导致实际产出的波动,原因在于决策者调整货币工资和价格的缓慢。大量实证证据支持工资和价格的黏性(sluggishness)现象(例如奥肯(Okun,1981)的讨论)。然而,价格和工资对于总需求变化调整缓慢的原因仍然是个谜。在标准的凯恩斯主义竞争性市场模型中,决策者迅速调整工资和价格确实存在着巨大的潜在收益;因此,黏性行为在此模型中既不合理又成本高昂。此问题的部分答案由新古典宏观经济学给出,在这些模型中,完全信息条件下货币是中性的,而决策者若对于工资和价格的分布没有完全信息则未预期到的货币冲击就会骗到他们。迄今,此模型的适用性已被深入地讨论。本文提出一种替代理论。

433

近似理性行为

本文提出的货币非中性的替代解释基于以下思想：企业的黏性价格—工资行为实际可能并非代价高昂，相反可能是一种近似理性的。企业的那种缓慢调整价格和工资的次优行为确实会给他们带来偏离最优决策的损失，但是这些损失可能非常小。近似理性行为是这样一种行为：这种行为或许次优，却相对于其最优策略带来极微小的个人损失。技术性地，微小损失可以定义为导致偏离长期完全最大化均衡的政策冲击的二阶性。本文认为黏性工资和价格行为只是引起了其实施者的二阶损失，同时却导致实际变量的一阶变化，在此意义上可以称之为近似理性的行为。结论是，如果决策者是近似理性的，货币供给的变化会导致就业和产出的一阶变化。总之，本文认为微小数量的非最大化行为能够导致货币供给冲击之后的显著经济周期，这种冲击在没有黏性行为时是中性的。

黏性行为近似理性的核心条件：目标函数对于决策者自身工资、价格的可微性

考虑一个冲击，使所有决策者最大化的均衡受到扰动。对于那些决策函数对其自身工资和价格可微的决策者，黏性工资和价格行为将是近似理性的。缓慢调整工资和价格引起的错误从政策冲击的角度看带来决策者的损失将是二阶的，因为在冲击之前的均衡下，决策者选择的价格（工资）保证了较高价格（工资）的边际收益恰好抵消边际成本。因此，工资和价格的一个错误对于目标函数的值具有二阶效应。这只是包络引理的一个应用（见瓦里安（Varian，1978））。

可微性假设

目标函数对于决策者自身工资和价格可微的条件需要解释。这一假设在竞争性模型中不存在。考虑企业在竞争模型中的利润。在此模型中，一个企业支付低于市场工资的工资不能雇佣到劳动。在市场工资下，可得劳动不连续变化，因此利润也会不连续变化。当企业自身工资高于市场出清水平时，利润随着超出市场出清工资的数量而成倍下降。因此，在最优工资下，企业工资就是市场出清工资，利润作为企业自身工资的函数并不可微。关于价格，真实故事类似。如果企业制定一个高于市场出清水平的价格，竞争性企业将没有销量。当企业自身价格降到市场出清水平之下时，其利润将不连续的变化，因为能够卖出所有它想销售的数量。当价格低于市场出清价格时，利润将随着市场出清价格和

企业自身价格间的差距而成倍的下降。在竞争性模型中，高于或低于市场出清水平的工资都不会给企业带来收益。

相反，在许多价格和工资制定模型中，利润是企业自身价格或工资的可微函数。买者不完全信息、产品市场垄断或寡头，或者产品差别化的垄断竞争市场，带有这些特征的模型中，企业利润对于其自身的价格变化是可微的，因为其销售量不会因为其自身定价偏离其他企业价格的边际调整而下降为零。在这些模型中，企业的减价会导致增加销售带来的边际收益，同时也伴随着单位产品销售收入下降的边际成本。

类似地，也有一些劳动市场模型，其中利润是企业自身制定工资的可微函数。这些模型包括工人信息不完全，带给企业至少暂时垄断力的模型，或者存在着垄断和寡头劳动市场的模型。[1] 在大多数交错合同模型中，利润函数对于工资改变的时间可微。最后，在失业的效率工资模型中，利润是工资的函数，因为提高工资所带来的单位工人的较高劳动成本至少可以部分地通过提高劳动生产率带来的劳动成本下降被抵消。

因此，大范围的模型中企业利润是工资和价格变量的函数。在这类"冲击—黏性工资或价格制定行为"的任一模型中，从一个完全最大化的长期均衡出发，黏性行为都只会带给决策者很小的损失。

黏性工资和价格对于实际变量的一阶效应

现在已知，在许多模型中，相比于开始于所有决策者最大化下长期均衡的冲击量度，工资和价格黏性对于决策者目标函数的影响是二阶的。然而，这种工资和价格黏性通常却会对冲击之后的实际变量均衡值产生一阶的影响。虽然这一特征应该在所有特定模型中得到检验，但是对于为什么它总是发生其实存在一种普遍直觉。

如果所有决策者在货币供给变化 ε 时选择保持黏性价格，那么实际余额也会变化相同的部分。实际余额的变化明显和货币冲击的量级同阶；而在大多数模型中，所有其他实际变量将发生同等量级的变化。有些短期模型中，只有部分决策者有黏性价格或工资而其他决策者是最大化的。此时，尽管论述更加难以确定，大多数实际变量与冲击同阶变化，这一特征不变。

---

[1] 在没有遣散工资的货币隐含合同模型中，可能证明货币非中性下近似理性合同的存在。如果企业在货币供给变化时，依赖于错误假设——裁员收益固定于货币而不是实际单位上，而改变其短期雇佣，它们的决策就是近似理性的。但是在货币冲击发生之前存在一些失业的长期均衡世界状态下，这些决策对于均衡就业和产出的影响是一阶的。因此，在隐含合同模型中，如果合同是近似理性的，总需求的变化可能对于均衡具有一阶效应。

选定的例子

下一部分将提供一个特定模型,提出一个命题证明近似理性的工资和价格黏性如何解释经济的周期波动。此模型具有三个基本特征。第一个是黏性工资和价格行为。我们的意思是在所有人最大化的长期均衡受到一个冲击之后,β 部分的决策者保持不变的名义价格和工资,而其他决策者是完全最大化者。

模型的第二个特征保证了完全最大化的长期均衡受到冲击后价格黏性策略是近似理性的。我们假设企业是垄断竞争者,它们的销售量依赖于实际总需求的水平和其自身价格与其他企业制定的平均价格之比。为了简单化,我们假设实际总需求与实际余额成比例。前述逻辑意味着这一模型中的价格黏性是近似理性的。即使模型包含的劳动市场是出清的,这样的价格黏性也足以保证能够解释货币供给变化如何导致实际变量的比例变化。

本文提出例子的意图不仅要解释近似理性行为如何导致货币非中性,而且要解释如何形成非自愿失业的均衡。我们的模型中之所以会出现非自愿失业,因为工人的生产率被假设依赖于他们接受的实际工资,企业将把工资制定在市场出清的工资水平之上。因为这样的效率工资模型可能读者并不很熟悉,我们将简单地对此加以描述,并解释我们为什么认为这样的模型是非出清劳动市场模型的现实基础。

失业的效率工资模型

目前用效率工资来解释发达国家非自愿失业的文献[1]迅速增加。通过效率工资假设,实际工资的削减会伤害生产率。如果这一假设成立,每个企业将会制定工资以最小化单位生产效率的劳动成本,而不是单位工人的劳动成本。最小化单位效率劳动成本的工资被称为效率工资。企业雇佣劳动的数量将使得其边际产品价值等于制定的实际工资。当每个企业都提供效率工资时,容易出现的是劳动的总需求低于劳动供给,因此就有了非自愿失业。

这一模型又有三个基本的变形(见耶伦(Yellen, 1984)的回顾)。在第一个版本中,企业支付高于工人保留工资的高工资,以便工人获得

---

[1] 例如,Akerlof (1982); Bowles (1981, 1983); Calvo (1979); Foster and Wan (1984); Malcomson (1981); Miyazaki (1984); Salop (1979); Schicht (1978); Shapiro and Stiglitz (1984); Stoft (1982a, 1982b); Weiss (1980); 以及 Weisskopf, Bowles and Gordon (1983)。

激励不去偷懒。在第二个版本中，企业支付高于市场出清的工资是为了工人获得激励不离职，减少跳槽。在第三个版本中，支付高于市场出清的工资是为了给企业带来忠诚度。

尽管这些模型存在着潜在问题（例如在一些例子中能够消除均衡失业的复杂合同将是帕累托占优的；这些模型可能表现为反周期而不是顺周期的），但是通过修改，这些模型确实可以解释非自愿失业。而且，任何二元劳动市场模型必须要解释为什么现代部门企业支付高于市场出清的工资，而解释的方法只有求助于效率工资理论。

Ⅱ．一个周期性失业模型

引言已述及，本部分将构建一个模型，货币供给的变化将引起近似理性短期均衡的失业水平同阶变化。正如之前的论述，此模型的基础是垄断竞争和效率工资理论。

模型

假设一个存在固定数量相同企业的垄断竞争经济。在初始均衡，每个企业制定价格和工资最大化利润，假设企业自身价格的变化对于竞争者定价和平均价格水平没有影响。在此意义上，每个企业都是伯兰德（Bertland）最大化者。有两种不同类型的企业。一种企业占所有企业的 β 部分，在短期内通过经验法则制定价格和工资。这类企业相关的变量表示为 n，因为这些企业是非最大化企业。剩下的 $1-\beta$ 部分企业既是长期的最大化者，也是短期的最大化者。这些企业制定工资和价格的水平使企业利润最大化，在伯兰德假设下，竞争者制定的工资（和平均价格水平）并不受他们决策的影响。与这些企业相关的变量标为 m，因为它们是最大化企业。

相应地，令每个企业面对的需求曲线表示为

$$X=(p/\bar{p})^{-\eta}(M/\bar{p}), \quad \eta>1 \tag{1}$$

其中，$X=$ 企业的产出，$p=$ 企业产出的价格，$\bar{p}=$ 平均价格水平，而 $M=$ 每企业的货币供给。参数 η 大于 1，以令每个企业的收入随着其自身价格的下降而上升，平均价格水平被设定为所有企业定价的几何平均数。在长期均衡中，所有企业制定相同的价格，$p=\bar{p}$，而需求方程(1)将与数量方程一致：

$$\bar{p}X = M \tag{2}$$

企业通过下列生产函数生产产出：

$$X = (eN)^\alpha, \quad 0 < \alpha < 1 \tag{3}$$

其中，e＝雇佣的劳动者的平均努力程度，而 N＝雇佣的劳动者数量。

根据方程 $e=e(\omega)$，努力程度 e 被假设为依赖于实际工资 ω。$e(\omega)$ 被假设为一个函数，其对于 ω 的弹性在较高的 ω 处低于1，而在较低的 ω 处高于1。这一方程的一个例子是

$$e(\omega) = -a + b\omega^\gamma, \quad 0 < \gamma < 1, a > 0, b > 0 \tag{4}$$

在大多数效率工资理论中，e 实际上不仅依赖于 ω，而且依赖于失业率和其他企业支付的工资水平。e 依赖于失业率在这些模型中发挥着重要的作用：通过这一依赖性，劳动供给的增加导致均衡下更多的劳动者被雇佣。劳动供给的增加，在没有引起其他反应的条件下，导致了失业率增加。失业率增加引起了 e 的增加，从而增加了企业对于劳动的需求。（其他的反应同时也会发生，均衡的实际工资和其他东西也会改变。）我们的例子忽略 e 对于失业率和其他工资的依赖性，结果是均衡就业不依赖于劳动供给。这一结果的特殊性不应该令人感到困扰，因为这并不是效率工资模型的核心特征。我们的目标是用最简单的方式证明福利的一阶变化怎样因二阶成本的黏性工资和价格行为而出现。因为此结论并不依赖于 e 和失业率、其他工资之间的关系，而这种关系又使模型复杂化，我们采用了更为简单的假设：$e = e(\omega)$。

长期均衡

生产函数和需求函数可以用来计算每个企业的利润函数，即收入（价格乘以销售的产品）减去要素的成本（货币工资乘以雇佣的劳动数量）。因此，每个企业的利润为

$$\prod = p\left(\frac{p}{\bar{p}}\right)^{-\eta}\frac{M}{\bar{p}} - \left(\frac{p}{\bar{p}}\right)^{-\eta/\alpha}\left(\frac{M}{\bar{p}}\right)^{1/\alpha}\omega(e(\omega))^{-1}\bar{p} \tag{5}$$

在长期均衡，假设平均价格水平 $\bar{p}$ 不受每个企业决策的影响，每个企业选择自己的产出价格和支付工资以最大化其利润（假设劳动需求低于供给）。

为了表示方便，把初始的价格水平表示为 p_0；这是平均价格水平，最大化企业的价格和非最大化企业的价格。设初始货币供给 $\bar{M}_0$，则利润最大化的一阶条件和条件 $p = \bar{p}$ 将产生均衡价格

第18章 黏性工资、价格下的近似理性经济周期模型

$$p_0 = k\overline{M}_0, \quad \text{其中} \quad k = \left(\frac{\eta\omega^*}{\alpha(\eta-1)e(\omega^*)}\right)^{\alpha/(1-\alpha)} \tag{6}$$

实际工资 ω 被设定为最优化水平 ω^* 上,其中努力程度对于实际工资的弹性是1。(这是这类模型的标准结论(Solow,1979),代表了企业选择最小化单位劳动效率成本的实际工资条件。)

在对实际工资 ω^* 的这种选择下,对劳动的需求为

$$N_0 = k^{-1/\alpha}/e(\omega^*) \tag{7}$$

每个企业的总供给 $\overline{L}$ 被假设超出总的劳动需求(公式(7)的右侧)。此例中,将存在失业,而企业能够在其设定的实际工资 ω^* 上获得所有想要的劳动。

关于短期均衡的假设

初始(长期)均衡的刻画为确定货币供给变化后的短期均衡提供了基础,可以依次求出当一些企业是非最大化时就业将变化多少,也可以计算出一个非最大化企业的实际利润与继续按照伯兰德最大化方式制定工资、价格时的期望利润之间的差异。

短期行为的描述如下。假设货币供给变化一个 ε 的部分,因此 $M = M_0(1+\varepsilon)$。同时假设存在两组企业,其短期行为不同。m 企业是短期最大化者,把其产出价格和工人工资设定为恰好最大化利润的水平,而假设平均价格水平并不受到每个企业自身决策的影响。n 企业遵循经验法则,不改变产出价格和支付相同的货币工资。这一假设与通常观察到的经济周期中的货币工资黏性一致,也与价格是一般平均单位成本的固定加成一致。(参见诺德豪斯和戈德利(Nordhaus and Godley,1972),诺德豪斯(Nordhaus,1974)构造的这类定价模型以及更多的参考;这类工资行为与任何标准的菲利普斯曲线一致。)货币供给的增加引起了非最大化企业雇佣更多的劳动达到这样一个程度,这个程度依赖于产出相对价格的下降、总实际余额的增加以及按照生产函数生产产出所需的劳动者数量。

短期均衡的性质

与此短期模型相关的第一个核心任务是,计算典型非最大化企业的利润与这个企业如果放弃经验法则,而采取伯兰德最大化企业行为所获得利润之间的差异。我们将证明,对于等于0的 ε,此差值对于 ε 的导数为0。在此意义上,非最大化企业因个人非最大化行为导致的可能利润损失是一个二阶效应。第二个核心任务是计算总就业与初始就业间的

比例对于 ε 的导数。这一导数在 ε 等于 0 时大于 0。

在短期均衡下，主要内生变量取决于式 (8) 至式 (12)：

$$p^n = p_0 \qquad (8)$$
$$\omega^m = \omega^* \qquad (9)$$
$$p^m = p_0(1+\varepsilon)^\theta \qquad (10)$$

其中

$$\theta = \frac{(1-\alpha)/\alpha}{\beta(\eta/\alpha - \eta + 1) + (1-\beta)((1-\alpha)/\alpha)} \leq 1$$

$$\bar{p} = p_0(1+\varepsilon)^{(1-\beta)\theta} \qquad (11)$$
$$\omega^n = \omega^*(1+\varepsilon)^{-(1-\beta)\theta} \qquad (12)$$

$p^n = p_0$：按照假设，很明显 $p^n = p_0$。

$\omega^m = \omega^*$：由利润函数 (5) 对 ω 的导数等于 0 求解最优条件，努力对于实际工资 ω^m 的弹性等于 1。因此，在均衡下，ω^m 不会从长期均衡 ω^* 发生变化。

$p^m = p_0(1+\varepsilon)^\theta$：设定利润函数对于 p^m 求导等于 0，其中 $\omega = \omega^*$，这使得最优的 p^m 是 $\bar{p}$ 和 M 的函数。记住 $\bar{p}$ 是价格的几何平均，所以 $\bar{p} = (p^n)^\beta (p^m)^{1-\beta}$，而由 $p^n = p_0$ 和 $M = \bar{M}_0(1+\varepsilon)$ 可以得到 $p^m = p_0(1+\varepsilon)^\theta$。

$\bar{p} = p_0(1+\varepsilon)^{(1-\beta)\theta}$：这直接来自于定义 $\bar{p} = (p^n)^\beta (p^m)^{1-\beta}$，价值 $p^n = p_0$ 和 $p^m = p_0(1+\varepsilon)^\theta$。

$\omega^n = \omega^*(1+\varepsilon)^{-(1-\beta)\theta}$：非最大化企业支付的货币工资与其最初的值 ω_0 相等。因此，实际工资 $\omega_0/\bar{p}$ 可以重新写作 $(\omega_0/p_0)(p_0/\bar{p})$。此公式的第一项是 ω^*，而第二项是 $(1+\varepsilon)^{-(1-\beta)\theta}$。

p^n, ω^m, p^m, $\bar{p}$ 和 ω^n 的计算

这些变量将依次得到解释。

现在，站在非最大化企业的角度。它们短期均衡下的真实利润 $\prod^n$ 由利润函数 (5) 给出，由 $p^n = p_0$，$\bar{p} = p_0(1+\varepsilon)^{(1-\beta)\theta}$，$\omega^n = \omega^*(1+\varepsilon)^{-(1-\beta)\theta}$ 和 $M = \bar{M}_0(1+\varepsilon)$ 得到。我们假设那些企业遵循经验法则是否合理，要依赖于最大化下的预期利润与其真实利润间的差异。在 $\bar{p}$ 为常数的假设下，任何非最大化企业制定的最优价格应与最大化企业制定的价格 $p^m = p_0(1+\varepsilon)^\theta$ 相等。因此，任何非最大化企业的最大期望利润应该与典型的最大化企业得到的真实利润 $\prod^m$ 相等。$\prod^m$ 通过把 $p^m = p^m(\varepsilon) = p_0(1+\varepsilon)^\theta$，$\bar{p} = p_0(1+\varepsilon)^{(1-\beta)\theta}$，$\omega^m = \omega^*$ 以及 $M = \bar{M}_0(1+\varepsilon)$ 带入

第18章 黏性工资、价格下的近似理性经济周期模型

到利润方程（5）中得到。这样 $\prod^n$ 和 $\prod^m$ 可以分别写为 ε 的方程：

$$\prod^n = (p_0)^{1-\eta} f(\varepsilon) - (p_0)^{-\eta/\alpha} g(\varepsilon) h(\varepsilon) \omega^* [e(h(\varepsilon)\omega^*)]^{-1} \quad (13)$$

$$\prod^m = (p^m(\varepsilon))^{1-\eta} f(\varepsilon) - (p^m(\varepsilon))^{-\eta/\alpha} g(\varepsilon) \omega^* [e(\omega^*)]^{-1} \quad (14)$$

$f(\varepsilon)$ 和 $g(\varepsilon)$ 确切的方程形式并不重要，重要的是它们在 $\prod^n$ 和 $\prod^m$ 方程中有相似的作用。它们可以通过把 $p_0(1+\varepsilon)^{(1-\beta)\theta}$ 和 $\overline{M}_0(1+\varepsilon)$ 分别带入到利润方程（5）中的 $\overline{p}$ 和 M，从而求出显示解来。类似地，因为 $\omega^n = \omega^*(1+\varepsilon)^{-(1-\beta)\theta}$，$h(\varepsilon)$ 可以被计算出为 $(1+\varepsilon)^{-1(1-\beta)\theta}$。$h(\varepsilon)$ 的特征是 $h(0) = 1$。

$\prod^n$ 和 $\prod^m$ 差异不大。两个公式的第一、第二项有相同的部分 $f(\varepsilon)$ 和 $g(\varepsilon)$。$\prod^m$ 对于 p^m 求导等于 0，因为它可以保证方程的最大化。而 $\prod^m$ 对于 ω 的导数在 $\omega = \omega^*$ 点等于 0。这些特点很重要，它们能保证 $\prod^m$ 与 $\prod^n$ 之差对于 ε 的导数在 $\varepsilon = 0$ 时等于 0。$\prod^m - \prod^n$ 对 ε 的导数为方程（15）的四个大括号内各项之和：

$$\begin{aligned}&\frac{\mathrm{d}(\prod^m - \prod^n)}{\mathrm{d}\varepsilon} \\ &= \{(1-\eta)(p^m(\varepsilon))^{-\eta} f(\varepsilon) + (\eta/\alpha)(p^m(\varepsilon))^{-\eta/\alpha-1} g(\varepsilon) \omega^* [e(\omega^*)]^{-1}\} \frac{\mathrm{d}p^m}{\mathrm{d}\varepsilon} \\ &+ \{\omega^* [e(h(\varepsilon)\omega^*)]^{-1} - h(\varepsilon) \omega^{*2} e'(h(\varepsilon)\omega^*) \\ &[e(h(\varepsilon)\omega^*)]^{-2}\} \frac{\mathrm{d}h}{\mathrm{d}\varepsilon} (p_0)^{-\eta/\alpha} g(\varepsilon) + \{(p^m(\varepsilon))^{1-\eta} f'(\varepsilon) \\ &- (p^m(\varepsilon))^{-\eta/\alpha} g'(\varepsilon) \omega^* [e(\omega^*)]^{-1}\} - \{(p_0)^{1-\eta} f'(\varepsilon) \\ &- (p_0)^{-\eta/\alpha} g'(\varepsilon) h(\varepsilon) \omega^* [e(h(\varepsilon)\omega^*)]^{-1}\} \end{aligned} \quad (15)$$

（15）的第一项是 0，因为这是利润函数 $\prod^m$ 最大化时对于 p^m 的一阶条件。第二个大括号中的项在 ε 等于 0 时也为 0，因为 $h(0) = 1$ 并且 ω^* 是利润最大化的取值（这使得 $\omega^* e'(\omega^*)[e(\omega^*)]^{-1}$ 等于 1）。因此，前两个大括号中的项在 ε 等于 0 时都为 0，因为分别是 p 和 ω 两个变量的最优选择。ε 等于 0 时第三项和第四项也等于 0，因为 $p^m(0) = p_0$，$h(0) = 1$。这些项反映了 ε 对于 $\prod^n$ 和 $\prod^m$ 的共同效应。由于四个括号里的项在 ε 等于 0 时都为 0，我们有

$$\frac{\mathrm{d}(\prod^m - \prod^n)}{\mathrm{d}\varepsilon}\bigg|_{\varepsilon=0} = 0 \quad (16)$$

这是本文的一个核心结论。此模型中，非最大化者相对于最大化可能利润的损失对于 ε 是二阶的。而且，在 ε 等于 0 时，百分比损失等于 0，而导数也等于 0。

就业

总就业对于货币供给变化的弹性不等于 0。对于 ε 等于 0，这一弹性可以计算出为

$$\frac{d(N/N_0)}{d\varepsilon}=\frac{1}{\alpha}(1-(1-\beta)\theta)+\beta(1-\beta)\theta \tag{17}$$

以下是对于（17）的两个解释。第一，由于 θ 小于 0，货币供给的增加会引起就业的增加。而且，由于当 β=0 时 θ=1，随着非最大化者减少就业，其对于货币供给变化的弹性将为 0。我们希望得到这一结论，因为当 β 趋近于 0 时，模型演化为一个货币中性模型。

模拟

我们对前述模型作了模拟，计算了不同劳动投入产出弹性（α）、每个企业需求弹性（η）和非最大化企业比例（β）下的失业率。工资—努力函数的参数 a、b 和 γ 分别被选作 1.0、2.0 和 0.5，以便 $\omega^*[e(\omega^*)]^{-1}$ 取比较方便的 1。①

表 18—1 报告了每套参数值下，货币供给变化带来的最大化者和非最大化者利润的百分比差异，分别导致就业 5% 到 10% 的差异。对于就业 5% 的变化，除一个值之外其他所有值（即使令需求弹性 η 取 100）都低于 1%。对于 10% 的就业变化，百分比利润差在较低的 η 值时大多小于 1，在 α=0.75，η=100 和 β=0.25 时取得最大值，也只是 5.05。尽管这一利润损失在表中已经属于极端值，但仍然没有超出可能边界。

表 18—1 不同就业率百分比变化、劳动投入产出弹性（α）、每个企业需求弹性（η）和非最大化企业比例（β）下，非最大化行为的利润百分比损失

	5%的就业改变			10%的就业改变		
	β=0.25	β=0.5	β=0.75	β=0.25	β=0.5	β=0.75
α=0.25						
η=1.5	0.084	0.023	0.011	0.309	0.088	0.043
η=3.0	0.220	0.059	0.028	0.808	0.226	0.107

---

① 参数 a、b 和 γ 的另一选择显示了不能忽视的差异，结果见表 18—1。

续前表

	5%的就业改变			10%的就业改变		
	$\beta=0.25$	$\beta=0.5$	$\beta=0.75$	$\beta=0.25$	$\beta=0.5$	$\beta=0.75$
$\eta=5.0$	0.298	0.079	0.036	1.090	0.303	0.142
$\eta=20.0$	0.408	0.107	0.049	1.496	0.410	0.189
$\eta=100.0$	0.443	0.116	0.052	1.623	0.442	0.203
$\alpha=0.5$						
$\eta=1.5$	0.088	0.024	0.012	0.330	0.092	0.045
$\eta=3.0$	0.295	0.080	0.038	1.109	0.306	0.146
$\eta=5.0$	0.459	0.122	0.057	1.726	0.471	0.222
$\eta=20.0$	0.768	0.201	0.091	2.892	0.774	0.356
$\eta=100.0$	0.888	0.231	0.104	3.343	0.889	0.405
$\alpha=0.75$						
$\eta=1.5$	0.046	0.012	0.006	0.175	0.045	0.021
$\eta=3.0$	0.207	0.054	0.025	0.796	0.209	0.097
$\eta=5.0$	0.397	0.103	0.048	1.533	0.402	0.186
$\eta=20.0$	0.974	0.251	0.114	3.769	0.979	0.447
$\eta=100.0$	1.304	0.334	0.151	5.046	1.304	0.591

注：$a=1.0$，$b=2.0$，$\gamma=0.5$。

Ⅲ. 结　论

总之，本文提供了一个模型，总需求的变化明显改变了均衡产出。此模型满足卢卡斯的标准——"路边不可能躺着500美元的钞票"。此模型中，有部分最大化者努力利用任何营利机会；另外的那些非最大化者改变其行为至多也只得到很小的利益。

此模型也满足存在非自愿失业的条件。因为假设工资被确定在高于市场出清水平，而满足效率工资所要求的单位劳动效率产出的成本最小化条件。

正如引言里已明确论及的，本文证明短期货币非中性的基本方法应该可以适用于广泛的模型，而上一部分给出的垄断竞争、效率工资模型只是一例。

加州大学伯克利分校

参考文献

Akerlof, George A., "Labor Contracts as Partial Gift Exchange," this *Journal*,

XCVII (Nov. 1982), 543-569.

——, and Janet Yellen, "The Macroeconomic Consequences of Near-Rational Rule-of-Thumb Behavior," mimeo, September 1983.

Bowles, Samuel, "Competitive Wage Determination and Involuntary Unemployment: A Conflict Model," mimeo, University of Massachusetts, May 1981.

——, "The Production Process in a Competitive Economy: Walrasian, Neo-Hobbesian and Marxian Models," mimeo, University of Massachusetts, May 1983.

Calvo, Guillermo, "Quasi-Walrasian Theories of Unemployment," *American Economic Review Proceedings*, LXIX (May 1979), 102-107.

Foster, James E., and Henry Y. Wan, Jr., "'Involuntary' Unemployment as a Principal-Agent Equilibrium," *American Economic Review*, LXXIV (June 1984).

Malcomson, James, "Unemployment and the Efficiency Wage Hypothesis," *Economic Journal*, XCI (Dec. 1981), 848-866.

Miyazaki, Hajime, "Work Norms and Involuntary Unemployment," this *Journal*, XCIV (May 1984), 297-312.

Nordhaus, William D., "The Falling Share of Profits," *Brookings Papers on Economic Activity*, 1 (1974), 169-208.

——, and Wynne A. H. Godley, "Pricing in the Trade Cycle," *Economic Journal*, LXXXII (Sept. 1972), 853-882.

Okun, Arthur M., *Prices and Quantities: A Macroeconomic Analysis* (Washington, D. C.: The Brookings Institution, 1981).

Salop, Steven, "A Model of the Natural Rate of Unemployment," *American Economic Review*, LXIX (March 1979), 117-125.

Sargent, Thomas J., "Rational Expectations, the Real Rate of Interest and the Natural Rate of Unemployment," *Brookings Papers on Economic Activity*, 2 (1973), 429-480.

Schlicht, Ekkehart, "Labor Turnover, Wage Structure and Natural Unemployment," *Zeitschrift für die Gesamte Staatswissenschaft*, CXXXIV (June 1978), 337-346.

Shapiro, Carl, and Joseph E. Stiglitz, "Equilibrium Unemployment as a Worker Discipline Device," *American Economic Review*, LXXIV (June 1984).

Solow, Robert M., "Another Possible Source of. Wage Stickiness," *Journal of Macroeconomics*, I (Winter 1979), 79-82.

Stoft, Steven, "Cheat-Threat Theory," Unpublished Ph. D. thesis, University of California, Berkeley, 1982*a*.

——, "Cheat-Threat Theory: An Explanation of Involuntary Unemployment," mimeo, Boston University, May 1982*b*.

Varian, Hal, *Microeconomic Analysis* (New York: Norton, 1978).

Weiss, Andrew, "Job Queues and Layoffs in Labor Markets with Flexible Wa-

第 18 章 黏性工资、价格下的近似理性经济周期模型

ges," *Journal of Political Economy*, LXXXVIII (June 1980), 526-538.

Weisskopf, Thomas, Samuel Bowles, and David Gordon, "Hearts and Minds: A Social Model of Aggregate Productivity Growth in the U. S., 1948—1979," *Brookings Papers on Economic Activity*, 2 (1983), 381-441.

Yellen, Janet L., "Efficiency Wage Models of Unemployment," *American Economic Review Proceedings*, LXXIV (May 1984), 200-205.

第 19 章　低通胀的宏观经济学[*]

乔治・A・阿克洛夫
威廉・T・迪肯斯和乔治・L・佩里[**]

　　自然失业率的概念已经构成了大多数当代通货膨胀和稳定化模型的核心。根据这些模型，通货膨胀将加速或减速，依赖于失业是处于自然率之下还是之上，而若失业处于自然率则任何已有的通货膨胀率将一直持续下去。因此，自然率是最小的也是唯一的持续失业率，而通货膨胀率是留给政策决策者的选择变量。由于完全的价格稳定具有诱人的特征，接受自然率假说的许多经济学家和政策制定者相信中央银行应该盯住零通胀。

　　我们质疑自然率模型的标准形式及其含义。我们分析的核心在于，当一个经济中厂商受到对其产品需求的随机冲击时，工资向下的黏性意味着什么。我们将这些特征嵌入到一个标准的自然率模型中，证明不再存在一个唯一的自然失业率。更确切地说，与稳态通货膨胀对应的失业率，其大小依赖于通货膨胀率。在长期，一个适度的稳态通胀率可以对

---

[*]　这篇论文最初发表于 George A. Akerlof, William T. Dickens, George L. Perry (1996)，"The Macroeconomics of Low Inflation," *The Brookings Institution*: *Brookings Papers on Economic Activity*，1：1996。版权归布鲁金斯学会出版社所有。经允许重印。

[**]　我们特别感谢 Neil Siegel, Justin Smith 以及 Jennifer Eichberger 宝贵的研究协助。同时感谢 Pierre Fortin, Harry Holzer, and Christina Romer 提供数据，感谢 John Baldwin, Paul Beaudry, Bryan Caplan, Bradford De Long, Erica Groshen, Peter Howitt, Shulamit Kahn, Kenneth McLaughlin, Craig Riddell, David Romer, Paul Romer, Charles Schultze, Lars Svensson, Robert Solow, and Michael Wolfson 的帮助和建议。阿克洛夫也感谢加拿大高级研究会和国家科学基金 SBR-9409426 号的资助。

第19章 低通胀的宏观经济学

应着最大化的就业和产出。保持零通胀将清楚地显示出提高持续失业率,并相应地降低产出水平。我们将证明这些效应很大,不像一些以往研究认为的那样可以被忽视。

保持任何稳态通胀率,失业率将都会稳定在一个固定的自然率上,这种观点大概就是议员康妮·麦克(Connie Mack)提出的《1995年经济增长与价格稳定法案》的逻辑。法案的前言指出,"因为价格稳定能导致利率的最低可能水平,也是保持生产率、实际收入、生活水平、就业和国际竞争力的最高可能水平的核心条件,价格稳定应该是联邦储备系统管理委员会的首要核心目标"[①]。然而正如我们的结论将证明的,零通胀目标将带给经济永久的实际成本,而不是法案前言所提到的实际利益。

尽管自然率模型的假设具有的诱人简化特征使之处于宏观经济模型的前沿,仍有足够多的以往工作注意到工资的向下黏性和有效的就业水平,这些工作不仅存在于劳动经济学家中,还包括早期的通胀宏观经济模型。詹姆斯·托宾(James Tobin)在其1971年美国经济学会的主席演讲中强调了这些工作的重要性,他提出了一个名义黏性模型,"长期菲利普斯曲线在高失业率时很平坦,而在失业率很低时变成了垂直的"。当然,在美国的第一篇论述菲利普斯曲线的文章中,萨缪尔森(Paul Samuelson)和索洛(Robert Solow)已经注意到"价格向下的不灵活阻止了价格下降……结果是平均价格向上浮动——政策建议是,用来阻止平均价格上涨的充分的抑制性货币政策和财政政策将不得不非常紧缩,这将导致较高的失业率和产出的明显下降"。这些又反映在舒尔茨(Charles Schultze)的"需求移动"理论中,他强调"变化的通货膨胀与资源配置的动态相关"[②]。

本文的计划如下。我们首先回顾人类学证据,指出为什么理性企业不想降低名义工资,之后提供一系列实证证据表明削减名义工资的情况极少,除非企业处于极端的财务压力下。这些证据包括美国制造业的综合数据、加拿大和美国工会的工资清算数据、来自特定研究的雇主报告数据以及我们在华盛顿特区进行的个人电话访问数据。我们也考察了一些近期的研究,这些研究利用面板数据通过对连贯调查年份下的报告工资进行一阶差分来度量工资差异。工资变化的这些估计结果表明削减工资也是常见的,似乎与其他来源的发现相矛盾。然而,我们将证明面板数据中明显常见的减薪

[①] U. S. Congress, Joint Economic Committee, "Statement by Connie Mack on the Economic Growth and Price Stability Act," news release, September 20, 1995.

[②] Tobin (1972, p. 11); Samuelson and Solow (1960, p. 182); Schultze (1959, p. 134).

现象是虚假的，因为很多明显的减薪来自报告的工资水平的错误。

建立起工资向下黏性的实证重要性之后，我们将提出一个正式的模型，指出企业最优行为明确允许除极端情况下工资向下黏性，并考察企业制定工资的异质性。与以前研究工资向下黏性的工作相比，我们的创新在于在三个方面增加了低通胀政策带来失业、产出损失的计算结果。第一，我们对于黏性工资证据的解释使得我们构造的名义工资削减模型和其他作者相去甚远。第二，我们将证明在异质动态模型中约束的效应是累积的，那些在第一时期有利冲击下提高工资的企业更倾向于在后续时期遭受向下黏性的约束。第三，我们给出一个一般均衡解，其中工资下行的约束对于工资的影响类似于一个实际成本冲击，受约束的企业相继提高产品价格。

对于盯住零通胀政策的后果，一般均衡和局部均衡分析会得出非常不同的估计结果。因名义工资黏性的存在，两种分析都开始于估计劳动总供给的变动。局部均衡分析用存在与不存在名义工资下的实际工资之差的变化，乘以劳动的需求弹性，来获得工资向下黏性对于就业率的影响。通常，这一需求弹性被假设为相当低——低于1。

一般均衡分析发现工资向下黏性的影响超出了受到工资下行约束的企业的劳动需求。不变产品需求弹性的特殊形式并非必需的，但能比较容易地突出一般均衡和局部均衡分析的差异。名义工资因约束而被提高的企业将其增加的成本转移到更高的产品价格中。因为不变需求弹性，价格加成是不变的，而平均实际工资将因工资约束的影响而不变。实际平均工资有两个组成部分。第一个部分使无约束的实际工资取决于劳动供给、需求或者谈判，是失业率的方程。实际工资的另一个部分受向下工资黏性的支配。当这个部分提高时，失业率一定会增加，以满足等量地降低无约束部分，从而保持平均实际工资不变。受向下工资黏性支配的部分的增加可以被看作一个永久成本冲击。典型地，2％的失业增加可以抵消1％的成本冲击。我们的分析将证明这个乘数。

我们将基于一般均衡模型给出一个随机模拟。模拟的参数校准依赖于美国经济的数据。我们运用模拟结果来考察不同稳态通胀率下的经济表现。我们的校准模型发现3％的通胀率下失业率是5.8％，因为这好像是当前自然率的典型估计。但是当稳态通胀率趋向于零时，模拟结果非线性变化，并在零通胀下，持续失业率显著更高。不同参数值的大量模拟结果中，持续失业率的变化很少低于一个百分点。

我们也建立了模型的一个适于估计时间序列数据的版本。这一版本的模型将上述模拟模型的特征融入到传统的通货膨胀自然率模型中，使得模型参数可以由时间序列数据加以估计。利用战后数据对模型参数加以估计，参数估计结果与模拟模型中的参数相当一致，计算出的随通胀率变化而变化的持续失业率与模拟模型中的变化方式相当一致。之后我们将证明模型的动态模拟结果与战前数据中大萧条时期的价格变化轨迹紧密相符，而传统自然率模型对大萧条的解释颇为诟病。

向下黏性的证据

我们对于证据的解读，以及后面我们将建立的模型的基本假设是，名义工资具有向下的黏性，除非企业处于极端情势。25 年之前，这一假设被广泛接受，可以被应用于宏观经济模型，并无特定的实证支持。那以后，这一假设逐渐被理论宏观经济模型忽视，而其实证重要性近来才受到一些作者的质疑，他们的研究依赖于工资变化的面板数据。我们提供一系列证据，证明向下黏性是工资行为的重要特征，而来源于面板数据的相反结果是虚假的，因为它们来源于报告工资水平所犯的错误。不过，我们首先讨论各种证明向下黏性是工资制定特征的研究。

人类学证据

比利和布雷纳德（Truman Bewley and William Brainard）的人类学观察提供了雇员减薪态度的直接证据。[1] 1992 年，比利和布雷纳德访问了商人和其他康涅狄格州劳动市场的专业人士，确切询问他们减薪的不情愿和减薪不得不发生时隐藏的原因。他们发现，在销售下降时减薪作为应对很少发生，相对于冻结工资令实际工资随通货膨胀而下降，管理者更害怕减薪对士气的影响。前两年此区的企业处于困难中，两位作者确实发现减薪的例子。在其 61 个抽样中，5 个企业在近期曾对部分或所有雇员实施过减薪方案，而另外 6 个企业管理者可以记起在过去 10 年间曾经减过薪。另有 11 个企业曾经运用过工资冻结方案。在那 11 个报告曾经在历史上某时减薪的企业中，大部分，虽不是全部，曾因严重运营问题而作出此决策。而且在其中的两例中，减薪在 6 个月内取消。

观察减薪发生的环境，比利和布雷纳德指出，减薪的一个企业已经连续亏损了 3 年；有一个企业从 1989 年开始发生亏损，在 1991 年减薪；另有一个企业为应对"现金流"问题；一个企业是因为其销量突然"跳崖"；还有一个企业是因为面对"破产的危险"。这些企业希望名义工资降低，而工人只有在企业面临破产前景时才会接受。在另外两个例

---

[1] Bewley and Brainard (1993); Bewley (1994).

子中，减薪是因为它们被看作永久地脱离正轨。一个商店同意给予其销售人员增加基础工资比例，作为提高销售量的激励，结果是销售的业绩工资变得过低。此商店利用衰退作为重建佣金和基础工资平衡关系的机会。另一个企业调整长期工资是在一个侵入者接管了南部的一个工厂时。以前的工厂所有者将没有建立工会的企业和其他建立工会的企业的工资保持一致。新所有者利用工会工资和竞争性工资间的不一致性在接管过程中进行了15%的减薪。总体来看，比利和布雷纳德描述了一幅企业只是在不得已时减薪的画面。

比利和布雷纳德报告的雇主态度支持卡尼曼、尼奇和塞勒（Daniel Kahneman, Jack Knetsch and Richard Thaler）著名研究中提出的公平概念。他们证明了大多数人觉得削减名义工资是不公平的，除非他们的雇主处于几近破产的特殊情形。被访问者要回答面对许多不同行为时，他们觉得公平还是不公平。62%的受访者认为如果通胀率为0，一个利润不高的企业减薪7%是不公平的。相反，如果通胀率是12%，只有22%的受访者认为只涨薪5%是不公平的。[1] 沙菲尔、戴蒙德和特韦尔斯基（Eldar Shafir, Peter Diamond and Amos Tversky）在他们的货币幻觉研究中重复了相似的发现。[2] 他们的问题显示，被访者不喜欢减薪；他们更喜欢名义工资上升的情形，即使实际结果是相同的。

坎贝尔和卡拉尼（Carl Campbell and Kunal Kamlani）的最近研究调查了企业不愿在萧条时减薪的原因。[3] 较大企业的薪酬专家和较小企业的工资制定者被要求回答，在衰退时不愿减薪的不同原因的重要性。被认为最重要的原因是最有生产率的工人（这些工人被假设相对于其生产能力所得到的工资相对较低）可能会流失，以及对接受减薪的工人激励的影响。卡尼曼、尼奇和塞勒的早期发现证明，受访者认为那些亏损企业减薪导致的工人努力程度下降低于盈利企业。那些可能认为反对削减名义工资的社会规范只适用于蓝领工人的人将会很吃惊地获知，实际上这些薪酬专家认为对生产率的影响对于白领工人更大。

比利和布雷纳德直接引证出避免削减名义工资的重要性，除了在企业处于极端困难情况下的考察。卡尼曼、尼奇和塞勒以及坎贝尔和卡拉尼提供原因，指出理性雇主为什么表现出这种方式。我们现在转向名义工资向下黏性的数量证据。

---

[1] Kahneman, Kentsch, and Thaler (1986, p. 731, questions 4A and 4B).
[2] Shafir, Diamond, and Tversky (1994).
[3] Campbell and Kamlami (1995).

制造业的工资变化

1959—1978 年,劳工统计局(Bureau of Labor Statistics,BLS)收集了建筑企业总工资分布的变化。这些数据被限定于产品和相关工人在建筑业的工资变化数据,但是在其他方面数据相当宽泛,包括所有规模的建筑企业和所有工会和非工会工人的工资。这些结果总结在表19—1 中,数据显示,在低通胀的 20 世纪 60 年代早期的任一年份,大部分企业都没有提高过名义工资,而在没有工会的建筑企业中,许多企业即使在高通胀的 20 世纪 70 年代也没有提高过工资。但是在任何一年也没有超过微小部分的制造企业削减工资。数据显示出明显的非对称性;工资变化分布在低于 0 的尾部部分几乎完全被截断。20 世纪 80 年代早期并不存在这些数据,这一时期工资下降存在于一些明显处于麻烦的行业中。

表 19—1 制造业的总工资变化,1959—1978 年(%,产品和相关工人)

年份	工会 增长	工会 不变	工会 下降	非工会 增长	非工会 不变	非工会 下降
1959	87.0	12.9	0.0	68.6	31.4	0.0
1960	87.1	12.8	0.1	59.0	41.0	0.0
1961	83.3	16.6	0.1	54.0	45.6	0.4
1962	72.8	27.1	0.1	52.9	47.1	0.0
1963	77.8	22.0	0.2	69.6	30.2	0.2
1964	76.1	23.9	0.1	66.2	43.8	0.0
1965	87.3	12.7	0.0	75.4	24.6	0.0
1966	80.9	19.1	0.0	77.1	22.2	0.0
1967	90.6	9.4	0.0	81.1	18.9	0.0
1968	93.7	9.3	0.0	87.6	12.4	0.0
1969	93.2	6.8	0.0	75.5	24.5	0.0
1970	94.8	5.2	0.0	77.6	22.4	0.0
1971	92.0	8.0	0.0	70.2	29.4	0.4
1972	92.9	7.1	0.0	83.2	16.8	0.1
1973	95.9	4.1	0.0	90.1	9.9	0.0
1974	97.8	2.2	0.0	89.1	10.7	0.3
1975	97.3	2.7	0.0	84.7	15.3	0.0
1976	96.9	3.1	0.0	88.4	11.6	0.0
1977	96.1	3.9	0.0	84.8	15.2	0.0
1978	96.6	3.4	0.0	89.3	10.7	0.0

资料来源:Bureau of Labor Statistics, "Current Wage Developments," various issues.

工会工资协议

1970—1994 年关于工会组织的 BLS 数据包括属于工会的 1 000 多

名工人的工资合同数据，而且包括减薪的频率，尤其包括20世纪80年代早期的不同寻常的经济发展阶段。在这一时期，减薪只有在1983年比较普遍，所有合同的15%在合同第一年有过下降。即使在1983年，向下黏性也有相当多的证据，所有合同的22%没有工资变化。在前一年，新合同的42%冻结了工资，2%有减薪。这一插曲支持我们的观点，向下黏性只有在企业处于极端压力下才会被打破。1981—1982年衰退尤其严重；失业率超过10%，达到自大萧条之后的最高水平。除了我们样本中的1983年，平均只有1.7%的工人面对的合同第一年有降薪条款，其实这仍然过高地描述每个年份的减薪频率，因为工资合同中的其他年份减薪要少于合同第一年。假设合同的平均年限是2年，如果所有的减薪发生在第一年，则任何一个年份遭受减薪的工人的比例将只有0.9%。最近年份，1990—1994年，新合同工人中的2.2%经历了减薪，尽管以CPI度量的通胀率平均仅为3.6%。

对非常低通胀和高失业条件下减薪频率的进一步考察来源于福廷（Pierre Fortin）对于加拿大数据的分析。① 1992—1994年，加拿大（以CPI度量的）通胀率平均为1.2%，失业率为11%。在福廷的表格中，大量没有COLA条款的工资协议显示出只有5.7%的协议有减薪，而47.2%的工资协议要求不改变工资。这些数据证明了加拿大工资合同中工资黏性具有不可否认的重要性。在某些更好的年份，基础工资的降低更少出现。例如1986—1988年，通胀率为4.2%而失业率为8.8%，只有0.25%的合同有减薪，而12.6%冻结了工资水平。

工资黏性的历史证据

尽管二战前工资黏性的证据更难取得，一些作者还是完成了这项工作。米切尔（Daniel J. B. Mitchell）在其工资弹性研究中，比较了前述战后制造业工资行为与20世纪20年代建筑业调查中的制造业工资证据。虽然他表达了对于这些早期调查可靠性的保留态度，但他还是断言向下工资黏性在20世纪20年代并不常见，并且他认为工资黏性变得日益显著是法律和制度变化的结果，尤其是（他认为根源于大萧条的）当代劳动关系惯例的发展和形成的结果。然而，奥布赖恩（Anthony O'Brien）用来自商业和工业来源的数据证明了20世纪20年代向下黏性的存在。他指出，米切尔引用的法律和制度变化出现之前，雇主甚至在大萧条初始时期仍不愿减薪，而且他发现这种情况消失在20世纪30

---

① 与来自蒙特利尔的魁北克大学福廷的个人交流，1995年8月13日。

年代早期经济情况恶化之后。黑尼斯（Christopher Hanes）发现了1893年开始的萧条时期和大萧条初期的名义工资黏性证据。这三个作者都检验了企业不愿减薪的现代理论，他们都没有发现企业即使在战前也不愿意减薪的道理。①

工资变化的一个调查

为了获得个人工资变化的直接证据，我们在华盛顿特区地区进行了电话调查。特别是，我们想直接询问工资变化以便能比较我们的结果和询问工资水平的收入动态面板调查（Panel Study of Income Dynamics，PSID）的结果。我们判断，虽然许多工人不可能精确地报告出他们每年的基本工资或年薪，但他们应该能够回忆起过去12个月工资有没有变化，如果有，工资是上升了还是下降了。当回应者确实报告了向下的工资变化时，我们会问到更多的环境信息。如果被调查者们经常降低职位，可能就较少看到给定工作分类下的薪水下降，即使被调查者正确地报告了他们的减薪。问卷被设计成能够鉴别出这种可能性。

调查的核心是，被调查者首先被问到他们的雇佣状况，而如果被雇佣了，他们的雇主是否还是前一年的雇主。那些还被同一雇主雇佣的人接着要回答是否他们的工作内容或者类别在过去一年变化了，以及他们是否实质上仍承担和一年前相同的工作职责。在确定工资支付方式（例如小时工资、年薪等）后，被调查者要回答"除了加班费、回扣和额外津贴之外，你工资的基本部分从去年的今天起是否有过变化？"有的人接着要回答"增加了还是下降了？变化了多少？"更多的信息包括年龄、种族、受雇部门等。

我们共联系了569个人。409个被调查者没有改变雇主且赚取工资或薪水，7个人报告了在工作环境没有改变下的减薪。其中4个是哥伦比亚特区政府的员工，此部门不时面对预算危机；一个是建筑工人，他推测其雇主降低工资，用非法外国劳工替代本土工人；一个是铁路工人，其工资依赖于驾驶出车次数，他报告说工资下降是因为出车次数削减了；一个人喝醉了，访问者怀疑他在被访问者突然挂断电话前没有理解任何问题。除了这7个人，另有4个被访问者报告环境发生了变化，从而导致个人工资或薪水的下降，但并不一定是相同工作的总报酬下降了。其中，两个人在过去一年中从兼职提升为全职；一个人解释说，她

---

① Mitchell（1985）；O'Brien（1989）；Hanes（1993，1996）。

虽然工资下降了，但是津贴上升使得她的总报酬更高了。另外两个人说他们在企业内改变了工作。

调查结果总结在表 19—2 中，只有 2.7% 的保持原工作的回应者被减薪了。这一结论并不依赖于华盛顿地区政府雇员的数量。实际上，只有私人部门工人的 2.4% 报告了减薪。必须承认，本调查并非是整个国民的代表性样本，局限于华盛顿地区并只是包括那些接了电话和愿意回答我们的问题的人。虽然如此，调查显示任何一年被减薪的工人比例都很低；即使调查出的比例翻倍，这一数量仍很少。这一结论得到了调查中对另一个问题的答案的支持，这一问题是你是否认识任何相同职位的人发生过减薪。这些答案的含义依赖于回答者的朋友、亲戚和熟人的范围以及他们的记忆力。无论如何，如果减薪相当普遍，我们预期他们会较容易地想到一些例子。不过只有 14.7% 的被调查者回忆起减薪的私人信息。

表 19—2　未改变雇主的被调查工人在过去一年的工资变化
（%，除非特别说明）

	负的	不变的	正的	回应者的人数
总体	2.7	30.8	66.5	409
私人部门	2.4	34.0	63.6	250
公共部门	3.1	25.8	71.7	159
工资所得者	5.8	29.8	54.4	103
私人部门	4.0	41.9	54.1	74
公共部门	10.3	34.5	55.2	29
拿薪者和其他	1.6	27.8	70.6	306
私人部门	1.7	30.7	67.6	176
公共部门	1.5	23.8	74.6	130

资料来源：作者基于正文中述及的 1995 年华盛顿地区电话调查结果计算。

近来的面板研究

卡德和希斯洛普（David Card and Dean Hyslop），勒博、斯托克顿和沃斯彻（David Lebow，David Stockton and William Wascher），卡恩（Shulamit Kahn），以及麦克劳克林（Kenneth McLaughlin）等进行的四个近期研究运用 PSID 的数据分析了个人的工资变化。[1] 每个研究都利用连续年份的工资水平之差来计算工资变化。所有研究都发现了工资变化的分布具有不对称特征，并且一些在零变化处有凸起。但是这些分

---

[1] Card and Hyslop (1996); Lebow, Stockton, and Wascher (1995); Kahn (1995); McLaughlin (1994).

第 19 章 低通胀的宏观经济学

布也显示，在任何一年都有不可忽视比例的工人被减薪。如果事实如此，这一发现将大大降低工资向下黏性的经济意义。然而，我们将证明这一粗糙的数据不能用这种方式来解释。这些反向变化的大多数是伪造的；出现的原因是工资水平的错误报告严重地夸大了减薪的实际频率。所有四个研究都注意到了错误报告的重要性。但是，除了麦克劳克林，其他作者没有试图修正我们认为重要的错误，而且我们发现麦克劳克林的修正还远远不够。①

类似于 PSID 工资合法调查的研究显示报告误差相当巨大。例如，1977 年 1 月的《当代人口调查》（Current Population Survey，CPS）显示，家庭报告的对数工资和其雇主报告的值之差具有 0.167 的估计标准差。② 以此标准差，仅报告错误就可以简单地解释 PSID 中所有的减薪观察值。我们比较了使用 PSID 和其他证据的发现，事实确实如此。③

利用我们的调查结果，我们检查是否 PSID 产生的数据可能和我们的调查人群采样相似，以允许 PSID 中的报告误差。作为总结，我们通过加入随机误差来"污染"我们的数据，对应于 CPS 中观察到的报告误差分布，其中关于工资的问题与 PSID 中的问题非常相似。为了估计工资变化报告错误的分布，我们不仅需要知道在一个单独调查中工资水平报告错误的分布，而且需要知道不同调查内报告错误的自相关以及人们正确地报告其工资的频率。这些报告错误的分布在三个相互分离的统计下产生。在 1977 年的 CPS 有效调查中，工人报告的工资与其雇主报告的相对，正如以上提到的，个人报告的对数工资与其雇主报告的对数工资之差的标准差为 0.167。《CPS—社会保障》匹配调查显示了 CPS

---

① 麦克劳克林使用了 PSID 中工资变化的实际分布，提供了工资变化标准差的修正度量，之后指出此修正对于负向工资变化频率的影响。不过，如果像工资变化分布所显示，隐含的实际分布是不对称的，那么麦克劳克林的论断就不正确。例如，假设工资变化的实际分布不包含负值。如果标准度量误差加到实际值上，大量错误的负向工资变化将被记载。简单的用分布中的保持均值不变约分减去实际分布的方差等于度量误差的方差，正如麦克劳克林所做的，这将降低错误负值出现的频率，但是不会消除掉。以这种方式重新构建实际潜在分布是不可能的。卡恩认识到误差的存在，但是没有尝试去纠正它们，因为这么做将只会加强其向下黏性的结论。

② Mellow and Sider（1983，p.335，n.6）报告"对数工资差的估计差异是 0.167"。我们的计算基于他们提供的回归估计，得到差不多相同的标准差数据。

③ 对 PSID 的一个有效调查显示，报告的工资中有巨大的错误，但是由于调查所选择的企业不是支付直接时间工资，关于小时工资的 PSID 问题的准确性不可能被考察（Duncan and Hill，1985）。

报告收入与报告给社会保障管理者的个人收入之差的自相关性。① 这些参数将足够产生报告错误的正态分布，但是一个最终的考虑认为，这些误差不是正态的：一些报告者——实际上，44.2％——完全正确地报告了他们的工资或薪水。因此，我们假设44.2％的报告者在每年都没有报告错误，其余报告的错误呈正态分布的自回归特征，从而生成错误分布。图19—1比较了工资变化的替代分布。左上图描述的是我们华盛顿地区调查的工资变化柱形图。我们刚刚描述的"被污染"的工资调查柱形图表示在右上图中。而右下图描述了工资变化的柱形图，数据计算自1988年的PSID，那一年的工资通胀率与我们样本中的平均工资增长相比较。"被污染"柱形图显示了比PSID更平的左尾和更多的负向工资变化例子，这意味着来自PSID的工资变化无误差分布比我们的调查显示出更小的削减工资部分。

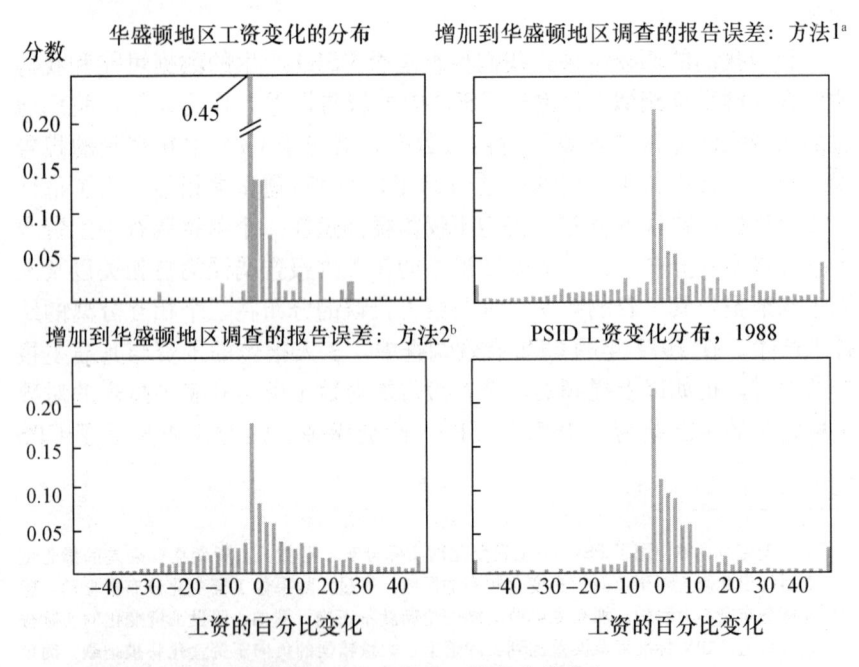

图19—1 在职者工资变化的分布

a. 在连续年份正确报告的相关系数为1.0，而报告错误的标准差是0.167。
b. 在连续年份正确报告的相关系数为0.5，而计算报告错误的标准差则为分布的偏差等于PSID调查中工资变化的标准差。
资料来源：左上图数据来源于作者的调查；右下图数据来源于PSID；其他图来源于作者在正文中所述的计算结果。

---

① Bound and Krueger (1991).

我们的结论是，大部分PSID中的负向工资变化是因为度量错误，这一错误在我们生成的误差项的各种变化下是强健的。我们进行了各种检验。例如，因为我们关于工资变化的数据也可能包括一些度量误差，所以并不奇怪的是我们"污染"的数据分布的标准差比PSID的大。作为以前比较的一个替代，我们假设报告错误小到足以使得我们的数据加上这个报告错误的差异符合1988年的PSID数据。这导致了与卡恩报告的几乎相同的负向工资变化比例。图19—1的左下图描述了这一替代的假设部分。

比较工会协议数据和PSID数据

谢伊（John Shea）直接检验了PSID调查中工会工人的度量错误，而且报告了对于卡德和希斯洛普研究的讨论结果。[①] 谢伊将个体PSID调查家庭通过提供的特定工会合同，按照关于行业、职位、工会关系、居住地以及雇主地位和谈判结果等其他来源的信息进行了分类。对于1981—1982年到1986—1987年整个时期，这一程序生成了379个观测值，谢伊有关于工会合同的数据，并将这些观测值与PSID的雇员报告相比较。他计算发现，其样本中只有1.3%通过合同接受过名义工资减薪，而相同的时期内，21.1%报告了PSID连续年份内工资水平缩水，即减薪。

我们对以PSID为基础的结果进行了进一步的检验，我们比较了来自PSID数据计算而来的减薪发生率和以上讨论的新工会合同中减薪的发生率。卡恩指出，对于1976—1988年的工会工人的名义工资变化，其中平均11.8%是负向的。[②] 假定在大量谈判阶段的工人中只有3.5%在新合同的第一年减薪，这意味着PSID中至少70%的负向工资变化是虚假的；注意减薪集中发生于多年合同的第一年，在任何减薪都发生在两年合同的第一年这将提高比例到85%。如果工人工资制定小合同，并像无工会部门工人一样工作，而且非工会工人比工会工人有更低的减薪发生率，前述数据将过高估计了减薪。实际上，卡恩证明在1976—1988年的PSID数据中，非工会工人减薪的发生率比工会工人低20%（9.45%相对于11.77%）。[③]

比较雇主工资报告与PSID数据

我们也比较了来自雇主报告的结果和PSID数据中工资变化的证

[①] Shea (1996).

[②③] Kahn (1995，Table 2，p.17).

据。霍尔泽（Harry Holzer）研究了低教育工人的雇佣和工作，作为研究的副产品他获得了工资的雇主数据。他访问了 4 个城市的随机雇主样本：亚特兰大、底特律、波士顿和洛杉矶。所有雇主被问及新雇佣关系的工作条件，包括最后一个受雇工人。通过雇主数量扩大数据后霍尔泽发现，一个空职位被填充一年后，只有 4.8% 的新雇佣经历了减薪。[①]这些数字高于我们的调查，而且也高于工会反馈的近期数据，但是它们仍然相当小，而且考虑到只考察了新雇佣关系，与其他数据并不一致。作为比较，PSID 数据显示，新雇佣关系的 13.6% 在其第一年经历了减薪。[②]

降低工资成本的其他方法

有些人可能反对我们关注向下工资黏性，忽视了雇主降低工资成本的其他方法，因此避免了我们研究这一现象的雇佣效应。企业可以削减非工资福利，但是我们怀疑这类事情的范围是有限的。工人反对福利削减，正如他们反对减薪一样。近来，许多企业要求工人支付更高比例的社会保障成本，但是因为医疗保障成本平均增速很快，大多情况下这种工人支付的提高只是部分抵消了企业增加的福利成本。

企业也可能给新工人提供的工资低于已有工人。企业当然有调整新工人工资的某些自由，但这对于我们总体的发现是否重要值得怀疑。首先，新工人的成本对于解雇工人的企业没有影响。其次，一个企业经受不利冲击导致名义工资制定的紧缩，当恢复时可能重新雇佣被解雇的工人，并支付他们和以前相同的工资。最后，即使一个成长型的企业关于如何制定进入工资也没有完全的自由。想一下 20 世纪 80 年代早期当只有很少企业采用"两级"薪酬制度令新雇佣工人的工资低于那些已在职工人时出现的争论吧。这一事件具有新闻意义，证明它并不常见，而工人拒绝这一制度证明了原因所在。

更加微妙地，企业可能避免与绩效和资历相关的惯常的工资增长。对于一个经历一般性员工跳槽情况且保持企业规模不变或增长的企业，这将导致劳动成本的下降。另一方面，在一个低转职率且收缩或稳定企业，必须承诺根据绩效、资历或晋升而提高工资将增加劳动成本的上升。来自 PSID 的关于按年龄组统计的平均工资水平数据对我们以上讨论的报告错误并不敏感，而且这一数据允许我们估计这类正常工资所得的规模。计算在职员工平均年薪变化与经济中所有工人平均年薪增长之比发现，

---

① 与来自密歇根州大学的霍尔泽的私人交流，1995 年 4 月 20 日，以及霍尔泽（1996）。
② 这部分指的是那些一年或两年工作合同的工人报告其工资在 1992 年比 1991 年低的比例。

1970—1992年间的平均值是1.2%。冻结所有与绩效、晋升、资历相关的所有工资增长可能导致了关于这一数目的单位劳动成本增加。

我们通过两种方式包含这些效应。首先，后面的模拟模型和时间序列模型允许个人工资对于经济平均工资的比例浮动，这抓住了企业以刚刚讨论的方式紧缩名义工资的可能性。其次，两个模型都允许企业在压力下降低工资到合意水平。

总结

总之，与误差不相关的工资和薪水变化的数据与向下名义工资黏性的存在相符。不同研究的结果总结在表19—3中。所有研究都显示出工资变化在均值左右的不对称性，而除了PSID数据之外，其他所有数据都显示出负的工资变化相当少见。我们证明了PSID调查中的报告错误引起了数据中计算得到的工资变化严重地夸大了工资下降的实际频率。确实，PSID数据中的报告错误足够大，可以用来解释PSID数据中的工资变化分布和我们以上描述的其他来源的数据间的差异。

表19—3　　　　　　名义工资和薪水黏性的证据

数据来源	数据性质	总结
劳工统计局	由雇主调整总工资变化，1959—1978年	对于工会和非工会雇主都有不可忽视的比例制定负向工资调整
作者对华盛顿地区的调查	电话调查，前一年的报告者工资变化，1995年	1.7%的负向工资变化，工作特征不变；随着工作特征变化而有额外1%变化
劳工统计局	合同协议，包括超过1 000个工人	2.3%的合同在第一年有负向工资变化，1970—1994年平均工资
福廷	无COLAs的加拿大劳工合同	1986—1988年间，0.25%的减薪；1992—1994年间，5.7%的减薪和47.2%的工资不变
收入动态面板调查	在职者报告的工资和薪水在连续年份的差异	10.6%的工资获得者和24.3%的薪水获得者减薪
霍尔泽四城市研究	企业雇佣的非大学毕业生新工人的工资变化	减薪新雇员为4.84%
奥布赖恩，黑尼斯和其他	历史数据	战前衰退时期有较大量的工资黏性

资料来源：作者对于文中所述研究的总结。

尽管证据普遍，一些模型构建者仍以货币幻觉为理由拒绝工资具有向下的刚性。不过，一些人因为减薪违背了企业和工人间的隐含合同而接受减薪很少发生的思想，这些人认为黏性适用于实际工资而非名义工资。因为我们已经提供了向下黏性实际上广泛存在和适用于名义工资的直接证据，所以不需要增加更多的有关工资的证据了。然而，我们仍愿强调另一种熟悉环境下的货币幻觉，股息的支付。我们CRSP数据的计算结果与名义工资黏性变化的观察结果非常一致。股息很少削减，名义股息变化的分布是不对称的，而且在零点突起。

模拟模型

本部分我们提供一个正式的模型，用以模拟关于工资变化、工作变化的主要典型化事实，并估计美国经济中持续的低失业率。此模型依赖于三个支柱：垄断竞争、对于不同企业的巨大异质性需求和供给冲击、向下的价格黏性。

经济的这三个特征产生了长期通胀和失业的非线性关系。供给和需求冲击是异质的：它们影响垄断竞争企业。因为很多原因，工人分担企业特定的冲击。例如，对于一个企业正的需求冲击将导致此企业工人的工资上升，也带来雇佣人数的增加。因此，这些工作冲击引起了工作机会的创造和工作机会的消失，以及工资变化的扩散。在这些冲击效果的差异下，货币工资黏性将施加给某些企业工资变化的约束，即使经济中的工资总数正在上扬。向下工资黏性的约束效应提高了实际工资，降低了就业。受约束企业的数量和约束带来的效应与通胀将是非线性的关系。

我们的模拟工作包含美国经济这些特征的实证发现。我们已经引用了货币工资向下黏性程度的许多证据。现在我们简单看一下其他两个特征。

垄断竞争。 垄断竞争是我们经济的一个普遍特征。很少有价格是在拍卖市场上制定的，而所有企业实际上在决定它们产品的价格时都有一定的决断自由。霍尔（Robert Hall）和比尔斯（Mark Bils）都用美国经济的周期性特征，从失业的小变化导致产出的巨大变化这一现象推论出垄断竞争的广泛存在。[1] 我们的模拟模型中－3.8的需求弹性产生了0.73的劳动份额，正如1994年在美国经济中观察到的。

---

[1] Hall (1988); Bils (1987).

工资和雇佣变化的异质性。模型的第三个支柱是需求和供给冲击的异质性。美国经济表现出在工资和雇佣变化方面可观的企业层面的异质性。此模拟模型具有足够的企业层面的需求和供给冲击来生成这些观察结果。伦纳德（Jonathan Leonard），以及戴维斯、霍尔蒂万格和舒赫（Steven Davis，John Haltiwanger and Scott Schuch）已经证明，平均每年增长型企业会增加总雇佣量的11%，而萎缩型企业只削减很少工人。①这些数值在经济周期的过程中会有一些变化，但是无论失业率是多少，总的职位创造数和总的削减职位数还是远大于对应的净变化。

也有足够的证据显示，个人、企业的工资水平和变化都存在着显著的差异性。我们已经描述了尝试度量个人工资变化分布的大量研究。②然而，企业的平均工资变化的标准差将低于个人。使用上述制造业一般工资增长的BLS数据，我们计算了假设分布的左侧和右侧对称下的标准差。这一值接近于缺少向下黏性时的标准差值。对于1964—1978年，除去其中发生石油冲击的20世纪70年代初，这一过程生成了2.8个百分点的中值标准差。这可能低于企业平均工资变化的方差，因为需求条件可能强迫企业为特定类型的劳动或多或少付费，并且这可能会影响到平均工资。我们也计算了前述加拿大合同数据中协议首年平均工资标准差，范围在2%~4%之间，取决于年份不同。

我们确信观察到的工资和工资变化反映了市场力量和企业、工人的欲求。我们进一步确信，如果企业被迫支付更高的工资，他们将雇佣更少的劳动。③工资变化的异质性可能反映了在小领域或职业市场中的特定技术工人的需求和供给差异。相反，如果设定工资满足工资规范，而这一规范依赖于盈利性，或者如果工资反映了显性的或隐性的讨价还价，那么工资变化将依赖于企业需求。我们的模拟模型允许每一种解释。

推导模拟模型

模拟模型分成两个部分。首先，我们将描述垄断竞争和工资设定的潜在代表性企业模型。之后我们将说明如何由此模型来构建模拟模型，

---

① Leonard（1987）；Davis，Haltiwanger，and Schuh（1996）。

② 麦克劳克林（1994）作出了一些估计，研究待在相同岗位上的个人实际工资百分比增长的标准差。这些估计值因度量误差而更正了，而没有一个估计值低于9.5个百分点。

③ 见迪肯斯（1994）讨论了有关"劳动需求是否会对协议工资的变化作出反应"的理论和实证证据；而迪肯斯（1986）讨论了企业工资变化的失业效应，在企业里讨价还价是隐含的，或者集体行动的威胁迫使他们支付更高的工资。

令大量模拟企业面对不同的供给和需求条件以及向下的货币工资黏性。如果没有向下的工资黏性和异质性，我们的虚拟经济将有唯一的均衡实际工资和失业率。此经济的行为可以通过垄断竞争企业的价格制定和工资制定行为的推导而得。

价格决定。 假设每个垄断竞争企业各自处于自己的市场位置，对企业产出的需求（D）将是

$$D=[(M/\bar{p})(p/\bar{p})^{-\beta}]/n \tag{1}$$

其中 M 是货币供给，p 是给定企业产出的价格，$\bar{p}$ 是经济的平均价格，而 n 是企业的数量。为了简化，第一项 $M/\bar{p}$ 代表总需求。方程（1）中的第二项 $(p/\bar{p})^{-\beta}$ 代表了向右下方倾斜的企业产品需求。对于定价为平均价格的代表性企业，这一项为 1，因为 p 等于 $\bar{p}$。不过，这一项的存在影响了经济中的均衡产出和定价，因为每个企业都把 $\bar{p}$ 看作给定，而把价格定于边际成本与边际收益相等的地方。

每个企业的产出与劳动投入（L）成比例：

$$Q=L \tag{2}$$

把劳动力标准化为 1 很有用。因此，令失业率为 u，产出将为 $1-u$。①

给定企业的工资水平，企业将选择最大化利润的产出价格。这种最大化将决定每个企业的价格 p 和所有企业的平均价格 $\bar{p}$。一旦企业价格给定，企业的需求将通过方程（1）给出，而且产出水平也就确定了。

工资决定。 在没有反对削减货币工资的任何约束下，工资被假设为来源于企业和工人的隐含或非隐含讨价还价。我们称这种讨价还价的工资为意愿工资（notional wage），因为这个工资是在没有名义黏性约束下制定的工资。

为了与意愿工资是企业和工人间隐含或非隐含讨价还价结果的思想相一致，此工资是两个项的加权平均值。这是一般化的纳什解：企业和工人的剩余，通过讨价还价力量来进行几何平均加权，按照实际工资来进行最大化。企业剩余由总收入减去工人工资和固定成本而得到。工人的剩余是其工资减去其机会成本——他们寻找到其他工作的期望回报。

---

① 随着劳动生产率（G_t）的变化，我们假设 $Q=G_tL$。而且，随着生产率的变化，我们假设固定成本与总雇佣产出成比例，因此它们与 G_t 成比例，而闲暇的价值 s 也与劳动生产率成比例。

第 19 章 低通胀的宏观经济学

讨价还价的实际意愿工资 ω^n，其每个有效单位由以下公式给出①

$$\omega^n = a[(pD - \bar{p}f)/\bar{p}L] + (1-a)[(1-u)\bar{w}/\bar{p} + us] \tag{3}$$

其中 $\bar{w}$ 是平均名义工资，u 是失业率，a 是工人讨价还价力量的系数，取值在 0 和 1 之间，s 是失业工人的时间价值，而 f 是完全雇佣状态下企业固定成本与产出值的比例。②当工人的讨价还价力量等于 0，工资制定成为竞争性的，实际工资将等于时间的机会成本。

代表性厂商模型的分析

代表性厂商模型的均衡在基于定价行为的总需求方程与基于工资制定模型的总供给方程的交点上。这些关系只依赖于实际工资。总需求曲线是垄断竞争性定价的结果。假设货币工资和总价格水平固定，每个企业选择自己的价格以最大化收入减去劳动支付。对于如方程（1）一样需求曲线有弹性并带有方程（2）的生产函数的企业，它们将制定名义价格 p 为名义单位劳动成本的一个固定加成。因此，总需求曲线将具有以下形式

$$\omega = (\beta - 1)/\beta \tag{4}$$

其中 ω 是概念实际工资。

方程（4）符合我们对于实际工资特征的解读——它随着周期而微小变化。有些学者认为实际工资是顺周期的；其他人认为是反周期的。不变弹性的需求方程推导出的方程（4）包含两个可能证据间的妥协。在图 19—2 中，AA 代表方程（4）。它给出了相对于工资的价格变化作

---

① 当企业和工人对于工资而不是雇佣讨价还价时，这一工资方程可以简单地推导为一般化的纳什均衡解。如果工人接受来自企业的工资 w^n，以名义值度量的留给企业的单位工人剩余将为

$$S_f = p - \bar{p}(f/L) - w^n$$

其中 f 代表了生产的固定成本。我们假设企业的资本是企业专属的，因此没有其他替代用途。为企业工作工人的工资是

$$S_w = w^n - w_0$$

其中 w_0 是工人的机会成本。而工人的机会成本的值是一个加权平均结果。如果工人必须在别的地方寻找职位，他或她将以概率 u 失业，而待在家里的值用 s 表示，它包括失业救济；而且他或她如果以 $(1-u)$ 的概率被雇佣，就会平均上接受经济中的平均工资。如果 w^n 的选择是为最大化企业剩余和工人剩余的几何平均——也就是说最大化 $S_f^{1-a}S_w^a$——此工资将通过讨价还价方程（方程（3））给出。

② 我们假设 s 和利润随着生产率而上升，因此生产率以乘数的方式影响着概念实际工资。

463

为需求（或就业）的方程。因为实际工资是不变的，AA 是一条水平线。

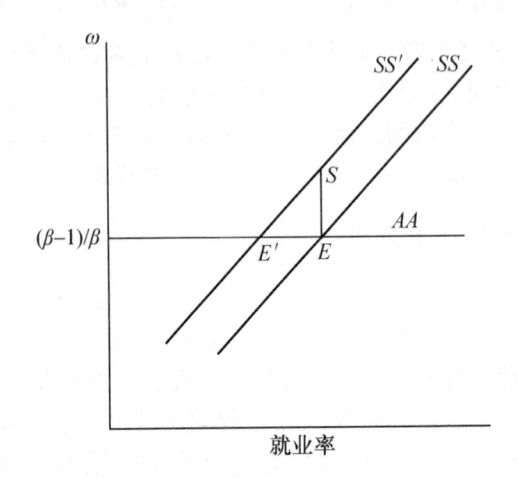

图 19—2　退化形式的价格和工资方程

资料来源：作者文中所述的模型。

如果价格方程被定在工资为固定的情况下，价格方程就意味着是总需求方程，其反面——总供给曲线由保持价格预期不变时工资决定过程推导得到。因此，联系意愿工资和失业的总供给曲线来源于方程（3）。注意在均衡时 $p=\bar{p}$，$D/L=1$，$L=1-u$，而 $\overline{w}/\bar{p}=(\beta-1)/\beta$，由方程（3）将得到

$$\omega^n = a[(1-f)/(1-u)] + (1-a)[(1-u)(\beta-1)/\beta + us] \qquad (5)$$

这就是图 19—2 中的曲线 SS。曲线向右上方倾斜，因为当失业下降时，工人运用时间的替代用途的价值将上升——利润同向变化。[1] 假设劳动供给固定不变，就业上升时失业下降。

LSRU 而非 NAIRU

此经济中的均衡失业和实际工资率发生在 AA 曲线和 SS 曲线的交点。我们称此失业水平为 LSRU（最低持续失业率，lowest sustainable rate of unemployment）。

在没有向下工资黏性条件下，LSRU 将导致此模型的 NAIRU（失业的"非加速通胀率"，nonaccelerating inflation rate of unemployment），即通货膨胀率保持不变的失业水平。不过，如果存在工资的向

---

[1] 只要闲暇的价值 s 低于实际工资 $(\beta-1)/\beta$，SS 就向上倾斜。

下刚性，较高的持续失业率将伴随很低的持续通胀，而唯一的 NAIRU 将不复存在。

加入异质性和工资黏性

我们现在增加企业层面的异质性和名义工资黏性到代表性企业模型中来研究模拟模型。

需求和供给异质性。我们通过增加一个随机项 ε 到每个企业的需求中的方式引入异质性。需求方程，方程（1）将变成

$$D=(M/\bar{p})(p/\bar{p})^{-\beta}e^{\varepsilon}/n \tag{1a}$$

e^{ε} 的期望值为 1，因为 e^{ε} 代表了每个企业的特定冲击。我们也假设 ε 是序列相关的——遵循一个简单的 AR(1) 过程。对 ε 的冲击被假设为固定方差的正态分布。

我们也通过增加一个随机项 η 到工资谈判中来引入异质性。讨价还价方程，方程（5），变成了

$$\omega^{n}=a[(pD-\bar{p}f)/\bar{p}L]+(1-a)[(1-u)(\beta-1)/\beta+us]+\eta \tag{5a}$$

η 是具有 0 均值和固定方差正态冲击的 AR(1) 过程。这可以看作是讨价还价力量的特定变化或劳动供给条件的改变。

进一步现实性的增加是通过令讨价还价的工资对当前变量的水平进行自回归得到，从而有

$$\omega^{n}=(1-z)\omega_{-1}+z\{a[(pD-\bar{p}f)/\bar{p}L]\\+(1-a)[(1-u)(\beta-1)/\beta+us]\}+\eta \tag{5b}$$

货币工资黏性。还需要详细地描述模拟模型中货币工资黏性的本质。完全的货币工资黏性过于严格。我们的调查结果和比利和布雷纳德（Bewley & Brainard）的访问结果都发现减薪相当少见；不过有时候的确会发生。比利和布雷纳德认为企业倾向于在发生亏损后的第二年减薪。卡尼曼、尼奇和塞勒（Kahneman, Knetsch and Thaler）的问卷结果显示，当企业经历亏损时大多数受访者愿将减薪看作公平的。在此意义上，我们的模拟允许连续两年经历亏损的企业将工资水平削减到理想水平。当减薪发生时，我们也让这些企业的负 ε 提高，令 ε 处于以前值和 0 之间。

此模型的特征具有两个可行解释。一方面，放松工资约束可以看作两年亏损后已有工人视工资调整为公平的结果。在此例中，企业 ε 的提高反映了减薪企业重组带来的效率增加。替代的方式是，可能这些企业

被看作已经破产。这些企业中的工人在新企业中寻找职位,从而没有约束工资制定的工资历史。此例中,保持 ε 为负反映了新企业相对于已有企业所经历的不利环境。

放松工资下行约束的进一步理由也存在。上面我们讨论了如果货币工资不能下降,企业如何通过替代方法降低劳动成本。这只会部分地抵消工资向下黏性导致的单位劳动成本效应,因为已有雇员都会抵制类似降低福利的变化,不然雇主也会被迫采取低效的雇佣安排。模拟通过假设被约束企业能够降低劳动成本年均百分之一的方式,允许雇主可以使用回避工资向下黏性的所有这些方法。

总结一下工资向下黏性的处理:除非企业经历连续两个时期的亏损,否则名义工资将是以前货币工资或名义意愿工资的一部分(0.99),无论这两个哪个更高。对于那些确实经历了连续亏损的企业,名义工资将是为需求变动 ε 减去它的价值(如果为负)的那一部分企业设定的意愿工资。

模拟模型的直觉结果。此模型中的名义工资黏性也可以由图 19—2 体现。名义工资黏性使图 19—2 中的工资制定方程(供给方程)从 SS 向上移动到 SS'。移动的距离依赖于通货膨胀率。最终的实际工资和就业水平可以在总需求曲线和移动了的总供给曲线的交点上找到。当 AA 曲线为水平线时,实际工资将不变,而总供给变动的所有效果都体现到就业上。我们下面详细地描述这一变动的动态过程。

模型的参数校准和模拟结果

我们现在模拟模型来确定盯住零通胀带来的就业和产出效应。模拟过程也给出了我们结论稳固性的证据。我们的模拟模型有 10 个参数。3 个来自需求方程,6 个来自工资制定方程,而一个参数决定了有两阶段亏损企业的行为。来自需求方程的参数是需求弹性(β),冲击 ε 的标准差(σ_ε)以及 ε 的一阶自回归。来自工资制定方程的参数包括劳动者的谈判力(a)、固定成本水平(f)、花费在失业时间的价值(s)、工资制定方程中的自回归程度(z)、冲击 η 的标准差(σ_η)以及 η 的一阶自回归。

先验知识并不允许我们确信所有这些参数的值。一个通常运用的替代方法是选取一些经济的特征与一些参数对应,令参数值的选择能够保证这些模拟值对应于实际经济的值。然而,我们的模拟模型要刻画经济行为的纬度少于参数的个数。因此,我们模拟经济在大量不同参数值组合下的表现,每一个组合必须只对应经济的三个重要特征:通货膨胀为 3% 时的均衡失业率,工作职位创造和消失的比率,以及企业工资变化的标准差。为了完成这项工作,我们将参数分为两组:7 个参数随机选取，3个参数作为完成我们的三个目标的选择工具。对于允许模型收敛的这些参数组合，我们模拟了通胀率从3%降为0的效应。

我们选择通胀率为3%时的均衡失业率为5.8%，符合我们所知道的自然失业率已有估计的中值水平，而且因为过去一年半时间里，当失业率在5.4%～6%之间变化时，通胀的表现证明了均衡失业率就是那个范围。我们对工作创造和消失的估计符合前面引用过的伦纳德，以及戴维斯、霍尔蒂万格和舒赫的观察，在一年内约11%的工作被创造，以及更低百分比的工作消失。①最后，我们选择工资变化的标准差等于2.8%，这一数值引自上面的制造业数据。

模拟过程

给定我们想要模拟模型刻画的实际经济的三个特征，计算方法决定了我们模型中10个参数怎样被分为两组：3个工具以及7个随机选择的参数，s、σ_ε和σ_η被选作工具是因为我们知道均衡失业率深受s的影响，而企业规模的扰动和工资变化的标准差分别最直接地受到σ_ε和σ_η的影响。

剩余的参数一律选自各自的相关范围。两个自相关参数在0～1区间选定。利润份额的权重选在0～1之间。需求弹性选在2～6区间，包含3.8的取值，对应于美国经济中的劳动份额。固定成本（时期n）选在0.0～0.3区间，以便保证总固定成本在资本份额（低于0.3）以下。对于重组企业（那些经历了两阶段负利润的企业）再次遇到的需求冲击的范围选在0～1区间上。最后，劳动者的谈判力（a）被允许取0～1区间的任意值。

对于每一个模拟尝试，首先要选定这7个随机参数。之后，程序通过递归过程，操作工具参数使得三个模拟特征与其目标值匹配——5.8%的失业率、0.11的工作创造率和2.8%的工资变化标准差。在此模拟中，失业状态下时间的价值（s）被限定在高于0。超过80%的案例中，自由选择的参数和限定的s值不可能达到目标。②当程序能够发现

---

① 企业间就业的扰动是一个机制，通过这个机制，经济中的名义黏性可以被稀释掉，我们的模拟模型通过加入扰动特征来实现这一机制。受约束企业将倾向于萎缩，在高薪受约束企业中的工人失业之后会发现自己再就业于低薪不受约束企业中。

② 我们考察了大量案例，以保证在如此多案例中不能发现可接受的参数值是因为它们不存在，而不是表明我们的搜寻过程是失败的。通过亲手做一个拉网式的搜寻，我们无法找到允许模拟模型对应三个校准目标的工具参数值。这一失败归因于我们允许随机选择参数太大的取值范围。在将取值范围严格限定的试验中，搜寻过程能够校准绝大多数案例中的模拟结果。

允许模拟结果对应三个目标特征的三个工具参数取值时，程序模拟了把通胀率从3降到0的效应，并且予以记录。这一过程重复进行以获得模拟结果的合理数量。

长期模拟结果

通过模拟程序的432次成功运行，在控制通胀为0而不是3条件下的均衡失业率中等（median）上升的幅度是2.1个百分点。最小值是0.6个百分点。失业率变化分布中的10%是1个百分点，而90%是5.7个百分点。这一范围包括90%的模拟值，从0.8个百分点到8.5个百分点。

为了检验通货膨胀和失业的长期关系，我们选择了基准参数以考察一个典型案例，之后谨慎调整以对应三个目标。我们选择需求弹性（β）为3.8从而得到一个劳动份额0.73，并且我们设定劳动者的谈判力（a）为0.2，固定成本的部分（f）为1.5，而失业的时间价值（s）为0.38。我们设定需求冲击的标准差为0.25，对工资方程冲击的标准差为0.02。我们设定两个误差过程的自相关系数为0.25，工资谈判（z）的修匀系数为0.75。最后，我们重设两阶段负利润企业的∈到原值（如大部分案例中，此值为负）的一半。

与这些参数对应的长期菲利普斯曲线描述于图19—3中。假设LSRU为5.8%。在通货膨胀率为3%时，失业率为5.9%，只比LSRU高0.1个百分点。当保持通货膨胀率低于3%时，均衡失业率加速上升。在2%的通胀水平下，失业率上升到6.1%；在1%的通胀水平下，失业率上升到6.5%；在零通胀下，失业率上升到7.6%。通货紧缩情况下更严重：在1%通缩下，均衡失业率升至10%。

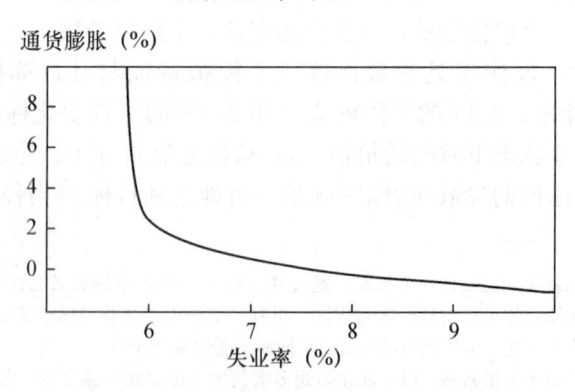

图19—3　长期菲利普斯曲线，模拟模型

资料来源：作者模拟模型的计算结果。

一个启发式解释。 与零通胀相伴的较高失业率应该并不令人吃惊。

定义 S 为平均真实和平均意愿工资之差除以预期价格水平。通货膨胀由 3%到 0 所带来的 S 的增加过程类似于一个永久实际成本冲击使得生产者努力转嫁给他们的客户。概念的实际工资必须下降足够多以抵消这一实际成本冲击。而且较低的概念实际工资要求较高的失业。除了令成本冲击等于 S，任何保持失业在以前水平的尝试——例如通过稳定化政策——都将要求价格高于预期价格水平。这一非均衡预期只有当较高通胀使得 S 回归到初始水平才会消失。

图 19—2 有助于理解均衡失业水平的这一变化。工资制定曲线 SS 和零通胀时的真实工资曲线 SS' 之间的差为 S。这一差来源于向下的工资黏性。由于 AA 曲线是平的，失业的增加——从 E 到 E'——是 S 和工资制定方程斜率的结果。例如，在基准的案例中，当长期通胀从 3%下降到 0 时，S 几乎从 0 增长到工资的 1%。计算结果显示，以基准参数，工资制定方程的斜率大约是 2，因此失业率的变化也接近于 2 个百分点。

为什么与失业率相关的工资制定方程的斜率是工资增加的适当乘数，有观点认为这归因于向下的黏性，分析遵循以下三步。首先，稳态通胀的每个水平对应于 S 的一个给定常值。第二步，对于任何 S 值，都存在不变通胀下的唯一失业水平。这是因为预期价格水平为 p^e 的每个时期，平均名义工资将被设定在 $p^e(\omega^n+S)$，其中 ω^n 是意愿工资。价格设定为真实工资的加成，$[\beta/(\beta-1)]p^e(\omega^n+S)$。如果 ω^n+S 高于 $(\beta-1)/\beta$，真实的价格将超过预期价格并呈现加速的通货膨胀。类似地，如果 ω^n+S 低于 $(\beta-1)/\beta$，p 将低于 p^e 并且出现减速的通货膨胀。结果是，图中存在唯一一个不变的零通货膨胀的点并且 S 的值对应于零通胀的点 E'。第三步，如果一个不变水平的零通胀要被保持，如图所示，失业率必须要超过 LSRU（失业在 E），即 S 乘以 SS 的斜率。

这个工资确定方程的斜率可以相当稳固地被估计。它是与失业率相关的菲利普斯曲线的倒数。在我们以下报告的估计中，这一值非常接近于 2。

受约束的企业比例。 失业对于通胀的非线性反应显示在表 19—4 受约束的企业比例中。当通货膨胀率从 3%下降到 0 时，受约束企业的比例从 5%上升到 33%。当通胀下降时，因两阶段负利润而作出重新调整的企业的比例上升了，但是这一变化很小。这一行为发生了，因为仿效伦纳德以及戴维斯、霍尔蒂万格和舒赫，我们设定的岗位创造和消失的比例很高，即使在 LSRU 上。这意味着相当比例的周期将作出重新调整，即使在高和中等水平的通胀率下，而且数量将不会像通货膨胀下降和失业上升的那么多。

表 19—4　失业和受约束企业、重组企业，按通胀率排列（%）

通货膨胀率	失业率	工资制定的受约束企业	重组企业
10	5.8	0	3.1
7	5.8	0.2	3.1
5	5.8	1	3.2
4	5.8	2	3.2
3	5.9	5	3.3
2	6.1	10	3.4
1	6.5	19	3.6
0	7.6	33	3.9
−1	10.0	53	4.3

资料来源：作者通过模拟模型的计算。

稳健性检验

模拟对于三个参数最敏感：失业的时间价值（s）、劳动者的谈判力（a）以及对工资谈判冲击的标准差（σ_ε）。图 19—4 给出了不同 s 值下，3%与零通胀之间均衡失业率的模拟变化结果。参数 s 被选择以获得在

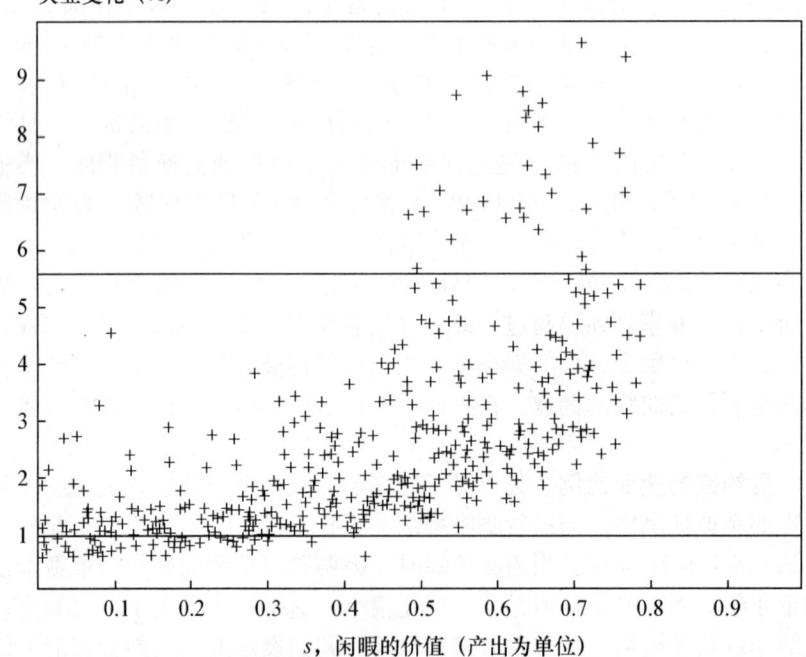

图 19—4　失业的模拟变化 vs. 闲暇的价值（s）[a]

a. 计算出的与 0 而不是 3%通胀率相关的失业变化。
资料来源：作者的模拟。

给定7个自由选择参数值的条件下，3%通胀下5.8%的失业率。当这些自由选择的参数导致了接近平均实际工资的 s 值时，就业将变得对于工资的微小变化非常敏感，加剧了名义黏性的效应。对于低于0.45的 s 值，没有模拟结果显示失业的增加高于5个百分点。

当劳动者的谈判力（a）很小时，需求冲击对于工资有微小的效应或没有效应。为了达到工资变化的目标标准差，模拟提高了对谈判方程冲击的方差（σ_η）。失业对于零通胀目标的反应依赖于工资变化的性质。图19—5显示，当劳动者的谈判力增加时，零通胀的效应有很大的下降。

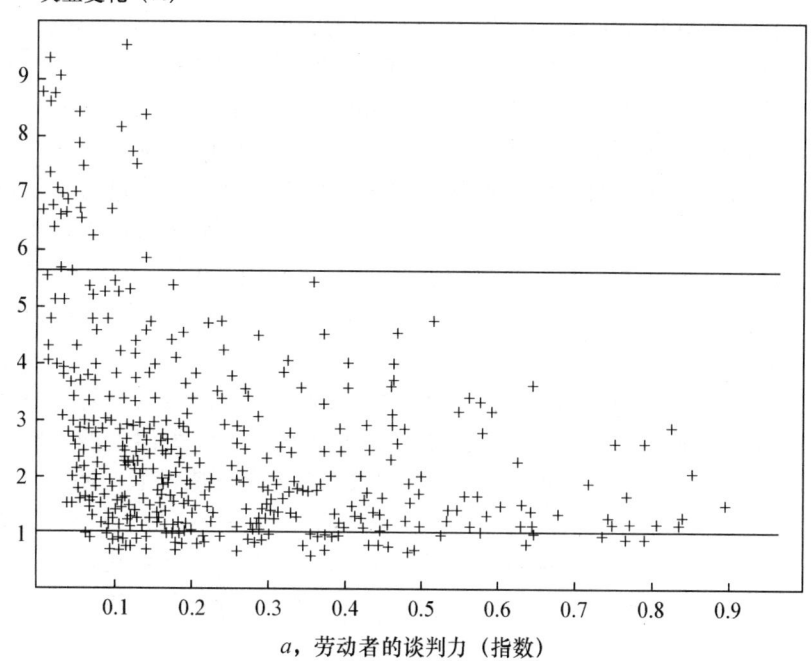

图19—5 失业的模拟变化 vs. 劳动者的谈判力（a）[a]

a. 计算的是与0而不是3%通胀率相关的失业变化。
资料来源：作者的模拟。

其他参数对失业率的变化影响小得多。较高的工资决定过程自回归系数值（z）与工资谈判方程的误差过程与失业率变化增加超过其范围1.5%的增长相关。其他参数与更小的差异相关。

在很大部分的案例中我们无法校准模拟，原因是产生5.8%失业率的唯一失业时间价值（s）是负的。我们通过允许这个参数一个较低的-1低限而不是0来试验。当我们对失业率做了这一中值变化，降为

1.3%，而722次尝试的最低值为0.3个百分点。分布的第五个百分分布值占0.4个百分点。

最后，预料之中，模拟结果对企业是否被允许降低其工资的条件很敏感。我们做了多次试验，其中允许企业当只经历一个时期的负利润而不是两个时期时摆脱名义工资黏性的约束。当我们进行了289次这一试验时，有两次通胀由3%到0变化条件下均衡失业率没有可度量的变化。中值变化下降到1.5%，分布的第五个百分分布值占0.2个百分点。

一个用于估计的模型

模拟模型近似化推导出的模型产生出通胀方程，可以通过非线性最小二乘法估计。我们增加一项来反映向下工资黏性对于标准加速菲利普斯曲线的影响（例如，戈登（Robert Gordon）的估计）。[1]我们用 S_t 来表示增加的这项，因为它是源自向下工资黏性的预期单位劳动成本变化。S_t 被定义为预期实际工资的真实和概念水平之差，通过劳动生产率（G_t）缩减而来：$S_t = (\overline{w}_t - \overline{w}_t^c)/p_t^e G_t$。因为向下的工资黏性，单位劳动成本的变动对于菲利普斯曲线的影响应该和因其他原因的单位劳动成本变化的效应一样。结果是，S_t 线性地进入到价格菲利普斯曲线中，就好像它是对工资制定方程的改变。

S_t 由其两个组成部分——真实工资和意愿工资的行为决定。意愿工资由工资制定方程决定，因此依赖于失业水平。因为向下的工资黏性，此阶段每个企业的真实工资是此阶段的意愿工资或者上一期的真实工资，无论哪个更大。因此，真实工资依赖于过去的工资，从而 S_t 依赖于其自身的过去值。我们推导了 S_t 如何进入菲利普斯曲线，之后解释了 S_t 如何递归地记作 S_{t-1} 和其他变量的函数。（这些推导进一步的细节在附录A中。）

扩展的菲利普斯曲线（The Augmented Phillips Curve）

在中间模型中，S_t 作为一个额外的线性变量进入到一个传统菲利普斯曲线中。为了理解为什么这么做，考虑一个由工资制定方程推导出的价格菲利普斯曲线非常有用。在缺少名义工资黏性的条件下，此时期的预期实际工资将等于实际意愿工资。因此，名义工资将是预期价格水平和概念实际工资之积：

---

[1] Gordon (1994).

$$w_t = p_t^e \omega_t^n \tag{6}$$

今天的价格将是加成因子（m）与单位劳动成本之积，所以

$$p_t = m p_t^e \omega_t^n / G_t \tag{7}$$

通常的菲利普斯曲线是通过对方程（7）取自然对数，之后两边减去 p_{t-1} 的自然对数，再用变量表示 ω_t^n 的自然对数而得到。我们估计的方程就是通过相同的过程推导出来。但是因为名义工资黏性，平均工资将比 $p_t^e \omega_t^n$ 高 $p_t^e G_t S_t$，所以在此加成下，价格水平将提高 $m p_t^e S_t$。因此，在名义黏性条件下，一个代表性企业的当前工资和当前价格通过修改的方程

$$w_t = p_t^e (1 + S_t G_t / \omega_t^n) \omega_t^n \tag{6a}$$

和

$$p_t = m p_t^e (1 + S_t G_t / \omega_t^n) \omega_t^n / G_t \tag{7a}$$

分别推出。估计方程通过对方程（7a）两边取自然对数并且对方程两边减去 p_{t-1} 的自然对数而得到。因为意愿工资和真实工资之差在均衡下很小，ω_t^n / G_t 近似于 $(\beta-1)/\beta$，从而 $(1 + S_t G_t / \omega_t^n)$ 的自然对数近似等于 $[\beta/(\beta-1)] S_t$。我们也将工资制定方程（方程（5））近似于失业的对数线性方程。这导致估计方程的结果为

$$\pi_t = \pi_t^e + c - a u_t + \frac{\beta}{\beta - 1} S_t \tag{8}$$

其中 π_t 是价格通胀率而 π_t^e 是预期的价格通胀率。

方程（8）比传统加速菲利普斯曲线增加一项 $[(\beta-1)/\beta] S_t$。这仍然确定了对 S_t 的回归方程（否则并不可知），因此它能在此扩展的菲利普斯曲线中的其他项联合估计而得到。

S_t 的递归性质

在递归方程中，S_t 依赖于其过去值以及其他变量。为了开始推导过程，请回忆一下定义 $S_t = (\overline{w}_t - \overline{w}_t^n)/p_t^e G_t$。因为向下工资的不灵活，每个企业的工资都将是意愿工资和上一期名义工资中较高的一个。因此，S_t 可以从 w_{t-1} 和 w_t^n 的联合分布中推导出来。

我们假设对于每个企业，w_{t-1} 和 w_t^n 服从二元正态分布，并假设通过期望价格水平（p_t^e）和趋势生产力（G_t）进行正规化后，这一分布的均值随时间变化但标准差和协方差是常数。这使得近似化是有意义的，因为在长期名义工资将与生产力和价格成比例。为了正规化标准差，我们选择期望价格而不是真实价格，因为 S_t 是意愿工资和真实工资之差，

建立在期望而不是真实价格的基础上。

给定每个企业的 w_t 是简单地取自 w_{t-1} 和 w_t^n 间的最大值,当 $(w_{t-1}-w_t^n)$ 大于 0 时,$\overline{w}_t$ 和 $\overline{w}_t^n$ 之差将等于 $(w_{t-1}-w_t^n)$ 乘以 $(w_{t-1}-w_t^n)$ 大于 0 的概率。定义一个新变量,$v_t=(\overline{w}_{t-1}-\overline{w}_t^n)/p_t^e G_t$。如果 w_{t-1} 和 w_t^n 符合二元正态分布,其差将符合正态分布,这一正态分布的期望值是

$$S_t = \frac{E((w_{t-1}-w_t^n)|(w_{t-1}-w_t^n)>0)\Pr(w_{t-1}-w_t^n>0)}{p_t^e G_t}$$
$$= \sigma_0 \phi(v_t/\sigma_0) + \Phi(v_t/\sigma_0) v_t \tag{9}$$

其中 ϕ 和 Φ 分别代表了标准正态密度函数和累计正态分布函数(证明见附录 A)。

方程(9)将 S_t 描述为 v_t 的非线性函数。为了获得我们估计所需的递归形式,需要将 v_t 描述为 S_{t-1} 和其他变量的当前值和过去值的函数。通过分解 v_t 为两个部分之差,

$$v_t = \frac{\overline{w}_{t-1}-\overline{w}_{t-1}^n}{p_t^e G_t} - \frac{\overline{w}_t^n - \overline{w}_{t-1}^n}{p_t^e G_t} \tag{10}$$

分解后的第一项是 S_{t-1} 的一个倍数:$p_{t-1}^e G_{t-1}/p_t^e G_t$。第二项是积的相同倍数:$[\overline{w}_{t-1}^n/p_{t-1}^e G_{t-1}][\overline{w}_t^n-\overline{w}_{t-1}^n/\overline{w}_{t-1}^n]$。这个积的第一项来源于加成方程进行的近似结果 $(\beta-1)/\beta$;第二项,意愿工资 $p_t^e \omega_t^n$ 的百分比变化,近似为 $\pi_t^{ae}+g_t-a(u_t-u_{t-1})$,其中 π_t^{ae} 是预期价格的变化率而 g_t 是生产力的增长率。因此,v_t 表示为 S_{t-1} 的递归公式

$$v_t \cong \frac{S_{t-1}-[(\beta-1)/\beta][\pi_t^{ae}+g_t-a(u_t-u_{t-1})]}{1+\pi_t^{ae}+g_t} \tag{11}$$

(更多的细节参见附录 A。)根据预期和真实价格通胀的定义,π_t^{ae} 写作

$$\pi_t^{ae} \cong \ln p_t^e - \ln p_{t-1}^e \cong \pi_t^e + \pi_{t-1} - \pi_{t-1}^e \tag{12}$$

其中

$$\pi_t^e = \alpha \pi_{t-1} + (1-\alpha) \pi_{t-2} \tag{13}$$

估计方程也必须考虑到模拟模型的特征,极端压力下的企业允许降低工资。我们通过假设如果 GDP 的利润部分 r 下降则 v_t 下降的方式引入这一特征到方程中。这产生了我们要估计的方程的最后部分:

$$v_t \cong \frac{S_{t-1}-[(\beta-1)/\beta][\pi_t^{ae}+g_t-a(u_t-u_{t-1})]}{1+\pi_t^{ae}+g_t}$$
$$+d(r_t-r_{t-1}) \tag{14}$$

其中 r_t 是 GDP 的利润部分。

我们估计了方程（8）的扩展型菲利普斯曲线，以及 v_t 表示的 S_t 的公式（方程（9）），S_{t-1} 表示的 v_t 的公式（方程（14）），价格预期的形成（方程（12）和（13））。我们估计了 5 个参数：方程（14）中的 c 和 a，方程（9）中的 σ_0，方程（14）中的 d 以及方程（13）中的 α。参数 β 不可识别，被假设等于 3.8——如基准模拟中一样。改变这一值不影响名义约束的影响。

对 S_t 递归公式的解释

首先，理解为什么 S_t 应该依赖于 v_t 很重要；v_t 代表了前一期的平均工资和这一期的平均意愿工资之间的差。

为了得到对这些方程的直接理解，有必要看一下 S_t 是如何通过方程（9）而随着 v_t 的变化而变化的。首先考虑两种极端。当几乎所有的企业都受约束时，v_t 将会非常大。在此例中，方程（9）的第一项将是 0。第二项等于 v_t。根据 S_t 和 v_t 的定义，此时期的工资恰好等于上一期的工资，这就是如果所有的企业都受约束时应该发生的事。另一方面，如果 v_t 是负的，正如很高通胀下的情况，没有企业将受到约束；而且意愿工资和真实工资不会有差异。这对应于一个接近于 0 的 S_t 值。方程（9）的第一项和最后一项都是 0。按照 S_t 的定义，真实工资将等于意愿工资，正如没有工资约束时的情况。在这两种极端之间，方程（9）的第二项决定了以前受到约束的企业继续受到约束的程度，而第一项代表了对上一期没有受到约束而这一期受到约束的企业的影响。在低通胀和生产率增长情况下，这一项将导致 S_t 增长。

进一步需要解释的是 v_t 和方程（11）的形式。考虑 v_t 和 S_{t-1} 的差异是分子上的 $\overline{w}_t^n - \overline{w}_{t-1}^n$，而分母的差异为 $p_t^e G_t / p_{t-1}^e G_{t-1}$。因此，将 v_t 表示为 S_{t-1} 函数的方程（11）应该包括通胀预期项、生产率增长项和失业率增长项（这一项是决定医院工资变化的主要因素）并不令人吃惊。

这三项的每一项都影响 S_t 的经济原因应该很清楚。生产率增长和通货膨胀将推高意愿工资，从而缩小真实工资和意愿工资的差异。另一方面，失业率的上升会降低意愿工资从而增加真实工资和意愿工资之差。v_t 和 S_{t-1} 之间关系的确切形式是这些变化变量的函数（方程（11）），这反映了必须赋予这些变化变量的权重是 v_t 和 S_{t-1} 之间差异形式的结果。

总之，方程（9）通过面对工资约束企业的数量而调整 S_t 的变化。方程（9）和方程（14）结合，确定在变化的 S_t 中的通胀、生产率增长和改变的失业率变化的适当权重。通过提高意愿工资，通胀率和生产力增长对冲掉真实工资和意愿工资之间的差异,而失业的上升降低了名义工资,并从而提高了这一差异。在我们对于价格的研究和大萧条中 S_t 的预测上,这一行为应该被谨记。

时间序列估计

为拟合模型,我们用年度时间序列数据中 GDP 平减指数的对数变化来度量通货膨胀。我们使用总失业率,因为我们想预测样本外的历史时期,只有总的比例是可得的。而且我们使用 1954—1984 年去趋势的公司利润 GDP 比来度量利润份额的变化。为了比较,我们通过从回归中去掉 S_t 的方式也用相同的数据拟合了一个标准的自然率模型。表 19—5 的前两列给出了战后 1954—1995 年的回归估计结果:方程(5—1)是自然率模型而方程(5—2)是我们的向下黏性模型。①

表 19—5　　　　对通货膨胀菲利普斯曲线的回归估计ᵃ

	估计时段和模型				
	1954—1995 年		1929—1942 年	合并样本	
自变量	标准 (5—1)	向下黏性 (5—2)	向下黏性 (5—3)	标准 (5—4)	向下黏性 (5—5)
常数	0.031	0.026	0.027	−0.003	0.033
	(0.008)	(0.010)	(0.018)	(0.008)	(0.004)
$t-1$ 期通胀	0.68	0.83	1.16	1.06	0.97
	(0.16)	(0.22)	(0.16)	(0.14)	(0.11)
$t-2$ 期通胀	0.32	0.17	−0.16	−0.06	0.03
失业	−0.52	−0.50	−0.59	0.04	−0.62
	(0.13)	(0.13)	(0.24)	(0.08)	(0.03)
S 的参数					
σ_0^b		0.029	0.013		0.029
		(0.012)	(0.085)		(0.008)
利润率系数		0.53	0.24		0.33
		(1.36)	(0.19)		(0.11)
总统计 R^2	0.84	0.84	0.87	0.45	0.88
N	42	42	14	56	56
追加 LSRU	5.2	5.2	4.6	…	5.3

a. 因变量是 GDP 平减指数的对数变化。
b. σ_0 是滞后工资和意愿工资差异 $(w_{t-1}-w_{t-1}^n)/p_t^eG_t$ 的标准差。

资料来源:作者用附录 A 中所述数据所做回归。标准误相伴列出。

---

① 对于生产率增长、石油冲击、工资和价格控制的处理我们将在附录 A 中加以解释。

第 19 章　低通胀的宏观经济学

方程（5—1）的估计结果并不显著，而这里隐含的最低可持续失业率 LSRU 是 5.9%，对这类模型的典型自然率估计。方程（5—2）对数据的拟合稍好。通胀率比标准模型中滞后期短，而隐含的 LSRU 是 5.2%。在构成 S_t 的参数估计中，实际生产力调整工资意愿变化的标准差是 2.9%，非常接近于我们上述对于总制造业工资变化分布的估计结果。利润项有期望标志和提供减轻工资约束的显著效应的数量。我们并不奇怪估计结果有一个比较高的标准误，因为我们并不期望也没有发现战后年份 S_t 的更大的方差。这种较小的方差从图 19—6 的下图中显见，而且这就是为什么传统模型和我们战后时间序列模型间进行选择的稍许基础。

图 19—6 的上图给出了大萧条的 S_t 值，由方程（5—2）的动态模拟中得到，下有述及。这一时期 S_t 的方差大于战后年份的方差一个量级。而且正如我们所说，当方程 5—1 和方程 5—2 被用作进行大萧条中的样本外发展预测时，新模型的显著性变得明显。

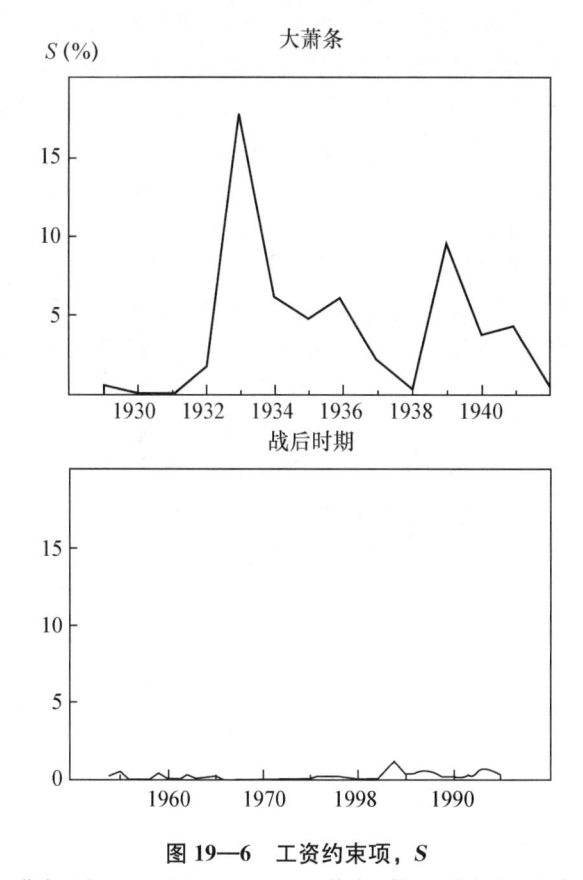

图 19—6　工资约束项，S

资料来源：作者对表 19—5 的方程（5—2）的估计，使用的数据描述在附录 A 中。

大萧条

理解 20 世纪 30 年代大萧条中的经济表现很长时间以来对经济学家都是一个挑战。最引人注目的是，以自然失业率为基础的通胀理论无法解释 1933 年之后的发展，因为 1933 年到第二次世界大战之间的大部分时间是高失业率，而按照自然率模型将出现加速的通货紧缩。舒尔茨在布鲁金斯上的文章以及戈登（Gordon）对此文章的评论都指出，在传统的解释大萧条的模型中，缺少失业水平对通货膨胀的影响，而只有失业变化的影响是重要的。[①]因此大萧条为这里发展的模型提供了一个严格的检验。

对大萧条的样本外预测。我们使用曾经用 1954—1995 年数据进行拟合的方程（5—2）生成大萧条期间价格变化的动态模拟结果。为了这一目的，我们对 S_t 进行构造，假设 1924 年取 0 值，同时假设一直到 1929 年都取通货膨胀的真实值。从 1929 年动态模拟开始。对于 1929 年之后的时期，模型产生的通胀值被用来计算通胀预期，用于生成 S_t，也用于我们通胀方程的传统部分。我们没有尝试预测由二战、朝鲜战争和价格控制时期构成的 1942—1954 年。一个新的动态模拟开始于 1954 年，S_t 的构造是通过假设 1947 年的值为 0 并且假设直到 1954 年通胀都取真实值而完成。

通货膨胀的预测值和真实值都显示在图 19—7 中，其中比较了这两个值和来源于传统自然率方程的方程（5—1）的值。带有向下名义黏性的模型很好地抓住了价格变化的历史，既贯穿于大萧条开始的时段，更重要的是，贯穿于恢复期和 20 世纪 30 年代后期的第二次触底。

开始于 1929 年的危机的严重性毁掉了企业利润。在 1930 年，利润下降到 1929 年水平的三分之一，而后的两年总的损失显现出来。我们的模型预测，在这些条件下，许多企业会放弃向下黏性，正如图 19—6 所示，S_t 降到了 1930—1931 年最低的 0 点，而模型预测了下降的价格。这十年的早些年，我们的模型和传统模型预测得同样好。后来，负的通胀率开始压倒了其他效应；1932 年 S_t 变为稍高于 0，到 1933 年就很大了，这意味着向下黏性很强地与传统变量预测的通缩结果相抵触。对于 1933 年，传统模型预测价格下降超过 20%，而我们的模型预测通货膨胀。一旦 1934 年利润逆转向上，我们的模型相当好地遵循了这十年的剩余阶段，包括强烈衰退的阶段和后来的复苏阶段，此时 S_t 的方差与 20 世纪 30 年代早期相似，但是会稍稍放大。

[①] Schultze (1981); Gordon (1981).

第 19 章 低通胀的宏观经济学

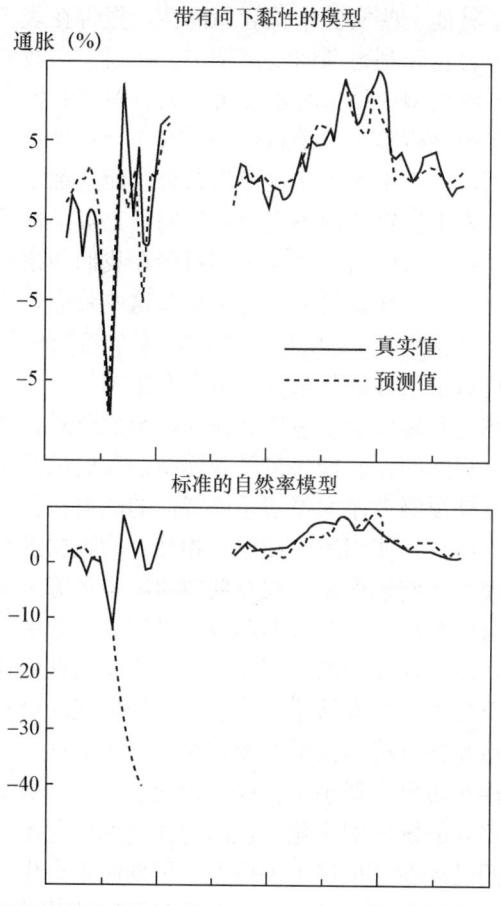

带有向下黏性的模型

标准的自然率模型

图 19—7 通货膨胀的动态模拟，1929—1942 年以及 1954—1995 年[a]

a. 拟合 1954—1995 年数据的模型。

资料来源：作者的动态模拟，使用方程（5—2）的向下黏性模型和方程（5—1）的标准模型；两个方程可以在表 19—5 中找到。所用的数据描述在附录 A 中。

进一步的估计和检验

我们用许多方法检验基于方程（5—2）发现的稳固性。方程（5—3）只估计了大萧条时期的模型。考虑到可行的自由度很低，系数和 S_t 的参数的估计相当接近于方程（5—2）。F 检验拒绝了战后时期和大萧条时期结构相同的假设。方程（5—4）和方程（5—5）合并了两个阶段的数据。正如预料，标准模型，方程（5—4），拟合很差，而且估计结果没有失业的影响。我们的向下黏性模型产生的估计结果对每个子阶段间并无太大差异，尽管参数的估计更为确切。这一结果并不令人吃惊，因为关于 S_t 参数的估计，大萧条提供了高得多的方差。

我们进行了其他一些实验来检验稳固性，报告在表19—5中。失业率的变化经常包含在菲利普斯曲线模型中。然而，当我们在任何时段增加这一项到我们的模型中结果都不显著，而且对于其他参数的估计结果都没有影响。我们也检验了一个思想，会有一个相当数量的漏出，来源于名义工资约束，作为工人工作转换的结果。而这种工作转换会消除与晋升或者沿着个人工作轨迹而不真正违反向下工资黏性的其他机制相关的工资的正常增加。这些效应会作为相对于在我们的模型中呈现的工资制定的平均工资变动而显露出来。为了检验这些效应，我们通过给方程对 v_t 增加一个常数项而调整模型。然而，那个参数估计结果接近于0而不显著，而且对于估计的其余部分也没有影响。

因为为了在我们的模型中包括利润项，函数形式被武断地选择，而且并非像其他项相同的方式推导自微观模型，我们试验了大量的替代识别。然而，样本外预测遵循大萧条总体特征的能力在我们尝试的所有模型中都被保留。而且，使用战前和战后相结合的数据进行的估计对于这些变化相当稳固。我们也检验了放弃期望通胀系数等于1.0的约束（这一约束加强了自然率假说）带来的影响。没有这一约束，自由估计的系数距1.0不远，而且在模型的其他参数中没有实质性变化。

最后，这里报告的基本结论也是通过一种形式的微观经济模型获得的，而这一模型允许价格—工资差随着企业受到的冲击而变化。这一模型曾经作为草稿在布鲁金斯小组会议上提交过。因为那个早期版本导致了价格—工资差异的顺周期变化，也因为此周期变化不是经济的一个共识的特征，我们已经在这里修正了模型。早期版本产生了这里报告的所有定性结论，包括对大萧条的重现以及跨时系数估计结果的一致性。

理想上，我们应该检验工资、时薪的模型以及大萧条期间的价格行为。不过，可得的数据只能参考制造业，正如下面的非正式表显示的，它们的行为并不可信，至少以我们对于总通胀的检验为目的。此表显示了实际薪酬和非农经济单位生产率的上升。1929—1942年的13年区间跨越了大萧条，在失业率保持低于10%的第一年结束。毗邻的两个13年区间作为比较也写在下面[1]：

时期	实际薪酬（百分比增加）	生产率（百分比增加）
1916—1929年	29.6	36.8
1929—1942年	70.3	25.6
1942—1955年	44.3	39.3

---

[1] U. S. Department of Commerce (1966, series B72, pp. 202 - 03, and series A164, pp. 190 - 91).

通过这些数据,制造业的实际薪酬在整个大萧条的过程中上升了令人震惊的70%,而同时生产率只上升了26%。在毗邻的繁荣时期,实际薪酬上升幅度低很多,而生产率上升却多得多。或许薪酬数据是确切的,而且度量了制造部门相对薪酬的历史增长。一些增长与此时期制造业联盟的增长强度相一致,尽管数量仍然看起来很大。但是,不管对于制造业数据是否确切,它们对于我们关于总通货膨胀的研究无法发挥作用。因此,我们的数量研究被限定在研究价格通胀行为。

相互替代的稳定化路径

时间序列估计的实证成功为估计模型和证明保持完全的价格稳定会提高经济的持续失业率提供了重要支持。我们现在用实证模型,通过比较货币当局追求不同通货膨胀目标的经济表现来阐明这一点。在图19—8中,经济开始于失业率和通胀率都为6%。政策设定来降低年通胀率1%,直到达到目标水平。一个例子中目标通胀水平为0,另一例子中目标通胀水平为3%。生产率的增长被设定在每年1.5%,比20世纪70年代以来令人失望的增长率约低0.5%,但是仍然只能达到战后第一个30年增长率的约一半。因为我们没有办法为此目标而生成利润的变化,所以两个路径都在保持组成 S_t 的利润不变的条件下从方程(5—2)计算得到。

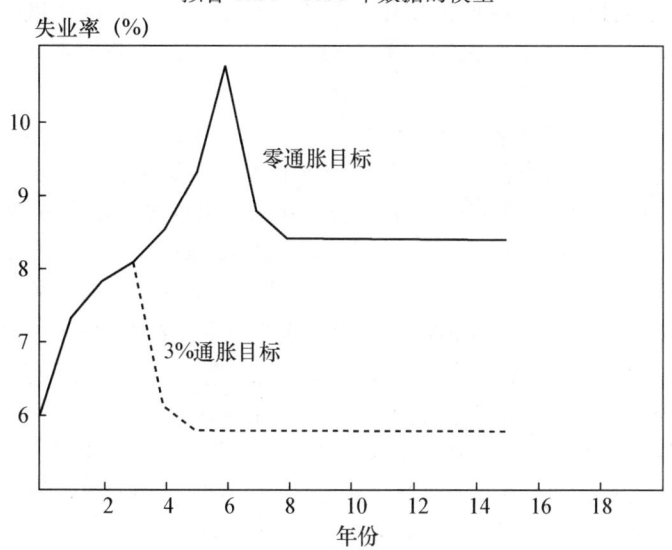

图 19—8　相互替代的稳定化路径,0 和 3%通胀目标

第一个三年，通胀向目标通胀水平每年降低1个百分点，而失业率上升。在第四年，失业的两个路径随着目标通胀率的分离而严重分离。在稳态3%通胀率的例子中，目标达到了，失业率下降了。到第五年，稳态几乎达到了5.8%的持续失业率。

零通胀目标下，失业率在第三年后持续上升。此外，随着通胀率趋近于0，工资黏性的影响上升，进一步提高了降低通胀的失业成本。零通胀目标直到第六年也不能达到，而失业率已经达到了10.8%。失业率从那点开始持续下降，10年之后接近于8.4%的稳态率。比较这两个路径，持续的失业率比零通胀目标的长期下高2.6个百分点，这一结果与上面提供的模拟模型的稳态结果广泛地一致。

结论和含义

我们证明了美国经济中向下价格黏性的普遍程度，而且模型化了经济表现中的这种显著特征。向下黏性妨碍了一些企业调整实际工资的能力，并导致了失业的无效下降。随着生产率趋势增长接近于近期的水平，当通胀率趋近于0，受约束企业的数量和它们受到的约束程度剧烈上升，正如这些就业的低效和不足的增加一样。3%稳态通胀和零稳态通胀间持续失业率间的差异在我们的模拟模型中估计结果为1%或2%。政策制定者的主要暗示是盯住零通货膨胀将导致资源配置的巨大无效，反映为持续失业率不必要的高。

有人可能认为，我们模型化的行为刻画了一个变化的制度，确定的零通胀政策会打破工资黏性。我们对此有一些想法。我们不相信工资黏性是深深地或长期地根源于一套特定的制度或法律结构特征，尽管这些很可能有助于法律化黏性和扩展相关的应用。我们引用的心理研究将公正的观念和工人的道德作为基础，把这些看作名义黏性的基础。历史研究发现，向下黏性在现代劳动市场法律和制度出现之前就很好地呈现了，尽管现有证据不能说明这两个阶段现行的程度相同。我们观察到，企业在极端压力，即雇员可以观察到和愿意回应的条件下打破黏性；而我们在我们的模型中解释了这种行为。但是这并不意味着遵循相似的宏观经济条件，总的黏性易受到一个永久制度变化的影响。当大萧条中经历广泛的极端压力时，向下黏性最初消失了，但是黏性并没有永久的消失。最后，法律和制度被加强了用以加固向下黏性。黏性代表了一种特定机制，即如果恰当的政策持续下去这种机制会消失，此思想似乎会有错误的迹象。

存在进一步的问题，如果能做到的话，是否应该试图消除向下黏性。我们没有在分析中涉及这个问题，但是观察到，向下黏性提供了一个对抗消除通缩的约束。这是劳动市场的一个特征，通过降低通缩预期并允许实际利率下降从而阻止伴随债务通缩的破产来对抗极端结果以稳定经济。不是说我们的分析结果否定了上述结论的重要性，或者期望在某个政策机制下上述结论会消失，其实我们的结论是，认识到向下黏性的存在性和含义，那样的政策应该被构造。

最后，我们的低通胀宏观经济学分析直接基于评价来源于非零通胀率的税收制度扭曲的公共财政文献。在此文献中，移到零通胀降低了存在于名义上定义的税收系统的扭曲。一个被广泛使用的简化形式比较了以达到零通胀一次性失业成本为代价永久性地消除这些扭曲的现值。在此比较中，即使小小的永久性收益也比一次性的大成本高。但是，我们的分析也显示这一比较并不可行。失业成本不是一次性的，而是永久的和深刻的。拿低通胀率与零通胀率相比，我们相信失业成本比税收扭曲的成本重要。我们完全赞扬稳定化低通胀的收益，而且拥护将此作为货币政策的一个合适目标。不过最优的通胀目标不是零。

附录 A

估计模型的推导以及估计、动态模拟的识别

这个附录提供本文中的估计方程，方程（8）、（9）和（14）的推导，并且解释了报告的估计过程和动态模拟结果。

推导

推导分两个部分。第一部分说明了工资向下黏性导致的单位劳动成本的平均增加，S_t，是怎样进入扩展的菲利普斯曲线的。第二部分说明了 S_t 的递归关系的推导。S_t 被定义于为生产率而调整的预期真实工资和意愿实际工资间的平均差异：$S_t = (\overline{w}_t - \overline{w}_t^c)/p_t^e G_t$。这种预期实际单位劳动成本的移动对菲利普斯曲线的影响和意愿工资—生产率比的增加带来的影响一样。我们首先证明，S_t 进入菲利普斯曲线的方式和工资制定方程的意愿工资的确定完全相同。

因为对每个企业，当前工资 w_t 依赖于上一期的名义工资，向下的名义工资黏性会导致 S_t 有一个递归部分。

扩展菲利普斯曲线的推导。 我们用模拟模型的方程，修改为解释生产率增长，从而揭示了标准价格通胀菲利普斯曲线是如何推自受到向下黏性约束的工资下的价格方程和工资制定方程的。

每个企业的需求函数与在模拟模型中的完全相同：

$$D_t = [(M_t/\bar{p}_t)(p_t/\bar{p}_t)^{-\beta}]/n \tag{A1}$$

生产函数被调整为反映生产率的增长趋势，因此

$$Q_t = G_t L_t \tag{A2}$$

其中 G_t 是劳动生产率。

企业利润最大化的价格 p_t 是单位劳动成本的加成：

$$p_t = \frac{\beta w_t}{(\beta-1)G_t} \tag{A3}$$

我们现在修改工资制定方程来解释生产率的长期增长。我们假设其他企业的平均实际工资随着生产率的增长而增长，如失业时的时间价值 s。在这些假设下，决定意愿实际工资的方程（5）可以用代表性企业的指数形式来近似为

$$\omega_t^n = \exp(h - au_t)G_t \tag{A4}$$

其中 u_t 是经济的失业率。

从 S_t 的定义出发，平均名义工资是意愿工资的集合而名义和意愿工资的差异归因于工资黏性，因此

$$\bar{w}_t = \bar{\omega}_t^n + G_t p_t^e S_t \tag{A5}$$

而由于 w_t^n 等于 $p_t^e S_t$（给定 t 时的名义意愿工资被设定为关于 t 时价格水平的预期上），

$$\bar{w}_t = p_t^e(\bar{\omega}_t^n + S_t G_t) \tag{A6}$$

或者，

$$\bar{w}_t = p_t^e(1 + \frac{S_t}{\bar{\omega}_t^n/G_t})\bar{\omega}_t^n \tag{A7}$$

因为通过（A3），$p_t = [\beta/(\beta-1)]w_t/G_t$，意愿实际工资除以生产率可以用 $(\beta-1)/\beta$ 来近似。作为结果，

$$\bar{w}_t \cong p_t^e(1 + \frac{S_t}{(\beta-1)/\beta})\bar{\omega}_t^n \tag{A8}$$

用（A3）推导出 p_t 与 $\bar{w}_t$ 的关系如下

$$p_t \cong \frac{\beta}{(\beta-1)}p_t^e(1 + \frac{S_t}{(\beta-1)/\beta})(\bar{\omega}_t^n/G_t) \tag{A9}$$

第 19 章 低通胀的宏观经济学

对此方程的两边取自然对数，把方程（A4）作为对 ω_t^n 的近似，从而有

$$\ln p_t \cong \ln \frac{\beta}{(\beta-1)} + \ln p_t^e + \frac{\beta}{(\beta-1)} S_t + h - au_t \tag{A10}$$

从（A10）的两边同时减去 p_{t-1} 的自然对数，注意通胀率 π_t 近似地等于 $\ln p_t - \ln p_{t-1}$，而预期的通胀率 π_t^e 近似地等于 $\ln p_t^e - \ln p_{t-1}$，从而产生了标准预期的扩展菲利普斯曲线，通过向下黏性 S_t 来修改：

$$\pi_t = \pi_t^e + c - au_t + \frac{\beta}{\beta-1} S_t \tag{A11}$$

其中 $c = h + \ln(\beta/(\beta-1))$。为了我们的非线性估计，还要推导 S_t 的递归关系。

递归关系

当前的名义工资依赖于过去的名义工资和当前意愿工资。由于当前的意愿工资是当前失业率的参数方程（通过方程（A4）），我们可以将 S_t 表述为其过去值和失业率的函数。我们从 S_t 的定义开始：

$$S_t = (\overline{w}_t - \overline{w}_t^n)/p_t^e G_t \tag{A12}$$

现在有必要将 $\overline{w}_t$ 描述为 $\overline{w}_{t-1}$ 和 $\overline{w}_t^n$ 的函数。因为 w_t 等于 $\max(w_{t-1}, w_t^n)$，

$$\overline{w}_t - \overline{w}_t^n = E(w_{t-1} - w_t^n \mid (w_{t-1} - w_t^n) \geqslant 0) \Pr((w_{t-1} - w_t^n) \geqslant 0) \tag{A13}$$

现在我们推导前面的结论。主要观点要在方程（A18）之后进行概述。

$$\overline{w}_t = E(w_t^n \mid w_t^n > w_{t-1}) \Pr(w_t^n > w_{t-1})$$
$$+ E(w_{t-1} \mid w_{t-1} \geqslant w_t^n) \Pr(w_{t-1} \geqslant w_t^n) \tag{A14}$$

方程（A14）可以写为

$$\overline{w}_t = \int_{-\infty}^{\infty} \int_{w_{t-1}}^{\infty} w_t^n B(w_t^n, w_{t-1}) dw_t^n dw_{t-1}$$
$$+ \int_{-\infty}^{\infty} \int_{w_t^n}^{\infty} w_{t-1} B(w_t^n, w_{t-1}) dw_{t-1} dw_t^n \tag{A15}$$

其中 B 是 w_t^n 和 w_{t-1} 的双元密度函数。从而，方程（A15）可以重新写为

$$\overline{w}_t = \int_{-\infty}^{\infty} \int_{w_{t-1}}^{\infty} w_t^n B(w_t^n, w_{t-1}) dw_t^n dw_{t-1}$$

485

$$+\int_{-\infty}^{\infty}\int_{w_t^n}^{\infty} w_t^n B(w_t^n, w_{t-1}) \mathrm{d}w_{t-1} \mathrm{d}w_t^n$$
$$+\int_{-\infty}^{\infty}\int_{w_t^n}^{\infty} (w_{t-1}-w_t^n) B(w_t^n, w_{t-1}) \mathrm{d}w_{t-1} \mathrm{d}w_t^n \quad (A16)$$

或者

$$\begin{aligned}\overline{w}_t =& E(w_t^n | w_t^n > w_{t-1}) \Pr(w_t^n > w_{t-1}) \\ &+ E(w_t^n | w_{t-1} \geqslant w_t^n) \Pr(w_{t-1} \geqslant w_t^n) \\ &+ E(w_{t-1}-w_t^n | w_{t-1} \geqslant w_t^n) \Pr(w_{t-1} \geqslant w_t^n)\end{aligned} \quad (A17)$$

一个结果

$$\begin{aligned}&\overline{w}_t - \overline{w}_t^n \\ =& E(w_{t-1}-w_t^n | (w_{t-1}-w_t^n) \geqslant 0) \Pr((w_{t-1}-w_t^n) \geqslant 0)\end{aligned} \quad (A18)$$

我们假设 w_t^n 和 w_{t-1} 符合联合正态分布，因此它们的差也符合正态分布，因此（A13）可以被写为

$$\overline{w}_t - \overline{w}_t^n = \sigma_t \phi\left(\frac{\overline{w}_{t-1}-\overline{w}_t^n}{\sigma_t}\right) + \Phi\left(\frac{\overline{w}_{t-1}-\overline{w}_t^n}{\sigma_t}\right)(\overline{w}_{t-1}-\overline{w}_t^n) \quad (A19)$$

其中 ϕ 是标准正态密度函数，Φ 是累积分布，而 σ_t 是 $w_{t-1}-w_t^n$ 的标准差。做个进一步的假设作为近似，w_t^n 和 w_{t-1} 的联合概率的方差和协方差都与 $p_t^e G_t$ 的平方成比例，

$$\sigma_t = \sigma_0 p_t^e G_t \quad (A20)$$

当工资必须随着生产率的增长而上升时 σ_t 的标准化有意义，而且本期的工资由本期的期望价格决定。我们发现的一个结果是

$$S_t = (\overline{w}_t - \overline{w}_t^n)/p_t^e G_t = \sigma_0 \phi\left(\frac{v_t}{\sigma_0}\right) + \Phi\left(\frac{v_t}{\sigma_0}\right) v_t \quad (A21)$$

其中

$$v_t = (\overline{w}_{t-1} - \overline{w}_t^n)/p_t^e G_t \quad (A22)$$

因为 v_t 可以表示为 S_{t-1} 和其他变量的函数，递归得以实现。此方程通过先分解 $\overline{w}_{t-1}-\overline{w}_t^n$，分子 v_t，为两项：$[\overline{w}_{t-1}-\overline{w}_{t-1}^n]-[\overline{w}_t^n-\overline{w}_{t-1}^n]$。第一项是 S_{t-1} 的分子，而第二项，意愿工资的变化，可以描述为这一变化的决定因素的函数。因此，下一步是解释这一分解

$$v_t = \frac{\overline{w}_{t-1}-\overline{w}_{t-1}^n}{p_{t-1}^e G_{t-1}} \frac{p_{t-1}^e G_{t-1}}{p_t^e G_t} - \frac{\overline{w}_t^n - \overline{w}_{t-1}^n}{\overline{w}_{t-1}^n} \frac{\overline{w}_{t-1}^n}{p_{t-1}^e G_{t-1}} \frac{p_{t-1}^e G_{t-1}}{p_t^e G_t} \quad (A23)$$

我们现在进行四个替代或近似：

(1) 通过定义，$S_{t-1}=(\overline{w}_{t-1}-\overline{w}_{t-1}^n)/p_{t-1}^e G_{t-1}$。

(2) $p_{t-1}^e G_{t-1}/p_t^e G_t$ 近似于 $(1+g_t+\pi_t^{ae})^{-1}$，其中 g_t 是生产率的增长率而 π_t^{ae} 是价格预期的增长率。

(3) $(\overline{w}_t^n-\overline{w}_{t-1}^n)/\overline{w}_{t-1}^n$ 项是 $p_t^e \omega_t^n$ 的变化率，使用方程（A4）近似为 $\pi_t^{ae}+g_t-a(u_t-u_{t-1})$。

(4) 由于通过方程（A3），$p_t=[\beta/(\beta-1)][w_t/G_t]$，我们把 $[\overline{w}_{t-1}^n/p_{t-1}^e G_{t-1}]$ 近似为 $(\beta-1)/\beta$。

$$v_t \cong \frac{S_{t-1}-[(\beta-1)/\beta][\pi_t^{ae}+g_t-a(u_t-u_{t-1})]}{1+\pi_t^{ae}+g_t} \tag{A24}$$

其中

$$\pi_t^{ae} \cong \ln p_t^e - \ln p_{t-1}^e \cong \pi_t^e + \pi_{t-1} - \pi_{t-1}^e \tag{A25}$$

而且根据假设，通胀预期由

$$\pi_t^e = \alpha\pi_{t-1}+(1-\alpha)\pi_{t-2} \tag{A26}$$

形成。为达到这一点，此模型并不包括我们的模拟所假设的放松企业在极端压力下削减工资约束的特征。为此，我们允许当利润（r）的比例下降时 S_t 下降，通过增加 $d(r_t-r_{t-1})$ 到方程（A24）中，有

$$\begin{aligned}v_t \cong &\frac{S_{t-1}-[(\beta-1)/\beta][\pi_t^{ae}+g_t-a(u_t-u_{t-1})]}{1+\pi_t^{ae}+g_t}\\&+d(r_t-r_{t-1})\end{aligned} \tag{A27}$$

方程（A11）、(A21)、(A27)、(A25) 以及 (A26) 描述了我们估计的模型。

估计

我们用 1954—1995 年的美国年度数据来估计模型。利润率被构造为国内利润和 IVA 与国民收入和产出账户（NIPA）中的 GDP 的比例。1947—1984 年趋势从序列中被剔除，因为这一时期被认为主要反映了美国企业对于债务融资的增加的依赖，而不是单个企业下降的健康度。我们估计的方程是方程（A11），附加一个误差项来反映近似的误差和忽略的因素。我们假设预期通胀是以前两年通胀的移动平均。我们也假设方程（A11）的误差项是均值为 0 的独立同分布，除了尼克松进行价格控制的年份和 1973 年、1979 年供给冲击的年份。我们增加哑变量到那些年的误差项中，使之具有非零均值。尼克松价格控制哑变量写作

NIXON，在 1971 年等于 0.25（因为价格控制是在那年秋天引入的），1972 年为 1（因为价格控制全年都在发挥作用），1973 年为 0.5（因为这一年价格控制已经松动，例外情况习惯性地被允许），以及在 1974 年等于 1 的哑变量 NIXONFF，因为这一年价格控制被完全取消。

我们用 GDP 平减指数的对数变化来计算通货膨胀，用总城市失业率代表失业率。进行平均年度变化后，我们度量的年趋势生产率在 1954—1973 年为 2.96%，而 1973—1995 年间为 0.9%。我们把这两个时期的转换平滑化，方法是令这一转变在 1973 年为中心的 5 年时间内等步变化。

模型用非线性最小二乘法估计，这考虑到了菲利普斯曲线和 S 的参数的同时估计。因此，S_t 的时间序列本身是由估计过程生成的。在估计程序中，S_t 的历史为了目标方程的每个评价而重新构造。S_t 被假设在 1947 年等于 0，用方程（A21）和（A27）来计算后续年份的值。估计的参数是方程（A11）的 a 和 c，方程（A21）的 σ_0，方程（A27）的 d，哑变量的系数，以及方程（A26）中滞后通胀的系数 α。

动态模拟

我们为战后和大萧条时期进行了模型的动态预测。对于战后时期，S_t 在 1947 年被设定等于 0，之后使用所有变量的现实值来构造它，直至 1954 年为止。对于 1954 年之后，通胀的预测值被用来形成通胀预期和构造 S_t。

对于大萧条的动态模拟，我们使用了 Stanley Lebergott（1964）的失业序列。GNP 和 GDP 平减指数采自 NIPA，利润率由税前利润数据计算得到。为了得到初始值，要使用 1929 年之前数据，John Kendrick（1961）年构造的 GNP 平减的对数变化被用来度量通胀，而利润率被假设不变。整个战前时期的生产率增长的趋势计算为 2.1%。1929 年之前，S_t 由其组成部分的现实值计算得到，之后通胀的动态预测被用来构建通胀预期。两个模拟的结果都描述在文中。

乔治·A·阿克洛夫
布鲁金斯研究所和加州大学伯克利分校
威廉·T·迪肯斯和乔治·L·佩里
布鲁金斯研究所

第 19 章 低通胀的宏观经济学

参考文献

Ball, Laurence, and N. Gregory Mankiw. 1994. "Asymmetric Price Adjustment and Economic Fluctuations." *Economic Journal* 104 (423): 247-261.

Bewley, Truman. 1994. "A Depressed Labor Market, as Explained by Participants." Book manuscript. Yale University, Department of Economics.

——. and William Brainard. 1993. "A Depressed Labor Market, as Explained by Participants." Unpublished paper. Yale University, Department of Economics (February).

Bils, Mark. 1987. "The Cyclical Behavior of Marginal Cost and Price." *American Economic Review* 77 (5): 838-855.

Bound, John, and Alan B. Krueger. 1991. "The Extent of Measurement Error in Longitudinal Earnings Data: Do Two Wrongs Make a Right?" *Journal of Labor Economics* 9 (1): 1-24.

Campbell, Carl M., and Kunal Kamlani. 1995. "The Reasons for Wage Rigidity: Evidence from a Survey of Firms." Unpublished paper. Colgate University, Department of Economics (February).

Card, David, and Dean Hyslop. 1996. "Does Inflation Grease the Wheels of the Labor Market?" Paper prepared for Monetary Policy and Low Inflation Conference. National Bureau of Economic Research, Cheeca Lodge, Islamorada, Florida (January 11-13).

Davis, Steven J., John C. Haltiwanger, and Scott Schuh. 1996. *Job Creation and Job Destruction.* Cambridge, Mass.: MIT Press (forthcoming).

Dickens, William T. 1986. "Wages, Employment and the Threat of Collective Action by Workers." Working Paper 1856. Cambridge, Mass.: National Bureau of Economic Research (June).

——. 1995. "Do Labor Rents Justify Strategic Trade and Industrial Policy?" Working Paper 5137. Cambridge, Mass.: National Bureau of Economic Research (May).

Duncan, Gregory J., and Daniel H. Hill. 1985. "An Investigation of the Extent and Consequences of Measurement Error in Labor-Economic Survey Data." *Journal of Labor Economics* 3 (4): 508-532.

Feldstein, Martin. 1996. "The Costs and Benefits of Going from Low Inflation to Price Stability." Working Paper 5469. Cambridge, Mass.: National Bureau of Economic Research (February).

Gordon, Robert J. 1981. "Comment." *BPEA*, 2: 1981, 581-588.

——. 1993. *Macroeconomics*, 6th edn. New York: Harper Collins.

———. 1994. "Inflation and Unemployment: Where is the NAIRU?" Paper prepared for Meeting of Academic Consultants, Board of Governors of the Federal Reserve System (December).

Hall, Robert E. 1988. "The Relation between Price and Marginal Cost in U. S. Industry." *Journal of Political Economy* 96 (5): 921–947.

Hanes, Christopher. 1993. "The Development of Nominal Wage Rigidity in the Late Nineteenth Century." *American Economic Review* 83 (4): 732–756.

———. 1996. "Firm Characteristics and Nominal Wage Rigidity in the Downturns of 1983, 1929, and 1981." Unpublished paper. University of Pennsylvania, Department of Economics (February).

Holzer, Harry J. 1996. *Employers, Jobs and Hiring of Less-Educated Workers*. New York: Russell Sage Foundation.

Kahn, Shulamit. 1995. "Evidence of Nominal Wage Stickiness from Micro-data." Unpublished paper. Boston University, School of Management.

Kahneman, Daniel, Jack L. Knetsch, and Richard Thaler. 1986. "Fairness as a Constraint on Profit Seeking: Entitlements in the Market." *American Economic Review* 76 (4): 728–741.

Kendrick, John W. 1961. *Productivity Trends in the United States*. Princeton, N. J.: Princeton University Press.

Lebergott, Stanley. 1964. *Manpower in Economic Growth: The American Record since 1800*. New York: McGraw-Hill.

Lebow, David E., David J. Stockton, and William L. Wascher. 1995. "Inflation, Nominal Wage Rigidity, and the Efficiency of Labor Markets." Finance and Economics Discussion Series 94–45. Washington: Board of Governors of the Federal Reserve System, Division of Monetary Affairs (October).

Leonard, Jonathan S. 1987. "In the Wrong Place at the Wrong Time: The Extent of Frictional and Structural Unemployment." In *Unemployment and the Structure of Labor Markets*, edited by Kevin J. Lang and Jonathan S. Leonard. New York: Basil Blackwell.

Lucas, Robert E., Jr. 1972. "Econometric Testing of the Natural Rate Hypothesis." In *The Econometrics of Price Determination*, edited by Otto Eckstein. Washington: Board of Governors of the Federal Reserve System and Social Science Research Council.

McLaughlin, Kenneth J. 1994. "Rigid Wages?" *Journal of Monetary Economics* 34 (3): 383–414.

Mellow, Wesley, and Hal Sider. 1983. "Accuracy of Response in Labor Market Surveys: Evidence and Implications." *Journal of Labor Economics* 1 (4): 331–344.

Mitchell, Daniel J. B. 1985. "Wage Flexibility: Then and Now." *Industrial Relations* 24 (2): 266–279.

O'Brien, Anthony Patrick. 1989. "A Behavioral Explanation for Nominal Wage Rigidity during the Great Depression." *Quarterly Journal of Economics* 104 (4): 719-735.

Romer, Christina D. 1996. "Inflation and the Growth Rate of Output." Working Paper 5575. Cambridge, Mass.: National Bureau of Economic Research (May).

Samuelson, Paul A., and Robert M. Solow. 1960. "Problems of Achieving and Maintaining a Stable Price Level: Analytical Aspects of Anti-inflation Policy." *American Economic Review, Papers and Proceedings* 50 (2): 177-194.

Sargent, Thomas J. 1971. "A Note on the 'Accelerationist' Controversy." *Journal of Money, Credit, and Banking* 3 (3): 721-725.

Schultze, Charles L. 1959. "Recent Inflation in the United States." Study Paper 1. Joint Economic Committee, 86 Cong. 1 sess. (September).

——. 1981. "Some Macro Foundations for Micro Theory." *BPEA, 2: 1981*, 521-592.

Shafir, Eldar, Peter Diamond, and Amos Tversky. 1994. "On Money Illusion." Unpublished paper. Princeton University, Department of Psychology (February).

Shea, John. 1996. "Comment on 'Does Inflation Grease the Wheels of the Labor Market?' by David Card and Dean Hyslop." Prepared for Monetary Policy and Low Inflation Conference. National Bureau of Economic Research, Cheeca Lodge, Islamorada, Florida (January 11-13).

Shiller, Robert J. 1996. "Why Do People Dislike Inflation?" Working Paper 5539. Cambridge, Mass.: National Bureau of Economic Research (April).

Tobin, James. 1972. "Inflation and Unemployment." *American Economic Review* 62 (1): 1-18.

U. S. Department of Commerce. 1966. *Long Term Economic Growth, 1860—1965*. Washington: Department of Commerce.

——. 1973. *Long Term Economic Growth, 1860—1970*. Washington: Department of Commerce.

第 20 章　行为宏观经济学与宏观经济行为[*]

乔治·A·阿克洛夫[**]

回想斯卡里（Richard Scarry）的《轿车、卡车以及会跑的东西》。[①] 想象一下如果他一直活到上世纪最后的几十年来愉悦孩子和父母们，这本书将会是什么样。那每一个十年都见证着汽车超越以往的专业化发展。我们从 T 型福特开始。现在我们所拥有的翻斗载重车的种类已经超过了大多数发育超前的 4 岁小孩能识别的范围。

这和经济学有何关系？在 20 世纪 60 年代末期，人们对经济理论家工作的描述有一个转变。在那以前，微观经济理论通常被认为是分析以利润最大化厂商和效用最大化消费者为基础的完全竞争的一般均衡模型。彼时的宏观经济学，所谓新古典综合，附加了一个固定的货币工资到此一般均衡系统上。"黏性货币工资"解释了对完全就业的偏离和经济的周期性波动。从那时开始，宏观和微观经济学都发展出了一批斯卡里式的模型，把各种实际行为全部纳入经济理论中。例如，"柠檬市场"

---

[*] 本论文最初发表于 George Akerlof（2001），"Behavioral Macroeconomics and Macroeconomic Behavior," *Nobel Prize for Economics Lecture*，December 8，2001。版权为诺贝尔基金会所有，经授权重印。

[**] 当乔治·A·阿克洛夫获得了瑞典银行诺贝尔经济学奖时，他于 2001 年 12 月 8 日宣讲了这篇讲稿，本章以此讲稿为基础。此文版权为诺贝尔基金会© 2001 所有，经诺贝尔基金会授权在此重印。

加州大学伯克利分校经济系，CA 94720-3880。我要感谢 Janet Yellen 颇有助益的讨论和编辑上的帮助。也要感谢 Henry Aaron，William Dickens，Ernst Fehr，William Gale 以及 Robert Shiller 无价的评论和加拿大前沿研究机构（Canadian Institute for Advanced Research）的慷慨资助。

[①] 参见 Scarry（1974）。

分析了不对称信息市场是如何运行的。买者和卖者共同拥有不同的、并非相似的信息。我的论文考察了在这些更加实际的条件下可能的发展路径。

对于我来说，不对称信息的研究是实现这一梦想的第一步。这个梦想就是发展源于凯恩斯《通论》精神的行为宏观经济学。宏观经济学从此将无需再忍受新古典综合派的"自我论证"，这曾经一度盖过了《通论》中强调的认知偏见（cognitive bias）、互惠（reciprocity）、公平（fairness）、羊群效应（herding）和社会身份（social status）等心理学和社会学因素。很多人参与到这一梦想的实现中。冯内古特（Kurt Vonnegut）将这群人称为一个克拉斯（kerass）："一群在一个宏大的潮流驱使下为了共同的目标而奋斗，而又互不相识的人"①。在此演讲中，我将介绍一些由克拉斯发展的行为模型，这些模型很好地解释了凯恩斯主义经济学中的核心经济现象。

作为背景，让我带你们回溯一些宏观经济思想的历史。20 世纪 60 年代晚期，新古典经济学家发现了宏观经济学微观基础的薄弱，这激发了我的兴趣。他们憎恨这种严谨的缺失。因此他们开除了这类宏观经济模型。之后他们点燃了一堆欢庆的篝火，标志是一篇名为《凯恩斯主义宏观经济学之后》（After Keynesian Macroeconomics）的论文。② 他们创造的新版宏观经济学在 20 世纪 70 年代成为了标准。与其新古典前辈一样，新古典宏观经济学也以完全竞争一般均衡模型为基础。但不同的是，新古典宏观经济学更热衷于强调所有的决策——家庭的消费和劳动供给，生产者的生产、雇佣和定价决策，以及工人和厂商之间关于工资的讨价还价——都符合最优化行为。③ 因此，新古典宏观经济学放弃了黏性货币工资假设。为了解释失业和经济波动，新古典经济学家首先求助于不完美信息，而后是技术冲击。

这个新理论至少在一个方面前进了一步：价格和工资决策现在有了清晰的微观基础。但是新模型的行为假设过于原始，以至于至少有六个经济现象的解释极度困难。有时，与新古典假设的逻辑矛盾导致了对这些现象的否认；在其他情形中，新古典的解释只不过是同义反复。此六

---

① 见 http://www.gibbsonline.com/gibbsbooks.html。

② 见 Robert E. Lucas, Jr. and Thomas Sargent (1979)。

③ 那时这些困扰大多是隐匿的；它们在文献的内部，但是没有受到过积极的讨论。或许在 20 世纪 60 年代末，宏观经济学里最活跃的研究计划是大规模宏观经济计量模型的发展。出现在 20 世纪 60 年代末的埃蒙德·费尔普斯等人（Edmund S. Phelps et al., 1970）的搜寻失业模型回答了问题：失业的含义是什么？但是他们采用了搜寻失业框架，从本质上说是自愿失业。

种现象如下：

1. 非自愿失业的存在。在新古典模型中，只要失业者接受比市场出清水平低一点点的工资，他马上就可以找到工作；所以非自愿失业不可能存在。

2. 货币政策对产出和就业的影响。在新古典理论中，货币政策对产出和就业完全没有影响。一旦货币供给被完全预见，价格和工资成比例变化；真实工资和相对价格是不变的；而且实际经济不会受到任何影响。

3. 高失业下通货紧缩并未加剧。由新古典模型可推导出唯一一个自然失业率的加速菲利普斯曲线。如果失业率下降到低于自然率，通货膨胀就会加速。当失业率高于自然率，通货膨胀会持续减速。

4. 普遍的退休储蓄不足。在新古典模型中，个人决定消费和储蓄的数量以最大化跨期效用函数。后果是私人决定的储蓄应该是最优的。但是人们却常常报告对储蓄行为感到失望，而且如果没有社会保险计划，广泛的观点是人们会过低地储蓄。因此，"强迫储蓄计划"非常流行。

5. 股票价格相对于其基础的过度波动。新古典理论假设股票价格波动反映了其基础，即未来收益的贴现值。

6. 自暴自弃的低下阶层的持续存在。我列出的待解释宏观经济问题包括了贫困的原因，因为我把收入的分配看作是宏观经济学的一个核心问题。新古典经济学认为贫困是人力和非人力资本低初始禀赋的反映。这个理论不能解释与药物、酒精滥用，未婚生子，单亲家庭，高福利依赖，犯罪等相并存的长期极端贫困。[①]

[①] 我落下了两个重要的问题，这两个问题已经在 20 世纪 60 年代末有了微观基础。首先，为什么信贷可能被配给？霍奇曼（Donald R. Hodgman, 1960, p.258）发现 20 世纪 60 年代早期的经济理论中信贷配给是一个无法解释的难题："更有分析说服力的经济学家已经幸运地接受了（信贷配给）的字面含义，因为对此现象提供理论与理性经济行为假设相符的解释是困难的。为什么债权人愿意按照非价格的方法分配资金从而拒绝高利率收入的优势？"霍奇曼将这些观点归因于保罗·萨缪尔森在议会证言中所说。对称信息为信贷配给提供了一个出色理由。（特别地，可以参见 Dwight Jaffee and Thomas Russell（1976）以及 Joseph E. Stiglitz and Andrew Weiss（1981）。）与微观假设相关的第二个问题是关于例如消费、货币需求和价格等宏观经济变量的领先或滞后的原因。带有起伏调整成本的 S-s 模型可以解释这些领先和滞后（只要问题中变量或者总是递减，或者递增）。对 S-s 定价模型效应研究的早期工作尤其出现在 Robert J. Barro（1972）和 Katsuhito Iwai（1981）中。Ricardo Caballero（例如，见 1993）已经比较了这类模型的领先和滞后以及没有调整成本的情形。Andrew F. Caplin and Donald F. Spulber（1987）和 Caplin and John Leahy（1991）也已经看到了与在理想价格和实际价格之间变化相关的 S-s 政策的含义。参见 Akerlof（1973, 1979），文章分析了面向开端监管对短期收入和货币需求的利率弹性的影响。

第20章 行为宏观经济学与宏观经济行为

接下来我将介绍行为宏观经济学家如何包含以心理学和社会学观察为基础的假设，创造出能够很好地解释这些宏观现象的模型。在凯恩斯《通论》的精神指导下，行为宏观经济学家正在重建被新古典经济学家所解雇的微观基础。我将从我在此领域的一个最早的尝试开始回顾，这个尝试导致了对非对称信息在市场中作用的发现。

Ⅰ．非对称信息

我首先从对产出和就业波动的主要原因的早期观察入手，来探讨非对称信息引起的问题——新车销售的巨大波动。①我认为，由于旧车的卖主比买主知道更多关于旧车的信息，非流动性也许可以解释汽车购买的高易变性。②在建立这样一个宏观经济模型的过程中，我的注意力发生了转移。我发现存在于二手车市场中的信息问题可能在某种程度上存在于所有市场中。在一些市场中，非对称信息可以通过重复交易和声誉而相对容易地得到解决。在其他如保险市场、借贷市场、劳动力市场等市场中，买卖者之间的非对称信息并不容易解决而且造成了严重的市场失效。例如，年老者不容易买到健康保险，小企业更可能受到信贷配给；在劳动市场中的"少数者"（minorities）会受到统计歧视，因为人们总是被归入根据可观察的特征确定的各种类型中。借贷市场的失效是失业的主要原因。即使在声誉和重复交易克服不对称信息的地方，这些失效机制仍成为了市场结构的主要决定因素。

为了理解市场中非对称信息的经济根源，知道那个时代正在进行的一场更加广泛的思想革命是很有用的。20世纪60年代初以前，经济理论家们很少为刻画特殊制度或特定的市场特征而建立模型。张伯伦（Edward Chamberlin）的垄断竞争模型和罗宾逊（Joan Robinson）的相似理论③出现在研究生甚至一些本科生的课程中。然而，这类"特定"模型是少之又少的例外；它们并不被视为核心内容，而相反像郊外探险一样是为那些有闲暇时间的人准备的。④不过，在20世纪60年代

---

① 参见 Akerlof（1970）。
② 米什金（Frederic S. Mishkin，1976）后来发展的思想立即让我进入了这个课题。他指出，对汽车需求的更加易变是因为非对称信息导致的汽车的非流动性。
③ 参见 Robinson（1942）和 Chamberlin（1962）。
④ 例如，我可以很好地想象出一个研究生知道霍特林（Harold Hotelling，1929）的空间竞争模型。我不能记起这一模型在研究生课程中，这一模型在张伯伦《垄断竞争理论》一书中作为附录出现。

495

初，随着经济增长，理论家们开始建立超出标准价格理论经济学的有特殊技术特征的模型——如软泥投资（putty-clay）、制造期资本（vintage capital）以及"干中学"等，"特定"模型开始激增。把这类特殊化技术加入到模型中不违反了已经建立起的价格理论标准，但是这么做就播下了即将到来的革命的种子。1969年夏，我首次听说"模型"（model）一词被用为动词，而非名词。①这和几个月前"柠檬市场"刚刚被接受公开发表并非巧合。②市场非对称信息模型进入价格理论的方式，正如软泥投资、制造期资本以及"干中学"等之于增长理论。③这是新经济学研究导向的第一次应用，模型建立在对实际微观经济细节的悉心关注的基础之上。这个发展使经济理论更加接近于经济现实的细节。几乎不可避免地，信息不对称的分析是这种新模型导向的第一项成果。它是可采摘的最成熟的成果。在本文的剩余部分，我将讨论这种导向在行为宏观经济学这一新领域的收获。

Ⅱ．非自愿失业

我有一位经济学家朋友曾对我说他卖不掉他的房子，我怀着同情向他的一个同事复述了这件事。这个同事回应说，唯一的问题是房子定价不合理。只要定价低一点，这个房子就会卖出去，或许非常快。

新古典经济学家认为非自愿失业在逻辑上是不可能的，就像我的朋友不能卖掉他的房子一样。只要失业工人愿意降低其保留工资，她难道不能找到一份工作？新古典对此的回答是否定的：失业工人是那些寻找工作（从而是失业者而不是在劳动力人口之外），但是因为有更高的预期支付而拒绝可得工作的人。失业可能不尽如人意，因为他们不能以他们愿意的工资或薪水出卖自己的劳动，但是最低工资规定和工会谈判的影响结果除外。因此，他们是自愿的，而不是非自愿的失业。每个人都能以市场出清工资获得工作。在新古典理论中，就业下降的时期——经济周期的衰退阶段——可能是因为总需求的非预期下降引起的，这使得工人错误地持有一个超出新市场出清水平的

---

① 与罗斯柴尔德（Michael Rothschild）在1969年夏天马萨诸塞的剑桥进行的讨论。像现在许多人可能记得的，我也记得第一次听说"增长理论"的这一说法。

② 我不知道此论文被接受的确切日期，但是我记得论文被接受和出版之间经历了约超过一年的时间。

③ 参见 Robert M. Solow（1959，1962）和 Kenneth J. Arrow（1962）。

名义工资。①相对应地，就业下降也可能是由于负的供给冲击，这造成了劳动者退出劳动市场和放弃可得到的工作。任何基于由工作决策的自愿变化引起的经济周期波动研究都面对着一个明显的实证困难——如何解释周期性衰退中辞职率的下降。如果失业是源于劳动者对低收入工作的拒绝，那么辞职也应随失业增加而增加。但是当失业上升时，辞职也在减少，而不是增加。辞职率的顺周期行为是不争的事实。②

行为经济学家不否认非自愿失业的存在，他们对此给出了内在一致的解释。在20世纪70—80年代首次出现的效率工资模型使得非自愿失业这一概念有了意义。③这些模型断定：由于道德、公平、内部力量或非对称信息的存在，雇主有强烈的动机向劳动者支付高于能够吸引到工人的最低必要工资。④这种"效率工资"高于"市场出清"水平，所以工作被配给，有些劳动者找不到工作。这些工人就是非自愿失业者。在下一部分，我将扩展这个分析来说明为什么非自愿失业会周期性地波动。

大量关于相似工人所得工资的经验研究证明了效率工资的普遍存在。早在效率工资进入宏观经济学家的视野之前，劳动经济学家就记录了在相同的工作或有相同特征的工人之间收入的广泛差别。⑤面板数据分析表明，同质工人由于在不同的地方工作而得到不同工资。而且数据表明，在不同行业间转换工作的工人接受的工资变化与行业间工资差异相关。⑥报酬越高（依赖于特征）的行业，辞职率越低，这证明工资差别不仅是由不同的工作环境或利润造成的。⑦因此，看起来确实有"好工作"和"坏工作"之分。

---

① 此理论经历了进一步的理论困难。因为总失业在一个短的滞后期就能被观察到，工人应该把他们对流行的工资分布的预期建立在总失业率的基础上。这样的条件估计将降低失业的序列相关。

② 这一问题由托宾（James Tobin, 1972）提出。对于某些数据中辞职的逆周期行为，参见阿克洛夫等人（Akerlof et al., 1988）。麦克劳克林（Kenneth J. McLaughlin, 1991）已经尝试调和辞职的顺周期与新古典经济学，方法如下：他把将雇员引起的分离定义为辞职，把企业引起的分离定义为停工（Layoff）。在麦克劳克林的模型中，正的生产率冲击导致了更多的工人要求工资增长。由于某些要求被拒绝，辞职随着失业下降而上升。但是为什么面对正的生产率冲击时，企业的工资出价滞后于工人需要？

③ 这一文献的一个简洁总结在 Janet L. Yellen (1984) 中。

④ 这里内部人—外部人模型给了效率工资概念一个尤其宽泛的解释。

⑤ 参见 John T. Dunlop (1957)。

⑥ 参见 William T. Dickens and Lawrence F. Katz (1987) 以及 Alan B. Krueger and Lawrence H. Summers (1988)。注意这些研究是对于工会化很弱时代的研究；因此工会不像是这种工资差异的主要原因。相对地，Dunlop 的工资差异可能主要是工会差异的结果。

⑦ 参见 Krueger and Summers (1988)。

好工作和坏工作的存在使得非自愿失业有了意义：失业工人愿意接受，但是没能得到那些被同等能力的人把持的工作。同时，非自愿失业者可能会拒绝那些可以得到的低收入或低技能工作。效率工资理论中蕴含的非自愿失业概念和现实以及普遍的直觉是相一致的。一个富有内涵的非自愿失业的概念构成了重建凯恩斯主义经济学重要的第一步。

但是为什么厂商们会支付高于最低限的工资呢？就我看来，效率工资的心理学和社会学的解释在经验上最具说服力。[1]三个重要的考虑如下：互惠（人类学中的礼物交换理论）、公平（心理学中的平等理论）以及对集体规范的遵循（社会学中的参照群体理论和心理学中的群体形成理论）。在最早的基于礼物交换的"社会学"版本的效率工资理论中，厂商给工人高于市场出清水平的工资，作为互惠，工人对公司表示忠诚。[2]支付高于市场出清水平的工资的另一个可能原因是对公平的考虑：根据心理学的平等理论，劳动者可能会由于认为他们的工资低于"公平"水平而不努力工作。[3]集体规范通常决定了工人们关于礼物互惠的形式以及公平工资的概念。费尔（Ernst Fehr）与其合作者在实验中确定了互惠行为和集体准则对工人效率的重要性。[4]我最喜欢的效率工资模型是内部人—外部人模型，其中内部人阻止公司以低于内部人接受的现行工资的市场出清工资雇佣外部人。[5]此理论隐含假设内部人有能力破坏公司雇佣外部劳动力的努力。罗伊（Donald Roy）的一份关于伊利诺伊机动船厂的细致研究也许反映了这种行为可能的动态过程：在罗伊的工厂中，内部人建立了关于努力水平的群体规范，并且串通起来阻止公司雇佣低工资要求的外部人。如果某个工人比"公平"水平更加努力地工作，他将会受到其他人的排斥。[6]内部人针对外部人的串谋是许多公司支付高于市场出清水平工资的原因。

另一个版本的基于非对称信息的效率工资模型把高于市场出清工资看作是惩罚机制。在夏皮罗-斯蒂格利茨（Shapiro-Stigliz）模型中，企

---

[1] 参见 Katz（1986）和 Alan S. Blinder and Don H. Choi（1990）。布林德（Blinder）和乔伊（Choi）发现支持高工资道德原因的重要证据，同时发现了支持工人惩罚机制的效率工资的混合证据。比利（Truman Bewley, 1999）总结认为，道德是削减工资失败的重要原因。Carl M. Campbell III and Kunal S. Kamlani（1997）报告，道德是企业不能进行货币工资削减的主要原因，但是也要担忧最好的工人的辞职。

[2] 参见 Akerlof（1982）和 Matthew Rabin（1993）。

[3] 参见 Akerlof and Yellen（1990）和 David I. Levine（1991）。

[4] 例如，参见 Fehr et al.（1993），Fehr et al.（1996），以及 Fehr and Armin Falk（1999）。

[5] 参见 Assar Lindbeck and Dennis J. Snower（1988）。

[6] 参见 Roy（1952）。

业支付"高"工资来减低员工偷懒的动机。然而,所有厂商支付"高于平均水平"的工资会推动平均工资高于市场出清水平,从而创造出失业。失业作为一种惩罚机制发挥作用,因为工作不努力而被炒鱿鱼的工人只有在过一段时间之后才能找得到工作。[1]

工人—惩罚模型比基于社会学和心理学的方法更符合经济学的标准逻辑。然而,依赖于标准经济学分析之外因素的社会学和心理学的模型,包括内部人—外部人模型,却可能为非自愿失业提供更好的总体解释。这些行为模型抓住了凯恩斯在《通论》前几章对于公正和相对工资比较的强调。

Ⅲ. 货币政策的有效性

新古典经济学的一个核心命题是,只要被完全预计到,货币政策对产出和就业就没有影响。货币供给的完全预见到的变化导致了理性工资和价格制定者以相同的比例调整名义工资和价格,同时产出和就业会保持不变。[2]这种新古典假设与货币政策效果的经验证据以及人们对中央银行影响经济的普遍信念相矛盾。

行为宏观经济学的一个主要贡献是要证明,在合理的行为假设下,货币政策确实能够影响实际经济,正如凯恩斯主义经济学很早就断言的。认知心理学把决策者描述为搜集信息,并把决策建立在简化的意识结构上的"直觉科学家"[3]。依赖拇指法则(rule of thumb),忽略那些对利润或效用影响很小的因素是这种心理节约机制的一个应用。在工

---

[1] 参见 Steven Stoft (1982),James E. Foster and Henry Y. Wan, Jr. (1984),Carl Shapiro and Stiglitz (1984) 以及 Samuel Bowles (1985)。工人—惩罚模型抓住了一份现实,但是作为对非自愿失业的总体解释,此模型遭受了理论和实证的困难。从理论上说,在监管不完全和工人能够决定自己努力程度的工作中,具有良好信誉的厂商可以要求工人提交保证金。这些保证金在工人被发现偷懒时被没收。只要工人在企业内,工人就会收到工资和附加于保证金的返还利息;本金将在退休时返还。这种支付计划解决了企业面对的激励问题,而且对于企业来说这是比高于市场出清工资的效率工资更便宜的方法。Gary S. Becker and George J. Stgler (1974) 作出了这一确切的观点。在他们的计划中,当工人以很好的身份离开工作时会收到保证金返还。(其他降低工资到市场出清水平的方法与 Lorne Carmichael (1985) 和 Kevin M. Murphy and Robert J. Topel (1990) 具有相似的精神。)经验上说,惩罚机制理论不能解释为什么行业工资差异在职位上的高度相关,因此一些行业提供"好工作"给所有职位的工人,包括那些有很低偷懒的可能的职位(参见 Dikens and Katz, 1987)。

[2] 这一逻辑由 Donald Patinkin (1956) 清楚地说明了。

[3] 参见 Richard Nisbett and Lee Ross (1980)。

499

资—价格问题中，简单法则造成了总工资（价格）水平对冲击反应的惰性——被新古典经济学家所轻视的恰是"黏性工资—价格"行为。在新古典的批评中，"新古典综合"所假定的惰性工资行为是非理性的，对于厂商和工人是有成本的，因此难以让人相信。行为经济学家通过证明包括"货币幻觉"在内的拇指法则不仅广泛存在而且合理来作为回应——这并非有勇无谋也非难以置信：依赖于这类法则导致的损失是很小的。

在与耶伦（Janet Yellen）合作的文章中，我用一个有效率工资和垄断竞争模型首次证明了这一结论。我们假定一些定价者遵循拇指法则，在（由货币供给造成的）需求冲击之后仍然保持价格不变。我们说明了遵循"拇指法则"而没有根据货币供给变化调整价格的厂商，其损失是"二阶的"（或小的）[1]，而货币冲击对产出的影响在此经济中相对于冲击的规模是一阶的（或者说是显著的）。[2]我们把厂商采取的黏性价格拇指法则策略称为"近似理性"，因为他们由于偏离完全最优化而承受的损失是二阶的（或小的）。

关键性结论的逻辑——近似理性的价格黏性足以导致货币政策力量显著——是简单的。在垄断竞争条件下，每个厂商的利润函数都是对其价格二阶可微的，所以在其最优价格的邻域内是平的。因此，对利润最大化价格的任何偏离带来的利润损失都是小的——相对于此偏离本身是二阶的。但是如果大量公司的偏离行为都是相似的——例如，如果货币供给变化后他们都缓慢地调整价格——那么实际余额（剔除价格水平的货币供给）变化相对于完全最优定价行为的情形而言是一阶的。从而，实际余额的这种一阶变化将引起总需求、产出和就业的一阶变化。例如，假设货币供给增加 ε 部分而一部分厂商保持价格不变。每个厂商的损失，相对于完全最优化行为，近似地与平方成比例。举例来说，如果是 0.05，则其平方相当小，只是 0.002 5。因此，对完全理性的小偏离——确实对于完全理性的微小、合理的偏离——逆转了货币供给的预知变化对实际收入和产出无影响的结论。[3]

拇指法则定价行为有多种形式。例如，交错价格（工资）模型，其

---

[1] 在此问题中，二阶是"小"这一概念的数学表述。相应地，一阶是"规模为显著"的数学表述。

[2] 参见 Akerlof and Yellen（1985a，b），N. Gregory Mankiw（1985），Michael Parkin（1986）以及 Olivier Blanchard and Nobihiro Kiyotaki（1987）。

[3] 相同的结论也出现在大量其他框架中。例如，如果企业设定利润最大化效率工资，名义工资黏性是一能够导致相似后果的拇指规则行为：保持工资不变企业的损失是二阶的，但是对货币供给的冲击改变的实际变量为一阶的。在曼昆（Mankiw）构造的小"菜单成本"（修改价格的固定成本）模型中，抑制价格变化对于均衡产出的效应高于菜单成本一阶。

中厂商保持名义价格（工资）在一定时期内不变，和价格（工资）制定程序很相符。①在泰勒（Taylor）的交错合同模型中，在每一期，将会有一半的厂商设定名义价格在接下来的两期中保持不变。② 一个交错合同模型的变种由卡尔沃（Calvo）构造，假设一个固定名义价格随机地在各时期内被重新确定。③新古典经济学家反对这两种版本的模型，认为这样的定价不符合最大化。④当然，他们是正确的：与保持名义价格在固定时间区间内不变假设相反，泰勒和卡尔沃模型中的厂商通过建立依据货币供给（总需求）预期确定的价格调整时间间隔而表现更好。这种利润最大化行为将再一次使得货币政策失效。然而，泰勒/卡尔沃型的价格制定（或工资制定）策略是近似理性的：这些模型中很小的名义刚性足够保证货币政策能够稳定经济，而相对于在当期内做出的价格调整策略而言，这种刚性带来的损失是二阶的。⑤还有许多其他形式的近似理性的经验法则型行为使得货币政策有效。⑥

---

① 特别可以参见 Carlton (1986)。
② 参见 Akerlof (1969), Stanley Fischer (1977), 以及 John Taylor (1979)。
③ 参见 Calvo (1983)。
④ 参见 Barro (1977) 关于交错合同模型的抱怨。
⑤ 参见 Akerlof and Yellen (1991)。技术上，可以证明以对数收入标准差度量的通货膨胀的振幅归因于泰勒的交错合同，这个振幅的大小与泰勒企业"错误"定价的标准差成比例。货币政策可以抵消这一价格黏性并降低经济周期变化。不过，企业运用泰勒式交错合同导致的损失是二阶的，并与系统冲击的方差成比例。在此意义上，交错定价对于经济周期的规模和货币政策稳定效果都具有一阶的影响。然而，允许货币政策稳定经济的非最大化行为导致的损失是二阶的。
⑥ 例如，Mankiw and Ricardo Reis (2001) 近来指出，收入对货币冲击的反应可以通过一种假设价格对于信息缓慢调整的"近似理性"模型得到更好地解释，而不是泰勒/卡尔沃式的交错价格模型。对新信息的缓慢调整可能是因为包含在价格制定过程中的收集、处理与分享信息的不可忽视的成本（参见 Zbaracki et al. (2000)，引自 Mankiw and Reis）。Mankiw-Reis 模型解决了理性预期交错价格模型的三个悖论。黏性信息导致实证中可以观察到的收入对货币政策的长期滞后反应（Milton Friedman (1968)，Christina D. Romer and David H. Romer (1989)）；黏性信息模型还与菲利普斯曲线估计中令人惊奇的通胀对冲击反应的滞后特征（Robert J. Gordon, 1997）相一致；而且此模型不会产生理性预期交错合同模型中的一个理论弊端——通缩政策会导致产出的上升而不是下降（Lawrence Ball, 1994）。

实验证据表明，包含在达到新均衡中的协调问题可能既是企业内的也是企业外的。Fehr and Jean-Robert Tyran (2001) 进行了一个实验，价格制定者的回报推导自垄断竞争的近似理性模型。他们发现，当回报以名义量给付时，货币供给的负向变化会引起产出的较大下降。实验参与人的行动好像其他价格制定者经受着货币幻觉，从而使得他们不愿意削减价格。（货币政策依赖于协调失败的一种新方法隐含在 Peter Howitt and Robert Clower (2000) 中。）本文认为，价格对货币供给变化的反应包含关于其他定价者对于货币冲击反应的预期形成过程。而 Fehr and Tyran (2001) 的实验指向另一种形式的近似理性行为：价格制定者可能是完全最大化的，但是是在假设其他企业遵循黏性的拇指法则定价行为之上。再次地，货币政策在改变产出和就业上是有效的。

501

近似理性的拇指法则模型解决了卢卡斯（Lucas）关于在理性预期条件下货币政策的有效性问题。①新古典经济学家发现很难解释货币政策和产出之间短暂关系之外的任何联系。新的行为经济学以大量近似理性行为为基础，产生了货币供给变化与产出变化间的紧密关系。

Ⅳ. 菲利普斯曲线和 NAIRU

或许菲利普斯曲线代表了最重要的宏观经济关系。"价格—价格"菲利普斯曲线描述通货膨胀率与失业水平、预期通货膨胀以及影响总供给的因素，如食物或油的价格之间的关系。隐含在这一关系中的通货膨胀和失业权衡（trade-off）定义了货币政策的"可行集"，因此在模型中起着决定性作用。菲利普斯曲线首先估计的是英国经济②，然后是美国③和其他国家④。

菲利普斯曲线的基础是供给与需求。菲利普斯（Philllips）认为，当需求高而失业低时，与当需求低和失业高时相比，工人可以为更高的名义工资增长而谈判。厂商的定价方针会将（根据生产力调整过的）工资通货膨胀传递到价格通货膨胀中。因此，对于政策制定者，存在一个通货膨胀和失业间的持久权衡。

在 20 世纪 60 年代末，弗里德曼（Friedman，1968）和费尔普斯（Phelps，1968）增加了一个新见解。他们认为，工人是为实际的而非名义的工资而谈判：工人通常预测到通货膨胀，并由此得到补偿，然后在此基础上进行谈判，在低失业的时候要求更高的预期实际工资。再一次地，定价政策将工资通货膨胀传递到了价格通货膨胀。对假设的这个小变动——人们为了实际而非名义工资进行讨价还价——的效果是巨大的：持久的失业—通胀权衡不存在了，取而代之的是唯一的"自然"失业率，与稳定的通货膨胀率一致。在"实际工资"谈判下，长期菲利普斯曲线——与实际通货膨胀和通货膨胀预期的恒等式相符的失业/通胀组合——是垂直的，因为有且只有一个失业率——"自然率"——其中现实的和预期的通胀相等。

---

① 参见 Lucas（1972）。
② 参见 A. W. Phillips（1958）和 Richard G. Lipsey（1960）。
③ 参见 Robert J. Gordon（1970）和 George L. Perry（1970）对美国的一些早期估计。
④ 只是给出一个例子，Robert J. Flanagan et al.（1983）估计了许多不同国家的菲利普斯曲线。

第20章　行为宏观经济学与宏观经济行为

要了解为什么长期菲利普斯曲线必然是垂直的，让我们想象一个中央银行希望通过货币政策把失业维持在自然率以下。在劳动力市场异常紧张的情况下，工人会要求超过通胀率的工资增长（正常的实际工资加上生产率增加）。这样，厂商将相关成本的增长转嫁到价格中去，从而通胀超出了工人在谈判时所预期的值。因此，当失业率低于自然率，实际通胀率会超过预期通胀率。事后看，工人被愚弄了。因此在较长时期内，通胀预期，以及相应的通货膨胀都在加速。在失业控制在自然率之下时，后果是不断加速的通胀。与此相似，弗里德曼-费尔普斯模型预测，中央银行尝试把失业率维持在自然率之上，最终将会导致不断加速的通货紧缩。只有自然失业率才能产生稳定的通货膨胀率。

弗里德曼和费尔普斯在20世纪60年代晚期首次提出自然率假说之后，经济学家们以惊人的速度接受了它。有三个原因造成了它的流行。首先，它似乎很好地解释了20世纪60年代到70年代的通货膨胀—失业状况。在20世纪60年代晚期的低失业率下，通货膨胀上升，从而提高通货膨胀预期，这使得短期的失业—通胀关系向外移动。因此20世纪70年代初始的通胀失业关系较20世纪60年代更不受人欢迎（分析家们忽略了一个可能同样合理的解释：当通胀率像在20世纪60年代晚期那样上涨的时候，人们在工资谈判和价格制定过程中开始考虑到通货膨胀因素，而不是像之前那样忽视）。①第二，菲利普斯曲线的经验估计产生的过去通货膨胀的系数和在统计上近似等于1。一个推断是，此估计中的滞后通胀项和通胀预期——过去通货膨胀的自回归加权平均——有关，而且决定现期通货膨胀的预期通货膨胀的系数为1。②最后，经济学家们有接受理性为假设的偏好，即使这些假设仅仅能通过一些说服力不强的检验。③

经济学家本不应该如此主动地接受自然率假说。在理论上和经验上它都有可疑之处。理论上，自然率假说让我们想起了一种通用的习惯减肥的拇指法则。根据这种拇指法则，我们每多吃3200卡的食物，就会长一磅。每少吃3200卡，就会减一磅。这始终使我想到一对双胞胎。两兄弟之一只吃足够的食物来保持恰当的体重，另一个则每天多吃100卡的鸡肉。如果拇指法则是正确的，一年之后吃鸡的人将比他的兄弟重

---

① 这个替代解释来自Otto Eckstein and Roger Brinner（1972），但是并没有进入主流。
② 这里我们应该注释一下Thomas J. Sargent（1971）的批评，如果产生通胀的过程是平稳的，没有单位根，滞后通胀的系数在加速模型中不等于1。
③ 当我们回顾萨默斯（Summers）在检验替代假设时无法拒绝的检验结果基础上对于随机游走假说可接受性的批评时，我们将在后面看到这种偏见的例子。

503

11 磅，10 年之后是 110 磅，50 年之后是 550 磅。就像我们的预料，当时间延长到一定期限时，拇指法则失效。更加准确的对体重和摄入热量的关系的解释表明维持更大的体重也需要更多的热量。幸运的是双胞胎兄弟的体重差距不会无限扩大。同样，我猜想至少对于某些失业率来说，通货膨胀会渐进地维持在一个常数附近，而不是无限加速或减速。这样一个先入为主的推论可能是错误的，但是减肥法则在期限延长时失效的事实告诉我们自然率假设可能更不合理。在非常低的通货膨胀率下，弗里德曼-费尔普斯的加速通胀预言看起来非常合理并且得到了经验的支持。①但是我怀疑理论在高失业时的适用性。

我对自然率假说的怀疑得到了一个经验事实的支持，它揭示了自然率的适用性不是普遍的。美国整个 20 世纪 30 年代的失业率超出了——肯定是极度超出了——任何合理的自然率。按照自然率假说，在整个 10 年中价格紧缩都应该是持续加速的。但那并没有发生。价格下降了一段时间，但是通缩在 1932 年之后就停止了；在接下来的 10 年中没有明显的通货紧缩，尽管失业率极端之高。这个证据说明，至少在高失业和低通胀的一段时间后，自然率假说失效了。对于从经验观察中得出的理论而言，这样的失效并非特别严重，但是它构成了由先入为主的原则得出的一个关系的严重错误，这些原则被看作是普遍真理而被人们接受。

20 世纪 30 年代的证据并非是独一无二的。当代经济也呈现了类似特征。例如，福廷（Pierre Fortin）对 1992—2000 年的估计表明，加拿大经济经历了超过非常保守的 NAIRU 估计值（8%）12 个百分点的失业率。②在同一时期，通货膨胀是平均年 1.5% 的低水平。根据自然率理论，核心通货膨胀率应当下降大概 6 个百分点，因为菲利普斯曲线斜率的典型估计结果应当是 0.5。相反地，通货膨胀率在那个时期只下降了 0.1 个百分点。

计量经济学的证据进一步表明，自然率理论建立的基础是不稳固的。自然率的时变估计结果显示它随时间而变化；但是，即使允许这类变化，自然率的估计拥有很高的标准误差。斯泰格等人（Douglas Staiger et al.，1997）计算了一个 95% 置信区间的美国自然率，其值超过了 5%；这比美国过去 50 年的失业率的标准差的 3 倍还多。

在最近的论文中，迪肯斯、佩里和我（William Dickens，George

---

① 低失业超级通胀持续时间足够长是此理论的一个预测。超级通胀的高频率出现似乎支持这一理论。但是这些超级通胀都是发生在政府失去财政信用（而且只能通过发行货币来支付赤字）时。引起超级通胀的原因可能是为了财政信用的损失，而不是为了保证低失业。

② 这一观察来自 Fortin et al.（2001）。

Perry and me）探讨了两种行为假说，两个假说与自然率假设说相反，可以产生在足够高失业和低通胀下的稳定失业通胀权衡关系。第一个假说是"纯凯恩斯式"的：工人抵制，厂商也很少实施名义工资削减。第二个假说考虑了通胀预期在工资讨价还价中的地位：我们认为，在通货膨胀率很低的条件下，有相当数量的工人并不把通货膨胀作为谈判的一个足够重要的考虑因素。然而，当通货膨胀上升时，忽视它的损失也上升，因此更多的厂商和工人将通胀考虑到谈判中。

凯恩斯关于工人抵制裁减工资的假说反映了他深刻的心理学洞见。这个假定也与心理学理论和证据相一致。前景理论（prospect theory）认为，个人通过将损失或获益与一定的参照点比较来评价他们所面临的环境改变。有证据表明，比起获得的收入，人们给予损失更高的价值。卡尼曼和特沃斯基（1979）已经证明，许多与期望效用最大化不相符的现象在前景理论中都是合理的。如果工人把现有工资作为度量获益和损失的一个参照点，前景理论的一个自然含义就是向下的工资刚性。沙菲尔等人（Eldar Shafir et al., 1997）在一项问卷研究中发现，人们的思维结构不仅仅是像古典经济学假设的那样以实际量为基础，而且也表现出一定的货币幻觉。

大量的经验研究记载了货币工资实际上是向下刚性的。卡德和希斯洛普（David Card and Dean Hyslop, 1997）以及卡恩（Shulamit Kahn, 1997）利用面板数据发现，名义工资变化的分布在0附近是不对称的。福廷在加拿大数据中发现工资变化在0处有明显的隆起。1992—1994年，当加拿大的通货膨胀率是1.2%而失业率平均是11%的时候，只有5.7%的非COLA工会合同在第一年有工资削减，而47%都保持工资冻结。[1]在康涅狄格州进行的详细采访中，比利（Bewley）发现，经理人员把裁减雇员的名义工资作为最后一招。[2]为了调查企业是否愿意通过福利削减而非货币工资削减来减少总薪酬，勒博等人（David Lebow et al.）检验了就业成本指数（Employment Cost Index）包含的各个行业：他们发现福利削减只是货币工资削减的一个次要的替代品。[3]运用瑞士数据，费尔和戈特（Fehr and Lorenz Goette）发现，即使一个7年时间的低通胀和低生产率增长也没有提高货币工资削减的频率。[4]

如果存在对名义工资削减的抵制，在低通胀下，产出和通货膨胀间

---

[1] 参见 Fortin (1995, 1996)。
[2] 参见 Bewley (1999)。
[3] 参见 Lebow et al. (1999)。
[4] 参见 Fehr and Goette (2000)。

会存在长期的此消彼长。弗里德曼-费尔普斯模型中这种关系是转瞬即逝的，与此相反，现实情况则是长期通胀的上升（如果接近于0）会导致明显的失业减少和产出增加。①逻辑过程如下。不论经济处于景气还是不景气，总有一些厂商和行业的表现比其他好。工资需要调整以适应这些经济境遇的差异。在通货膨胀和生产率增长适中的时期，相对工资容易调整。"不幸"的公司可以将工资上涨率确定在低于平均水平，而"幸运"的公司可以把工资上涨率确定在平均水平之上。然而，如果生产率增长很低（就像美国在20世纪70年代初到90年代中期一样）而且不存在通货膨胀，需要削减实际工资的厂商则只能通过削减工人的货币工资来达到效果。在对厂商面对的需求冲击的变化和序列相关的现实假设下，名义工资削减的频率必须像通胀率的下降一样上升。对厂商削减名义工资的抵制导致了更高的永久失业率。因为在低通货膨胀条件下，劳动供给的实际工资在每个就业水平下都更高，与稳定通货膨胀相符的失业率会随着通胀率逐渐下降而不断上升。溢出的效应会导致总的就业变化超出了那些受到约束无法降低工资的厂商的就业变化。因此，有一点通胀的好处是"润滑了劳动力市场前进的车轮"。

对带有部门间冲击和抵制厂商削减名义工资的模型进行的模拟表明，以按现实选择的参数为条件，通货膨胀和失业之间的权衡关系在低通货膨胀和低生产率增长时是很明显的。例如，通货膨胀从2%减少到0的永久下降会导致大概2%的失业率永久增加。②与刚才描述的模拟模型相应，对美国二战后菲利普斯曲线的估计给出了相似的结果。当这样估计的菲利普斯曲线被用于模拟20世纪30年代的通胀经历时，得到了和当时萧条中的美国的通货膨胀实际情况惊人相似的结果。③而标准自然率模型的一个具有可比性的模拟结果则和事实相反，显示了20世纪30年代的加速通缩。

另一种行为理论也可以推导出低通货膨胀条件下通货膨胀和失业之间永久的权衡关系。此理论所基于的思想是：因为通货膨胀较低时并不凸现，所以在谈判过程中价格水平的预期变化会被忽视。④在垄断竞争和效率工资条件下，这种对通货膨胀的忽略是近似理性的。⑤最小可觉

---

① 参见 Tobin (1972)。
② 参见 Akerlof et al. (1996)。
③ 这是通过系列增加以前阶段的模拟值来适应性地推到下阶段的通胀预期。拟合非常之好，肯定是幸运导致的。
④ 过去的通胀被直接包括进来，因为工资谈判考虑到了竞争者支付的工资。
⑤ 参见 Akerlof et al. (2000)。

差异的心理学和认知心理学都认为人们倾向于忽略那些对他们的决策不重要的变量。①这个假设和菲利普斯曲线的经济计量估计（这种估计允许由于通货膨胀高低不同而使得当前通货膨胀对通货膨胀预期的形成起不同作用）是一致的：在高通货膨胀时期，往期通货膨胀的系数和接近于1。②在低通货膨胀时期，这个系数和则接近于0。与此相似，用预期通货膨胀的调查值作为自变量的回归分析在高通货膨胀时期会得到比低通货膨胀时期有更高的通货膨胀预期项系数。③因此并不令人吃惊的是，当低通货膨胀时期和高通货膨胀时期被组合在一起来估计通货膨胀预期影响的非线性模型时，我们会发现它们的影响依赖于通货膨胀的近期历史。

行为宏观经济学所展示的结果是很低的通胀率会带来高失业和低产出，这有很重要的政策含义。我们中的大多数人都认为中央银行是小心的、保守的和安全的。但是我认为许多中央银行是危险驾驶者：为了避开正在到来的通胀车流，他们开在路的远端，保持通胀过低而失业过高。加拿大在20世纪90年代经历了极低的通货膨胀，而前所未有的失业缺口——高出美国4%。④欧洲也经历着高失业和极低的通货膨胀。日本则更为严重，甚至允许通货紧缩。接受了教科书中自然率假说的中央银行家应该遵照苏格兰教堂大主教奥利弗·科伦威尔（Oliver Crowmwell）的忠告："我恳请你们这些笃信基督的人，想一想你们被误导的可能性"。并非巧合的是，认知心理学引用了这句话来证明一种共同的的认知错误：过度自信。⑤

V. 储蓄不足

人们储蓄太少，这已经成了共识。为了弥补这一不足，大多数发达

---

① 此模型也受到关于通胀的公众思维结构影响。希勒（Robert J. Shiller, 1997a, b）已经发现，问卷反映的公众和经济学家间思维结构的差异。

② 然而，萨金特（Sargent, 1971）早一点注释说1不一定是导致此结果的那个不可思议的数字。

③ 这一回归设计到了萨金特（Sargent）提出的问题，自然率模型应该产生于与货币供给规则相对应的预期通胀系数，而这些系数不一定要等于1。如果预期被无误地观察到，自然率理论的预期通胀系数应该等于1。预期数据的误差应该使得系数向下偏离，但是按照观察到的，只要高通胀和低通胀期间观察到的误差没有变化，它就不会导致那一系数变化。

④ 根据《美国总统经济报告》（2000, Table B-107），1990—1999年为3.8%。

⑤ 参见 Nisbett and Ross（1980）。此书是行为宏观经济学心理基础的一本一流入门书。奇怪的是，认知心理学家比经济学家拥有对其理论多得多的实证基础。

国家政府都为退休的老年人提供资助。而且，绝大多数雇主都要求和补贴雇员养老金预留。储蓄的许多形式得到税收优惠。即便有了这些措施，普遍情况仍然是大多数家庭的金融资产不足以维持其退休的消费。①

对于新古典经济学，储蓄太少或太多，与非自愿失业一样是不可能的，与新古典模型的假定直接矛盾。因为储蓄是个人效用最大化的结果，所以在不考虑外部情况的条件下，储蓄必定是最优的。相反，行为宏观经济学已经发展了理论工具和经验方法来增进人们对这种时间不一致行为的理解。

允许对时间不一致行为进行系统分析的关键理论创新是认识到个人可能在最大化一个和代表"实际福利"相悖的效用函数。一旦这点被接受，"储蓄太少"就成为有意义的概念。我们可以用一个古老的旅鼠传说来阐释这种思想，据说旅鼠每几年就加入一个死亡旅程，以跳入大海为终结。旅鼠令人费解的行为显示了一个心理学家有共识而经济学家很少意识到的思想。除非这些旅鼠在最后一跳之前经历了一个非同寻常的主显事件，否则它们的效用或福利由一个函数给出；而它们却最大化了另一个。

试想一下：对储蓄的流行看法，即人们储蓄不足，和上面那个故事何其相似。要确定人们是否储蓄过多或过少，需要回答的问题是他们是否像旅鼠一样有一个（跨期的）效用函数来描述其福利，而最大化另一个。②既有的证据潜在地表明两个概念之间有巨大区别。很高的负贴现率是解释现实财富—收入比的必要条件。③然而，对消费—储蓄权衡的问卷调查结果显示，人们认为应该有平均稍为正的跨期贴现率。④

---

① Eric M. Engen et al.（1999，p. 97）得出了相反的结论。他们比较了一个校准的最优化模型中推导的结果和实际财富。他们所指的校准有一个3%的时间偏好率。使用更宽泛定义的包括房产价值在内的财富范围的美国健康和退休调查的数据，家庭户的60.5%比校准模型中的中等最优财富水平更高。但是，我宁愿集中于他们模拟的其他结果。如果我们排除房产价值投资在可支出金融资本之外，并假设一个0跨时时间贴现率，只有29.9%的家庭能够在60岁或61岁退休前，资产水平高于此年龄下最优资产中值（p. 55，表5）。像讨论的一样，因为实证和先验的原因，我认为0贴现率更正确。这符合0利率下人们表示的对非递减消费的偏好（参见后面）以及人们的偏好对于不同年龄的效用加权以一对一为基础。我选择排除房产价值资本，假设退休者不应该在他们年龄继续增加时因财产原因而被迫卖掉房子，或者将房子反向抵押出去。

② 这种区别在 David I. Laibson（1999）中被清晰描述。

③ 参见 Engen et al.（1999, pp. 157-158）。

④ 参见 Robert S. Barsky et al.（1995, p. 34）。

第20章 行为宏观经济学与宏观经济行为

曾被用于研究跨期储蓄决策的双曲贴现函数可以用来构造决定实际储蓄的效用函数和度量这种行为的福利结果的效用函数之间的区别。双曲函数呈现了人们在自我控制中遇到的困难。与新古典理论中的标准不变贴现率不同,双曲函数假设用于评价随着时间增加,附属时间上的权衡在递减的双曲函数:个人在评价需要在当时作出牺牲而在未来得到收益的选择时使用的是较高的贴现率,而同样的选择如果被推到较远的将来,人们对它进行评价时使用的是较低的贴现率。因此,当所需要做出的牺牲被推迟的时候,人们有耐心选择那些延迟支付的行为;但是对于近期的延迟支付却显得不耐烦。因为现期消费比未来消费更重要,人们总是拖延储蓄。双曲函数和实验结果非常吻合:人类和动物都更愿意承诺在未来延迟满足,而不是现在延迟满足。①

双曲贴现可能产生两种形式的拖延行为。当一个人错误地认为在未来他的效用函数不会发生变化时,"幼稚拖延"发生。他们错误地计划,尽管今天重要,但明天会不同。他们没能意识到明天的自己和今天不同,因此当明天到来时,明天就会像今天一样重要。幼稚拖延者错误地相信,虽然今天自己没有储蓄,他明天也会去储蓄(节食、锻炼、戒烟等等),然而他会惊奇地发现,被推迟到明天的节约行为在明天也被拖延了。更老练的拖延采取提前计划的形式,这是奥多诺休和雷宾(O'Donoghue and Rabin, 1999)提出的术语。提前计划者对自己的未来有理性的预期。他们对自己说:如果明天将特别重要,那今天储蓄就没有意义。如果明天特别重要,那当今天也是那么重要时我会花光今天的所有储蓄。因此我为什么今天还要储蓄呢?

莱布森(Laibson)以双曲贴现为基础研究了储蓄行为和政策。他与里佩托和托巴科曼(Repetto and Tobacman, 1998)一起,模拟了在消费者提前计划的世界里,不同的税收激励政策的效果。他们的估计表明,那些降低提前计划的激励的微小变化会导致巨大的正福利效应。因为这篇文章对有税收优惠的401(k)储蓄计划的规定已经进行了调整。如果企业加入了这一计划,工人们现在可能会自动地加入自动履约养老

---

① 参见 Robert H. Strotz (1956), Phelps and Robert A. Pollak (1968), George Ainslie (1992), George Loewenstein and Drazen Prelec (1992), Laibson et al. (1998), 以及 Laibson (1999)。在阿克洛夫(1991)中,我非常遗憾没有发现跨时不一致的早期工作。在经济学中,这些工作包括 Strotz (1956), Phelps and Pollak (1968), Richard H. Thaler (1981), 以及 Loewenstein (1987)。Loewenstein and Thaler (1989) 非常好地回顾了动态不一致性的早期原有文献,包括心理实验和理论。也可参见 Ainslie (1992)。

金预留。这些计划的采用明显地增加了计划的参与度，并且许多工人将养老金预留额保持在自动履约水平。[1]

除了社会保障和其他"强制"储蓄计划受到追捧外，储蓄不足的最好证据可能是退休者的平均消费迅速下降。[2]实际上，退休的消费不连续地下降。[3]那些有更多财富和更高收入的退休者消费的减少量要少得多。这个发现很难用标准的指数贴现的生命周期模型解释。[4]

塞勒和伯纳兹（Thaler and Shlomo Benartzi, 2000）设计了一个储蓄计划来克服人们趋向拖延的行为，并在一个中等规模的制造企业中实验了这一计划：雇员们被邀请参加一个储蓄计划，允许他们可以优先选择工资增量中有多少比例留为存款。与双曲贴现而非标准的指数模型相一致，雇员选择把现在收入中的较少部分用于储蓄，而承诺将未来收入中的较大部分留为存款。在短期内，平均储蓄率增加了一倍。[5]

Ⅵ. 资本市场

凯恩斯的《通论》是资本市场现代行为金融理论的鼻祖。在凯恩斯的比喻中，"专业投资可能就像报纸选美一样，在这种选美中竞争者必须在上百张照片中选出最漂亮的 6 个人，其选择最接近所有竞争者选出的平均水平的竞争者获得胜利"[6]。因此，股票市场过度波动和对于消息过度反应。对股票市场的这种看法和有效市场模型是相抵触的：在这种模型中，股票价格是根据风险水平调整的未来收入的预期现值。

20 世纪 80 年代初，希勒对凯恩斯的过度波动假设进行了一个直接检验。他推论，如果股票价格确实是预期未来收入的预测值，那么股价的波动应该低于贴现回报本身。希勒的洞见是一个简单的统计原理的直

---

[1] 参见 Brigitte C. Madrian and Dennis F. Shea (2001)。

[2] 参见 James Banks et al. (1998) 以及 B. Douglas Bernheim et al. (2001)。

[3] 如果退休与负收入冲击相关，这种下降可能就会发生。Bernheim et al. (2001, p. 854) 认为这种调整相对微小。

[4] 当然，退休者获得了更多的闲暇，因此可以期待因闲暇替代消费而降低消费水平。而且，很难解释为什么这种替代会随着财富水平和收入替代率变化而发生系统变化，但这并非不可能。如果对退休闲暇的特定偏好通过选择具有了高收入替代率并且已经积累了很高的储蓄水平，则这可能会发生。

[5] 从 4.4% 到 8.7%。此行为也在 Kahneman and Tversky (1979) 提出的前景理论中得到了解释。根据前景理论，决策的框架是重要的，而且人们抵制承担损失。在此环境中，这些雇员不想在其消费中承担损失。

[6] Keynes (1936, p. 156)。

第 20 章　行为宏观经济学与宏观经济行为

接应用：一个好的预测应该比被预测的变量方差更小。如果天气预报比实际天气的方差更大，那么预报员就应该被炒鱿鱼。①运用美国 100 年的股票价格和股息的数据，希勒（1980）比较了趋势平滑后股票价格的方差和趋势平滑后股息的当期贴现值的方差。②他发现的恰是凯恩斯的预料：（剔除趋势后的）股价方差比（剔除趋势后的）股息贴现值方差大 5 倍。这个结果也符合更复杂的检验，这些检验允许股价和股息贴现值的非平稳性。③

尽管有上述的方差范围检验结果，对有效市场的确信还是得到了一些经验证据的支持，例如月度回报数据的显著序列相关性。④拒绝回报是序列相关的原假设表明，股票市场的表现近似于随机游走。作为回应，萨默斯（Summers，1986）在一个"狂热"模型——带有偏离完美市场的序列相关——中证明，序列相关检验的能力很低：这种能力如此之低以至于需要 5 000 年的数据才能判别 50% 的时间是满足随机游走假说，还是在 35% 的时间里使股票价格偏离其基础值 30% 的"狂热"假说。⑤

除了确定过度波动的存在，希勒也研究了可能的原因。在《非理性繁荣》（2000）中，他回顾了 20 世纪 90 年代对于股市泡沫的新闻报道，并解释了"新经济"的思想是如何在金融市场和实际经济中传播的。当股价上涨时，"新经济"的福音在人与人间传颂；个人投资者按照媒体的观点做决策，这些媒体夸大了因特网等经济基础对生产力的影响。这种股市泡沫是普遍存在的；它们在许多国家发生过，并频繁地出现在历史中。事实上，金德尔伯格（Kindleberger）对恐慌和狂热的描写以及加尔布雷思（Galbraith）对 1929 年大萧条的历史描写是《非理性繁荣》

---

① 例如，从一个正态分布出发，实际抽样产生了最小方差的预测，而预测结果是分布的均值，这根本是一个不带有方差的不变值。

② 他将未来股息外推到观察期之外。相同的检验也可参见 Steven F. LeRoy and Richard Porter（1981）。

③ 参见 John Y. Campbell and Shiller（1987）。尽管希勒的杰作最初似乎紧紧围绕这个案例，但是两个技术问题却给他们的研究投下了疑问的阴影。第一个问题是剔除趋势潜在地引入一个严重的偏到希勒的程序中：股价和股息序列都不是平稳的，而一个非平稳序列甚至都没有方差。第二个问题与希勒样本的缺点以及对未来股息进行的外推相关。Allan W. Kleidon（1986）在模拟数据中证明，希勒剔除趋势的股价序列的方差与股息序列的方差两者之差并不足够大，因此当回报遵循随机游走时无法拒绝有效市场原假设。Campbell-Shiller 检验允许股票价格和股息的非平稳性，只要两个序列是协整的。这一检验即使在资本—劳动比变化很慢时也是有效的。

④ 在统计意义上并不显著的地方，这种相关性似乎在很大程度上不显著。

⑤ Kenneth D. West（1988）也类似地证明了 Kleidon 用希勒去趋势数据进行的效率市场检验的低能力。

511

的优秀前辈。

对股票市场理性质疑的第二个主要实证发现是股权溢价之谜（equity premium puzzle）。在过去两百年中，股票的收益明显高于债券。例如，从 1802 年到 1998 年，加权市场股票收益指数的实际回报率是年 7%，而无风险证券的回报率为年 2.9%。① 从 1926 年到 2000 年的 75 年间，股票的实际回报率是 8.7%，而债券则是 0.7%，差异达到 8%。这一差异相当巨大：西格尔和塞勒（Jeremy J. Seigle and Thaler, 1998）计算出 75 年前 1 000 美元投资于债券的收益是 12 400 美元，而投资于股票的收益则是 884 000 美元。差距如此之大，以至于拒绝理性假设轻而易举：在跨期效用最大化下，今天消费的边际效用应该与放弃今天消费而得到的预期明天的边际效用相等。在常相对风险厌恶效用函数下，上述条件意味着股权溢价应该等于风险厌恶系数乘以消费增长与股票回报的协方差。然而，对合理的风险规避系数，这个积比股权溢价小得多，因此可以拒绝理性消费行为假设。这种拒绝被称为股权溢价之谜。②

股票价格非理性的进一步证据来自横截面数据。与希勒时间序列数据中发现过度波动且向价格/回报比例的均值回归现象类似，德邦特和塞勒（Werner F. De Bondt and Thaler, 1985）在一个横截面数据中发现了对股票回报均值的回归：由过去 5 年 50 只最好股票组成的成功投资组合的现在表现低于市场平均水平，而过去 5 年 50 只最差股组成的投资组合表现则高于市场平均水平。股票市场的其他反常现象，比如 1987 年 10 月在没有任何明显消息影响下的股价日降 20% 等事件也对有效市场假说提出了质疑。③

资本市场的重要性不仅在其本身，而且在于它对宏观经济的重要影响，这一作用的发挥至少要通过三个渠道。第一，资产价值影响财富，从而影响消费。第二，既有资产的价格与新资本价格之比——托宾（Tobin）的 q——影响着投资，因为投资可以看作是在新资本的股票和相似的既有资产所有权间进行的套利。④最后，资产价值影响着公司破

---

① 参见 Rajinish Mehra（2001, p. 1）。

② 值得注意的是，即使这种弱检验都能导致对理性假设的拒绝，因为大多数消费理论，无论最大化与否，都断定股票回报率和消费增长率之间非常相关。例如，如果消费者具有简单依赖于财富的消费函数时，这种相关性就会出现，或者另外的情况，如果导致股票市场高回报的相同的乐观主义也会导致消费狂热起来。帕克（Jonathan A. Parker, 2001）提出了股权溢价之谜的一种解决方法。

③ 参见 Romer（1993, p. 1112）。

④ 参见关于 q 理论的文献，特别是 Tobin（1969），Summers（1981），Andrew B. Abel（1982）以及 Fumio Hayashi（1982）。

产的可能性。接近于破产的公司发现就算不是不可能，它们也很难借到钱，因此通常会失去有盈利的投资机会。①

Ⅶ. 贫困和身份

如果收入分配如很多人声称的，也是宏观经济学的主题，那么行为经济学对于这个最困扰美国的长期问题（占多数的白人和非裔美国少数民族之间收入和社会地位境遇的差异）也提供了一些洞见。作为奴隶制与紧随其后的吉姆·克罗（Jim Crow）种族歧视政策的遗产，非裔美国人的贫困问题特别严重。2000 年黑人的贫困率为 27.6%，比白人贫困率 7.7%高出三倍。②尽管只占美国总人口的约 1/8，非裔美国人却占据了美国贫困人口的 1/4。③现实的不平衡比统计数据更严重，因为最贫困的非裔美国人的问题远非限于贫困本身。他们有超高的犯罪率、毒品和酒精滥用率、非婚生育率、单亲（母亲）家庭以及福利依赖。对入狱人员的统计数据表明，以上问题中最严重的也影响着相当比例的非裔美国人。因此，比如大概有 4.5%的黑人男性被收审或入狱。④ 黑人男性入狱率超过了白人男性入狱率的 8 倍。⑤ 而一个黑人男青年在一生中入狱的可能性超过 1/4。⑥

我们的观点是，因为标准经济理论不能解释这种自我毁灭的行为，克兰顿和我（Rachel E. Kranton and Akerlof，2000）发展了基于社会学和心理学观察的模型来理解非裔美国人不利地位的持续性。我们的理论强调身份以及人们决定成为什么样的人的重要性。在我们少数民族的贫困理论中，被剥夺了种族和阶级身份的人面临着一个霍布森选择⑦

---

① 参见 Stewart C. Myers（1974）；Michael C. Jensen and William H. Meckling（1976）。Owen Lamont（1995）证明了因这种依赖性会导致产生二重均衡。

② 对拉丁裔有一个类似但是并没有这么极端的种族歧视历史。

③ 参见 http://www.census.gov/Press-Release/www/2000/cb00-158.html。

④ 在 1996 年，有 530 140 名黑人男囚，以及 213 100 名非拉丁裔黑人和 80 900 名拉丁裔被羁押。有 462 500 名男性和 55 800 名女性被羁押在看守所。拉丁裔黑人比例为 0.3%，而假设黑人的男/女性别比与白人相同来推断，1996 年监狱中的黑人男性为 211 814。黑人男性人口大约为 1/2(30+0.6×4.7)×100 万=1 641 万。最后的结果是约有 4.5%的非裔美国男性在监狱或看守所中。入狱率来源：1996 年美国修正人口数据，美国司法部，表 5.7，p.82，http://www.census.gov/statab/www.part1a.html。

⑤ 参见 www.hrw.org/reports/2000/usa/Table3.pdf。

⑥ 这是基于 1993 年入狱率的估计结果。

⑦ 一个成语，没有选择余地的意思。——译者注

(Hobson's choice)。可能的选择是接受与主导文化相适应的身份。但是接受这种身份的同时也意识到他不可能为主导文化的成员完全承认。这种选择同样可能在心理上给他自己造成负担，因为这要求他成为一个"不同"的人；处于主导文化之外的家人、朋友可能也不会接受这样一个标新立异者。因此，他很可能会觉得永远不可能"过关"。第二种可能的选择是采纳由历史决定的身份，对于许多少数民族的人，这是一种对立的文化。每种身份有其理想的行为模式。在对立文化的身份下，理想行为通常被定义为那些主导文化认为不要做的。因为主导文化赞同"自我成就"，所以对立文化就是自我毁灭。对于自我，这种对立文化可能是较容易适应的，不过它也可能是在经济上和生理上不利的。

落后的这种以身份为其基础的理论与大量证据吻合。它符合一些研究的核心发现，比如弗雷泽（Franklin Frazier, 1957）、克拉克（Kenneth Clark, 1965）、杜波依斯（William E. B. Du Bois, 1965）、汉纳兹（Ulf Hannerz, 1969）、雷恩沃特（Lee Rainwater, 1970）、威尔逊（William J. Wilson, 1987, 1996）以及安德森（Elijah Anderson, 1990）等。阅读任何一本非裔美国自传：在接受和拒绝之间的痛苦周折是不变的主题。

少数族裔贫困的身份理论具有的政策含义区别于标准新古典理论的结论。例如，标准的关于犯罪与惩罚的经济理论认为应该用威慑来阻止犯罪：将犯罪成本提到足够高，就像加州的"三次就出局"法那样，可能的犯罪者就会三思而行了。但结果是监狱满了而犯罪仍未停止。相反，以身份为基础的理论认为，入狱率带来的巨大负外部性可能抵消了通过严厉的判决来阻止犯罪的短期收益。[1]监狱本身就是一个反文化身份的学校，也因此是未来犯罪的温床。而且，身份形成的外部性要求在犯罪发生之前有相应的预防措施。这些措施包括例如有效、易加入的戒毒和康复计划，提供给城市中心区青年的公共就业机会等。身份理论认为，增加高贫困率非裔美国人聚居区附近的学校数量有很大的帮助：非裔美国男孩对教师质量和班级规模的差异特别敏感。[2]也许我们应该在完成常规教程的老师之外配备老师，增加对与身份形成有关的学生事务的关注。[3] 最后，身份形成的外部性要求积极的行动，因为这是长期以来拒绝非裔美国人的白人社会欢迎他们加入的一

---

[1] 参见 Steven D. Levitt（1996）。

[2] 参见 Ronald F. Ferguson（1998）对教师质量影响的研究以及 Krueger and Diane M. Whimore（1999）对班级规模影响的研究。

[3] 参见 Lisa Delpit（1995）。

个信号。①

Ⅷ. 结 论

自这次发端于增长理论而横扫整个微观经济学的革命开始,已有 30 年时间。新微观经济学已经成为所有研究生的标准课程,构成了两课体系的半壁。对新宏观经济学的接受更慢一些,但是革命也正在这里发生。如果经济学中有任何一个主题应该是行为经济学,那这个方面就应该是宏观经济学。我在这次演讲中阐述的互惠、公平、身份、货币幻觉、损失规避、羊群行为以及延迟有助于解释现实世界经济对完全竞争的一般均衡模型的背离。我的观点是,宏观经济学必须建立在对这些行为的考察之上。

在上个时代,凯恩斯的《通论》对行为宏观经济学作出了最伟大的贡献。凯恩斯无时无刻不在强调心理特征(比如说消费中)和非理性(比如在对股票市场的观察中)导致的市场失灵。这本著作刚刚出版,经济学专业就成为了凯恩斯主义经济学。当他们在把《通论》翻译成古典经济学的"平滑"数学之后,《通论》被驯化了。但是经济如狮子一般野蛮和危险。当代的行为经济学重新发现宏观经济行为野蛮的一面。行为经济学家正在成为驯狮者。这个任务既是一次智力上的挑战,又是一项困难的工作。

参考文献

Abel, Andrew B. "Dynamic Effects of Permanent and Temporary Tax Policies in a q Model of Investment." *Journal of Monetary Economics*, May 1982, 9 (3), pp. 353–373.

Ainslie, George. *Micoeconomics*. Cambridge, U.K.: Cambridge University Press, 1992.

Akerlof, George A. "Relative Wages and the Rate of Inflation." *Quarterly Journal of Economics*, August 1969, 83 (3), pp. 353–374.

——. "The Market for 'Lemons'. Quality Uncertainty and the Market Mecha-

---

① 劳里(Glenn C. Loury, 1995)指出,积极的行动也可能带来相反的效果:它可能会放大黑人对于被隔离的感觉,使得他们觉得自己即使成功了也被看作不属于主流文化。

nism." *Quarterly Journal of Economics*, August 1970, 84 (3), pp. 488−500.

——. "The Demand for Money: A General-Equilibrium Inventory-Theoretic Approach." *Review of Economic Studies*, January 1973, 40 (1), pp. 115−130.

——. "The Economics of 'Tagging' as Applied to the Optimal Income Tax, Welfare Programs, and Manpower Planning." *American Economic Review*, March 1978, 68 (1), pp. 8−19.

——. "Irving Fisher on His Head: The Consequences of Constant Threshold-Target Monitoring of Money Holdings." *Quarterly Journal of Economics*, May 1979, 93 (2), pp. 169−187.

——. "Labor Contracts as Partial Gift Exchange." *Quarterly Journal of Economics*, November 1982, 97 (4), pp. 543−569.

——. "Procrastination and Obedience." *American Economic Review*, May 1991 (*Papers and Proceedings*), 81 (2), pp. 1−19.

——. Dickens, William T. and Perry, George L. "The Macroeconomics of Low Inflation." *Brookings Papers on Economic Activity*, 1996, (1), pp. 1−59.

——. "Near-Rational Wage and Price Setting and the Long-Run Philips Curve." *Brookings Papers on Economic Activity*, 2000, (1), pp. 1−44.

——and Kranton, Rachel E. "Economics and Identity." *Quarterly Journal of Economics*, August 2000, 115 (3), pp. 715−753.

——; Rose, Andrew K. and Yellen, Janet L. "Job Switching and Job Satisfaction in the U. S. Labor Market." *Brookings Papers on Economic Activity*, 1988, (2), pp. 495−582.

——and Yellen, Janet L. "A Near-Rational Model of the Business Cycle, with Wage and Price Inertia." *Quarterly Journal of Economics*, Supp., 1985a, 100 (5), pp. 823−838.

——. "Can Small Deviations from Rationality Make Significant Differences to Economic Equilibria?" *American Economic Review*, September 1985b, 75 (4), pp. 708−720.

——. "The Fair Wage-Effort Hypothesis and Unemployment." *Quarterly Journal of Economics*, May 1990, 105 (2), pp. 255−283.

——. "How Large Are the Losses from Rule-of-Thumb Behavior in Models of the Business Cycle?" in William C. Brainard, William D. Nordhaus, and Harold W. Watts, eds., *Money, macroeconomics, and economic policy: Essays in honor of James Tobin*. Cambridge, MA: MIT Press, 1991, pp. 59−78.

Anderson, Elijah. *StreetWise: Race, class, and change in an urban community*. Chicago: University of Chicago Press, 1990.

Arrow, Kenneth J. "The Economic Implications of Learning by Doing." *Review of Economic Studies*, June 1962, 29 (3), pp. 155−173.

Ball, Lawrence. "Credible Disinflation with Staggered Price-Setting." *American*

第 20 章 行为宏观经济学与宏观经济行为

Economic Review. March 1994, 84 (1), pp. 282-289.

Banks, James; Blundell, Richard and Tanner, Sarah. "Is There a Retirement-Savings Puzzle?" *American Economic Review*, September 1998, 88 (4), pp. 769-788.

Barro, Robert J. "A Theory of Monopolistic Price Adjustment." *Review of Economic Studies*, January 1972, 39 (1), pp. 17-26.

——. "Long-Term Contracting, Sticky Prices, and Monetary Policy." *Journal of Monetary Economics*, July 1977, 3 (3), pp. 305-316.

Barsky, Robert S.; Kimball, Miles S.; Juster, F. Thomas and Shapiro, Matthew. "Preference Parameters and Behavioral Heterogeneity: An Experimental Approach in the Health and Retirement Survey." National Bureau of Economic Research (Cambridge, MA) Working Paper No. 5213, August 1995.

Becker, Gary S. and Stigler, George J. "Law Enforcement, Malfeasance, and the Compensation of Enforcers." *Journal of Legal Studies*, January 1974, 3 (1), pp. 1-18.

Bernheim, B. Douglas; Skinner, Jonathan and Weinberg, Steven. "What Accounts for the Variation in Retirement Wealth Among U. S. Households?" *American Economic Review*, September 2001, 91 (4), pp. 832-855.

Bewley, Truman. *Why wages don't fall during a recession.* Cambridge, MA: Harvard University Press, 1999.

Blanchard, Olivier Jean and Kiyotaki, Noblhiro. "Monopolistic Competition and the Effects of Aggregate Demand." *American Economic Review*, September 1987, 77 (4), pp. 647-666.

Blinder, Alan S. and Choi, Don H. "A Shred of Evidence on Theories of Wage Stickiness." *Quarterly Journal of Economics*, November 1990, 105 (4), pp. 1003-1015.

Bowles, Samuel. "The Production Process in a Competitive Economy: Walrasian, Neo-Hobbesian, and Marxian Models." *American Economic Review*, March 1985, 75 (1), pp. 16-36.

Caballero, Ricardo. "Durable Goods: An Explanation for Their Slow Adjustment." *Journal of Political Economy*, April 1993, 101 (2), pp. 351-384.

Calvo, Guillermo A. "Staggered Prices in a Utility-Maximizing Framework." *Journal of Monetary Economics*, September 1983, 12 (4), pp. 383-398.

Campbell, Carl M. III and Kamlani, Kunal S. "The Reasons for Wage Rigidity: Evidence from a Survey of Firms." *Quarterly Journal of Economics*, August 1997, 112 (3), pp. 759-789.

Campbell, John Y. and Shiller, Robert J. "Cointegration and Tests of Present Value Models." *Journal of Political Economy*, October 1987, 97 (5), pp. 1062-1088.

Caplin, Andrew F. and Leahy, John. "State-Dependent Pricing and the Dynamics of Money and Output." *Quarterly Journal of Economics*, August 1991, 106 (3), pp. 683-708.

——and Spulber, Daniel F. "Menu Costs and the Neutrality of Money." *Quarterly Journal of Economics*, November 1987, 102 (4), pp. 703-725.

Card, David and Hyslop, Dean. "Does Inflation 'Grease the Wheels' of the Labor Market?" in Christina D. Romer and David H. Romer, eds., *Reducing inflation: Motivation and strategy*, NBER Studies in Business Cycles, Vol. 30. Chicago: University of Chicago Press, 1997, pp. 195-242.

Carmichael, Lorne. "Can Unemployment Be Involuntary? Comment." *American Economic Review*, December 1985, 75 (5), pp. 1213-1214.

Chamberlin, Edward. *The theory of monopolistic competition: A re-orientation of the theory of value*. Cambridge, MA: Harvard University Press, 1962.

Clark, Kenneth. *Dark ghetto*. New York: Harper & Row, 1965.

De Bondt, Werner F. M. and Thaler, Richard H. "Does the Stock Market Overreact?" *Journal of Finance*, July 1985, 40 (3), pp. 793-805.

Delpit, Lisa. *Other people's children: Cultural conflict in the classroom*. New York: New Press, 1995.

Dickens, William T. and Katz, Lawrence F. "Inter-industry Wage Differences and Industry Characteristics," in Kevin Lang and Jonathan S. Leonard, eds., *Unemployment and the structure of labor markets*. New York: Blackwell, 1987, pp. 48-89.

Du Bois, William E. B. *The souls of black folk*. Greenwich, CT: Fawcett Publications, 1965.

Dunlop, John T. "The Task of Contemporary Wage Theory," in John T. Dunlop, ed., *The theory of wage determination*. New York: St. Martin's Press, 1957, pp. 3-27.

Eckstein, Otto and Brinner, Roger. "The Inflation Process in the United States." Joint Economic Committee of the Congress of the United States, Washington, DC, 1972.

Economic Report of the President. 2000.

Engen, Eric M.; Gale, William G. and Uccello, Cori E. "The Adequacy of Household Saving." *Brookings Papers on Economic Activity*, 1999, (2), pp. 65-187.

Fehr, Ernst and Falk, Armin. "Wage Rigidity in a Competitive Incomplete Contract Market." *Journal of Political Economy*, February 1999, 107 (1), pp. 106-134.

——; Gachter, Simon and Kirchsteiger, Georg. "Reciprocal Fairness and Noncompensating Wage Differentials." *Journal of Institutional and Theoretical Economics*, December 1996, 152 (4), pp. 608-640.

第 20 章 行为宏观经济学与宏观经济行为

——and Goette, Lorenz. "Robustness and Real Consequences of Nominal Wage Rigidity." Institute for Empirical Research in Economics (University of Zurich) Working Paper No. 44, May 2000.

——; Kirchsteiger, Georg and Riedl, Arno. "Does Fairness Prevent Market Clearing? An Experimental Investigation." *Quarterly Journal of Economics*, May 1993, 108 (2), pp. 437–459.

——and Tyran, Jean-Robert. "Does Money Illusion Matter?" *American Economic Review*, December 2001, 91 (5), pp. 1239–1262.

Ferguson, Ronald F. "Can Schools Narrow the Test Score Gap?" in Christopher Jencks and Meredith Phillips, eds., *The black-white test score gap*. Washington, DC: Brookings Institution Press, 1998, pp. 318–374.

Fischer, Stanley. "Long-Term Contracts, Rational Expectations, and the Optimal Money Supply Rule." *Journal of Political Economy*, February 1977, 85 (1), pp. 191–205.

Flanagan, Robert J.; Soskice, David W. and Ulman, Lloyd. *Unionism, economic stabilization and incomes policies: European experience*. Washington, DC: Brookings Institution Press, 1983.

Fortin, Pierre. "Canadian Wage Settlement Data." Mimeo, Université de Québec à Montréal, April 1995.

——. "The Great Canadian Slump." *Canadian Journal of Economics*, November 1996, 29 (4), pp. 761–787.

——; Akerlof, George A.; Dickens, William T. and Perry, George L. "Inflation, Unemployment, and Macroeconomic Policy in the United States and Canada: A Common Framework." Mimeo, Université de Québ à Montréal, June 2001.

Foster, James E. and Wan, Henry Y., Jr. "Involuntary Unemployment as a Principal-Agent Equilibrium." *American Economic Review*, June 1984, 74 (3), pp. 476–484.

Frazier, Franklin. *The black bourgeoisie: The rise of the new middle class in the United States*. New York: Free Press, 1957.

Friedman, Milton. "The Lag in Effect of Monetary Policy." *Journal of Political Economy*, October 1961, 69 (5), pp. 447–466.

——. "The Role of Monetary Policy." *American Economic Review*, March 1968, 58 (1), pp. 1–17.

Gordon, Robert J. "The Recent Acceleration in Inflation and Its Lessons for the Future." *Brookings Papers on Economic Activity*, 1970, (1), pp. 8–41.

——. "The Time-Varying NAIRU and Its Implications for Economic Policy." *Journal of Economic Perspectives*, Winter 1997, 11 (1), pp. 11–32.

Hannerz, Ulf. *Soulside: Inquiries into ghetto culture and community*. New York: Columbia University Press, 1969.

Hayashi, Fumio. "Tobin's Marginal q and Average q: A Neoclassical Interpretation." *Econometrica*, January 1982, 50 (1), pp. 213−224.

Hicks, John R. "Mr. Keynes and the 'Classics': A Suggested Interpretation." *Econometrica*, April 1937, 5 (1), pp. 147−159.

Hodgman, Donald R. "Credit Risk and Credit Rationing." *Quarterly Journal of Economics*. May 1960, 74 (2), pp. 258−278.

Hotelling, Harold. "Stability in Competition." *Economic Journal*, March 1929, 39 (153), pp. 41−57.

Howitt, Peter and Clower, Robert. "The Emergence of Economic Organization." *Journal of Economic Behavior and Organization*, January 2000, 41 (1), pp. 55−84.

Iwai, Katsuhito. *Disequilibrium dynamics: A theoretical analysis of inflation and unemployment*. New Haven, CT: Yale University Press, 1981.

Jaffee, Dwight M. and Russell, Thomas. "Imperfect Information and Credit Rationing." *Quarterly Journal of Economics*, November 1976, 90 (4), pp. 651−666.

Jensen, Michael C. and Meckling, William H. "Theory of the Firm: Managerial Behavior, Agency Costs and Ownership Structure." *Journal of Financial Economics*, October 1976, 3 (4), pp. 305−360.

Kahn, Shulamit. "Evidence of Nominal Wage Stickiness from Microdata." *American Economic Review*, December 1997, 87 (5), pp. 993−1008.

Kahneman, Daniel and Tversky, Amos. "Prospect Theory: An Analysis of Decision under Risk." *Econometrica*, March 1979, 47 (2), pp. 263−292.

Katz, Lawrence F. "Efficiency Wage Theories: A Partial Evaluation," in Stanley Fischer, ed., *NBER macroeconomics annual* 1986. Cambridge, MA: MIT Press, pp. 235−276.

Keynes, John Maynard. *The general theory of employment, interest and money*. New York: Macmillan, 1936.

Kleidon, Allan W. "Variance Bounds Tests and Stock Price Valuation Models." *Journal of Politica Economy*, October 1986, 94 (5), pp. 953−1001.

Krueger, Alan B. and Summers, Lawrence H. "Efficiency Wages and the Interindustry Wage Structure." *Econometrica*, March 1988, 56 (2), pp. 259−293.

Krueger, Alan B. and Whitmore, Diane M. "The Effect of Attending a Small Class in the Early Grades on College Test-Taking and Middle School Test Results: Evidence from Project STAR." Mimeo, Industrial Relations Section, Princeton University, September 1999.

Laibson, David I. "The Adequacy of Household Saving: Comments and Discussion." *Brookings Papers on Economic Activity*, 1999, (2), pp. 174−177.

——; Repetto, Andrea and Tobacman, Jeremy. "Self-Control and Saving for Retirement." *Brookings Papers on Economic Activity*, 1998, (1), pp. 91−172.

Lamont, Owen. "Corporate-Debt Overhang and Macroeconomic Expectations." *American Economic Review*, December 1995, 85 (5), pp. 1106-1117.

Lebow, David E. ; Saks, Raven E. and Wilson, Beth Anne. "Downward Nominal Wage Rigidity: Evidence from the Employment Cost Index." Board of Governors of the Federal Reserve System, Finance and Economics Discussion Series: 99/31, July 1999.

LeRoy, Stephen F. and Porter, Richard. "The Present Value Relation: Test Based on Implied Variance Bounds." *Econometrica*, May 1981, 49 (3), pp. 555-574.

Levine, David I. "Cohesiveness, Productivity, and Wage Dispersion." *Journal of Economic Behavior and Organization*, March 1991, 15 (2), pp. 237-255.

Levitt, Steven D. "The Effect of Prison Population Size on Crime Rates: Evidence from Prison Overcrowding Litigation." *Quarterly Journal of Economics*, May 1996, 111 (2), pp. 319-351.

Lindbeck, Assar and Snower, Dennis J. *The insider-outsider theory of employment and unemployment*. Cambridge, MA: MIT Press, 1988.

Lipsey, Richard G. "The Relation between Unemployment and the Rate of Change of Money Wage Rates in the United Kingdom, 1862—1957: A Further Analysis." *Economica*, New Series, February 1960, 27 (1), pp. 1-31.

Loewenstein, George. "Anticipation and the Valuation of Delayed Consumption." *Economic Journal*, September 1987, 97 (387), pp. 666-684.

——and Prelec, Drazen. "Anomalies in Intertemporal Choice: Evidence and an Interpretation." *Quarterly Journal of Economics*, May 1992, 107 (2), pp. 573-597.

——and Thaler, Richard H. "Anomalies: Intertemporal Choice." *Journal of Economic Perspectives*, Autumn 1989, 3 (4), pp. 181-193.

Loury, Glenn C. *One by one from the inside out*. New York: Free Press, 1995.

Lucas, Robert E. , Jr. and Sargent, Thomas J. "After Keynesian Macroeconomics," in Federal Reserve Bank of Boston, *After the Philips curve: Persistence of high inflation and high unemployment*, Conference Series No. 19, 1979, pp. 49-72.

Madrian, Brigitte C. and Shea, Dennis F. "The Power of Suggestion: Inertia in 401 (k) Participation and Savings Behavior." *Quarterly Journal of Economics*, November 2001, 116 (4), pp. 1149-1187.

Mankiw, N. Gregory. "Small Menu Costs and Large Business Cycles: A Macroeconomic Model." *Quarterly Journal of Economics*, May 1985, 110 (2), pp. 529-538.

——and Reis, Ricardo. "Sticky Information versus Sticky Prices: A Proposal to Replace the New Keynesian Phillips Curve." Mimeo, Harvard University, February 2001.

McLaughlin, Kenneth J. "A Theory of Quits and Layoffs with Efficient Turnover." *Journal of political Economy*, February 1991, 99 (1), pp. 1-29.

Mehra, Rajnish. "The Equity Premium Puzzle: Why Is It a Puzzle?" Mimeo, University of Chicago, May 2001.

Mishkin, Frederic S. "Illiquidity, Consumer Durable Expenditure, and Monetary Policy." *American Economic Review*, September 1976, 66 (4), pp. 642-654.

Murphy, Kevin M. and Topel, Robert J. "Efficiency Wages Reconsidered: Theory and Evidence," in Yoram Weiss and Gideon Fishelson, eds. , *Advances in the theory and measurement of unemployment*. New York: MacMillan, 1990, pp. 204-240.

Myers, Stewart C. "Interactions of Corporate Financing and Investment Decisions-Implications for Capital Budgeting." *Journal of Finance*, March 1974, 29 (1), pp. 1-25.

Nisbett, Richard and Ross, Lee. *Human inference: Strategies and shortcomings of social judgment*. Englewood Cliffs, NJ: Prentice-Hall, 1980.

O'Donoghue, Ted and Rabin, Matthew. "Doing It Now or Later." *American Economic Review*, March 1999, 89 (1), pp. 103-124.

Parker, Jonathan A. "The Consumption Risk of the Stock Market." *Brookings Papers on Economic Activity*, 2001, (2), pp. 279-348.

Parkin, Michael. "The Output-Inflation Trade-off When Prices Are Costly to Change." *Journal of Political Economy*, February 1986, 94 (1), pp. 200-224.

Patinkin, Donald. *Money, interest, and prices: An integration of monetary and value theory*. Evanstion, IL: Row, Peterson, 1956.

Perry, George L. "Changing Labor Markets and Inflation." *Brookings Papers on Economic Activity*, 1970, (3), pp. 411-441.

—— "Money-Wage Dynamics and Labor-Market Equilibrium." *Journal of Political Economy*, August 1968, 76 (4), Part 2, pp. 678-711.

——. "The New Microeconomics in Inflation and Employment Theory." *American Economic Review*, May 1969 (*Papers and Proceedings*), 59 (2), pp. 147-160.

Phelps, Edmund S. and Pollak, Robert A. "On Second-Best National Saving and Game-Equilibrium Growth." *Review of Economic Studies*, April 1968, 35 (2), pp. 185-199.

——et al. *Microeconomic foundations of employment and inflation theory*. New York: W. W. Norton, 1970.

Phillips, A. W. "The Relationship between Unemployment and the Rate of Change of Money Wages in the United Kingdom, 1861—1957." *Economica*, New Series, November 1958, 25 (100), pp. 283-299.

Rabin, Matthew. "Incorporating Fairness into Game Theory and Economics." *American Economic Review*, December 1993, 83 (5), pp. 1281-1302.

Rainwater, Lee. *Behind ghetto walls: Black families in a federal slum*. Chicago: Aldine, 1970.

Robinson, Joan. *The economics of imperfect competition*. London: Macmillan, 1942.

Romer, Christina D. and Romer, David H. "Does Monetary Policy Matter? A New Test in the Spirit of Friedman and Schwartz," in Olivier Jean Blanchard and Stanley Fischer, eds., *NBER macroeconomics annual, 1989*. Cambridge, MA: MIT Press, 1989, pp. 121-170.

Romer, David H. "Rational Asset-Price Movements without News." *American Economic Review*, December 1993, 83 (5), pp. 1112-1130.

Roy, Donald. "Quota Restriction and Goldbricking in a Machine Shop." *American Journal of Sociology*, March 1952, 57 (5), pp. 427-442.

Sargent, Thomas J. "A Note on the 'Accelerationist' Controversy." *Journal of Money, Credit, and Banking*, August 1971, 3 (3), pp. 721-725.

Scarry, Richard. *Richard Scarry's cars and trucks and things that go*. New York: Golden Books, 1974.

Shafir, Eldar; Diamond, Peter and Tversky, Amos. "Money Illusion." *Quarterly Journal of Economics*, May 1997, 112 (2), pp. 341-374.

Shapiro, Carl and Stiglitz, Joseph E. "Equilibrium Unemployment as a Worker Discipline Device." *American Economic Review*, June 1984, 74 (3), pp. 433-444.

Shiller, Robert J. "Do Stock Prices Move Too Much to be Justified by Subsequent Changes in Dividends?" *American Economic Review*, June 1981, 71 (3), pp. 421-436.

——. "Why Do People Dislike Inflation?" in Christina D. Romer and David H. Romer, eds., *Reducing inflation: Motivation and strategy*, NBER Studies in Business Cycles, Vol. 30. Chicago: University of Chicago Press, 1997a, pp. 13-65.

——. "Public Resistance to Indexation: A Puzzle." *Brookings Papers on Economic Activity*, 1997b, (1), pp. 159-211.

——. *Irrational exuberance*. Princeton, NJ: Princeton University Press, 2000.

Siegel, Jeremy J. and Thaler, Richard H. "Anomalies: The Equity Premium Puzzle." *Journal of Economic Perspectives*, Winter 1997, 11 (1), pp. 191-200.

Solow, Robert M. "Investment and Technical Progress," in Kenneth J. Arrow, Samuel Korbin, and Patrick Suppes, eds., *Mathematical methods in the social sciences*. Stanford, CA: Stanford University Press, 1959, pp. 89-104.

——. "Substitution and Fixed Proportions in the Theory of Capital." *Review of Economic Studies*, June 1962, 29 (3), pp. 207-218.

Staiger, Douglas; Stock, James H. and Watson, Mark W. "How Precise Are Estimates of the Natural Rate of Unemployment?" in Christina D. Romer and David H. Romer, eds., *Reducing inflation: Motivation and strategy*, NBER Studies in

Business Cycles, Vol. 30. Chicago: University of Chicago Press, 1997, pp. 195-242.

Stiglitz, Joseph E. and Weiss, Andrew. "Credit Rationing in Markets with Imperfect Information." *American Economic Review*, June 1981, 71 (3), pp. 393-410.

Stoft, Steven. "Cheat-Threat Theory: An Explanation of Involuntary Unemployment." Mimeo, Boston University, May 1982.

Strotz, Robert H. "Myopia and Inconsistency in Dynamic Utility Maximization." *Review of Economic Studies*, January 1956, 23 (3), pp. 165-180.

Summers, Lawrence H. "Taxation and Corporate Investment: A q-Theory Approach." *Brookings Papers on Economic Activity*, 1981, (1), pp. 67-127.

——. "Does the Stock Market Rationally Reflect Fundamental Values?" *Journal of Finance*, July 1986, 41 (3), pp. 591-601.

Taylor, John. "Staggered Wage Setting in a Macro Model." *American Economic Review*, May 1979 (*Papers and Proceedings*), 69 (2), pp. 108-113.

Thaler, Richard H. and Benartzi, Shlomo. "Save More Tomorrow: Using Behavioral Economics to Increase Employee Saving." Mimeo, University of Chicago, November 2000.

Tobin, James. "A General Equilibrium Approach to Monetary Theory." *Journal of Money, Credit, and Banking*, February 1969, 1 (1), pp. 15-29.

——. "Inflation and Unemployment." *American Economic Review*, March 1972, 62 (1), pp. 1-18.

West, Kenneth D. "Bubbles, Fads and Stock Price Volatility Tests: A Partial Evaluation." *Journal of Finance*, July 1988, 43 (3), pp. 639-656.

Wilson, William J. *The truly disadvantaged*. Chicago: University of Chicago Press, 1987.

——. *When work disappears: The world of the new urban poor*. New York: Knopf, 1996.

Yellen, Janet L. "Efficiency Wage Models of Unemployment." *American Economic Review*, May 1984 (*Papers and Proceedings*), 74 (2), pp. 200-205.

Zbaracki, Mark J.; Ritson, Mark; Levy, Daniel; Dutta, Shantanu and Bergen, Mark. "The Managerial and Customer Costs of Price Adjustment: Direct Evidence from Industrial Markets." Mimeo, Emory University, 2000.

译后记

乔治·阿克洛夫因其影响深远的工作而成为顶尖的经济学家。本书搭建了微观与宏观行为间的联系，以歧视、幻觉、定价黏性、认知偏见倾向等微观行为的观察作为基础，分析其宏观经济后果。当然，作为一本文集，本书不同于教科书，它更像是一本高年级研究生的参考读物或经济思想史读物。实际上，近些年不断兴起的行为主义经济学很多方面再次回到了阿克洛夫的贡献，比如延迟对于消费的影响等。书中包含了过去几十年经济学领域最具创新性的一些文献，属微观、宏观经济学者的必读书目。

虽然在相关领域做了多年科研工作，但翻译这样一本文集对于译者仍然是个不小的挑战。这里必须要感谢中国人民大学出版社崔惠玲女士，在译稿的交付时间一再推迟的情况下仍然给予译者足够的耐心。本书部分章节的翻译参考了国内的其他译本，分别是首都经贸大学出版社出版的《一位经济理论家讲述的故事》中收录的六篇译文，以及《比较》杂志刊登的《行为宏观经济学与宏观经济行为》一章的译文等。中央财经大学经济学院 2007 级研究生杨帆、周俊杰、刘惠荣和于超同学参加了本书部分章节的初译工作。在此，对于这些贡献者一并表示感谢！当然翻译过程中的纰漏和瑕疵归于译者。

李彬于中财沙河校区

Explorations in Pragmatic Economics by George Akerlof

Copyright © Editional Material and Compilation by George Akerlof, 2005

Simplified Chinese version © 2013 by China Renmin University Press. All Rights Reserved.

Explorations in Pragmatic Economics was originally published in English in 2005. This translation is published by arrangement with Oxford University Press and is for sale in the Mainland (part) of the People's Republic of China only.

《现实主义经济学之路》英文版2005年出版。简体中文版由牛津大学出版社授权中国人民大学出版社出版，仅限中国大陆地区销售发行。

图书在版编目(CIP)数据

现实主义经济学之路/阿克洛夫（Akerlof，G.）等著；李彬译. —北京：中国人民大学出版社，2013.8
（诺贝尔经济学奖获得者丛书）
ISBN 978-7-300-17931-5

Ⅰ.①现… Ⅱ.①阿…②李… Ⅲ.①实证经济学-文集 Ⅳ.①F019.3-53

中国版本图书馆 CIP 数据核字（2013）第 205746 号

"十三五"国家重点出版物出版规划项目
诺贝尔经济学奖获得者丛书
现实主义经济学之路
乔治·A·阿克洛夫 等 著
李彬 译
Xianshi Zhuyi Jingjixue zhi Lu

出版发行	中国人民大学出版社		
社　　址	北京中关村大街 31 号	邮政编码	100080
电　　话	010-62511242（总编室）	010-62511770（质管部）	
	010-82501766（邮购部）	010-62514148（门市部）	
	010-62515195（发行公司）	010-62515275（盗版举报）	
网　　址	http://www.crup.com.cn		
	http://www.ttrnet.com（人大教研网）		
经　　销	新华书店		
印　　刷	三河市汇鑫印务有限公司		
规　　格	160 mm×235 mm　16 开本	版　次	2013 年 10 月第 1 版
印　　张	33.5 插页 1	印　次	2016 年 10 月第 2 次印刷
字　　数	592 000	定　价	79.00 元

版权所有　　侵权必究　　印装差错　　负责调换